Aline Aparecida **de Miranda**
Aline **Rodrigues de Andrade**
Caio **Peralta**
Carlos Eduardo **do Amaral e Silva**
Daniel **Mesquita de Paula Salles**
Daniela **Lippe Pasquarelli**
Daniela **Silva Mróz**
Evelyn Aída **Tonioli Valente**
Fabrizio **Bon Vecchio**
Francis Rafael **Beck**
Guilherme **Amorim Campos da Silva**
Gustavo **Magalhães Cazuze**
João Rodrigo **de Morais Stinghen**
José Alonso **Beltrame Júnior**
José Renato **Nalini**
Júlia Cláudia **Rodrigues da Cunha Mota**
Maria Luiza **Xavier Lisboa**

20 23

Rachel Letícia **Curcio Ximenes**
Wilson **Levy**

COORDENADORES

DIREITO NOTARIAL E REGISTRAL

Análise das Novas Perspectivas do Direito Extrajudicial

Marília **Nascimento**
Olivar **Vitale**
Patricia Emi **Taquicawa Kague**
Rachel Letícia **Curcio Ximenes**
Rafael **Vitelli Depieri**
Raquel **Borges Alves Toscano**
Rodrigo **Bley Santos**
Samila **Ariana Alves Machado**
Thiago Henrique **Teles Lopes**
Vivian **Labruna Catapani**
Weider **Silva Pinheiro**
Wilson **Levy**

Dados Internacionais de Catalogação na Publicação (CIP) de acordo com ISBD

D598

    Direito Notarial e Registral: análise das novas perspectivas do direito extrajudicial / coordenado por Rachel Letícia Curcio Ximenes, Wilson Levy. - Indaiatuba, SP : Editora Foco, 2023.

    416 p. ; 16cm x 23cm.

    Inclui bibliografia e índice.

    ISBN: 978-65-5515-722-2

    1. Direito notarial e registral. 2. Direito extrajudicial. I. Ximenes, Rachel Letícia Curcio. II. Levy, Wilson. III. Título.

2023-161   CDD 341.411   CDU 347.961

Elaborado por Vagner Rodolfo da Silva - CRB-8/9410
Índices para Catálogo Sistemático:
1. Direito notarial e registral 341.411
2. Direito notarial e registral 347.961

Aline Aparecida **de Miranda**
Aline **Rodrigues de Andrade**
Caio **Peralta**
Carlos Eduardo **do Amaral e Silva**
Daniel **Mesquita de Paula Salles**
Daniela **Lippe Pasquarelli**
Daniela **Silva Mróz**
Evelyn Aída **Tonioli Valente**
Fabrizio **Bon Vecchio**
Francis Rafael **Beck**
Guilherme **Amorim Campos da Silva**
Gustavo **Magalhães Cazuze**
João Rodrigo **de Morais Stinghen**
José Alonso **Beltrame Júnior**
José Renato **Nalini**
Júlia Cláudia **Rodrigues da Cunha Mota**
Maria Luiza **Xavier Lisboa**

Rachel Letícia Curcio Ximenes

Wilson Levy

COORDENADORES

DIREITO NOTARIAL E REGISTRAL

Análise das Novas Perspectivas do Direito Extrajudicial

Marília **Nascimento**
Olivar **Vitale**
Patricia Emi **Taquicawa Kague**
Rachel Letícia **Curcio Ximenes**
Rafael **Vitelli Depieri**
Raquel **Borges Alves Toscano**
Rodrigo **Bley Santos**
Samila **Ariana Alves Machado**
Thiago Henrique **Teles Lopes**
Vivian **Labruna Catapani**
Weider **Silva Pinheiro**
Wilson **Levy**

2023 © Editora Foco

Coordenadores: Rachel Letícia Curcio Ximenes e Wilson Levy

Autores: Aline Aparecida de Miranda, Aline Rodrigues de Andrade, Caio Peralta, Carlos Eduardo do Amaral e Silva, Daniel Mesquita de Paula Salles, Daniela Lippe Pasquarelli, Daniela Silva Mróz, Evelyn Aída Tonioli Valente, Fabrizio Bon Vecchio, Francis Rafael Beck, Guilherme Amorim Campos da Silva, Gustavo Magalhães Cazuze, João Rodrigo de Morais Stinghen, José Alonso Beltrame Júnior, José Renato Nalini, Júlia Cláudia Rodrigues da Cunha Mota, Maria Luiza Xavier Lisboa, Marília Nascimento, Olivar Vitale, Patricia Emi Taquicawa Kague, Rachel Letícia Curcio Ximenes, Rafael Vitelli Depieri, Raquel Borges Alves Toscano, Rodrigo Bley Santos, Samila Ariana Alves Machado, Thiago Henrique Teles Lopes, Vivian Labruna Catapani, Weider Silva Pinheiro e Wilson Levy

Diretor Acadêmico: Leonardo Pereira
Editor: Roberta Densa
Assistente Editorial: Paula Morishita
Revisora Sênior: Georgia Renata Dias
Capa Criação: Leonardo Hermano
Diagramação: Ladislau Lima e Aparecida Lima
Impressão miolo e capa: FORMA CERTA GRÁFICA DIGITAL

DIREITOS AUTORAIS: É proibida a reprodução parcial ou total desta publicação, por qualquer forma ou meio, sem a prévia autorização da Editora FOCO, com exceção do teor das questões de concursos públicos que, por serem atos oficiais, não são protegidas como Direitos Autorais, na forma do Artigo 8º, IV, da Lei 9.610/1998. Referida vedação se estende às características gráficas da obra e sua editoração. A punição para a violação dos Direitos Autorais é crime previsto no Artigo 184 do Código Penal e as sanções civis às violações dos Direitos Autorais estão previstas nos Artigos 101 a 110 da Lei 9.610/1998. Os comentários das questões são de responsabilidade dos autores.

NOTAS DA EDITORA:

Atualizações e erratas: A presente obra é vendida como está, atualizada até a data do seu fechamento, informação que consta na página II do livro. Havendo a publicação de legislação de suma relevância, a editora, de forma discricionária, se empenhará em disponibilizar atualização futura.

Erratas: A Editora se compromete a disponibilizar no site www.editorafoco.com.br, na seção Atualizações, eventuais erratas por razões de erros técnicos ou de conteúdo. Solicitamos, outrossim, que o leitor faça a gentileza de colaborar com a perfeição da obra, comunicando eventual erro encontrado por meio de mensagem para contato@editorafoco.com.br. O acesso será disponibilizado durante a vigência da edição da obra.

Impresso no Brasil (02.2023) – Data de Fechamento (01.2023)

2023
Todos os direitos reservados à
Editora Foco Jurídico Ltda.
Avenida Itororó, 348 – Sala 05 – Cidade Nova
CEP 13334-050 – Indaiatuba – SP

E-mail: contato@editorafoco.com.br
www.editorafoco.com.br

APRESENTAÇÃO

A atividade notarial e registral demonstra-se como pilar e auxiliar ao Estado, de modo a assegurar a segurança jurídica na proteção e reconhecimento de direitos pessoais e patrimoniais. A ratificar tal constatação, a Constituição Federal vigente tratou de determinar em seu artigo 236 a disciplina dos Serviços Notariais e de Registro, fomentando e auxiliando na criação de normas específicas ao tema, citando aqui, como exemplo, a Lei 8.935, de 18 de novembro de 1994, que coordenada e dá diretrizes aos tabeliães, registradores, escreventes, juízes, promotores, estudantes e profissionais do Direito: a Lei dos Cartórios.

A função dos notários e registradores, por conseguinte, se apresenta como artifício ao desenvolvimento de um sistema sério, justo e confiável: mesmo sob gestão particular, a natureza jurídica das atividades é de serviço público, a gerar atividade extrajudicial de fulcral mecanismo capaz de atender as principais necessidades sociais, atendendo princípios constitucionais, tal como uma ampliação do acesso à justiça.

Na análise do Direito em seu sentido amplo, a se entender a dinâmica para com a percepção de prerrogativas e garantias, vê-se a necessidade de um estudo preciso aos Registros Públicos como um todo; como consequência, o Direito Notarial e Registral denota essencialidade não só para discutir e resolver imbróglios aos registros em si, mas também para demonstrar sua potencialidade para com a adaptação às novas realidades existentes. Os cartórios, assim como todo o âmbito que circunscreve os atos em coletividade, vêm a se adaptar a fim de atender os anseios pertinentes às mudanças sociais e tecnológicas, a serem referência na implementação de avanços tecnológicos e, principalmente, na atualização de atividades aos novos contextos sociais.

A presente obra vem, de modo a evidenciar diversos contextos em que a atividade notarial e registral se apresentou como padrão às inovações jurídico--normativas. Ainda, ao se entender também os vícios e hiatos na resolução de hodiernos obstáculos, demonstrar-se-á as principais adversidades e anseios às atividades extrajudiciais, a se entender e expor as tendências para com o desenvolvimento de resolução aos casos. Sob a presidência de Comissão de Direito Notarial e Registros Públicos da Secional de São Paulo da Ordem de Advogados do Brasil (OAB), tive acesso à ilustres expoentes do ramo que, sob participação à construção desta obra, corroboraram no entendimento à crucialidade do Direito Notarial e Registral, ante o bom desenvolvimento dos diversos temas abordados.

Assim sendo, deixo aqui minha singela homenagem aos autores livros, que se empenharam a oferecer excelentes conteúdos que permitem compreensão às mais diversas pessoas, inclusive para aqueles que nunca estudaram sobre devido ramo, a partir de linguagem acessível e descomplicada.

Aproveito a oportunidade para prestar, ainda, homenagens aos institutos das especialidades notariais e de registros, que ajudam no desenvolvimento da atividade extrajudicial e que se manifestam como verdadeiros parceiros ao bom andamento de discussões às vigentes tratativas dos serviços notariais, temas estes que pudemos apresentar visões heterogêneas ante às prévias manifestações destas entidades.

Por fim, reitero a importância dos registradores e tabeliães, que apresentam papel crucial de guarda aos mais diversos dados às pessoas naturais e jurídicas. Portanto, sob conjuntura de Cartórios, sejam eles presenciais ou *online*, há o cumprimento e verdadeira resguarda de princípios constitucionais basilares à sociedade, ante ao respeito de normas legais e principiológicas/éticas.

São Paulo, outubro de 2022.

SUMÁRIO

APRESENTAÇÃO V

PARTE I
DO REGISTRO CIVIL DAS PESSOAS NATURAIS

A IMPORTÂNCIA DA CRC – CENTRAL DE INFORMAÇÕES DE REGISTRO CIVIL DAS PESSOAS NATURAIS – COMO MEIO DE CIDADANIA
Evelyn Aída Tonioli Valente e Weider Silva Pinheiro.. 3

A PARENTALIDADE SOCIOAFETIVA E OS DESDOBRAMENTOS NO REGISTRO CIVIL DE PESSOAS NATURAIS
Daniela Lippe Pasquarelli 19

AS NOVAS POSSIBILIDADES DE ALTERAÇÃO DE NOME ADVINDAS DA LEI FEDERAL 14.382/2022
Daniela Silva Mróz 37

A RETIFICAÇÃO ADMINISTRATIVA DO REGISTRO DE ÓBITO
Júlia Cláudia Rodrigues da Cunha Mota... 57

SOCIOAFETIVIDADE E MULTIPARENTALIDADE: SEUS REFLEXOS NAS REPRODUÇÕES ASSISTIDAS
Rachel Letícia Curcio Ximenes.. 79

PARTE II
DO TABELIONATO DE NOTAS

A ADVOCACIA EXTRAJUDICIAL E A ATIVIDADE NOTARIAL: PERSPECTIVAS E DESAFIOS
Caio Peralta e Guilherme Amorim Campos da Silva... 97

ATA NOTARIAL: UM VIGOROSO INSTRUMENTO À DISPOSIÇÃO DA ADVOCACIA
Thiago Henrique Teles Lopes 107

DA POSSIBILIDADE DE RENÚNCIA RECÍPROCA DOS CÔNJUGES DA CONDIÇÃO DE HERDEIRO NO ORDENAMENTO BRASILEIRO (INSTITUTO DISPONÍVEL NO DIREITO PORTUGUÊS EM DECORRÊNCIA DA LEI 48/2018)
Raquel Borges Alves Toscano 133

ESCRITURA PÚBLICA DE UNIÃO POLIAFETIVA
Patricia Emi Taquicawa Kague 167

INVALIDADES DOS NEGÓCIOS JURÍDICOS APLICADAS AOS ATOS NOTARIAIS
Carlos Eduardo do Amaral e Silva 185

UM MERGULHO DA ADVOCACIA NO MUNDO NOTARIAL
Rafael Vitelli Depieri 193

PARTE III
ATIVIDADE DE REGISTRO DE IMÓVEIS

A USUCAPIÃO EXTRAJUDICIAL NO CONTEXTO DA DESJUDICIALIZAÇÃO
Vivian Labruna Catapani 209

CONDOMÍNIO DE LOTES – LOTEAMENTO DE ACESSO CONTROLADO
Daniel Mesquita de Paula Salles 229

CLÁUSULA RESOLUTIVA EXPRESSA E A RESOLUÇÃO EXTRAJUDICIAL DO COMPROMISSO DE VENDA E COMPRA DE IMÓVEL
Olivar Vitale e Marília Nascimento 241

DA QUALIFICAÇÃO REGISTRAL COMO FATOR DE SEGURANÇA JURÍDICA
José Alonso Beltrame Júnior 253

QUALIFICAÇÃO REGISTRAL: O CORAÇÃO DA ATIVIDADE REGISTRAL IMOBILIÁRIA
Aline Aparecida de Miranda 295

PARTE IV
ASSUNTOS GERAIS DAS ATIVIDADES NOTARIAIS E DE REGISTRO

A ERA DIGITAL E OS NOVOS INSTRUMENTOS UTILIZADOS NA CONSECUÇÃO DOS SERVIÇOS REALIZADOS PELOS CARTÓRIOS
Maria Luiza Xavier Lisboa 311

AS SERVENTIAS EXTRAJUDICIAIS COMO INSTRUMENTO DE PROGRESSÃO DE DIREITOS BÁSICOS
Gustavo Magalhães Cazuze 329

CONTENCIOSO ADMINISTRATIVO E CÍVEL NOTARIAL E REGISTRAL
Aline Rodrigues de Andrade e Rodrigo Bley Santos 343

O *COMPLIANCE* APLICADO AOS CARTÓRIOS EXTRAJUDICIAIS E O PAPEL DO ADVOGADO
João Rodrigo de Morais Stinghen e Samila Ariana Alves Machado 361

OS CARTÓRIOS E A EDUCAÇÃO 4.0
José Renato Nalini e Wilson Levy 373

OS PROGRAMAS DE *COMPLIANCE* E A ATIVIDADE NOTARIAL E REGISTRAL: AS OBRIGAÇÕES DO PROVIMENTO 88 CNJ E AS RECENTES NORMAS ABNT NBR ISO 15906:2021 E 37301:2021
Fabrizio Bon Vecchio e Francis Rafael Beck 387

PARTE I
DO REGISTRO CIVIL
DAS PESSOAS NATURAIS

A IMPORTÂNCIA DA CRC – CENTRAL DE INFORMAÇÕES DE REGISTRO CIVIL DAS PESSOAS NATURAIS – COMO MEIO DE CIDADANIA

Evelyn Aída Tonioli Valente

Pós-graduada em Direito Processual Civil pela UNIRV. Bacharel em Direito pela IUESO. Professora de Direito Civil. Registradora civil e Tabeliã de notas em Caldas Novas. Membro da Diretoria da Arpen-Goiás e do CNB-Goiás.

Weider Silva Pinheiro

Bacharel em Direito pela UNIRV. Bacharel em Ciências Contábeis pela UNIBF. Tecnólogo em Gestão de Recursos Humanos pela UNIBF. Licenciado em Geografia pela FIAR. Especialista em Direito e Processo do Trabalho pela UGF. Especialista em Teologia pela UGF. Especialista em Direito Notarial e Registral pela UCAM. Especialista em Direito Notarial e Registral pela FUNIP. Especialista em Direito de Família pela FUNIP. Especialista em Ciência Política pela FVC. Especialista em Perícia Judicial e Extrajudicial pela FVC. Especialista em Biblioteconomia pela INTERVALE. Especialista em Direito Administrativo e Econômico pela INTERVALE. Especialista em Psicologia Jurídica pela Faculdade Futura. Especialista em Direito Civil pela UNIFAVENI. Especialista em Compliance pela UNIFAVENI. Especialista em Coordenação Pedagógica e Supervisão Escolar pela UNIFAVENI. Especialista em Direito Educacional pela FAMART. Especialista em Direito Constitucional pela FAMART. Especialista em Direito Imobiliário pela FAMART. Mestre e Doutorando em Ciências Jurídicas pela Universidade Autônoma de Lisboa/PT. Mestrando em Direito do Agronegócio e Desenvolvimento pela UNIRV. Tabelião Substituto do Cartório Bruno Quintiliano do Distrito judiciário de Nova Brasília, Comarca de Aparecida de Goiânia/GO.

Sumário: 1. Introdução – 2. O registro civil de pessoas naturais e a CRC – 3. Metodologia – 4. Discussão dos resultados; 4.1 Benefícios relacionados ao trabalho do registrador e à obtenção de cidadania de forma coletiva; 4.2 Benefícios relacionados à obtenção de cidadania do indivíduo – 5. Conclusão – 6. Referências.

1. INTRODUÇÃO

É cediço o entendimento geral que a vida social de um indivíduo possui como marco inicial a certificação estatal de sua existência. E este reconhecimento formal, para além do óbvio reconhecimento biológico, exige a ratificação desta pessoa nascida viva, por ente Estatal regulamentar através da emissão de seu registro civil. Tal documento é de tanta importância que figura inclusive no rol de Direitos Básicos do ser humano, constante na Declaração Universal dos Direitos Humanos, em seus artigos 6º, 15 e 16, muito embora, possamos encontrar elementos deste estatuto primordial ao longo de todos os artigos desta referida carta de direitos fundamentais. É o Registro Civil, bem como suas alterações que delimitam o espaço pessoal e social do indivíduo dentro de uma sociedade. Em sentido mais extensivo, pode-se dizer até que sejam estes registros que dão personalidade jurídica ao cidadão como tal, pois é através deles que irá exercer seus direitos e seus deveres para com a comunidade em que esteja inserido.

Quando uma pessoa nasce e, por qualquer que seja a razão, não é formalmente registrada nos Cartórios de Registro Civil das Pessoas Naturais, ou seja, não possui a certidão que comprova seu nascimento, ela se torna invisível aos olhos do Estado (LEITE, 2020). Sem a certidão de nascimento não é possível ter acesso à educação formal, emitir CPF e título de eleitor, participar de programas sociais governamentais – como o Bolsa-família ou o mais recente auxílio emergencial – e nem sequer é possível ter acesso à assistência de saúde, ou seja, esta pessoa não se torna um cidadão com plenos direitos (DEFENSORIA PÚBLICA, 2020).

Diversas ações já foram tomadas, do ponto de vista normativo, para garantir o registro civil nas últimas décadas, podendo aqui serem citadas as garantias da gratuidade do registro de nascimento e óbito, que eram cobrados até 1989. Nesse ano, as famílias que declarassem baixa renda poderiam obter a gratuidade, porém foi só em 1997, por meio da Lei 9.534/97 (BRASIL, 1997) que se obteve a gratuidade total desses registros. Com esta cobrança, ocorria um sub-registro de nascimentos e óbitos, que para além de tornar o cidadão inexistente aos olhos do estado, acabava por gerar desfalques previdenciários e eleitorais, além de maquiar os dados estatísticos do país (LEHMKUHL; SILVA, 2018). Ao se deixar de registrar um óbito, é também impossibilitada a sucessão de bens porventura deixados pelo falecido, o que, geralmente, acabava por gerar uma incômoda situação de informalidade generalizada no país, tanto relativamente à propriedade quanto aos vínculos socioafetivos.

O quadro abaixo mostra a evolução exponencial do número de registros de nascimento por ano, desde 1996 até a obtenção da gratuidade desses registros no decorrer dos anos seguintes:

Quadro 1 – Quantidade de nascidos vivos, registrados por ano de nascimento

Ano	1996	1997	1998	1999	2000	2001
N. de nascimentos registrados	66.969	86.936	103.510	149.475	497.502	2.509.354

Fonte: Lehmkuhl e Silva, 2018, p. 269; adaptado de IBGE, 2018.

Por uma breve leitura destes dados estáticos é possível verificar, ou ao menos vislumbrar a quantidade de nascimentos que deixavam de ser registrados, fora o aspecto sociológico criado pela cobrança, que era justamente o costume do "não registro", criando uma cadeia de brasileiros que não o eram, porque lhes faltava a certificação estatal que comprovava sua existência material e formal, uma massa de semi-indigentes que, muito embora não quantificável, decerto se alimentavam, dormiam, contraíam matrimônio, constituíam famílias e por vezes construíam algum patrimônio.

Houve, também, de forma a favorecer a obtenção de efetiva e real cidadania por meio do registro civil, o reconhecimento de paternidade de forma tardia (Lei 8.560/92) e a possibilidade e facilitação do registro de nascimento tardio por meio da Lei 11.790/2008, "[...] como forma de assegurar a Cidadania e a Dignidade da pessoa humana nascida com vida" (KRAUSPENHAAR; HAMMARSTRÖN, 2012). Tal lei foi sancionada em 02 de outubro de 2008, com o objetivo de se alterar o artigo 46 da Lei no 6.015/73, conhecida como Lei de Registros Públicos, e permitir o registro da declaração de nascimento fora do prazo legal, podendo ser feito diretamente nas serventias extrajudiciais (BRASIL, 2008). E, como consequência deste movimento do ordenamento jurídico, foi editado em 05/02/2013, pelo Conselho Nacional de Justiça – CNJ, o Provimento 28, que veio regulamentar e uniformizar o procedimento do registro tardio de nascimento nos cartórios.

Seguindo a linha de universalização dos Direitos Básicos, inaugurada pela Constituição de 1988, e de forma a agilizar e tornar mais efetivo o trabalho do registrador, foi criada a Central de Informações de Registro Civil das Pessoas Naturais.

Instituído por meio do Provimento 38 do Conselho Nacional de Justiça, em 25 de setembro de 2014, e alterado em 16 de junho de 2015, através do Provimento 46 da mesma instituição, a Central de Informações de Registro Civil das Pessoas Naturais tem a função de integrar eletronicamente todo o sistema de Registro Civil das Pessoas Naturais do país, possibilitando que se tenha acesso às certidões em meio eletrônico, sejam elas de nascimento, casamento ou óbito, sendo assim possível emitir cópias originais de certidões em todo território nacional através de um sistema integrado, podendo inclusive serem solicitadas por qualquer pessoa pelo portal de Registro Civil na internet (BRASIL, 2014; BRASIL, 2015).

Além dos benefícios já mencionados, é importante destacar, também, que, os dados constantes na CRC alimentam o Portal da transparência do Registro Civil e, com isso, possibilitam a análise e o levantamento de dados estatísticos, que impactam na viabilidade e concretização das políticas públicas.

Vejamos o Registro Civil de Pessoas naturais – RCPN em números:

No ano de 2021, até o presente momento (da confecção deste artigo), já foram realizados 1.624.600 (um milhão, seiscentos e vinte e quatro mil e seiscentos) registros entre nascimentos, óbitos e casamentos. Deste total de registros lavrados, 825.810 (oitocentos e vinte e cinco mil, oitocentos e dez) registros foram de nascimento e 592.200 (quinhentos e noventa e dois mil e duzentos) de óbito.

Já no ano de 2020, foram efetuados uma total de 4.779.035 (quatro milhões, setecentos e setenta e nove mil e trinta e cinco) assentos, sendo 2.613.338 (dois milhões, seiscentos e treze mil e trezentos e trinta e oito) registros de nascimento e 1.455.797 (um milhão, quatrocentos e cinquenta e cinco mil, setecentos e setenta e nove) óbitos.

Analisando os dados acima, podemos observar, portanto, que os atos gratuitos realizados (nascimentos e óbitos) representam cerca de 85% dos registros efetuados nos cartórios de registro civil de pessoas naturais no Brasil. Evidenciado, pois, o papel de relevo dos registros civis para a sociedade, para a garantia de direitos e acessibilidade da cidadania.

E este trabalho foi idealizado de forma a analisar quais benefícios foram possíveis obter através da implementação da CRC no que diz respeito à obtenção de cidadania pela população brasileira.

2. O REGISTRO CIVIL DE PESSOAS NATURAIS E A CRC

O Registro Civil de Pessoas Naturais é o meio pelo qual se torna possível atestar a identidade de uma pessoa e sua vida civil, por meio do registro de seu nascimento, casamento, divórcio ou óbito (TJDFT, 2019). O registrador é o responsável por registrar o fato, atribuindo a ele autenticidade, por torná-lo público e arquivá-lo para conferências posteriores (BRASIL, 1994), ficando assim, através de tais registros, comprovada a existência daquela pessoa perante o Estado, munindo-o da possibilidade de exercer seus direitos e deveres como cidadão e ressalvando todas as implicações decorrentes, como, por exemplo, os direitos sucessórios (KRAUSPENHAAR; HAMMARSTRÖN, 2012).

Pode-se afirmar que é através do ato do registro que se atribui a individualidade jurídica da pessoa natural, e que este ato é a primeira relação entre a pessoa e o Estado, é o espaço onde "[...] se faz presente o exercício da dignidade da pessoa humana" (LIMA JUNIOR, 2020, p. 4), sendo a dignidade da pessoa humana um dos principais fundamentos do Estado Democrático de Direito brasileiro, garantido pela Constituição Federal de 1988 em seu artigo primeiro:

> A República Federativa do Brasil, formada pela união indissolúvel dos Estados e Municípios e do Distrito Federal, constitui-se em Estado Democrático de Direito e tem como fundamentos:
> I – a soberania;
> II – a cidadania;
> III – a dignidade da pessoa humana;
> IV – os valores sociais do trabalho e da livre iniciativa;
> V – o pluralismo político.

Parágrafo único. Todo o poder emana do povo, que o exerce por meio de representantes eleitos ou diretamente, nos termos desta Constituição.
(BRASIL, 1988, Art. 1º)

Considerando-se então a necessidade e a importância que o registro civil possui ao reconhecer o indivíduo como sendo cidadão e destinatário dos direitos e deveres que a este título se ligam, e considerando que também o Direito, como sendo um elemento fruto da abstração humana e que deve acompanhar *pari passu* as evoluções sociais e tecnológicas, seria coerente considerar que o acesso a estes dados, relativos a personalidade jurídica de um cidadão, lhe seja igualmente garantido através de meios menos burocráticos e dispendiosos, posto que cidadania não se restringe ao mero exercício de participar da vida política de uma sociedade, mas, em um Estado de Direito Democrático pode ser entendido, em seu sentido mais amplo, como sendo o lugar onde o cidadão possa exercer suas liberdades de maneira que encontre o bem estar e a felicidade (ROSAS, 2001; MAZZUOLI, 2002).

Além disso, segundo a Lei dos cartórios, é papel dos registradores "[...] facilitar, por todos os meios, o acesso à documentação existente às pessoas legalmente habilitadas" (BRASIL, 1994), e segundo à Constituição Federal de 1988, "[...] cabem à administração pública, na forma da lei, a gestão da documentação governamental e as providências para franquear sua consulta a quantos dela necessitem" (BRASIL, 1988, art. 216, § 2º). Assim posto porque também o direito ao acesso de informação se traduz como sendo a aplicação da justiça estatal.

Desta feita, e observando a necessidade de se permitir que os serviços notariais e registrais sejam prestados de forma eficiente, com rapidez e qualidade, foi aprovado pelo Conselho Nacional de Justiça, em 2014, o Provimento 38, substituído no ano seguinte pelo Provimento 46, cujo objetivo foi de:

> Art. 1º Instituir a Central de Informações de Registro Civil das Pessoas Naturais – CRC que será operada por meio de sistema interligado, disponibilizado na rede mundial de computadores, com os objetivos de:
>
> I – interligar os Oficiais de Registro Civil das Pessoas Naturais, permitindo o intercâmbio de documentos eletrônicos e o tráfego de informações e dados;
>
> II – aprimorar tecnologias para viabilizar os serviços de registro civil das pessoas naturais em meio eletrônico;
>
> III – implantar, em âmbito nacional, sistema de localização de registros e solicitação de certidões;
>
> IV – possibilitar o acesso direto de órgãos do Poder Público, mediante ofício ou requisição eletrônica direcionada ao Oficial competente, às informações do registro civil das pessoas naturais;
>
> V – possibilitar a interligação com o Ministério das Relações Exteriores, mediante prévia autorização deste, a fim de obter os dados e documentos referentes a atos da vida civil de brasileiros ocorridos no exterior, bem como possibilitar às repartições consulares do Brasil a participação no sistema de localização de registros e solicitação de certidões do registro civil das pessoas naturais.

Parágrafo único. Os Oficiais de Registro Civil das Pessoas Naturais, pessoalmente, ou por meio das Centrais de Informações do Registro Civil – CRC, devem fornecer meios tecnológicos para o acesso das informações exclusivamente estatísticas à Administração Pública Direta, sendo-lhes vedado o envio e repasse de dados de forma genérica, que não justifiquem seu fim, devendo respeitar-se o princípio e a garantia previstos no inciso X do art. 5º da Constituição Federal de 1988. (BRASIL, 2015, Provimento 46 do CNJ, Art. 1º).

A Central de Informações de Registro Civil das Pessoas Naturais, segundo o artigo terceiro do Provimento 46 do CNJ, possibilita:

a) Buscar pelos atos de registro civil das pessoas naturais;

b) Facilitar a comunicação/publicização doa atos registrados, conforme obriga a Lei 6.015/73 em seus artigos 106 e 107;

c) Facilitar a solicitação de certidões, emitidas em todo o território nacional;

d) Permite, através do e-Protocolo, o envio de documentos eletrônicos entre as serventias;

e) Por meio da ferramenta CRC – Interoperabilidade, ferramenta é possível "interligar os serviços prestados através de convênios com os programas necessários para o seu desenvolvimento" (BRASIL, 2015, Art. 3º, V).

A simples leitura dessas funcionalidades nos remete a reflexão impactante que a instituição desta central eletrônica trouxe não só para a atividade registral, mas para a sociedade.

A central possibilitou e facilitou várias vertentes de atuação: a comunicação entre cartórios (com segurança e celeridade) para que o registro espelhe a veracidade da situação civil de cada indivíduo; a consolidação de convênios e políticas públicas; a busca e emissão da documentação básica do cidadão em todo o território brasileiro. Enfim, a consolidação e o exercício da cidadania de forma eficaz, célere e com maior segurança jurídica, princípios estes fundamentais do Direito.

A CRC permite, então, a interligação do Cartórios de Registro Civil de Pessoas Naturais e a facilitação do trabalho do registrador, aumentando a eficiência e a velocidade de comunicação dos atos registrados, e ao cidadão permite, por exemplo, a emissão de qualquer certidão que lhe diga respeito, estando em qualquer cidade ou estado do Brasil, sem a necessidade de se deslocar até o cartório onde a certidão foi originalmente lavrada (LEHMKUHL; SILVA, 2016), podendo recorrer à qualquer serventia do país ou de forma *online*, e ainda, conforme o parágrafo único, do artigo primeiro, do Provimento 46, citado integralmente acima, por intermédio das repartições consulares, é possível que o cidadão brasileiro, estando em solo estrangeiro, também possa ter acesso à sua documentação. Lehmkuhl e Silva (2018), complementam:

> Em geral, há um avanço perceptível quanto às políticas públicas de informação, consequentemente, nos regimes de informação que vêm sendo criados pelo governo para registros civis e, portanto, vindo auxiliar o acesso àqueles, desde a sua gratuidade até a criação da CRC.

(LEHMKUHL; SILVA, 2018. p. 277).

Pode-se aventar considerar a existência da CRC como sendo, desta maneira, elemento fático possibilitador da concretização do exercício dos direitos concernentes a cada cidadão em todo território nacional, mantendo seu *status* de cidadão, sem que para isso precise ocasionalmente retornar para o lugar físico onde estejam suas certidões e documentação.

3. METODOLOGIA

A pesquisa aqui apresentada pode ser caracterizada como qualitativa quanto à sua abordagem. Para Richardson (2012), a pesquisa qualitativa é adequada quando se busca entender e interpretar características apresentadas pelas fontes utilizadas, fontes estas de cunho bibliográfico. Fonseca (2002) afirma que o método de coleta de dados bibliográficos se baseia no levantamento de referências teóricas já analisadas e publicadas, como por exemplo artigos e livros de outros autores.

Também será utilizado o método de coleta de dados quantitativos, com o objetivo de demonstrar, através dos dados oficiais da CRC acerca do registro civil eletrônico e de legislações, os benefícios atingidos com sua implementação. Pode-se então concluir que esta pesquisa, quanto a seus objetivos, se caracteriza como descritiva, uma vez que visa apresentar, neste caso, por meio dos levantamentos documentais e bibliográficos, as características e impactos do fenômeno estudado (RAMPAZZO, 2002).

4. DISCUSSÃO DOS RESULTADOS

Após o levantamento bibliográfico realizado, foi possível perceber que há diversos benefícios ao indivíduo no que diz respeito à implantação da CRC, mas é preciso também discutir a clara evolução do serviço notarial no âmbito nacional e a efetividade do trabalho do registrador, esteja ele registrando o fato ou tendo a necessidade de buscar pelo mesmo, afinal também isto reflete na obtenção de cidadania pela população, pois impacta diretamente na prestação da atividade jurisdicional *latu senso*, que é, a bem da verdade, a precípua função concedida pelo Estado aos serviços registrais e notariais.

4.1 Benefícios relacionados ao trabalho do registrador e à obtenção de cidadania de forma coletiva

Conforme tratado no item 2 do presente artigo, é parte da função do registrador dar publicização e proceder à comunicação de todo os atos registrados, além de promover a facilitação do acesso à essa documentação (BRASIL, 1994). Da mesma forma reza a Constituição Federal (BRASIL, 1988) que a guarda e a disponibilização de consulta de documentos públicos é função da administração pública.

Havendo, assim, através da implantação da CRC, a possibilidade de se fazer cumprir tais orientações legais com maior eficiência, agilidade e conveniência, pois é de conhecimento tácito as dimensões territoriais brasileiras e nem todas as comunidades ou vilarejos são providos por sistemas físicos de cartórios ou mesmo de comarcas judiciárias. Tal mecanismo permite aos cartórios fornecerem seus serviços com mais qualidade, rapidez e confiabilidade (LEHMKUHL; SILVA, 2018).

Para Lehmkuhl e Silva (2018), a integração entre os Cartórios de Registro Civil, o Poder Judiciário e os órgãos da Administração Pública por meio do CRC, adentre aos interesses públicos em geral, contribuindo assim com a racionalidade, a economicidade e a desburocratização da prestação de serviços de registro. Há então, com essa integração nacional, a facilidade de comunicação entre as serventias e os registros por elas efetuadas, permitindo que, em caso de haver necessidade de consultas à registros realizados em serventias distantes, seja possível obtê-las de forma facilitada, reduzindo assim custos e prazos para resolução de demandas.

É sabido que, para a elaboração de políticas públicas e decisão sobre investimentos, são consultados diversos dados, como por exemplo o Censo Demográfico, quantidade de nascimentos e quantidade de óbitos por região, densidade populacional, entre outros, e muitos destes dados podem ser obtidos nos cartórios de registro civil.

Lehmkuhl e Silva (2016, p. 198) afirmam que "a gama de informações geradas por esses cartórios é utilizada pelo governo em diversas políticas públicas que são criadas com base nos dados de registro civil". Independentemente se forem políticas públicas a serem implantadas por órgãos municipais, estaduais ou federais, é importante que haja o conhecimento de diversos dados acerca das características que formam a população dos locais para que tais políticas tenham resultados efetivos e que gere, inclusive, economia quanto aos recursos estatais, sempre escassos.

Como exemplo de investimentos públicos tornados mais assertivos através da correta coleta e reunião de dados, pode-se citar o investimento em Educação e Saúde – com dados referentes ao número de nascimentos em determinado município, é possível analisar se haverá necessidade de ampliação do número de vagas nas escolas da cidade para abrigar as crianças nascidas, ou até mesmo a necessidade de uma maior contratação de médicos pediatras para aquela região.

Implica dizer que a otimização da coleta, reunião e disponibilização de dados possibilita a correta alocação de recursos e a otimização das atividades do Estado, inclusive para determinar, não apenas políticas públicas como também atividades impulsionadoras de índices de desenvolvimento, entre outros.

O arquivamento dos registros também foi aprimorado com a implantação da Central de Informações de Registro Civil das Pessoas Naturais, pois, além de se tornar um único arquivo nacional, podendo ser consultado em qualquer localidade, há a evidente segurança dos dados que, por diversas razões, poderiam ser perdidos.

Existem casos de enchentes ou incêndios que destruíram os arquivos de diversos cartórios pelo país, fazendo-se perder o registro de imóveis, registros civis, e outros documentos de responsabilidade dos cartórios, sendo necessário refazer todos os documentos que não puderam ser recuperados, como nos exemplos abaixo:

> a) Em janeiro de 2010, a cidade de São Luiz do Paraitinga, no interior do estado de São Paulo, teve os três cartórios (de notas, de registro de imóveis e civil) inundados, ficando debaixo de lama e água por três dias, com perda estimada de mais de 80% do acervo do município (LEAL, 2010);
>
> b) Oito municípios do estado de Alagoas tiveram cartórios com perda parcial ou total dos documentos por eles emitidos e arquivados, em junho de 2010. (MEDEIRO, 2010).

Segundo entrevista dada à uma matéria publicada pela UOL sobre o ocorrido em Alagoas no ano de 2010, a presidente do Tribunal de Justiça do Estado à época, diz que a população precisaria provar sua identidade, filiação e data de nascimento quando fosse necessária a emissão de segunda via da certidão de nascimento, apresentando testemunhas que comprovassem o fato (MEDEIRO, 2010). Resumindo, o que pede a Lei 6.015/73 em caso de necessidade de restauração de assentamento no registro civil:

> Art. 109. Quem pretender que se restaure, supra ou retifique assentamento no Registro Civil, requererá, em petição fundamentada e instruída com documentos ou com indicação de testemunhas, que o Juiz o ordene, ouvido o órgão do Ministério Público e os interessados, no prazo de cinco dias, que correrá em cartório.
>
> § 1º Se qualquer interessado ou o órgão do Ministério Público impugnar o pedido, o Juiz determinará a produção da prova, dentro do prazo de dez dias e ouvidos, sucessivamente, em três dias, os interessados e o órgão do Ministério Público, decidirá em cinco dias.
>
> § 2º Se não houver impugnação ou necessidade de mais provas, o Juiz decidirá no prazo de cinco dias.
>
> § 3º Da decisão do Juiz, caberá o recurso de apelação com ambos os efeitos.
>
> § 4º Julgado procedente o pedido, o Juiz ordenará que se expeça mandado para que seja lavrado, restaurado e retificado o assentamento, indicando, com precisão, os fatos ou circunstâncias que devam ser retificados, e em que sentido, ou os que devam ser objeto do novo assentamento.
>
> § 5º Se houver de ser cumprido em jurisdição diversa, o mandado será remetido, por ofício, ao Juiz sob cuja jurisdição estiver o cartório do Registro Civil e, com o seu "cumpra-se", executar-se-á.

§ 6º As retificações serão feitas à margem do registro, com as indicações necessárias, ou, quando for o caso, com a trasladação do mandado, que ficará arquivado. Se não houver espaço, far-se-á o transporte do assento, com as remissões à margem do registro original.
(BRASIL, 1973, Art. 109)

Pode-se perceber então que os transtornos com relação à recuperação de documentos com a perda de livros e certidões físicas de registro civil demandam a ação do cidadão, que deve fazer o levantamento de provas e testemunhas e ação do setor judiciário, o que causa, não apenas o desassossego das pessoas afetadas, como também gera uma dose extra de custos e procedimentos ao Estado, além do prazo que o indivíduo terá que aguardar para a decisão, que pode acarretar em eventuais prejuízos quanto à plena fruição de sua cidadania. E o que se verifica é que tais óbices, senão eliminados pelo arquivamento digital, seguramente são por ele reduzidos.

4.2 Benefícios relacionados à obtenção de cidadania do indivíduo

Conforme abordado na introdução deste estudo, a garantia à gratuidade total do registro de nascimentos e óbitos representou, comparando-se dados de nascimentos registrados de 1996 e de 2001, um crescimento de mais de 3.700% no número de registros realizados (LEHMKUHL; SILVA, 2018), mostrando-se uma importante medida no que diz respeito à obtenção de cidadania, permitindo através de um simples registro o acesso aos direitos básicos a qualquer cidadão, que de outra forma viveria à margem da sociedade, não restando a esta pessoa, senão o estatuto de humano, mas não de cidadão, o que não é pouco, porque, a cidadania é, em última e primeira análise, o espaço simbólico de realização da personalidade civil.

A capilaridade dos registros civis de pessoas naturais também é um fator contributivo importante para garantir esse acesso à cidadania. No Estado de Goiás, por exemplo, existem 246 municípios e 286 serventias com atribuição de registro civil. Esse alcance efetivo dos cartórios de registro civil, aliado à implementação da CRC, transformou-os em "Ofícios da Cidadania", propiciando a realização convênios com órgãos públicos como, por exemplo, para a execução de serviços de inscrição, alteração e segunda via de CPF (convênio com a Receita Federal). Em alguns estados, os cartórios de registro civil também emitem documentos de identidade. E, recentemente, acrescentou-se um novo módulo dentro da CRC para o cadastro das procurações eletrônicas para a Receita Federal.

Ainda, se tratando da obtenção de cidadania por meio do trabalho registral, a simples desjudicialização de diversas alterações do registro civil dos cidadãos por meio da via administrativa em casos excepcionais, ou seja, diretamente nos cartórios, retirando a necessidade de intervenção de advogados ou processos judiciais para o reconhecimento, por exemplo, de paternidade, adoção, reconhecimento de filiação socioafetiva, nome vexatório, retificação de nome e gênero para pessoas transgênero, divórcio, entre outros (LIMA JUNIOR, 2020), também atua como garantidor da cidadania plena, ao menos em seu aspecto formal.

A alteração do nome, por motivos de segurança jurídica, se não se enquadrar em casos excepcionais permitidos por lei, deve seguir a via judicial. A CRC pode, considerando seu caráter virtual e a facilidade do compartilhamento de informações acerca da identidade do indivíduo, ser um meio de aprimorar a segurança jurídica em relação a hipóteses de relativização do princípio da imutabilidade do nome (MARTINS; MARTINS, 2020). Sobre este fato, Martins e Martins (2020) complementam.

> A Central de Informações de Registro Civil das Pessoas Naturais (CRC) é instrumento vital para os direitos da personalidade da sociedade brasileira, sendo capaz de prover a segurança jurídica necessária e permitir a evolução do direito ao nome, inclusive no que concerne ao alargamento das hipóteses de sua modificação, identificáveis na legislação, por exemplo, a testemunha em ação penal que foi ameaçada, ou mesmo o direito de mudança do prenome dos transexuais. (MARTINS; MARTINS, 2020).

Falando especificamente da Central de Informações de Registro Civil das Pessoas Naturais, através de sua capilaridade, pode-se elucubrar inclusive que tornou a própria atividade jurisdicional do Estado mais célere, posto que, dada sua extensão de atividade, que não encontra barreiras físicas, possibilita ao magistrado de qualquer seara a obtenção em tempo muito menor de qualquer certidão ou documento relativo a pessoa, ou pessoas que estejam ou recorrendo ao poder jurisdicional do Estado ou sendo por ele perseguido, sem a necessidade de emissão de precatórias, ofícios ou solicitações que antes precisavam ser enviados por correio, tal como assevera Lima Junior (2020).

> [...] a capilaridade das serventias de registro civil permite que o cidadão exercite seus direitos em locais em que sequer outro ente estatal está presente, possibilitando assim o acesso a todos os serviços essenciais por eles prestados, facilitando o exercício da cidadania (LIMA JUNIOR, 2020).

Percebe-se, pois, a evidente economia processual viabilizada aos órgãos públicos, ao Judiciário e, também, aos seus jurisdicionados. E não só economia, mas também celeridade e consequente facilitação do exercício da cidadania.

Por cidadania, devemos entender que não se trata apenas de a pessoa natural poder exercer seus direitos e deveres, mas também da possibilidade de o Estado, como ente mantenedor e garantidor da ordem democrática e cívica, oferecer da melhor maneira possível e em consonância aos meios tecnológicos existentes as ferramentas cabíveis para seus delegados da atividade notarial e registral, quando da prestação de seus serviços essenciais.

E este caminho de avanço tecnológico, de aprimoramento da execução e da prestação de serviços, cumpre ressaltar, é um caminho sem volta. Este é o futuro da atividade notarial e registral. É fato que o contexto pandêmico atualmente vivenciado pela humanidade, por certo, contribuiu com a aceleração desse processo de migração da prestação de serviços da forma física, ao menos, para a híbrida. E o que se vivencia no dia a dia é a crescente valorização das notas e dos registros como facilitadores da cidadania. Nesse contexto, nota-se que a evolução da atividade notarial e registral se revela intimamente ligada à evolução tecnológica e que este caminho tem sido convalidado e estimulado pelo próprio Judiciário. Não se pode negar a responsabilidade peculiar do exercício desta atividade e os desdobros fundamentais que cada ato lavrado, que cada registro possibilitado, tem na vida e na viabilização dos direitos dos cidadãos.

Assim, tanto a análise qualitativa da doutrina e da jurisprudência, como a análise quantitativa real de impactos sociais positivos em números, registram e revelam a importância da criação da CRC para a sociedade em geral.

5. CONCLUSÃO

Pode-se então dizer que o trabalho realizado por notários e registradores, por si, já são garantidores da cidadania aos indivíduos, entretanto encontram, para a efetivação de suas atividades problemas de difícil reparação, em especial quanto às distâncias e peculiaridades nacionais, e a criação da CRC contribui ao tornar o acesso à informação mais ágil, seguro e democrático.

Vislumbra-se a criação da CRC como sendo resultante de um processo de democratização da cidadania inaugurado pela Carta Constitucional de 1988, dita como cidadã, e que possui como marco zero, quanto ao aspecto de acesso aos registros civis, a adoção da gratuidade dos registros de nascimento e óbito.

O ato inicial da vida de qualquer pessoa natural nascida viva é o registro de seu nascimento, pois é ele quem comunica formalmente a existência deste novo sujeito de direitos para com o Estado e a sociedade do qual fará parte, e esta atribuição tão importante, posto que primeira, é exercida através das serventias extrajudiciais de Registro Civil das Pessoas Naturais. Daí a grande importância que os processos de modernização, otimização e segurança, como a CRC, possuem, não apenas para a execução das atividades conexas, mas para toda a estrutura de organização estatal afetas a formação de uma comunidade plural, democrática e principalmente acessível à todos os pertencentes a ela.

Neste ínterim, percebe-se que o processo de desjudicialização obtido através da capilarização registral, por meio de sistemas eletrônicos ou virtuais, visa garantir o pleno gozo de exercício de direitos e torna a ação estatal mais eficaz e menos burocrática ao disponibilizar os atos registrais dos indivíduos em quaisquer lugares e a qualquer tempo, independente da situação concreta em que esteja aquele indivíduo.

De certo, o sistema não chega a resolver todas as problemáticas relativas ao acesso do cidadão brasileiro à dignidade, mas configura-se, com certeza, como sendo um grande passo no sentido de garantir a efetivação dos serviços prestados pelos profissionais cartoriais de forma célere e com o mínimo de garantia jurídica que possa democratizar o acesso à informação, bem como os resultados oriundos deste acesso, que é o verdadeiro exercício democrático de uma vida digna, em que o aparato estatal não se apresente como sendo um entrave, e sim um possibilitador constitucional dos direitos do cidadão, entendendo este último, inclusive como tendo o direito a ter direitos.

6. REFERÊNCIAS

BRASIL. Conselho Nacional de Justiça. Provimento 38. 25 de setembro de 2014. Disponível em https://atos.cnj.jus.br/files//provimento/provimento_38_25072014_30072014161401.pdf. Acesso em: 13 abr. 2021.

BRASIL. Conselho Nacional de Justiça. Provimento 46. 16 de junho de 2015. Disponível em https://atos.cnj.jus.br/atos/detalhar/2509. Acesso em: 13 abr. 2021.

BRASIL. Constituição (1998). Constituição da República Federativa do Brasil. Brasília: Senado, 1988. Disponível em: http://www.planalto.gov.br/ccivil_03/constituicao/constituicao.htm. Acesso em: 13 abr. 2021.

BRASIL. Constituição (1988). Lei 8.935, de 08 de janeiro de 1994. Regulamenta o art. 236 da Constituição Federal, dispondo sobre serviços notariais e de registro. (Lei dos cartórios). Dos Serviços Notariais e de Registros. Brasília, Disponível em: http://www.planalto.gov.br/ccivil_03/leis/l8935.htm. Acesso em: 02 jan. 2021.

BRASIL. Lei 6.015, de 31 de dezembro de 1973. Dispõe sobre os registros públicos, e dá outras providências. Lei 6.015, de 31 de dezembro de 1973. Brasília, 31 dez. 73. Disponível em: http://www.planalto.gov.br/ccivil_03/leis/l6015compilada.htm. Acesso em: 11 nov. 2020.

BRASIL. Lei 8.935, de 18 de novembro de 1994. Regulamenta o art. 236 da Constituição Federal, dispondo sobre serviços notariais e de registro. (Lei dos Cartórios). Diário Oficial [da] República Federativa do Brasil, Brasília, DF, v. 132, n. 219, p. 21, nov. 1994, Seção 1, p. 1. Disponível em: http://www.planalto.gov.br/ccivil_03/leis/l8935.htm. Acesso em: 13 abril 2021.

BRASIL. Lei 9.534, de 10 de dezembro de 1997. Dá nova redação ao art. 30 da Lei 6.015, de 31 de dezembro de 1973, que dispõe sobre os registros públicos; acrescenta inciso ao art. 1º da Lei 9.265, de 12 de fevereiro de 1996, que trata da gratuidade dos atos necessários ao exercício da cidadania; e altera os artigos 30 e 45 da Lei 8.935, de 18 de novembro de 1994, que dispõe sobre os serviços notariais e de registro. Diário Oficial [da] República Federativa do Brasil, Brasília, DF, 11 dez. 1997. Disponível em: http://www.planalto.gov.br/ccivil_03/Leis/L9534.htm. Acesso em: 23 maio 2018.

BRASIL. Lei 11.790, de 2 de outubro de 2008. Brasília, 2008. Disponível em: http://www.planalto.gov.br/ccivil_03/_ato2007-2010/2008/lei/l11790.htm. Acesso em: 19 abr. 2021.

DEFENSORIA PÚBLICA (Ceará). Irmãos sem registro civil: uma vida sem cidadania. uma vida sem cidadania. 2020. Disponível em: https://www.defensoria.ce.def.br/noticia/irmaos-sem-registro-civil-uma-vida-sem-cidadania/#:~:text=%E2%80%9CSem%20o%20registro%20de%20nascimento,sa%C3%BAde%2C%20votar%2C%20dentre%20outros. Acesso em: 15 abr. 2021.

FONSECA, J. J. S. *Metodologia da pesquisa científica*. Fortaleza: UEC, 2002. Apostila.

KRAUSPENHAAR, Flávia; HAMMARSTRÖN, Fátima Fagundes Barasuol. O registro civil como pressuposto à cidadania – a Lei 11.790/2008. In: Seminário Interinstitucional de Ensino, Pesquisa e Extensão, 17., 2012, Cruz Alta. *Anais* [...]. Cruz Alta: Unicruz, 2012. p. 0-0. Disponível em: https://home.unicruz.edu.br/seminario/anais/anais-2012/ccsa/o%20registro%20civil%20como%20pressuposto%20a%20cidadania%20%E2%80%93%20a%20lei%20n%C2%BA%2011.790%202008.pdf. Acesso em: 13 abr. 2021.

LEAL, José Hildor. Enchentes e cartórios: restaurações e suprimentos. 2010. Publicado por *Colégio Notarial do Brasil*. Disponível em: http://www.notariado.org.br/blog/noticias/enchentes-e-cartorios-restauracoes-e-suprimentos. Acesso em: 19 abr. 2021.

LEHMKUHL, Camila Schwinden; SILVA, Eva Cristina Leite da. Central de informações de Registro Civil das Pessoas Naturais frente ao acesso à informação. 2018. Londrina: *Informação & Informação*, v. 23 n. 2, 259-283. Disponível em: http://dx.doi.org/10.5433/1981-8920.2018v23n2p259. Acesso em: 13 abr. 2020.

LEHMKUHL, Camila Schwinden; SILVA, Eva Cristina Leite da. O Sistema Nacional De Informações de Registro Civil (Sirc) e o Acesso À Informação. In: Congresso Nacional De Arquivologia - CNA, 7., 2016, Fortaleza. *Anais eletrônicos*... João Pessoa: Revista Analisando em Ciência da Informação, 2016. p. 197-217. Disponível em: https://brapci.inf.br/index.php/article/download/60533. Acesso em: 13 abr. 2021.

LEITE, Gisele. Invisibilidade por falta de certidão de nascimento. 2020. *Jornal Jurid*. Disponível em: https://www.jornaljurid.com.br/colunas/gisele-leite/invisibilidade-por-falta-de-certidao-de-nascimento. Acesso em: 12 abr. 2021.

LIMA JUNIOR, Luís Marcelo Theodoro de. *A evolução do sistema de registro civil das pessoas naturais para a concreção da cidadania*: breves relatos acerca das novéis atribuições delegadas e expectativas acerca dos ofícios de cidadania. Breves relatos acerca das novéis atribuições delegadas e expectativas acerca dos ofícios de cidadania. Disponível em: https://recivil.com.br/wp-content/uploads/2020/08/A-EVOLUCAO-DO-SISTEMA-DE-REGISTRO-CIVIL-DAS-PESSOAS-NATURAIS-PARA-A-CONCRECAO-DA-CIDADANIA.pdf. Acesso em: 13 abr. 2021.

LOUREIRO, Luiz Guilherme. *Registros Públicos*: teoria e prática. 8. ed. Salvador: JusPodivm, 2017.

MARTINS, Robson; MARTINS, Érika Silvana Saquetti. O direito fundamental ao nome e a importância dos registradores e da Central do Registro Civil Eletrônico. 2020. *Artigo Publicado pelo portal Migalhas*. Disponível em: https://www.migalhas.com.br/coluna/migalhas-notariais-e-registrais/337572/o-direito-fundamental-ao-nome-e-a-importancia-dos-registradores-e-da-central-do-registro-civil-eletronico. Acesso em: 13 abr. 2021.

MAZZUOLI, Valério de Oliveira. *Direitos humanos e cidadania*: à luz do Direito Internacional. São Paulo: Minelli, 2002.

MEDEIRO, Carlos. Destruição de cartórios deve levar milhares a ter de provar identidade em Alagoas. 2010. Publicado por *UOL Cotidiano*. Disponível em: https://noticias.uol.com.br/cotidiano/ultimas-noticias/2010/06/28/destruicao-de-cartorios-deve-levar-milhares-a-ter-de-provar-identidade-em-alagoas.htm. Acesso em: 19 abr. 2021.

ONU. *Declaração Universal dos Direitos humanos.* Disponível em: http://www.mp.go.gov.br/portalweb/hp/7/docs/declaracao_universal_dos_direitos_do_homem.pdf. Acesso em: 20 abr. 2021.

RAMPAZZO, Lino. *Metodologia científica*: para alunos dos cursos de graduação e pós-graduação. São Paulo: Loyola, 2002.

RICHARDSON, Roberto Jarry. *Pesquisa Social*: métodos e técnicas. 3. ed. São Paulo: Atlas, 2012.

ROSAS, Vanderlei de Barros. *Afinal, O que é cidadania?* (2001). Disponível em http:/www.mundodosfilosofos.com.br/vanderlei7.htm. Acesso em: 07 fev. 2013.

TJDFT (Tribunal de Justiça do Distrito Federal e dos Territórios). *Registro Civil.* 2019. Disponível em: https://www.tjdft.jus.br/informacoes/perguntas-mais-frequentes/extrajudicial/registro-civil#:~:text=O%20registro%20civil%20%C3%A9%20ato,em%20livro%20pr%C3%B3prio%20do%20cart%C3%B3rio. Acesso em: 12 abr. 2021.

A PARENTALIDADE SOCIOAFETIVA E OS DESDOBRAMENTOS NO REGISTRO CIVIL DE PESSOAS NATURAIS

Daniela Lippe Pasquarelli

Especialista em Direito Notarial e Registral pela Escola Paulista de Magistratura (EPM) e pelo Damasio Educacional. Graduada pela Faculdade de Direito de Ribeirão Preto da Universidade de São Paulo (USP).

Sumário: 1. Introdução – 2. Princípio da afetividade no direito de família – 3. Parentalidade e filiação socioafetiva; 3.1 Parentalidade socioafetiva como parentesco civil; 3.2 Filiação socioafetiva; 3.3 Posse de estado de filho – 4. Análise jurisprudencial: o recurso extraordinário 898.060/SC do STF; 4.1 Consequências jurídicas do reconhecimento da multiparentalidade – 5. O provimento 63 de 2017 do Conselho Nacional de Justiça – 6. Conclusão – 7. Referências.

1. INTRODUÇÃO

A união de pessoas visando à formação de uma família, desde os tempos mais remotos, é regulada pelo direito. Persistiu no ordenamento brasileiro, por muitos séculos, o conceito de família como entidade formada por um casamento entre homem e mulher e os filhos advindos dessa união. Quaisquer pessoas de fora desse núcleo familiar que mantivessem relações com esses indivíduos eram desqualificadas e tratadas a parte na sociedade e no direito, como a concubina e o filho ilegítimo.

Com a evolução da sociedade, representada nas novas relações de trabalho, na busca da igualdade de direitos pelas mulheres e nos estudos da dignidade da pessoa humana, outras formas de união entre pessoas foram reconhecidas como família. O direito, em seu papel de retratar e regular a realidade, inovou com a Constituição Federal de 1988, prevendo modalidades de família para além da família matrimonial: a monoparental e a união estável. Além disso, estabeleceu a igualdade entre o homem e a mulher, extinguindo a figura patriarcal prevista desde o Direito Romano.

Posteriormente, novas modalidades de família surgiram, como a anaparental, a homoafetiva, a informal, as paralelas, a poliafetiva, além da família recomposta ou mosaico que será objeto de estudo nesse artigo. Essa modalidade indica a estrutura familiar que se origina na união de fato de casais cujos integrantes tenham filhos provenientes de relações prévias.[1] No senso comum, são as famílias formadas por padrastos ou madrastas e seus enteados.

O principal vínculo entre esses indivíduos não é o sanguíneo, mas o afetivo. Assim, pode-se constatar o crescimento da importância do afeto no direito, sendo até mesmo considerado por alguns doutrinadores um princípio do Direito de Família. Por conseguinte, a afetividade passou a pautar diversas decisões no Poder Judiciário, bem como a ser base de várias legislações.

Da afetividade, ainda, decorreram novos institutos jurídicos, tais como filiação socioafetiva, posse de estado de filho, maternidade e paternidade socioafetiva, multiparentalidade, alienação parental, usucapião familiar e famílias simultâneas.

Tendo em vista a relevância do tema, será examinado o novo instituto da multiparentalidade. Por se tratar de uma novidade legislativa, reconhecida por decisão do Supremo Tribunal Federal de 2016 e regulada em provimento extrajudicial, há muitas questões a serem esclarecidas sobre o assunto.

2. PRINCÍPIO DA AFETIVIDADE NO DIREITO DE FAMÍLIA

O Princípio da Afetividade não consta do texto da Constituição Federal como sendo um direito fundamental, nem aparece como um princípio expresso. No entanto, diante da construção jurisprudencial, doutrinária e até mesmo legislativa, torna-se plausível considerar o afeto como um princípio implícito norteador do ordenamento jurídico.

Nesse sentido, o autor Ricardo Calderón, em seu livro "Princípio da afetividade no direito de família", expõe o modo de interpretação do ordenamento jurídico vigente: "Para que reste viável uma análise tópico-sistemática do sistema jurídico brasileiro, com o intuito de apurar se a afetividade é princípio implícito do Direito de Família, pode não ser suficiente a averiguação apenas dos textos do Código e da Constituição".[2]

A jurisprudência foi a precursora em consolidar a categoria jurídica da afetividade no sistema brasileiro. Antes de qualquer dispositivo legislativo expresso, antes mesmo do Código Civil de 2002, as decisões judiciais começaram a trazer à tona o valor da afetividade. Em 2001, um caso que discutia uma relação paterna consolidada de fato, mas com ausência do vínculo genético, foi julgado emblematicamente pelo Tribunal de Justiça do Estado do Paraná. Esse decidiu

---

1. DIAS, Maria Berenice. *Manual de direito das famílias*. 10. ed. rev., atual. e ampl. São Paulo: Ed. RT, 2015. p. 141.
2. CALDERÓN, Ricardo. *Princípio da afetividade no direito de família*. 2. ed. Rio de Janeiro: Forense, 2017.

pela manutenção do vínculo parental, mesmo sem o biológico, reconhecendo a paternidade socioafetiva.[3]

Inúmeras outras decisões foram proferidas, consolidando a afetividade como um pilar do ordenamento jurídico, relevante para diversos temas, principalmente no Direito de Família.

Relevantes decisões nesse sentido foram tomadas pelo Superior Tribunal de Justiça e Supremo Tribunal Federal. Alguns dos julgados recentes e paradigmáticos do Supremo Tribunal Federal tiveram como base na fundamentação a afetividade: em 2011, o julgamento da união das pessoas do mesmo sexo, sendo citada em todos os votos proferidos; e, em 2016, a decisão sobre a multiparentalidade, a partir do reconhecimento da parentalidade socioafetiva.

A legislação seguiu essa evolução. Nos últimos anos, houve alterações legislativas que aludiram ao afeto e à afetividade no próprio texto da lei, são elas: Lei Maria da Penha (Lei n. 11.340/2006), Leis da Guarda Compartilhada (Leis 11.698/2008 e n. 13.058/2014), nova Lei da Adoção (Lei 12.010/2009) e Lei da Alienação Parental (Lei n. 12.318/2010).

Também a doutrina se movimentou para tratar do tema. Ainda se discute a classificação da afetividade como princípio do Direito de Família, não havendo consenso entre os autores. Há duas correntes doutrinárias: a primeira, representada por autores como Flávio Tartuce, Maria Berenice Dias, Maria Helena Diniz e Gustavo Tepedino, sustenta expressamente a afetividade como princípio. Já a segunda, defendida pelos autores Cristiano Chaves de Farias e Nelson Rosenvald,[4] reconhece a importância do afeto, mas não o considera como um princípio jurídico do Direito da Família, porque, se assim o fosse, poderia ser exigido, obrigando e vinculando os sujeitos.[5]

---

3. Negatória de paternidade. "Adoção à brasileira". Confronto entre a verdade biológica e a socioafetiva. Tutela da dignidade da pessoa humana. Procedência. Decisão reformada. A ação negatória de paternidade é imprescritível, na esteira do entendimento consagrado na Súmula 149/STF, já que a demanda versa sobre o estado da pessoa, que é emanação do direito da personalidade. 2. No confronto entre a verdade biológica, atestada em exame de DNA, e a verdade socioafetiva, decorrente da denominada "adoção à brasileira" (isto é, da situação de um casal ter registrado, com outro nome, menor, como se deles filho fosse) e que perdura por quase quarenta anos, há de prevalecer a solução que melhor tutele a dignidade da pessoa humana. 3. A paternidade socioafetiva, estando baseada na tendência de personificação do direito civil, vê a família como instrumento de realização do ser humano; aniquilar a pessoa do apelante, apagando-lhe todo o histórico de vida e condição social, em razão de aspectos formais inerentes à irregular "adoção à brasileira", não tutelaria a dignidade humana, nem faria justiça ao caso concreto, mas, ao contrário, por critérios meramente formais, proteger-se-iam as artimanhas, os ilícitos e as negligências utilizadas em benefício do próprio apelado. (TJ/PR. Apelação Cível 108.417-9. 2ª Vara de Família, Curitiba. Apelante: G.S./ Apelado: A.F.S./Rel. Des. Accácio Cambi, j. 12.12.2001.)
4. FARIAS, Cristiano Chaves de; ROSENVALD, Nelson. *Curso de direito civil*: Famílias. 9. ed. rev. e atual. Salvador: JusPodivm. 2016, p. 53.
5. CALDERÓN, Ricardo. op. cit.

O autor Ricardo Calderón[6] destaca a dupla face do princípio da afetividade. A primeira face seria aquela decorrente do vínculo familiar já estabelecido e reconhecido pelo sistema (como o de parentalidade, conjugalidade ou qualquer união familiar), da qual deriva um dever jurídico. Já a segunda face é voltada para as pessoas que não possuem o vínculo familiar reconhecido no direito, mas há uma relação de parentalidade ou conjugalidade, aspecto que englobaria a noção de posse de estado (seja de filhos, seja de companheiros ou cônjuges).

No caso de pessoas que não possuam o vínculo familiar reconhecido no sistema, primeiramente, o princípio da afetividade atua para gerar o liame jurídico (parental, conjugal ou de união estável). Após o reconhecimento da relação entre as pessoas envolvidas, incidirá a outra face do princípio, o dever jurídico de afetividade.

O crescimento do número das famílias recompostas recomenda cada vez mais o uso da afetividade para resolução dos conflitos jurídicos. Com a complexidade e instabilidade das relações na sociedade contemporânea, muitas vezes, a resposta não está na letra da lei, mas em uma interpretação extensiva do ordenamento jurídico. Por isso, é de extrema importância a compreensão e utilização desse princípio no Direito de Família.

3. PARENTALIDADE E FILIAÇÃO SOCIOAFETIVA

3.1 Parentalidade socioafetiva como parentesco civil

O conceito de parentesco trazido por Flávio Tartuce é que se trata do "vínculo jurídico estabelecido entre pessoas que têm a mesma origem biológica, entre um cônjuge ou companheiro e os parentes do outro e entre as pessoas que têm entre si um vínculo civil."[7]

Conforme observado no conceito, o direito civil brasileiro admite três modalidades de parentesco: consanguíneo ou natural, por afinidade e civil.

O parentesco consanguíneo ou natural é o existente entre pessoas que mantêm entre si um vínculo biológico. Trata-se dos parentes que têm origem no mesmo tronco comum, podendo ser em linha reta ou colaterais, conforme disposto nos artigos 1.591 e 1.592 do Código Civil.

Por outro lado, o parentesco por afinidade é criado por uma relação social existente entre um cônjuge ou companheiro e os parentes do outro cônjuge ou

---

6. Idem.
7. TARTUCE, Flávio. *Manual de Direito Civil*: volume único. 9. ed. Rio de Janeiro: Forense; São Paulo: Método. 2019. p. 1214.

companheiro. Os cônjuges ou companheiros não são parentes entre si, havendo apenas o vínculo da convivência.

O parentesco civil, por exclusão, é aquele decorrente de outra origem, que não seja a consanguinidade ou afinidade, conforme consta do artigo 1.593 do Código Civil. Tartuce[8] afirma que, tradicionalmente, a outra origem seria a adoção, tão somente. No entanto, a doutrina e a jurisprudência moderna vêm admitindo duas outras formas de parentesco civil. A primeira é decorrente da técnica de reprodução heteróloga, efetivada com material genético de terceiro. Enquanto que a segunda tem fundamento na parentalidade socioafetiva, na posse de estado de filhos e no vínculo social de afeto.

Apesar de essa concepção ter se sedimentado na doutrina moderna, já em 1979, o jurista João Baptista Villela,[9] então professor da Faculdade de Direito da Universidade Federal de Minas Gerais, tratou da valorização da prática do afeto como valor jurídico, discorrendo sobre a desbiologização da paternidade. O trabalho desenvolveu o surgimento de uma nova forma de parentesco civil, a parentalidade socioafetiva, amparada na posse de estado de filho.

Diversos enunciados emitidos pelo Conselho da Justiça Federal (CJF/STJ), aprovados em Jornadas de Direito Civil, reiteraram esse sentido. Ilustrando, o Enunciado n. 103 do Conselho da Justiça Federal, da I Jornada de Direito Civil:

> O Código Civil reconhece, no art. 1.593, outras espécies de parentesco civil além daquele decorrente da adoção, acolhendo, assim, a noção de que há também parentesco civil no vínculo parental proveniente quer das técnicas de reprodução assistida heteróloga relativamente ao pai (ou mãe) que não contribuiu com seu material fecundante, quer da paternidade socioafetiva, fundada na posse do estado de filho.[10]

Em complemento, em 2004, o Enunciado n. 256 do Conselho da Justiça Federal, da III Jornada de Direito Civil afirma: "A posse do estado de filho (parentalidade socioafetiva) constitui modalidade de parentesco civil".[11]

3.2 Filiação Socioafetiva

Outro importante instituto do direito de família, intrinsecamente ligado a paternidade, é a filiação. Segundo Paulo Luiz Netto Lôbo, "o estado de filiação é a qualificação jurídica dessa relação de parentesco, compreendendo um complexo

---

8. Idem.
9. VILLELA, João Batista. Desbiologização da paternidade. *Revista da Faculdade de Direito da Universidade Federal de Minas Gerais*, Belo Horizonte, Ano XXVII, n. 21 (nova fase), maio 1979.
10. Conselho da Justiça Federal (CJF). Enunciado n. 103. I Jornada de Direito Civil. 2002. Disponível em: https://www.cjf.jus.br/enunciados/enunciado/734. Acesso em: 02 set. 2020.
11. Conselho da Justiça Federal (CJF). Enunciado 256. III Jornada de Direito Civil. 2002. Disponível em: https://www.cjf.jus.br/enunciados/enunciado/501. Acesso em: 02 set. 2020.

de direitos e deveres reciprocamente considerados".[12] A reciprocidade entre os dois institutos pode ser percebida pelo fato de onde houver paternidade juridicamente considerada, haverá estado de filiação.

O estado de filiação é presumido em relação ao pai registral. Também pode proceder do casamento ou de técnicas de reprodução assistida, conforme dispõe o artigo 1.597 do Código Civil. Lembrando que se trata de presunção relativa de veracidade, podendo ser afastada caso haja prova em contrário.

A prova da filiação se dá por meio da certidão de nascimento, cujo assento é registrado no Registro Civil de Pessoas Naturais, segundo o disposto no artigo 1.604 do Código Civil. Não só a filiação biológica é assim provada, mas também a socioafetiva. O Enunciado n. 108 do Conselho da Justiça Federal determina sobre o tema: "No fato jurídico do nascimento, mencionado no artigo 1.603, compreende-se à luz do disposto no artigo. 1.593, afiliação consanguínea e também a socioafetiva".[13]

3.3 Posse de estado de filho

Conforme analisado, a parentalidade socioafetiva é fundada na posse de estado de filho. A expressão "posse de estado" advém da situação jurídica que não corresponde à verdade de que as pessoas desfrutam. Segundo Maria Berenice Dias, "a aparência faz com que todos acreditem existir situação não verdadeira, fato que não pode ser desprezado pelo direito. Assim, a tutela da aparência acaba emprestando juridicidade a manifestações exteriores de uma realidade que não existe".[14]

Paulo Luiz Netto Lôbo conceitua: "a posse de estado de filiação constitui-se quando alguém assume o papel de filho em face daquele ou daqueles que assumem os papéis ou lugares de pai ou mãe ou de pais, tendo ou não entre si vínculos biológicos".[15]

Dessa forma, conclui-se que da noção de posse de estado de filho deriva a posse de estado de pai, tal qual uma não existe sem a outra, gerando, assim, a parentalidade e a filiação socioafetiva.

---

12. LÔBO, Paulo Luiz Netto. Paternidade socioafetiva e o retrocesso da Súmula 301 no STJ. *IBDFAM*. V Congresso Brasileiro de Direito de Família. out. 2005. Disponível em https://www.ibdfam.org.br/publicacoes/anais/detalhes/714/V%20Congresso%20Brasileiro%20de%20Direito%20de%20Fam%C3%ADlia. Acesso em: 08 ago. 2020.
13. Conselho da Justiça Federal (CJF). Enunciado 108. I Jornada de Direito Civil. 2002. Disponível em: https://www.cjf.jus.br/enunciados/enunciado/740. Acesso em: 03 set. 2020.
14. DIAS, Maria Berenice. op. cit., p. 405.
15. LÔBO, Paulo Luiz Netto. Direito ao Estado de filiação e direito à origem genética: uma distinção necessária. *Revista CEJ*, Brasília, v. 8, n. 27, p. 47-56, out./dez. 2004.

A autora Maria Berenice Dias[16] critica o sistema jurídico por não contemplar, de modo expresso, a noção de posse de estado de filho. Afirma que essa não se estabelece com o nascimento, por isso, não deriva da verdade jurídica ou científica da filiação, mas sim, num ato vontade. A posse de estado de filho, portanto, trata-se da crença da condição de filho fundada em laços de afeto.

Flávio Tartuce[17] sustenta que a posse de estado de filhos deve se caracterizar quando presentes os critérios clássicos relativos à posse de estado de casados, conceito disposto no artigo 1.545 do Código Civil. São eles: o tratamento, a fama e o nome.

Assim sendo, a realidade fática da posse de estado de filho tem sido analisada juridicamente. Alguns autores defendem que, havendo embate com a filiação biológica, o vínculo afetivo deve prevalecer. Elucidando, Maria Berenice Dias considera: "a maternidade e a paternidade biológica nada valem frente ao vínculo afetivo que se forma entre a criança e aquele que trata e cuida dela, lhe dá amor e participa de sua vida. A afeição tem valor jurídico".[18]

Sustenta a autora[19] que a relação entre pais e filhos não deriva simplesmente pelo fato biológico ou decorrente da presunção legal, mas advém de uma convivência afetiva. Dessa forma, pai afetivo é aquele que ocupa a função de pai, devendo ser prestigiado o elo da afetividade.

Ademais, já decidiu o Superior Tribunal de Justiça,[20] no ano de 2008, no Recurso Especial 1003628 do Distrito Federal, com relatoria da Ministra Nancy

---

16. DIAS, Maria Berenice. Op. cit., p. 405.
17. TARTUCE, Flávio. Op. cit., p. 1067.
18. DIAS, Maria Berenice. Op. cit., p. 405.
19. Ibidem, p. 406.
20. Direito civil. Família. Criança e adolescente. Recurso Especial. Ação negatória de paternidade c.c. declaratória de nulidade de registro civil. Interesse maior da criança. Ausência de vício de consentimento. Improcedência do pedido. - O assentamento no registro civil a expressar o vínculo de filiação em sociedade nunca foi colocado tão à prova como no momento atual, em que, por meio de um preciso e implacável exame de laboratório, pode-se destruir verdades construídas e conquistadas com afeto. – Se por um lado predomina o sentimento de busca da verdade real, no sentido de propiciar meios adequados ao investigante para que se tenha assegurado um direito que lhe é imanente, por outro, reina a curiosidade, a dúvida, a oportunidade, ou até mesmo o oportunismo, para que e veja o ser humano, tão falho por muitas vezes, livre das amarras não só de um relacionamento fracassado, como também das obrigações decorrentes de sua dissolução. Existem, pois, ex-cônjuges e ex-companheiros; não podem existir, contudo, ex-pais. – O reconhecimento espontâneo da paternidade somente pode ser desfeito quando demonstrado vício de consentimento, isto é, para que haja possibilidade de anulação do registro de nascimento de menor cuja paternidade foi reconhecida, é necessária prova robusta no sentido de que o pai registral foi de fato, por exemplo, induzido a erro, ou ainda, que tenha sido coagido a tanto. – Tendo em mente a salvaguarda dos interesses dos pequenos, verifica-se que a ambivalência presente nas recusas de paternidade são particularmente mutilantes para a identidade das crianças, o que impõe ao julgador substancial desvelo no exame das peculiaridades de cada processo, no sentido de tornar, o quanto for possível, perenes os vínculos e alicerces na vida em desenvolvimento. – A fragilidade e a fluidez dos relacionamentos entre os adultos não devem perpassar as relações entre pais e

Andrighi, que, depois de estabelecido o vínculo de afeto e aperfeiçoada a socioafetividade, não pode o pai alegar não existir a origem biológica. Conforme esse julgado, o reconhecimento espontâneo de paternidade só pode ser desfeito se houver vício de consentimento, ou seja, se o pai registral houver sido induzido a erro ou coagido ao reconhecimento.

Portanto, é vedada desconstituição do registro de nascimento feito de forma espontânea por aquele que, mesmo sabendo não ser o pai consanguíneo, tem o filho como seu.

O fundamento para essa decisão está na posse de estado de filho, a verdade real acima da biológica. Maria Berenice Dias menciona o princípio da boa-fé objetiva e a proibição de comportamento contraditório para respaldar o prestígio da filiação socioafetiva e complementa: "A filiação socioafetiva funda-se na cláusula geral de tutela da personalidade humana, que salvaguarda a filiação como elemento fundamental na formação ela identidade e definição da personalidade".[21]

4. ANÁLISE JURISPRUDENCIAL: O RECURSO EXTRAORDINÁRIO 898.060/SC DO STF

Antes da paradigmática decisão do Supremo Tribunal Federal sobre o tema, a jurisprudência não era pacífica no que dizia respeito à possibilidade de manutenção de filiação biológica e socioafetiva no assento de nascimento.

Ainda no ano de 2012, o Superior Tribunal de Justiça decidiu que é direito do filho requerer o reconhecimento da origem biológica, com anulação do registro de nascimento, pautado na filiação socioafetiva. A Colenda Corte argumentou que o judiciário não pode ser sustentáculo da ilegal adoção à brasileira, devendo, nesses casos, prevalecer a filiação biológica em detrimento da socioafetiva.[22]

A decisão despreza a posse de estado de filhos, o vínculo da afetividade e o princípio da paternidade responsável. Ademais, conforme exposto pelo autor Flávio Tartuce, "abre a possibilidade de um filho 'escolher' o seu pai não pelo ato

---

filhos, as quais precisam ser perpetuadas e solidificadas. Em contraponto à instabilidade dos vínculos advindos das uniões matrimoniais, estáveis ou concubinárias, os laços de filiação devem estar fortemente assegurados, com vistas no interesse maior da criança, que não deve ser vítima de mais um fenômeno comportamental do mundo adulto. Recurso especial conhecido e provido. (Superior Tribunal de Justiça. Recurso Especial: 1003628 DF 2007/0260174-9. Relator: Ministra Nancy Andrighi. Data de julgamento: 14.10.2008, Terceira Turma, Data de publicação – Dje 10.12.2008.)

21. DIAS, Maria Berenice. Op. cit., p. 406.
22. Direito de família. Recurso especial. Ação investigatória de paternidade e maternidade ajuizada pela filha. Ocorrência da chamada "adoção à brasileira". Rompimento dos vínculos civis decorrentes da filiação biológica. Não ocorrência. Paternidade e maternidade reconhecidos. (Superior Tribunal de Justiça. Recurso Especial n. 1.167.993 – RS 2009/0220972-2. Relator: Ministro Luis Felipe Salomão. Data de julgamento: 18/12/2012, Quarta Turma, Data de publicação: 15.03.2013.)

de afeto, mas por meros interesses patrimoniais, em uma clara demanda frívola que deve ser repudiada".[23]

Em 2015, o mesmo Superior Tribunal de Justiça decidiu que, na ausência da vontade expressa de todos os envolvidos, não se pode impor a multiparentalidade.[24]

Objetivando uniformizar a jurisprudência, no ano de 2016, o egrégio Supremo Tribunal Federal, nos autos do Recurso Extraordinário 898.060 de Santa Catarina, com repercussão geral, decidiu sobre o tema de vínculos parentais, reconhecendo a parentalidade socioafetiva, a inexistência de hierarquia entre esta e a de origem biológica, e, ainda, aprovou expressamente a possibilidade de multiparentalidade.[25]

Esse relevante julgado sobre o tema fixou a seguinte tese: "A paternidade socioafetiva, declarada ou não em registro público, não impede o reconhecimento do vínculo de filiação concomitante baseado na origem biológica, com os efeitos jurídicos próprios".[26]

As principais notas tomadas na sessão de julgamento sobre o tema foram expostas no Informativo 840 do Supremo Tribunal Federal.[27]

Em 2017, sob a égide da tese de repercussão geral determinada pelo Supremo Tribunal Federal, a mesma Terceira Turma do Superior Tribunal de Justiça

---

23. TARTUCE, Flávio. op. cit., p. 1229.
24. Recurso especial. Ação declaratória de inexistência de filiação e anulatória de registro público. Duplo registro de paternidade. Multiparentalidade. Pai socioafetivo. Ausência de manifestação nos autos. Demonstração de interesse em figurar na certidão de nascimento do menor. Inocorrência. Disposição futura de bens. Possibilidade. Dispositivos constitucionais. Análise. Competência do STF. Legislação infraconstitucional não prequestionada. Incidência da Súmula 211/STJ. Divergência jurisprudencial não demonstrada nos moldes legais. (Superior Tribunal de Justiça. Recurso Especial 1.333.086 – RO 2012/0141938-1. Relator: Ministro Ricardo Villas Bôas Cueva. Data de julgamento: 06.10.2015, Terceira Turma, Data de publicação: 15.10.2015).
25. Recurso extraordinário. Repercussão geral reconhecida. Direito civil e constitucional. Conflito entre paternidades socioafetiva e biológica. Paradigma do casamento. superação pela Constituição de 1988. Eixo central do direito de família: deslocamento para o plano constitucional. Sobreprincípio da dignidade humana (art. 1º, III, DA CRFB). Superação de óbices legais ao pleno desenvolvimento das famílias. Direito à busca da felicidade. Princípio constitucional implícito. Indivíduo como centro do ordenamento jurídico-político. Impossibilidade de redução das realidades familiares a modelos pré-concebidos. Atipicidade constitucional do conceito de entidades familiares. União estável (art. 226, § 3º, CRFB) e família monoparental (art. 226, § 4º, CRFB). Vedação à discriminação e hierarquização entre espécies de filiação (ART. 227, § 6º, CRFB). Parentalidade presuntiva, biológica ou afetiva. necessidade de tutela jurídica ampla. Multiplicidade de vínculos parentais. Reconhecimento concomitante. Possibilidade. pluriparentalidade. princípio da paternidade responsável (art. 226, § 7º, CRFB). Recurso a que se nega provimento. fixação de tese para aplicação a casos semelhantes. (Supremo Tribunal Federal. Recurso Extraordinário n. 898.060 / São Paulo. Relator: Ministro Luiz Fux. Data de julgamento: 21.09.2016, Plenário, Data de publicação: 24.08.2017.)
26. Tema 622 do STF, atribuída repercussão geral.
27. Supremo Tribunal Federal (STF). Informativo 840. Repercussão Geral: Vínculo de filiação e reconhecimento de paternidade biológica. Disponível em: http://stf.jus.br/arquivo/informativo/documento/informativo840.htm. Acesso em: 19 set. 2020.

mudou o seu entendimento, proferindo decisão reconhecendo ser possível a multiparentalidade, mesmo contra a vontade dos envolvidos.[28]

4.1 Consequências jurídicas do reconhecimento da multiparentalidade

Uma das decorrências da tese fixada pelo Supremo Tribunal Federal *supra* analisada foi a admissão da possibilidade de coexistência das filiações biológica e socioafetiva, reconhecendo o instituto da multiparentalidade.

O autor Christiano Cassettari,[29] em sua tese de doutorado, defendeu a conciliação das filiações biológicas e afetiva. A filiação biológica tem origem no vínculo sanguíneo, enquanto a socioafetiva se origina no afeto. Dessa forma, ambas são diferentes e possuem origens diferentes, sendo incabível a prevalência de uma sobre a outra. Conclui o autor: "O embasamento para a existência da multiparentalidade é que devemos estabelecer uma igualdade entre as filiações biológica e afetiva".[30]

A decisão do Supremo Tribunal Federal acolheu a multiparentalidade, porém, não estabeleceu os parâmetros que devem ser seguidos para obter esse reconhecimento.

Os autores Marcos Ehrhardt Júnior e Karina Barbosa Franco apontam, no artigo "Multiparentalidade e Afetividade: análise dos parâmetros para o seu reconhecimento jurídico a partir da tese fixada na decisão do STF no RE 898.060",[31] a questão da possibilidade do reconhecimento da multiparentalidade com base apenas no critério biológico, não estando presente a afetividade e convivência com a pessoa que se pretende incluir no registro.

Em outras palavras, o que não foi analisado na decisão do Supremo Tribunal Federal é se a inclusão do pai biológico no assento de nascimento deve se dar apenas pelo critério biológico, com a comprovação no exame de DNA, ou se é necessário ser apurada a afetividade entre as pessoas que buscam o vínculo parental.

---

28. Recurso especial. Direito de família. Filiação. Igualdade entre filhos. ART. 227, § 6º, da CF/1988. Ação de investigação de paternidade. Paternidade socioafetiva. Vínculo biológico. Coexistência. Descoberta posterior. Exame de DNA. Ancestralidade. Direitos sucessórios. Garantia. Repercussão geral. STF. (Supremo Tribunal de Justiça. Recurso Especial 1.618.230 – RS 2016/0204124-4. Relator: Ministro Ricardo Villas Bôas Cueva. Data de julgamento: 28.03.2017, Terceira Turma, Data de publicação: 10.05.2017).
29. CASSETTARI, Christiano. *Multiparentalidade e parentalidade socioafetiva*: efeitos jurídicos. 3. ed. Rio de Janeiro: Atlas, 2017. p. 248.
30. Idem.
31. FRANCO, Karina Barbosa; EHRHARDT JÚNIOR, Marcos. *Multiparentalidade e Afetividade*: análise dos parâmetros para o seu reconhecimento jurídico a partir da tese fixada na decisão do STF no RE 898.060. 2018.

Como os autores[32] demonstram, há duas situações distintas: o estabelecimento de filiação, com natureza de direito de família, e o conhecimento de origem genética, um direito da personalidade. Para a primeira situação, é indispensável a convivência e afetividade, visto que as relações familiares são compostas de direitos e deveres recíprocos. Para a segunda situação, é apenas necessária uma investigação de paternidade provada pelo exame de DNA.

Ademais, apontam os autores[33] que o voto divergente do Ministro Fachin foi nesse sentido. No caso julgado, restava comprovado o vínculo socioafetivo com o pai registral, estando presente todos os requisitos de posse de estado de filho, e, também restava comprovada a ascendência genética com o pai biológico. O que não foi demonstrado, no entanto, foi a socioafetividade com o pai biológico, o que impossibilitaria o reconhecimento no registro de nascimento, na visão do Ministro.

Assim sendo, não se pode confundir o direito de personalidade ao conhecimento da origem genética com o direito à filiação. A crítica que se faz à tese do Supremo Tribunal Federal sobre o tema é a ausência do requisito da afetividade para que seja reconhecido o pai biológico como pai registral, em situação de multiparentalidade.

Alguns autores entendem que caberá ao filho, diante do seu próprio interesse, decidir se mantém em seu registro apenas o pai socioafetivo ou ambos, mesmo que não tenha nenhum vínculo de afetividade com o genitor. Nas palavras de Tartuce: "Também não é viável incluir o pai biológico se não houver a comprovação do outro vínculo, especialmente em se tratando de filho menor de idade, o que põe lhe trazer prejuízos imensuráveis, de cunho psicológico e social".[34] Se assim for, podem surgir situações de reconhecimento de paternidade biológica com objetivo tão somente patrimonial.

Apesar de todas as considerações, o fato é que a tese fixada pelo Supremo Tribunal Federal, com repercussão geral e oponibilidade erga omnes, considerou que pode ser reconhecida a paternidade do pai biológico, mesmo que não haja convivência e afetividade, justificando pelo princípio da paternidade responsável.

Ademais, as consequências jurídicas da multiparentalidade ainda não estão bem delineadas, surgindo inúmeras questões que não conseguirão ser resolvidas com base apenas no ordenamento jurídico vigente. O autor Christiano Cassetari[35] relata algumas adversidades que a doutrina e jurisprudência terão que enfrentar.

---

32. Idem.
33. Idem.
34. TARTUCE, Flávio. OP. cit., p. 1235.
35. CASSETARI, Christiano. Op. cit., p. 218.

A começar pelo instituto da emancipação voluntária que, pela previsão do inciso I, parágrafo único do artigo 5º do Código Civil, deve ser concedido pelos pais ou um deles na falta do outro. Se todos os pais concordarem em realizar a emancipação por escritura pública, não haverá maiores problemas. A questão tormentosa seria se algum deles não autorizar o ato. O autor[36] entende que se um dos genitores não autorizar, a questão deverá ser solucionada judicialmente, por meio do artigo 1.631, parágrafo único do Código Civil. No caso de três pais, a emancipação deve ocorrer por unanimidade, e não por maioria.

Na mesma linha, dúvidas surgem a respeito de quais genitores deverão representar ou assistir os filhos menores ou incapazes. A doutrina[37] entende que, no caso de três genitores, a representação ou assistência deve ser dada por todos. Se algum deles não concordar com o ato ou se recusar a comparecer, deverá o caso ser solucionado no Judiciário, também nos termos do citado artigo 1.631, parágrafo único do Código Civil.

Em relação ao direito de ser usufrutuário dos bens dos filhos, outra indagação interessante: segundo o artigo 1.689 do Código Civil, o pai e a mãe são usufrutuários e têm a administração dos bens dos filhos menores, mas como ficará no caso de três genitores? O autor Christiano Cassetari entende que todos deverão ser usufrutuários e administradores, sendo que, se houver divergência, qualquer um deles pode recorrer ao judiciário.

É importante frisar a cautela que deve ter o tabelião ao se deparar com a multiparentalidade. Para lavrar qualquer escritura, como exemplo, emancipação ou venda de imóveis de menores, deve o tabelião exigir a presença de todos os genitores, assegurando que estão concordes na realização do ato e colher todas as assinaturas.

Em relação à obrigação alimentar, como será paga a pensão alimentícia se um filho possuir dois pais no assento de nascimento? A doutrina[38] entende que a obrigação alimentar deve ser paga por qualquer um deles, de acordo com a possibilidade, não havendo previsão de solidariedade.

Quanto aos efeitos sucessórios, na VIII Jornada de Direito Civil, promovida pelo Conselho da Justiça Federal em abril de 2018, aprovou-se o Enunciado 632, segundo o qual: "Nos casos de reconhecimento de multiparentalidade paterna ou materna, o filho terá direito à participação da herança de todos os ascendentes reconhecidos".[39]

---

36. Idem.
37. CASSETARI, Christiano. Op. cit., p. 220.
38. Ibidem, p. 222.
39. Conselho da Justiça Federal (CJF). Enunciado n. 632. VIII Jornada de Direito Civil. 2018. Disponível em: https://www.cjf.jus.br/enunciados/enunciado/1162. Acesso em: 29 nov. 2020.

Ademais, indaga-se: se uma pessoa falece, sem descentes e cônjuge, com um pai socioafetivo, um pai biológico e uma mãe biológica, como será dividida a herança? O Código Civil prevê, em seu artigo 1.836, § 2º, que os ascendentes da linha paterna herdam metade, cabendo a outra aos da linha materna. Nesse imbróglio, deveria ser divido em três linhas, paterna socioafetiva, paterna biológica e materna biológica?

O Enunciado 642 do Conselho da Justiça Federal propôs alteração do referido artigo para resolver a questão:

> Enunciado 642: Art. 1.836: Nas hipóteses de multiparentalidade, havendo o falecimento do descendente com o chamamento de seus ascendentes à sucessão legítima, se houver igualdade em grau e diversidade em linha entre os ascendentes convocados a herdar, a herança deverá ser dividida em tantas linhas quantos sejam os genitores.[40]

Outras questões poderão surgir em decorrência do reconhecimento da multiparentalidade e serão analisadas pelo Poder Judiciário e regulamentadas pelo Legislativo.

5. O PROVIMENTO 63 DE 2017 DO CONSELHO NACIONAL DE JUSTIÇA

Em 14 de novembro de 2017, o Conselho Nacional de Justiça editou o Provimento 63, que dispõe sobre o reconhecimento voluntário e a averbação da paternidade e maternidade socioafetiva no Livro "A", entre outros temas.

O Provimento foi editado seguindo o fenômeno da desjudicialização. Durante anos, o reconhecimento de uma relação parental afetiva podia ocorrer exclusivamente pela via judicial. Tendo em vista o aumento dessas demandas, em decorrência do crescimento das famílias recompostas, os Estados começaram a regular o reconhecimento da paternidade socioafetiva extrajudicialmente em suas normativas estaduais.

Para que houvesse a uniformidade do procedimento em todos os Ofícios de Registro Civil de Pessoas Naturais do país, o Instituto Brasileiro de Direito de Família (IBDFAM) elaborou um pedido de providências ao Conselho Nacional de Justiça.

Assim foi editado o Provimento 63 de 2017, que teve alguns artigos alterados pelo Provimento 83 de 2019 pelo Conselho Nacional de Justiça. Determinando

---

40. Conselho da Justiça Federal (CJF). Enunciado 642. VIII Jornada de Direito Civil. 2018. Disponível em: https://www.cjf.jus.br/enunciados/enunciado/1181#:~:text=Nas%20hip%C3%B3teses%20de%20multiparentalidade%2C%20havendo,linhas%20quantos%20sejam%20os%20genitores. Acesso em: 29 set. 2020.

o reconhecimento voluntário de maternidade ou paternidade socioafetiva de pessoas acima de 12 anos diretamente perante os oficiais de Registro Civil das Pessoas Naturais.[41]

O *caput* do Artigo 10-A do Provimento 63 de 2017, incluído pelo Provimento 83 de 2019, estipula dois atributos para que seja possível o reconhecimento extrajudicial da maternidade ou paternidade socioafetiva: ser essa estável e estar exteriorizada socialmente.

O parágrafo primeiro do artigo determina que o registrador ateste a existência do vínculo socioafetivo mediante apuração objetiva, por intermédio da verificação de elementos concretos. Flávio Tartuce[42] considera que os critérios dessa apuração objetiva são os citados pelo Supremo Tribunal Federal para posse do estado de filhos: o tratamento (*tractatio*), a reputação (*reputatio*) e o nome (*nominatio*). O segundo parágrafo do dispositivo estabelece um rol exemplificativo de documentos e outros meios admitidos para a demonstração da afetividade.

Para evitar questionamentos sobre a possibilidade do registro do reconhecimento socioafetivo na ausência de meios de prova da afetividade, o próprio legislador determinou que, desde que o registrador ateste como apurou o vínculo, será permitido o reconhecimento, como disposto no parágrafo terceiro do artigo em questão.

O artigo 11 do Provimento 63 de 2017 do CNJ trata do procedimento do reconhecimento socioafetivo de filhos diretamente no Ofício de Registro Civil das Pessoas Naturais.

O artigo 12 do referido provimento versa sobre a possibilidade de recusa do registrador para praticar o ato se suspeitar de fraude, falsidade, má-fé, vício de vontade, simulação ou dúvida sobre a configuração do estado de posse de filho.

Com a vigência do Provimento 83 de 2019, foram acrescidos dois parágrafos ao artigo 14 do Provimento 63 de 2017, determinando que, na via extrajudicial, o reconhecimento seja unilateral. Sendo assim, somente é possível acrescentar um genitor socioafetivo, pai ou mãe. A inclusão de mais de um genitor socioafetivo deverá ser postulada judicialmente.

---

41. Art. 10 do Provimento 63/2017.
42. TARTUCE, Flávio. O provimento 83/2019 do Conselho Nacional de Justiça e o novo tratamento do reconhecimento extrajudicial da parentalidade socioafetiva. 28 ago. 2019. Disponível em: https://www.migalhas.com.br/coluna/familia-e-sucessoes/309727/o-provimento-83-2019-do-conselho-nacional-de-justica-e-o-novo-tratamento-do-reconhecimento-extrajudicial-da-parentalidade-socioafetiva. Acesso em: 24 set. 2020.

6. CONCLUSÃO

As transformações ocorridas na sociedade demandaram a flexibilização da conceituação de família pelo direito. Atualmente, existem diversas modalidades de família, monoparental ou anaparental, unipessoal ou pluripessoal, decorrente de matrimônio ou união estável, heteroafetiva ou homoafetiva, todas desfrutando de proteção legal.

A construção de novos paradigmas em que são pautadas as relações contemporâneas concedeu uma relevância jurídica ao afeto. A afetividade passa a integrar a própria estrutura das famílias contemporâneas, tornando-se um princípio de direito de família que embasa diversas decisões e legislações.

Inclusive, no julgamento do Recurso Extraordinário n. 898.060/SC do Supremo Tribunal Federal, a afetividade foi reconhecida expressamente como um valor jurídico e um princípio inerente à ordem civil-constitucional.

A Suprema Corte fixou a Tese 622, em repercussão geral: "A paternidade socioafetiva, declarada ou não em registro público, não impede o reconhecimento do vínculo de filiação concomitante baseado na origem biológica, com os efeitos jurídicos próprios".

Da paradigmática decisão advém a conclusão do enquadramento da paternidade socioafetiva como uma forma de parentesco civil e da ausência de hierarquia a entre as filiações biológica e socioafetiva. Nesse sentido, confirmou-se a relevância da posse do estado de filho na construção dos vínculos parentais, predominando a realidade fática.

Outra consequência é o reconhecimento da multiparentalidade no direito brasileiro, que, mesmo que contra a vontade do pai biológico, é assegurado ao filho. Ademais, reforça-se o Princípio da parentalidade responsável, impondo responsabilidade aos pais pela sua prole.

Os institutos da paternidade socioafetiva e a multiparentalidade ingressam no Registro Civil de Pessoas Naturais por meio de averbação. É direito do filho reconhecido constar no registro de nascimento e nas futuras certidões o nome do pai e dos avós paternos, sem que haja menção da origem da alteração. Também é garantida a inclusão do sobrenome paterno no nome registrado.

O registrador deve agir com prudência ao realizar o reconhecimento da paternidade socioafetiva, analisando todos os requisitos previstos nos Provimentos 63 de 2017 do Conselho Nacional de Justiça. As principais alterações trazidas pelo Provimento 83 de 2019 foram: a idade mínima de 12 anos para ter a filiação socioafetiva reconhecida, a obrigatoriedade do parecer jurídico do Ministério Público, e, no caso de multiparentalidade, somente é possível acrescentar um genitor socioafetivo, pai ou mãe. Para situações diferentes, a parte tem assegurada o acesso ao judiciário.

Questões sucessórias, alimentares, de curatela e emancipação voluntária decorrentes da multiparentalidade devem ser melhor discutidas na doutrina e dependerão da construção jurisprudencial.

7. REFERÊNCIAS

CALDERÓN, Ricardo. *Princípio da afetividade no direito de família*. 2. ed. Rio de Janeiro: Forense, 2017.

CASSETTARI, Christiano. *Multiparentalidade e parentalidade socioafetiva*: efeitos jurídicos. 3. ed. Rio de Janeiro: Atlas, 2017.

Conselho da Justiça Federal (CJF). Enunciado 103. I Jornada de Direito Civil. 2002. Disponível em: https://www.cjf.jus.br/enunciados/enunciado/734. Acesso em: 02 set. 2020.

Conselho da Justiça Federal (CJF). Enunciado 108. I Jornada de Direito Civil. 2002. Disponível em: https://www.cjf.jus.br/enunciados/enunciado/740. Acesso em: 03 set. 2020.

Conselho da Justiça Federal (CJF). Enunciado 256. III Jornada de Direito Civil. 2002. Disponível em: https://www.cjf.jus.br/enunciados/enunciado/501. Acesso em: 02 set. 2020.

Conselho da Justiça Federal (CJF). Enunciado n. 339. IV Jornada de Direito Civil. 2006. Disponível em: https://www.cjf.jus.br/enunciados/enunciado/369#:~:text=A%20paternidade%20socioafetiva%2C%20calcada%20na,do%20melhor%20interesse%20do%20filho. Acesso em: 03 set. 2020.

Conselho da Justiça Federal (CJF). Enunciado 519. V Jornada de Direito Civil. 2011. Disponível em: https://www.cjf.jus.br/enunciados/enunciado/588#:~:text=O%20reconhecimento%20judicial%20do%20v%C3%ADnc. Acesso em: 02 set. 2020.

Conselho da Justiça Federal (CJF). Enunciado 520. V Jornada de Direito Civil. 2011. Disponível em: https://www.cjf.jus.br/enunciados/enunciado/589. Acesso em: 03 set. 2020.

Conselho da Justiça Federal (CJF). Enunciado 632. VIII Jornada de Direito Civil. 2018. Disponível em: https://www.cjf.jus.br/enunciados/enunciado/1162. Acesso em: 29 nov. 2020.

Conselho da Justiça Federal (CJF). Enunciado 642. VIII Jornada de Direito Civil. 2018. Disponível em: https://www.cjf.jus.br/enunciados/enunciado/1181#:~:text=Nas%20hip%C3%B3teses%20de%20multiparentalidade%2C%20havendo,linhas%20quantos%20sejam%20os%20genitores. Acesso em: 29 set. 2020.

Conselho Nacional de Justiça (CNJ), Pedido de Providências nº 0002653-77.2015.2.00.0000. Requerente: Instituto Brasileiro de Direito de Família. Corregedoria, Data de julgamento: 14/03/2017. Disponível em: http://ibdfam.org.br/assets/img/upload/files/Decisao%20socioafetividade.pdf. Acesso em: 22 set. 2020.

Conselho Nacional de Justiça (CNJ), Pedido de Providências nº 0003325-80.2018.2.00.0000. Requerente: Corregedoria Geral da Justiça do Estado do Ceará. Corregedoria, Data de julgamento: 18/06/2018. Disponível em: https://extrajudicial.tjsp.jus.br/pexPtl/carregarDocumentoPublico.do?cdArquivo=9940192&cdPasta=2374905&nuAnocomunicado=2018&nuSeqcomunicado=1485. Acesso em: 22 set. 2020.

DIAS, Maria Berenice. *Manual de direito das famílias*. 10. ed. rev., atual. e ampl. São Paulo: Editora Revista dos Tribunais. 2015.

FARIAS, Cristiano Chaves de; ROSENVALD, Nelson. *Curso de direito civil*: famílias. 9. ed. rev. e atual. Salvador: JusPodivm. 2016.

FRANCO, Karina Barbosa; EHRHARDT JÚNIOR, Marcos. *Multiparentalidade e Afetividade*: análise dos parâmetros para o seu reconhecimento jurídico a partir da tese fixada na decisão do STF no RE 898.060. 2018.

LÔBO, Paulo Luiz Netto. Direito ao Estado de filiação e direito à origem genética: uma distinção necessária. *Revista CEJ*, Brasília, v. 8, n. 27, p. 47-56, out./dez. 2004.

LÔBO, Paulo Luiz Netto. *Paternidade socioafetiva e o retrocesso da Súmula 301 no STJ*. IBDFAM. V Congresso Brasileiro de Direito de Família. out. 2005. Disponível em: https://www.ibdfam.org.br/publicacoes/anais/detalhes/714/V%20Congresso%20Brasileiro%20de%20Direito%20de%20Fam%C3%ADlia. Acesso em: 08 ago. 2020.

SUPERIOR TRIBUNAL DE JUSTIÇA (STJ). Recurso Especial 1.333.086 – RO 2012/0141938-1. Relator: Ministro Ricardo Villas Bôas Cueva. Data de julgamento: 06/10/2015, Terceira Turma, Data de publicação: 15.10.2015.

SUPERIOR TRIBUNAL DE JUSTIÇA (STJ). Recurso Especial 1.167.993 – RS 2009/0220972-2. Relator: Ministro Luis Felipe Salomão. Data de julgamento: 18/12/2012, Quarta Turma, Data de publicação: 15.03.2013.

SUPERIOR TRIBUNAL DE JUSTIÇA (STJ). Recurso Especial: 1003628 DF 2007/0260174-9. Relator: Ministra Nancy Andrighi. Data de julgamento: 14.10.2008, Terceira turma, Data de publicação – Dje 10.12.2008.

SUPERIOR TRIBUNAL DE JUSTIÇA (STJ). Recurso Especial 1.618.230 – RS 2016/0204124-4. Relator: Ministro Ricardo Villas Bôas Cueva. Data de julgamento: 28.03.2017, Terceira Turma, Data de publicação: 10.05.2017.

SUPREMO TRIBUNAL FEDERAL (STF). Informativo 840. Repercussão Geral: Vínculo de filiação e reconhecimento de paternidade biológica. Disponível em: http://stf.jus.br/arquivo/informativo/documento/informativo840.htm. Acesso em: 19 set. 2020.

SUPREMO TRIBUNAL FEDERAL (STF). Recurso Extraordinário 898.060 / São Paulo. Relator: Ministro Luiz Fux. Data de julgamento: 21.09.2016, Plenário, Data de publicação: 24.08.2017.

TARTUCE, Flávio. *Manual de Direito Civil*: volume único. 9. ed. Rio de Janeiro: Forense; São Paulo: Método. 2019.

TARTUCE, Flávio. *O provimento 83/2019 do Conselho Nacional de Justiça e o novo tratamento do reconhecimento extrajudicial da parentalidade socioafetiva*. 28 ago. 2019. Disponível em: https://www.migalhas.com.br/coluna/familia-e-sucessoes/309727/o-provimento-83-2019-do-conselho-nacional-de-justica-e-o-novo-tratamento-do-reconhecimento-extrajudicial-da-parentalidade-socioafetiva. Acesso em: 24 set. 2020.

TRIBUNAL DE JUSTIÇA DE SÃO PAULO (TJSP). Apelação 0006422-26.2011.8.26.0286 / ltu. Relator: Alcides Leopoldo e Silva Júnior. Data de julgamento: 14/08/2012, 1.ª Câmara de Direito Privado, Data de publicação: 14.08.2012.

VILLELA, João Batista. Desbiologização da paternidade. *Revista da Faculdade de Direito da Universidade Federal de Minas Gerais*, Belo Horizonte, Ano XXVII, n. 21 (nova fase), maio 1979.

AS NOVAS POSSIBILIDADES DE ALTERAÇÃO DE NOME ADVINDAS DA LEI FEDERAL 14.382/2022

Daniela Silva Mróz

Oficial de Registro Civil das Pessoas Naturais em São Paulo, Capital. Bacharel em Direito pela faculdade da USP. Mestre pela Universidade de Coimbra-Portugal e Doutora pela Universidade de Estudos de Florença-Itália. Professora em diversos cursos sobre Direito Notarial e Registral. Coautora do Capítulo do livro sobre Registro Civil das Pessoas Naturais, in Registros Públicos na prática, coord. GENTIL ALBERTO: Ed.Método, 2021, São Paulo; Autora do livro O Registro Civil das Pessoas Naturais: Filiação e Socioafetividade (Breve Comparação entre o Direito Brasileiro e Português - Novas Possibilidades de Atribuição). Ed.Quartier Latin, 2021, São Paulo; Coautora do Capítulo sobre O Casamento on-line e seus Reflexos no Direito Registral, in Registro Civil das Pessoas Naturais e a 4a Revolução Industrial, coord. JOSÉ RENATO NALINI E RICARDO FELICIO SCAFF. Ed.Quartier Latin, 2021, São Paulo. Coautora do Capítulo do livro sobre Registro Civil das Pessoas Naturais, in Registros Públicos, coord. GENTIL ALBERTO: Ed.Método, 3ª ed.rev., 2022, São Paulo.

Sumário: 1. Introdução – 2. Antes da Lei 14.382/2022 – 3. Regras de atribuição do nome; 3.1 Direito à composição do nome sem ordem preestabelecida e ao acréscimo do sobrenome de ascendentes; 3.2 Proibição de registro de nomes que exponham ao ridículo; 3.3 Lançamento de sobrenomes pelo oficial e homonímias; 3.4 Orientação do oficial aos pais para evitar homonímias – 4. As alterações permitidas após a Lei 14.382/2022; 4.1 Possibilidade de alteração do nome da criança em até 15 (quinze) dias depois do registro de nascimento; 4.2 Alteração imotivada do prenome no rcpn após a maioridade; 4.3 Alterações relativas ao sobrenome; 4.3.1 Da inclusão de sobrenomes familiares; 4.3.2 Da inclusão ou exclusão de sobrenomes do cônjuge; 4.3.3 Da exclusão de sobrenome de ex-cônjuge; 4.3.4 Da inclusão e exclusão de sobrenome em razão de filiação; 4.3.5 Da inclusão e exclusão do sobrenome do convivente em união estável; 4.3.6 Retorno ao nome de solteiro dos conviventes; 4.3.7 Inclusão do sobrenome do padrasto ou madrasta – 5. Conclusão – 6. Referências.

1. INTRODUÇÃO

O nome da pessoa natural é "a designação pela qual se identificam e distinguem as pessoas naturais, nas relações concernentes ao aspecto civil da vida jurídica".[1]

Além disso, o nome pode ser composto por vários elementos e, nos termos do art. 16 do Código Civil, podemos afirmar que deve conter ao menos prenome e sobrenome: "Art. 16, CC: Toda pessoa tem direito ao nome, nele compreendidos o prenome e o sobrenome".

Portanto, o dispositivo nos informa quais são os elementos obrigatórios ou fundamentais. Um nome completo tem elementos considerados obrigatórios:

---

1. LIMONGI FRANÇA, Rubens. *Do Nome Civil das Pessoas Naturais*. 3. ed. São Paulo: Ed. RT, 1975, p. 22.

Prenome = primeiro nome, nome de batismo, nome pessoal; Sobrenome = apelidos de família, sobrenome, patronímico, nome de família. E elementos considerados facultativos, secundários ou acidentais – Partículas: de, da, e etc.; Agnomes: Júnior, Neto, Sobrinho, Filho etc.

Quanto à natureza jurídica do nome em seu aspecto subjetivo, podemos dizer que, após debates em torno de diversas teorias, pacificou-se na doutrina o entendimento de se tratar de um direito da personalidade:

> Desta forma, temos que o direito ao nome é direito subjetivo da personalidade, porém, direito dotado de certas características peculiares, devido à sua conotação particular. Neste sentido, é o direito ao nome um direito subjetivo complexo, porquanto agrupa um aspecto privado e um aspecto público. Mais do que um direito subjetivo, em verdade o nome consiste em uma situação jurídica complexa, uma vez que não contém em si apenas direitos. Consiste, outrossim, em um feixe de direitos e deveres, decorrentes do seu duplo aspecto, privado e público.[2]

Quanto ao seu aspecto público, pode-se afirmar que o nome é instrumento necessário e essencial para a identificação dos indivíduos e, neste sentido, quando da edição da Lei 6.105 em 1973, havia uma forte preocupação com a segurança jurídica, tanto que houve a fixação de sua imutabilidade, salvo raras exceções.

Segundo Maria Celina Bodin de Moraes:

> O nome, para além de um direito, é também um dever. Se, por um lado, o nome é um direito da personalidade identificador da pessoa em relação a ela mesmo e sua dignidade, por outro lado, o nome também possui uma função identificadora do indivíduo em relação à comunidade em que se encontra inserido e ao Estado - de onde decorre o princípio da imutabilidade do nome. Tal princípio visa impedir que o nome seja alterado por malícia, má-fé ou capricho.[3]

Com o passar do tempo, o conceito da imutabilidade cedeu campo para a possibilidade de modificação, desde que motivada (em hipóteses taxativas) e, recentemente, com a lei 14.382, de 20 de maio de 2022, esse paradigma foi superado, passando-se à real concretização do nome como direito da personalidade, por meio da permissão de sua modificação imotivada (pelo menos uma vez!) no âmbito do procedimento registral perante o RCPN.

2. ANTES DA LEI 14.382/2022

Desta feita, antes da edição da Lei 14.382/2022, que alterou diversos dispositivos da Lei 6015/1973, a regra era a definitividade do nome, e as possibilidades de suas alterações diretamente no Registro Civil das Pessoas Naturais eram as seguintes:

---

2. Neste sentido v. BRANDELI, Leonardo. *Nome Civil da Pessoa Natural*. Kindle, 2012, posição 1282.
3. MORAES, Maria Celina Bodin de. Sobre o nome da pessoa humana. *Revista da EMERJ*, v. 3, n. 12, 2000.

a) Retificações nas hipóteses do artigo 110, da LRP;[4]

b) Prenome da pessoa transgênero: conforme requisitos e regulamentação prevista no Provimento do Conselho Nacional da Justiça 73, de 2018;[5]

c) Prenome da pessoa intersexo: Provimento do Conselho Nacional da Justiça 122, de 2021;[6]

d) Alteração imotivada no primeiro ano da maioridade: (art. 56, LRP) conforme antiga redação do artigo 56 da Lei 6.015/1973, que previa a possibilidade de alteração do nome, imotivadamente, assim que o indivíduo completasse 18 (dezoito) anos, possibilidade que perdurava até que completasse 19 (dezenove) anos.

e) Sobrenomes, em razão da mudança de estado civil – casamento, separação, divórcio, viuvez, constituição e dissolução de união estável;[7]

f) Sobrenomes, em decorrência do reconhecimento de filiação;

g) Inclusão de sobrenome familiar para pessoa menor (Provimento do CNJ, 82/2019).[8]

3. REGRAS DE ATRIBUIÇÃO DO NOME

O artigo 55, da Lei 6.015/1973, estabelece diversas regras de orientação ao Oficial do RCPN, no que tange à atribuição do nome ao registrado, no momento da escolha a ser realizada pelo pai, mãe ou outro legitimado do art. 52 da mesma lei. Do mesmo modo como foram permitidos novos procedimentos de alteração posterior do nome, esses parâmetros foram revisados no sentido de balizarem o momento da escolha do nome, quando da lavratura do registro de nascimento.

---

4. O artigo citado estabelece: "Art. 110. O oficial retificará o registro, a averbação ou a anotação, de ofício ou a requerimento do interessado, mediante petição assinada pelo interessado, representante legal ou procurador, independentemente de prévia autorização judicial ou manifestação do Ministério Público, nos casos de: (Redação dada pela Lei 13.484, de 2017). I – erros que não exijam qualquer indagação para a constatação imediata de necessidade de sua correção (...)". Disponível em: http://www.planalto.gov.br/ccivil_03/leis/l6015compilada.htm. Acesso em: 04 dez. 2022.
5. Para a íntegra dos requisitos e hipóteses da alteração de prenome e de gênero do Provimento do CNJ 73/2018. Disponível em: https://atos.cnj.jus.br/atos/detalhar/2623. Acesso em: 14 nov. 2022.
6. Para a íntegra dos requisitos e hipóteses do procedimento relativo ao Intersexo veja a íntegra do Provimento do CNJ 122/2021. Disponível em: https://atos.cnj.jus.br/atos/detalhar/4066. Acesso em: 04 dez. 2022.
7. Importante frisar que o estado civil da pessoa natural e, consequentemente, seu nome, também podia e pode ser alterado por meio de sentenças judiciais e escrituras públicas que estabeleçam separações, divórcios ou que anulem o casamento das partes.
8. Para a íntegra do Provimento mencionado link disponível: https://atos.cnj.jus.br/atos/detalhar/2973. Acesso em: 05 dez. 2022.

Algumas delas já constavam dos códigos e normativas estaduais locais e/ou eram objeto de discussão doutrinária ou jurisprudencial. Todavia, sua regulamentação por meio de lei federal certamente foi benéfica e trouxe a sempre desejada padronização e uniformização de entendimento em âmbito nacional.

3.1 Direito à composição do nome sem ordem preestabelecida e ao acréscimo do sobrenome de ascendentes

> Art. 55. Toda pessoa tem direito ao nome, nele compreendidos o prenome e o sobrenome, observado que ao prenome serão acrescidos os sobrenomes dos genitores ou de seus ascendentes, em qualquer ordem e, na hipótese de acréscimo de sobrenome de ascendente que não conste das certidões apresentadas, deverão ser apresentadas as certidões necessárias para comprovar a linha ascendente.[9]

A primeira norma com relação à atribuição de nome, esclarece que é possível a escolha de sobrenomes, seja dos genitores, seja de seus ascendentes e, importante, em qualquer ordem.

Ademais, torna cristalina a possibilidade de acréscimo de sobrenomes não ostentados pelos genitores, e alguns debates já se iniciaram quanto ao sobrenome de parentes estrangeiros, como por exemplo, bisavós ou trisavós. O fato é que o artigo supracitado não impôs nenhum limite ao acréscimo de sobrenome na linha ascendente e, em princípio, conforme a regra de hermenêutica, onde a norma não restringiu, não devemos fazê-lo ao aplicá-la. Portanto, basta a apresentação de documentação hábil e, no caso de certidão (ou documento equivalente) estrangeira, devidamente legalizada para que tal inclusão seja possível.

Dessa feita, reforça-se aqui o conceito do nome como um direito, por meio da possibilidade do acréscimo dos sobrenomes do pai ou da mãe, inclusive de modo intercalado e/ou mesclado e de apelidos familiares mais longínquos, desde que apresentados documentos que comprovem o vínculo de tal parentesco.

3.2 Proibição de registro de nomes que exponham ao ridículo

> § 1º O oficial de registro civil não registrará prenomes suscetíveis de expor ao ridículo os seus portadores, observado que, quando os genitores não se conformarem com a recusa do oficial, este submeterá por escrito o caso à decisão do juiz competente, independentemente da cobrança de quaisquer emolumentos.[10]

---

9. Art. 55, da Lei 6.015/1973. Disponível em: http://www.planalto.gov.br/ccivil_03/leis/l6015compilada.htm. Acesso em: 04 dez. 2022.
10. Disponível em: http://www.planalto.gov.br/ccivil_03/leis/l6015compilada.htm. Acesso em: 04 dez. 2022.

A redação aqui prevista não é novidade e já existia anteriormente, desde a redação originária, tendo sempre cabido ao Oficial de Registro Civil a missão de vedar nomes constrangedores para evitar situações vexatórias para a criança no futuro.

Todavia, o ponto fulcral e mais controverso sempre foi a dificuldade de encontrarmos um conceito objetivo do que podemos considerar "ridículo". Em um mundo em constante movimento e globalizado, de migrações constantes, com culturas e nomes tão diferentes, a missão não é simples! Assim, a sugestão de algumas decisões e doutrinadores seria o critério do homem médio, vale dizer, a recusa deve ser baseada em critérios objetivos. Não poderá se valer de uma percepção subjetiva do que se compreende ser feio ou belo, mas sim no que objetivamente poderá trazer algum tipo de constrangimento àquela criança.[11]

---

11. A esse respeito decisão interessante da Capital em São Paulo, PROCESSO CG-3.089/2000 – CAPITAL – A.J.E. e S.R.N.S. – (...) a recusa na lavratura do assento de nascimento da filha dos recorrentes em razão do prenome que pretendem dar-lhe: "TITÍLOLÁ". A Promotoria de Justiça manifestou-se contrariamente à pretensão inicial (fls. 7/9). A decisão de fls. 17/19 merece reforma. Sendo hipótese de recém-nascido, há liberdade de opção do nome por parte de seus genitores, havendo apenas ingerência excepcional do Estado, quando se tratar de nome que venha a "expor ao ridículo" (artigo 55, parágrafo único, da Lei 6.015/73 e item 40, do Capítulo XVII, do Tomo II, das NSCGJ) o seu portador. Esse o fundamento da recusa. No dizer de R. Limongi França, "a faculdade de escolha do prenome é, em nosso Direito, ampla e ilimitada, impondo-se lhe apenas a condição de não ser ridículo" (Do Nome Civil das Pessoas Naturais, *RT*, 3. ed., p. 579, n. 4, 1975). Para Washington de Barros Monteiro, "o prenome... pode ser escolhido 'ad libitum' dos interessados, tanto na onomástica nacional, como na peregrina" que não é "arbitrária e indiscriminada..." pois "não seria admissível adoção de prenome que expusesse o portador à irrisão" (*Curso de Direito Civil* – Parte Geral. 28. ed. Saraiva, 1989, v. I, p. 86). Em precedente aprovado por Vossa Excelência em 15.5.00 consta no parecer do Juiz Mário Antonio Silveira (proc. CG 1635/2000), que "aquele que gera o filho possui o direito de escolha do nome que este terá. Sua escolha prende-se aos direitos de liberdade e vontade dos pais, contidos no pátrio poder". E o que se há de entender pela expressão "expor ao ridículo"? Para os bons léxicos ridículo é o que é "digno de riso, de zombaria, merecedor de escárnio, que se presta ao cômico" (Dicionário Caldas Aulete); "que move a riso" (Dicionário da Língua Portugueza de Antonio de Moraes Silva); "digno de troça, de caçoadas, que provoca risos" (Dicionário Etimológico-Prosódico da Língua Portuguesa de Silveira Bueno) e "que provoca riso ou escárnio, grotesco" (Novo Dicionário da Língua Portuguesa de Aurélio Buarque de Hollanda Ferreira).(...) O nome sugerido pode causar em um grupo ou em uma comunidade na qual estiver inserida a menor, estranheza, surpresa, ser considerado incomum, desconhecido, esquisito, desajeitado, exótico, diferente, inaceitável mas, em princípio, não um nome causador de zombaria, escárnio, riso ou galhofa, ou mesmo, deixar sua portadora em situação vexatória, constrangedora. A etimologia do nome "TITÍLOLÁ" é da língua yorubá, ou seja, idioma falado pela maior parte dos escravos que vieram para o Brasil nos séculos XVI a XVIII, oriundos dos países africanos Senegal, Costa do Marfim, Ghana, Togo, Benin, Nigéria, Serra Leone e Zaire, segundo informa Eduardo Fonseca Júnior na obra "Dicionário Yorubá (Nagô) Português", 2. ed., Ed. Civilização Brasileira, p. 445. Seu significado que corresponde a "titi" (adv.) que é "continuamente" adicionado de "lolá" (adj.) que é "honorável, dignificante, venerável" (op. cit., pp. 262 e 404), poderia ser entendido como a que é "venerada, dignificada continuamente". Nesse sentido o recurso às fls. 28. Razoável que a criança tenha um nome de origem africana, com significado nobre, em respeito à tradição e à crença de seus genitores e porque é nome que tem ligação com o meio social e familiar em que vive. O contrário, seria rejeitar a origem genética da maioria do povo brasileiro e não aceitar o aspecto cosmopolita das raças do nosso país. Há tempos afirmou Pontes de Miranda ao estudar o diploma revogado com norma restritiva do mesmo teor da lei atual: "Nenhuma regra jurídica existe, no direito brasileiro, que vede a imposição de prenome artificial, ou de prenomes orientais, ou africanos, ou tirados de romances e filmes cinematográficos. ... Só se pode

Do mesmo modo, na doutrina o entendimento é no sentido de que o prenome para que seja considerado ridículo deve ter um "caráter generalizado, onde quer que seja pronunciado, seja qual for o meio, uma provocação constante e coletiva".[12]

Assim, em princípio, como regra geral, na nova e prevalente visão do nome como expressão da dignidade humana, vigora ampla liberdade de escolha dos pais e mães no momento do registro de nascimento, a qual deve ser barrada única e exclusivamente pelo critério da exposição ao ridículo e pelo fato de não poder serem inventados sobrenomes inexistentes na própria linhagem familiar.

3.3 Lançamento de sobrenomes pelo Oficial e homonímias

> § 2º Quando o declarante não indicar o nome completo, o oficial de registro lançará adiante do prenome escolhido ao menos um sobrenome de cada um dos genitores, na ordem que julgar mais conveniente para evitar homonímias.[13]

A interferência do Oficial se fará necessária quando os genitores não indicarem os sobrenomes que desejam incluir na criança e, neste caso, dever-se-á primar pela ordem que evite homonímias. Importante frisar, porém, que situações como esta são cada vez mais raras atualmente. Caso ocorram, a normativa já estabelece como o Oficial e seus prepostos devem se portar. Nesse ponto, a Lei 14.382/2022 alterou a redação anterior, que indicava regra incompatível com a igualdade jurídica estabelecida na Constituição Federal de 1988, posto que determinava, prioritariamente, a inclusão de sobrenome do pai.

---

denegar o registro ao prenome que exponha ao ridículo (Decreto 4.857, de 9 de novembro de 1938, art. 69, parágrafo único, regra jurídica antes já existente, não-escrita, no sistema jurídico brasileiro). A ridiculez é 'quaestio facti' (*Tratado de Direito Privado*, v. 1, § 69, n. 2, p. 244, Ed. Borsoi, RJ, 1970). O Colendo Conselho Superior da Magistratura já teve oportunidade de conceder o registro de prenome de origem indígena, a saber : "Dúvida inversa que se denegou registro de nascimento de nome que não se conhece o significado e por não ter certeza quanto à origem indígena do vocábulo – O prenome escolhido (Moraimã) não expõe a criança ao ridículo; tampouco é imoral na forma do parágrafo único do artigo 55 da LRP – Recurso provido" (Apelação Cível 22.372-0/8-Itu, Relator e Corregedor Desembargador Antonio Carlos Alves Braga, j. 09.12.1994, pub. 27.01.1995). Se, no futuro, o que se diz a título de argumentação, a menor se sentir ridicularizada por situações concretas, nada impede que postule sua modificação, desde que observadas a forma e o prazo legal e seja "motivadamente justificado" (RSTJ 104/340). No momento, no entanto, há que ser prestigiada a vontade de seus genitores. Assim sendo, s.m.j., entendo que deva ser autorizado o registro pretendido ("TITÍLOLÁ") (fls. 29). Decisão: Vistos. Aprovo o parecer do MM. Juiz Auxiliar desta Corregedoria, para, por seus fundamentos, dar provimento ao recurso e autorizar o pretendido registro. Publique-se, inclusive o parecer. São Paulo, 14.12.00 – (a) Luís de Macedo – Corregedor Geral da Justiça. (D.O.E. de 27.12.2000). Disponível em: https://www.arpensp.org.br/associados/juridico/pesquisa-de-jurisprudencia. Acesso em: 05 dez. 2022.

12. LOPES, Miguel Maria de Serpa. *Tratado de Registros Públicos*. 5. ed. Brasília: Brasília Jurídica, 1995, v. I, p. 230.
13. Disponível em: http://www.planalto.gov.br/ccivil_03/leis/l6015compilada.htm. Acesso em: 04 dez. 2022.

3.4 Orientação do Oficial aos pais para evitar homonímias

> § 3º O oficial de registro orientará os pais acerca da conveniência de acrescer sobrenomes, a fim de se evitar prejuízos à pessoa em razão da homonímia.

Tendo em vista que a existência de homônimos pode ocasionar prejuízos para os filhos no futuro, a normativa repisa a necessidade de os Oficiais orientarem o pai e a mãe no sentido de adotarem mais sobrenomes, além do(s) que já escolheram para evitarem nomes muito comuns. O alerta pode abarcar, inclusive, a possibilidade de acrescerem sobrenomes de parentes mais distantes, quando for o caso.

4. AS ALTERAÇÕES PERMITIDAS APÓS A LEI 14.382/2022

Após a análise das hipóteses de alterações antes da recente lei e das regras de atribuição do nome, passamos ao quadro atual das possíveis modificações no âmbito do Registro Civil das Pessoas Naturais.

Importante ressaltar que, para além do extrajudicial, a alteração do prenome (ou nome próprio) era considerada exceção e somente era permitida após audiência do Ministério Público e intervenção judicial, sempre motivadamente.

Todavia, como já antecipado, com a recente alteração da Lei 6.015/1973, abandonou-se a regra da imutabilidade, e, com base no princípio constitucional da dignidade humana (art. 1º, inc. III, da CFB) e como consagração do direito ao nome como um direito de personalidade, passa-se a adotar um modelo de mutabilidade relativa, já que permitida a alteração imotivada do prenome uma vez apenas, por mera opção da pessoa, e independente de decisão judicial.

Importante salientar que algumas modificações trazidas pela nova lei já eram contempladas pela jurisprudência, doutrina ou em normativas estaduais locais, mas a previsão na LRP é extremamente salutar, pois traz a tão necessária padronização e uniformização nacional, além de dispensar a interferência judicial.

Estabelecidas essas premissas, seguem as principais mudanças introduzidas na Lei 6.015/1973 e suas consequências práticas:

4.1 Possibilidade de alteração do nome da criança em até 15 (quinze) dias depois do registro de nascimento

> Art. 15, § 4º Em até 15 (quinze) dias após o registro, qualquer dos genitores poderá apresentar, perante o registro civil onde foi lavrado o assento de nascimento, oposição fundamentada ao prenome e sobrenomes indicados pelo declarante, observado que, se houver manifestação consensual dos genitores, será realizado o procedimento de retificação administrativa do registro, mas, se não houver consenso, a oposição será encaminhada ao juiz competente para decisão.

Com esta alteração, a nova lei introduziu uma das grandes novidades em termos de facilitação para a troca dos nomes dos recém-nascidos e que, certamente, respondeu a um grande anseio e a uma necessidade prática do RCPN.

Frequentemente, e pelos mais diversos motivos, o nome escolhido no momento do registro de nascimento não corresponde ao acordo de vontades entre os genitores, ou simplesmente, logo após o registro, surge arrependimento pelas mais variadas razões, típicas de um momento tão intensamente emocionante quanto a chegada de um filho. Ademais, a LRP tem um amplo rol de legitimados para declarar o nascimento, muito além dos genitores, e tais legitimados podem, por diversas razões, não observar o nome escolhido pelos genitores. Assim, o declarante presente no RCPN no momento do registro, seja o pai, a mãe ou outro legitimado do art.52, da Lei 6.015/1973, ao escolher o nome da criança, no calor da emoção do recente nascimento ou por qualquer outro motivo, acaba por eleger prenome ou o sobrenome diferente do realmente desejado.

Há, ainda, situações em que um dos genitores que exerce o poder familiar acaba por escolher a composição do nome de forma unilateral, sem convergir com o outro sobre tão importante decisão, em que pese tratar-se de decisão decorrente do exercício do poder familiar, que cabe em igualdade de condições aos genitores. A divergência na forma de exercer o poder familiar há que ser dirimida pelo Juiz, jamais pelo desrespeito de um dos genitores à vontade do outro. Nesse sentido, relevante aresto de lavra da Ministra Nancy Andrighi:

> Atribuição de nome ao filho. Poder familiar. Bilateralidade e consensualidade. Autotutela. Inadmissão. Ato do pai que, desrespeitando consenso dos genitores, acresce unilateralmente prenome à criança por ocasião do registro. Deveres de lealdade e boa-fé. Violação. Ato ilícito. Configuração. Exercício abusivo do poder de família. Exclusão do prenome indevidamente acrescido. Ausência de comprovação da má-fé, intuito de vingança ou propósito de atingir à genitora. Irrelevância. Conduta censurável em si mesma. É admissível a exclusão de prenome da criança na hipótese em que o pai informou, perante o cartório de registro civil, nome diferente daquele que havia sido consensualmente escolhido pelos genitores. [...] (REsp 1905614 / SP – DJe 06/05/2021 – Relatora Ministra Nancy Andrighi).[14]

No regime anterior, não era possível a realização de nenhuma modificação depois de realizado o assento de nascimento, salvo se houvesse intervenção judicial ou algum erro evidente.

Com o prazo quinzenal aberto pela Lei 6.015/1973, houve a desjudicialização da questão, e os genitores podem apresentar oposição ao nome e/ou sobrenome inscritos no registro de nascimento. Se houver concordância entre eles, a alteração poderá ser feita, desde que obedecida a janela legal, pelo próprio Registro Civil

---

14. Para acessar a decisão na íntegra disponível em: https://processo.stj.jus.br/jurisprudencia/externo/informativo/?aplicacao=informativo&acao=pesquisar&livre=018147. Acesso em: 1º dez. 2022.

e independente de sentença. Se não houver consenso por parte do pai ou mãe, a questão deverá ser encaminhada para o Juiz decidir sobre a oposição apresentada. No Estado de São Paulo, tal oposição deverá ser encaminhada ao Juiz Corregedor Permanente da serventia, devendo-se analisar, nas demais Unidades Federativas, as regras de organização judiciária. A abertura para que pais e mães possam recorrer a um procedimento extrajudicial, célere e pouco custoso, é extremamente positiva, o que contribui para a desjudicialização, em situação que a prática demonstra ser muito mais frequente do que se possa imaginar.

4.2 Alteração imotivada do prenome no RCPN após a maioridade

Art. 56. A pessoa registrada poderá, após ter atingido a maioridade civil, requerer pessoalmente e imotivadamente a alteração de seu prenome, independentemente de decisão judicial, e a alteração será averbada e publicada em meio eletrônico.

§ 1º A alteração imotivada de prenome poderá ser feita na via extrajudicial apenas 1 (uma) vez, e sua desconstituição dependerá de sentença judicial.

§ 2º A averbação de alteração de prenome conterá, obrigatoriamente, o prenome anterior, os números de documento de identidade, de inscrição no Cadastro de Pessoas Físicas (CPF) da Secretaria Especial da Receita Federal do Brasil, de passaporte e de título de eleitor do registrado, dados esses que deverão constar expressamente de todas as certidões solicitadas.

§ 3º Finalizado o procedimento de alteração no assento, o ofício de registro civil de pessoas naturais no qual se processou a alteração, a expensas do requerente, comunicará o ato oficialmente aos órgãos expedidores do documento de identidade, do CPF e do passaporte, bem como ao Tribunal Superior Eleitoral, preferencialmente por meio eletrônico.

§ 4º Se suspeitar de fraude, falsidade, má-fé, vício de vontade ou simulação quanto à real intenção da pessoa requerente, o oficial de registro civil fundamentadamente recusará a retificação.

Trata-se de outra importante inovação e medida de desjudicialização, a qual amplia e retira o prazo decadencial anterior de 1 (um) ano para que a pessoa possa requerer a alteração de seu prenome, sem nenhuma motivação, após atingida a maioridade.

Nesta parte, a Lei 14.382/2022 é autoaplicável e independe de regulamentação posterior, uma vez que a normativa já explicitou todos os requisitos necessários para que o procedimento seja realizado e o Oficial de RCPN já possui competência para colher manifestação de vontade e para realizar alteração de nomes.

A diferença é que, anteriormente, havia um prazo decadencial de apenas um ano (finalizado à meia noite do completar dos 19 anos de idade), em que a pessoa poderia trocar o nome escolhido por seus pais, sem que houvesse motivo de insatisfação com a escolha realizada. Todavia, com tal modificação, qualquer pessoa, ainda que tenha vivido muitos anos como Roberta, poderá se tornar Adriana, sem que precise externar nenhum motivo, mediante um simples procedimento no RCPN, e sem necessidade de intervenção do Ministério Público e do Juiz de Direito.

Pode-se afirmar, assim, que o grande paradigma da imutabilidade do prenome, cuja possibilidade de mudanças era restrita, pois havia um curto prazo de um ano, durante o qual se concedia à pessoa natural a ampla liberdade de escolha imotivada, foi abandonado. Atualmente, desde que respeitados os requisitos do art. 56 da Lei 6.015/1973 (que são poucos), poderá ser requerida perante o RCPN a mudança do nome, sendo que:

(i) o requerimento deve ser realizado por pessoa maior e capaz, sem necessidade de justificativa (motivação);

(ii) o requerimento deve ser realizado pessoalmente perante o Cartório no qual conste o próprio registro de nascimento ou perante outro Cartório de Registro Civil de Pessoas Naturais, que remeterá o pedido pelo e-Protocolo (CRC);

(iii) poderá ser realizado perante o extrajudicial apenas uma única vez, todavia, sua desconstituição depende necessariamente da intervenção judicial.

Desta feita, o interessado em alterar seu prenome poderá comparecer ao RCPN mais próximo para requerê-lo e, naquela ocasião, terá liberdade para escolher o antropônimo que desejar. Por exemplo, se em seu registro constar REGINALDO CARLOS, o requerente poderá optar por nome completamente diferente, tal como FABIANO, ou mesmo pela retirada de um dos prenomes compostos e permanecer apenas CARLOS. Trata-se da consagração do direito de tomar para si um nome, que o mestre Limongi França já sustentava admissível, mediante alteração legislativa:[15]

> O direito de tomar o nome é variante do direito de pôr o nome. Na verdade, é o direito de se pôr a si mesmo certo nome, havendo no caso identidade do sujeito. Mas uma coisa é o direito ao nome e outra o de se pôr o nome; porque aquêle é inato e existe sempre; e êste pode não existir, uma vez que depende de prescrições de caráter público, previstas em lei.

Por sua vez, neste mesmo exemplo, entendemos não ser adequada neste procedimento (art. 56 da Lei 6.015/1973) a opção por nome que indique gênero diverso como Carla, o que será possível apenas em procedimento próprio, nos termos do Provimento 73 do CNJ. Naquele âmbito, devem ser preenchidos os requisitos ali previstos, pois daí estaremos diante de outra situação completamente distinta.

Outro objeto de debate, refere-se à aplicação ou não do art. 55, § 1º, da Lei 6.015/1973, caso o requerente opte por um nome que possa lhe expor ao ridículo. Vale dizer, caberá ao Oficial orientar no sentido de não o adotar, como deve existir na escolha pelos pais? Tendemos há afirmar que, em se tratando de um direito

---

15. FRANÇA, 1975, p. 178.

da personalidade e, havendo prevalência do princípio da dignidade humana e da liberdade de escolha, a margem de veto por parte do Oficial será muito pequena e merece reflexão em quais ocasiões o nome aplicado poderá ser negado.

Em princípio, a negativa do nome ridículo visa à proteção das crianças que devem carregar o nome escolhido por terceiros e o adulto não necessita desta tutela. Todavia, em nomes com cargas extremamente negativas e que podem trazer conteúdo preconceituoso, como por exemplo, "Hitler"; "Homofóbico" ou que possam levar a indignação de parte da população, esbarrar-se-ia em princípios constitucionais.

Nestes casos, o fundamento para a negativa do Oficial não seria a LRP, mas sim a própria constituição federal, o princípio da dignidade humana e a Ordem Pública.

Assim, o limite da escolha seria o mesmo de qualquer outro direito existente e da própria autonomia privada, ou seja, a proteção da ordem social, da ordem pública e de se causar constrangimentos a terceiros. Não se trata da mesma proteção prevista no art.55, parágrafo único, da LRP.

Em caso de discordância, em última instância, caberá ao Juiz competente decidir sobre a contenda.

Obrigatoriamente, a averbação de alteração de prenome conterá o prenome anterior, os números de documento de identidade, de inscrição no CPF, de passaporte (caso a pessoa o possua) e de título do eleitor do registrado, dados esses que deverão constar expressamente de todas as certidões solicitadas para que terceiros tenham conhecimento da mudança ocorrida e do exato momento em que isso se deu. Trata-se de regra que visa proteger terceiros e garantir segurança jurídica.

Ademais, após a finalização do procedimento, a serventia que o realizou, além da cobrança do procedimento em si, cobrará do(a) requerente a comunicação do ato aos órgãos expedidores do documento de identificação, Cadastro de Pessoa Física (CPF), passaporte, bem como ao Tribunal Superior Eleitoral.

Em razão do convênio celebrado entre o RCPN e a Receita Federal, é recomendável que seja realizada a alteração diretamente na base cadastral, nos termos do Ofício da Cidadania, de modo a fazer coincidir o novo nome adotado com o ali constante.

A normativa ainda prevê que, caso haja suspeita de fraude ou má-fé, vício de vontade ou simulação quanto à vontade do requerente, o oficial poderá fundamentadamente recusar a alteração.

Em que pese a legislação não preveja em seu rol a apresentação de ulteriores documentos, para fins de avaliação da existência e presença de fraude ou de má-fé por parte do(a) requerente e com intuito de dar maior segurança ao procedimento, recomenda-se a solicitação dos seguintes:

i) Certidão de nascimento atualizada (6 meses, no mínimo, ou conforme preveja a legislação estadual local);

ii) Certidão de casamento atualizada, se for o caso (6 meses, no mínimo, ou conforme preveja a legislação estadual local);

iii) Cópia do Registro Geral de Identidade (RG);

iv) Cópia da Identificação Civil Nacional (ICN), se for o caso;

v) Cópia do Passaporte, se a pessoa o possuir;

vi) Cópia do CPF;

vii) Cópia do Título de Eleitor;

viii) Comprovante de endereço;

ix) Certidão do distribuidor cível do local de residência dos últimos cinco anos (estadual/federal);

x) Certidão de execução criminal do local de residência dos últimos cinco anos (estadual/federal);

xi) Consulta à Cenprot, de abrangência nacional, visando a existência de protesto, sendo recomendável exigir a apresentação das certidões dos tabelionatos de protestos do local de residência dos últimos cinco anos, em caso positivo;

xii) Certidão da Justiça Eleitoral do local de residência dos últimos cinco anos;

xiii) Certidão da Justiça Militar, se for o caso.

Ademais, a mudança do prenome deverá ser publicada em meio eletrônico idôneo, qual seja, jornal devidamente matriculado junto ao Registro Civil de Pessoas Jurídicas competente (art. 122, I, da Lei 6.015/1973), não sendo considerados válidos, até eventual regulamentação neste sentido, redes sociais como *Facebook*, *Instagram* e sites da Serventia.

Recomenda-se, tendo em vista que já existe ferramenta idônea e aprovada neste sentido, o *e-Proclamas* disponibilizado pela Arpen Brasil, utilizado também para publicações dos editais de casamento.[16]

Importante salientar que, diversamente do que ocorre com as mudanças de prenome e de gênero, as alterações do art. 56 não estão acobertadas pela regra do sigilo. Ao contrário, para que o sistema traga segurança jurídica, da averbação deverá constar o nome utilizado pela pessoa antes e depois da mudança, bem como é mandatória a menção de todos os seus documentos pessoais, de modo a facilitar sua identificação pessoal (cf. art. 56, § 2º, da Lei 6.015/1973).

---

16. Para consultar a Plataforma e suas funcionalidades v. o link disponível em https://proclamas.org.br/. Acesso em: 31 jul. 2022.

Com relação aos documentos pessoais, é importante ressaltar que, depois de realizada a alteração no âmbito do registro civil, faz-se necessária a adequação destes para atualizá-los nos termos da mudança ocorrida. Todavia, os números de cadastro (CPF; RG etc.) previamente existentes permanecem exatamente os mesmos, o que impede qualquer possibilidade de fraude ao sistema ou de burlar a Justiça mediante a simples mudança do nome. Vale dizer, ainda que a intenção da pessoa seja fraudulenta ao alterar seu nome, isso não impedirá a Justiça ou a seus credores de a localizarem, pois seus números cadastrais continuarão idênticos, além de a averbação publicizar o nome anterior e o atual do registrado.

4.3 Alterações relativas ao sobrenome

> Art. 57. A alteração posterior de sobrenomes poderá ser requerida pessoalmente perante o oficial de registro civil, com a apresentação de certidões e de documentos necessários, e será averbada nos assentos de nascimento e casamento, independentemente de autorização judicial, a fim de:
>
> I – inclusão de sobrenomes familiares;
>
> II – inclusão ou exclusão de sobrenome do cônjuge, na constância do casamento;
>
> III – exclusão de sobrenome do ex-cônjuge, após a dissolução da sociedade conjugal, por qualquer de suas causas;
>
> IV – inclusão e exclusão de sobrenomes em razão de alteração das relações de filiação, inclusive para os descendentes, cônjuge ou companheiro da pessoa que teve seu estado alterado.
>
> § 2º Os conviventes em união estável devidamente registrada no registro civil de pessoas naturais poderão requerer a inclusão de sobrenome de seu companheiro, a qualquer tempo, bem como alterar seus sobrenomes nas mesmas hipóteses previstas para as pessoas casadas.
>
> § 3º (Revogado).
>
> § 3º-A O retorno ao nome de solteiro ou de solteira do companheiro ou da companheira será realizado por meio da averbação da extinção de união estável em seu registro.
>
> § 4º (Revogado).
>
> § 5º (Revogado).
>
> § 6º (Revogado).
>
> (§ 7º (Revogado)
>
> § 8º O enteado ou a enteada, se houver motivo justificável, poderá requerer ao oficial de registro civil que, nos registros de nascimento e de casamento, seja averbado o nome de família de seu padrasto ou de sua madrasta, desde que haja expressa concordância destes, sem prejuízo de seus sobrenomes de família.

Além da possibilidade de alteração do denominado nome próprio, a lei facilitou a inclusão e/ou a exclusão do sobrenome, diretamente perante o Oficial de Registro Civil das Pessoas Naturais, dispensando-se a autorização judicial.

O procedimento se inicia com o comparecimento pessoal do interessado ao Oficial de Registro Civil detentor do registro ou em qualquer outro RCPN que o remeterá eletronicamente àquele que possuir o assento originário, por meio da ferramenta própria da Central de Registro Civil – CRC.

O interessado deverá portar seus documentos pessoais de identificação e as certidões do Registro Civil no intuito de comprovar o sobrenome atual e aquele que se pretende adotar ou, no caso de casamento ou de união estável, o adotado pelo outro cônjuge ou companheiro.

Em seguida, o Oficial do Registro Civil colherá a manifestação de vontade do registrado de forma escrita e, juntamente com os documentos e certidões apresentadas, formará os autos do procedimento, que, após a análise, culminarão na averbação da alteração do sobrenome da pessoa em seu assento de nascimento e de casamento, a depender do tipo de alteração pretendida.

O requerimento é feito de forma extrajudicial, sem o encaminhamento para o juiz competente. Após realizadas as alterações, será emitida uma nova certidão com a atualização no que tange ao sobrenome do requerente.

Tendo em vista se tratar de procedimento facultativo, dependerá do recolhimento de emolumentos, conforme a previsão da tabela de custas de cada Estado. Da mesma forma como ocorre com a modificação do prenome, não há sigilo com relação essa respectiva averbação, sendo fundamental a publicização para terceiros das datas em que o registrado utilizou tais sobrenomes e, eventualmente, quando deixou de utilizá-lo(s) ou passou a adotá-los.

A nova redação do artigo 57 da Lei 6015/1973 possibilita alterações referentes aos sobrenomes da pessoa natural, também denominado apelido de família.

Tal possibilidade é de grande valia na questão de homônimos, pois, com a inclusão de mais um sobrenome, facilita-se a individualização da pessoa, sem a necessidade de alteração do prenome.

O novo procedimento pode também interessar àqueles que buscam a aquisição de uma segunda nacionalidade (cidadania estrangeira) com base no *ius sanguini*, pois podem ter deixado de lado exatamente aquele sobrenome que o vincula ao parentesco com o ancestral, facilitando também a individualização da família com sua ascendência.

Ademais, a normativa prevê a possibilidade de alteração do sobrenome em razão do casamento durante sua vigência ou após seu término, de forma simples, diretamente no Cartório e sem a necessidade de anuência do outro cônjuge, bastando apenas a vontade do portador do apelido familiar.

Ainda nas relações familiares, deixou clara a possibilidade de os companheiros, conviventes em união estável, adotarem ou suprimirem o nome do outro companheiro, analogamente ao casamento, firmando assim a semelhança entre os dois institutos quanto ao direito ao nome.

E finalizando as alterações do sobrenome, houve previsão da aquisição do sobrenome do padrasto ou madrasta sem a necessidade do reconhecimento socioafetivo, de acordo com a vontade conjunta do enteado ou enteada e o padrasto ou madrasta, diretamente no Cartório.

Após essa pequena introdução, passamos à análise de cada uma das novas possibilidades de alteração do nome de família de forma extrajudicial.

4.3.1 Da Inclusão de Sobrenomes Familiares

A primeira nova alteração prevista pela lei trata da previsão da inclusão de sobrenomes familiares.

A lei deixou expresso o termo "inclusão" para que o interessado possa, pessoalmente, perante o Oficial de Registro Civil, requerer o acréscimo de sobrenomes familiares ao seu nome.

Assim, em primeira batuta, interpreta-se como única possibilidade aquela de se poder incluir os sobrenomes paternos ou maternos, mas sem poder excluí-los! Neste sentido, permite-se que o apelido familiar fique em qualquer ordem, a critério do registrado. Outrossim, não foi criado um limite para a ascendência, sendo assim, comprovada a origem familiar, por meio da apresentação de certidões ou outro meio idôneo (caso se trate de documento estrangeiro), é possível a inclusão mesmo que o sobrenome não esteja presente na composição do nome dos pais.

Neste tópico, discute-se se é possível a inclusão de sobrenomes familiares para filhos menores. A resposta parece ser positiva, pois já havia previsão normativa neste sentido, nos termos do disposto pelo art. 2º, inciso II e seus parágrafos, do Provimento do CNJ 82/2019, que assim dispõem:

> II – O filho tiver sido registrado apenas com o patronímico do outro genitor.
>
> 1º O procedimento administrativo previsto no caput deste artigo não depende de autorização judicial.
>
> 2º Se o filho for maior de dezesseis anos, o acréscimo do patronímico exigirá o seu consentimento."

Nestas últimas hipóteses, ressalte-se que o(a) filho(a) menor deverá ser representado ou assistido pelos pais e/ou responsáveis, a depender de sua idade.

4.3.2 Da inclusão ou exclusão de sobrenomes do cônjuge

Novidade trazida pela Lei 14.382/2022 foi a possibilidade de o cônjuge, durante a constância do casamento, incluir o sobrenome do outro, quando não o tenha feito no momento da prévia celebração. Ademais, prevê-se a possibilidade de exclusão da inclusão realizada anteriormente, para que o cônjuge possa voltar a usar seu nome de solteiro, ou, ainda, nome anterior ao casamento.

Desta forma, o interessado deverá comparecer pessoalmente a um RCPN para requerer a alteração desejada, não sendo aceitos escrituras públicas, instrumentos de mandatos ou pedidos à distância. A manifestação não precisa ser motivada, mas apenas inequívoca no sentido de se querer a alteração pleiteada. Ressalta-se que, salvo disposição futura em contrário, não há necessidade de anuência do outro cônjuge.

O procedimento mencionado é realizado sem que haja a necessidade de ulteriores requisitos, como a intervenção Judicial ou parecer do Ministério Público, bastando a manifestação de vontade perante um Oficial de RCPN, que pode ser o detentor do registro de casamento ou outro qualquer. Neste último caso, o Registrador que realizar o procedimento o enviará para o competente via plataforma da CRC.

Nos mesmos moldes que ocorre com a alteração do casamento, a inclusão ou exclusão posterior do nome do cônjuge deve ser comunicada ou anotada no assento de nascimento.

4.3.3 Da exclusão de sobrenome de ex-cônjuge

A lei trouxe expressamente a possibilidade de exclusão do sobrenome do ex-cônjuge, após a dissolução do casamento, quer pela separação ou divórcio, tendo esses se realizado extrajudicial ou judicialmente.

Ademais, previu a possibilidade de exclusão do sobrenome nos casos de viuvez, o que já era previsto no art.1º, § 3º, do Provimento do CNJ 82/2019.

Para tanto, igualmente, exige-se o comparecimento pessoal perante qualquer RCPN para realizar o requerimento e, ao final, proceder-se-á, à exclusão do sobrenome do ex-cônjuge. Importante salientar que não será possível incluir o apelido do ex-marido ou da ex-mulher caso tenha se abdicado deste no momento da dissolução do casamento.

4.3.4 Da inclusão e exclusão de sobrenome em razão de filiação

Tal normativa se aplica aos descendentes, cônjuges ou companheiros que tiveram inclusão ou exclusão de sobrenome em virtude de alterações de vínculo de filiação, ou seja, em casos de reconhecimento ou exclusão de paternidade ou maternidade, tanto biológica como socioafetiva.

Assim, podemos citar como exemplo a pessoa que teve sua filiação reconhecida pelo pai biológico em vida adulta, com a inclusão do sobrenome paterno. Nesta hipótese, caso ela seja casada, abre-se nova oportunidade para que o seu cônjuge possa incluir, se assim o desejar, o novo sobrenome. Igualmente, aos filhos é reconhecido o mesmo direito, os quais poderão adotar o sobrenome do avô paterno, sem a necessidade de intervenção judicial ou do MP.

Dessa feita, traduz-se em uma facilitação de inclusão ou exclusão de sobrenomes, reflexo da formação dos vínculos das relações familiares, tanto da própria pessoa quanto de seus descendentes, cônjuge ou companheiro.

4.3.5 Da inclusão e exclusão do sobrenome do convivente em união estável

Os conviventes em união estável, desde que devidamente registrada no Livro E do Registro Civil das Pessoas Naturais da Sede ou 1º Subdistrito da Comarca, poderão requerer a inclusão de sobrenome de seu companheiro, a qualquer tempo, bem como alterar seus sobrenomes nas mesmas hipóteses previstas para as pessoas casadas.

Dessa forma, houve uniformidade de tratamento entre as alterações de sobrenome de família para casamento e união estável, seguindo as tendências jurisprudenciais e legislativas sobre o assunto.

4.3.6 Retorno ao nome de solteiro dos conviventes

Assim como ocorre no casamento, no âmbito da União estável, a pedido do próprio convivente e diretamente no RCPN, é possível realizar o requerimento para o retorno ao nome utilizado anteriormente, vale dizer, ao seu nome de solteiro.

Neste caso, a extinção da união estável será averbada à margem do registro feito no Livro E, com a opção da volta ao uso do nome de solteiro, semelhante ao que ocorre no divórcio.

4.3.7 Inclusão do sobrenome do padrasto ou madrasta

A possibilidade da inclusão do sobrenome do padrasto ou madrasta pelo enteado ou enteada já existia na Lei 6.015/1973 e havia sido introduzida por meio da Lei 11.924/2009.

Todavia, na redação precedente, era necessária a intervenção judicial, realizada perante o juízo competente. Com as recentes alterações, o pedido é feito diretamente ao ORCPN, de forma administrativa, facilitando-se, assim, a alteração pelos interessados.

Importante ressaltar também que, na antiga redação, mencionava-se "motivo ponderável", expressão essa que foi substituída por "motivo justificável". Se quisermos nos aprofundar e fazermos uma análise semântica de ambos os termos, podemos concluir que: a) um *motivo ponderável* pode ser considerado mais forte, pois algo que deve ser examinado com atenção, apreciado etc.; ao passo que b) um *motivo justificável* é algo passível de justificação, de comprovação. Portanto, a nova normativa parece exigir apenas uma justificava, algo mais tênue para que o enteado(a) possa requerer a inclusão do sobrenome do padrasto ou da madrasta em seu no nome.

Tal justificativa, neste caso, seria a comprovação da relação entre o padrasto ou a madrasta e seu enteado, demonstrando o vínculo e a relação familiar com o pai ou mãe da criança.

Importante salientar que, nestas hipóteses, a alteração por inclusão do apelido familiar do padrasto ou da madrasta, não prejudicará os sobrenomes atuais da pessoa. Vale dizer, não se está a permitir a supressão dos existentes, mas apenas a inclusão do sobrenome do padrasto ou madrasta.

Outrossim, nesta ordem de ideias, é fundamental diferenciarmos este procedimento daquele demonstrativo da filiação socioafetiva, no bojo do qual também se permite a inclusão de sobrenomes.

No reconhecimento socioafetivo, disciplinado pelo Provimento do CNJ 73/2017, segue-se o rito ali descrito com o intuito de demonstrar a existência de posse de estado de filho e do vínculo de filiação. Aqui, haverá a inclusão do pai ou da mãe socioafetiva no registro do filho e, como consequência, caso as partes assim o desejem, o acréscimo do apelido de família.

Importante diferenciar as consequências do simples acréscimo de sobrenome do padrasto ou da madrasta pelo enteado(a), no qual o único efeito será o vínculo entre eles por meio do nome. Do que ocorre quando houver o estabelecimento da filiação socioafetiva, quando equiparar-se-ão todos os demais direitos e deveres advindos da relação entre pais e filhos.

Caso as partes desejem reconhecer o vínculo da socioafetividade, deve haver a demonstração por meio dos documentos e provas previstos na normativa do CNJ, tendo em vista que daí decorrerão todas as consequências jurídicas pertinentes: igualdade com eventuais filhos biológicos; direitos sucessórios; pensão; guarda etc.

Portanto, quando não se configurar a socioafetividade e os envolvidos desejarem apenas a inclusão do sobrenome, o Oficial ou preposto deverão orientá-los a utilizar o artigo 57, parágrafo 8º, da Lei 6015/1973.

5. CONCLUSÃO

As modificações introduzidas pela Lei 14.382/2022 concretizaram a tendência doutrinária e jurisprudencial do direito ao nome como sendo um atributo da personalidade dos indivíduos.

Sob este prisma, o paradigma da imutabilidade do nome é transformado na ideia de modificabilidade diante de alguns pressupostos e diversos procedimentos desjudicializantes que foram criados no sentido de facilitarem a alteração de prenome e do sobrenome no âmbito do Registro Civil das Pessoas Naturais.

No que tange ao prenome, o direito que era previsto apenas aos transgêneros, foi estendido a todas as pessoas e, de certo modo, até ampliado, pois aqui a mudança independe de qualquer motivação, traduzindo-se na mais pura expressão do princípio constitucional da dignidade da pessoa humana.

Assim, sob o viés de direito da personalidade, o registrado pode, pelo menos uma vez, dirigir-se ao Cartório de RCPN e exercer livremente a escolha de seu próprio nome, com o qual se identifica e por meio do qual se reconhece, ou pura e simplesmente porque prefere ao escolhido pelos pais.

Com relação aos sobrenomes, além de hipóteses anteriormente não previstas, erigiu-se ao status de lei algumas já previstas no Provimento do CNJ 82/2019 ou até mesmo previstas em normativas estaduais esparsas, fazendo com que as hipóteses de alteração se tornassem padronizadas e nacionais. Com isso, abriu-se a possibilidade de os ex-cônjuges, por exemplo, deixarem de usar o nome que ainda mantinham mesmo após o divórcio, ou mesmo a possibilidade de acréscimo de apelidos familiares em momento posterior ao registro de nascimento.

Neste sentido, as inovações trazidas foram extremamente positivas, tanto no sentido de responderem a um anseio da sociedade que clama por rapidez e soluções menos custosas, como para retirar do Poder Judiciário questões consensuais, cuja solução adequada o Oficial de RCPN está mais do que apto a oferecer pela sua *expertise* e por já ser, por escolha do legislador constituinte, o detentor dos atos de registro da pessoa natural.

6. REFERÊNCIAS

BITTAR, Carlos Alberto. *Os direitos da personalidade*. 8. rev., aum. e mod. por Eduardo C. B. Bittar. São Paulo: Saraiva, 2015.

BOSELLI, Karine, RIBEIRO Izolda e MRÓZ, Daniela. Registro Civil das Pessoas Naturais. In: GENTIL, Alberto (Coord.). *Registros Públicos*. São Paulo: Método, 2022.

BRANDELI, Leonardo. *Nome civil da pessoa natural*. Kindle, 2012, posição 1282.

LIMONGI FRANÇA, Rubens. *Do nome civil das pessoas naturais*. 3. ed. São Paulo: Ed. RT, 1975.

LOPES, Miguel Maria de Serpa. *Tratado de Registros Públicos*. 5. ed. Brasília: Brasília Jurídica, 1995. v. I.

MORAES, Maria Celina Bodin de. Sobre o nome da pessoa humana. *Revista da EMERJ*, v. 3, n. 12, 2000.

MROZ, Daniela Silva. *O registro civil das pessoas* naturais: filiação e socioafetividade (breve comparação entre o direito brasileiro e português: novas possibilidades de atribuição). São Paulo: Quartier Latin, 2021.

TARTUCE, Flávio. *Lei 14.382/22*: alterações a respeito do nome e algumas repercussões para o direito de família. Publicado em 05.08.2022. Disponível em: http://genjuridico.com.br/2022/08/05/lei-14382-22-alteracoes-nome/. Acesso em: 28 nov. 2022.

A RETIFICAÇÃO ADMINISTRATIVA DO REGISTRO DE ÓBITO

Júlia Cláudia Rodrigues da Cunha Mota

Doutora pela Pontifícia Universidade Católica de São Paulo (PUC/SP). Mestre pela Faculdade Autônoma de Direito (FADISP). Oficial de Registro Civil das Pessoas Naturais do 42º Subdistrito (Jabaquara) da Comarca da Capital do Estado de São Paulo. Ex-Oficial do 14º Ofício de Registro de Imóveis e Tabelionato de Notas da Comarca de Niterói-RJ.

Sumário: 1. Introdução – 2. Considerações iniciais – 3. A retificação administrativa; 3.1 Legitimidade; 3.2 Pagamento de emolumentos; 3.3 Elementos da averbação – 4. Dados passíveis de retificação nos assentos de óbito; 4.1 Nome do registrado; 4.2 Estado civil do falecido; 4.3 Quantidade de filhos; 4.4 Inexistência de testamento ou de bens; 4.5 Local de falecimento ou local de residência do falecido; 4.6 A *causa mortis* causada por Covid-19 – 5. Conclusão – 6. Referências.

1. INTRODUÇÃO

Nos dias atuais, a desburocratização de procedimentos, ou melhor, a desjudicialização de processos tem guiado as alterações legislativas e jurisprudenciais no intuito de dar mais agilidade e rapidez às soluções jurídicas buscadas, atingindo assim o acesso à justiça.

No último ano e meio, o mundo foi tomado pelo horror da pandemia. A disseminação do vírus trouxe também milhares de mortes.

Para demonstrar o crescimento dos óbitos registrados e para efeitos comparativos, buscou-se no sítio do Portal da Transparência[1] a quantidade de óbitos registrados na cidade de São Paulo no mês de abril de 2020, no início da pandemia, onde foram registrados 1.889 óbitos com suspeita ou confirmação de Covid-19. E no mês de abril de 2021, tido como um dos mais mortais da pandemia no Brasil, verificou-se o número de 6.017 óbitos com suspeita ou confirmação de Covid-19.

Com o crescente número de óbitos e o caos instalado em várias cidades, muitos registros tiveram de ser retificados. Seja porque o resultado do exame *causa mortis*, ao final, revelou não ter sido por Covid-19, seja porque as famílias,

---

1. O Portal da Transparência possui um gráfico próprio relacionado às mortes confirmadas ou suspeitas de Covid-19, desde o início de 2020, mostrando apenas cidades com mais de 50 óbitos suspeitos ou confirmados pela doença.

ainda muito abaladas com a perda de vários parentes para a mesma doença e, às vezes, no mesmo dia ou em dias tão próximos, acabam por declarar ao registro civil das pessoas naturais, responsável pela lavratura do óbito, dados incompletos e/ou incorretos.

O aumento expressivo dos óbitos nos meses pandêmicos pode ser conferido no sítio do Portal de Transparência (www.transparencia.registrocivil.org.br) mantido pela ARPEN Brasil (Associação Nacional dos Registradores de Pessoas Naturais), que cataloga todos os óbitos registrados no Brasil.

Até a entrada em vigor da Lei 13.484, de 26 de setembro de 2017, não era possível nenhuma alteração no registro de óbito sob a análise única do registrador civil das pessoas naturais. Assim, por mais que o erro fosse algo simples, plenamente demonstrável, como a troca na letra do sobrenome do falecido ou a retificação do estado civil, o procedimento deveria ser enviado ou analisado ora pelo Juiz de Direito, ora pelo Ministério Público.

Com a aprovação da alteração legislativa, a análise das retificações ficou a cargo do Oficial de Registro Civil das Pessoas Naturais competente. Diante dessa nova realidade, várias questões foram suscitadas, porque ainda permanece em vigor o artigo 109 da Lei 6.015/73 para erros mais complexos que necessitem de produção de provas e que será sentenciado por Juiz de Direito.

Em decorrência da realidade anteriormente exposta, a questão primordial a ser respondida no artigo científico aqui proposto é: quais as retificações administrativas possíveis de um registro de óbito, em face da redação do artigo 110 da Lei 6.015/73?

Inquirição de complexidade sugere, para ser desvendada, diversos outros questionamentos, tais quais:

a) a quem cabe a legitimidade do pedido de retificação administrativa?

b) é possível retificar administrativamente um assento de óbito com base em um documento estrangeiro?

c) é possível realizar o pedido em um cartório, visto que o assento a ser retificado pertence a outro?

O objetivo geral do trabalho será um exame crítico dos documentos e solicitações feitas diariamente nos balcões dos registros civis e quais as exigências e/ou dificuldades encontradas no cumprimento das retificações solicitadas. Pretende-se analisar o problema sob o enfoque da responsabilidade transferida ao registrador civil das pessoas naturais, que teve a posição prestigiada com essa alteração normativa.

Para alcançar os objetivos gerais, serão perquiridos:

a) a legislação pertinente ao tema, no intuito de detectar avanços e/ou retrocessos na forma como a retificação administrativa é tratada pelos legisladores, no tempo e no espaço;

b) a doutrina, no sentido de verificar o posicionamento dos diversos cientistas do Direito, trazendo as coincidências e/ou divergências de opiniões, que enriquecem o saber jurídico;

c) a jurisprudência, no intuito de identificar os diversos argumentos utilizados pelos magistrados ao exercerem o mister de aplicar a lei ao caso em concreto.

Justifica-se a pesquisa pelos valores teórico, social e jurídico, imprescindíveis ao conteúdo de um trabalho científico na seara do Direito.

Teoricamente, justifica-se a pesquisa, pois a desjudicialização somente ocorre se a população em geral entende quais os novos conceitos e se dispõe a utilizar as novas ferramentas jurídicas disponíveis.

A relevância social da pesquisa repousa na facilitação e na inserção da população às práticas extrajudiciais, tornando-a cada vez mais parceira dessa atividade que proporciona, sobretudo, o exercício da cidadania.

No âmbito jurídico é proeminente, porque, com o crescente número de pedidos de dupla cidadania, o judiciário, que já anda profundamente sobrecarregado com atividades típicas, talvez ficassem inviáveis as demandas de retificação necessárias ao correto transcurso do processo de cidadania.

2. CONSIDERAÇÕES INICIAIS

É importante observar que, "conferir aos Oficiais Registradores a atribuição para o processamento de procedimentos de retificação administrativa destina-se, a um só tempo, a torná-los mais céleres e menos formais, e, ainda, desafogar a sobrecarga de processos perante o Poder Judiciário, sem que, com isso, reste vulnerada a segurança necessária para a prática de atos relevantes da vida civil".[2]

A retificação difere-se da averbação. A averbação em sentido amplo é gênero que engloba as espécies: averbação propriamente dita e retificação. A averbação não está fundamentada em um erro, mas modifica, acrescenta ou altera algum dado do assento.[3]

---

2. GIGLIOTTI, Andrea Santos. Retificação administrativa após as mudanças da Lei 13.484/17. In: DEL GUÉRCIO NETO, Arthur; DEL GUÉRCIO, Lucas Barelli (Coord.). *O direito notarial e registral em artigos*. São Paulo: YK Editora, 2018, v. II, p. 191.
3. GIGLIOTTI, Andrea Santos. Retificação administrativa após as mudanças da Lei 13.484/17. In: DEL GUÉRCIO NETO, Arthur; DEL GUÉRCIO, Lucas Barelli (Coord.). *O direito notarial e registral em artigos*. São Paulo: YK Editora, 2018, v. II, p. 192.

Cabe ainda diferenciar a retificação do cancelamento. Ambos serão lançados à margem do registro por averbação, mas "a retificação pressupõe a deformidade do assento por erro ou outro vício e o cancelamento prescinde dessa anomalia, podendo ocorrer relativamente a um assento normal".[4]

A retificação administrativa de erros atende a necessidade premente do sistema registral brasileiro. A via administrativa tem sido percorrida com frequência absolutamente maior que a judicial, não só pela rapidez e economicidade, mas também para vigiar o registro realizado tanto da negligência ou descuido das partes – que muitas vezes não leem o termo ou prestam atenção à leitura dele –, mas também da falta do próprio registrador.[5]

3. A RETIFICAÇÃO ADMINISTRATIVA

Originalmente, o artigo 110 da Lei de Registros Públicos previa que a correção dos erros de grafia – apenas estes –, poderiam ser processados pelo próprio cartório, onde se encontrava o assento, por meio de petição assinada pelo interessado, ou procurador, independentemente do pagamento de selos e taxas, sendo submetido o pedido à apreciação do Ministério Público e do Juiz Corregedor Permanente.

O erro de grafia era considerado apenas aquele "lançamento no registro civil em que uma letra ou um termo foi mal reproduzido, ou em dissonância com a forma gráfica de documento anterior".[6]

Mais de trinta anos depois, a Lei 12.100, de 27 de novembro de 2009, deu continuidade ao processo de desjudicialização dos procedimentos das serventias extrajudiciais e alterou o artigo 110 para permitir que os erros que não exijam indagação alguma para a constatação imediata de correção pudessem ser corrigidos de ofício pelo Oficial de Registro Civil no próprio cartório em que se encontrassem o assento, mediante petição assinada pelo interessado, representante legal ou procurador, independentemente do pagamento de selos e taxas, após manifestação conclusiva do Ministério Público. Se o Ministério Público entendesse que o pedido exigia maior indagação, requereria ao Juiz a distribuição dos autos, para que o pedido se processasse na forma do artigo 109 da Lei de Registros Públicos, com assistência de advogado.

---

4. CARVALHO, Afranio de. *Registro de imóveis*: comentários ao sistema de registro em face da Lei 6.015, de 1973, com as alterações da Lei 6.216, de 1975, Lei 8.009, de 1990, e Lei 8.935, de 18.11.1994. 4. ed. Rio de Janeiro: Forense, 1998, p. 379.

5. CARVALHO, Afranio de. *Registro de* imóveis: comentários ao sistema de registro em face da Lei 6.015, de 1973, com as alterações da Lei 6.216, de 1975, Lei 8.009, de 1990, e Lei 8.935, de 18.11.1994. 4. ed. Rio de Janeiro: Forense, 1998, p. 381.

6. CENEVIVA, Walter. *Lei dos registros públicos comentada*. 18. ed. rev. e atual. São Paulo: Saraiva, 2008, p. 246.

Por fim, a Lei 13.484, de 26 de setembro de 2017, que considerou os registros civis das pessoas naturais ofícios da cidadania, alterou novamente o artigo 110 para assegurar maior independência e autonomia ao registrador civil, prevendo que o Oficial retificará o registro, a averbação ou a anotação, de ofício ou a requerimento do interessado, mediante petição assinada pelo interessado, representante legal ou procurador, independentemente de prévia autorização judicial ou manifestação do Ministério Público, nos casos de: a) erros que não exijam nenhuma indagação para a constatação imediata de necessidade da correção; b) erro na transposição dos elementos constantes em ordens e mandados judiciais, termos ou requerimentos, bem como outros títulos a serem registrados, averbados ou anotados, ficando o documento utilizado para a referida averbação e/ou retificação arquivado no registro do cartório; c) inexatidão da ordem cronológica e sucessiva referente à numeração do livro, da folha, da página, do termo, bem como da data do registro; d) ausência de indicação do Município relativo ao nascimento ou naturalidade do registrado, nas hipóteses em que existir descrição precisa do endereço do local do nascimento; e e) elevação de Distrito a Município ou alteração das nomenclaturas por força de lei.

É importante pontuar que "o legislador parece ter adotado um preceito jurídico indeterminado que amplia as hipóteses de retificação extrajudicial",[7] ou seja, caberá ao registrador civil verificar se a hipótese de retificação trazida até ele se enquadra em uma das acima mencionadas. Caberá ter-se sempre em mente que "a retificação administrativa objetiva erros materiais que se agasalham no registro, mas que se descobrem facilmente à luz do exame e da comparação de documentos".[8]

Se a retificação pretendida ensejar dilação probatória, não será caso de procedimento administrativo, lembrando que "A aplicação do art. 110 da Lei 6.015/1973 [...], é subsidiária, pois o interessado sempre tem a faculdade de demandar judicialmente a retificação".[9]

Reinaldo Velloso dos Santos defende que "Sempre que o registro não corresponda à realidade, existe a necessidade de adequação do registro à verdade, não só pela alteração de informações equivocadas, como também pela supressão de incorreções e acréscimo de fatos relevantes".[10]

---

7. KÜMPEL, Vitor Frederico et. al. *Tratado notarial e registral*. São Paulo: YK Editora, 2017, v. II, p. 942.
8. CARVALHO, Afranio de. *Registro de imóveis*: comentários ao sistema de registro em face da Lei 6.015, de 1973, com as alterações da Lei 6.216, de 1975, Lei 8.009, de 1990, e Lei 8.935, de 18.11.1994. 4. ed. Rio de Janeiro: Forense, 1998, p. 382.
9. KÜMPEL, Vitor Frederico et. al. *Tratado notarial e registral*. São Paulo: YK Editora, 2017, v. II, p. 942.
10. SANTOS, Reinaldo Veloso. *Registro civil das pessoas naturais*. Porto Alegre: Sergio Antonio Fabris Ed., 2006, p. 195.

Contudo, não se deve negar a inclusão, por exemplo, de informações relevantes, como a naturalidade do falecido ou dos pais dele, porque à época o livro pré-impresso não trazia tal elemento. Sendo um elemento previsto no artigo 80 da Lei 6.015/73, não se verifica razão para que o pedido de retificação, ou melhor, de inclusão não seja acatado pelo registrador civil.

Esmiuçando um pouco mais cada tipo previsto de retificação, tem-se que a primeira hipótese é a correção de erros que não exijam nenhuma indagação para a constatação imediata de necessidade da correção. Essa primeira hipótese seria a clara definição de erro evidente ou, como conceitua Afranio de Carvalho, seria aquele que "ninguém possa duvidar racionalmente dele [...] aquele que arrasta consigo a convicção da erronia".[11]

A segunda e a terceira hipóteses estão dentro do conceito de erro evidente, o qual poderá ser constatado internamente pelo registrador civil pelos documentos arquivados na própria serventia, muitas vezes sem nem mesmo a parte interessada ter o conhecimento do erro.

A segunda hipótese também pode ser por erro na transposição dos elementos constantes em ordens e mandados judiciais, termos ou requerimentos, bem como outros títulos a serem registrados, averbados ou anotados, ficando o documento utilizado para a referida averbação e/ou retificação arquivado no registro do cartório. Desta forma, a data do mandado de retificação ou o número do processo são claros exemplos de dados que deverão ser retificados pelo registrador civil e muitas vezes o interessado no assento nem perceberá ou saberá de tal alteração.

Assim também é a terceira hipótese, ou seja, a retificação de inexatidão da ordem cronológica e sucessiva referente à numeração do livro, da folha, da página, do termo, bem como da data do registro, dados estes sujeitos apenas ao controle e observação do registrador civil.

Aqui se observa um dever de retificação por parte do registrador civil e uma faculdade do interessado – que, como dito antes, muitas vezes não sabe do lançamento equivocado ocorrido.

Esse dever de retificação, inclusive *ex officio*, ou seja, sem aguardar uma solicitação do interessado, tem dupla vantagem: a de sanear o registro, restituindo-lhe a credibilidade, e a de poupar o registrador de eventual indenização por dano causado a terceiro em razão de tal erro.[12]

---

11. CARVALHO, Afranio de. *Registro de imóveis*: comentários ao sistema de registro em face da Lei 6.015, de 1973, com as alterações da Lei 6.216, de 1975, Lei 8.009, de 1990, e Lei 8.935, de 18.11.1994. 4. ed. Rio de Janeiro: Forense, 1998, p. 383.
12. CARVALHO, Afranio de. *Registro de imóveis*: comentários ao sistema de registro em face da Lei 6.015, de 1973, com as alterações da Lei 6.216, de 1975, Lei 8.009, de 1990, e Lei 8.935, de 18.11.1994. 4. ed. Rio de Janeiro: Forense, 1998, p. 384.

A Lei 13.484/2017 autorizou a retificação "de ofício" sem, contudo, esclarecer para quais atos tal retificação seria possível. Por isso, alguns autores defendem que a retificação "de ofício" somente seja realizada nos casos em que o conteúdo do registro não seja modificado, isto é, para erros apenas de repercussão interna dos serviços registrais,[13] como o previsto no artigo 110, inciso III da Lei de Registros Públicos.

Antes mesmo da alteração legislativa promovida pela Lei 13.484/2017, o Enunciado 46 da ARPENSP, atualmente derrogado em razão da previsão expressa da lei, já permitia a averbação de retificação de erros evidentes pelo Oficial de Registro Civil onde se encontrar o assento, independentemente de decisão judicial, após a manifestação favorável do Ministério Público.

A quarta hipótese de retificação é aquela que visa a suprir a ausência de indicação do Município relativo ao nascimento ou à naturalidade do registrado, quando existir descrição precisa do endereço do local do nascimento. Essa hipótese é muito frequente sobretudo em cidades ou comarcas menores, onde o registrador, nos livros manuscritos, citava o endereço do local do nascimento, mas omitia que tinha ocorrido naquela cidade, pois para ele, naquele momento, era óbvio e significava também escrever menos – nem sempre os livros também dispunham de tanto espaço.

Ademais, o registrador civil, ao verificar, pelo endereço, a omissão da indicação do Município relativo ao nascimento ou naturalidade do registrado, poderá realizar a retificação *ex officio*, evitando a emissão de certidões incompletas ao interessado.

Por fim, a última hipótese constante é aquela que prevê a averbação quanto à elevação de Distrito a Município ou alteração das nomenclaturas por força de lei.

Vários distritos, ao longo dos anos, tornaram-se municípios. O registro civil deve espelhar tal situação, sobretudo quando o registrador civil está localizado em um desses locais, pois não deverá expedir certidões informando que o óbito ocorreu em distrito se este já foi emancipado e elevado a município.

Como observa Letícia Franco Maculan, essa "hipótese não contempla erro, mas sim uma alteração [...] ocorrida posteriormente ao registro".[14]

---

13. MACULAN, Letícia. Registro civil das pessoas naturais: a averbação e a retificação administrativa após a Lei 13.484/2017. *Recivil*. Disponível em: https://www.recivil.com.br/app/webroot/files/uploads/2017/Artigos/ARTIGO%20-%20A%20RETIFICACAO%20ADMINISTRATIVA%20E%20A%20RETIFICACAO%20JUDICIAL%20APOS%20A%20LEI%20N.%2013484%20-%20LETICIA%20MACULAN.pdf. Acesso em: 29 jun. 2021.
14. MACULAN, Letícia. Registro civil das pessoas naturais: a averbação e a retificação administrativa após a Lei 13.484/2017. *Recivil*. Disponível em: https://www.recivil.com.br/app/webroot/files/uploads/2017/Artigos/ARTIGO%20-%20A%20RETIFICACAO%20ADMINISTRATIVA%20E%20A%20RETIFICACAO%20JUDICIAL%20APOS%20A%20LEI%20N.%2013484%20-%20LETICIA%20MACULAN.pdf. Acesso em: 29 jun. 2021.

É importante lembrar da retificação de atos em "efeito cascata", "que são registros alterados pela via judicial, agora também pela via extrajudicial e, uma vez alterados, possibilitam a retificação dos demais assentos ligados àquela pessoa natural".[15] Assim, se o interessado pleiteou e obteve na via judicial a retificação do nome do falecido nas certidões de nascimento e casamento, ele pode, apresentando os atos já retificados, solicitar a retificação administrativa do óbito.

Tal procedimento foi previsto, muito antes da modificação legislativa, pela Corregedoria Geral da Justiça do Estado de São Paulo, por meio do Comunicado 1.595, de 3 de dezembro de 2015, complementado posteriormente por meio do Comunicado CG 339, de 11 de março de 2016.

Com a alteração legislativa, havendo retificação a ser realizada, não sendo o caso de retificação *ex officio*, o interessado deve apresentar requerimento ao Oficial de Registro Civil devidamente acompanhado dos originais ou cópias autenticadas dos documentos que comprovem o erro e permitam a retificação, bem como pagar os emolumentos correspondentes.

O requerimento escrito de retificação administrativa será endereçado ao próprio Oficial de Registro Civil, com firma reconhecida do interessado[16], que será dispensada quando o requerimento for firmado na presença do Oficial ou de preposto, inclusive via CRC – Central de Informações do Registro Civil.

É possível ainda, em analogia ao Enunciado 68 da ARPENSP, recepcionar o requerimento via *e-mail*, em formato eletrônico ".p7s" ou ".pdf", assinado digitalmente, nos padrões da ICP-Brasil, cujas autenticidade e integridade serão conferidas no verificador de conformidade do ITI – Instituto Nacional de Tecnologia da Informação –, serviço disponível gratuitamente no endereço eletrônico: https://verificador.iti.gov.br/.

O requerimento pode ser firmado pelo interessado, por representante legal ou por procurador.

Ao registrador civil, ao recepcionar os documentos presencialmente ou via CRC – Central de Informações do Registro Civil, por meio do E-Protocolo, caberá autuá-los, lançar no livro de protocolo e passar à qualificação.

Salvo melhor juízo, pretendendo manter uma única linha de atuação, sobretudo porque hoje os atos registrais normalmente são controlados por selos, muitas

---

15. GIGLIOTTI, Andrea Santos. Retificação administrativa após as mudanças da Lei 13.484/17. In: DEL GUÉRCIO NETO, Arthur; DEL GUÉRCIO, Lucas Barelli (Coord.). *O direito notarial e registral em artigos*. São Paulo: YK Editora, 2018, v. II, p. 197.
16. Nos termos do item 20.1 do Capítulo XVII das Normas de Serviço da Corregedoria Geral da Justiça do Estado de São Paulo: "Somente poderão ser aceitas procurações por traslados, certidões e no original do documento particular, com firma reconhecida".

vezes digitais, ainda se entende, diferentemente de alguns autores,[17] ser necessária a autuação do documento, mesmo que fundado em documento arquivado no próprio cartório e o lançamento no livro protocolo, com descrição sucinta das razões para o deferimento da retificação de ofício do registrador.

Na análise dos documentos apresentados, o registrador civil, tal qual o registrador de imóveis, deverá pautar a qualificação observando os princípios registrais, dentre os principais, de forma não exauriente, têm-se: a) princípio da anterioridade; b) princípio da continuidade; c) princípio da veracidade dos registros públicos; d) princípio da legalidade; e e) princípio da uniformidade.

Caso o Oficial entenda não ser possível a retificação com base nos documentos apresentados, deverá elaborar nota devolutiva, esclarecendo as razões da impossibilidade ou nota solicitando a complementação da documentação para que, querendo o interessado, cumpra a solicitação do Oficial e consiga, então, a retificação pretendida.

Caso não seja possível o cumprimento da exigência feita pelo registrador civil, ou este entenda que o caso envolve retificação judicial, nos termos do artigo 109 da Lei de Registros Públicos[18], o interessado poderá, à semelhança do que dispõe o artigo 198 da mesma Lei, solicitar que sejam os documentos submetidos ao crivo do Juiz Corregedor Permanente por meio de pedido de providências.

Cabe ressaltar, contudo, que existem registradores que entendem haver outras duas hipóteses possíveis ao interessado: remeter ao Ministério Público, nos moldes da legislação anterior (art. 97, parágrafo único, da Lei 6.015/73) ou orientar a parte a ingressar com o pedido de retificação judicial, negando a submissão direta ao Juiz Corregedor Permanente.[19]

Anteriormente, as Normas de Serviço do Estado de São Paulo previam expressamente que seria defeso ao registrador dar início ao procedimento quando a retificação requerida não se limitasse de plano à correção de erro de grafia ou erro

---

17. "Atente-se que, com a nova redação da lei, sequer é necessário formalizar um requerimento, com protocolo e autuação, nos casos de retificação de ofício feita com fundamento em documento arquivado no cartório. Basta que o oficial ou seu escrevente autorizado lavre a averbação de retificação mencionando o documento arquivado" (GAGLIARDI, Andreia Ruzzante; OLIVEIRA, Marcelo Salaroli de; CAMARGO NETO, Mario de Carvalho. *Registro civil das pessoas naturais*. CASSETTARI, Christiano (Coord.). 3. ed. Indaiatuba, SP: Editora Foco, 2021, p. 476).
18. Nos casos de retificação judicial, o foro competente é o da comarca da lavratura do assento de óbito ou do domicílio do autor (BRASIL. Superior Tribunal de Justiça. CC 96.309 RJ 2008/0117270-7. Relator: Ministro Fernando Gonçalves. Brasília, 22 de abril de 2009). Disponível em: https://stj.jusbrasil.com.br/jurisprudencia/4145956/conflito-de-competencia-cc-96309-rj-2008-0117270-7/inteiro-teor-12211301. Acesso em: 18 jul. 2021.
19. LIMA, Vívian Pereira. Averbações e anotações no registro civil das pessoas naturais. In: FERRO JÚNIOR, Izaías Gomes; DEBS, Martha El. *O registro civil das pessoas naturais* – novos estudos. Salvador: JusPodivm, 2017, p. 451-2.

evidente (item 131.5 do Capítulo XVII). Há ainda hoje autores[20] que sustentam a não obrigatoriedade de instauração de procedimento de retificação quando o Oficial perceber de forma cabal a existência de maiores indagações ou verificar a ausência de documentos que embasem a solicitação ou, ainda, na ausência de previsão legal.

Em que pesem os argumentos, entende-se que, havendo insistência da parte interessada, deve o Oficial, sim, recepcionar o pedido, mediante o pagamento dos emolumentos devidos e fazer a nota devolutiva. Caso não proceda desta forma, estará sujeito à reclamação perante o Juiz Corregedor Permanente pela negativa de protocolar pedido que o interessado interpreta ser justo e possível ou, ainda, terá de realizar manifestação escrita pela não recepção dos documentos, sem nada perceber pelo trabalho de análise e qualificação dos documentos e argumentos apresentados pelo interessado.

3.1 Legitimidade

Nos termos do artigo 110 da Lei de Registros Públicos, a retificação será realizada de ofício ou a requerimento do interessado. Mas, sendo o registrado falecido, quem seriam os interessados em solicitar a retificação de assento de óbito?

Aqui se entende que há uma flexibilidade maior na verificação do interessado na retificação. Primeiro, porque nunca será o próprio registrado a requerê-la, uma vez que este já é falecido; segundo, porque nem mesmo o declarante do óbito, por vezes, tem interesse na retificação. Então, submetê-la sempre ao requerimento de quem foi o declarante do óbito também não parece salutar.

Os legitimados a propor o procedimento seriam, portanto, todos aqueles que "possuam e demonstrem legítimo interesse jurídico na retificação, tais como os parentes, ascendentes, descendentes e colaterais, assim como cônjuges, tutores, curadores, guardiães, herdeiros e titulares de interesses obrigacionais e reais".[21]

Então, é possível que um neto solicite a retificação do assento de óbito do avô mesmo que existam filhos vivos deste? Não se verifica nenhum impedimento [22].

---

20. LIMA, Vívian Pereira. Averbações e anotações no registro civil das pessoas naturais. In: FERRO JÚNIOR, Izaías Gomes; DEBS, Martha El. *O registro civil das pessoas naturais* – novos estudos. Salvador: JusPodivm, 2017, p. 453.
21. CAMPOS JÚNIOR, Waldir Sebastião de Nuevo. Introdução ao registro civil das pessoas naturais e jurídicas. In: ALVIM NETO, José Manuel de Arruda; CLÁPIS, Alexandre Laizo; CAMBLER, Everaldo Augusto (Coord.). *Lei de registros públicos comentada*. Rio de Janeiro: Forense, 2014, p. 315.
22. BRASIL. Tribunal de Justiça do Estado de São Paulo. 9ª Câmara de Direito Privado. Apelação Cível 1016102-76.2019.8.26.0564. Apelação cível – Ação de retificação de assento de registro civil – Sentença de improcedência – Inconformismo do autor – Pretensão de correção de grafia em patronímico de origem japonesa – Presente justo motivo a autorizar a medida pretendida: a par de personalíssimo o direito ao nome, não se pode negar ao autor o direito à retificação pretendida, eis que os registros públicos, em

A retificação observará o princípio da verdade registral e, sendo uma retificação administrativa, o registrador terá em mãos elementos irrefutáveis da verdade que pretende restabelecer. Ademais, o interessado poderá ser "qualquer descendente daquele cujo registro se pretende seja averbado ou retificado".[23]

O procedimento administrativo de retificação dispensa a presença de advogado. Se "estamos diante de exercício atípico de função administrativa, não há que se falar em 'administração da justiça', e, consequentemente, não é indispensável a presença de advogado, em procedimento administrativo",[24] só o sendo necessário caso o procedimento siga a jurisdição voluntária prevista no artigo 109 da Lei 6.015/73.

Contudo, se o interessado se fizer representar por procuração, esta poderá ser pública ou particular. Se a procuração for particular outorgada a advogado, esta deverá conter o reconhecimento de firma do outorgante, "com a finalidade de dar concretude à segurança proclamada ao ato".[25]

3.2 Pagamento de emolumentos

Com a alteração normativa, foi introduzido o § 5º ao artigo 110 em que se prevê que nos casos em que a retificação decorra de erro imputável ao Oficial, por si ou por seus prepostos, não será devido o pagamento de emolumentos pelo interessado.

Assim, por exemplo, se o registrador ou seu preposto ao registrar um óbito, digitou um dado equivocadamente no assento, transpondo os dados da declaração firmada junto à funerária, ele poderá retificar o assento de ofício, independentemente de requerimento da parte interessada e de forma gratuita, pois o interessado não contribuiu para o equívoco.

Não sendo o caso de erro imputável ao Oficial, o valor dos emolumentos é devido, independentemente do resultado da qualificação do registrador civil, tal qual como ocorre em um processo judicial, quando a parte paga pelo processo, mas não tem certeza do sucesso da ação.

---

favor ao princípio da veracidade, devem refletir fielmente os dados reais – Comprovada a ausência de prejuízo a terceiros – Havendo patente erro de grafia no patronímico do autor, de seu genitor e de seu avô, não há necessidade de que todos os ascendentes componham o polo ativo da ação de retificação (precedentes) – Recurso provido. Relator: Piva Rodrigues. São Paulo, 4 de fevereiro de 2020.

23. GIGLIOTTI, Andrea Santos. Retificação administrativa após as mudanças da Lei 13.484/17. In: DEL GUÉRCIO NETO, Arthur; DEL GUÉRCIO, Lucas Barelli (Coord.). *O direito notarial e registral em artigos*. São Paulo: YK Editora, 2018, v. II, p. 195.

24. Parecer proferido pelo Juiz Auxiliar da Corregedoria Geral da Justiça de São Paulo, Vicente de Abreu Amadei, nos autos do Processo CG 85/92, citado por Reinaldo Velloso dos Santos na obra Registro civil das pessoas naturais (Porto Alegre: Sergio Antonio Fabris Ed., 2006, p. 196).

25. BRASIL. Tribunal de Justiça do Estado de São Paulo. 2ª Vara de Registros Públicos. Pedido de Providências 1057014-86.2018.8.26.0100. Juíza de Direito: Renata Pinto Lima Zanetta.

O valor dos emolumentos é pela análise dos documentos apresentados e submetidos pelo interessado ao Oficial de Registro Civil, ou seja, se após o exame, o registrador civil avaliar que não cabe o procedimento pelo artigo 110 da Lei de Registros Públicos, não haverá devolução de emolumentos, pois não se pode confundir "indeferimento de um pedido com serviço não prestado".[26]

No Estado de São Paulo, nos termos do Enunciado 65 da ARPENSP, caso a retificação englobe mais de um registro pertencente à mesma Serventia e na mesma ocasião, o requerimento correspondente deverá ser realizado em um único instrumento com indicação precisa dos assentos a serem retificados, acompanhado dos documentos (originais, autenticados ou cópias conferidas pelo preposto) que comprovem o erro. Neste caso, o registrador civil cobrará por um único procedimento de retificação, acrescido de tantas quantas foram as averbações adicionais, descontada daquela que integra o próprio procedimento de retificação. Esta cobrança é aplicável somente na retificação de registros da mesma pessoa e requerida no próprio cartório onde localizados os assentos.

Dito isto, no Estado de São Paulo não se cobra por item retificado no assento, ou seja, não cabe a cobrança individualizada se, por exemplo, for solicitada a retificação do assento de óbito quanto aos patronímicos do registrado e dos genitores do registrado.

3.3 Elementos da averbação

A averbação de retificação administrativa será realizada à margem direita do registro e, quando não houver espaço, no livro corrente, com notas e remissões recíprocas que facilitem a busca, facultando-se a utilização de Livro de Transporte de anotações e averbações.

Se a serventia adotar a escrituração em folha do tipo A4, destinando-se a frente e o verso de cada folha para um único assento, a averbação de retificação poderá ser realizada no verso do assento, conforme prevê o item 18 do Capítulo XVII das Normas de Serviço da Corregedoria Geral da Justiça do Estado de São Paulo.

Da averbação constarão, além do conteúdo que está sendo retificado, o número do protocolo, a data da realização da averbação e a assinatura do Oficial ou preposto responsável pela averbação.

Após a retificação, o Oficial dará baixa no livro protocolo e deverá, conforme o caso, proceder às comunicações necessárias. Por exemplo, sendo uma retificação

---

26. BRASIL. Tribunal de Justiça do Estado de São Paulo. 2ª Vara de Registros Públicos. Pedido de Providências 0014245-80.2018.8.26.0100. Juíza de Direito: Renata Pinto Lima Zanetta. São Paulo, 7 de junho de 2018.

de estado civil do falecido, fazendo constar que este era casado, o oficial realizará ao final do procedimento a comunicação de óbito ao cartório do casamento, nos termos do artigo 106 da Lei 6.015/73.

4. DADOS PASSÍVEIS DE RETIFICAÇÃO NOS ASSENTOS DE ÓBITO

Serão abordadas algumas das retificações mais corriqueiras nos assentos de óbito pelo processo administrativo, contudo não se deve esquecer que outros fatos e atos podem ser averbados à margem do assento de óbito, tais como: alteração do local de sepultamento, reconhecimento de filiação em relação ao falecido, destinação a estudo e pesquisa de cadáver e identificação do falecido registrado como desconhecido.[27]

4.1 Nome do registrado

Uma das retificações talvez mais procuradas é com relação ao nome do registrado.

O procedimento aplicado, nos casos de retificação do nome ou sobrenome do registrado ou dos genitores deste será o previsto no artigo 110 da Lei de Registros Públicos, especificamente o inciso I, ainda que dele não conste expressamente 'retificar' prenome ou sobrenome do falecido ou dos pais, "e revela a necessária juntada de prova documental para a comprovação do erro evidente".[28]

O nome do falecido lançado incorretamente praticamente inviabiliza qualquer ação dos herdeiros, seja para inventário, seja para fins previdenciários, seja até mesmo, atualmente, para fins de reconhecimento de dupla cidadania.

Normalmente, a retificação de nome é feita mediante apresentação do registro civil do falecido. O documento de origem é o registro civil, por isso não são aceitos, em regra, carteira de identidade do falecido para retificação de nome.

Se o único documento a comprovar o erro no assento de óbito for a certidão de batismo, sobretudo no caso de pessoas que tenham falecido no estado civil de solteiras, recomenda-se extrema cautela, pois talvez a via para a retificação pretendida seja a do artigo 109 e não a do artigo 110 da Lei de Registros Públicos, aqui estudado. Isto porque a certidão de batismo "não tem fé pública, mas é início

---

27. GAGLIARDI, Andreia Ruzzante; OLIVEIRA, Marcelo Salaroli de; CAMARGO NETO, Mario de Carvalho. *Registro civil das pessoas naturais*. CASSETTARI, Christiano (Coord.). 3. ed. Indaiatuba, SP: Editora Foco, 2021, 381-2.
28. GIGLIOTTI, Andrea Santos. Retificação administrativa após as mudanças da Lei 13.484/17. In: DEL GUÉRCIO NETO, Arthur; DEL GUÉRCIO, Lucas Barelli (Coord.). *O direito notarial e registral em artigos*. São Paulo: YK Editora, 2018, v. II, p. 196.

de prova documental",[29] visto que "a certidão e registro de batismo não bastam para suprimir a presunção de veracidade do registro público".[30]

E se o falecido fosse casado, bastaria apresentar a certidão de casamento? É recomendável a apresentação da cadeia de documentos, ou seja, do registro civil de nascimento e também do casamento, isso porque o registro de casamento pode ter erro de transposição de elementos, sobretudo em registros antigos, feitos de forma manuscrita.

Tal recomendação também se baseia no princípio da continuidade registral, pois "Tratando-se dos assentos relacionados à pessoa natural, há uma lógica e uma cronologia fática que merecem ser cumpridas",[31] não podendo, por exemplo, ser feita uma retificação de nome da pessoa falecida com base no assento de nascimento, sem que o registro de casamento, em sendo ela casada, tenha sido antes retificado.

O Código de Normas da Corregedoria-Geral de Justiça do Estado de Minas Gerais[32] reconhece, por exemplo, a importância do princípio da continuidade e da verdade registral, quando estabelece no artigo 679, parágrafo único, que, para averbação de alteração no registro de casamento, deverá ser apresentada a certidão de nascimento já contendo a averbação de alteração, com vistas a garantir a continuidade dos registros.

Se o documento comprobatório do erro for de origem estrangeira, para ser aceito pelo registrador civil, também deverá se submeter às formalidades da Lei de Registros Públicos, ou seja, o documento deve estar traduzido por tradutor público juramentado[33] – lembrando que documentos em língua portuguesa dispensam tradução[34] –, legalizado por autoridade consular brasileira ou apostilada[35]

---

29. BRASIL. Tribunal de Justiça do Estado de São Paulo. 1ª Câmara de Direito Privado. Apelação 0003011-86.2011.8.26.0443. Relator: Alcides Leopoldo e Silva Júnior. São Paulo, 4 de dezembro de 2012. Disponível em: https://tj-sp.jusbrasil.com.br/jurisprudencia/22787802/apelacao-apl-30118620118260443-s-p-0003011-8620118260443-tjsp. Acesso em: 18 jul. 2021.
30. BRASIL. Tribunal de Justiça do Estado de São Paulo. 1ª Câmara de Direito Privado. Apelação 00037411-76.2011.8.26.0007. Relator: Rui Cascaldi. São Paulo, 30 de setembro de 2014. Disponível em: https://tj-sp.jusbrasil.com.br/jurisprudencia/143184193/apelacao-apl--374117620118260007-sp-0037411-7620118260007. Acesso em: 18 jul. 2021.
31. BOSELLI, Karine; MRÓZ, Daniela; RIBEIRO, Izolda Andrea. Registro civil das pessoas naturais. In: GENTIL, Alberto (Org.). *Registros Públicos*. Rio de Janeiro: Forense; São Paulo: Método, 2020, p. 130.
32. Provimento Conjunto 93/2020. Disponível em: http://cnbmg.org.br/wp-content/uploads/2020/06/codigodenormas.pdf. Acesso em: 29 jun. 2021.
33. Art. 22, I, c/c art. 23, § 1º, da Medida Provisória 1.040, de 29 de março de 2021.
34. BRASIL. Conselho Nacional de Justiça. Pedido de Providências 0002118-17.2016.2.00.0000. Brasília, 10 de agosto de 2016. Conselheiro Relator: Arnaldo Hossepian Júnior. Disponível em: CNJ: Pedido de Providências – Exigência tradução documentos estrangeiros redigidos em língua portuguesa – Desnecessidade – Jurisprudência STF e STJ – Ato administrativo – Recomendação. Blog do 26 (26notas.com.br). Acesso em: 18 jul. 2021.
35. Decreto 8.660, de 29 de janeiro de 2016 que promulga a Convenção sobre a eliminação da exigência de legalização de documentos públicos estrangeiros (Convenção de Haia).

por autoridade estrangeira competente e registrada por Oficial de Registro de Títulos e Documentos.[36]

Também é neste sentido o Enunciado 64 da ARPENSP dispondo que, quando a constatação seja realizada a partir da apresentação de documento estrangeiro, este deverá estar apostilado ou consularizado (caso o País não integre a Convenção da Haia), traduzido por tradutor público juramentado devidamente inscrito em Junta Comercial do Brasil e registrado no Registro de Títulos e Documentos competente.

Também é muito comum o pedido de retificação quanto ao patronímico ostentado. Neste caso é importante lembrar que todos os patronímicos constantes do assento de óbito deverão ser retificados. Desta forma, não é possível ao interessado requerer a retificação do patronímico do falecido, deixando os patronímicos dos genitores sem retificar.

A retificação parcial não é possível, nem mesmo em face do princípio da instância,[37] ou seja, se o interessado não realizar a solicitação, deve o registrador civil obstar a retificação e solicitar a complementação do pedido; e não querendo ou não concordando o interessado, deve o registrador civil recusar a retificação parcial.

"As retificações de assentos registrários para fins de obtenção de cidadania não podem se restringir às alterações que sejam necessárias ou úteis para tanto em desrespeito aos princípios da veracidade, anterioridade e unicidade dos registros públicos"[38], não se pode, por exemplo, retificar a grafia dos patronímicos dos ancestrais, pretendendo manter a grafia incorreta dos próprios patronímicos, pois

> [...] é evidente que em se tratando de uma só família, a retificação do patronímico dos ancestrais implica, de modo intransponível, reflexa retificação do patronímico dos seus descendentes [...], pois, caso contrário, haveria violação ao princípio da uniformidade dos registros brasileiros. Os registros são atos contínuos, de maneira que os posteriores repercutem os mais antigos para preservação dos vínculos familiares ao longo do tempo.[39]

Por fim, deve o Oficial ter muito cuidado no processamento de pedidos de retificação de assentos já anteriormente retificados,[40] devendo, caso se trate do mesmo

---

36. Conforme art. 129, 6º, da Lei 6.015/73.
37. "Segundo esse princípio, a atividade registral depende de provocação" (LOUREIRO, Luiz Guilherme. *Registros públicos*: teoria e prática. 6. ed. rev., atual. e ampl. Rio de Janeiro: Forense; São Paulo: Método, 2014, p. 328).
38. BRASIL. Tribunal de Justiça do Estado de São Paulo. 2ª Vara de Registros Públicos. Processo 1038631-26.2019.8.26.0100. Publicado no Diário Oficial eletrônico em São Paulo, 23 de maio de 2019.
39. BRASIL. Tribunal de Justiça do Estado de São Paulo. 2ª Vara de Registros Públicos. Processo 1085825-27.2016.8.26.0100. São Paulo, 7 de novembro de 2017.
40. BRASIL. Tribunal de Justiça do Estado de São Paulo. 1ª Câmara de Direito Privado. Apelação Cível 1000524-20.2018.8.26.0011. Apelação Cível. Ação de retificação de registro civil – Coutor Luiz An-

item a ser retificado, como por exemplo patronímico, encaminhar o interessado para que o pedido se processe nos termos do artigo 109 da Lei 6.015/73.

4.2 Estado civil do falecido

Apesar da aparente tranquilidade na possibilidade de retificação do estado civil do falecido, algumas questões são inquietantes e impedem, em um primeiro momento, a retificação administrativa.

No primeiro caso, se for apontado qualquer estado civil ao falecido, até mesmo o ignorado, e se pretender retificar para solteiro, pois não há prova robusta do estado civil de solteiro. Sabe-se que por vezes a certidão de nascimento de alguém casado, permanece sem anotação, pois o cartório mudou, foi extinto, a comunicação não foi encaminhada etc.

No segundo, tem-se o caso de o falecimento ocorrer antes da sentença homologatória de reconciliação, vindo a solicitação no sentido de fazer constar o estado civil de casado do falecido, isso porque

> [...] não se ignoram significativos julgados do Tribunal de Justiça do Estado de São Paulo, quer no sentido da possibilidade de homologar a reconstituição, retroagindo os efeitos à data da manifestação de vontade dos cônjuges (v.g. JTJ-Lex 273/200), quer, de outra banda, destacando a natureza constitutiva da sentença homologatória da reconciliação e seus efeitos *ex nunc* (v.g. JTJ-Lex 261/418).[41]

Assim, é possível que a retificação do óbito para constar o estado civil de casado e não mais de separado, ainda que o restabelecimento da sociedade conjugal tenha sido decretado por sentença prolatada após o falecimento do registrado, se nesta constar expressamente a data do reconhecimento do restabelecimento, com efeitos até a data do falecimento.[42]

---

tônio que pretende alterar a grafia do sobrenome "Fazio" para "Fazzio", tanto em seus registros civis quanto nos registros de nascimento de seus filhos, ao argumento de que sua carreira profissional já está consolidada com a utilização do sobrenome "Fazzio" – Sentença de improcedência – Recurso de apelação interposto pelos autores – Hipótese em que o coautor Luiz Antônio, em ação anterior (Processo 583.00.2008.215803-4), já havia pleiteado a retificação do patronímico em questão (de "Fazzio" para "Fazio") – Ausência de motivo justificável para nova alteração – Comportamento contraditório – Julgamento de improcedência que era de rigor – Recurso desprovido. Nega-se provimento ao recurso de apelação. Relatora: Christine Santini. São Paulo, 19 de março de 2019.

41. BRASIL. Tribunal de Justiça do Estado de São Paulo. Corregedoria Geral da Justiça. Parecer 273/2007-E. Processo CG 313/2007. São Paulo, 14 de agosto de 2007. Corregedor Geral da Justiça: Gilberto Passos de Freitas. Disponível em: https://extrajudicial.tjsp.jus.br/pexPtl/visualizarDetalhesPublicacao.do?cdTipopublicacao=5&nuSeqpublicacao=107. Acesso em: 22 jun. 2021.

42. BRASIL. Tribunal de Justiça do Estado de São Paulo. 1ª Vara de Registros Públicos. Pedido de Providências 1071106-69.2018.8.26.0100. Juíza de Direito: Tânia Mara Ahualli. Sentença publicada no Diário Oficial Eletrônico em 24 de agosto de 2018. Disponível em: https://www.kollemata.com.br/retificacao-de-matricula-estado-civil-prova-documental-6d9eb9c.html. Acesso em: 05 jul. 2021.

Nos demais casos, a retificação administrativa é mais pacífica, necessitando apenas do requerimento e da certidão do registro civil correspondente. Logo, se no assento de óbito constou que o falecido era solteiro, mas na verdade era divorciado, bastará a apresentação da certidão de casamento com averbação do divórcio para que o Oficial de Registro Civil tenha a segurança necessária em lançar tal retificação.

4.3 Quantidade de filhos

É comum e possível a retificação do assento de óbito para inclusão de filhos do falecido, porventura omitidos no momento do registro. Para tanto, o interessado deverá apresentar a certidão de nascimento ou de casamento do pretenso filho com data posterior à data do falecimento, onde conste a indicação do falecido como genitor. Essa solicitação poderá ser realizada pelo próprio filho excluído do registro ao registrador civil.

Outra, entretanto, deve ser a postura caso o pedido seja de exclusão de pretenso interessado como filho na certidão de óbito. Alguns oficiais de registro civil têm o entendimento de que, como se trata de mera informação prestada pelo declarante do óbito, seria possível retificá-la por outra do mesmo declarante do óbito, porém tal entendimento não deve prosperar.

A retificação administrativa não deve ser tão difícil ou excludente de tudo a ponto de inviabilizá-la, como antigamente ocorria, a meros erros de grafias, pontualmente atribuídos à própria serventia, mas também não pode ser tão permissiva a ponto de prejudicar a segurança jurídica do procedimento previsto.

Desta forma, não havendo a segurança jurídica, como no caso da apresentação de uma certidão onde conste os nomes de todos os filhos deixados pelo falecido, a retificação para exclusão de filho deve ficar restrita ao procedimento previsto no artigo 109 da Lei de Registros Públicos.

Este foi o entendimento, por exemplo, da Corregedoria Geral da Justiça do Estado de São Paulo ao examinar o pedido de exclusão de filhos declarados no assento de óbito, solicitado nos termos do artigo 110 da Lei de Registros Públicos, pois os fatos narrados e solicitados para retificação "não se caracterizam como erro de grafia, nem tampouco como erro evidente, demandando, ao contrário, a produção de prova para a sua demonstração, o que afasta, portanto, o cabimento da retificação na esfera administrativa prevista pelo artigo 110 da Lei 6.015/73".[43]

---

43. BRASIL. Tribunal de Justiça do Estado de São Paulo. Corregedoria Geral da Justiça. Registro Civil – Retificação de assento de óbito – Pretensão de excluir nomes de filhos por não serem descendentes do falecido ou por serem filhos pré-mortos que não tiveram o óbito registrado – Hipótese que não se qualifica como erro de grafia nem como erro evidente – Via administrativa (artigo 110 da Lei 6.015/73)

4.4 Inexistência de testamento ou de bens

A retificação para constar a negativa de um fato ou a inexistência de um documento é sempre mais difícil na esfera administrativa, por isso desaconselhável a realização por procedimento administrativo.

No exemplo de um interessado querer fazer constar de um registro de óbito que, na verdade, o falecido não deixou testamento, falta prova inequívoca de tal declaração. Mesmo que se pense em solicitar uma certidão negativa de testamento no Colégio Notarial do Brasil – Seção São Paulo –, ou uma certidão negativa de distribuição de escritura no Cartório Distribuidor competente, se for o óbito a ser retificado ou se o falecido residia no Rio de Janeiro, nada obsta que a escritura pública de testamento tenha sido lavrada em outro município ou estado, ou, até mesmo, tenha sido lavrada de forma particular ou cerrado.

O mesmo ocorre caso o declarante do óbito tenha informado que o falecido deixou bens, mas não tenha deixado, afinal o *de cujus* pode ter deixado dinheiro em conta, aplicações financeiras, ações na bolsa de valores, joias, obras de arte e uma infinidade de bens que não têm um órgão ou local que possam assegurar ou certificar que eles não existem em nome do falecido[44], ou seja, não se trata de erro evidente, facilmente constatado.

Como dito no subitem anterior, alguns registradores civis possuem o entendimento de que, como se trata de informação fornecida apenas verbalmente, sem nenhum tipo de comprovação, o declarante do óbito poderia, por mera declaração, solicitar e obter do registrador civil o deferimento para tal retificação. Este, no entanto, não parece ser o melhor entendimento, pois o óbito é realizado por declaração do interessado, normalmente pautado pela comprovação da Declaração de Óbito expedida pelo médico atestante, ou seja, o registrador civil atua como transcritor para perpetuar aquelas informações ou declarações.

A partir do momento em que realiza uma retificação no assento lançado, presume-se que o registrador civil conferiu a autenticidade de tais informações, concordou com a retificação proposta e lançou sua fé pública para retificar o assento. Se as informações contidas no assento para serem retificadas não preci-

---

inadmissível – Reconhecido em primeiro grau o descabimento da retificação no âmbito correcional – Via jurisdicional (artigo 109 da Lei dos Registros Públicos) necessária – Recurso não provido. Processo CG. 2008/24.456 (Parecer 368/2008-E). Corregedor: Desembargador Ruy Pereira Camilo. São Paulo, 21 de novembro de 2008. Disponível em: https://extrajudicial.tjsp.jus.br/pexPtl/visualizarDetalhesPublicacao.do?cdTipopublicacao=5&nuSeqpublicacao=866. Acesso em: 16 jun. 2021.

44. BRASIL. Tribunal de Justiça do Estado do Rio Grande do Sul. Apelação Cível 70036604304. Pedido de retificação de certidão de óbito. Declaração de inexistência de bens a inventariar. Acolhido. Sentença modificada. Relator: Desembargador Claudir Fidélis Faccenda. Porto Alegre, 17 de junho de 2020. Disponível em: https://tj-rs.jusbrasil.com.br/jurisprudencia/911011148/apelacao-civel-ac-70036604304-rs/inteiro-teor-911011155. Acesso em: 18 jul. 2021.

sassem ser comprovadas, não haveria a qualificação do registrador civil quanto aos documentos apresentados e a segurança jurídica do sistema como um todo ficaria comprometida.

4.5 Local de falecimento ou local de residência do falecido

A Lei 13.484/2017 não somente alterou a redação do artigo 110 sobre o procedimento de retificação administrativa, mas alterou também o artigo 77 da mesma Lei 6.015/73, que estabelece a competência do registrador civil para a lavratura do óbito. Assim, antes da alteração legislativa, só era possível lavrar o óbito no local do falecimento, mas após a alteração, o Oficial de Registro Civil competente para a lavratura do óbito pode ser o do local do falecimento ou do lugar de residência do *de cujus*, quando o falecimento ocorrer em local diverso do domicílio dele.

Logo, a retificação do local de falecimento, assim como do local de residência do falecido, implica em maior atenção do registrador, pois pode alterar a competência do registro.

O item 97.2 do Capítulo XVII das Normas de Serviço do Estado de São Paulo estabelece que eventual divergência entre o endereço de residência do falecido indicado na Declaração de Óbito firmada pelo médico e o informado pelo declarante no momento do registro deverá ser elucidada por meio da apresentação do comprovante de residência do falecido. Desta forma, pode-se concluir que não basta mera informação do declarante, sendo necessária apresentação de um comprovante de endereço do falecido, também sendo necessário tal documento caso o registro do óbito já tenha sido realizado.

Caso seja apresentado o documento de endereço em nome do falecido, o Oficial de Registro Civil deve verificar se ele é contemporâneo à data da morte e se a alteração do endereço de residência não alterará a competência do registro do óbito – caso este tenha sido lavrado de acordo com a residência informada à época. Caso a competência do registro seja alterada, o registrador civil deve recursar a retificação e encaminhar o interessado para, querendo, solicitar a retificação pelo artigo 109 da Lei de Registros Públicos, e não pela via administrativa.

Quanto ao local do falecimento e causa do óbito com fundamento no artigo 3º da Lei 9.140/95, que reconheceu como mortas pessoas desaparecidas em razão de participação, ou acusação de participação, em atividades políticas, no período de 2 de setembro de 1961 a 15 de agosto de 1970, diante do decidido pela Egrégia Corregedoria Nacional de Justiça no Pedido de Providências 0005326-38.2018.2.00.0000 e também do Parecer 549/2019-E da Corregedoria Geral da

Justiça do Estado de São Paulo,[45] é possível afirmar que seja possível a alteração administrativa, nestes casos, utilizando-se o artigo 110 da Lei 6.015/73.

4.6 A *causa mortis* causada por Covid-19

O enorme número de registros de óbitos, verificado sobretudo em decorrência da pandemia de Covid-19, trouxe outra demanda: a retificação da *causa mortis* indicada no assento.

Algumas companhias de seguros tinham cláusula expressa de não cobertura no caso de óbitos em decorrência de epidemias ou pandemias. Esta situação, aliada a uma politização da doença, fez com que muitos interessados procurassem os registros civis na tentativa de fazer constar que o falecido padeceu de Covid-19 ou de retirar qualquer suspeita dessa doença da certidão de óbito, pois muitas vezes a Declaração de Óbito expedida pelo médico responsável continha a indicação de que "aguardava o resultado do exame swab nasal" ou era "suspeita de Covid-19".

Em razão da grande demanda nos registros civis, a ARPENSP aprovou o Enunciado 69 que dispõe que o registro de óbito em que constou a causa da morte como "suspeita de Covid-19", como "Covid-19" ou não constou referência ao Covid-19, poderá ser retificado para excluir ou incluir essa causa morte, mediante procedimento administrativo requerido por qualquer das pessoas legitimadas a declarar o óbito – aqui o enunciado limitou a legitimidade ao pedido de retificação, excluindo, por exemplo: a possibilidade de a solicitação ser feita pela Companhia Seguradora, com legítimo interesse (financeiro) –, e mediante apresentação de documento legal e autêntico, consistente no exame laboratorial conclusivo.

O exame laboratorial poderá ser "apresentado na forma física, assinado pelo médico, biomédico ou responsável clínico do laboratório, com aposição do número do CRM"[46], com firma reconhecida ou por meio de exame cuja veracidade possa ser consultada em sítio eletrônico.

A retificação, seja para positivar, seja para negativar a presença do coronavírus, não deixará de aparecer caso seja realizada, ou seja, a certidão que será

---

45. BRASIL. Tribunal de Justiça do Estado de São Paulo. Corregedoria Geral da Justiça. Processo 1045782-43.2019.8.26.0100. Registro Civil de Pessoas Naturais – Retificação administrativa de assento de óbito lavrado na forma da Lei 9.140/95 – Declaração, pela Comissão Especial sobre Mortos e Desaparecidos Políticos, de que o falecimento decorreu de morte causada pelo Estado brasileiro – Anterior submissão da matéria à Eg. Corregedoria Nacional de Justiça que reconheceu a regularidade das retificações promovidas com base em atestado emitido na forma da Resolução 02/2017 da referida Comissão – Recurso provido. Juiz Assessor da Corregedoria: José Marcelo Tossi Silva. São Paulo, 3 de outubro de 2019.

46. GAGLIARDI, Andreia Ruzzante; MRÓZ, Daniela Silva; MARCONI, Eliana Lorenzato; MUNNO, Karren Zanotti de. *O registro de óbito e sua retificação em virtude do COVID-19*. Publicado em 4 de maio de 2020. Disponível em: Leia artigo da Arpen-SP: "O Registro de Óbito e sua retificação em virtude do Covid-19" – 04.05.2020 – ARPEN-SP (arpensp.org.br). Acesso em: 18 jul. 2021.

expedida, após a retificação, "deverá ser integralmente transcrita no campo das observações, para que seja dada ampla publicidade ao conteúdo inicial constante da D.O. e também ao resultado posterior em razão do procedimento retificatório".[47]

Caso o interessado compareça ao cartório para lavrar o óbito já portando o exame laboratorial conclusivo físico e com firma reconhecida ou advindo de um hospital público credenciado, a melhor opção é lavrar o registro inserindo, ao final, o resultado do exame laboratorial, pois, caso contrário, seria imposto ao interessado um ônus referente ao procedimento de retificação. Assim, seriam incluídos "todos os elementos constantes da D.O. (por exemplo, aguarda exames, Suspeita de Covid-19) e, em seguida, o resultado do exame apresentado".[48]

5. CONCLUSÃO

A possibilidade de retificação do assento de óbito diretamente junto ao Oficial de Registro Civil das Pessoas Naturais facilitou e desjudicializou imensamente o procedimento, antes restrito aos casos de erro de grafia ou submetidos ao parecer conclusivo do Ministério Público.

A exposição de casos recorrentes de retificação de óbitos nos registros civis visa a trazer maior confiança e segurança aos oficiais que ainda temem em realizá-lo pela falta de uma legislação que preveja casos exaustivos ou documentos precisos para cada caso.

A técnica legislativa, nesses casos, assemelhou-se muito aos registradores imobiliários, dando como parâmetro básico à qualificação registral os princípios que norteiam a atividade.

Seja pela ponderação dos princípios, seja pela constatação do erro material evidente, o registrador civil exercerá a atividade a ele delegada com rapidez, segurança, autenticidade e eficiência, engrandecendo ainda mais a atividade desempenhada.

Os usuários, tendo conhecimento da atividade desenvolvida, farão cada vez mais uso deste procedimento administrativo, levando a uma consolidação do processo na esfera extrajudicial.

---

47. GAGLIARDI, Andreia Ruzzante; MRÓZ, Daniela Silva; MARCONI, Eliana Lorenzato; MUNNO, Karren Zanotti de. *O registro de óbito e sua retificação em virtude do Covid-19*. Publicado em 4 de maio de 2020. Disponível em: Leia artigo da Arpen-SP: "O Registro de Óbito e sua retificação em virtude do Covid-19" – 04.05.2020 – ARPEN-SP (arpensp.org.br). Acesso em: 18 jul. 2021.
48. GAGLIARDI, Andreia Ruzzante; MRÓZ, Daniela Silva; MARCONI, Eliana Lorenzato; MUNNO, Karren Zanotti de. *O registro de óbito e sua retificação em virtude do COVID-19*. Publicado em 4 de maio de 2020. Disponível em: Leia artigo da Arpen-SP: "O Registro de Óbito e sua retificação em virtude do Covid-19" – 04.05.2020 – ARPEN-SP (arpensp.org.br). Acesso em: 18 jul. 2021.

6. REFERÊNCIAS

BOSELLI, Karine; MRÓZ, Daniela; RIBEIRO, Izolda Andrea. Registro civil das pessoas naturais. In: GENTIL, Alberto (Org.). *Registros Públicos*. Rio de Janeiro: Forense; São Paulo: Método, 2020.

CARVALHO, Afranio de. *Registro de imóveis*: comentários ao sistema de registro em face da Lei 6.015, de 1973, com as alterações da Lei 6.216, de 1975, Lei 8.009, de 1990, e Lei 8.935, de 18.11.1994. 4. ed. Rio de Janeiro: Forense, 1998.

CAMPOS JÚNIOR, Waldir Sebastião de Nuevo. Introdução ao registro civil das pessoas naturais e jurídicas. In: ALVIM NETO, José Manuel de Arruda; CLÁPIS, Alexandre Laizo; CAMBLER, Everaldo Augusto (Coord.). *Lei de registros públicos comentada*. Rio de Janeiro: Forense, 2014.

CENEVIVA, Walter. *Lei dos registros públicos comentada*. 18. ed. rev. e atual. São Paulo: Saraiva, 2008.

GAGLIARDI, Andreia Ruzzante; MRÓZ, Daniela Silva; MARCONI, Eliana Lorenzato; MUNNO, Karren Zanotti de. *O registro de óbito e sua retificação em virtude do COVID-19*. Publicado em 4 de maio de 2020. Disponível em: Leia artigo da Arpen-SP: "O Registro de Óbito e sua retificação em virtude do Covid-19" – 04.05.2020 – ARPEN-SP (arpensp.org.br). Acesso em: 18 jul. 2021.

GAGLIARDI, Andreia Ruzzante; OLIVEIRA, Marcelo Salaroli de; CAMARGO NETO, Mario de Carvalho. *Registro civil das pessoas naturais*. CASSETTARI, Christiano (Coord.). 3. ed. Indaiatuba, SP: Editora Foco, 2021.

GIGLIOTTI, Andrea Santos. Retificação administrativa após as mudanças da Lei 13.484/17. In: DEL GUÉRCIO NETO, Arthur; DEL GUÉRCIO, Lucas Barelli (Coord.). *O direito notarial e registral em artigos*. São Paulo: YK Editora, 2018. v. II.

KÜMPEL, Vitor Frederico et al. *Tratado notarial e registral*. São Paulo: YK Editora, 2017. v. II.

LIMA, Vívian Pereira. Averbações e anotações no registro civil das pessoas naturais. In: FERRO JÚNIOR, Izaías Gomes; DEBS, Martha El. *O registro civil das pessoas naturais* – novos estudos. Salvador: JusPodivm, 2017.

LOUREIRO, Luiz Guilherme. *Registros públicos*: teoria e prática. 6. ed. rev., atual. e ampl. Rio de Janeiro: Forense; São Paulo: Método, 2014.

MACULAN, Letícia Franco. Registro civil das pessoas naturais: a averbação e a retificação administrativa após a Lei 13.484/2017. *Recivil*. Disponível em: https://www.recivil.com.br/app/webroot/files/uploads/2017/Artigos/ARTIGO%20-%20A%20RETIFICACAO%20ADMINISTRATIVA%20E%20A%20RETIFICACAO%20JUDICIAL%20APOS%20A%20LEI%20N.%2013484%20-%20LETICIA%20MACULAN.pdf. Acesso em: 29 jun. 2021.

SANTOS, Reinaldo Velloso. *Registro civil das pessoas naturais*. Porto Alegre: Sergio Antonio Fabris Ed., 2006.

SOCIOAFETIVIDADE E MULTIPARENTALIDADE: SEUS REFLEXOS NAS REPRODUÇÕES ASSISTIDAS

Rachel Letícia Curcio Ximenes

Doutora e Mestra em Direito Constitucional pela PUC/SP. Especialista em Direito Notarial e de Registros e Presidente da Comissão de Direito Notarial e de Registros Públicos da OAB/SP.

Sumário: 1. Introdução – 2. O aperfeiçoamento do direito de família e o reconhecimento das plurais relações familiares – 3. Socioafetividade e multiparentalidade e os meios de reprodução assistida – 4. Reprodução assistida e a monoparentalidade – 5. Inseminação artificial caseira – 6. Conclusão – 7. Referências.

1. INTRODUÇÃO

O artigo presente pretende abordar de forma rápida as mudanças sofridas pelo instituto familiar perante o tempo, demonstrado seu deslocamento de um conceito patriarcal até as suas ramificações para o entendimento de que família vai muito além do traço biológico, passando a afetividade ser fato inerente à condição familiar. Demonstra-se, por meio de julgados, como os tribunais passaram a identificar a socioafetividade como primordial e suas consequências a partir desses entendimentos.

A partir da filiação socioafetiva, a condição de filiação se ergue a outro patamar, não fazendo distinção sobre a importância dos deveres serem biológicos ou socioafetivos. Para isso, o Judiciário precisou estar atento ao tema, à medida que os casos concretos foram tomando cada vez mais publicidade e reconhecendo as pluralidades e peculiaridades de cada um. Nesse sentido, surge a figura da multiparentalidade que, em associação a socioafetividade, produz efeito nos meios do ordenamento jurídico, identificando o afeto de outra pessoa responsável pela criação da criança como fator importante na construção social desse e, posteriormente, sua inclusão no registro como mãe/pai socioafetivo, em comunhão com os pais biológicos.

Fazendo um paralelo a essa situação, ressaltamos os casos de reprodução assistida onde, muita das vezes, ocorre para a construção de uma família monoparental ou homossexual, onde, nesse último caso, frente a morosidade estatal em parceria com os óbices para adoção de criação, faz com que esses casais adotem a prática da inseminação caseira, técnica não regulamentada e que pode trazer adversidades futuras. Os tribunais vêm se posicionamento a respeito dessa última, criando uma forte jurisprudência em todo o país, dissolvendo os conflitos existentes, sempre respeitando os direitos e garantias fundamentais, além do bem estar da criança acima de qualquer situação.

2. O APERFEIÇOAMENTO DO DIREITO DE FAMÍLIA E O RECONHECIMENTO DAS PLURAIS RELAÇÕES FAMILIARES

É fato indubitável que a sociedade vem, paulatinamente, alterando as maneiras como entendemos o significado de convívio. E nesse constante processo evolutivo, o Direito Brasileiro vem desempenhando papel basilar na concretude de conquistas e feitos alçados pela sociedade. Nessa seara de alterações e mudanças, podemos trazer o conceito de núcleo familiar que, indiscutivelmente, vem, felizmente, moldado à realidade das famílias cotidianas. A concepção familiar se altera a cada nova percepção social identificada e, embora a passos curtos, essas transformações possuem reflexos diretos em diversos campos, sejam eles econômicos, culturais e sociais.

Todo o contexto social ao qual estamos inseridos foi se moldado à medida que a sociedade progride, para tentar abarcar todas as novas camadas e trajetos aos quais somos apresentados diariamente. O conceito de família ser estruturada como tão somente a relação entre pai, mãe e filhos é passado, visto que qualquer outra disposição contrária a esse formato era desconsiderada e anulava-se qualquer pretensão familiar. Nesse conceito de mudanças, percebe-se que a afetividade traz consigo uma importância que supera qualquer relação consanguínea, criando um elo que vai muito além de parentesco e de obrigações. Sobre esse conceito, traz Manuel Castells, ao tratar sobre a crise do patriarcado, nos traz que esse é "o enfraquecimento de um modelo de família baseado no estável exercício da autoridade/domínio do varão adulto, seu chefe, sobre a família inteira" (CASTELLS, 2003, p. 151).

Bem por verdade passou-se a aceitar que caso uma união não possua os moldes pelos quais a sociedade se padroniza, não quer dizer que ela não existe. A própria carta magna de 1988 trouxe consigo verdadeira revolução no que tange os direitos de liberdade e escolha dos meios em que a família seja estabelecida, nos apresentando e ratificando princípios e preceitos que colocam a dignidade acima de qualquer outro, aplicados de forma concreta às relações jurídicos.

Sobre o tema, lecionou Lôbo (2008, p. 04), nos ensinando que:

> Se é verdade que entre o forte e o fraco é a liberdade que escraviza e a lei que liberta, a Constituição do Estado Social de 1988 foi a que mais interveio nas relações familiares e a que mais as libertou. Consumou-se a redução ou menos eliminação, ao menos no plano jurídico, do elemento despótico existente no seio família, no Brasil.

Sem grandes debates sobre o tema, um claro exemplo dessas mudanças de paradigmas que foi contemplada é a afetividade. Isso porque essa passa a ser ponto fundamental para a criação de laços familiares, quebrando assim, preconceitos que impeçam que modelos de famílias recebam respaldo jurídico. E esse caminhar se deu a partir do entendimento de que as relações no âmbito familiar não são isoladas, fazendo com que o Direito de Família passe por transmutações constantes. O ilustre Dr. Silvio Venosa (VENOSA, 2017, p.08) nos traz um claro ensinamento sobre o tema, ao abordar que:

> O afeto, com ou sem vínculos biológicos, deve ser sempre o prisma mais amplo da família, longe da velha asfixia do sistema patriarcal do passado, sempre em prol da dignidade humana. Sabido é que os sistemas legais do passado não tinham compromisso com o afeto e com a felicidade.

Aqui é preciso trazer à tela uma simples conceituação de que a família é muito mais que o simples fato de coabitação entre consanguíneos. Segundo nos traz Maria Berenice Dias (2010, p. 29), ao tratar sobre a conceituação de família:

> A família é o primeiro agente socializador do ser humano. De há muito deixou de ser uma célula do Estado, e é hoje encarada como uma célula da sociedade. É cantada e decantada como a base da sociedade e, por essa razão, recebe especial atenção do Estado. Sempre se considerou que a maior missão do Estado é preservar o organismo familiar sobre o qual repousam suas bases.

Sendo a família o primeiro agente socializador do seu humano e, por muito, seu primeiro espelho, a afetividade é fator primordial para a relação familiar. Nos ensinou a *juspsicanalista* Giselle Câmara Groeninga (GROENINGA, 2008, p. 28) a respeito da importância do afeto que:

> O papel dado à subjetividade e à afetividade tem sido crescente no Direito de Família, que não mais pode excluir de suas considerações a qualidade dos vínculos existentes entre os membros de uma família, de forma que possa buscar a necessária objetividade na subjetividade inerente às relações. Cada vez mais se dá importância ao afeto nas considerações das relações familiares; aliás, um outro princípio do Direito de Família é o da afetividade.

Sobre o tema, trago importante julgado do Supremo Tribunal Federal, que, por meio da decisão sobre o Recurso Extraordinário com Agravo (ARE) 692186 interposto contra decisão do Superior Tribunal de Justiça (STJ), e o reconhecimento da repercussão geral 622, que discutia a prevalência, ou não, da paternidade socioafetiva sobre a biológica, foram indispensáveis para que os julgados encontrassem respaldo na jurisprudência e na doutrina, assim como também acolhido demandas da sociedade sobre o tema.

Ainda nesse sentido, pode-se trazer como exemplo o julgado do REsp 878.954/RS, DJ de 28.5.2007, onde o genitor, fora induzido ao erro no registro do filho, descobriu, por meio de DNA, que não existia laço consanguíneo para com a criança. Indignado, propôs ação negatória de paternidade. O Tribunal de Justiça Estadual, ao analisar o caso, negou a ação, por estar configurada ali a relação de "adoção à brasileira", devendo, portanto, ser prevalecida a paternidade socioafetiva pelo vínculo já estabelecido.

A afetividade manifesta-se a partir de uma relação onde sejam estabelecidos carinho e aproximação entre duas ou mais pessoas. Nesse sentido, estabelece-se como orientação para a formação das relações familiares, basilar para o reconhecimento de novos tipos de amor e entidade familiar. Importante ressaltar que o artigo 1.593 do Código Civil nos traz que o "o parentesco é natural ou civil, conforme resulte de consanguinidade ou outra origem".[1]

Neste condão, caminha conjuntamente à socioafetividade o instituto da multiparentalidade, que surgiu no mundo fático para, assim como a primeira, contemplar os mais diversos tipos de família existentes. Tal como consta no enunciado 09 do Instituto Brasileiro de Direito de Família, "a multiparentalidade gera efeitos jurídicos". O Dr. Pedro Welter (2009, p. 122) nos traz que:

> Não reconhecer as paternidades genética e socioafetiva, ao mesmo tempo, com a concessão de todos os efeitos jurídicos, é negar a existência tridimensional do ser humano, que é reflexo da condição e da dignidade humana, na medida em que a filiação socioafetiva é tão irrevogável quanto a biológica, pelo que se deve manter incólumes às duas paternidades, com o acréscimo de todos os direitos, já que ambas fazem parte da trajetória da vida humana.

É impossível negar que, ao nos depararmos com uma realidade de filiação multiparental, com a deflagração de vínculo com mais de um pai ou mais de uma mãe, lhe seja negado o direito de fazer constar em seu registro a identificação de mais de um pai ou mãe. Ora, observando-se que a afetividade foi elevada ao patamar de princípio e, para respeitar direitos fundamentais e preservar à dignidade, é inverossímil que a multiparentalidade não fosse reconhecida.

Em 2010 a cidade de Belo Horizonte apresentou uma decisão até então pioneira ao acatar a multiparentalidade. O juiz à época, Sérgio André da Fonseca Xavier, hoje desembargador, nos apresentou a seguinte decisão:

> [...] Consequentemente, o melhor para L. é manter ambos como "pais", sendo insensato e prejudicial ao menor privá-lo da convivência de qualquer um deles, pois é certo que uma decisão favorável apenas a um resultaria no afastamento do outro, o que causaria a ele grande desgaste emocional.
>
> Caso não fossem mantidos o autor e o suplicado como pais, ocasionaria uma decisão injusta, pois F. não poderia ser privado de cuidar da criança à qual se dedicou durante tantos anos,

---

1. Disponível em: https://www.tjdft.jus.br/institucional/imprensa/campanhas-e-produtos/direito-facil/edicao-semanal/entrega-voluntaria-de-adocao.

enquanto L. F. também não poderia ser impedido de continuar um relacionamento afetivo com seu filho que começou há pouco tempo, mas que já se mostra intenso.

No mais, diante da realidade em que vivemos hoje, na qual tantas crianças nem ao menos conhecem seus pais, pode-se dizer que L. é um privilegiado por ter dois pais que se preocupem com ele e querem o seu bem, além do que ambos têm condições e atributos materiais e afetivos necessários ao exercício da paternidade.

Assim, o melhor é que tanto L.F. quanto F. exerçam a paternidade de L., os quais terão iguais direitos e deveres em relação ao menor, que também terá direitos de herança com relação aos dois, sendo que os pais deverão esquecer as divergências e refletir sobre as necessidades da criança, buscando dar a ele todo o apoio emocional e material de que necessita. Quanto à certidão de nascimento de L., serão feitas modificações como a adição do patronímico do pai biológico ao nome atual do menor, a inclusão do nome do pai e avós biológicos e a exclusão dos avós afetivos, devendo ser averbado na certidão o nome e F. com a denominação de pai afetivo. [...].[2]

O que se tem aqui, de forma prática, é o reconhecimento de enxergar em outro, além dos biológicos, a figura que também representa o seu "pai" ou "mãe", a quem também é incumbida a responsabilidade de cuidar e zelar. Ao não possibilitar o registro de multiparentalidade incorre a visível violação ao princípio do melhor interesse da criança e do adolescente, que convive, comprovadamente, como todas as figuras expostas. A multiparentalidade garante direitos básicos, como, por exemplo, o da dignidade da pessoa humana e afetividade, fazendo valer e resguardando as novas formas de configuração familiar.

É preciso ressaltar que o Provimento 83/19 do CNJ (que altera o Provimento 63 de 2017) reconhecendo a existência dessa pluralidade e, de forma assertiva, passou a admitir o registro direto no cartório de registro civil das pessoas naturais, sem a necessidade de intervenção do estado, desde que o filho da multiparentalidade possua mais de 12 anos. Quando menor que essa idade, é necessário sentença judicial que reconheça o vínculo multiparental.

Nas palavras de Calderón, a multiparentalidade pode ser conceituada como "situações existenciais nas quais uma pessoa possui vínculo de filiação com dois ou mais pais (ou duas ou mais mães) concomitantemente" (CALDERON, 2017, p. 212). Ainda segundo o autor, a multiparentalidade tem ligação intrínseca com a socioafetividade, isso porque possui como fio condutor o laço afetivo e não somente de sangue, "inúmeras situações fáticas demonstram o que se denomina por maternidade socioafetiva, ou seja, relações materno-filiais lastreadas apenas pelo vínculo socioafetivo entre mãe e filho." (CALDERON, 2017, P.204). Sobre o tema, nos traz o Tribunal de Justiça de Santa Catarina:

---

2. Processo 0024.05.737.489-4 da 10ª Vara de Família da Comarca de Belo Horizonte/MG. Ação de Reconhecimento de Paternidade.

Paternidade e maternidade socioafetiva. Autora que, com o óbito da mãe biológica, contando com apenas quatro anos de idade, ficou sob a guarda de casal que por mais de duas décadas dispensou a ela o mesmo tratamento concedido aos filhos genéticos, sem quaisquer distinções. Prova eloquente demonstrando que a demandante era tratada como filha, tanto que o nome dos pais afetivos, contra os quais é direcionada a ação, encontram-se timbrados nos convites de debutante, formatura e casamento da acionante. A guarda judicial regularmente outorgada não é óbice que impeça a declaração da filiação socioafetiva, sobretudo quando, muito além das obrigações derivadas da guarda, a relação havida entre os litigantes evidencia inegável posse de estado de filho. Ação que adequadamente contou com a citação do pai biológico, justo que a sua condição de genitor genético não poderia ser afrontada sem a participação na demanda que reflexamente importará na perda daquela condição ou no acréscimo da paternidade socioafetiva no assento de nascimento. Recurso conhecido e desprovido. O estabelecimento da igualdade entre os filhos adotivos e os biológicos, calcada justamente na afeição que orienta as noções mais comezinhas de dignidade humana, soterrou definitivamente a ideia da filiação genética como modelo único que ainda insistia em repulsar a paternidade ou maternidade originadas unicamente do sentimento de amor sincero nutrido por alguém que chama outrem de filho e ao mesmo tempo aceita ser chamado de pai ou de mãe. 7 (TJSC, AC 2011.034517-3, 4ª Câm. Civil, Rel. Des. Subst. Jorge Luís Costa Beber, j. 18.10.2012).

Com isso temos que a legislação, assim como a aplicação dos julgados pelos tribunais do país, têm o papel de proteger o ser humano e não de reprimi-lo quanto sua liberdade e discricionariedade de fazer o que lhe for melhor. O princípio da afetividade põe-se de maneira indispensável, complementando o que traz o princípio da dignidade da pessoa humana, resguardando o direito de todos a uma real liberdade, principalmente quanto aos seus sentimentos, sendo desprendido de qualquer preconceito na escolha de sua constituição familiar.

Fica mais que evidente de que a concepção de família tem fundamento na afetividade, e que o mero doador de material genético não é configurado como mãe ou pai, visto e entendido a ausência do querer constituir a relação parental. A ideia de origem biológica não condiz com a realidade de muita das pessoas no que tange a configuração de filiação, como as inseminações artificiais que veremos mais abaixo.

3. SOCIOAFETIVIDADE E MULTIPARENTALIDADE E OS MEIOS DE REPRODUÇÃO ASSISTIDA

Sem a intenção de esgotar o tema podemos dizer que a reprodução assistida pode ser conceituada como o conjunto de técnicas, utilizadas por profissionais qualificados e especializados no assunto, a fim de se tornar possível a gravidez de uma pessoa com útero. Citamos aqui como principais técnicas a inseminação artificial (que pode ser homóloga ou heteróloga), a fecundação in vitro e a inseminação caseira (tema que será tratado à parte no decorrer do texto).

A maior facilidade de acesso às técnicas de reprodução humana corroboram para a mutação e evolução do conceito de família e suas relações. O Conselho Federal de Medicina, por meio da Resolução 2168/2017,[3] dispõe que:

> As técnicas de reprodução assistida (RA) têm o papel de auxiliar na resolução dos problemas de reprodução humana, facilitando o processo de procriação.
>
> As técnicas de RA podem ser utilizadas na preservação social e/ou oncológica de gametas, embriões e tecidos germinativos.
>
> As técnicas de RA podem ser utilizadas desde que exista probabilidade de sucesso e não se incorra em risco grave de saúde para o(a) paciente ou o possível descendente.

De forma simples, podemos dizer que a inseminação artificial é a técnica menos complexa e mais conhecida, onde a fecundação é realizada dentro do corpo da pessoa, com a introdução do sêmen. Embora um pouco defasado quanto às nomenclaturas utilizadas e sem consideração a pluralidade de sexualidade e gênero, trazemos o que dita Diniz (2006) sobre o tema:

> Ter-se-á inseminação artificial quando o casal não puder procriar, por haver obstáculo à ascensão dos elementos fertilizantes pelo ato sexual, como esterilidade, deficiência na ejaculação, malformação congênita, pseudo-hermafroditismo, escassez de espermatozoides, obstrução do colo uterino, doença hereditária etc. Será homóloga se o sêmen inoculado na mulher for do próprio marido ou companheiro, e heteróloga se o material fecundante for de terceiro, que é o doador (DINIZ, 2006, p. 556).

Acerca da conceituação sobre as formas homóloga e heteróloga, Venosa (2016) nos traz a simples distinção entre elas. Enquanto na homóloga, a inseminação realizada com o material do próprio casal; a heteróloga, em que o espermatozoide é proveniente de um estranho, de um terceiro fora da relação, que oferece o seu material para que possa realizar a inseminação, não se limitando ao vínculo do parentesco.

Por sua vez, a fecundação in vitro pode ser identificada como uma técnica mais avançada onde o material genético é recolhido e toda a parte de manipulação dos gametas é realizado em laboratório e, após a fecundação, o embrião é implantado no útero. Elucidando o tema, trazemos o que trata Maria Helena Diniz:

> A ectogênese ou fertilização in vitro concretiza-se pelo método ZIFT (Zibot Intra Fallopian Transfer), que consiste na retirada de óvulos da mulher para fecunda-lo na proveta, com sêmen do marido ou de outro homem, para depois introduzir o embrião no seu útero ou no de outra. Como se vê, difere da inseminação artificial, que se processa mediante o método GIFT (Gametha Intra Fallopian Transfer), referindo-se à fecundação in vivo, ou seja, à inoculação do sêmen na mulher, sem que haja qualquer manipulação externa de óvulo ou de embrião (DINIZ, 2006, p. 552).

---

3. Disponível em: https://sistemas.cfm.org.br/normas/visualizar/resolucoes/BR/2017/2168.

Caminhando nesse ponto, os meios de reprodução assistida são mais uma oportunidade para a consecução da realização da formação familiar, baseando-se em uma ideia plural, onde é possível detectar que a afetividade é considerada nesse sentido. A mudança na concepção de que a família é tão somente a imagem do homem e de uma mulher que desejam ter um filho foi possível, dentre outros, também pelos meios alternativos criados pela medicina e ciência que corroboraram para o entendimento de pluralidade na entidade familiar.

Sobre o tema, nos traz Junges (2005, p. 147) a respeito das mudanças quanto a reprodução humana:

> A concepção e geração aconteciam no recôndito do corpo da mulher, sem o seu conhecimento e sem a sua colaboração. O filho era acolhido pelos genitores como um dom de Deus [...] O desvendamento dos processos gerativos e as técnicas de inibição, correção e substituição de reprodução natural deram tal controle sobre a procriação humana que a mulher pode decidir se quer ou não ter filhos, em que momento os quer gerar, a quantidade de filhos que deseja, o modo como serão gestados e, no futuro, até o sexo e as características.

Deste modo, as possíveis técnicas de reprodução assistida, hoje disponíveis, carregam consigo muito além do sonho de geração de um filho, mas se estabelecem como mecanismos de eficácia para a concretude dos projetos familiares, arcabouço para as diversas formas de estabelecimento do que se entende por família. Vejamos abaixo algumas dessas possibilidades.

4. REPRODUÇÃO ASSISTIDA E A MONOPARENTALIDADE

Como já ressaltado, os avanços tecnológicos e medicinais são um dos principais expoentes para o reconhecimento das múltiplas facetas familiares existentes. Entrando nessa seara, podemos identificar a existência de famílias que contam com um único genitor/responsável – denominada monoparental – e que é um fenômeno em expansão dentro do Brasil. Quayle (2009, p. 125) nos ajudar a conceituar o que podemos entender por monoparentalidade:

> Para além das famílias reconstituídas e "reformadas" em situações de separação e novos casamentos/relações, as relações familiares hoje derivam de casais pouco tradicionais, constituídos por indivíduos do mesmo sexo e / ou gênero, bem como por indivíduos que, isoladamente, assumem a parentalidade. Essa parentalidade no singular não é algo novo: decorre, muitas vezes, de perdas (os períodos de guerras são fecundos em exemplos dessa organização familiar), de situações de separação ou abandono. Tradicionalmente, essa monoparentalidade era exercida pela figura feminina/ materna, em primeira ou segunda geração (avós).

A família monoparental, dentro desse contexto, pode ser qualificada como aquele em que há a presença de um único genitor e de seu filho e que essa relação existente possa ser reconhecida como uma família. Sobre o tema, Lisboa (2010) nos ensina que:

A relação monoparental, que é a entidade familiar constituída por qualquer dos genitores e seus descendentes. A relação entre o ascendente e o descendente, sem a existência presente do vínculo matrimonial daquele com outrem, é a forma de constituição da família monoparental.

Importante trazer que a carta magna de 1988 trata sobre o planejamento familiar, em seu artigo 227, § 7º, deixando claro que os princípios que regem o instituto é o da dignidade da pessoa humana e da paternidade responsável, trazendo ser livre a decisão do casal, seu encaminhamento e que o Estado, enquanto atuante, possui a prerrogativa de fornecer meios, inclusive no que tange os meios científicos, para assegurar que o direito seja concretizado. É basilar saber que tal entendimento não é taxativo e irrestrito, visto que a própria constituição federal reconhece a pluralidade de formas familiares existentes. Ainda, salientar destacar que a em seu artigo 226, § 4º é reconhecido o instituto da família monoparental.

Outro dispositivo legal que traz reconhecimento expresso à família monoparental é o Estatuto da Criança e do Adolescente, que traz em seu artigo 25 se entender por família natural a comunidade formada pelos pais ou qualquer deles e seus descendentes.[4]

Embora complexo quanto a sua aplicação fática, a inseminação artificial heteróloga possibilita que se ocorra a fecundação a partir do material genética de terceiro anônima à genitora, sem que haja qualquer ingerência do doador na criação e desenvolvimento da criança, resguardando, de novo, mais uma concepção de ente familiar. A Resolução 2.168/2017 do Conselho Federal de Medicina é categórica em assegurar que não deva existir relação comercial no âmbito da doação de sêmen e que, além disso, seja assegurado o anonimato do doador, ficando somente a cargo da clínica todas as informações pertinentes a pacientes e doadores.[5] Sobre a gratuidade do ato de doação do material genético, nos traz Camilo de Lelis (2009):

> Acredita-se que uma das razões mais fortes para não se remunerar os doadores seria a de impedir que se torne habitual o ato donativo. Deve-se, por conseguinte, procurar restringir a quantidade de doações de uma só pessoa, até mesmo para evitar a multiplicidade de descendentes, de tal sorte que a remuneração dos doadores, somada a habitualidade da doação, possa inclusive, contribuir para a existência de possíveis casamentos consanguíneos.

Ribas (2008) nos relembra que o direito à procriação, que permite a utilização das técnicas de reprodução assistida pelas pessoas em geral [...] é assegurado pelo ordenamento político brasileiro e está intimamente relacionado à possibilidade de pessoas não vinculadas a um parceiro, como mães solteiras, dela se utilizarem.

---

4. BRASIL. Estatuto da Criança e do Adolescente. Disponível em: http://www.planalto.gov.br/ccivil_03/Leis/L8069.htm.
5. JUNIOR, Jesualdo Eduardo de Almeida. Técnicas de reprodução assistida e o biodireito. Disponível em: http://jus2.uol.com.br/doutrina/texto.asp?id=6522.

Segundo nos traz Ramos (2003) sobre a reprodução assistida e a constituição familiar monoparental:

> A escolha de uma produção independente no Brasil de hoje é basicamente feminina. Os homens por enquanto não estão interessados em ter filhos fora de uma relação. Quando a mulher faz esta escolha pensa no filho como um valor. Busca desenvolver a maternidade, função conhecida e desempenhada com eficiência no transcurso dos séculos. A diferença é que as condições, neste caso, são outras: quando ela tinha filhos dentro do casamento tradicional, o homem era o provedor do lar e ela educava os filhos. Mais recentemente, quando os casais se separam, também o pai tem que colaborar com as despesas do filho, embora saibamos que em muitos casos esta obrigação não se cumpre. No caso da produção independente, a mulher não contará com a ajuda do parceiro. O importante a ressaltar é que, mesmo com estas dificuldades, está aumentando o número de mulheres que fazem esta escolha, desvinculando assim o casamento da maternidade. Pensam que não pode ou não querer ter um companheiro não exclui o desejo de querer ter um filho.

Como visto, o tema é amplo e cabe diversos questionamentos (que podem ser trabalhados em um artigo a parte. Entretanto, o ponto principal desse tópico é o de tão somente demonstrar que, assim como as avançadas técnicas de medicina que possibilitam, diariamente, que todas as formas familiares sejam contempladas, o Direito brasileiro vem se adaptando e reconhecendo as pluralidades existentes, conferindo segurança e embasamento técnico e normativo à essas.

5. INSEMINAÇÃO ARTIFICIAL CASEIRA

Alternativa àqueles que desejem a inseminação artificial, mas que, sem condições de realização dos procedimentos padrões, optam pela alternativa mais barata. Basicamente, os doadores são constatados pela internet, que muitas das vezes recebe por aquela doação, e se encontram com as genitoras. Após a constatação de apresentarem estar saudáveis, é ajustado como deve ser realizada a doação. Ocorre que, em muitos casos, a aplicação do sêmen é realizado de forma precária, com a coleta em um pote e aplicação, dentro do útero, com uma seringa, permanecendo a mulher em posição ginecológica por 30 minutos.

Importante ressaltar que essa técnica é amplamente criticada por profissionais da área. Nas palavras do ginecologista Donadio, em entrevista concedida à BBC Brasil:

> Quando a gente pensa em inseminação, sabe que ela deve ser feita em laboratório e o sêmen deve passar por um processamento, que elimina fatores que podem trazer consequências graves à saúde da mulher. Na inseminação caseira, ela pode sofrer infecção no colo do útero ao injetar o sêmen por meio de uma seringa. Além disso, quem garante que os exames feitos pelo doador estão corretos? É difícil chancelar uma indicação para esse procedimento (2017, online).

É preciso se ter em mente que a inseminação caseira não é regulamentada por nenhum órgão e não observa, inclusive, parâmetros mínimos estabelecidos pelo Conselho Federal de Medicina. A Resolução 2.013 de 2013, que trata sobre as normas éticas para se utilizar as técnicas de reprodução assistida. Parâmetros mínimos como a observância de idade máxima para a inseminação, idade máxima para doação do material genético, a falta de controle de doenças, a cobrança pela doação (sendo proibida), a questão do anonimato, dentre outros, que corroboram para que o caso seja, muita das vezes, doloroso em todos os sentidos para àqueles que desejam engravidar.

De acordo com a Anvisa (2018), a inseminação artificial caseira envolve basicamente a coleta do sêmen de um doador e sua inseminação imediata em uma mulher com uso de seringa ou outros instrumentos. Assim, obtém-se sêmen de forma "clandestina", havendo a introdução do material diretamente no canal reprodutivo feminino (NASCIMENTO; MOREIRA, 2022).

Muito disso se dá, em parte, pelo difícil acesso às técnicas convencionais, pelo alto valor dos procedimentos. Além desse ponto, Bezerra (2019) nos elucida que esse tipo de inseminação geralmente é mais utilizado por causais homoafetivos, que querem ser pais e não desejam esperar por uma adoção ou não tem dinheiro para fazer o procedimento de inseminação em uma clínica.

Muito embora a Constituição Federal não disponha, de forma clara e explícita, nenhum posicionamento quanto aos relacionamentos homoafetivos e a respeito da orientação sexual das pessoas, essa lacuna fora debatido e se criou um cenário doutrinário e jurisprudencial. O próprio Supremo Tribunal Federal, em decisão acertada, igualou a união estável homossexual à heterossexual. Em breve leitura da CF/1988 em seu Art. 226, fora estabelecido que a lei deverá facilitar a conversão de uniões estáveis em casamento, onde para consolidar a decisão do STF e o Art. 226 da Constituição, o Conselho Nacional de Justiça (CNJ), por 14 votos a favor e 1 contra, aprovou uma resolução obrigando todos os cartórios brasileiros a realizarem o casamento entre pessoas do mesmo sexo (Resolução 175/2013).

A respeito das decisões do STF, os Ministros Ayres Brito e Luiz Fux apresentaram em seus votos que, se a união estável entre um casal heteroafetivo é simétrica em relação à união de um casal homoafetivo, não é possível que se considere tão somente apenas uma como entidade familiar.[6]

> Se, ontologicamente, união estável (heterossexual) e união (estável) homoafetiva são simétricas, não se pode considerar apenas a primeira como entidade familiar. Impõe-se, ao revés, entender que a união homoafetiva também se inclui no conceito constitucionalmente adequado de família, merecendo a mesma proteção do Estado de Direito que a união entre

---

6. BRASIL, Superior Tribunal Federal, 2011. ADI 4277. Disponível em: http://portal.stf.jus.br/processos/detalhe.asp?incidente=11872.
BRASIL, Superior Tribunal Federal. Superior Tribunal Federal reconhece união homoafetiva, Migalhas, 2011. Disponível em: https://www.migalhas.com.br/quentes/132610/stf-reconhece-uniao-homoafetiva.
BRASIL, Supremo Tribunal Federal. Arguição de Descumprimento de Preceito Fundamental 132. Brasília, 2011. Disponível em: Acesso em: 29 maio 2021.

pessoas de sexos opostos. Nesse diapasão, a distinção entre as uniões heterossexuais e as uniões homossexuais não resiste ao teste da isonomia. (STF, 2011).

Postula-se o reconhecimento da união entre pessoas do mesmo gênero como entidade familiar, do modo a gozar do mesmo reconhecimento que o Estado concede à união estável entre homem e mulher. Pede-se vênia, aqui, para que se discorra sobre dois conceitos fundamentais para a compreensão do caso: família e reconhecimento. (STF, 2011).

Sobre a técnica de inseminação artificial por casais homossexuais, Mesquita (20015, p. 17) nos traz que:

> O mesmo argumento utilizado para admitir a adoção e a reprodução humana assistida por famílias monoparentais poderia ser usado para justificar a utilização da técnica por homossexuais, já que alguns tribunais do país vêm permitindo a adoção pelos mesmos, apesar de ainda haver muita polêmica na sociedade acerca da influência que os pais homossexuais poderiam provocar na orientação sexual dos filhos.

Muito embora não exista uma legislação específica para regular o processo de inseminação artificial caseira no ordenamento jurídico brasileiro, Venosa (2019) nos ensina que:

> O Código Civil não autoriza e nem regulamenta a reprodução assistida, mas apenas constata a existência da problemática e procura dar solução exclusivamente ao aspecto da paternidade. Toda essa matéria, que é cada vez mais ampla e complexa, deve ser regulada por lei específica, por opção do legislador (VENOSA, 2019, p. 256).

Em que trate sua falta de regulamentação, a inseminação artificial caseira não é irregular. A prática só se torna ilegal se o sêmen for comprado, considerando que o CFM proíbe a comercialização de gametas (NASCIMENTO; MOREIRA, 2022). A grande problemática aqui estabelecida é que, por não seguirem as normas existentes, desobedecendo princípios básicos, como o anonimato, incorrem as partes na possibilidade de ajuizamento de ação de investigação de paternidade por qualquer das partes, considerando que a filiação, por ser matéria de ordem pública, não se sujeita à mera vontade individual (NUNES, 2021). Deste modo, é mais que urgente que o Estado se desprenda em regulamentar as relações advindas das inseminações artificiais caseiras.

Muito embora a falta de regulamentação e as condições precárias as quais são submetidas no procedimento, alguns tribunais de justiça começaram a galgar o entendimento de reconhecimento de filiação feita por inseminação caseira a casais homossexuais. É o caso do Tribunal de Justiça de São Paulo, que no ano de 2019 reconheceu o direito de mulheres homossexuais de se registrarem como mães de uma criança concebida por meio de inseminação caseira:[7]

---

7. MIGALHAS. Criança que nasceu de inseminação artificial caseira será registrada com nome das duas mães. MIGALHAS, 2019. Disponível em: https://ibdfam.org.br/noticias/namidia/18080/Crian%C3%A7a+que+nasceu+de+insemina%C3%A7%C3%A3o+artifici al+caseira+ser%C3%A1+registrada+com+nome+das+duas+m%C3%A3es.

[...] Na decisão, o juiz que analisou o caso apontou a jurisprudência dos Tribunais Superiores, pacificada no sentido de que é perfeitamente possível, no seio de uma família homoafetiva, os filhos – sejam biológicos de um dos cônjuges ou adotados - possuírem duas mães ou dois pais (MIGALHAS, 2019).

Em outro caso semelhante, agora em Santa Catarina, no ano de 2021, um casal homossexual de mulheres acionou a justiça pleiteando a dupla maternidade após o procedimento de inseminação caseira. Em sua decisão, a juíza ressaltou que o provimento do CNJ 63/2017 não traz em seu escopo a regulamentação dos procedimentos realizados de forma caseira, mas tão somente aqueles reconhecidos pelo Conselho de Medicina, sem que haja qualquer previsão de proibição ou não reconhecimento dessa modalidade caseira (IBDFAM, 2021).[8]

Em decisão mais recente, o Tribunal de Justiça de São Paulo reconheceu a dupla maternidade de um bebê gerado por inseminação artificial caseira ao julgar o caso 1055550-93.2019.8.26.0002. A 4ª Câmara de Direito Privado do TJ/SP negou o recurso do Ministério Público que alega ser necessária a inclusão do nome do pai biológico que fez a doação do sêmen, de modo a se observar a "dignidade da pessoa humana e a paternidade responsável".

Para a desembargadora do caso, Dra. Marcia Dalla Déa Barone, a apresentação de uma escritura pública onde o doador declara a ausência de qualquer envolvimento para com o desenvolvimento da criança é prova salutar: "Restou satisfatoriamente demonstrado nos autos que este figurou como mero doador de material genético, sendo que a declaração pública por ele realizada se voltou tão somente para confirmar sua intenção em ajudar as autoras a conceberem um bebê, afirmando a ausência de qualquer vínculo afetivo com elas e/ou com a criança".[9]

Continuou a desembargadora trazendo que "Caso o genitor biológico ou a menor deseje, no futuro, o reconhecimento de sua paternidade, não estará impedido de fazê-lo, podendo buscar as vias adequadas para tanto, sendo certo a admissão pelo ordenamento pátrio da multiparentalidade". Prosseguindo, "Embora o método informal adotado pelas autoras não seja permitido pelo ordenamento, tampouco deva ser incentivado, dado a indisponibilidade dos direitos envolvidos e necessidade de regulamentação, é certo que as peculiaridades do caso concreto permitem a declaração do direito em favor do melhor interesse da infante". Finalizou.

Em decisão de janeiro de 2023, duas mães conseguiram, por meio de ação ajuizada em Arroio do Meio - Rio Grande do Sul, o reconhecimento biparental da filha gerada por inseminação caseira. O juiz responsável pelo caso ressaltou

---

8. IBDFAM. TJSC: Criança gerada por inseminação caseira tem direito a registro civil com dupla maternidade. IBDFAM, 2021. Disponível em: https://ibdfam.org.br/noticias/8519/.
9. Disponível em: https://www.conjur.com.br/2022-jan-31/reconhecida-dupla-maternidade-bebe-gerado-inseminacao-caseira.

que a ausência de recursos das autoras, que recorreram à inseminação caseira de modo a alçar o sonho de serem mães e, que ficou mais que claro o vínculo afetivo estabelecido, sendo ambas identificadas como mães da criança.[10]

O que temos aqui é que a falta de oportunidades, bem como a falha normativa em regulamentar o tema, faz com que o judiciário deva agir em prol da sociedade, tendo, com isso, que cada caso seja analisado e julgado a partir de sua particularidade. É inconcebível a ideia de desamparo legal e violação do direito familiar por lacunas legislativas deixadas pelo próprio Estado, ainda mais quando se trata de um assunto de saúde pública que vem crescendo e ganhando cada vez mais adeptos.[11] É dever do Estado garantir à criança a liberdade de convivência familiar, sem a distinção de tipo.

6. CONCLUSÃO

O presente artigo buscou, de forma sucinta, abordar algumas considerações a respeito do instituto familiar e sua mutação no decorrer dos anos. Pudemos constar a mudança do conceito patriarcal e hétero para as mais diversas consecuções, dentre as quais a relação monoparental, homossexual, multiparental e socioafetiva, alçando novos patamares e compreendendo todos os que, em comum acordo, procuram construir uma vida juntos.

Indo muito além do suporte material, o afeto se estabeleceu no mundo jurídico como fator primordial e decisivo quando da formação de elos amorosos. Ao se reconhecer o afeto como fator primordial, a inobservância desse fere diretamente garantias e direitos individuais, violando um dos basilares princípios do direito: o da dignidade da pessoa humana.

O que por muito tempo foi tido como único meio de construção familiar, a denominada verdade biológica foi desacreditada como único meio para o estabelecimento de uma família, isso porque a origem genética está longe de ser fundamental à filiação. Outro ponto a se estar atento é que o Estado precisa estar adaptado à realidade da multiparentalidade, ao se observar que pais e padrastos/ mãe e madrastas (ou quem fizer a vez) possam exercer funções integrantes na vida de seus filhos, atreladas ao exercício da autoridade parental. Ao se reconhecer a multiparentalidade, é permitido a realização e concretude jurídica da realidade ao qual essas pessoas estão inseridas, fazendo valer, deste modo, a relação marcada pelo cuidado e afeto.

---

10. https://www.defensoria.rs.def.br/dpe-de-arroio-do-meio-garante-dupla-maternidade-a-crianca-apos--acao-judicial.
11. https://www.cnnbrasil.com.br/nacional/inseminacao-caseira-para-engravidar-cresce-no-brasil--entenda-os-riscos/#:~:text=A%20insemina%C3%A7%C3%A3o%20caseira%20n%C3%A3o%20%C3%A9,Federal%20de%20Medicina%20(CFM).

A respeito das reproduções assistidas, temos uma das maiores conquistas para aqueles que, deparados com problemas de inúmeras naturezas, sejam impedidos de procriar. Embora ainda inacessível por grande parte da população, são grandes impulsionadores de sonhos, mesmo àqueles realizados de forma caseira, que, em que pese, merecem uma maior atenção.

O aumento de possibilidade do uso das técnicas de reprodução assistida é cada vez mais natural no cotidiano, aplicada àqueles que desejam, dentre outros, a formação da familiar unilateralmente, sem que para isso precise de um parceiro para auxílio. Muito embora esses desenvolvimentos realizados por meio científicos possuam o conhecimento da origem genética, não são eles responsáveis ou se quem possuem prerrogativa de imputar qualquer paternidade jurídica, isso porque, como visto, a ideia de relação biológica não condiz com as nuances da família brasileira atual.

Enquanto o parlamento brasileiro não se desdobrar sobre o assunto, reconhecendo sua importância e fazendo tramitar os diversos projetos de lei que tramitam junto ao Congresso Nacional por várias décadas, faz com que o judiciário deva estar sempre pautado em promover a afetividade como princípio, buscando aplicar sempre o melhor interesse da criança, respeitando as situações fáticas, e fazendo fazer valer os princípios constitucionais da dignidade da pessoa humana, da convivência familiar, dentre outros, aplicando-se as regras e princípios de modo a encontrar a melhor solução aos casos práticos, enquanto o tema não for abordado e discutido pelo poder legislativo, de modo que sejam preenchidas as lacunas normativas.

7. REFERÊNCIAS

ALMEIDA JUNIOR, Jesualdo Eduardo de. *Técnicas de reprodução assistida e o biodireito*. Disponível em: http://jus2.uol.com.br/doutrina/texto.asp?id=6522.

BRASIL, Superior Tribunal Federal, 2011. ADI 4277. Disponível em: http://portal.stf.jus.br/processos/detalhe.asp?incidente=11872.

BRASIL, Superior Tribunal Federal. Superior Tribunal Federal reconhece união homoafetiva, Migalhas, 2011. Disponível em: https://www.migalhas.com.br/quentes/132610/stf-reconhece-uniao-homoafetiva.

BRASIL, Supremo Tribunal Federal. Arguição de Descumprimento de Preceito Fundamental 132. Brasília, 2011. Disponível em: Acesso em: 29.05.2021.

BRASIL. Estatuto da Criança e do Adolescente. Disponível em: http://www.planalto.gov.br/ccivil_03/Leis/L8069.htm.

BRASIL. Constituição (1988). Constituição da República Federativa do Brasil. Brasília, DF: Senado Federal, 1988 http://www.planalto.gov.br/ccivil_03/constituicao/constituicao.htm.

BRASIL. Código Civil, Lei 10.406, de 10 de Janeiro de 2002 http://www.planalto.gov.br/ccivil_03/leis/2002/l10406compilada.htm.

BARBOSA, Camilo de Lelis Colani. Aspectos Jurídicos da Doação de Semên. *Revista Brasileira de Direito das Famílias e Sucessões*, v. 7, p. 29, Porto Alegre: Magister, dez./jan. 2009.

BEZERRA, Maillana Victória Alves. *Consequências no mundo jurídico pela ausência de tutela jurisdicional face a inseminação artificial caseira*. 2019. Disponível em: https://jus.com.br/artigos/77128/consequencias-no-mundo-juridico-pela-ausencia-detutela-jurisdicional-face-a-inseminacao-artificial-caseira.

CALDERÓN, Ricardo. *Princípio da afetividade no direito de família*. 2. ed. Rio de Janeiro: Forense, 2017.

CASTELLS, Manuel. *Il potere delle identitá*. Milano: Universitá Bocconi Editore, 2003.

DIAS, Maria Berenice. *Manual de direito das famílias*. 9. ed. São Paulo: Ed. RT, 2013.

DIAS, Maria Berenice. *Manual de Direito das famílias*. 6. ed. rev. atual. e ampl. São Paulo: Ed. RT, 2010.

DINIZ, Maria Helena. *O estado atual do biodireito*. São Paulo: Saraiva, 2006.

GROENINGA, Giselle Câmara. *Direito Civil*. Orientação: Giselda M. F Novaes Hironaka. Coordenação: Aguida Arruda Barbosa e Cláudia Stein Vieira. São Paulo: Ed. RT, 2008. v. 7. Direito de Família.

IBDFAM. TJSC: *Criança gerada por inseminação caseira tem direito a registro civil com dupla maternidade*. IBDFAM, 2021. Disponível em: https://ibdfam.org.br/noticias/8519/.

JUNGES, José Roque, Bioética: *Perspectivas e desafios*. São Leopoldo: Editora Unisinos, 2005.

LISBOA, Roberto Senise. *Manual de direito civil*: direito de família e sucessões. 6. ed. São Paulo: Saraiva, 2010.

LÔBO, Paulo. *Famílias*. São Paulo: Saraiva, 2008.

MESQUITA Thayná Cruz de. Reprodução assistida e presunção de paternidade; 2014; Trabalho de Conclusão de Curso; (Graduação em Direito) -- Universidade Presbiteriana Mackenzie; Orientador: Maria de Fatima Monte Maltez; Disponível em: http://thaynamesquita.jusbrasil.com.br/artigos/149933969/reproducao-assistida-e-presuncaode-paternidade?ref=topic_feed.

MIGALHAS. Criança que nasceu de inseminação artificial caseira será registrada com nome das duas mães. *Migalhas*, 2019. Disponível em: https://ibdfam.org.br/noticias/namidia/18080/Crian%C3%A7a+que+nasceu+de+insemina%C3%A7%C3%A3o+artificial+caseira+ser%C3%A1+registrada+com+nome+das+duas+m%C3%A3es.

NASCIMENTO, C.; MOREIRA, M. *Direito da saúde e da família dialogam com inseminação artificial e dupla maternidade*. ARPEN, 2022. Disponível em: https://www.arpensp.org.br/.

NUNES, N. S. *Implicações jurídicas sobre a omissão legislativa sobre planejamento familiar por meio da inseminação artificial caseira*. 2021. 43 f. Trabalho de Conclusão de Curso (Graduação em Direito) - Universidade Federal de Uberlândia, Uberlândia, 2021.

QUAYLE, J. (2009) Questões psicossociais da reprodução humana assistida: reflexões (im)pertinentes. In: R. Melamed, L. Seger, & E. Borges Jr. *Psicologia e reprodução assistida*. São Paulo: Santos & GEN.

RAMOS, Magdalena. Modificações da instituição família: Famílias uniparentais-produção independente. In: GROENINGA, Giselle Câmara; PEREIRA, Rodrigo da Cunha (Org.). *Direito de família e psicanálise*: rumo a uma nova epistemologia. Rio de Janeiro: Imago, 2003.

RIBAS, A. M. P. (2008). *Aspectos contemporâneos da reprodução assistida*. Recuperado em 23 de julho de 2013, de http//aaa.ambito-juridico.com.br/ site/index.php?n_link=revitsa_artigos_leitura&artigo_id=2985.

VENOSA, S. de S. *Direito Civil* – Direito de Família. 16. ed. São Paulo. Atlas, 2016.

VENOSA, Sílvio de Salvo. *Direito Civil*: direito de família. 17. ed. São Paulo: Atlas, 2017. v. 5.

WELTER, Pedro Belmiro. *Teoria Tridimensional do Direito de Família*. Ed. Livraria do Advogado. 2009.

PARTE II
DO TABELIONATO DE NOTAS

A ADVOCACIA EXTRAJUDICIAL E A ATIVIDADE NOTARIAL: PERSPECTIVAS E DESAFIOS

Caio Peralta

Mestrando em Direito na Linha de Pesquisa "Empresa Transnacional e Regulação" da Universidade Nove de Julho. Procurador do Município de Carapicuíba/SP. Advogado.

Guilherme Amorim Campos da Silva

Doutor em Direito do Estado (2010) e Mestre em Direito Constitucional (2002) pela Pontifícia Universidade Católica de São Paulo, é professor titular do Programa de Doutorado e Mestrado em Direito da Universidade Nove de Julho. Advogado.

Sumário: 1. Introdução – 2. A atividade notarial e suas características – 3. A expansão da atividade notarial para soluções extrajudiciais – 4. A atividade notarial e autocomposição – 5. Conclusão – 6. Referências.

1. INTRODUÇÃO

A expansão da advocacia extrajudicial no sistema jurídico brasileiro tem se dado de forma célere e intensa. Há um evidente gargalo enfrentado pelo Poder Judiciário que tem, cada vez mais, sido compreendido pela atuação do Conselho Nacional de Justiça. Este órgão constitucional, criado pela alteração promovida pela Emenda Constitucional 45 de 30 de dezembro de 2004, em seu artigo 103-B, mais do que o exercício de funções disciplinares, tem revelado sua função de articular políticas e orientar a administração da justiça e, por conseguinte, acelerar a adoção de medidas para mitigação desse quadro.[1]

Diversos institutos que eram reservados ao Poder Judiciário têm, paulatinamente, sido transferidos às atividades delegatárias extrajudiciais, sendo que a atividade notarial tem assumido um particular protagonismo. Nesse sentido, as características do Notariado permitiram que a necessária segurança jurídica que o cidadão aguardava da chancela jurisdicional, ainda que lhe tomasse considerável tempo, também fosse oferecida pelo Notariado, mas com evidente redução de tempo.

---

1. NALINI, José Renato. *A rebelião da toga*. 1. ed. em ebook baseada em 3. ed. impressa. São Paulo: Ed. RT, 2015.

Outra vantagem trazida a partir da solução extrajudicial promovida pela atividade notarial é a competência regulatória, que a despeito de demandar a edição da Lei Federal, na forma do art. 236, § 2º da Constituição da República, é exercida por iniciativa dos Tribunais de Justiça, consoante o quanto previsto no art. 96, inc. II, letra "d". Trata-se de entendimento consolidado pelo pleno do Supremo Tribunal Federal, conforme recente e incomum manifestação unânime na ADI 4.223, Pleno, Rel. Min. Gilmar Mendes, D.J. 06 a 12.03.2020.

Esta competência regulatória multifacetada de iniciativa dos Tribunais poderia em um primeiro momento depor de forma contrária, vez que poderia conferir um tom caótico a todo sistema. Contudo, o funcionamento desse modo confere uma maior adaptação a eventuais entraves sociais e com isso torna mais célere e dinâmica a atividade, sem descuidar da atribuição de fiscalização. Trata-se, aliás, de uma demanda regulatória da própria atividade econômica que, assim, obtém a segurança jurídica necessária para seu funcionamento.[2]

Diante disso, ao refletir sobre os contornos que a advocacia extrajudicial tem adquirido, se impõe entender as principais características da atividade notarial, como ela tem se desenvolvido, a sua crescente importância para a pacificação da sociedade e os desafios que lhes são impostos.

2. A ATIVIDADE NOTARIAL E SUAS CARACTERÍSTICAS

A atividade notarial é desempenhada por delegatários de função pública, nos termos do art. 236 da Constituição da República. O seu desempenho consiste em garantir autenticidade e legitimidade a atos jurídicos, via de regra, privados e, com isso, dotando-os de aptidão para produção de efeitos perante terceiros.

Com isso, desde autenticações, reconhecimentos de firmas a escrituras e atas notariais, *stricto sensu*, os atos notariais são norteados por princípios jurídicos previstos no ordenamento jurídico nacional.

Primeiramente, é de sobrelevar o teor do art. 19 da Constituição da República que veda aos entes federativos recusar fé aos documentos públicos.

Há que se lembrar que a fé pública é um dos principais pilares de atuação dos serviços notariais. Com isso, o teor do art. 37, *caput* da Constituição também regerá a atuação notarial:

a) princípio da legalidade: o notário deve atuar conforme a Lei, praticando os atos de acordo com a formalidade exigida, sob pena de sua responsabilidade civil e criminal. Entretanto, se presenciar um fato ilícito, a ata notarial poderá ser lavrada. O item 141.1 do Capítulo XVI das Normas

---

2. SALOMÃO FILHO, Calixto. *Regulação da atividade econômica*. 2. ed. São Paulo: Malheiros, 2008.

de Serviços dos Cartórios Extrajudiciais – Tomo II do Tribunal de Justiça do Estado de São Paulo prevê expressamente essa possibilidade.[3] Aliás, trata-se de importante instrumento a permitir a prova do fato constatado para fins de responsabilização.

b) princípio da impessoalidade: o notário deve atuar de forma neutra, não podendo contaminar a ata notarial de juízo de valor ou de interpretação do fato, como antevisto. Entretanto, enquanto profissionais de Direito, os notários devem assessorar as partes que os provocam quanto ao melhor ato notarial e advertir sobre as consequências legais dos atos.

c) princípio da moralidade: os notários estão vinculados aos padrões morais exigidos nas condutas dos agentes públicos. Não por outro motivo são dele exigidos um comportamento profissional e privado compatível com a delegação, na forma do art. 30, inc. V da Lei 8.935/94, além de fiscalização de tributos incidentes dos atos por eles praticados (art. 30, inc. XI da Lei 8.935/94) e a observância dos emolumentos dos atos praticados (art. 30, inc. VIII da Lei 8.935/94). Há outros comportamentos, mas estes apenas exemplificam a carga moral e ética exigida da prática dos atos notariais;

d) princípio da publicidade: os atos notariais serão em regra públicos, na forma do art. 17 da Lei 6.015/73, cuja interpretação é conjugada com o art. 5º, inc. XXXIII e art. 37, § 3º, II, ambos da Constituição da República. No entanto, a publicidade dos atos notariais não é irrestrita, pois o direito à intimidade e a vida privada devem ser preservados pelo notário (art. 30, inc. VI da Lei 8.935/94).[4] O item 2.1 do Capítulo XVI das Normas de Serviços dos Cartórios Extrajudiciais – Tomo II do Tribunal de Justiça do Estado de São Paulo é clara nesse diapasão. Há que se ter, nesse sentido, atenção ao tratamento dessas informações pelo Tabelionato de Notas, para fins da Lei 13.709/18 e Provimento 74/18 do Conselho Nacional de Justiça.

e) princípio da eficácia: por decorrência lógica, o ato notarial a ser praticado deve ser aquele mais adequado e econômico à situação fática, cabendo ao notário zelar para que se ultime esta situação.

Além destes princípios, há os princípios típicos do direito notarial e cuja análise se revela imprescindível para entendimento do papel das atas notariais para fins de prova no processo civil:

---

3. BRANDELLI, Leonardo. *Ata Notarial*. In: BRANDELLI, Leonardo (Coord.). Ata Notarial. Porto Alegre: IRIB: S.A. Fabris, 2004. p. 36-73.
4. FERREIRA, Paulo Roberto Gaiger; Rodrigues, Felipe Leonardo. *Tabelionato de Notas I*: teoria geral do direito notarial e minutas. São Paulo: Saraiva, 2016. Saraiva digital. Disponível em: https://app.saraivadigital.com.br/leitor/ebook:604590.

a. princípio da segurança jurídica: este princípio tem seu fundamento no próprio Estado Democrático de Direito, consoante os arts. 1º, *caput* e 5º, *caput*, ambos da Constituição da República e garante que o notário ao autenticar determinado fato este goza de certeza. Com isso, a Constituição ao delegar tal função garante ao tabelião um instrumento hábil a gerar pacificação na sociedade, dotando-se o instrumento de uma presunção de validade do seu teor. É relevante notar que a segurança se presta tanto ao Estado que confere a fé pública ao ato quanto aos particulares que tem a expectativa de que com a constatação de determinado ato ou fato, desfrutem de maior relevância se necessárias para resolução de eventual conflito. Para tanto, o ato notarial será lavrado de acordo com determinada solenidade a fim de que justamente a segurança jurídica dele esperada possa se concretizar.

b. princípio da forma: trata-se de consequência da segurança jurídica que é dotada a atividade notarial. Assim, por exemplo, sobre a ata notarial há uma presunção de veracidade e de existência dos fatos nela descritos, na forma dos arts. 215 do Código Civil, e 374, inc. IV e 405, ambos do Código de Processo Civil. Trata-se de presunção relativa, mas cujo efeito prático será, como veremos a seguir, de inversão do ônus da prova.

c. princípio da imediação: o tabelião deve estar próximo às partes e aos fatos e tal contato pode se dar por prepostos (art. 20, Lei 8.935/94), não carecendo, inclusive, do contato físico. A Resolução 100/20 do Conselho Nacional de Justiça estabeleceu a possibilidade de lavratura de atos notariais eletrônicos, mediante contato por videoconferência com as partes, utilizando-se de assinaturas digitais por meio dos certificados digitais.

d.. princípio da rogação: o tabelião não age de ofício. Isto é, este deve aguardar a provocação das partes, delas se aproximar para que possa entender a situação fática e pretensão. Este requerimento pode ser verbal, mas haverá situações em que o Tabelião poderá exigir que este seja formalizado. Trata-se de importante princípio quando se reflete que o fato constatado pode ter diversas implicações jurídicas, inclusive, ao requerente.

e. princípio do consentimento: a parte deve consentir com o ato notarial. Trata-se de importante princípio que dota a atividade notarial de capacidade suficiente para a autocomposição, com força de título extrajudicial na forma do art. 784, inc. II do CPC/15.

f. princípio da unidade formal do ato: os atos notariais não têm que se dar de forma encadeada por um rito preestabelecido. Mas se forem sucessivos, bastará ao notário que do ato tudo conste, a fim de preservar a autenticidade dos fatos.

g. princípio da notoriedade: a atividade notarial também é informada por fatos que de forma direta ou indireta chegaram ao conhecimento do notário que a eles conferirá veracidade e exatidão.

h. princípio da matricidade: de acordo com este princípio, os atos notariais são registrados em determinados livros, de modo que haja sua preservação e garanta-se a sua publicidade.

Há outros importantes princípios, como a autonomia da vontade que também instrui a atividade notarial, aliás, como impõe o art. 6º, inc. II da Lei 8.935/94. Mas não poderia deixar de sê-lo: trata-se de garantia constitucional prevista no art. 5º, inc. II, da Constituição da República, e que, perfeitamente, dialoga com o art. 2º, inc. V da Lei 13.140/15, um dos principais diplomas legais em vigor para prevenção de litígios em nosso ordenamento interno.

Além disso, o princípio da vinculação das partes ao contrato também irradia seus efeitos à atividade notarial, em especial, às escrituras lavradas, em prestígio aos arts. 421, 421-A e 422, todos do Código Civil. Trata-se, aliás, de implicação do art. 6º, inc. I e II da Lei 8.935/94. Entretanto, a atividade notarial também estará vinculada às vedações legais e ao sistema de precedentes que devem orientar a atuação do Notário a fim de se evitar a futura litigiosidade de convenções com disposições, cuja interpretação jurisprudencial se pacificou.

Estes princípios, a depender do ato notarial praticado, irão incidir em alguma medida. Entretanto, é importante destacar que o princípio da dignidade da pessoa humana deve, de forma irrestrita, informar a atividade notarial, de modo que não há como se admitir na ordem constitucional e internacional um ato notarial que transgrida os direitos humanos.[5]-[6]

3. A EXPANSÃO DA ATIVIDADE NOTARIAL PARA SOLUÇÕES EXTRAJUDICIAIS

A atividade notarial sempre foi relevante no ordenamento jurídico. A necessária publicidade de determinados atos jurídicos remonta aos tempos de costumes romanos, primeiro com o testamento, mas também com a compra e venda de bens imóveis.[7] Atualmente, se trata da exigência de escritura pública para a compra e venda de imóveis, acima de 30 vezes o maior salário-mínimo, conforme consta do art. 108 do Código Civil.

---

5. PIOVESAN, Flávia. *Direitos Humanos e o direito constitucional internacional*. 11. ed. rev. e atual. São Paulo: Saraiva, 2010.
6. SAYEG, Ricardo; BALERA, Wagner. *O capitalismo humanista*. Petrópolis: KBL, 2011.
7. AMADEI, Vicente de Abreu. *Registro de Imóveis e parcelamento do solo*. 1. ed. em ebook baseada na 1. ed. impressa. São Paulo: Thomson Reuters Brasil, 2020.

Entretanto, a partir da Lei 11.441/07, alguns procedimentos, antes reservados à intervenção judicial, tiveram sua solução franqueada a mecanismos extrajudiciais, tendo sido reservado o protagonismo ao Notariado. Para se ter uma ideia, em Portugal e no Japão o procedimento extrajudicial para divórcio se opera perante os Registros Civis.[8]

Assim, o Conselho Nacional de Justiça editou a resolução 35 de 24 de abril de 2007 já traçando a regulamentação nacional para a atuação do serviço extrajudicial. Sublinhe-se que, desde, então, esta regulamentação vem sendo aperfeiçoada de forma dinâmica, o que confere maior celeridade e segurança jurídica e tem contribuído para que estes procedimentos extrajudiciais (separação, divórcio, inventário e extinção da união estável, mais recentemente) tenham sido cada vez mais utilizados. É possível dizer que, hoje, a atuação do Poder Judiciário quanto a estes expedientes tem um caráter residual para situações de conflito e quando houver o interesse de incapazes.

Ainda, por meio da Resolução 131 de 26 de maio de 2011 permitiu-se a concessão de autorização de viagem ao exterior por meio de escritura pública nas hipóteses nela mencionadas. Atualmente, a autorização para viagens nacionais e internacionais pode se dar por meio de ato notarial eletrônico, consoante a Resolução 103 de 04 de junho de 2020.

O advento do Código de Processo Civil de 2015 trouxe como motes o dever de cooperação e incentivos, em reiterados dispositivos, para a solução consensual dos conflitos. Trata-se, por exemplo, do § 2º do art. 3º do referido diploma que, ao reproduzir a hipótese da garantia do art. 5º, inc. XXXV da Constituição da República, enfatizou a promoção da solução consensual dos conflitos. Trata-se de esforço do legislador para que o paradigma da litigiosidade caminhe para um sistema multiportas.[9] Há que se destacar que as Faculdades de Direito eram (se é que não persistem) talhadas para a formação de profissionais hábeis na solução litigiosa.[10] Desse modo, a consensualidade configura uma alteração na postura para a solução de controvérsia.

Além disso, o legislador também incorporou os avanços promovidos por meio da atividade notarial. No Código de Processo Civil há expressa menção a soluções do notariado, tais como a ata notarial, quando relacionada enquanto meio de prova, procedimento de demarcação e divisão de terras particulares, o

---

8. CASSETTARI, Christiano. *Separação, divórcio e inventário por escritura pública*: teoria e prática. 4. ed. Rio de Janeiro: Método, 2010.
9. MARINONI, Luiz Guilherme. *Comentários ao Código de Processo Civil*: arts. 1º ao 69. 1. ed. em ebook baseada na 1. ed. impressa. São Paulo: Ed. RT, 2016.
10. NALINI, José Renato. *A rebelião da toga*. 1. ed. em ebook baseada em 3. ed. impressa. São Paulo: Ed. RT, 2015.

inventário e partilha extrajudicial, a homologação do penhor legal, o divórcio, a separação, a extinção de união estável e prestando-se a instrumentalizar a usucapião extrajudicial, consoante alteração promovida na Lei 6.015/73.

Nesse contexto, Resolução 100 de 26 de maio de 2020, ao prever a prática de atos notariais eletrônicos, impulsionou a capilaridade e a importância do sistema notarial para se integrar em uma sociedade em profunda transformação. Ao garantir ao Conselho Notarial do Brasil – Conselho Federal a gestão do registro nacional único dos Certificados Digitais Notarizados e de biometria, o Conselho Nacional de Justiça mais uma vez prestigiou a sua função de regulação da atividade notarial, com a dinamicidade exigida pela atividade econômica. Ao mesmo tempo, também pode e deve acarretar uma maior discussão regulatória sobre como se dará a fiscalização da gestão deste sistema por esta importante entidade de classe.

De todo modo, ainda que aqui não se tenha esgotado amiúde a expansão da atividade notarial, sua expansão tem o condão de tornar a advocacia extrajudicial imprescindível, paulatinamente, ferramenta essencial para prevenção do litígio.

4. A ATIVIDADE NOTARIAL E AUTOCOMPOSIÇÃO

Por sua própria natureza, a atividade notarial, de algum modo, já é acompanhada da imediação da atuação do Notário e do consentimento do administrado, típicos do caráter obrigacional que rege os atos notariais.[11] Há um natural aconselhamento que é realizado, com o escopo de que seja dado o melhor tratamento ao direito de quem roga a atuação notarial.

Assim, mais uma função que pode e deve perpassar também pela atividade notarial é a conciliação e a mediação. Na prática, de algum modo, esta já ocorre devido a consensualidade que rege os atos notariais e a possibilidade de que o antagonismo de interesses surja a qualquer momento. A advocacia extrajudicial também se revela essencial para que eventuais arestas que surjam durante os procedimentos sejam aparadas, por meio de técnicas de diálogo e autocomposição.[12] Trata-se, por exemplo, do art. 46 da Resolução do CNJ 35 de 24 de abril de 2007, segundo a qual o tabelião pode recusar a lavratura da escritura de divórcio se houver indícios de prejuízo a um dos cônjuges.

Contudo, considerando-se o sucesso das soluções extrajudiciais que hoje tramitam pelo Notariado brasileiro, porque não cogitar numa maior atuação,

---

11. BRANDELLI, Leonardo. *Usucapião administrativa*: De acordo com o novo Código de Processo Civil. São Paulo: Saraiva, 2016.
12. LAUX, Francisco de Mesquita. *Mediação empresarial*: aplicação de mecanismos alternativos para solução de disputas entre sócios. 1. Ed. em e-book.baseada na 1. ed. impressa. São Paulo: Thomson Reuters, 2018.

dentro do sistema multiportas de solução de conflitos, para que disputas entre sociedades empresárias, familiares e conflitos contratuais, por exemplo, também possam tramitar por estes delegatários? Será que soluções de cobrança de créditos de brasileiros superendividados não podem tramitar perante o cartórios de notas, gerando instrumentos de transação?

Nesse sentido, o Conselho Nacional de Justiça expediu a Recomendação 28 de 17 de agosto de 2018 para que os Tribunais de Justiça celebrem convênios com Notários para instalação de Centros Judiciários de Conflitos e Cidadania, bem como o Provimento 67 de 26 de março de 2018 que regulamentou o exercício da conciliação e mediação pelos delegatários. Entretanto, por enquanto, a mediação e a conciliação enquanto mecanismos de autocomposição ainda não foram amplamente adotadas, ao menos nas delegações no Estado de São Paulo, por exemplo.

Pode ser que a ausência de um protocolo melhor detalhado seja necessário para que haja uma ampliação da "porta" de conciliação e mediação a ser conduzida pelos cartórios extrajudiciais. Nesse diapasão, pode-se cogitar na necessidade de adoção e de implementação de um protocolo de pré-judicialização semelhante ao sistema inglês, com a antecipação de produção de provas, e, com isso, evidenciar às partes as probabilidades de êxito, estimular a pactuação de acordos e evitar os julgamentos "emboscada", em que a parte é surpreendida em juízo com provas e, por vezes, não há tempo hábil para se defender.[13] Já há procedimentos semelhantes, tais como os Inquéritos Civis, que permitem a celebração de termos de compromisso, antes de sua judicialização e, importante ferramenta está à disposição do Notariado, qual seja: a ata notarial.

Nesse sentido, pode-se cogitar na ampliação dos procedimentos tramitados no Notariado com o intuito de ampliar seu papel na pacificação social, contando com a função regulatória que tem sido desempenhada pelo Conselho Nacional de Justiça e pelas Corregedorias dos Tribunais de Justiça. E a consensualidade se revela indispensável para tanto, sob pena de se criarem mais etapas burocráticas, com mais custos.

5. CONCLUSÃO

A atividade notarial desempenha função indispensável para a prevenção de litígios, possuindo hoje procedimentos que têm relegado ao Poder Judiciário atuação residual, para casos de maior complexidade. E a ampliação da sua importância tende a ser potencializada com a adoção dos atos notariais eletrônicos.

---

13. NEIL, Andrews. *O moderno processo civil* [livro eletrônico] : formas judiciais e alternativas de resolução de conflitos na Inglaterra; orientação e revisão da tradução Teresa Arruda Alvim Wambier. 2. ed. rev., atual. e ampl. São Paulo : Thomson Reuters Brasil, 2019. 6 Mb; ePub. Edição Kindle.

Portanto, há que se ampliar o seu papel no sistema de solução alternativa de conflitos. Além do desafio do estabelecimento de um protocolo pré-processual que, valendo-se das atas notariais, pode contribuir para ampliação de transações extrajudiciais, há que também que se refletir sobre um sistema remuneratório de emolumentos, para o exercício das atribuições de conciliação e de mediação, mais sustentável aos delegatários.[14] Imaginar que a delegação de serviços públicos, por si só, já lhe impõe determinados deveres, típicos da atividade estatal, ignora a gestão privada dos cartórios e a responsabilidade civil e tributária pessoal dos delegatários.

Apenas para exemplificar a expedição "gratuita" das certidões pelos cartórios para União, consoante entendimento do pleno do Supremo Tribunal Federal nos autos da ADPF 194, Rel. Min. Alexandre de Moraes, v.p.m., D.J. 05.08.2020 tem invariável repercussão sobre a gestão econômico-financeira do cartório. Ou não se imagina que tal fato não gera pressão para reajuste dos emolumentos para que os demais administrados suportem tal custo?

Ora, não há como ignorar os pedidos de justiça gratuita que, constituem garantia constitucional de acesso à justiça, o qual aqui não se discute, tem aumentado perante o Poder Judiciário, consoante relatório anual do CNJ.[15] Mas como conciliar este direito fundamental com o funcionamento sustentável das delegações extrajudiciais, para que estas incrementem seu papel na prevenção de litígios?

Trata-se da solução de uma equação complexa, mas que terá que ser enfrentada para que o país possa responder de maneira eficiente às demandas das complexas atividades econômicas que, cada vez mais, desafiam o equilíbrio das relações sociais e a pacificação da sociedade. Eventual resistência ou morosidade para esse papel de mediação e de conciliação, reforçará a nossa dependência da heterocomposição e aumento de custos e perda de competitividade econômica e maior esgarçamento das relações sociais.

6. REFERÊNCIAS

AMADEI, Vicente de Abreu. *Registro de imóveis e parcelamento do solo*. 1. ed. em ebook baseada na 1. ed. impressa. São Paulo: Thomson Reuters Brasil, 2020.

BRANDELLI, Leonardo. *Teoria Geral de Direito Notarial*. 4. ed. São Paulo: Saraiva, 2011.

BRANDELLI, Leonardo. *Usucapião administrativa*: de acordo com o novo Código de Processo Civil. São Paulo: Saraiva, 2016.

CASSETTARI, Christiano. *Separação, divórcio e inventário por escritura pública*: teoria e prática. 4. ed. Rio de Janeiro: Método, 2010.

---

14. TAVARES, André Ramos. *Manual do Poder Judiciário brasileiro*. São Paulo: Saraiva, 2012.
15. Para tanto, basta consultar: https://www.cnj.jus.br/pesquisas-judiciarias/justica-em-numeros/.

CURY, Cesar Felipe. Produção antecipada de prova e o disclosure no direito brasileiro. *Revista do Fórum Nacional de Mediação e Conflitos*. Rio de Janeiro, EMERJ, 2017. v. I.

DEZEM, Renata Mota Maciel. *O Poder Judiciário e a sociedade da comunicação*: do processo eletrônico à inteligência artificial. Direito, Tecnologia e Inovação. Edição. Cidade: Editora, ano. v. I.

FERREIRA, Paulo Roberto Gaiger; Rodrigues, Felipe Leonardo. *Tabelionato de Notas I*: teoria geral do direito notarial e minutas. São Paulo: Saraiva, 2016. Saraiva digital, acesso: https://app.saraivadigital.com.br/leitor/ebook:604590.

LAUX, Francisco de Mesquita. *Mediação empresarial*: aplicação de mecanismos alternativos para solução de disputas entre sócios. 1. ed. em e-book.baseada na 1. ed. impressa. São Paulo: Thomson Reuters, 2018.

MARINONI, Luiz Guilherme. *Comentários ao Código de Processo Civil*: arts. 1º ao 69. 1. ed. em ebook baseada na 1. ed. impressa. São Paulo: Ed. R, 2016.

MARINONI, Luiz Guilherme. Arenhart, Sergio Cruz. *Comentários ao Código de Processo Civil*. 1. ed. em ebook baseada na 1. Ed. Impressa. São Paulo: Ed. RT, 2017. v. VI (arts. 369 a 380).

MARINONI, Luiz Guilherme. Arenhart, Sergio Cruz. *Comentários ao Código de Processo Civil*. 1. ed. em ebook baseada na 1. ed. impressa. São Paulo: Ed. RT, 2017. v. VII (arts. 381 a 484).

MEDINA, José Miguel Garcia. *Código de processo civil comentado* [livro eletrônico]. 5. ed. rev., atual. e ampl. São Paulo: Thomson Reuters Brasil, 2021.

MITIDIERO, Daniel. Colaboração no processo civil. [livro eletrônico]: pressupostos sociais, lógicos e éticos. São Paulo: Ed. RT, 2015.

NALINI, José Renato. A rebelião da Toga. 1. ed. em ebook baseada em 3. ed. impressa. São Paulo: E. RT, 2015.

NEIL, Andrews. O moderno processo civil [livro eletrônico]: formas judiciais e alternativas de resolução de conflitos na Inglaterra; orientação e revisão da tradução Teresa Arruda Alvim Wambier. 2. ed. rev., atual. e ampl. São Paulo : Thomson Reuters Brasil, 2019. 6 Mb ; ePub. Edição Kindle.

PIOVESAN, Flávia. *Direitos Humanos e o direito constitucional internacional*. 11. ed. rev. e atual. São Paulo: Saraiva, 2010.

SALOMÃO FILHO, Calixto. *Regulação da atividade econômica*. 2. ed. São Paulo: Malheiros, 2008.

SAYEG, Ricardo; BALERA, Wagner. *O capitalismo humanista*. Petrópolis: KBL, 2011.

TAVARES, André Ramos. *Manual do Poder Judiciário brasileiro*. São Paulo: Saraiva, 2012.

ATA NOTARIAL: UM VIGOROSO INSTRUMENTO À DISPOSIÇÃO DA ADVOCACIA

Thiago Henrique Teles Lopes

> Mestrado em direito pela Unimep e Doutorando em direito processual civil pela USP. Pós-graduado *lato sensu* em direito notarial e registral imobiliário pela Escola Paulista da Magistratura e em direito processual Civil pela Unisul. Juiz de Direito. telesthiago@hotmail.com.

Sumário: 1. Breves notas introdutórias – 2. Anotações sobre o sistema probatório brasileiro – 3. Aspectos relacionados à fé pública notarial – 4. Da ata notarial como instrumento probatório – 5. A ata notarial como elemento de prova – 6. Uma perspectiva econômica – 7. A desjudicialização da produção antecipada de provas e uma breve abordagem comparatística – 8. Importante meio de perpetuação probatória de fatos ocorridos nos ambientes virtuais – 9. Conclusão – 10. Referências.

1. BREVES NOTAS INTRODUTÓRIAS

Objetiva-se, com o presente trabalho, apresentar alguns aspectos inerentes à ata notarial que demonstram a sua importância como meio de prova expressamente previsto no Código de Processo Civil, bem como enquanto ferramenta à disposição da advocacia e de todo o sistema de justiça, mormente quanto a perenidade da prova no tempo, sua consequente produção (antecipada ou não) e os respectivos ônus econômicos.

A estruturação do estudo é composta por nove títulos, a saber: introdução, anotações sobre o sistema probatório brasileiro, aspectos relacionados à fé pública notarial, a ata notarial como instrumento probatório e como elemento de prova, análise sob a perspectiva econômica, aptidão a desjudicialização da produção antecipada de provas acrescida de breves apontamentos relacionados ao direito comparado, a sua relevância como meio de perpetuação probatória concernente a fatos ocorridos nos ambientes virtuais e, ao final, considerações conclusivas.

2. ANOTAÇÕES SOBRE O SISTEMA PROBATÓRIO BRASILEIRO

Comumente, a resolução dos litígios levados à apreciação do Poder Judiciário demanda o exercício de atividade instrutória, visando à reconstituição dos fatos para que, então, seja aplicada a norma jurídica que melhor se amolda a eles.

Referida reconstituição fática, por vezes, se dá mediante a produção de provas pelas partes.[1]

Embora no sistema jurídico brasileiro a produção de provas tenha por especial finalidade possibilitar ao Estado-Juiz a formação do conhecimento acerca dos fatos controvertidos, os quais devem ser reconstituídos para que se alcance, dentro do possível,[2] a verdade, é relevante rememorar a posição de Flávio Luiz Yarshell[3] que, mesmo antes do advento do atual código processual, considerava as partes como destinatárias das provas a serem produzidas.

Como se vê, a prova é, sem qualquer exagero, um dos elementos mais relevantes do processo judicial, posto que, tal qual asseverou Bentham, a *"arte de enjuiciar no es en substancia se no el arte de producir las pruebas"*,[4] na medida em que a adequada reconstituição da dinâmica fática está intimamente conectada com a redução da probabilidade de erros pela decisão judicial.

Insta salientar, ademais, que, no Brasil, vigora, em regra, o princípio da persuasão racional do juiz que, diferentemente do sistema de provas tarifadas,[5] permite ao Estado-Juiz valorá-las liberto de correntes próprias de modelos menos flexíveis, desde que justifique as razões da formação de seu convencimento, nos moldes previstos no artigo 371 do Código de Processo Civil.[6]

---

1. Apesar de a palavra prova ser plurissignificante, importa, aqui, a sua definição processual e, para tanto, Dinamarco ensina que "na dinâmica dos processos e dos procedimentos, prova é um conjunto de atividades de verificação e demonstração, mediante as quais se procura chegar a verdade quanto aos fatos relevantes para o julgamento" (DINAMARCO, Cândido Rangel. *Instituições de direito processual civil*. 7. ed., rev., atual. São Paulo: Malheiros, 2017, v. III, p. 47).
2. Tem-se aqui, como premissa, a inviabilidade de restauração integral e exata de todos os fatos, não sendo crível concluir que sempre se possa chegar à "verdade real", ao menos na maioria das controvérsias submetidas a solução adjudicada. Nesse sentido Arenhart, Marinoni e Mitidiero lecionam que "(...) é impossível o restabelecimento dos fatos pretéritos (especialmente no processo), mesmo porque jamais se logrará extirpar toda a dúvida possivelmente existente sobre a efetiva acuidade do juízo a que se chegou. Quer dizer, em outras palavras, que a verdade, enquanto exata correspondência, jamais poderá ser atingida, uma vez que não se pode 'recuperar' o que já se passou; de outra banda, também a ideia de certeza somente pode ser concebida no nível subjetivo específico, sendo que esse conceito pode variar de pessoa para pessoa – o que demonstra a relatividade dessa noção." (*Curso de processo civil*: teoria do processo civil. 5. ed. São Paulo: Thomson Reuters Brasil, 2019, v. 2, p. 260).
3. *Antecipação da prova sem o requisito da urgência e direito autônomo à prova*. São Paulo: Malheiros, 2009.
4. BENTHAM, Jeremie. *Tratado de Las Pruebas Judiciales*. Trad. C. M. V. Paris: Bossange Freres, 1825, Tomo primeiro, p. 4.
5. Há, porém, resquícios mais próximos de um modelo atinente a prova tarifada, conforme se observa, a título ilustrativo, pela leitura do enunciado 149 da Súmula de jurisprudência do STJ, a saber: "a prova exclusivamente testemunhal não basta à comprovação da atividade rurícola, para efeitos da obtenção de benefício previdenciário."
6. No que tange a matéria, valiosas são as lições de Marinoni, Arenhart e Mitidiero ao asseverarem que: "o modelo brasileiro centra o controle da formação da convicção judicial sobre a motivação oferecida por ele a respeito das provas do processo. Daí a necessidade de que essa motivação seja completa, no sentido de apontar com precisão as razões que levaram o magistrado (ou o tribunal) a dar maior peso

Visando encerrar esta síntese referente ao sistema probatório brasileiro, mister se faz expor algumas considerações sobre a distribuição do ônus da prova, lembrando que o artigo 373 do Código de Processo Civil adota, como regra, a teoria estática da carga probatória[7] e, em seu § 1º, de forma excepcional, a teoria dinâmica.[8]

A propósito, segundo Pontes de Miranda o ônus da prova "começa antes mesmo de qualquer demanda",[9] e o uso em âmbito processual exsurge como o mais relevante,[10] sendo possível apontar duas finalidades atinentes a distribuição do ônus da prova.

A primeira delas (faceta subjetiva), visa a direcionar o comportamento das partes acerca do risco inerente à ausência de provas para a formação do convencimento judicial. É um "indicativo para as partes a respeito de quem pode se prejudicar com o estado de dúvida judicial e para o juiz se livrar do estado de dúvida e, assim, definir o mérito".[11]

Por outro lado, o ônus da prova também é uma regra de julgamento dirigida ao juiz (faceta objetiva), indicando qual das partes deverá suportar as consequências negativas quando persistir a incerteza na convicção do julgador, que se fundada na vedação ao *non liquet*.[12]

Feitas essas considerações, a seguir, esquadrinha-se a frente considerações concernentes à fé pública notarial para que ulteriormente seja possível compreender de forma mais profícua sua utilidade, notadamente em âmbito probatório.

---

a esta ou àquela prova, refutando outra, em sentido contrário. Não bastará, por isso, que o juiz se limite a alinhar as provas que vão no sentido de sua conclusão, para que se tenha como fundamentada a sua decisão. Será sempre necessário que ele justifique o porquê de não ter dado valor aos outros meios de prova, que sustentariam a conclusão diversa" (Op. cit., p. 300-301).

7. Ela estabelece *a priori* e em abstrato o ônus da prova às partes de acordo com a posição no processo.
8. Na concepção contemporânea, escrita em solo argentino por Jorge Walter Peyrano, "la regla de distribución de las cargas probatorias según la cual se debe colocar la carga respectiva en cabeza de la parte que se encuentre en mejores condiciones para producirla. Así, v.g., establecida la separación de hecho sin voluntad de unirse, se encuentra en mejores condiciones (por conocer las intimidades de la pareja) de probar o su inocência (o la culpabilidad del otro cónyugc) en orden a conservar su vocación hereditaria, el cónyuge supe'rstite que los causahabientes del cónyuge falecido" (Informe sobre la doctrina de las cargas probatorias dinámicas. *Revista de Processo*, p. 208-209, mar. 2013).
9. *Comentários ao Código de Processo Civil*. 2. ed. Rio de Janeiro: Forense, 1958, t. III, p. 283).
10. De se ver que o artigo 434 do CPC/2015 dispõe que "incumbe à parte instruir a petição inicial ou a contestação com os documentos destinados a provar suas alegações" a demonstrar que o encargo probatório é anterior ao próprio processo. Aliás, a ata notarial prevista nos artigos 6º e 7º da Lei 8.935/1994 e, atualmente, preconizado pelo artigo 384 do CPC/2015 robustece essa acepção.
11. ARENHART, MARINONI e MITIDIERO, Op. cit., p. 269.
12. Cf DIDIER JR, Fredie; BRAGA, Paula Sarno; OLIVEIRA, Rafael Alexandria de. *Curso de Processo Civil*: teoria da prova, direito probatório, decisão, precedente, coisa julgada e tutela provisória. 13 ed. Salvador: JusPodivm, 2018, p. 126-127.

3. ASPECTOS RELACIONADOS À FÉ PÚBLICA NOTARIAL

A função notarial remonta à antiguidade e, em certa medida, pode ser observada em diversas civilizações ao longo do tempo. A título ilustrativa, destacam-se os "documentos caseiros"[13] usados pelos egípcios à época do Império Antigo (entre 3.100 e 1.770 antes de Cristo) para formalizar convênios privados por eles estabelecidos e os antigos escribas cujo encargo à época era o de receber e selar os atos e contratos com o selo público do sacerdote para conceder-lhes a autenticidade pública.[14]

Todavia, somente a partir do século XIII, a atividade notarial obteve uma melhor definição acerca do seu desenvolvimento, inclusive acadêmico, diante dos estudos levados a efeito na Universidade de Bolonha como embrião do assim denominado Direito notarial com ares de cientificidade.[15]

A importância da atividade notarial é atestada pela sua milenar existência cuja essência ainda permanece hígida na contemporaneidade mesmo num contexto civilizatório infinitamente mais dinâmico e sofisticado do que nas sociedades antigas.[16]

No Brasil, atribui-se a origem da atividade notarial a Pero Vaz de Caminha por intermédio dos relatos oficiais enviados a Coroa portuguesa acerca da descoberta do "novo" continente e a respectiva posse territorial daí adveniente.

Nesse indiscutível cenário de inequívoca importância da atividade notarial, segundo Couture "el concepto de fe pública se asocia a la función notarial de

---

13. Sobre tais documentos preleciona Swerts: "(...) maleabilidade desse documento caseiro permitia sua utilização para lavras testamentos, esses documentos levara um selo de um funcionário da hierarquia, no caso um sacerdote ou outra pessoa de elevada categoria par a qual o sacerdote havia delegado essa função. O selo do sacerdote era no Egito o que dava o caráter público ao documento" (SWERTS. Olavo Barroso. *Manual de teoria e prática do direito notarial*. São Paulo: Mundo Jurídico, 2009, p. 44).
14. MENDES JÚNIOR. João. Orgams da Fé Pública. *Revista da Faculdade de Direito de São Paulo*, v. V, p. 7 a 114 (1ª parte) e v. VI, p. 7 a 113. São Paulo: Espindola, Siqueira & Campos, 1897.
15. A esse respeito, explica Teodoro da Silva: "os antecedentes mais remotos dos notários seriam os escribas sumerianos, egípcios, hebreus e romanos. Ainda na antiga Roma passaram a ser chamados de tabeliones e notários, exercendo função de caráter privado. Com os irmãos Arcádio e Honório (fim do século IV e início do Século V), imperadores respectivamente do Império Romano do Oriente e do Império Romano do Ocidente, essa função foi oficializada. E adquiriu certa configuração de cunho jurídico nas Institutas de Justiniano (século VI). Mas foi a partir do início do século XIII, com os estudos desenvolvidos na Universidade de Bolonha que a instituição notarial veio a adquirir contornos definitivos e deu ensejo à germinação do Direito Notarial, chegada a termo no século XIX." (TEODORO DA SILVA, João. *Função notarial da atualizada*: a importância da atuação do notário. Belo Horizonte, 2003, p. 3).
16. A corroborar essa ideia, ressalta-se que até as mais poderosas instituições existentes caíram em total declínio e desapareceram com o decurso do tempo, ao passo que "o notariado atravessou incólume a Queda do Império Romano, as trevas da Idade Média, a Revolução Industrial e até mesmo a sangrenta revolta do povo contra a aristocracia. A Revolução Francesa demoliu antigas instituições, mas o notariado foi preservado e revigorado." (LOUREIRO, Luiz Guilherme. *Registros Públicos*: teoria e prática. 9. ed. Salvador: JusPodivm, 2018, p. 9).

manera más directa que a cualquier outra actividad humana".[17] E prossegue o autor argumentando que a fé é conceitualmente a confiança ou crença atribuída às coisas pela autoridade de quem as atesta ou por sua notoriedade.[18]

É, por assim dizer, inegável que o termo "fé" possa ter diversas acepções, as quais gravitam desde a vertente religiosa até a científica, podendo, inclusive, ser externada tanto individual ou coletivamente.

Dada a relevância e particularidade de sua configuração em nosso sistema jurídico, somente a lei pode conferir fé pública a um documento, como é o caso da escritura pública preconizada no artigo 215 do Código Civil.

Importa notar, por ocupar praça relevante, que alguns documentos privados ostentam, igualmente, referida aptidão especial (fé pública). É o que ocorre, por exemplo, com os contratos celebrados por instrumento particular na seara do Sistema Financeiro da Habitação, conforme dispõe o artigo 61, § 5º, da Lei 4.380/1964.

Partindo, então, ao que diretamente nos interessa, o artigo 3º da Lei 8.935/1994 dispõe que o notário é dotado de fé pública, ressaltando que esta característica também reveste a ata notarial, lavrada exclusivamente por tabelião de notas, consoante artigo 7º, inciso III, da legislação citada.

Nesse sentido, o artigo 137.1, do capítulo XIV, das NSCGJ/TJSP igualmente prevê, expressamente, que "a ata notarial é documento dotado de fé pública".

Os tabeliães são profissionais delegados pelo Estado "responsáveis pela obtenção da segurança e certeza jurídicas, não são restritos apenas a dar autenticidade aos fatos, mas também dar perfeição jurídica ao resultado que as partes almejam".[19]

Trata-se, na verdade, de função assecuratória da finalidade da atividade notarial, a qual permite pressupor certeza e segurança aos atos jurídicos dos usuários.[20]

A fé pública ostenta ímpar importância em relação à ata notarial, razão pela qual o tabelião exerce sua função "submetido a regras mais severas do que as impostas à testemunha" e "relativas à prova pericial", posto que "ao dizer o que

---

17. COUTORE, Eduardo J. *Estudios de derecho procesal civil*: Pruebas em matéria civil. Buenos Aires: La Ley, 2010, v. 2, t. III, p. 1.
18. Ibidem, p. 9.
19. BERNAL, Natasha da Motta Ribeiro Carraro Bernal. Segurança jurídica e desenvolvimento econômico: suas relações com a fé pública notarial e registral. In: MELO, Marcelo Augusto Santana de (Coord.). *Revista de Direito Imobiliário*. ano 35, v. 72, 2012. São Paulo: Ed. RT, p. 271.
20. Não é por outra razão que Marco Antonio Greco Bortz assevera que a origem da fé pública notarial é de origem germânica com a finalidade precípua de estabilização das relações jurídicas pelas quais o notário exerceu sua atividade cognitiva. (BORTZ, Marco Antonio Greco. A desjudicialização – um fenômeno histórico e global. *Revista de Direito Notarial*. ano 1. n. v. 1, p. 76. São Paulo: Quartier Latin, 2009).

sabe, o notário tem a obrigação de fazer com clareza o direito aplicável, sob cuja égide atua".[21]

Não é por outra razão que o artigo 1º do capítulo XIV, Tomo II, das NSCGJ/TJSP dispõe que "o Tabelião de Notas, profissional do direito dotado de fé pública, exercerá a atividade notarial que lhe foi delegada com a finalidade de garantir a eficácia da lei, a segurança jurídica e a prevenção de litígios" e, logo no item 1.1, alude que "na atividade dirigida à consecução do ato notarial, atua na condição de assessor jurídico das partes, orientado pelos princípios e regras de direito, pela prudência e pelo acautelamento".

Ou seja, a relevância da atividade dá-se exatamente pela crença na licitude e na veracidade (fé) dos atos notariais, cujos reflexos são igualmente destinados à ata notarial.

Em termos de classificação, a fé pública[22] pode ser assim considerada: a) a fé pública administrativa, que visa a conceber notoriedade e valor de autenticidade aos atos realizados pelo Estado ou por quem lhe faça às vezes; b) a fé pública judicial, que se revela nas atuações dos tribunais; e c) a fé pública notarial, albergada ao notário (particular em colaboração com o poder público) na lavratura de atos de sua incumbência (como a ata notarial, por exemplo).

A finalidade de conceber fé pública a alguém com "requisitos de honorabilidad, preparación y competência indispensables para el acto jurídico sea lo más perfecto humanamente posible, desde su autorizacióin y aun registro definitivo".[23]

Por essa razão os fundamentos do notariado se confundem com os da fé pública,[24] eis que esta é ao mesmo tempo princípio e efeito do direito notarial diante da presunção de autenticidade e de veracidade atribuída ao tabelião, até porque "a razão da instituição notarial não será outra senão o alcance do fim que o exercício da função procurar atingir".[25]

Aliás, como corolário desta caracterização, a impugnação a presunção de veracidade da ata notarial dá-se por meio de pedido de tutela jurisdicional, observando-se o preenchimento do requisito da legitimidade de parte (no aspecto

---

21. CENEVIVA, Walter. Ata Notarial e os cuidados que exige. In: BRANDELLI, Leonardo Op. cit., p. 87-88.
22. Cf GIMENEZ ARNAU, Enrique. *Derecho Notarial*. Pamplona, Ediciones Universidad de Navarra (EUNSA), 1976, p. 41-46). Para o autor, a fé pública seria uma "presunción legal de veracidad respecto a ciertos funcionários a quienes la ley reconoce como probos y verdaderos, facultándoles para darla a los hechos y convenciones que pasan entre los ciudadanos" (Op. cit., p. 37).
23. TERESA, Luis Carra y de. *Derecho Notarial y Derecho Registral*. 18. ed. México: Editorial Porrúa, 2007, p. 6-7.
24. TERESA, Luis Carra y de, Op. cit., p. 7.
25. PUGLIESE. Roberto J. *Direito notarial brasileiro*. São Paulo: Livraria e Editora Universitária de Direito, 1989, p. 65.

processual – condições da ação –, ou no aspecto do direito material – violação a alguma regra legal).

Assim, numa perspectiva coercitiva do organograma jurídico, a fé pública está relacionada à necessidade do direito de "impor ao corpo social a crença de verdadeiros, atos que especifica em sua forma e modo (...) para que tenha segurança de atos e fatos que não presenciou, e o direito, para estabilidade da ordem, se funda na fé, que emana de quem está autorizado a portá-la",[26] cuja fonte mais próxima é o notário.[27]

Delimitado um dos aspectos mais significativo relacionado à ata notarial, agora é possível avançarmos aos seus aspectos probatórios.

4. DA ATA NOTARIAL COMO INSTRUMENTO PROBATÓRIO

Com o intuito de evitar a caracterização de lacuna indesejável ao presente estudo, é necessário diferenciar, aprioristicamente, as fontes dos meios de provas.

Segundo Barbosa Moreira, os meios de prova meios de prova são "os pontos de passagem entre as outras pessoas, as coisas, os fenômenos, de um lado, e a mente do juiz, de outro",[28] ao passo que fontes são as coisas, pessoas e fenômenos dos quais irradiam os elementos que devem ser levados ao conhecimento do julgador nos autos do processo judicial.[29]

Nesse panorama, o artigo 369 do Código de Processo Civil prevê que as partes têm o direito de empregar todos os meios legais, bem como os moralmente legítimos, ainda que não especificados no ordenamento, para provar a verdade dos fatos em que se funda o pedido ou a defesa e influir eficazmente na convicção do juiz.

O direito à prova, registre-se, tem previsão constitucional, e está amparado na dimensão substancial do princípio do contraditório.[30] Como corolário desse princípio, é possível asseverar a existência de um direito à produção de provas – conjugando-se esse entendimento com a inteligência do artigo citado no parágrafo

---

26. Ibidem, p. 69.
27. Segundo Ricardo Dip "a fonte próxima dessa fé é o notário, pessoa física, pessoa particular, *secundum quid*, mas também pública, sob outro aspecto, isto em razão da potestade política que lhe fora atribuída para a dação da fé a documentos que ele autorize *propter officium*." (*Notas sobre notas*: (e outra notas). São Paulo: Editorial Lepanto, 2018, t. I, p. 103).
28. MOREIRA, José Carlos Barbosa. Anotações sobre o Título "da Prova" do NCC. In: DIDIER JR., Fredie; MAZZEI, Rodrigo. *Reflexos do Novo Código Civil no Direito Processual*. 2. ed. Salvador: JusPodivm, 2007, p. 292.
29. MOREIRA, José Carlos Barbosa. Provas atípicas. *Revista de Processo*, n. 76, p. 115. São Paulo: Ed. RT, 1996.
30. CAMBI, Eduardo. *Direito constitucional à prova no processo civil*. São Paulo: Ed. RT, 2001. p. 166.

precedente, tem-se, então, que é livre às partes a apresentação de qualquer meio de prova, desde que lícito.[31]

No presente contexto, entretanto, interessam-nos os meios típicos, visto que dentre eles estão as provas documentais, dentre as quais se subsome a ata notarial. Para a delimitação das provas documentais é necessário, entretanto, entender, primeiramente, o conceito de documento.

Para Carnelutti, documento é toda coisa que, mediante atividade humana, seja capaz de representar um fato.[32] Portanto, é possível afirmar que os documentos são fontes probatórias, porquanto coisas que irradiam informações (fatos).

Já a prova documental constitui a ponte pela qual os documentos são submetidos à cognição judicial,[33] posto que ela "é, somente, aquela através da qual se tem a representação imediata do fato a ser reconstruído",[34] sendo o documento, *per si*, capaz de representar o fato.

De acordo com a concepção *lato sensu* de documento, extraem-se duas espécies, a saber: documento *stricto sensu* e instrumento. Os primeiros são confeccionados sem o propósito específico de se fazer prova, meramente representam um fato. Já os segundos (os instrumentos), por seu turno, são os documentos escritos "com a finalidade específica de produzir prova futura do ocorrido".[35]

Como visto, os instrumentos, enquanto espécie de documentos *lato sensu*, particularizam-se em razão desse fim específico de fornecer elemento de prova, sendo sempre considerados como prova pré-constituída,[36] e são de suma importância no direito probatório, haja vista a sua praticidade e trivialidade, podendo-se mencionar, a título exemplificativo, um contrato de compra e venda

---

31. Consagrada está, então, em nosso ordenamento, a regra da atipicidade dos meios de provas, porquanto seria impossível ao legislador prever e regular tudo o que seria levado à apreciação do magistrado. Assim, ao lado dos meios de provas típicos, previstos e regulados em lei, estão os atípicos, que não encontram sede legal.
32. CARNELUTTI, Francesco. *A prova civil*. 4. ed. Campinas: Bookseller, 2005, p. 190.
33. Prudente observação faz Fredie Didier Jr ao apontar que "nem todo documento pode ser inserido no processo por meio da prova documental. Às vezes, o documento é fonte de prova, mas o fato nele representado chega à mente do juiz por outra via, distinta da prova documental. Basta pensar no exemplo do quadro que é pintado para retratar uma determinada realidade: isso é um documento, na medida em que é coisa que, em decorrência de uma atividade humana, representa materialmente um fato; mas essa coisa pode ser considerada pelo magistrado sem que precise ingressar no processo sob a forma de prova documental – pode ser objeto de análise, por exemplo, numa inspeção judicial ou numa prova pericial." (DIDIER JR, Fredie; BRAGA, Paula Sarno; OLIVEIRA, Rafael Alexandria de. *Curso de Processo Civil*: teoria da prova, direito probatório, decisão, precedente, coisa julgada e tutela provisória. 13 ed. Salvador: JusPodivm, 2018, p. 209-210).
34. Cf. ARENHART, MARINONI e MITIDIERO, Op. cit., p. 369.
35. DIDIER JR., Op. cit., p. 221.
36. Cf. MARINONI, ARENHART e MITIDIERO, Op. cit., p. 370.

confeccionado com a finalidade específica de se fazer prova do negócio jurídico avençado entre as partes.

A ata notarial amolda-se adequadamente ao conceito de instrumento.[37] Brandelli sintetiza essa compreensão aduzindo que "as atas notariais não têm eficácia substantiva nem executiva, presentes nas escrituras, mas tão somente eficácia probatória (...). Quer-se dizer com isto que a ata notarial perpetua no tempo, com caráter probatório revestido de fé pública, os atos ou fatos descritos pelo notário".[38]

Portanto, ela tem específica eficácia probatória e, como tal, relaciona-se, *lato sensu*, à prova documental, e, em sua acepção *stricto sensu*, ao seu caráter instrumental, com o fito de conferir perenidade a fonte probatória.

5. A ATA NOTARIAL COMO ELEMENTO DE PROVA

Ínsito ao conceito de instrumento, há, ainda, duas espécies que nos interessam para a delimitação da força probante atribuída à ata notarial e que dizem respeito a sua origem, a saber: a) os instrumentos privados; e b) os instrumentos públicos.

Para a efetiva diferenciação dos institutos acima referidos, faz-se necessária uma análise apriorística de sua autoria (autor imediato e mediato).

Em relação à lavratura do instrumento, podemos falar em dois autores: i) o autor, propriamente dito; e ii) o elaborador. Calcado na lição de Carnelutti, pode-se dizer que o elaborador (autor imediato) é aquele que faz o documento por si, enquanto o autor (autor mediato) é aquele que requer a lavratura do documento para si.[39]

Assim, será público o instrumento cuja autoria imediata se dê por agente incumbido de função pública, no exercício dessa função. De outra forma, será particular o instrumento cujo autor imediato não esteja investido em função pública, ou, se estiver, não se encontre no exercício de suas funções.[40]

---

37. Na dicção de Loureiro: "(...) a ata notarial tem o efeito de pré-constituição de prova da existência de fato jurídico presenciado e constatado pelo notário. Ao contrário da escritura pública, a ata notarial não tem efeito de tradição de bens, não constitui título executivo e tampouco título inscritível, salvo, no tocante a este último efeito, a hipótese de ata de notariedade, como se verá oportunamente. O seu âmbito se circunscreve à constatação de fatos jurídicos, cujas consequências não derivam de declaração de vontade, mas tão somente dos efeitos jurídicos que a lei atribua ao evento produzido e perpetuado pelo labor do notário" (LOUREIRO, Luiz Guilherme. Op. cit., p. 1248).
38. BRANDELLI, Leonardo. *Teoria geral do direito notarial*. 2. ed. São Paulo: Saraiva, 2007. p. 54.
39. CARNELUTTI, Francesco. *Studi sulla sottoscrizione*. Studi di diritto processuale. Padova: Cedam, 1939. v. 3, p. 230.
40. Sobre o tema, Marinoni, Arenhart e Mitidiero prelecionam: "O tema da autoria é relevante para identificar-se o documento como público ou privado. Será público quando seu autor imediato seja agente investido de alguma função pública, e quando a formação do documento se dê no exercício dessa fun-

Como se vê, a ata notarial, enquadra-se nitidamente no conceito de instrumento público, porquanto seu autor imediato (elaborador) é, exclusivamente, nos moldes do artigo 7º, inciso III, da Lei 8.935/94,[41] o tabelião de notas.

Tratando-se de instrumento público, a sua força probante advém do disposto no artigo 405 do Código de Processo Civil, que assim preleciona, expressamente: "o documento público faz prova não só da sua formação, mas também dos fatos que o escrivão, o chefe de secretaria, o tabelião ou o servidor declarar que ocorreram em sua presença".

Essa presunção de autenticidade e de veracidade do conteúdo do documento público – aqui dito em sentido *lato* – decorre do reconhecimento de sua fé pública.

E em se tratando de ata notarial, o tabelião que a lavra somente descreve, de forma pormenorizada, clara e precisa o que os seus sentidos captam, razão pela qual deve-se distinguir o que o tabelião declara e o que a ele é declarado, sendo que somente a sua declaração é acobertada pela fé pública.[42]

Todavia, em que pese a fé pública conferida à ata notarial, pode o elaborador do instrumento incorrer em equívoco, captando de maneira não verdadeira as informações a ele submetidas. A esse respeito, é possível observar ótimos exemplos citados por Ricardo Colluci, como na hipótese em que o tabelião, ao presenciar um discurso enfático, pode confundir excitação com agressividade, ou em narrativa tomada em galpão industrial, em que o notário pode confundir um aroma floral com um aroma frutado.[43]

Tem-se, assim, que "os atos e fatos documentados notarialmente, por vezes, podem carregar consigo equívocos típicos da modalidade probatória, ainda que a produção da prova se dê em ambiente mais ou menos controlado",[44] como é o caso dos tabelionatos de notas.

ção; trata-se, normalmente, de alguma função documentadora ou certificadora, regulada pelo próprio Estado. Note-se que, nesse caso, a ideia (e, portanto, o autor mediato, ou simplesmente autor, na visão de Carnelutti, acima exposta) continua sendo do particular; mas por ter sido presenciada a declaração por algum servidor público, no exercício de função estatal típica (mas não obrigatoriamente documentadora), o documento terá diversa eficácia probatória. Será, ao contrário, particular o documento quando sua autoria imediata se dê por ação de um particular ou mesmo de um funcionário público (desde que este não se encontre no exercício de suas funções)." (Op. cit., p. 260).

41. Art. 7º Aos tabeliães de nota compete com exclusividade: (...) III – lavrar atas notariais.
42. Registre-se, nesse diapasão, o ensinamento de Aragão: "É preciso distinguir, porém, entre o que o oficial declara e o que ao oficial é declarado. A fé pública cobre a declaração formulada pelo oficial, mas não atribui veracidade ao conteúdo da declaração formulada pelo interessado ao oficial. Quanto a esta, só ficará atestada como veraz sua existência, isto é, haver sido formulada tal e qual; não a sua veracidade, ou seja, a atestação do oficial não confere veracidade ao conteúdo que lhe é declarado" (ARAGÃO, Egas Dirceu Moniz de. *Exegese do Código de Processo Civil*. Rio de Janeiro: AIDE, s/a, v.4, t. 1, p. 218).
43. COLUCCI, Ricardo. Direito Notarial e Novo Código de Processo Civil: reflexões sobre instrução probatória e desjudicialização. *Revista de processo*, v. 279, p. 115-137. 2018.
44. Ibidem, p. 3.

Portanto, a fé pública conferida à ata notarial não chega ao ponto de outorgar-lhe presunção absoluta de veracidade, mas sim mera presunção relativa (*iuris tantum*), podendo seu conteúdo ser contraditado em juízo, máxime à luz de outras provas produzidas sob o rito do contraditório e da ampla defesa.

Esse aspecto torna-se ainda mais nítido quando se analisa a natureza unilateral da ata notarial. Os demais instrumentos públicos são lavrados com o comparecimento de ambas as partes ao tabelionato competente (como nos casos da escritura pública). Já a ata notarial, particularmente, é confeccionada a partir de simples requerimento de uma das partes, *inaudita altera pars*.

Assim, mesmo lavrada em conformidade com os requisitos elencados em lei e autenticada pelo tabelião competente, a ata notarial deve ser valorada com extremo zelo pelo julgador da causa, que pode decidir, inclusive, de maneira contrária ao consignado no instrumento público, desde que devidamente fundamentada sua decisão e calcada em elementos probatórios aptos a tanto.

Apesar dos cuidados necessários ao Estado-Juiz referentes à valoração da ata notarial, por tratar-se de instrumento lavrado *inaudita altera pars*, e por ser o notário sujeito a percepções equivocadas da realidade, é inequívoco que ela é dotada de extrema relevância para o sistema probatório pátrio, porquanto se trata de documento que, dentre outras finalidades, garante a perenidade da fonte de prova.

Imagine-se a situação em que o comprador de um imóvel, ao receber as chaves e adentrar em sua nova casa, verifica a presença de infiltrações. Para conseguir acomodar-se em sua casa, porém, o adquirente deve realizar os reparos, sendo inimaginável esperar o trânsito em julgado da decisão para ter seu imóvel apto à moradia.

Assim, pode ele requerer, unilateralmente, a lavratura de ata notarial para que o tabelião ateste a presença das infiltrações, documentando essa informação, que agora se protrai no tempo, com presunção relativa de veracidade, apta, portanto, a ser contraditada em juízo.

Vê-se, então, a ata notarial como uma das mais importantes funções do notariado brasileiro, justamente por esta aplicabilidade: ser capaz de perenizar, documentalmente, os fatos ocorridos, com específica finalidade de fazer prova em juízo ou fora dele.

Com tais considerações, é admissível referir-se à ata notarial como documento público de caráter instrumental, que visa a permitir a pré-constituição da prova solicitada pelo interessado ao tabelião, cuja certificação é dotada de fé pública, com significativo valor probatório, em especial na seara processual.

Corroborando os contornos até aqui expostos, recentemente, a 6ª Câmara Cível do Tribunal de Justiça do Estado de São Paulo proveu agravo de instrumento a fim de restabelecer os alimentos provisórios devidos pelo genitor no montante originariamente arbitrado pelo Juízo monocrático, porque "a ata notarial, juntada pelo agravante por ocasião da réplica, sinaliza que o alimentante pode estar ocultando a remuneração percebida",[45] ocasião em que foi, igualmente, autorizada a superação do sigilo bancário para uma aprofundada investigação acerca dos reais rendimentos do alimentante.

A reafirmar esse epílogo, a 7ª Câmara Cível do Tribunal de Justiça do Rio Grande do Sul já entendeu pelo não reconhecimento do direito real de habitação porque comprovou-se, através de ata notarial, que a parte interessada não estava utilizando o aludido imóvel, inclusive tendo-o cedido a terceiro.[46]

6. UMA PERSPECTIVA ECONÔMICA

A Análise Econômica do Direito (AED)[47] ostenta duas dimensões: a positiva (âmbito do ser) e a normativa (âmbito do dever-ser). Na primeira, o estudioso examina o conjunto de normas jurídicas existentes em dado sistema, suas consequências e sua eficiência; na segunda, propõe políticas públicas e alterações legislativas a partir do estudo de suas consequências econômicas, objetivando a eficiência.[48]

Em sua modelagem contemporânea, as escolas jurídicas ligadas à economia surgiram a partir da década de 40 do século anterior (XX), na Universidade de Chicago. A AED busca a utilização de resoluções das mais variadas controvérsias jurídicas, adotando-se critérios aplicados e próprios da ciência econômica e, como tal, visa a obter resultados mais benéficos e, ao mesmo tempo, menos dispendiosos à sociedade.

No que tange mais propriamente à ata notarial e sua relação com a AED, esta caminha no sentido da exigência de uma escolha[49] entre os custos de um

---

45. Cf. TJSP, Agravo de Instrumento 2016851-51.2021.8.26.0000; Relator Des. Paulo Alcides, Órgão Julgador: 6ª Câmara de Direito Privado, julgado em 25.02.2021).
46. Cf. Agravo Interno 70082699729, 7ª Câmara Cível, Rel. Liselena Schifino Robles Ribeiro, Julgado em 25.09.2019).
47. O termo em inglês utilizado para a definição do tema é "Law and Economics".
48. A esse respeito, conferir: "Economics supplies two different kinds of policy tools: positive and normative. Positive economics is about prediction, and normative economics is about evaluation. To make a judgement about any proposed rule, one must first to have some way to predict its effects and decide on balance whether the rule has sufficient merit to warrant adoption. (...) Positive economics is purely descriptive. It makes no claims about what people should do; it merely predict what people will do. (...) Normative analysis belongs to a separate branch of economics known as 'welfare economics' (...) The basic idea is to choose the rule that maximizes social welfare" (BONE, Robert G. *Civil Procedure* – The Economics of Civil Procedure. New York: Thomson, 2003, p. 4-5).
49. Seria o que os economistas denominam "*tradeoff*" que pode ser esclarecido da seguinte maneira: "Em economia, *tradeoff* é uma expressão que define uma situação de escolha conflitante, isto é, quando uma ação econômica que visa à resolução de determinado problema acarreta, inevitavelmente, outros. Por

procedimento judicial e os do erro (por comissão ou omissão) na seara jurídica: haveria uma correlação entre a simplicidade do procedimento e as probabilidades de erro (quanto mais simples o primeiro, menor a captação dos fatos e maiores as chances de equívoco).

Calcado nessa linha de ideias, o processo seria mais eficiente do ponto de vista econômico quando pudesse reduzir o somatório entre custos procedimentais e de possíveis erros daí advenientes. Surge, então, uma aferição econômica do direito probatório que, por consequência, interfere sobremaneira na AED, diante da conexão entre elas, especialmente quanto aos ônus econômicos relativos à prova.

Nesse prisma, importante destacar três vértices intrínsecos à análise econômica da prova, a saber: a) custos; b) celeridade; e c) eficiência.

A produção probatória tem custos econômicos a ela inerentes, consome tempo e nem sempre é adequadamente eficiente para embasar um julgamento justo, calcado na demonstração precisa dos fatos. Por vezes, o fator temporal impede a reconstituição dos acontecimentos, porque uma fonte probatória pereceu em razão do seu decurso, por exemplo.

Com isso, a ata notarial – especialmente em decorrência de sua força probante anteriormente estudada – apresenta-se como um inequívoco instrumento a permitir o desenvolvimento salutar da questão crucial para a AED (eficiência e custos), a ponto de solidificar-se como um modelo que equilibra a produção das provas, os custos e a celeridade.

É de se ressaltar a possibilidade de situações fáticas que jamais poderiam ser certificadas por meio de um processo judicial (mesmo pela via da ação de produção antecipada de provas prevista no artigo 381 do CPC), razão pela qual a característica de pré-constituição probatória via ata notarial é valiosíssima.

Isso porque, em razão da existência de trâmites naturais para o desenvolvimento de um processo (desde a constituição de advogado, elaboração de peças, pagamento de taxa judiciária, remessa dos autos ao juiz, expedição de atos cartorários etc.), nem sempre se permitirá a constatação desejada a tempo, motivo pelo qual, em muitas hipóteses, a confecção da ata notarial é instrumento ímpar a tal intento.[50]

---

exemplo, em determinadas circunstâncias, a redução da taxa de desemprego apenas poderá ser obtida com o aumento da taxa de inflação, existindo, portanto, um *tradeoff* entre inflação e desemprego". (MANKIW, N. Gregory. Trad. Allan Vidigal Hastings. *Introdução à Economia*. Trad. 3. ed. Norte-Americana. São Paulo: Thomson, 2007, p. 4).

50. Até porque, diferentemente do âmbito judicial, não há sequer a necessidade de contratação de advogado para que o interessado veicule pretensão certificatória junto ao tabelião. Nesse sentido expõem Pedro Etchegaray e Vanina Leite que "Uma vez instruído de la intención de la partes y de las caracterizaciones del caso, el escribano de sua primera opinion técnica en el campo de la función notarial, que es el reconocimiento de sua competência o incompetência, aceiptando o negando su intervencíon (...)"

Insta salientar, aliás, que a aptidão de certificação do notário quanto à circunstância fática revelada na ata notarial, decorrente da sua fé pública, é um relevante critério que pode dispensar a necessidade da dilação probatória a respeito do que fora certificado, especialmente se não houver impugnação por quaisquer interessados.

Deste modo, quando for o caso, poderá haver a dispensabilidade da produção de provas concernentes ao conteúdo constante na ata notarial, tal como aludido nos parágrafos precedentes, com fundamento no critério de utilidade da prova adotado no artigo 374 do Código de Processo Civil,[51] quanto a fatos incontroversos.

Ademais, a análise exclusivamente econômica também é fator justificante à utilização da ata notarial como meio probatório eficaz e, geralmente, menos dispendioso às partes (igualmente ao Estado e à sociedade), quando cotejada com a via judicial ou com a arbitragem com esta finalidade específica.

Em continuidade, há outros importantes reflexos econômicos inerentes à ata notarial e que refletem nos custos do processo diante da possibilidade da utilização das técnicas de julgamento antecipado,[52] previstas no sistema processual brasileiro, a fim de reduzir os dispêndios financeiros daí advenientes.

No Brasil, há diversos precedentes que possibilitam ao Estado-Juiz indeferir a produção de provas postuladas pelas partes e, ao mesmo tempo, julgar antecipadamente a demanda sem que, necessariamente, se incorra em violação ao devido processo legal.

A esse respeito, o próprio Superior Tribunal de Justiça já acentuou que "os princípios da livre admissibilidade da prova e da persuasão racional autorizam o julgador a determinar as provas que repute necessárias ao deslinde da controvérsia, e a indeferir aquelas consideradas prescindíveis ou meramente protelatórias" a ponto de não configurar "cerceamento de defesa o julgamento da causa sem a produção da prova solicitada pela parte, quando devidamente demonstrada a instrução do feito e a presença de dados suficientes à formação do convencimento".[53]

(CAPURRO. Vanina Leite. ETCHEGARAY. Pedro Natalio. *Derecho notarial aplicado. Función notarial.* Buenos Aires: Astrea, 2011, v. 1., p. 20).

51. Art. 374. Não dependem de prova os fatos: I – notórios; II – afirmados por uma parte e confessados pela parte contrária; III – admitidos no processo como incontroversos; IV – em cujo favor milita presunção legal de existência ou de veracidade".

52. O julgamento antecipado ocorrerá quando "não houver necessidade de produção de outras provas" (artigo 355, I); a técnica da improcedência liminar do pedido é também similar para fins desta análise, uma vez que é possível "nas causas que dispensem a fase instrutória". Vale asseverar a existência de outras técnicas de julgamento antecipado como, por exemplo, a prevista no art. 322 do CPC, mas que não guardam pertinência direta ao tema aqui abordado e, por isso, opta-se por não as mencionar.

53. BRASIL. Superior Tribunal de Justiça. AgInt no AREsp 1641825/SP, Rel. Ministro Antonio Carlos Ferreira, Quarta Turma, julgado em 24.08.2020, DJe 28.08.2020.

Com isso, calcado no princípio da livre persuasão racional, previsto no artigo 371 do Código de Processo Civil,[54] tanto é possível ao Estado-Juiz concluir que o fato instrumentalizado na ata notarial é suficiente para o julgamento da controvérsia, inclusive liminarmente,[55] quanto se mostra igualmente admissível que o juiz possa indeferir a produção de prova tendente a repetir o já apurado no documento notarial, evitando-se a majoração de custos processuais despiciendos.

Portanto, à luz da Análise Econômica do Direito a ata notarial ostenta elevada significância probatória tendente a uma eficiente redução de custos e é igualmente eficaz à adequada revelação dos fatos constatados pelo tabelião quando de sua lavratura, a ponto de refletir, diretamente, em muitos aspectos da relação jurídico-processual.

Até mesmo porque permite, dentre outros reflexos, que alguns procedimentos jurisdicionais destinados à reconstituição fática sejam mais céleres, diante da prévia constatação de circunstâncias já certificadas antecipadamente pelo documento notarial, de modo a equilibrar celeridade, custos econômicos e a dimensão epistêmica do processo voltada a uma decisão justa.[56]

7. A DESJUDICIALIZAÇÃO DA PRODUÇÃO ANTECIPADA DE PROVAS E UMA BREVE ABORDAGEM COMPARATÍSTICA

Conforme anteriormente asseverado, desde a vigência do CPC de 1973, Yarshell defendia como premissa do direito de ação "não apenas o direito de provas, mas um autêntico direito à prova (...)"[57] utilizando-se "as vias pelas quais se pode obter a pré-constituição ou antecipação da prova fora das hipóteses de urgência e de forma não diretamente vinculada à declaração do direito".[58]

---

54. Art. 371. O juiz apreciará a prova constante dos autos, independentemente do sujeito que a tiver promovido, e indicará na decisão as razões da formação de seu convencimento.
55. O STJ já afirmou ser cabível a improcedência liminar dos pedidos inaugurais (CPC, art. 332) ou mesmo o indeferimento da petição inicial (CPC, art. 330) nas hipóteses em que o acervo probatório assim o permitir, a saber: "não se constata a violação aos arts. 330 e 332 do CPC, por suposto cerceamento do direito de defesa, pois, de acordo com a jurisprudência consagrada nesta Corte, de fato, é facultado ao julgador o indeferimento de produção probatória que julgar desnecessária para o regular trâmite do processo, sob o pálio da prerrogativa do livre convencimento que lhe é conferida pelo art. 130 do CPC, seja ela testemunhal, pericial ou documental, cabendo-lhe, apenas, expor fundamentalmente o motivo de sua decisão" (AgRg no REsp 1574755/PE, Rel. Ministro Sérgio Kukina, primeira turma, julgado em 03.03.2016, DJe 09.03.2016).
56. Quanto a função epistêmica do processo, preleciona Michele Taruffo: "risulta dunque evidente che, fra i protagonisti del processo, il giudice è il soggetto al quale compete la funzione epistemica fondamentale, ossia l'accertamento della verità dei fatti. Questa funzione richiede che egli orienti la propria attività, nel corso del processo verso questa finalità" (TARUFFO, Michele. *La símplice verità, II giudice e la costruzione dei fatti*. Bari: Editori Laterza, 2009, p. 172).
57. Op. cit., p. 414.
58. Ibidem, p. 415.

Para melhor contextualização, imperioso destacar que, no Código de Processo Civil anterior, a produção antecipada de provas encontrava-se inserida no capítulo II, dedicado aos procedimentos cautelares (especificamente arregimentada nos artigos 846 a 851), cujos artigos 848 e 849[59] exigiam justificativas do requerente acerca da necessidade da antecipação reclamada.

Todavia, a legislação processual atualmente em vigor (CPC/2015) dispõe nos incisos do artigo 381 três hipóteses distintas a permitir a produção antecipada da prova, a saber: a) receio de perecimento (inciso I); b) suscetibilidade de viabilização da autocomposição (inciso II); e c) prévio conhecimento dos fatos a evitar ajuizamento de ação (inciso III).

Assim, com a vigência do novo diploma processual, observam-se três alterações significativas da perspectiva acerca da produção antecipada de provas.[60] A primeira delas diz respeito à eliminação do requisito da urgência.[61] Já a segunda refere-se ao reconhecimento de que as partes, e não só o juiz, também são destinatárias da prova, com vista a evitar o ulterior ajuizamento de demandas temerárias e incentivar a autocomposição. A terceira, relaciona-se à possibilidade de que "poderão requerer qualquer prova no mesmo procedimento, desde que relacionada ao mesmo fato" (CPC, art. 382, § 3º).

Com essa nova perspectiva probatória – e sem qualquer pretensão de esgotamento do tema – é chegada a hora de conectar a questão com a ata notarial, visando a uma reflexão acerca da atuação extrajudicial dos notários no acesso à justiça como ordem jurídica justa[62] ao menos sob o enfoque ora examinado.

No que concerne à ata notarial, percebe-se que sua inclusão na Seção I ("disposições gerais") do capítulo XII ("das provas") no CPC de 2015 representa significativa vitória ao arcabouço jurídico, especialmente quanto à dinâmica probatória.

---

59. Art. 848. O requerente justificará sumariamente a necessidade da antecipação e mencionará com precisão os fatos sobre que há de recair a prova. e Art. 849. Havendo fundado receio de que venha a tornar-se impossível ou muito difícil a verificação de certos fatos na pendência da ação, é admissível o exame pericial.
60. De bom grado ressaltar que a produção antecipada de provas não mais se circunscreve à reconstrução dos fatos como única finalidade, mas também a evitar que lides temerárias sejam apresentadas em juízo, bem como propiciar a autocomposição (até mesmo extrajudicialmente), o que permite, dentre outras considerações, concluir pela maior restrição dos poderes do juiz quanto ao indeferimento da dilação probatória antecipada.
61. Conforme já preconizava Yarshell antes mesmo da entrada em vigor do CPC atual.
62. Por esta razão Bortz diz: "os notários e registradores, que prestam serviços inestimáveis ao meio social e podem ser melhor aproveitados, aliviando a carga pesadíssima que paira sobre o Poder Judiciário e, permitindo a agilização da normalidade da vida a população, reservando aos juízes a tarefa inafastável de dar solução à patologia social" (BORTZ, Marco Antonio Greco. A desjudicialização – um fenômeno histórico e global. *Revista de Direito Notarial*. ano 1, v. 1, p. 106. São Paulo: Quartier Latin, 2009).

Nesse prisma, a ata notarial é um instrumento eficaz de desjudicialização da atividade probatória, até mesmo porque propicia "o envolvimento de outros atores jurídicos, para promover uma intervenção segura, estável e preventiva de litígios",[63] na medida em que o tabelião materializa fatos com caráter de autenticidade e de fé pública, concebendo a pré-constituição da prova com uma amplitude que, tal qual acontece em âmbito jurisdicional, não se restringe ao requisito da urgência.

Excetuadas as hipóteses em que a fonte probatória não permitiria o uso da ata notarial como instrumento de materialização de atos certificáveis, não há dúvidas de que se trata de um importante meio de colheita dos fatos, dotado de expressiva carga eficacial (*juris tantum*), apto a, por exemplo, modificar o ônus da prova quanto ao atestado, de modo a direcioná-lo à parte contrária.

É, por assim dizer, relevante cogitar, ao menos em diversas hipóteses, que a ata notarial, e o que nela puder ser certificado e atestado, no mais das vezes, possa tornar desnecessário o ingresso da parte interessada em Juízo buscando a produção antecipada de provas nos termos do artigo 381 do Código de Processo Civil, inclusive porque as finalidades essenciais são similares àquelas lançadas nos incisos do referido artigo.

De se ver que o artigo 384, *caput*, e seu parágrafo único, do Código de Processo Civil, também ostenta um amplo espectro para a reprodução de fatos, coisas, pessoas ou situações, com o fito de comprovar a existência ou o estado, de onde se extrai inequívoca amplitude a amparar sua aplicação.

Nessa linha, interessante destacar a posição de Felipe Leonardo Rodrigues, para quem a ata notarial serviria para colheita de confissão, prova testemunhal, depoimento pessoal ou toda espécie de declaração que possa ser transcrita pelo tabelião quando da lavratura do documento.[64]

Também serviria como instrumento de melhor constatação do estado das coisas e de pessoas nos casos de inspeção judicial, eis que o juiz estaria com o olhar mais voltado ao objeto principal da controvérsia instaurada, enquanto o tabelião se destinaria a atestar dados periféricos, que, quando cotejados no contexto glo-

---

63. Ibidem, p. 106.
64. RODRIGUES, Leonardo Felipe. *O Novo CPC e os reflexos notariais* – análise inicial. Disponível em: www.notariado.org.br/artigo-o-novo-cpc-e-os-reflexos-notariais-analise-inicial-felipe-leonardo-rodrigues/. Acesso em: 30 abr. 2021. Porém, a 2ª Câmara de Direito Privado do TJSP nos autos da Apelação 1001649-93.2016.8.26.0269, relatada pelo Des. Giffoni Ferreira, assentou ser "inviável o reconhecimento de validade de coleta de prova testemunhal por intermédio de Ata Notarial de Cartório" por ser necessário o "respeito ao contraditório". Todavia, com a devida *venia*, entendemos ser uma premissa equivocada, posto que, a despeito da existência de outros argumentos, a prova pode não ser oportunamente impugnada ou mesmo se tornar irrepetível (morte, desaparecimento etc.), além de que é possível conjecturar a entabulação de negócios processuais a esse respeito (CPC, art. 190).

bal dos fatos (secundários e principal), poderiam melhor refletir a dinâmica dos acontecimentos controvertidos.

Portanto, a ata notarial incentiva o uso de alternativas extrajudiciais à solução de controvérsias, especialmente na seara probatória, na medida em que, caracterizando-se como instrumento público (CPC, art. 364), tal como abordado ao longo do presente trabalho, o artigo 405 do CPC reconhece-lhe força probante suscetível de apresentá-la como uma opção válida e eficaz, a ponto de evitar o uso da ação autônoma prevista no art. 381 da legislação processual de regência (produção antecipada de provas).

Apesar do ordenamento jurídico pátrio ter suas raízes mais atreladas a *Civil Law*, numa perspectiva comparada igualmente ao que ocorre no *Discovery*[65] existente no direito estadunidense (*Federal Rule* 26), cujas identidades culturais mais se amoldam ao *Common Law*, a ata notarial é uma excelente técnica de "libertação da rigidez dos procedimentos judiciais e uma oportunidade para que o advogado construa uma tese consistente para levar ao Poder Judiciário".[66]

Vale lembrar que identicamente ao acervo probatório revelado pelo *Discovery* no sistema norte-americano, a ata notarial também é passível de ulterior controle judicial e pode ser consultada a qualquer momento pelos interessados, diante de sua natureza essencialmente pública.

Nessa trilha exegética, mesmo que o sistema brasileiro não preveja a separação das fases em *pretrial* e *trial*,[67] o instrumento da ata notarial, a rigor, não se trata de um documento ocultado que será apresentado ao bel prazer da parte

---

65. Sobre o instituto, explica Cambi: "O processo civil norte-americano divide-se em duas fases: o momento anterior ao julgamento (*pretrial*) e a fase de julgamento (*trial*), que pode ocorrer pelo júri. A fase *pretrial* contempla o *Discovery*, que é a revelação de provas e dados que possam colaborar com a elucidação do caso. Esse momento processual não abrange a participação e a ingerência direta do magistrado. São os advogados que realizam a maior parte dos procedimentos de produção de provas, acompanhados de um oficial de cartório que representa o juízo e confere oficialidade aos atos" (CAMBI, Eduardo. Discovery no processo civil norte-americano e efetividade da justiça brasileira. Direito Estrangeiro e Comparado – Generalidades. *Revista de processo*, v. 245, julho de 2015, p. 5). Prossegue o autor dizendo que "A *federal rule* 26 afirma que, no momento anterior ao julgamento, na fase conhecida como *Discovery* (revelação dos meios de provas), as partes tem o dever de, mesmo sem qualquer solicitação da parte contrária, providenciar o nome, o telefone e o endereço de qualquer pessoa que possa fornecer informações potencialmente úteis para serem utilizadas nos requerimentos e como matéria de defesa, salvo em casos de impedimento comprovado, identificando os assuntos relacionados à informação prestada. Observe que a federal rule 26 atribui, de plano, um dever de absoluta boa-fé aos demandantes. Assim, tal regra impõe deveres às partes para que, ao revelarem os fatos previamente, não tenham a mínima chance de surpreender o adversário ou o juízo no momento do julgamento, o que privilegia a devida paridade de armas" (Ibidem, p. 5).
66. Ibidem, p. 9.
67. Em relação as fases mencionadas no sistema jurídico estadunidense, conferir nota de referência n. 66. Em acréscimo, José Roberto dos Santos Bedaque pontua que "nos Estados Unidos, a produção da prova continua quase que exclusivamente nas mãos das partes que, por intermédio de seus advogados, conduzem o trabalho investigatório no procedimento denominado *discovery*, não mais adotado com essa amplitude na Inglaterra." (*Poderes instrutórios do juiz*. São Paulo: Ed. RT, 2009, p. 84).

interessada, mas deverá ser, de antemão, levado aos autos para o exercício do contraditório e da análise judicial de sua validade, especialmente na petição inicial ou na contestação.

E, ainda sob o enfoque comparatístico, embora no Brasil inexista, do ponto de vista instrumental, instituto semelhante a *Motion for Summary Judgment or Partial Summary Judgment* prevista na *Federal rule* 56[68] do *Federal Rules of Civil Procedure* norte americano, requerida pela parte interessada durante o *pretrial* e que permite a extinção sumária do caso obstando o início do *trial* se as provas capitaneadas forem inconsistentes, em solo nacional a ata notarial é suscetível de propiciar o uso de técnicas de abreviação procedimental ou mesmo a autocomposição.

De qualquer modo, os elementos probatórios retratados na ata notarial são, muitas vezes, análogos àqueles apurados no procedimento de antecipação da prova (CPC, art. 381), corroborando a utilização do instituto como meio eficiente à racionalização de controvérsias, que poderão ser mais bem aparelhadas quando amparadas em fatos, coisas, pessoas ou situações expressadas no documento notarial.

Embora seja impossível arrolar todos os exemplos servíveis para demonstrar a importância do documento notarial para o direito brasileiro, ela tem sido hodiernamente utilizada para instrumentalizar fatos que denotem, *prima facie*, a existência de esbulho possessório a ponto de permitir o deferimento da proteção possessória liminarmente em favor da parte autora como se extrai, por exemplo, dos autos do Agravo de Instrumento 2021570-13.2020.8.26.0000 julgado pela 22ª Câmara de Direito Privado do Tribunal de Justiça do Estado de São Paulo que manteve a decisão do Juízo *a quo*.[69]

Em vias de descrever aspectos derradeiros que dizem respeito à força probante do documento notarial, traça-se, a seguir, delineações referentes aos ambientes virtuais cujo universo é propício à eternização dos fatos ali ocorrentes pela ata notarial como prova documental que é.

8. IMPORTANTE MEIO DE PERPETUAÇÃO PROBATÓRIA DE FATOS OCORRIDOS NOS AMBIENTES VIRTUAIS

O parágrafo único do artigo 384, do Código de Processo Civil dispõe que "dados representados por imagens ou som gravados em arquivos eletrônicos poderão

---

68. *Federal Rules of Civil Procedure*. Disponível em: https://www.law.cornell.edu/rules/frcp/rule_56. Acesso em: 1º maio 2021.
69. Na ocasião, restou assentado que "(...) os elementos probatórios que acompanham a exordial da demanda são suficientes para demonstrar, em análise perfunctória, a posse da autora", até porque "(...) a alegação de esbulho possessório está amparada pela ata notarial juntada pela agravada (...)." (TJSP, Agravo de Instrumento 2021570-13.2020.8.26.0000, Relator Des. Campos Mello, 22ª Câmara de Direito Privado, julgado em 11.06.2020).

constar da ata notarial" para a finalidade disposta no próprio *caput* que ostenta predisposição para comprovar "a existência e o modo de existir de algum fato".

Nessa seara, constata-se na subseção I ("Da força probante dos documentos") da Seção VII ("Da prova documental") do Capítulo XII ("Das provas") da legislação processual de regência, o artigo 422, que permite "qualquer reprodução mecânica, como a fotografia, a cinematográfica, a fonográfica, ou de outra espécie" para a prova de fatos ou coisas, caso esteja em conformidade com o documento original.

No mesmo sentido, o § 1º do sobredito artigo 422 preconiza que "as fotografias digitais e as extraídas da rede mundial de computadores fazem prova das imagens que reproduzem, devendo, se impugnadas, ser apresentada a respectiva autenticação eletrônica ou, não sendo possível, realizada perícia".

Da intelecção de tais regramentos legais, vislumbra-se, novamente, a ata notarial como importante instrumento probatório para atestar a existência ou o modo relativo a um fato ocorrido na rede mundial de computadores, a ser documentado em instrumento público dotado de inequívoca força probante referente ao certificado pelo tabelião.

Nesse ambiente, o instrumento notarial ganha ainda mais relevo diante das particularidades dos acontecimentos sucedidos na rede mundial de computadores, os quais podem ser facilmente excluídos pelo usuário e cuja dificuldade probatória acerca da existência do fato venha a ser ulteriormente prejudicada – situação muito corriqueira no âmbito das redes sociais, mormente quando os ocorridos ainda não ganharam ampla dimensão a ponto de impedir que a sua exclusão venha a se tornar notória.[70]

Observa-se que, na hipótese de acontecimentos levados à efeito na rede mundial de computadores, é ainda mais perceptível a necessidade de desjudicialização da prova. Com efeito a instrumentalização através da ata notarial, por vezes, é o único meio probatório apto à efetiva comprovação temporal sobre a existência do fato – em geral, segundos, minutos ou horas impedem a cristalização do fato retratado no ciberespaço.

Em outras palavras, "quando uma pendência judicial envolve questões que têm vez nos insólitos e insondáveis mares da internet, pondere-se que os meios tradicionais de prova podem se mostrar inapropriados",[71] indicando que o espe-

---

70. Nesse sentido Fischer e Rosa consideram o digital como a responsável pela: "(...) ocorrência de fatos e situações a reclamarem a intervenção da ata notarial cada vez mais intensa, possibilitando ao tabelião não só uma participação ainda maior no registro dessas ocorrências, mas fortalecendo sua importância como agente da paz social, prevenindo litígios". FISCHER, José Flávio Bueno. ROSA, Karin Regina Rick. Ata notarial e as novas tecnologias. In: BRANDELLI, Leonardo Op. cit., 2004, p. 228.
71. SILVA NETO, Amaro Moraes e. A importância da ata notarial para as questões relativas ao ciberespaço. In: BRANDELLI, Op. cit., p. 191.

lhado pela ata notarial se caracteriza como a ponte mais eficaz entre a reprodução fática no ciberespaço, sua revelação (conhecimento) e a possibilidade de que sejam tomadas providências relativas ao ilícito, notadamente no que tange à cognição judicial.

Os exemplos mais comumente observados se dão nos casos de postagens com conteúdo claramente ofensivos em redes sociais por usuários que fazem mau uso da internet em desfavor de lesados,[72] ou mesmo a replicação indevida de fotografias ou vídeos de conteúdo sexual ou pornográfico não autorizado, que, se não forem retratados na ata notarial, a tempo e modo adequados, podem ser excluídos e impedir que a vítima venha a se socorrer da via jurisdicional com maior robustez no âmbito probatório.

Aliás, até para a comprovação da disseminação ilícita de tais conteúdos, o documento notarial é um meio eficiente para demonstrar a robustez da existência do ilícito a fim de que a parte interessada possa deduzir, em Juízo, pretensões voltadas à descoberta da autoria e à exclusão do revelado.

Em interessante julgado, o Tribunal de Justiça do Estado de São Paulo entendeu que a ata notarial demonstrava suficientemente a cognição sumária para a concessão de tutela antecipada a fim de "obrigar a ré a fornecer os registros de acesso dos responsáveis pela transmissão do conteúdo, bem como a removê-lo" referente à "disseminação, em grupos de correspondência eletrônica, de montagem de fotografias pornográfica com a imagem da autora, exposição de seu número de telefone, local de trabalho e falsa indicação de que dedicada à prostituição".[73]

Outra situação muito corriqueira, substancialmente judiciosa para o aspecto probatório do documento notarial, se dá nas hipóteses em que o devedor, em suas redes sociais, ostenta um padrão financeiro de vida luxuoso, regado a viagens e gastos dispendiosos, mas ao mesmo tempo, no processo executivo, argumenta a incapacidade econômica para saldar o débito.

Em tais ocasiões, quando acompanhadas de prova documental robusta – como é o caso da ata notarial certificando o conteúdo da rede social –, permite-se a utilização das medidas executivas atípicas, previstas no artigo 139, inciso IV, do

---

72. A fim de ilustrar a situação narrada, é oportuna a reprodução da ementa a seguir transcrita: "Recurso inominado. Ação de indenização por danos morais. Publicação de mensagens com palavras injuriosas em página do Facebook. Revelia. Ata notarial comprovando os fatos. Excesso na manifestação do pensamento. Dano moral configurado. *Quantum* fixado que comporta majoração, a fim de atender às finalidades compensatória, punitiva e pedagógica, bem como aos parâmetros adotados pelas turmas recursais em casos análogos. Recurso provido" (Recurso Cível, 71008156762, Segunda Turma Recursal Cível, Turmas Recursais, Relator: Alexandre de Souza Costa Pacheco, Julgado em 24.04.2019).
73. Agravo de Instrumento 2095843-36.2015.8.26.0000, Relator Des. Claudio Godoy, 1ª Câmara de Direito Privado, julgado em 11.08.2015.

Código de Processo Civil, como meio de coerção indireta de compelir a satisfação do crédito.

Também é possível vislumbrar o uso da ata notarial para atestar o recebimento de uma mensagem eletrônica e, para tanto, será lavrada "ata de verificação de mensagem eletrônica" (e-mail), com vistas a que o tabelião confirme que a mensagem existia em certo disco rígido em determinada data e com certos caracteres,[74] ou mesmo para registrar o teor de um diálogo telefônico em sistema de viva voz.[75-76]

De qualquer forma, dentre outras considerações que se fazem igualmente relevantes e sendo impossível detalhar todas as hipóteses passíveis de certificação, a cautela e prudência são elementos essenciais à lavratura da ata notarial relativa a circunstâncias que venham a ser publicadas no ambiente virtual.

Isso porque é possível, com certa facilidade, a alteração de *websites*, redes sociais, perfis *fakes*, ou *e-mails*, por terceiros sem que o internauta ou tabelião possam perceber claramente. Vale dizer que, na internet, há simbologias e terminologias próprias utilizadas para identificar endereços de páginas ali constantes e que nem sempre são de fácil compreensão, assim como há usuários que ostentam vasto e profundo conhecimento quando do uso da rede e assim o fazem de maneira deletéria – os chamados "hackers".

Os contornos acima evidenciados, por vezes, impedem a elaboração de ata notarial com a completude probatória estanque que cotidianamente se faz possível, especialmente quanto à identificação da autoria do ato ilícito perpetrado na internet, sobre o qual somente a prova pericial permitiria uma conclusão definitiva.[77]

---

74. FERREIRA, Paulo Roberto Gaiger; RODRIGUES, Felipe Leonardo. *Ata notarial* – doutrina, prática e teoria. 2. ed. Salvador: JusPodivm, 2020. p. 166.
75. Ibidem, p. 170.
76. O Tribunal de Justiça do Rio Grande do Sul, certa vez, reconheceu a existência de dívida com fundamento em conversa reproduzida em ata notarial. Vale a reprodução da ementa: "Recurso inominado. Ação de cobrança. Empréstimo de valores entre particulares. Existência de relação de amizade entre os litigantes, circunstância que, por si só, justifica a informalidade das transações. Reconhecimento de parte do débito pelo réu. Autora que logrou êxito em demonstrar a exigibilidade da integralidade da dívida sob discussão, mediante a comprovação de diversos saques efetivados em sua conta bancária e através da juntada de ata notarial referente a conversa mantida entre as partes, em ligação telefônica. Demandado que, naquele diálogo, não se insurgiu contra o valor declarado pela requerente como devido, na quantia de 13 mil reais. Dever de pagar caracterizado. Sentença confirmada pelos seus próprios fundamentos. Recurso desprovido" (Recurso Cível 71009236100, Segunda Turma Recursal Cível, Turmas Recursais, Relator: Roberto Behrensdorf Gomes da Silva, Julgado em: 29.04.2020).
77. Conferir José Flávio Bueno Amaro Moraes e Silva Neto. In: BRANDELLI, Leonardo (Coord.) *Ata notarial*. Porto Alegre: Sergio Antônio Fabris Editor, 2004, p. 193-194, que externa ser "sobremodo simples, por exemplo, alterar o cabeçalho de um e-mail e nele colocar o endereço do remetente que for desejado. Uma pessoa de má-fé pode forjar um e-mail, remetê-lo para si mesma e, depois, pedir que uma terceira pessoa a veja, em seu computador. Essa mensagem fraudada poderá criar a ilusão de veracidade e dar um atestado de fé pessoal falso. (...) Igualmente nada obsta que alguém crie um falso website que dê a impressão ao cibernauta (em verdade um cibernáufrato) de que ele esta a visitar um website institucional de tal ou qual órgão ou empresas. Afina é deveras fácil fazer uma página, ou

De qualquer forma, inexistem dúvidas da valiosa eficácia da ata notarial como meio instrumental típico de prova pré-constituída lavrada por pessoa que detém fé pública em relação a atos, fatos, circunstâncias e pessoas[78] que ocorrem cotidianamente na internet, diante das particularidades ínsitas à rede mundial de computadores, especialmente em razão da celeridade da informação que nela trafega.

Não há ambiente mais propício para ratificar a importância da atividade, "com a finalidade de garantir eficácia da lei, a segurança jurídica e a prevenção de litígios",[79] do que o ciberespaço, posto que ata notarial revela, pragmaticamente, a instrumentalização desse mister quanto aos acontecimentos nele evidenciados.

9. CONCLUSÃO

É possível concluir ser a ata notarial um vigoroso instituto apto a conferir estabilidade às relações jurídico-processuais em âmbito probatório e, por que não, a todo o arcabouço jurídico pátrio, diante da perpetuidade das circunstâncias nela retratadas que, muitas das vezes, sequer poderiam ser documentadas para fins de ulterior submissão à análise do Estado-Juiz, além de representar alternativa ao uso da via jurisdicional ou mesmo possibilitar a utilização mais racional da jurisdição.

Nesse cenário e em suma, é indene de dúvidas que a ata notarial é um dos mais eficientes meios de prova à disposição da advocacia com aptidão de promover a fiel obtenção de resultados processuais (e extrajudiciais) de forma mais célere, justa e financeiramente menos dispendiosa, diante de sua natureza instrumental, pública e capaz de pré-constituir a prova tipicamente prevista em lei, cuja eficácia restou fortalecida pelo Código de Processo Civil de 2015.

10. REFERÊNCIAS

ARAGÃO, Egas Dirceu Moniz de. *Exegese do Código de Processo Civil.* Rio de Janeiro: AIDE, s/a, v. 4, t. 1.

ARENHART, Sérgio Cruz. MARINONI, Luiz Guilherme. MITIDIERO, Daniel. *Curso de processo civil*: teoria do processo civil. 5. ed. São Paulo: Thomson Reuters Brasil, 2019. v. 2.

BEDAQUE, José Roberto dos Santos. *Poderes instrutórios do juiz.* São Paulo: Ed. RT, 2009.

---

um website, na WWW, na maior parte das vezes, sem quaisquer custos. (...) Tenha em mente que, via de regra, o webnauta surfa na Web não presta muita atenção no final do endereço que ele selecionou, copiou e ativou. Ele vê apenas o início URL – e o início é http://www.microsoft.com – e crê que está se dirigindo par ao website oficial da Microsoft".

78. Nesse mesmo sentido, conferir o entendimento da Egrégia Corregedoria Geral do Tribunal de Justiça do Estado de São Paulo levada a efeito nos autos do processo 0037792-18.2019.8.26.0100, São Paulo, Dje de 6.12.2019, em parecer Juíza Assessora, Dr. Estefânia Costa Amorim Requena.

79. Artigo 1º do capítulo XIV das NSCGJ/TJSP.

BENTHAM, Jeremie. *Tratado de Las Pruebas Judiciales*. Trad. C.M.V, Paris: Bossange Freres, 1825, Tomo primeiro.

BERNAL, Natasha da Motta Ribeiro Carraro Bernal. Segurança jurídica e desenvolvimento econômico: suas relações com a fé pública notarial e registral. In: MELO, Marcelo Augusto Santana de (Coord.). *Revista de Direito Imobiliário*. ano 35, v. 72, 2012. São Paulo: Ed. RT.

BONE, Robert G. *Civil Procedure* – The Economics of Civil Procedure. New York: Thomson, 2003.

BORTZ, Marco Antonio Greco. A desjudicialização – um fenômeno histórico e global. *Revista de Direito Notarial*. ano 1, v. 1. São Paulo: Quartier Latin, 2009.

BRANDELLI, Leonardo. *Teoria geral do direito notarial*. 2. ed. São Paulo: Saraiva, 2007.

CAMBI, Eduardo. Discovery no processo civil norte-americano e efetividade da justiça brasileira. Direito estrangeiro e comparado – Generalidades. *Revista de processo*, v. 245, jul. 2015.

CAMBI, Eduardo. *Direito constitucional à prova no processo civil*. São Paulo: Ed. RT, 2001.

CAPURRO. Vanina Leite. ETCHEGARAY. Pedro Natalio. *Derecho notarial aplicado. Función notarial*. Buenos Aires: Astrea, 2011. v. 1.

CARNELUTTI, Francesco. *Studi sulla sottoscrizione*. Studi di diritto processuale. Padova: Cedam, 1939. v. 3.

CARNELUTTI, Francesco. *A prova civil*. 4. ed. Campinas: Bookseller, 2005.

COLUCCI, Ricardo. Direito Notarial e Novo Código de Processo Civil: reflexões sobre instrução probatória e desjudicialização. *Revista de processo*, v. 279. 2018.

COUTORE, Eduardo J. *Estudios de derecho procesal civil*: Pruebas em matéria civil. Buenos Aires: La Ley, 2010. v. 2, t. III.

DIDIER JR, Fredie; BRAGA, Paula Sarno; OLIVEIRA, Rafael Alexandria de. *Curso de Processo Civil*: teoria da prova, direito probatório, decisão, precedente, coisa julgada e tutela provisória. 13. ed. Salvador: JusPodivm, 2018.

DINAMARCO, Cândido Rangel. *Instituições de direito processual civil*. 7. ed., rev., atual. São Paulo: Malheiros, 2017. v. III.

DIP, Ricardo. *Notas sobre notas*: (e outra notas). São Paulo: Editorial Lepanto, 2018. t. I.

ESTADOS UNIDOS DA AMÉRICA. *Federal Rules of Civil Procedure*. Disponível em: https://www.law.cornell.edu/rules/frcp/rule_56.

FERREIRA, Paulo Roberto Gaiger; RODRIGUES. Felipe Leonardo. *Tabelionato de Notas II*: atos notariais em espécie. In: CASSETTARI, Christiano (Coord.) São Paulo: Saraiva, 2016. (ebook)

FERREIRA, Paulo Roberto Gaiger. *Ata notarial* – Doutrina, prática e meio de prova. São Paulo: Quartier Latin, 2010.

GIMENEZ ARNAU, Enrique. *Derecho Notarial*. Pamplona, Ediciones Universidad de Navarra (EUNSA), 1976.

LOUREIRO, Luiz Guilherme. *Registros Públicos*: teoria e prática. 9. ed. Salvador: JusPodivm, 2018.

MANKIW, N. Gregory. Trad. Allan Vidigal Hastings. *Introdução à economia*. Trad. da 3. ed. norte-americana. São Paulo: Thomson, 2007.

MENDES JÚNIOR. João. Orgams da Fé Pública. Revista da Faculdade de Direito de São Paulo, v. V, p. 7 a 114 (1ª parte) e v. VI, p. 7 a 113. São Paulo: Espindola, Siqueira & Campos.

MIRANDA, Pontes de. *Comentários ao Código de Processo Civil*. 2. ed. Rio de Janeiro: Forense, 1958. t. III.

MOREIRA, José Carlos Barbosa. Anotações sobre o Título "da Prova" do NCC. In: DIDIER JR., Fredie; MAZZEI, Rodrigo. *Reflexos do Novo Código Civil no Direito Processual*. 2. ed. Salvador: JusPodivm, 2007.

MOREIRA, José Carlos Barbosa. Provas atípicas. *Revista de Processo*, n.76. São Paulo: Ed. RT, 1996.

PEYRANO, Jorge Walter. Informe sobre la doctrina de las cargas probatorias dinâmicas. *Revista de Processo*, ano 38, v. 217, mar. 2013.

PUGLIESE. Roberto J. *Direito notarial brasileiro*. São Paulo: Livraria e Editora Universitária de Direito, 1989.

RIO GRANDE DO SUL. Tribunal de Justiça do Rio Grande do Sul. Recurso Cível, 71009236100, Segunda Turma Recursal Cível, Turmas Recursais, Relator: Roberto Behrensdorf Gomes da Silva, Julgado em: 29.04.2020.

RIO GRANDE DO SUL. Agravo Interno 70082699729, 7ª Câmara Cível, Relatora Des. Liselena Schifino Robles Ribeiro, Julgado em 25.09.2019.

RIO GRANDE DO SUL. Recurso Cível 71008156762, Segunda Turma Recursal Cível, Turmas Recursais, Relator: Alexandre de Souza Costa Pacheco, Julgado em: 24.04.2019.

RODRIGUES, Felipe Leonardo. Regimento Interno dos Tabeliães das Notas (Ordenações Filipinas – Edição 1833) *versus* Regulamento da Atividade dos Tabeliães de Notas (Lei 8.935/1991. Algumas similaridades entre as legislações. O que de fato mudou? Lex est quodcumque notamos. *Revista de Direito Notarial* 3/235. São Paulo: Quartier Latin, 2011.

SÃO PAULO. Tribunal de Justiça do Estado de São Paulo. Agravo de Instrumento 2016851-51.2021.8.26.0000; Relator Des. Paulo Alcides, Órgão Julgador: 6ª Câmara de Direito Privado, julgado em 25.02.2021.

SÃO PAULO. Agravo de Instrumento 2021570-13.2020.8.26.0000, Relator Des. Campos Mello, 22ª Câmara de Direito Privado, julgado em 11.06.2020.

SÃO PAULO. Corregedoria Geral de Justiça do Tribunal de Justiça do Estado de São Paulo. Processo 0037792-18.2019.8.26.0100, Dje de 06.12.2019.

SÃO PAULO. Apelação Cível 1001649-93.2016.8.26.0269, Relator Des. Giffoni Ferreira, 2ª Câmara de Direito Privado, julgada em 10.08.2018.

SÃO PAULO. Agravo de Instrumento 2095843-36.2015.8.26.0000, Relator Des. Claudio Godoy, 1ª Câmara de Direito Privado, julgado em 11.08.2015.

SWERTS. Olavo Barroso. *Manual de teoria e prática do direito notarial*. São Paulo: Mundo Jurídico, 2009.

TARUFFO. Michele. *La símplice verità, Il giudice e la costruzione dei fatti*. Editori Laterza, Bari, 2009.

TERESA, Luis Carral y de. *Derecho Notarial y Derecho Registral*. 18. ed. México: Editorial Porrúa, 2007.

YARSHELL, Flávio Luiz. *Antecipação da prova sem o requisito da urgência e direito autônomo à prova*. São Paulo: Malheiros, 2009.

DA POSSIBILIDADE DE RENÚNCIA RECÍPROCA DOS CÔNJUGES DA CONDIÇÃO DE HERDEIRO NO ORDENAMENTO BRASILEIRO (INSTITUTO DISPONÍVEL NO DIREITO PORTUGUÊS EM DECORRÊNCIA DA LEI 48/2018)

Raquel Borges Alves Toscano

Oficial de Registro Civil das Pessoas Naturais e Tabeliã de Notas do distrito de Aldeia, Comarca de Barueri-SP. Ex-Oficial de Registro Civil, Pessoas Jurídicas, Títulos e Documentos e Registro de Imóveis da Comarca de Chavantes-SP. Ex-Tabeliã de Protesto da Comarca de Ibiporã-PR. Graduada em Direito pela Faculdade de Direito da Universidade de São Paulo. Especialista em Direito Notarial e Registral pela Escola Paulista da Magistratura. Mestre em Ciências Jurídico-Forenses pela Universidade de Coimbra, Portugal.

Sumário: 1. Introdução – 2. A evolução histórico-legislativa da comunicabilidade patrimonial, no sistema jurídico brasileiro; 2.1 No casamento; 2.1.1 Implicações a depender do regime de bens adotado; 2.1.1.1 Regime da comunhão parcial de bens; 2.1.1.2 Regime da separação obrigatória (absoluta) de bens; 2.1.1.3 Regime da comunhão universal de bens; 2.1.1.4 Regime da separação convencional de bens; 2.1.1.5 Regime da participação final dos aquestos; 2.2 Na união estável; 2.2.1 Implicações a depender do regime de bens adotado; 2.2.2 Na sucessão; 2.3 Implicações a depender do regime de bens adotado; 2.4 Da (im)possibilidade de renúncia da condição de herdeiro necessário, pelo cônjuge; 2.4.1 Por meio de testamento; 2.4.2 Por meio de escritura de pacto antenupcial; 2.4.3 Por meio de alteração legislativa – 3. Experiência portuguesa; 3.1 A edição de lei específica, Lei 48/2018; 3.2 Reflexões sobre a recente Lei – 4. Considerações finais – 5. Referências.

1. INTRODUÇÃO

Na prática notarial, é cada vez mais comum receber usuários que demandam a lavratura de testamento público, com o intuito específico de reservar a parte legítima e a parte disponível, de sua sucessão, apenas para os seus próprios descendentes, em especial na hipótese de casamento em segundas núpcias (família recomposta com ou sem descendência híbrida) atrelada, obviamente, à existência de descendentes de relação anterior.[1]

---

1. Casar está em alta em São Paulo. Mas cada vez mais são divorciados e viúvos que trocam as alianças. Se em 2003 a união de solteiros somava na cidade 84,5% do total, em 2010 elas caíram para 79,8%, diante

Este fenômeno, cada vez mais frequente, seja pela dinamicidade atual de alteração das entidades familiares, seja pela maior familiaridade da população com institutos de disposição de última vontade (instrumento de testamento, com maior difusão e tradição no continente europeu[2]), indica apenas o início da dificuldade da orientação a ser ministrada pelo Notário no intuito de respaldar a vontade do usuário, vez que há limitação legalmente exposta à plena liberdade do testador em dispor sobre seus bens, na indicação de sua última vontade.

2. A EVOLUÇÃO HISTÓRICO-LEGISLATIVA DA COMUNICABILIDADE PATRIMONIAL, NO SISTEMA JURÍDICO BRASILEIRO

Assim, muitos usuários, ao buscarem instruções para elaboração do testamento, surpreendem-se com as limitações de disposição no que tange à porção legítima, chegando ao choque ao verificarem ser o cônjuge, a depender do regime que rege o casamento, herdeiro necessário, ou seja, indubitavelmente, participante da sucessão legítima (desta somente se afastando nos casos de deserdação e indignação).[3]

A comunicabilidade patrimonial, estabelecida ou evitada na constância do casamento traça caminho autônomo, caso decorrente do evento sucessório. Explico: enquanto no casamento, pode-se estabelecer, por pacto antenupcial, que não há qualquer comunicação entre os patrimônios dos cônjuges; na sucessão *causa mortis*, conforme legislação civil vigente, não há possibilidade de afastar a comunicação patrimonial, em decorrência da inclusão do cônjuge no rol dos herdeiros legítimos, necessários, salvo no regime da comunhão universal ou da separação obrigatória de bens.

Assim, buscando estabelecer a transmissão dos seus bens para seus descendentes, o usuário esbarra em norma cogente sucessória, que limita esta possibilidade à parte disponível, excluindo a porção legítima de sua liberalidade, determinando regras rígidas para sua transmissão.

Mas nem sempre fora desta forma. Sob a égide do anterior Código Civil,[4] o regime legal supletivo aplicado na vigência do casamento era o da comunhão de bens ou comunhão universal de bens, independendo de lavratura de escritura de pacto antenupcial para sua aplicação. Tal composição alterou-se ao longo dos anos, vez que anteriormente vigorou o regime legal da absorção dos bens advindos

---

de uma fatia de 20,1% de noivos que já passaram das primeiras núpcias. Disponível em: https://flaviotartuce.jusbrasil.com.br/artigos/121820267/mais-pessoas-se-casam-pela-segunda-vez-em-sao-paulo.
2. Disponível em: https://www.cnbsp.org.br/index.php?pG=X19wYWdpbmFz&idPagina=60016.
3. Disponível em: https://www.tjdft.jus.br/institucional/imprensa/campanhas-e-produtos/direito-facil/edicao-semanal/indignidade-x-deserdacao.
4. Lei 3.071, de 1º de janeiro de 1916.

pelo dote,[5] alterando-se para o regime legal da comunhão universal com previsão de devolução do dote, por ocasião do fim do casamento.[6]

Com o advento da Lei Federal 6.515/77, alterou-se o regime legal supletivo para o da comunhão parcial de bens, o qual se mantem sob a égide do atual Código Civil Brasileiro (CCB). Estes regimes legais supletivos referem-se aos que são estabelecidos sem a necessidade de elaboração de pacto antenupcial. Mas como a seguir indicado, outros podem ser estabelecidos, com base nas opções legais apontadas no CCB, bem como é lícita a composição de regime híbrido baseado num dos já existentes, desde que não ofenda a ordem pública e os bons costumes.[7]

2.1 No casamento

A instituição da família decorrente do casamento possui plena proteção jurídica, seja decorrente da Constituição da República Federativa do Brasil (CRFB), art. 226, seja do CCB, artigo 1511. Os tribunais superiores, STF,[8] bem como STJ[9] garantem que esta composição familiar possa ser estabelecida, também, por pessoas do mesmo sexo.

O casamento, ato solene que se inicia com o procedimento de habilitação a ser realizado no cartório de Registro Civil das Pessoas Naturais competente para o domicílio dos nubentes, após sua efetiva celebração, gera dois grandes blocos de efeitos, os de âmbito pessoal[10] e os de âmbito patrimonial, a depender dos regimes a reger a relação patrimonial entre os cônjuges ao longo do matrimônio.

---

5. Ao contrair núpcias, o patrimônio da esposa era transferido, automaticamente, para o do marido e em caso de dissolução este permaneceria com os bens.
6. Espécie de regime de unidade, no qual o patrimônio era transferido para o domínio do marido, mas no caso de dissolução, os bens eram partilhados com a esposa.
7. O que a lei permite é que os cônjuges estabeleçam, conforme o regime escolhido – nas hipóteses em que seja possível – algumas disposições estranhas ao regime pactuado, como, por exemplo, excluir da comunhão um bem que não será considerado aquesto, permanecendo de propriedade particular de um só deles, contrariando a regra da comunicabilidade, ou, por outro lado, adotando o regime da separação, ajustam que certo bem passe a ser comum, quando não o seria, em face da natureza deste regime. Mas, daí a falar-se em regime misto vai uma enorme e intransponível diferença. Em nenhum dos exemplos citados haverá "regime misto", mas regime determinado em lei: ou será regime da comunhão, contendo uma exceção com relação a algum bem, mantido de propriedade particular, exclusiva de um dos cônjuges, ou será regime da separação, excluindo-se da separação algum bem, de propriedade comum, contrariando a regra. Disponível em: http://www.notariado.org.br/blog/notarial/regime-de-bens-regime-misto.
8. Ação Direta de Inconstitucionalidade (ADI) 4277 e a Arguição de Descumprimento de Preceito Fundamental (ADPF) 132, reconheceram a união estável para casais do mesmo sexo. O ministro Ayres Britto argumentou que o artigo 3º, inciso IV, da CF veda qualquer discriminação em virtude de sexo, raça, cor e que, nesse sentido, ninguém pode ser diminuído ou discriminado em função de sua preferência sexual. Disponível em: http://www.stf.jus.br/portal/cms/verNoticiaDetalhe.asp?idConteudo=178931.
9. RESP 1.183.348.
10. Artigos 1565 e 1566 do CCB.

Assim, no ordenamento jurídico brasileiro atual, há a possibilidade de incidência de dois regimes legais, que não necessitam de formalização por meio de escritura pública de pacto antenupcial, o da comunhão parcial de bens (ou supletivo)[11] e o da separação legal (ou obrigatória) de bens.[12]

A par destas possibilidades legais, por meio da elaboração e lavratura de escritura pública de pacto antenupcial, os nubentes podem estabelecer uma das outras três opções[13] indicadas pelo CCB, bem como elaborar opção híbrida, em consonância com os princípios da livre escolha e da variedade.

O regime deve ser escolhido no momento da habilitação do casamento,[14] nos termos dos princípios que o estruturam,[15] cabendo alteração há poucos minutos da celebração. Como já exposto, se os nubentes escolhem o regime legal da comunhão parcial de bens ou incide na opção do regime da separação legal de bens, não há necessidade de elaboração de escritura de pacto antenupcial. Todavia, caso ocorra a opção por um dos demais regimes possíveis ou por um regime híbrido, deve-se elaborar a escritura de pacto, que traçará as diretrizes patrimoniais (podendo estender para efeitos pessoais), a serem seguidas ao longo da vigência do casamento. Há a possibilidade de alteração, mas apenas judicialmente, ainda que haja questionamento sobre a possibilidade de alteração na via extrajudicial, vez que a confecção do pacto ocorre naquele âmbito.

2.1.1 Implicações a depender do regime de bens adotado

Por meio do estabelecimento do regime de bens, a vigorar ao longo da vigência do casamento, busca-se indicar as normas que irão regulamentar as relações patrimoniais estabelecidas, tanto quanto aos bens particulares que cada cônjuge adquire, antes e depois do matrimônio, seja a título gratuito, seja a título oneroso. A depender da escolha das partes, haverá maior ou menor comunicação patrimonial, bem como necessidade de ingerência nos bens de titularidade da outra parte, por meio de outorga uxória.

A depender da opção do regime de bens, por ocasião da habilitação do casamento, diferentes serão os impactos e implicações no que tange ao aspecto patrimonial, podendo implicar em comunicação de aquestos ou formação de meação. Vejamos, nas diferentes hipóteses de regime.

---

11. Artigo 1658 e ss., CCB.
12. Artigo 1641, CCB, o qual mitiga a livre escolha do regime a vigorar na constância do casamento.
13. Artigo 1640, parágrafo único, CCB.
14. Idem 13.
15. "A estrutura e o regramento, acerca dos Regimes de Bens, estão disciplinados no ordenamento jurídico nacional, a partir do art. 1639, sendo aplicáveis a este tema os seguintes princípios da Liberdade, da vedação do enriquecimento sem causa, da Variedade, da Mutabilidade Condicionada, nos dizeres de Karine Boselli, Izolda Andrea Ribeiro e Daniela Mróz. *Registros Públicos*. São Paulo: Método, 2019, p. 206 e 207.

2.1.1.1 Regime da comunhão parcial de bens

Considerada a opção ordinária,[16] refere-se ao regime legal supletivo, adotado ainda nos casos de escolha de outro regime, (mas que por alguma razão esta opção é invalidada), a comunhão parcial de bens implica na comunicação dos bens adquiridos, onerosamente, na constância do casamento, ainda que só em nome de um dos cônjuges.[17] Com esta máxima como norte, o CCB indica que não se comunicam os bens que cada um dos cônjuges já possuíam antes de se casarem;[18] os bens transmitidos a título gratuito, por doação ou por sucessão legítima ou testamentária, bem como os bens sub-rogados, na vigência do casamento, e ainda, os bens adquiridos com valores exclusivamente pertencentes a um dos cônjuges em sub-rogação dos bens particulares. Neste último caso, deve constar expressamente esta origem no título de transmissão para que não gerem questionamentos de terceiros.[19]

Ainda que não ocorra comunicação, em decorrência de uma das hipóteses retromencionadas, não se dispensa a outorga uxória, ou seja, a autorização do outro cônjuge nas hipóteses de: alienação ou incidência de ônus real, demanda como autor ou réu, referente aos bens imóveis,[20] excetuando-se esta apenas na incidência do regime da separação obrigatória de bens.

Assim, verifica-se a necessidade de autorização conjugal para alienação ou demanda sobre bens imóveis, independente de comunicação desses, indicando clara ingerência do cônjuge em patrimônio alheio, em decorrência da instituição do casamento.

2.1.1.2 Regime da separação obrigatória (absoluta) de bens

Deve este regime ser aplicado, independentemente da vontade das partes, por ocasião da verificação de:[21] (i) inobservância de uma das causas suspensivas[22] por ocasião da celebração do casamento; (ii) idade maior de setenta anos de um dos nubentes, por ocasião da celebração do casamento ou conversão[23] da união estável

---

16. CCB, art. 1.640.
17. CCB, Art. 1.660.
18. CCB, Art. 1.661.
19. CCB, Art. 1.659.
20. CCB, Art. 1.647.
21. CCB, Art. 1.641.
22. CCB, Art. 1.523.
23. O regime de separação de bens deixa de ser obrigatório no casamento de idosos se o casal já vivia em união estável antes de haver restrições legais à escolha do regime de bens. Assim decidiu a 4ª Turma do Superior Tribunal de Justiça, em processo que envolvia um casal que viveu em união estável por 15 anos, até 1999, quando foi realizado o casamento com regime de comunhão total de bens. Em seu voto, Isabel Galotti ressaltou que a lei ordinária deve ter interpretação compatível com a Constituição: "No caso, decidir de modo diverso contrariaria o sentido da Constituição Federal de 1988, em seu artigo 226, parágrafo 3º, a

em casamento e; (iii) incidência de suprimento judicial de idade. Neste último caso, ocorrendo a autorização dos pais,[24] inclusa em sua integralidade no instrumento de pacto antenupcial (caso haja escolha por um regime híbrido), não se verifica a necessidade de autorização judicial, descaracterizada a hipótese de suprimento judicial, podendo os nubentes escolher o regime de bens que melhor lhes aprouver.

Este regime possui a essência intacta da incomunicabilidade de bens, seja durante a vigência do casamento, seja por ocasião da sucessão (melhor avaliada a seguir) e dispensa, expressamente, a outorga uxória conforme disposto no artigo 1647, CCB. Aplica-se integralmente a incomunicabilidade, e para evitar enriquecimento ilícito[25] de um dos cônjuges, adota-se a Súmula 377 do Supremo Tribunal Federal, cujo enunciado a seguir se transcreve: *No regime da separação legal de bens, comunicam-se os adquiridos na constância do casamento*, independe de prova de esforço comum para a sua aquisição.[26] Assim, em prol da vedação ao enriquecimento ilícito, há a possibilidade de comunicação de bens ainda que vigente o regime da separação legal de bens.

Em recente decisão (autos de n. 1065469-74.2017.8.26.0100) da E. Corregedoria-Geral de Justiça do Estado de São Paulo, visualiza-se a possibilidade de afastamento da Súmula 377 nas hipóteses de casamento regido pelo regime da separação obrigatória de bens, por meio da elaboração de pacto antenupcial. A base para este entendimento fixa-se na premissa de que a modalidade separação legal veda a comunhão de bens, mas *não veda o estabelecimento de uma separação absoluta, sendo possível afastar a Súmula 377 do STF e estipular a incomunicabilidade também dos aquestos*.[27]

2.1.1.3 Regime da comunhão universal de bens

Optando pelo regime da comunhão universal de bens, todos os bens que os cônjuges possuam por ocasião do casamento transmitem-se,[28] um ao outro, por ocasião da celebração do casamento. Trata-se de uma forma de transmissão anômala de bens, visto que não há a confecção de título específico de transferência de titularidade.

---

qual privilegia, incentiva e, principalmente, facilita a conversão da união estável em casamento", disponível em: https://www.conjur.com.br/2016-dez-16/casamento-idosos-uniao-estavel-dispensa-separacao-bens; e ainda, 2ª Vara de Registros Públicos, processo 1000633-29.2016.8.26.0100, Comarca de São Paulo-SP, ao enfrentar o tema, possibilitou o registro de escritura declaratória de união estável pactuando o regime da comunhão parcial de bens, não aplicando o comando estabelecido para o casamento.

24. CCB, art. 1.517.
25. CCB, art. 884. Aquele que, sem justa causa, se enriquecer à custa de outrem, será obrigado a restituir o indevidamente auferido, feita a atualização dos valores monetários.
26. Disponível em: https://vfkeducacao.com/stj-moderna-compreensao-da-sumula-377stf/.
27. Disponível em: https://www.correioforense.com.br/direito-civil/a-uniao-estavel-para-pessoa-maior--de-70-anos-e-obrigatorio-o-regime-da-separacao-de-bens/#.WS1vq9wrKCh.
28. Nos termos do CCB, art. 1.667.

Ressalvam-se os bens doados ou recebidos a título de sucessão, desde que gravados com a cláusula de incomunicabilidade, bem como os bens sub-rogados nestes (art. 1667, inciso I CCB); os bens gravados com a cláusula de fideicomisso e o direito de herdeiro fideicomissário, antes de realizada a condição suspensiva (art. 1667, inciso II CCB); bem como as doações antenupciais feitas por um dos cônjuges ao outro com a cláusula de incomunicabilidade (art. 1667, inciso IV CCB). Mas dita incomunicabilidade não se estende aos frutos, nos termos do artigo 1669, do CCB vigente.

Deve-se destacar a necessidade de elaboração de escritura de pacto antenupcial, conforme a data de habilitação e de celebração do casamento. Assim, para os casamentos celebrados antes do início da vigência da Lei 6.515/77, que alterou o regime legal supletivo (passou a ser o da comunhão parcial de bens), portanto, não mais se necessitava de escritura de pacto para a escolha deste último, mas determinava-se a necessidade de elaboração de pacto para os nubentes que escolhessem o regime da comunhão universal.

2.1.1.4 Regime da separação convencional de bens

Escolhido o regime da separação convencional de bens, cada um dos cônjuges possui seu próprio patrimônio, que não é comunicado entre as partes, por ocasião e na constância do casamento. Além de possuir a plena incomunicabilidade do patrimônio dos nubentes, não há necessidade de autorização para alienação ou oneração de bens imóveis ou direitos a eles relativos, nos termos do artigo 1687.[29]

2.1.1.5 Regime da participação final dos aquestos

O regime da participação final dos aquestos estrutura-se de modo assemelhado ao da separação convencional durante a vigência do casamento, mantendo cada cônjuge seu patrimônio próprio, autônomo e afastado entre si; e, por ocasião da extinção do vínculo matrimonial, em razão de divórcio, apuram-se os direitos e haveres das partes, com parâmetros semelhantes ao do regime da comunhão parcial de bens, atribuindo-se a participação final e igualitária nos aquestos, ou seja, corresponderá a cada um dos cônjuges metade dos bens adquiridos pelo casal, a título oneroso, na constância do casamento. Neste regime, vigora a incomunicabilidade dos bens ao longo de sua vigência, bem como determina-se a comunicação por ocasião de sua extinção. Por meio de disposição expressa na escritura de pacto antenupcial, pode ser dispensada a outorga uxória.[30]

---

29. CCB, Art. 1.687.
30. CCB, Art. 1.656.

Finalizada a indicação dos diversos regimes permitidos pelo ordenamento brasileiro, ressalta-se, ainda, que se pode formatar um regime misto ou híbrido, com a estrutura básica de um dos já mencionados e com incrementos específicos a suprir especial necessidade dos nubentes. Este irá regular as disposições patrimoniais a regerem as relações patrimoniais dos cônjuges, entre si e perante terceiros, desde que estas regras não ofendam normas públicas, nem indiquem fraude a credores. Por fim, ressalta-se a inovação importante trazida pelo CCB atual, ao permitir a alteração motivada do regime de bens, desde que o seja realizado judicialmente,[31] indicando a adoção da regra da mutabilidade do regime de bens no sistema jurídico brasileiro.

2.2 Na união estável

O ordenamento jurídico brasileiro está em constante transformação, no intuito de atender às demandas e necessidades de estruturação familiar contemporânea.[32] Assim, possibilitou-se, com a promulgação da CRF, a proteção jurídica da família formada a partir do casamento, bem como daquela decorrente da situação fática denominada união estável e, ainda, da composição monoparental.[33]

No intuito de regulamentar o instituto da União Estável, foram editadas duas leis, 8.971, de 29 de dezembro de 1994, e 9.278, de 10 de maio de 1996, as quais buscavam traçar normas relativas aos direitos dos companheiros, aos alimentos e à sucessão.

Num fenômeno de constitucionalização do direito civil, o CCB promoveu ampla evolução do direito sucessório, no que tange ao cônjuge e também ao companheiro, imprimindo a inspiração de um novo conceito de família, embasada no afeto e amor, não mais orbitando exclusivamente na instituição do casamento.

Sob a égide do atual CCB, em seu artigo 1723[34] e seguintes, buscou-se delimitar a união estável, situação fática, que visa formatar uma unidade fami-

---

31. CCB, Art. 1.639.
32. Nos termos do art. 226 da CFB, a família, base da sociedade, tem especial proteção do Estado com base no respeito ao princípio da dignidade da pessoa humana, artigo 1º, inciso III CRFB.
33. A instituição da família decorrente do casamento possui plena proteção jurídica, seja decorrente da CFB, art. 226, seja do CCB, artigo 1511. A Constituição Cidadã de 1988, prevê a entidade familiar por meio da união estável, compreendida por situação fática, na qual há o comportamento externado de convivência mútua, pública e duradoura com o fim de instituir família, nos termos do § 3º do artigo 226 da CFB, expressamente facilita a sua conversão em casamento. A família monoparental (§ 4º do artigo 226 da CFB), por sua vez, refere-se àquela formada por um dos membros de uma família, o pai ou a mãe e seu descendente. Há inclusive decisão judicial reconhecendo a família monoparental composta de avó e neto.
34. São características da entidade familiar correspondente à união estável a convivência pública, contínua e duradoura entre duas pessoas, ainda que do mesmo sexo. O ordenamento jurídico português, por sua vez, tem acentuado "a privatização da vida em comum, a rejeição de toda a legitimação externa do

liar, sem que se altere o estado civil de seus componentes, ainda que um deles ostente impedimento[35] referente ao estado civil de casado, (mas separado no mínimo de fato, conforme artigo 1723, § 1º) ou suspeição[36] (artigo 1723, § 2º) para casamento.

Assim, os companheiros, ao estabelecerem união estável, permanecem com seu estado civil inalterado (solteiro, casado, desde que separado de fato, separado judicial ou extrajudicialmente, viúvo) pelo período de sua vigência, alterando-se apenas por ocasião da habilitação e conversão[37] desta união estável em casamento ou por ocasião da habilitação e celebração de casamento direto.

Por se tratar de situação fática, os companheiros podem estabelecer documento idôneo[38] a servir de conteúdo probatório da existência de união estável, o qual indicará as diretrizes patrimoniais a vigorarem durante a sua constância, prescindindo da lavratura de escritura de pacto antenupcial, para indicação de regulamentação dos bens a reger a relação patrimonial dos companheiros entre si, bem como perante terceiros. Pode-se estabelecer, neste documento, um dos regimes retro mencionados e aplicados ao casamento: o regime da comunhão parcial de bens; da comunhão universal de bens; participação final dos aquestos; separação convencional de bens; separação obrigatória de bens;[39] regime misto ou híbrido, cujo registro é necessário junto ao Registro Civil das Pessoas Naturais competente,[40] bem como ao Registro Imobiliário competente.[41]

Caso não seja possível[42] a publicidade da união estável junto ao Registro Civil das Pessoas Naturais correspondente, bem como do regime patrimonial que rege a união estável, deve-se providenciar o registro do documento declaratório a servir

---

casamento – seja pela igreja, seja pelo Estado, rejeição que tem feito aumentar o número de pessoas que vivem em união de facto, legitimadas apenas pela gratificação que extraem da convivência e pelo prolongamento do seu acordo. OLIVEIRA, Guilherme de. A Reforma do Direito da Família de Macau. Universidade de Macau, Jornadas de Direito Civil e Comercial, Direito Civil, *Boletim da Faculdade de Direito*, ano III, n. 3, 1999.

35. As causas de impedimento para o casamento são elencadas no artigo 1521. Tais hipótese são tão fortemente vedadas pelo ordenamento que podem ser opostos, até o momento da celebração do casamento, por qualquer pessoa capaz.
36. As hipóteses de suspeição, as quais o sistema jurídico visa evitar pelas confusões, sejam patrimoniais, sejam de filiação, que podem propiciar ao casamento.
37. Nos dizeres do item 87 das NSCGJSP, capítulo XVII.
38. Pode este documento ser instrumentalizado pela forma particular (caso em que se exige o reconhecimento de firma dos pactuantes e o registro é possível apenas no ORTD) ou pela forma pública, com os requisitos dos termos do item 118 das NSCGJSP, capítulo XVII.
39. Disponível em: https://www.correioforense.com.br/direito-civil/a-uniao-estavel-para-pessoa-maior--de-70-anos-e-obrigatorio-o-regime-da-separacao-de-bens/#.WS1vq9wrKCh.
40. Conforme expõe as NSCGJSP, capítulo XVII, item 118, no 1º Subdistrito da Comarca em que os companheiros têm ou tiveram seu último domicílio".
41. Nos termos das NSCGJSP, capítulo XX, item 9, letra a, subitem 11, junto ao Livro Auxiliar 03.
42. Nos termos do item 120 das NSCGJSP, capítulo XVII.

de conteúdo probatório, junto ao Cartório de Títulos e Documentos competente,[43] a fim de gerar presunção de conhecimento perante terceiros.

Mas, na hipótese de os companheiros nada indicarem quanto ao conteúdo probatório da união estável que vivenciam, presume-se a incidência da regulamentação patrimonial atribuída ao regime legal supletivo do casamento, ou seja o regime da comunhão parcial de bens, conforme art. 1.725, CCB. Tal posição foi indicada com maestria pelo REsp 1.481.888 – SP, indicando que na união estável o regime de bens é o da comunhão parcial de bens, exceto se for realizada a escritura pública definindo regime diverso, conforme art. 2º, alínea g, do Provimento 37/2014 do CNJ.[44]

No âmbito patrimonial, o regramento aplicado à união estável espelha-se nos regimes propostos para o casamento, tornando-se apropriado recorrer ao quanto disposto neste arrazoado, no tópico que já tratou dos regimes de bens. Ressalva-se a desnecessidade de lavratura de escritura de pacto antenupcial para indicação de qualquer regime a vigorar na constância da união estável, seja o legal supletivo, seja um dos demais possíveis. Qualquer que seja a escolha de regramento patrimonial, tal pode ser determinado por instrumento declaratório, particular ou público.

2.2.1 Implicações a depender do regime de bens adotado

No âmbito patrimonial, o regramento aplicado à união estável espelha-se nos regimes propostos para o casamento, tornando-se apropriado recorrer ao quanto disposto neste arrazoado, no tópico que já tratou dos regimes de bens. Ressalva-se a desnecessidade de lavratura de escritura de pacto antenupcial para indicação de qualquer regime a vigorar na constância da união estável, seja o legal supletivo, seja um dos demais possíveis. Qualquer que seja a escolha de regramento patrimonial, tal pode ser determinado por instrumento declaratório, particular ou público.

O sistema jurídico português, por sua vez, desde 1999 possui legislação sobre o regime jurídico da "união de facto", determinando a proteção entre os conviventes referente aos benefícios da segurança social, fiscalidade, direitos tímidos no que concerne ao direto de morada, bem como o direito de adotar crianças em situação análoga ao de pessoas casadas. Desde 2016, alteração legislativa[45] ampliou estes direitos aos companheiros do mesmo sexo que configurassem esta situação fática, permitindo a adoção de crianças por companheiros do mesmo sexo.[46]

---

43. Como exposto no item 2, letra g das NSCGJSP, capítulo XXI.
44. Disponível em: https://brunetti.jusbrasil.com.br/artigos/667997204/o-idoso-e-obrigado-a-se-casar-com-separacao-de-bens-nem-sempre.
45. Lei 02/2016.
46. Oliveira, Guilherme de. *Portugal! Um país de Contrastes...*, Metamorfosi del matrimonio e altre forme di convivenza afetiva, a cura de Marta Costa. Libreria Bonomo editrice, p. 180.

2.2.2   Na sucessão

No desenvolvimento de seu trabalho diário, o Tabelião, por inúmeras vezes, é demandado sobre a possibilidade de exclusão de cônjuge e companheiro da ordem de sucessão, em especial por pessoas que já possuam descendentes de relacionamentos anteriores e patrimônio, que gostariam que remanescesse junto aos seus herdeiros descendentes.

A solução, a contento da parte que busca o cartório, com tal indagação (que a princípio pareceria simples), por vezes é frustrante. Para ter resposta à indagação proposta, buscando uma opção que exclua o cônjuge ou companheiro da linha sucessória, seria necessária a reformulação do ordenamento sucessório brasileiro de modo a excluir o cônjuge da categoria de herdeiro legítimo[47] e superação da vedação expressa à pacta corvina.[48]

A vedação à pactuação de qualquer contrato que possua por objeto herança de pessoa viva possui respaldo legal e na jurisprudência,[49] mas na doutrina há vozes de grande relevância que argumentam pela possibilidade de renúncia à sucessão, sem que esta corresponda a ofensa da proibição da *pacta corvina*.

O destacado doutrinador José Fernando Simão ao analisar esta vedação, esclarece: "A grande razão trazida pela doutrina é de cunho moral e seus efeitos perante a sociedade. É o chamado *votum alicujus mortis*. O contrato que transfere a herança de pessoa viva só produz efeitos após a morte daquele que tem o bem ou bens transferidos. Assim, desperta-se o desejo de morte ou de antecipação de morte, daquele de quem a herança se trata. Um segundo motivo é a possível pressão a que se sujeitaria o herdeiro. Se ele puder, com o autor da herança ainda vivo, dispor da herança, em momento de dificuldade financeira momentânea, estaria tentado a cedê-la onerosamente. Há um outro motivo de ordem lógico-jurídica. Não há herança de pessoa viva. Simplesmente, antes da morte de certa pessoa existe

---

47. O quinhão correspondente à legítima contempla parcela do *monte mor* que apresenta blindagem legal (artigo 1848 CCB), na medida em que estes bens não podem ser onerados, pela imposição de cláusula de inalienabilidade, impenhorabilidade, e de incomunicabilidade, salvo por testamento, no qual conste a justa causa para a oneração. A possibilidade de sub-rogação destas cláusulas em outros bens é viável, desde que seja realizada judicialmente e ocorra a conversão em outros bens, que ficarão sub-rogados na posição dos liberados. E por fim, em outro mecanismo de blindagem da porção legítima, há expressa vedação à conversão dos bens da legítima em outros de espécie diversa.
48. Nos dizeres do artigo 426 do CCB, há expressa vedação de qualquer acordo, pactuação que tenha por objeto a herança de pessoa viva (*pactu corvinus*).
49. [...] A disposição de herança, seja sob a forma de cessão dos direitos hereditários ou de renúncia, pressupõe a abertura da sucessão, sendo vedada a transação sobre herança de pessoa viva" (STJ, Ag. Int. no REsp 1341825/SC, Rel. Ministro Raul Araújo, 4ª Turma, julgado em 15.12.2016, DJe 10.02.2017). [...] Registro, que não se está aqui a sustentar o afastamento do (a) companheiro (a) à sucessão hereditária, porque nula seria tal ajuste a teor do art. 426, do CC, conhecida desde tempos imemoriais como PACTA CORVINA (STJ, REsp 646.259 RS, Rel. Min. Luis Felipe Salomão, 4ª T., j. 22.06.2010).

o sujeito titular de um patrimônio. Herança pressupõe o fato jurídico morte. Se meu pai está vivo, herança não há. Há patrimônio apenas".[50]

Por sua vez, outro doutrinador de grande impacto no ordenamento brasileiro, Rolf Madaleno, com propriedade e relativizando o entendimento de proibição da renúncia à sucessão por parte do cônjuge, conclui por não se aplicar o art. 426 do CCB à renúncia prévia da herança pelo cônjuge ou companheiro, por dois motivos: primeiro, porque se trata de renúncia abdicativa e não aquisitiva, como temiam os romanos com a *pacta corvina*; segundo, porque o herdeiro concorrente é herdeiro irregular e credor de um benefício *ex lege*, e não de uma herança universal, a que o cônjuge ou convivente sobrevivo só tem direito quando vocacionados em terceiro lugar, nos termos do art. 1.829 do Código Civil.[51]

Ainda, a vedação a *pacta corvina* trata de proibição de pactuação de um contrato consistente de espécie de negócio jurídico, de natureza bilateral ou plurilateral, carecendo, para sua formação, do encontro de vontade das partes. Trata a hipótese, evidentemente, distinta do instituto da renúncia de sucessão, referente a ato unilateral, irrevogável, irretratável e definitivo, produzindo efeito de maneira imediata.

A sucessão do cônjuge sobrevivente depende da ocorrência de dois requisitos: (i) não esteja o cônjuge sobrevivente separado judicialmente ou de fato, há mais de dois anos, do *de cujus*, a menos que se prove que a convivência se tornara impossível sem culpa do sobrevivente (artigo 1.830 CCB); e (ii) o regime de bens vigente seja tal que permita a comunicabilidade por decorrência da sucessão; como indica o artigo 1.829, inciso I, CCB, por exemplo, para as opções de regime da comunhão parcial de bens, em ocorrendo a existência de bens reservados.

Incluso pelo CCB na categoria de herdeiro legítimo, o cônjuge possui garantia da sua participação na partilha do *monte mor*. Mas na grande maioria das hipóteses de comunicação patrimonial decorrente do casamento, via regime da comunhão universal de bens ou da comunhão parcial de bens,[52] a comunicação por meio da sucessão ocorre não por transmissão (salvo a hipótese de ocorrência de bem particular), mas pela atribuição da meação no momento da partilha. Assim, a possibilidade de o cônjuge sobrevivente ser qualificado como herdeiro, na

---

50. SIMÃO, José Fernando. *Repensando a noção de pacto sucessório: de lege ferenda*. Disponível em: http://www.cartaforense.com.br/conteudo/colunas/repensando-a-nocaode-pacto-sucessorio-de-lege-ferenda/17320. Acesso em: 30 abr. 2019.
51. MADALENO, Rolf. Renúncia de herança em pacto antenupcial. *Revista de Direito das Famílias e Sucessões*, n. 27, p. 9-57, Belo Horizonte, IBDFAM, 2018.
52. No regime da participação final dos aquestos, o cônjuge sobrevivente não receberá herança, pois neste, a dissolução do casamento pelo evento morte, altera o regime que seguia as regras da separação total de bens, para o da comunhão parcial de bens e em seus termos, receberá meação, mas impedido de comunicabilidade da herança, por falta de previsão de sucessão junto ao artigo 1.829, inciso I, CCB.

hipótese de partilha de bens particulares possui menor impacto financeiro frente à hipótese em que lhe é atribuído bens por meação.

Diferentemente, a estrutura patrimonial legal adotada para aqueles então casados sob o regime da separação obrigatória (legal) de bens em muito facilita a não comunicação de bens por ocasião da sucessão, assim como ocorre nesta modalidade de regime de bens na vigência do casamento.

O ordenamento jurídico brasileiro não adotou a mesma sistemática de incomunicabilidade, ao não excluir o cônjuge casado sob o regime da separação convencional de bens, da ordem vocacional sucessória; pelo contrário, manteve a concorrência deste com os descendentes, nos termos do artigo 1829[53] CCB. E justamente nesta hipótese reside a maior fonte de indignação dos usuários que procuram o cartório para instrumentalizar documento que vise afastar a participação dos cônjuges dos bens, um do outro, na sucessão, acompanhando a justificativa de não comunicabilidade patrimonial que já possuem como determinada na vigência do casamento (geralmente pela adoção de escritura pública de pacto antenupcial devidamente registrado junto ao ORI competente).

Apesar do brilhante posicionamento ostentado pelos doutrinadores Miguel Reale, Maria Berenice Dias e a ministra Nancy Andrighi, esta posição é minoritária. Ou seja, ainda que casados sobre o regime da separação convencional e existindo descendentes, caberá ao cônjuge parte da herança, em concorrência com esses, em prol da função social da herança e da solidariedade familiar. Com exceção da incidência do regime da separação obrigatória ou legal, da comunhão universal e a comunhão parcial quando não se tenha deixado bens particulares, o cônjuge sempre herdará, em concorrência com os descendentes existentes. E, ainda, conforme orientação da VII Jornada de Direito Civil, Enunciado 609: "O regime de bens no casamento somente interfere na concorrência sucessória do cônjuge com descendentes do falecido".

Na hipótese de não existência de descendente, o cônjuge sobrevivente recebe, ao menos parte da herança, ainda que casados sob o regime da comunhão universal ou separação legal. Se ausentes descendentes e ascendentes, o cônjuge poderá receber, a depender da existência e conteúdo de testamento, integralmente a herança.

O posicionamento majoritário, cuja interpretação é extraída do conteúdo do REsp 992.749/2009, 3ª Turma, STJ, se inclinou a adotar a tese de que o cônjuge sobrevivente, que fora casado pelo regime da separação convencional absoluta,

---

53. A interpretação da concorrência promovida entre os descendentes e o cônjuge sobrevivente de relação, casamento ou união estável, na qual se adotou o regime da separação convencional de bens, é bastante controvertida. Há importante manifestação jurisprudencial (Recurso Especial 992.749, da 3ª Turma do STJ, que definiu a sucessão do cônjuge a partir de uma interpretação de forma inédita que a ministra Nancy Andrighi deu ao artigo 1.829, inciso I, do Código Civil.

não concorria à herança com os descendentes do falecido. Isso porque, se o casal, no exercício da autonomia da vontade, escolheu um regime em que os bens de cada um não se comunicavam ao outro, tal escolha deveria prevalecer após a morte de qualquer deles.

Em flagrante proteção ao cônjuge sobrevivente, determina o artigo 1.831 do CCB que, qualquer que seja o regime de bens, é garantido ao cônjuge sobrevivente, o direito real de habitação referente ao imóvel destinado à residência da família, caso verificado ser este o único daquela natureza a inventariar, independente de qualquer ato de registro.

Na hipótese de sucessão decorrente de união estável, houve extensa e intensa alteração de entendimento jurisprudencial quanto ao regramento inserto para a sucessão.

A regulação pioneira da sucessão, daqueles que conviviam em união estável, pela CRFB no art. 226 §3º, foi seguida pelas Leis 8.971/94 e 9.278/96, bem como pelo artigo 1790 do CCB. Visando proteger a entidade familiar caracterizada pela união estável, a Lei 8.971/94 regulamentou os direitos dos companheiros a alimentos, sucessão, bem como o direito do usufruto legal. Tratando de regulamentação complementar do instituto união estável, foi promulgada a Lei 9.278/96, que estabeleceu o direito real de habitação para o companheiro sobrevivente, enquanto vivesse ou não constituísse nova união ou casamento, em relação ao imóvel destinado a residência da família.

O CCB trouxe mudanças impactantes para o tema união estável, ao tratar de seus aspectos patrimoniais e pessoais, em especial no artigo 1790 e seus incisos, ao indicar verdadeira ordem de vocação hereditária,[54] permitindo que os companheiros tivessem participação na sucessão dos bens adquiridos onerosamente no convívio da união estável. Nos dizeres de Francisco José Cahali, estes referem-se "aqueles cuja aquisição se deu através de negócio jurídico em que ambos os contratantes auferiram vantagens, as quais, porém, correspondem a uma contraprestação."[...] uma vez recebida a importância, ela automaticamente incorporou-se ao patrimônio dos companheiros – companheira supérstite e *de cujus*".[55]

O padrão de isonomia propiciado pelas legislações relativas ao regime sucessório dos companheiros em união estável foi rompido pela regulamentação trazida pelo CCB, vez que artigo 1.790 acabou por trazer uma distinção entre as formas de estabelecimento de família, pelo casamento e pela união estável, distinção que a Constituição de 1988 não fez, restando em claro desacordo com os

---

54. Conforme expõe o CCB, em seu artigo 1.790.
55. CAHALI, Francisco Jose. *Família e sucessões no Código Civil de 2002* – acórdãos, sentenças, pareceres e normas administrativas. São Paulo: Ed. RT, 2004. v. 1.

parâmetros constitucionais então estabelecidos. A aplicação do artigo 1.790 do CCB gera injustiça para os companheiros em união estável, ao desequipará-los em relação aos cônjuges, indicando que merecem menor proteção jurídica, situação com a qual o ordenamento constitucional vigente não coaduna.

Inspirada no espírito de resgate da isonomia a ser aplicada entre o regramento sucessório da união estável e o casamento, esta controvérsia jurídico-constitucional, foi enfrentada e sanada pelo Supremo Tribunal Federal, ao reconhecer a repercussão geral ao tema, no RE 878.694 e RE 646.721.

A suprema corte brasileira indicou que a ordem de vocação sucessória aplicada para a entidade familiar da união estável será a mesma determinada para o casamento sob o regime da comunhão parcial de bens, salvo a pactuação entre os companheiros de regime diverso, aplicando o quanto indicado no artigo 1.829.[56] Ainda, o companheiro equipara-se ao cônjuge sobrevivente, compondo os herdeiros legítimos, nos termos do artigo 1.845[57] CCB, gozando das prerrogativas atribuídas aos que partilham quinhão da legítima entre si.

Este relevante tema, a equiparação da posição de vocação sucessória entre cônjuge e companheiro, bem como outros de igual importância, como possibilidade de casamento entre pessoas do mesmo sexo, possibilidade de união estável entre pessoas do mesmo sexo, reconhecimento de filiação socioafetiva e possibilidade de alteração de prenome e de sexo, sem a necessidade de laudo psicológico ou cirurgia configuram possibilidades juridicamente lícitas determinadas pelos Tribunais Superiores, respaldados pelo CNJ, sem a correspondente alteração legislativa que as amparem. Sustenta-se por posicionamento jurisdicional das altas cortes, STF e STJ, em franco e nítido movimento de judicialização da política e ativismo judiciário.

Busca-se contextualizar o impacto de não previsão legal de renúncia de sucessão recíproca do cônjuge, na hipótese de adoção do regime de separação de bens, convencional ou legal, como tentativa de manter o patrimônio na troncabilidade, mantendo a incomunicabilidade como percebida na vigência do casamento. Defende-se a edição de lei pelo congresso brasileiro, inspirando-se na Lei 48/2018, portuguesa; procurando-se evitar o, não raro, ativismo judiciário praticado na jurisprudência brasileira.

---

56. Recurso Extraordinário Recurso Extraordinário 878.694, referente a aplicabilidade, às uniões estáveis, do art. 1.845 e de outros dispositivos do Código Civil que conformam o regime sucessório dos cônjuges. Foi reconhecida a repercussão geral à aplicabilidade do art. 1.829 do Código Civil às uniões estáveis.
57. Recurso Extraordinário 646.721, pelo qual se determina, com repercussão geral, a aplicabilidade do art. 1.845 do Código Civil às uniões estáveis homoafetivas, indicando ainda o marco temporal de aplicabilidade do art. 1.829 do Código Civil às uniões estáveis homoafetivas. Ainda, a decisão recorrida é clara em estabelecer que "o entendimento ora firmado é aplicável apenas aos inventários judiciais em que não tenha havido trânsito em julgado da sentença de partilha e às partilhas extrajudiciais em que ainda não haja escritura finalizada".

2.3 Implicações a depender do regime de bens adotado

O direito à sucessão, reconhecido e garantido constitucionalmente, nos termos do artigo 5º, *caput*, incisos XXII e XXXIII, demonstra corolário do direito à propriedade privada, garantida ao longo da vida, bem como após a morte.

O sistema sucessório brasileiro atribui uma ordem rígida de chamamento à sucessão, nos termos do artigo 1829 CCB, aplicado para as hipóteses de casamento ou união estável, equiparadamente;[58] a iniciar-se, impreterivelmente, pelo quinhão correspondente à legítima. Uma vez identificados os herdeiros necessários, passa-se à análise de incidência ou não de concorrência entre cônjuge e descendentes, a depender do regime de bens aplicado por ocasião da constância do casamento.

Adotada a premissa de que a herança se refere ao patrimônio titulado pelo falecido e transmitido aos seus descendentes por ocasião de seu óbito; e a meação compreende a metade do patrimônio comum do casal, sobre a qual tem direito cada um dos cônjuges, a depender da regra de comunicabilidade do regime de bens adotado no casamento (ou união estável), conclui-se que herdeiro é aquele que tem direito a receber os bens deixados pelo *de cujus*, em transmissão por sucessão enquanto que meeiro é aquele possuidor de metade dos bens do falecido, em decorrência do regime de bens adotado, quando da união com o *de cujus*.

Assim, seguindo a ordem legalmente estabelecida e aplicando a máxima que indica que no regime em que há meação, não há herança sobre os bens comuns, conclui-se que, a depender do regime de bens adotado, pode o cônjuge[59] também ser herdeiro. Desta forma, o legislador optou pela seguinte fórmula na hipótese de casamento sob regime que gera concorrência com descendentes: quem herda não tem meação e quem tem meação não herda. A herança (vinculada ao dever de solidariedade) torna-se relevante em relação ao patrimônio que não se refira à meação (dependente do regime de bens adotado, em franca proteção à família), pois nestes casos já teve o cônjuge direito a receber metade, em razão desta presumida colaboração.

Assim, vejamos: (i) se o cônjuge sobrevivente era casado sob o regime da comunhão universal de bens, será meeiro da totalidade dos bens e poderá ser herdeiro apenas em decorrência de disposição testamentária,[60] referente à por-

---

58. Vide nota 57.
59. Conforme o art. 1.830, do CCB.
60. Nesta hipótese, o raciocínio do legislador é o de que, no casamento constituído pelo regime da comunhão universal de bens, a comunhão patrimonial já se opera desde a celebração das núpcias, por isso a sua exclusão na concorrência com os descendentes. Esse entendimento também alude ao fato de que o cônjuge já é amplamente amparado pelo recebimento da meação, composta por metade dos bens comuns do casal, in HIRONAKA, Giselda Maria Fernandes Novaes. Ordem de vocação hereditária. PEREIRA, Rodrigo da Cunha (coord). *Direito das sucessões e o Novo Código Civil*. Belo Horizonte: Del Rey, 2004, p. 89-104.

ção disponível, salvo nas hipóteses de transmissão adquirida pelo *de cujus* com a cláusula de incomunicabilidade; (ii) se o cônjuge sobrevivente era casado sob o regime da comunhão parcial de bens,[61] será meeiro da totalidade dos bens em comum e poderá ser herdeiro, em concorrência com os possíveis descendentes, nos bens particulares, salvo nas hipóteses de transmissão adquirida pelo *de cujus* com a cláusula de incomunicabilidade, se houver e, também em decorrência de disposição testamentária, referente a porção disponível; (iii) se o cônjuge sobrevivente era casado sob o regime da separação convencional de bens, será herdeiro da totalidade dos bens, que serão todos particulares, e poderá ser herdeiro ainda em decorrência de disposição testamentária, referente a porção disponível; (iv) se o cônjuge sobrevivente era casado sob o regime da separação legal ou obrigatória de bens, não haverá transmissão a título sucessório como herdeiro legítimo, sob pena de burla ao sistema legal, mas em decorrência de disposição testamentária, referente à porção disponível; bem como poderá receber os aquestos decorrentes da incidência da Súmula 377 STF;[62] (v) se o cônjuge sobrevivente era casado sob o regime da participação final dos aquestos, será meeiro da totalidade dos bens comuns e poderá ser herdeiro, em concorrência com os possíveis descendentes, nos bens particulares (adquiridos anteriormente ao casamento ou recebidos por doação com a inserção da cláusula de incomunicabilidade), se houver e, também em decorrência de disposição testamentária, referente a porção disponível. Neste sentido, o Enunciado 270 proferido na III Jornada de Direito Civil.

A legislação pátria não trouxe previsão para a hipótese de sucessão que envolve descendentes híbridos, ou seja, descendentes somente do *de cujus* e comum do *de cujus* e do cônjuge ou companheiro sobrevivente, configurando a sucessão híbrida. Nesta, os descendentes são chamados a receber a herança em concorrência com o cônjuge ou companheiro, se o regime de bens aplicado o permitir, entendendo por descendentes, tanto os comuns quanto descendentes exclusivos.

Daí, mais uma vez, a importância em se respaldar a possibilidade do cônjuge renunciar à sucessão com o fim de aplacar possíveis litígios que poderiam resultar da partilha de bens com os descendentes, comuns ou exclusivos, bem como para fazer valer a vontade dos cônjuges ou companheiros, que, previamente, ao estabelecimento do casamento ou da convivência pública, optaram pelo regime

---

61. Giselda Maria Fernandes Novaes Hironaka, acompanhando grande parte da doutrina, defende a interpretação que considera que o dispositivo limita a concorrência dos descendentes com cônjuge supérstite, casado sob o regime da comunhão parcial de bens, exclusivamente aos bens particulares do *de cujus*. Já no que tange aos bens particulares do autor da herança, são eles partilhados pelos herdeiros a título de sucessão *causa mortis*, inclusive pelo cônjuge, já que é considerado herdeiro necessário. PEREIRA, Rodrigo da Cunha (Coord.). *Direito das sucessões e o Novo Código Civil*. Belo Horizonte: Del Rey, 2004, p. 89-104.
62. No regime de separação legal de bens, comunicam-se os adquiridos na constância do casamento, Súmula 377, STF.

da separação convencional de bens e ampliando a incomunicabilidade à hipótese de sucessão.

Mas, apenas por alteração legislativa se faz possível esta renúncia. O atual ordenamento jurídico não permite tal instituto, seja por disposição em pacto antenupcial, seja por disposição testamentária, melhor explicitado a seguir.

2.4 Da (im)possibilidade de renúncia da condição de herdeiro necessário, pelo cônjuge

Como já referido acima, o ordenamento jurídico atual posiciona o cônjuge como herdeiro legítimo, independentemente do regime de bens vigente no casamento, exceto na separação legal ou obrigatória de bens.

Tal situação gera inconformismo por parte de muitos cônjuges e companheiros, cujo regime adotado para regular os bens é o da separação convencional de bens. Não compreendem o porquê da vedação legal em determinar a incomunicabilidade dos bens na sucessão *causa mortis*, já que possível para a vigência do casamento.

Simplesmente não o podem porque se o fizerem, em prol da prática da autonomia da vontade[63] dos pactuantes, estarão infringindo, ao menos duas normas de ordem pública, disposição legal exposta no CCB: (i) a desconsideração do cônjuge como herdeiro necessário e como tal sucessível nas hipóteses permitidas pelos regimes de bens por ventura adotado; (ii) a vedação de contratação sobre herança de pessoa viva. Para a maioria da doutrina, sem a superação destes pontos, não há possibilidade de renúncia à sucessão, seja por ocasião da lavratura do pacto antenupcial, na habilitação de casamento; seja em documento que disponha a regulamentação patrimonial da união estável; seja por meio de testamento.

Crítica ao movimento de inserção do cônjuge com herdeiros necessário se faz imprescindível. Em tempos em que vínculo conjugal se torna cada vez mais dissolúvel, com muita facilidade, visualiza-se mutável e precária a posição do cônjuge, na realidade fática em franco paradoxo do incremento de sua proteção jurídica, com seu posicionamento como herdeiro necessário. Sustentar o cônjuge como herdeiro necessário indica adotar postura contrária ao intuito de maior liberdade que deve reger as conjugalidades, na atualidade. Neste sentido, cita-se crítica realizada por José de Oliveira Ascensão, em citação de Mário Luiz Delgado.[64]

---

63. Correlata à liberdade de disposição do *de cujus* pela via testamentária. Nestes casos, interpreta-se uma prevalência, quando das disposições patrimoniais, dos interesses dos sucessores, como ensina Ana Luiza Maia Nevares. (NEVARES, Ana Luiza Maia. *A função promocional do testamento: tendências do direito sucessório*. Rio de Janeiro: Renovar, 2009.

64. Esse grande reforço da posição sucessória do cônjuge surge paradoxalmente ao mesmo tempo que se torna o vínculo conjugal cada vez mais facilmente dissolúvel. A posição do cônjuge é concebida como uma posição mutável, mesmo precária. (DELGADO, Mário Luiz. Controvérsias na sucessão do cônjuge

Ainda que se estabelecesse o cônjuge como herdeiro legítimo, mas não necessário, direitos como aos alimentos e, dependendo do regime de bens, à meação estariam garantidos; preservando a liberdade positiva da autonomia da vontade (propiciando autorregulamentação patrimonial, por testamento, se a lei o permitir), sem ferir a proteção do cônjuge. Deveria o Estado apenas intervir para proteger o cônjuge ou companheiro em hipótese de vulnerabilidade patrimonial.

No que tange à vedação a contratação de pacto sucessório (*pacta corvina* conforme artigo 426 do CCB), como bem sustenta Rolf Madaleno,[65] há dois argumentos básicos em desfavor dos pactos sucessórios: "seria odioso especular sobre a morte de alguém para conseguir ganhos patrimoniais e haveria redução da liberdade de testar". No entanto, este mesmo autor, aduz que a renúncia de herança por pacto sucessório não estimularia a atentar contra a vida do seu cônjuge, bem como aumentaria a disponibilidade testamentária ao se retirar um herdeiro forçoso, por meio da renúncia.

Qualquer disposição em desacordo é maculada pela nulidade virtual, nos termos do artigo 166, inciso VI, CCB, que dispõe ser "nulo o negócio jurídico quando tiver por objeto fraudar lei imperativa". Da mesma forma, é nula a convenção ou cláusula do pacto antenupcial que contravenha disposição absoluta de lei, conforme artigo 1655, CCB.

No entanto, a renúncia ao exercício futuro (sucessão do cônjuge ou companheiro) do direito concorrencial de descendente ou ascendente não se amolda na vedação de contratação de *pacta corvina*. Sustentar o contrário seria ampliar de forma indevida a extensão do conteúdo da vedação expressa no artigo 426, CCB, qual seja, a proibição de contratação referente à herança de pessoa viva, sem participação dessa pessoa. Ora, esta vedação não contempla os pactos sucessórios[66] nas modalidades renunciativas e aquisitivas, mas apenas os pactos renunciativos na modalidade dispositivos ou "de hereditate tertii", como também o fez no artigo 1.793, CCB, ao proibir a cessão de direitos hereditários antes da abertura da sucessão, sendo plenamente válida a renúncia a direitos hereditários antes da abertura da sucessão.

---

e do convivente. In: DELGADO, Mário Luiz; ALVES, Jones Figueirêdo (Coord.). *Questões controvertidas no novo Código Civil*: no direito de família e das sucessões. São Paulo: Método, 2006, p. 417-446.

65. MADALENO, Rolf. A crise conjugal e o colapso dos atuais modelos de regimes de bens. In: PEREIRA, Rodrigo da Cunha (Coord.). *Família*: entre o público e o privado. Porto Alegre: Magister; IBDFAM, 2012, p. 307-333.

66. A doutrina classifica os pactos sucessórios em três modalidades: (i) pacto aquisitivo ou "de succendo", referente ao negócio jurídico pelo qual alguém institui um herdeiro por instrumento diverso do testamento; (ii) pacto renunciativo ou "de non sucedendo", na hipótese de um dos contratantes renunciar à sucessão do outro; (iii) os pactos sobre a sucessão de um terceiro ou "de hereditate tertii", que são atos bilaterais intervivos efetuados entre dois interessados, acerca da sucessão de uma pessoa viva, que permanece estranha ao acordo celebrado.

E, ainda, como bem infere Mario Delgado,[67] a vedação a contratação não coincide e não pode abranger a possibilidade de renúncia à herança, ou seja, ato unilateral de vontade, arbitrário, emanado dos poderes dispositivos do sujeito de um direito legalmente reconhecido. Consiste em lícita manifestação de vontade, livre e espontânea, de dispor de um direito próprio. Não existe qualquer restrição à renúncia de direitos na disposição de vedação de *pacta corvina*.

Por fim, a disposição do artigo 426, CCB é clara ao vedar a pactuação referente a herança e não à sucessão. São institutos distintos. Enquanto a sucessão constitui o direito por meio do qual a herança é transmitida a alguém, a herança refere-se ao acervo de bens transmitidos por ocasião da morte; de tal maneira que a vedação que alcança a herança, ou seja, o acervo de bens, não necessariamente afeta o direito sucessório em si.

2.4.1 Por meio de testamento

Nos termos do artigo 1.786 do CCB, a sucessão *causa mortis* dá-se por disposição de última vontade ou em virtude de lei. À primeira disposição, refere-se à sucessão testamentária, pois corresponde às disposições constantes no testamento; e, à segunda, à sucessão legítima.[68]

Pode a sucessão ocorrer a título universal, sem a ocorrência de testamento, sendo o herdeiro legítimo ou testamentário o único herdeiro, ou ainda nos casos de existência de testamento, em que os herdeiros testamentários recebem uma porcentagem, fração da herança. Nesta, o herdeiro recebe parcela da herança ou todo o montante. Ou, ainda, pode a sucessão dar-se a título singular, na hipótese do herdeiro ser chamado a receber um bem individualizado, específico, como uma casa determinada ou um terreno individualizado a alguém.

---

67. Disponível em: https://www.anoreg.org.br/site/2019/04/08/artigo-da-renuncia-previa-ao-direito-concorrencial-por-conjuges-e-companheiros-por-mario-luiz-delgado/. Mesmo posicionamento sustenta MADALENO, Rolf. Renúncia de Herança no Pacto Antenupcial. *Revista IBDFAM*, v. 27, p. 09-58, maio/jun. 2018: Nada há que impeça, em regra, a renúncia dos direitos concedidos por lei, salvo se contrariar a ordem pública ou se for em prejuízo de terceiro, o que não ocorre na específica hipótese do direito à concorrência sucessória do cônjuge ou companheiro, que não se confunde com a hipótese de ser chamado sozinho à sucessão, como herdeiro único e universal. Assim, validamente renunciável é o direito concorrencial na hipótese em que o cônjuge é chamado a suceder em conjunto com descendentes ou ascendentes. Permitir a renúncia ao direito concorrencial não configura ato imoral, assim como não o é renunciar à meação, até mesmo porque se insere no quadro mais amplo da autonomia patrimonial da família, consentânea com a atual realidade social, muito mais complexa e mutável. E isso pode ser feito, ressalte-se, de lege lata, ou seja, sem necessidade de alteração legislativa do artigo 426 do Código Civil.

68. Conforme Pontes de Miranda, a sucessão legítima tem o seu fundamento na existência de vínculo familiar, ou, na falta de elementos da família e de cláusula testamentária, de vínculo estatal, in PONTES DE MIRANDA, 2012, p. 258. PONTES DE MIRANDA, Francisco Cavalcanti. *Tratado de direito privado*: parte especial: direito das sucessões: sucessão em geral; sucessão legítima. Atualizado por Giselda Maria Fernandes Novaes Hironaka e Paulo Luiz Netto Lôbo. São Paulo: Ed. RT, t. 55, 2012.

A vontade legal presumida pode ser alterada pela vontade real manifestada pelo autor da herança, através de testamento. Este serve justamente para que o autor da herança alterar a vontade do legislador, no que tange a porção disponível, sendo rígida a aplicação do conteúdo legal no que tange a porção legítima. Corresponder-se-ia a uma mediação entre a liberdade do testador e o direito dos descendentes e ascendentes (os herdeiros necessários à época da sucessão), entre interesses familiares e os contemplados por testamento.[69]

2.4.2   Por meio de escritura de pacto antenupcial

Na vigência do CCB, não cabe inserção de qualquer disposição em escritura de pacto antenupcial que tenha por fim subtrair direitos sucessórios, bem como alterar a ordem de vocação sucessória. Tais disposições são nulas de pleno direito, ainda que não invalidem o pacto firmado.[70]

Dentre as disposições possíveis no instrumento de pacto antenupcial, encontra-se as referentes à regulamentação do regime de bens e demais disposições patrimoniais a vigorarem na constância do casamento, sendo estranho a este instrumento qualquer disposição acerca do afastamento do cônjuge da ordem de sucessão legítima.

2.4.3   Por meio de alteração legislativa

Por mais que se milite pela possibilidade de renúncia à sucessão pelo cônjuge por meio de pacto antenupcial, previamente ao casamento ou por ocasião da alteração do regime de bens judicialmente demandada,[71] a doutrina majoritária não acompanha a posição defendida pelos doutrinadores Rolf Madaleno e Mario Delgado de que não se trata esta hipótese de possível *pacta corvina*, expressamente vedada pelo ordenamento jurídico brasileiro, como já retromencionado.

Assim, para que se torne possível a renúncia prévia ao direito sucessório por parte dos cônjuges, faz-se necessária previsão legislativa, como elaborada e promulgada no ordenamento português e a seguir analisada.

Neste sentido, propiciar-se-á a resposta pronta ao usuário que busca no Tabelionato a possibilidade de tornar incomunicável o regime patrimonial a viger na

---

69. PONTES DE MIRANDA, 2012, p. 258 PONTES DE MIRANDA, Francisco Cavalcanti. *Tratado de direito privado*: parte especial: direito das sucessões: sucessão em geral; sucessão legítima. Atualizado por Giselda Maria Fernandes Novaes Hironaka e Paulo Luiz Netto Lôbo. São Paulo: Ed. RT, t. 55, 2012.
70. Disponível em: https://stj.jusbrasil.com.br/jurisprudencia/19085246/recurso-especial-resp-954567-pe-2007-0098236-3/inteiro-teor-19085247?ref=juris-tabs.
71. Conforme disposto no CCB, em seu artigo 1.639, § 2º. Tal previsão é reforçada pelo contido no *caput* do art. 734 do CPCB.

constância do casamento ou da união estável, bem como na hipótese de sucessão, possibilitando verdadeira autorregulamentação sucessória.

3. EXPERIÊNCIA PORTUGUESA

A par da desejada autonomia da vontade, o instituto do casamento, no ordenamento jurídico português, é dotado de um estatuto patrimonial particular, composto, por vezes, por regras imperativas,[72] que geram fortes restrições à plena liberdade contratual, impondo um regime patrimonial mínimo.[73]

O regime patrimonial a vigorar no casamento (artigo 1577 CCP), ainda que trate os cônjuges como iguais (artigo 1671, CCP), institui restrições à autonomia da vontade, por meio da imposição de um conjunto mínimo de regras impositivas, como os deveres de colaboração e de respeito pelo patrimônio do outro.

Nos termos dos artigos 1671, 1672, 1673, 1676, 1678 (n. 3), 1682 (n. 1 e 3), 1682-A, 1682-B e 1683 (n .2), todos do CCP, forma-se um parâmetro mínimo de normas imperativas de cooperação entre os cônjuges.

Com a tendência, na atualidade, de se valorizar a autonomia da vontade dos cônjuges e a liberdade da família, dispõe-se de um sistema patrimonial particular, de auto-regulamentação destas relações, adaptando-se os interesses e a situação específica dos envolvidos, mas sempre limitada pelo estatuto imperativo exemplificado acima. Para tal, pactua-se a convenção matrimonial, celebrada imprescindivelmente antes do casamento.

A par deste regramento, o instrumento de convenção antenupcial[74] indica o regime de bens a viger na constância do casamento, considerando-os como a expressão da autonomia da vontade, nos termos do artigo 1698 CCP, podendo os nubentes fixar livremente o regime de bens, estipulado o que melhor lhes aprouver, desde que respeitados os limites da lei[75] e visando a aplicação dos Princípios da Livre

---

72. Fora deste âmbito, os cônjuges seriam livre de regular as respectivas relações patrimoniais através da celebração de quaisquer negócios jurídicos que seriam regidos pelas normas de Direito comum, conforme Leite de Campos, Lições... cit., p. 379 e 380.
73. O artigo 1699 CCP indica as questões que as partes não podem pactuar livremente, não podendo ser objeto de convenção antenupcial, a saber: a regulamentação da sucessão hereditária dos cônjuges ou de terceiro, salvo as disposições previstas legalmente de pactos sucessórios lícitos; a alteração dos direitos ou deveres, quer paternais, quer conjugais; a alteração das regras sobre administração dos bens do casal; a estipulação da comunicabilidade dos bens enumerados legalmente como incomunicáveis. Conferem estas hipóteses verdadeiro núcleo intransponível de propriedade individual que visa proteger a autonomia de cada cônjuge.
74. Refere-se a um acordo entre os nubentes destinado a fixar o seu regime de bens, por meio de um contrato acessório do casamento, cuja existência e validade pressupõe a ocorrência do casamento, conforme dispõe Pereira Coelho e Guilherme de Oliveira, *in Curso de Direito da Família*. 5. ed. Coimbra: Imprensa da Universidade de Coimbra, 2016, v. I, p. 560-572.
75. Nos termos do artigo 1720, CCP.

Convenção quanto ao seu conteúdo (respeitados os limites da lei, normas imperativas de ordem pública e bons costumes) e o da Imutabilidade do quanto pactuado.

Assim, tendo os cônjuges um instrumento especificamente elaborado com a adequação necessária aos seus interesses, estes não se verão obrigados a recorrer à celebração de contratos de Direito comum.

Conforme dispõe Cristina Araújo Dias, "vigora entre nós o princípio da autonomia privada e da liberdade de disposição e o reconhecimento da propriedade privada". Continua a autora, ao indicar que, tem "na sucessão testamentária, a manifestação individualista da liberdade de testar". Mas este sistema articula-se com o sistema familiar, traduzido essencialmente no instituto da sucessão legitimária".[76] Ainda, neste espírito privatista, questiona-se qual a extensão da proteção que se deve atribuir ao cônjuge sobrevivo, após o falecimento do outro. E, em resposta a este questionamento, houve a edição da Lei 48/2018, que trouxe a possibilidade de renúncia recíproca dos cônjuges, no instrumento de convenção (pacto) antenupcial, estabelecendo a real incomunicabilidade na sucessão.

No que tange às uniões de facto, ocorre verdadeiro movimento de concubinarização[77] e de matrimonialização do Direito comum, vez que estas pessoas que vivem em situação análoga a de cônjuges, com a intenção de possuírem uma vida em comum, podem celebrar contratos de concubinato, possuindo plena proteção do Direito, na dissolução destas relações, por meio da aplicação das regras atinentes às obrigações naturais. Mas este viés de proteção, a tutela concedida na União de Facto é muito limitada, em especial se comparada à proteção oferecida pelo ordenamento brasileiro, que busca equiparar, pelo ativismo judiciário, os institutos do casamento e da união estável.

O sistema sucessório, brasileiro e o português encontram-se intimamente impactados pelo direito de família, mas à medida que o segundo busca a proteção da entidade da família, garantindo-lhe proteção patrimonial mínima (via garantia de pedido de alimentos), o primeiro prioriza a intervenção patrimonial, por meio da garantia da legítima, buscando orientar a manifestação da vontade do *de cujus* no regime sucessório, primando pela observância da noção de autonomia atrelada à liberdade de testar.[78] E mais, concretiza a fun-

---

76. *Lições de Direito das Sucessões*. 6. ed. Coimbra: Almedina, 2017, p. 25.
77. Mas não há compatibilidade entre os princípios de ordem pública internacional do Estado Português e disposição de ultima vontade que atribui a totalidade dos bens do *de cujus* ao unido de fato, conforme decidido no acórdão do STJ de 15.01.2015. Disponível em: http://www.dgsi.pt/.
78. Segundo Galvão Telles, deve-se buscar o equilíbrio entre a maior razoabilidade na proteção dos familiares mais próximos em contrapartida ao arbítrio do *de cujus*, reservando-lhes uma quota e não a totalidade (que configuraria excessivo) do patrimônio. *Direito das Sucessões*: noções fundamentais. 6. edição revista e atualizada. Coimbra: Coimbra Editora, 1992, p. 276-277. O direito anglo-saxonico, por sua vez, ignora a figura da legítima, sendo esta inexistente para o direito sucessório, dando primazia

ção social[79] da propriedade privada, na medida em que assegura a efetivação da dignidade humana ao permitir a transmissão patrimonial *causa mortis*, com a devida tributação, via imposto do selo. Note-se, ainda, que enquanto a quota legitimária[80] e sua regulamentação se respalda na proteção da família;[81] a quota disponível embasa a possibilidade de maior expressão de disposição de vontade do testador, resguarda a solidariedade social inerente aos vínculos que se estabelecem entre os membros de uma família.

No momento da confecção, elaboração da convenção antenupcial, pode-se estabelecer algumas opções lícitas de exceção à regra geral que proíbe a regulamentação da sucessão hereditária dos cônjuges (artigo 1699, n. I, a CCP), conforme dispõe o artigo 1700, n I, CCP), a instituição de herdeiro ou a nomeação em favor de qualquer dos esposados, feito pelo outro esposado ou por terceiro nos termos prescritos nos lugares respectivos, situação devidamente legitimada pelo exposto em legados (determinado em testamento) em substituição da legítima, nos termos do artigo 2165 CCP.[82]

Em nítido contraponto às regras da sucessão legitimária, encontram-se as regras da sucessão testamentária, embasadas estas últimas em disposições testamentárias.

A par da vedação de pacto sucessório, há específicas (nominadas)[83] previsões legais nos termos do artigo 2028.2, que mitigam a proibição, como: "pactos sucessórios", nos termos do artigo 1755, 1701 a 1703 CCP.

---

absoluta ao testamento, conforme VIRGIL M. HARRIS, The importance of the last wil and Testament, 1908. Disponível em: https://heinonline.org/HOL/page?handle=hein.journals/blj25&collection=-journals&id=391&startid=&endid=397

79. FERNANDES, Luis A. Carvalho. *Lições de direito das sucessões*. 4. ed. rev. e atual. Lisboa: QUID JURIS, sociedade editora, 2012, p. 21.
80. Refere-se à quota indisponível (legítima), sucessão a favor da família nuclear, compreendida pelo cônjuge, descendentes e ascendentes, sobre a qual o *de cujus* não pode exercer a sua liberdade de disposição *mortis causa*. Com o fim de evitar a pulverização das unidades produtivas, são aplicados os institutos seguintes: (i) partilha em vida (artigo 2029, CCP); (ii) legado por conta da legítima (artigo 2163, CCP); e (iii) legado em substituição da legítima (artigo 2165, CCP). Por sua vez, a quota disponível, limitando reciprocamente a quota legitimária, possibilita a atuação da autonomia, liberdade do de cujus ao dispor sobre seus bens, seja por meio do testamento (nomeando legatário ou fazendo herdeiro), seja por pactuação, ainda que limitada, por meio dos pactos sucessórios.
81. Nos termos da CRP, artigos 36 e 67, bem como nos termos dos artigos 67 e 68, CRP, para preservar e dignificar a família e a auxiliar a prosseguir as elevadas tarefas que lhe são reservadas na vida social. In: FERNANDES, Luis A. Carvalho. *Lições de direito das sucessões*. 4. ed. rev. e atual. Lisboa: QUID JURIS, sociedade editora, 2012.
82. É inquestionável que a aceitação do legado em substituição da legítima implica em renúncia à quota legitimária, realizada em testamento, chamando o herdeiro legitimário à, livremente, aceitar ou repudiar este legado, no momento da morte do autor da sucessão.
83. O ordenamento jurídico brasileiro veda a contratação de pactos sucessórios, ainda que mitigado por doutrina minoritária, indicada na nota 73 retro.

Há institutos jurídicos que caminham em paralelo à proibição de pacto sucessório, como a renúncia à colação,[84] que se equipara ao resultado prático da partilha em vida, alterando a legítima em termos qualitativos.

O ordenamento sucessório português, dispensa relutância em permitir a implantação da plena autodeterminação sucessória (ou autonomia privada do direito sucessório), mas em menor grau se comparado ao sistema sucessório brasileiro, visto que este último encontra-se engessado, seja pela proibição de renúncia aos pactos sucessórios, seja pela ausência ou bem menor número de hipóteses de exceções a esta proibição.

O alargamento da autonomia privada no direito sucessório implica em aproximar-se o quanto possível à vontade real do *de cujus,* da manifestação de última vontade deste,[85] a ser produzida apenas no momento de sua morte e não necessariamente ampliar a liberdade contratual pura e simples, e por esta razão deveria ser prestigiada.

E, ainda, no que tange às proibições de pactos sucessórios, tal vedação é contornada pela possibilidade de realização de doações em vida, autênticos adiantamentos de legítima (na maioria dos casos, configurando pacto sucessório institutivo), concretizando um interessante fenômeno, qual seja: *no intuito de se proteger a liberdade de disposição por morte, sacrifica-se a liberdade de disposição em vida.*[86]

Vale lembrar que a vedação aos pactos sucessórios renunciativos possui características mais fixa que as demais espécies, vez que buscam garantir que o herdeiro tenha liberdade para repudiar (renunciar, na linguagem jurídica brasileira) seu quinhão sabendo efetivamente o seu valor e sem qualquer pressão do falecido, o que apenas será possível após a ocorrência de seu falecimento.

3.1   A edição de lei específica, Lei 48/2018

Traçado o panorama macro, com suas limitações no que tange à possibilidade de renúncia à sucessão e adotando uma ótica reformista, a possibilidade de pactuação de renúncia[87] recíproca à sucessão do cônjuge indica expressivo

---

84. Instituto que visa assegurar, no mínimo, a igualdade na distribuição da partilha dos descendentes que sejam sucessíveis legitimários prioritários e que concorram igualmente à herança, na hipótese de um deles ter recebido uma doação, classificada como adiantamento de quota hereditária legal, nos termos dos artigos 2104.1, 2105, 2108 e 2110, todos CCP.
85. Podendo inclusive caso específico que fuja à regra de sucessão legal; podendo gerar desigualdade no intuito de cumpri-la, já que as leis, por vezes, impõe uma estrita e rígida igualdade.
86. Disponível em: https://pombalina.uc.pt/en/livro/em_torno_das_relações_entre_o_direito_da_fam%C3%ADlia_e_o_direito_das_sucessões_-_o_caso_particular_dos_pactos_sucessório_no_direito_internacional_privado.
87. Sobremaneira importante a indicação de que o termo "renúncia" é ora indicado no sentido de pacto renunciativo que visa constituir uma "modificação da escala de acessíveis, anterior à abertura da he-

instrumento de flexibilização das regras do sistema sucessório, vez que permite uma regulamentação sucessória personalizada à situação concreta de cada família.

Neste cenário jurídico, o Partido Socialista, por meio do deputado Fernando Rocha Andrade, apresentou o Projeto de Lei 781/XIII, de 20 de fevereiro de 2018, captando a atenção para a importância dos pactos sucessórios renunciativos no ordenamento português, que culminou na edição da Lei 48/2018.

São premissas, para aplicação da renúncia sucessória prevista por esta Lei, a reciprocidade[88] da pactuação de renúncia sucessória do cônjuge, expressa em convenção antenupcial,[89] na qual se optou pelo regime da separação de bens, seja o convencional, seja o imperativo, visando a efetivação do direito da troncalidade, extremamente útil em famílias recompostas.[90]

A existência de descendentes pode ser uma condição estipulada, sob a qualidade resolutiva, não sendo necessário que esta cláusula seja recíproca.

Esta lei promulgada e aprovado pelo Decreto-Lei 47.344, de 25 de novembro de 1966, reconhecendo a possibilidade de pactuação[91] de renúncia recíproca dos cônjuges, à condição de herdeiro legitimário na convenção antenupcial, possuindo o seguinte conteúdo e alterando o artigo 1.700 e seguintes do CCP.

Assim, criou-se a possibilidade de total exclusão do cônjuge da sucessão do outro, vez que a Lei 48/2018 indica este mecanismo para a porção legitimária e o testamento, para a porção legitima. Preservar-se, assim, a posição de herdeiro testamentário, se houver a vontade de tal determinação ou se pelo contrário, não houver esta manifestação de vontade, há a completa desvinculação patrimonial, seja pelo matrimônio, seja pela sucessão.

---

rança que deve ser tida em conta", segundo Manuel Trigo. *Lições de Direito da Família e das Sucessões*. Faculdade de Direito da Universidade de Macau, 2016, v. III, p. 231-233.

88. Possibilitar a renúncia unilateral de um dos nubentes seria indicar cláusula nula, nos termos do artigo 294 CCP, por violação do princípio da igualdade dos cônjuges, conforme dispõe o artigo 36, n. 03 e artigo 13, n. 02 da CRP, bem como artigo 16 da Declaração Universal dos Direitos do Homem e Convenção Europeia dos Direitos do Homem, em seu artigo 12.
89. Instrumento lavrado antes da celebração do casamento, antes dos pactuantes serem investidos da qualidade de cônjuge, que lhe permitiria a imputação virtual de cônjuge, e como tal herdeiro legitimário em âmbito sucessório.
90. Refere-se àquelas decorrentes de outras, consideradas primitivas, cujos vínculos foram rompidos, seja por separação, divórcio, dissolução de união estável ou, ainda, por casamento ou união de um pai ou uma mãe solteira. Advém de vários arranjos, e possui por única exigência a presença de filhos, quer de apenas um dos pares do casal ou dos filhos de um e de ambos. Pode-se ter uma família com *os meus, os seus e os nossos filhos*.
91. Nesta estipulação, cada nubente, contratualmente, renuncia e aceita a renúncia da outra parte. Não equivale ao ato de repúdio (renúncia abdicativa no sistema jurídico brasileiro), instituto cuja verificação pressupõe a abertura da sucessão e o chamamento sucessório do sucessível repudiante; e se realiza por ato unilateral de vontade e não por contratação em pacto sucessório renunciativo, esta sim, hipótese tratada pela alteração legislativo em contento.

Ainda, traz a alteração legislativa a solução jurídica para todos aqueles que, casados sob o regime da separação de bens, e que pressupõe que a lei não deve unir, juntar por morte o que a vontade dos cônjuges manifestou expressamente a vontade de manter separado em vida.[92]

E, mais, nas hipóteses de transmissão sucessória de empresas familiares, a possibilidade de aplicação de pactos renunciativos muito agrada os ramos do Direito Comercial e Societário, vez que favorece a antecipação da transferência de seus bens aos descendentes (geração mais jovem), com maior capacidade de trabalho[93] e poder de consumo, evitando a fragmentação decorrente do *iter sucessorio*, impactando de forma positiva na manutenção da empresa e de empregos.

Isso sem mencionar o benefício ao propiciar menor custo tributário na transmissão tanto na legislação brasileira, como na portuguesa, pois evita a dupla tributação que ocorreria na transmissão a título gratuito, visto que os pactos sucessórios renunciativos, permitem "salto de gerações", ao possibilitar a atribuição da herança diretamente aos descendentes.[94]

Com esta modificação legislativa, gera-se a possibilidade de notável alteração na posição dos ascendentes, como herdeiros, deixando a ordem primeira de sucessão, a qual passa a ser ocupada pelo cônjuge e pelos descendentes e, somente na hipótese de não existência destes últimos, são chamados os ascendentes a suceder, com as seguintes justificativas de que: (i) a obrigação alimentar já protege de forma eficiente os ascendentes; (ii) há preferência íntima pela proteção dos descendentes aos ascendentes; (iii) verifica-se maior dinamicidade econômica na opção de transferência de bens à gerações mais jovens; (iv) de forma ampla e geral, não devendo o direito sucessório substituir o direito social, que em parte deve ser suprido pelo próprio Estado, no que diz respeito às despesas de saúde e velhice.

Por sua vez, o regramento sucessório português para o companheiro, convivente em união estável (união de facto) em muito se difere do atribuído ao cônjuge, a começar por não ser o primeiro englobado na categoria de herdeiro legitimário, sendo beneficiário apenas por disposição testamentária. O companheiro sobre-

---

92. *A contrario sensu*, R. Capelo de Sousa em *Os direitos sucessórios do conjuge sobrevivo. Do direito romano à actualidade. Estudos em Homenagem ao Prof. Doutor Manuel Henrique Mesquita*, v. II, *Boletim da Faculdade de Direito*, Coimbra: Coimbra Editora, 2009, p. 1022-1024., defende que 'Há razões públicas imperativas que impõem que o cônjuge sobrevivo, pela própria dignidade da instituição matrimonial, tinha o nível de vida mais próximo possível do que vinha usufruindo durante o casamento". Completa este autor, que caso as partes não quisessem os efeitos sucessórios, poderiam providenciar o divórcio e pactuar a união de facto, que no sistema português não possui efeitos sucessórios como no ordenamento jurídico brasileiro.
93. Apesar de com o atual aumento da perspectiva de vida, também o "futuro *de cujus*" deve prever o seu sustento, os meios financeiros para prover o quanto que eventualmente precise.
94. Recorde-se que, no direito português, na partilha em vida, não é permitida uma renúncia às tornas por parte de um dos legitimários participantes no ato.

vivente, possui direito ao subsídio por morte e à pensão de sobrevivência, dentre outros, nos dizeres do artigo 3º da Lei 7/2001 e direito real de habitação sobre a casa de morada de família, nos termos do artigo 5º da Lei 7/2001, bem como o direito de preferência na alienação deste imóvel e da transmissão do arrendamento, conforme o artigo 1.106, CCP. Ainda, é garantido o direito de alimentos ao membro sobrevivo sobre a herança do falecido, nos termos do artigo 2020 CCP. Em contraponto, o ordenamento sucessório brasileiro equipara o cônjuge e o companheiro na categoria de herdeiro legítimo, por entendimento jurisdicional, comentado na nota 57 acima.

3.2 Reflexões sobre a recente Lei

Pelo exposto acerca da estruturação sucessória brasileira, bem como portuguesa e respectivas limitações, e retomando a ideia do projeto de lei que originou a lei promulgada 48/2018, verifica-se que a edição desta normativa aplacou a lacuna no regime sucessório que muito efetivou a autonomia da vontade no regulamento sucessório.

Isso porque, ao se analisar a justificativa do projeto[95] que originou a lei 48/2018, conclui-se que esta é bem específica, ao visar proteger a posição sucessória dos descendentes existentes de ao menos um dos nubentes, tão característica nas famílias recompostas. Com propriedade, pleitea-se a incomunicabilidade sucessória proposta pelo projeto português (e efetivada mediante a edição da lei 48/2018) junto ao ordenamento jurídico brasileiro (semelhante ao português em suas linhas mestras), vez que neste não se tem nem ao menos a previsão proposta pelo artigo 1699 do CCP, e padece-se da mesma problemática sucessória de incomunicabilidade de bens frente à concorrência destes com o regime estipulado.

4. CONSIDERAÇÕES FINAIS

Por todo o exposto, observa-se que, apesar das particularidades das opções existentes de regime patrimonial decorrente do casamento, bem como união estável, tanto no ordenamento português, quanto no brasileiro, tais sistemas carecem de regras que compatibilizem a incomunicabilidade patrimonial, tanto na vigência do casamento, quanto na sucessão.

O poder legislativo português, por meio da edição da Lei 48/2018, providenciou a solução para esta demanda, a contento, no que tange ao reflexo do regime patrimonial do casamento no instituto da sucessão. A não menção à chamada

---

95. Visou o projeto trazer a possibilidade de pacto sucessório, para aqueles casados sob o regime da separação convencional e na presença de família recomposta, com o fim de tornar incomunicável o regime patrimonial tanto no casamento, quanto na sucessão, na esteira de privatização da vinculação familiar.

união de facto não indica falha à abrangência da possibilidade de renúncia, vez que esta união fática no sistema português não possui a tendência à equiparação ao instituto do casamento presente e marcante no ordenamento brasileiro.

Conforme o estudo apresentado, a legislação brasileira não prevê a possibilidade de não comunicação patrimonial sucessória, salvo se vigente o regime da separação obrigatória de bens e não incidência da Súmula 377 STF. E agrava esta situação ao equiparar a ordem de vocação sucessória aplicada aqueles que firmam união estável aos casados pelo regime supletivo, o da comunhão parcial de bens, por posicionamento jurisprudencial, em franco ativismo judicial.

Visualizando no ativismo judicial uma forma de desequilíbrio, a ser evitado, entre o Legislativo e Judiciário, traz-se a possibilidade da edição de lei específica, nos moldes como realizado em Portugal, como solução, à fim de evitar a tão disseminada atuação legislativa por parte do judiciário brasileiro.

A Lei 48/2018 (adotada em sistema jurídico que guarda nítida similaridade de estruturação com a legislação brasileira), que prevê a possibilidade de renúncia sucessória recíproca do cônjuge, em pacto antenupcial, durante a habilitação de casamento, na qual se opte por uma das duas forma de separação de bens, a convencional ou a obrigatória, satisfaria plenamente esta necessidade brasileira, em especial ao usuário que busca o Tabelionato para a redação de instrumento que harmonize a incomunicabilidade, seja na constância do casamento, seja na sucessão.

Esta possibilidade poderia ser pleiteada, por alteração legislativa do CCB, prevendo ainda a hipótese de pactuação na constância do casamento, vez que o ordenamento brasileiro possibilita a alteração judicial do regime de bens posterior ao matrimônio.

Face à possibilidade de alteração judicial do regime de bens, na constância do casamento, sugere-se a propositura de alteração legislativa do ordenamento brasileiro, nos moldes da lei portuguesa 48/2018, em prol da adoção da figura do pacto sucessório recíproco renunciativo da posição de herdeiro legitimário de "futuro" cônjuge, ressalvada a opção de sua adoção na vigência do casamento, por ocasião da mutação do regime de bens.

Assim, traria-se ao ordenamento brasileiro a possibilidade, tão almejada por muitos nubentes e cônjuges, de plena e total incomunicabilidade patrimonial, seja na vigência do casamento, seja por ocasião da sucessão, já no momento da elaboração da escritura de pacto antenupcial. Por este instrumento, em livre e plena manifestação de vontade, as partes, reciprocamente, ao adotarem um dos regimes de separação de bens, ajustam a renúncia ao direito sucessório em relação ao outro cônjuge, em nítida demonstração de comunhão plena do aspecto pessoal, mas não patrimonial, coerente com o regime adotado para a vigência do matrimônio.

5. REFERÊNCIAS

ALEXY, Robert. *Teoria dos Direito Fundamentais*. São Paulo: Malheiros, 2011.

ASCENSÃO, Jose Oliveira. *Direito civil – sucessões*. 5. ed. rev. Coimbra: Coimbra Editora, 2000.

BARROSO, Luis Roberto. *Curso de direito constitucional contemporâneo*. 9. ed. São Paulo: Saraiva.

BOSELLI, Karine; RIBEIRO, Izolda Andrea; MRÓZ, Daniela. *Registros Públicos*. São Paulo: Método, 2019.

BRUNETTI, Paulo Henrique, *O idoso é obrigado a se casar com separação de bens? Nem sempre*. Jusbrasil. 2018. Disponível em: https://brunetti.jusbrasil.com.br/artigos/667997204/o-idoso-e-obrigado-a-se-casar-com-separacao-de-bens-nem-sempre. Acesso em: 02 fev. 2020.

CAHALI, Francisco Jose. *Família e sucessões no Código Civil de 2002 – acórdãos, sentenças, pareceres e normas administrativas*. São Paulo: Ed. RT, 2004. v. 1.

CAMPOS, Diogo Leite De. *Lições de Direito da Família e das Sucessões*. Belo Horizonte, Del Rey, 1997.

CAMPOS, Diogo Leite De. *O Estatuto Sucessório do Cônjuge Sobrevivo*. 1990. Disponível em: https://portal.oa.pt/upl%7B502963ac-208f-4338-a083-dc52efee6333%7D.pdf. Acesso em: 07 jan. 2020.

CNB-SP, Colégio Notarial do Brasil Seção São Paulo, *Testamento*. Disponível em: https://www.cnbsp.org.br/index.php?pG=X19wYWdpbmFz&idPagina=60016. Acesso em: 07 nov. 2019.

CNJ, Conselho Nacional de Justiça. Provimento 37, de 07 de julho de 2014. Disponível em: https://www.cnj.jus.br/corregedoria-disciplina-registro-de-uniao-estavel-em-cartorios-de-registro-civil/. Acesso em: 07 abr. 2020.

COELHO, Pereira; OLIVEIRA, Guilherme de. *Curso de Direito da Família*. 5. ed. Imprensa da Universidade de Coimbra, Coimbra, 2016. v. I.

CONSULTOR JURIDICO, *STJ reconhece casamento entre pessoas do mesmo sexo*. 25 de outubro de 2015. Disponível em: https://www.conjur.com.br/2011-out-25/stj-reconhece-casamento-civil-entre-pessoas-mesmo-sexo. Acesso em: 14 de jan. 2020.

CONSULTOR JURIDICO, *Casamento de idosos que já viviam em união estável dispensa separação de bens*. 16 de dezembro de 2016. Disponível em: https://www.conjur.com.br/2016-dez-16/casamento-idosos-uniao-estavel-dispensa-separacao-bens. Acesso em: 14 jan. 2020.

CORTE-REAL, Pamplona. *Curso de direito das sucessões*. Lisboa: Quid Juris, 2012.

CORREGEDORIA PERMANENTE, 2ª VARA DE REGISTROS PÚBLICOS, processo 1000633-29.2016.8.26.0100, Comarca de São Paulo – SP.

DELGADO, Mário Luiz. Controvérsias na sucessão do cônjuge e do convivente. In: DELGADO, Mário Luiz; ALVES, Jones Figueirêdo (Coord.). *Questões controvertidas no novo Código Civil*: no direito de família e das sucessões. São Paulo: Método, 2006.

DELGADO, Mario Luiz. Controvérsias na sucessão do cônjuge e do convivente: uma proposta de harmonização do sistema. In: DELGADO Mário Luiz; ALVES, Jones de Figueiredo (Coord.). *Questões controvertidas no direito de família e das sucessões*. São Paulo: Método, 2005. v. 3.

DELGADO, Mario Luiz. *Da renúncia prévia ao direito concorrencial por cônjuges e companheiros*. Conjur, 2019. Disponível em: https://www.anoreg.org.br/site/2019/04/08/artigo-da-renuncia-previa-ao-direito-concorrencial-por-conjuges-e-companheiros-por-mario-luiz-delgado/. Acesso em: 19 mar. 2020.

DIAS, Cristina Araujo. *Lições de Direito das Sucessões*. 6. ed. Coimbra: Almedina, 2017.

DIAS, Maria Berenice. *Manual de Direito das Famílias*. 4. ed. São Paulo, 2014.

DINIZ, Maria Helena. *Curso de direito civil brasileiro*. 17. ed. São Paulo: Saraiva, 2006. v. 6.

FERNANDES, Luis A. Carvalho. *Lições de direito das sucessões*. 4. ed. rev. e atual. Lisboa: Quid Juris, sociedade editora, 2012.

GENESTRETI, Guilherme. Mais pessoas se casam pela segunda vez em São Paulo. São Paulo, *Revista São Paulo da Folha de São Paulo*, 2012. Disponível em: https://flaviotartuce.jusbrasil.com.br/artigos/121820267/mais-pessoas-se-casam-pela-segunda-vez-em-sao-paulo. Acesso em: 10 jan. 2020.

HIRONAKA, Giselda Maria Fernandes Novaes. Direito das sucessões brasileiro: disposições gerais e sucessaão legítima. *Revista Imes*. Disponível em: http://seer.uscs.edu.br/index.php/revista_direito/article/view/692. Acesso em: 10 jan. 2020.

HIRONAKA, Giselda Maria Fernandes Novaes. Ordem de vocação hereditária. In: PEREIRA, Rodrigo da Cunha (Coord.). *Direito das sucessões e o Novo Código Civil*. Belo Horizonte: Del Rey, 2004.

LEAL, José Hildor, *Regime de bens-Regime misto*. Brasília, CNB-Conselho Federal, 2011. Disponível em: http://www.notariado.org.br/blog/notarial/regime-de-bens-regime-misto. Acesso em: 25 nov. 2019.

LOPES, Tiago Filipi. *Renúncia recíproca dos cônjuges à condição de herdeiro legitimário*. Dissertação no Ambito do 2º Ciclo de Estudos em Direito, na área de Especialização, em Ciências Jurídico-Forenses, Faculdade de Direito da Universidade de Coimbra, janeiro de 2019.

MADALENO, Rolf. A crise conjugal e o colapso dos atuais modelos de regimes de bens. In: PEREIRA, Rodrigo da Cunha (Coord.). *Família: entre o público e o privado*. Porto Alegre: Magister; IBDFAM, 2012.

MADALENO, Rolf. Renúncia de herança em pacto antenupcial. *Revista de Direito das Famílias e Sucessões*, n. 27. p. 9-57, Belo Horizonte, IBDFAM, 2018.

MARTINS, Kamila Mendes. Com casos recentes de ativismo judicial, STF estaria passando dos limites. *Gazeta do Povo*, Curitiba-PR, 09 de dezembro de 2016. Disponível em: https://www.gazetadopovo.com.br/vida-publica/justica-e-direito/com-casos-recentes-de-ativismo-judicial-stf-estaria-passando-dos-limites-0xrr654jsklj3ricw3gxexjn4/. Acesso em: 07 fev. 2020.

NEVARES, Ana Luiza Maia. *A função promocional do* testamento: tendências do direito sucessório. Rio de Janeiro: Renovar, 2009.

OLIVEIRA, Guilherme de. A Reforma do Direito da Família de Macau. Universidade de Macau, Jornadas de Direito Civil e Comercial, Direito Civil. *Boletim da Faculdade de Direito*, ano III, n. 3, 1999.

OLIVEIRA, Guilherme de. *Portugal! Um país de Contrastes...*, Metamorfosi del matrimonio e altre forme di convivenza afetiva, a cura de Marta Costa, Libreria Bonomo editrice. 2007.

OLIVEIRA, Guilherme de. *Renúncias recíprocas às quotas legitimarias através de legados em substituição de legítima feitos em convenção antenupcial* – estudo de caso, 2016. Disponível em: http://www.guilhermedeoliveira.pt/resources /renuncias-as-quotas-legitimarias.pdf. Acesso em: 30 abr. 2019.

PEREIRA, Rodrigo da Cunha (Coord.). *Direito das sucessões e o Novo Código Civil*. Belo Horizonte: Del Rey, 2004.

PINHEIRO, Duarte. *O Direito das Sucessões contemporâneo*. 3. ed. Almedina, 2019.

PITÃO, Jose França. *A posição do conjuge sobrevivo no actual direito sucessório português*. 4. ed. rev., actual. e aum. Coimbra: Almedina, 2005.

PLANALTO, Lei 3.071, de 1º de janeiro de 1916. Disponível em: http://www.planalto.gov.br/ccivil_03/leis/l3071.htm. Acesso em: 30 de nov. 2019.

PLANALTO, Lei 10/406, de 10 de janeiro de 2002. Disponível em: http://www.planalto.gov.br/ccivil_03/leis/2002/L10406compilada.htm. Acesso em: 27 nov. 2019.

PLANALTO, Lei 12.344, de 09 de dezembro de 2010. Disponível em: http://www.planalto.gov.br/ccivil_03/_Ato2007-2010/2010/Lei/L12344.htm#:~:text=LEI%20N%C2%BA%2012.344%2C%20DE%209,separa%C3%A7%C3%A3o%20de%20bens%20no%20casamento. Acesso: 25 de nov. 2019.

PONTES DE MIRANDA, Francisco Cavalcanti. *Tratado de direito privado*: parte especial: direito das sucessões: sucessão em geral; sucessão legítima. Atual. Giselda Maria Fernandes Novaes Hironaka e Paulo Luiz Netto Lôbo. São Paulo: Ed. RT, 2012. t. 55.

PORTAL DO EXTRAJUDICIAL, *Normas de Serviço Extrajudicial Corregedoria Geral de Justiça (NSCCG) Tribunal do Estado de São Paulo*. Disponível em: https://api.tjsp.jus.br/Handlers/Handler/FileFetch.ashx?codigo=120537. Acesso em: 10 mar. 2020.

SILVA, Nuno Ascensão. *Em torno das relações entre o direito de família e o direito das sucessões* – caso particular dos pactos sucessórios no direito internacional privado. Coimbra: Imprensa da Universidade de Coimbra, 2016.

SIMÃO, José Fernando. *Repensando a noção de pacto sucessório: de lege ferenda*. Disponível em: http://www.cartaforense.com.br/conteudo/colunas/repensando-a-nocaode-pacto-sucessorio-de-lege-ferenda/17320. Acesso em: 30 abr. 2019.

SOUSA, R. Capelo de. *Os direitos sucessórios do conjuge sobrevivo. Do direito romano à actualidade*. Estudos em Homenagem ao Prof. Doutor Manuel Henrique Mesquita. *Boletim da Faculdade de Direito*. Coimbra: Coimbra Editora, 2009. v. II.

STF. Ação Direta de Inconstitucionalidade (ADI) 4277 e Arguição de Descumprimento de Preceito Fundamental (ADPF) 132. 05 de maio de 2011. Disponível em: http://www.stf.jus.br/portal/cms/verNoticiaDetalhe.asp?idConteudo=178931. Acesso em: 15 out. 2019.

STF. Recurso Extraordinário (RE) 646.721. Rel. Min. Marco Aurelio Melo. 07 de dezembro de 2018. Disponível em: http://www.stf.jus.br/portal/cms/verNoticiaDetalhe.asp?idConteudo=342982. Acesso em: 20 maio 2020.

STF. Recurso Extraordinário (RE) 878.694. Rel. Min. Roberto Barroso. 08 de novembro de 2018. Disponível em: http://www.stf.jus.br/portal/cms/verNoticiaDetalhe.asp?idConteudo=342982. Acesso em: 20 maio 2020.

STJ. EREsp 1.623.858-MG. Rel. Min. Lázaro Guimarães (Desembargador Convocado do TRF 5ª Região), por unanimidade, julgado em 23.05.2018, DJe 30.05.2018. Disponível em: https://vfkeducacao.com/stj-moderna-compreensao-da-sumula-377stf/. Acesso em: 15 jun. 2020.

STJ. Ag. Int. no REsp 1341825/SC. Rel. Ministro Raul Araújo, 4ª Turma, julgado em 15.12.2016, DJe 10.02.2017. Disponível em: https://www.correioforense.com.br/direito-civil/a-uniao--estavel-para-pessoa-maior-de-70-anos-e-obrigatori o-o-regime-da-separacao-de-bens/#.WS1vq9wrK Ch. Acesso em: 16 jun. 2020.

STJ. REsp 992.749 MS (2007/0229597-9) Rel. Min. Nancy Andrighi, 3ª T., j. 26/05/2009. Disponível em: https://pdfslide.tips/documents/superior-tribunal-de-justica-resp992-nos-dois-casos--portanto-que.html. Acesso em: 17 abr. 2020.

STJ. REsp 1481888 SP (2014/0223395-7) Rel. Min. Marco Buzzi, 4ª T., j. 10.04.2018. Disponível em: https://stj.jusbrasil.com.br/jurisprudencia/567733440/recurso-especial-resp-1481888-sp-2014-0223395-7/inteiro-teor-567733489. Acesso em: 1º jun. 2020.

STJ. REsp 1382180/2015 PR Rel. Min. Ricardo Villas Boas Cueva, 2ª T., j. 10.04.2018. Disponível em: https://ibdfam.org.br/noticias/5828/Sucess%C3%B5es: +STJ+decide+que+vi%C3%BAvo+-de+casamento++com+separa%C3%A7%C3%A3o+total+de+bens+%C3%A9+herdeiro+necess%C3%A1rio. Acesso em: 18 abr. 2020.

TELLES, Inocencio Galvao. *Sucessão legítima e sucessão legitimaria*. Coimbra Editora, Coimbra, 2004.

TELLES, Inocencio Galvao. *Sucessão legítima e sucessão testamentária*. Coimbra: Editora, Coimbra, 2004.

TJDFT. Indignidade x Deserdação. Disponível em: https://www.tjdft.jus.br/ institucional/imprensa/campanhas-e-produtos/direito-facil/edicao-semanal/ indignidade-x-deserdacao. Acesso em: 30 nov. 2019.

TRIGO, Manuel. *Lições de Direito da Família e das Sucessões*. Faculdade de Direito da Universidade de Macau, 2016. v. III.

VAZ, Manuel Afonso et al (Coord.). *Jornadas no Quarenta Anos da Constituição da República Portuguesa* – Impacto e Evolução. Porto, ed. Universidade Católica Editora, 2017.

VELOSO, Zeno. Sucessão do cônjuge no novo Código Civil. In: FARIAS, Cristiano Chaves de (Coord.). *Temas atuais de direito e processo de família*. Rio de Janeiro: Lumem Júris, 2004.

VENOSA, Sílvio de Salvo. *Código civil interpretado*. 2. ed. São Paulo: Atlas, 2011.

VENOSA, Silvio de Salvo. *Direito civil*: direitos das sucessões. 5. ed. São Paulo: Atlas, 2005. v. 7.

VINCI, Luciana Vieira Dallaqua e outro. A função contramajoritária dos direitos fundamentais. *Conjur*, 27 de abril de 2015. Disponível em: https://www.conjur.com.br/2015-abr-27/mp-debate-funcao-contramajoritaria-direitos-fundamentais#_ftn3. Acesso em: 25 dez. 2019.

VIRGIL M. HARRIS, The importance of the last wil and Testament, 1908. Disponível em: https://heinonline.org/HOL/page?handle=hein.journals/blj25&collection= journals&id=391&startid=&endid=397. Acesso em: 20 mar. 2020.

WALD, Arnoldo. *Direito civil*: direito das sucessões. (Formato epub). 15. ed. São Paulo: Saraiva, v. 6, 2012.

XAVIER, Rita Lobo. *Limites à autonomia privada na disciplina das relações patrimoniais entre os cônjuges*. Coimbra: Almedina, 2000.

ESCRITURA PÚBLICA DE UNIÃO POLIAFETIVA

Patricia Emi Taquicawa Kague

Especialista em Direito Tributário pela Pontifícia Universidade Católica de São Paulo. Bacharel em Direito pela Pontifícia Universidade Católica de São Paulo. Integrante da Comissão Especial de Direito Notarial e Registros Público da OAB/SP.

Sumário: 1. Introdução – 2. Das múltiplas formas para a constituição de uma família; 2.1 Da união poliafetiva – 3. Dos princípios constitucionais que dão fundamento a legalização da união poliafetiva; 3.1 Princípio da dignidade da pessoa humana; 3.2 Princípio da não intervenção do estado (princípio da liberdade); 3.3 Princípio da igualdade; 3.4 Princípio do não retrocesso; 3.5 Da monogamia como valor cultural e não princípio constitucional – 4. Da atual impossibilidade de se lavrar uma escritura pública de união poliafetiva; 4.1 Natureza jurídica da escritura pública; 4.2 Escritura pública de união poliafetiva no Brasil – 5. Da necessidade de amparo jurídico para as uniões poliafetivas – 6. Conclusão – 7. Referências.

1. INTRODUÇÃO

A Constituição Federal de 1988 está firmada na proteção dos direitos fundamentais, dentre eles, a dignidade da pessoa humana, a igualdade e a liberdade, desse modo, além de zelar pela coletividade, visa proteger o interesse pessoal dos indivíduos, para tanto, abordou de forma cautelosa o instituto da família que, por sua vez, é a base da sociedade brasileira, possuindo assim importante papel na busca da felicidade.

Antes da Carta Magna vigente, que proporcionou a reforma do Código Civil de 1916, a única forma de se construir uma família era pelo sistema patriarcal, no qual um homem se une com uma mulher pelos laços matrimoniais e juntos criam os filhos havidos dentro do casamento, que nem sempre era formado pelo vínculo afetivo, muitas vezes, era arranjado para satisfazer interesses sociais e econômicos.

Com o passar dos anos, as pessoas começaram a valorizar, cada vez mais, o bem-estar e a satisfação pessoal, por consequência, os relacionamentos criados pelo afeto passaram a ganhar maior relevância jurídica. A partir da vigência da Lei Maior de 1988, essa nova realidade deu origem a novos arranjos familiares, sendo alguns já reconhecidos pelo ordenamento jurídico, como é o caso da união estável, que dispensa o matrimônio, e da união homoafetiva que garante a junção de pessoas do mesmo sexo, sempre com fulcro na afetividade.

Em seu turno, a chamada união poliafetiva, que consiste em uma relação formada por mais de duas pessoas, ainda sofre muito preconceito e é vista com maus olhos por boa parte da sociedade, visto que esta carrega a monogamia como um valor importante dos bons costumes.

Ainda assim, no ano de 2012, tivemos no país o primeiro registro de uma união poliafetiva, que foi realizado pelo cartório da cidade de Tupã, interior do estado de São Paulo. Após o referido caso, outros registros foram feitos ao redor do país, dando origem a debates sobre a temática, quando diversos pontos, favoráveis e negativos, foram levantados por doutrinadores e juristas com elevado grau de conhecimento na área.

Frente ao impasse, em 2018, o Conselho Nacional de Justiça proferiu decisão para impedir que os cartórios lavrem escrituras públicas de uniões poliafetivas, pois, entendeu que esse tipo de entidade familiar afetará demasiadamente o panorama jurídico do país, ao estender seus efeitos para direito da família, principalmente, no tocante ao direito sucessório.

Apesar das grandes repercussões que terão origem, em um eventual reconhecimento da união poliafetiva, muitos especialistas defendem a sua legalização, como será demonstrado no decorrer deste artigo.

O presente trabalho, em primeiro plano, analisou a evolução histórica do instituto da família e conceituou a união poliafetiva, reforçando a atual importância do afeto para a formação dos laços familiares. Em segundo plano, desenvolveu-se a questão dos princípios fundamentais que sustentam o ideal da pluralidade dos amores, bem como esclareceu o motivo pelo qual a monogamia não é uma justificativa plausível para negar o reconhecimento da poliafetividade.

Já o terceiro plano tratou da atual impossibilidade de se lavrar uma escritura pública de união poliafetiva, tendo em vista a decisão do Conselho Nacional de Justiça, por fim, o estudo esclarece que a decisão do CNJ não tem o condão de alterar a realidade fática, portanto, aqueles que vivem a poliafetividade ficaram desamparados, sem a possibilidade de formalizarem a relação, fazendo surgir a necessidade de acesso à justiça, direito este fundamental para que outros direitos sejam concretizados.

2. DAS MÚLTIPLAS FORMAS PARA A CONSTITUIÇÃO DE UMA FAMÍLIA

Antigamente, mais precisamente durante a formulação e vigência do Código Civil de 1916, a entidade familiar se estabelecia em torno de um sistema patriarcal fundamentado na figura do pai, que era considerado o "chefe da família". Sendo assim, os interesses pessoais eram deixados para segundo plano, dando ensejo a diversos casamentos arranjados, posto que amor e afeto não era tidos como essenciais para a construção de uma vida em conjunto.

Nesse sentido é a doutrina da autora Magdalena Ramos:

> Antes, os parceiros se uniam por conveniência das famílias de origem ou por interesses estritamente econômicos. Hoje o casal se une por livre e espontânea vontade, o alicerce da relação é o afeto e a procura da felicidade.[1]

Com o passar dos anos o instituto da família foi lentamente modificando seus valores, uma vez que o sistema patriarcal não mais servia para suprir as necessidades da vida em comum. Assim, devido as mudanças históricas, culturais e sociais "o direito da família passou a seguir rumos próprios, com as adaptações à nossa realidade, perdendo aquele caráter canonista e dogmático intocável".[2]

Aos poucos a família deixou de ser uma unidade de produção hierarquizada na figura paterna, sendo cada membro igualmente valorizado e com funções baseadas nas características e aptidões individuais. Logo, os grupos familiares passaram a ter muito mais que uma função exclusivamente econômica, sendo vistos como um refúgio para os problemas e agitações da vida diária, fazendo crescer o sentimento de afeto entre marido, mulher e filhos.

Ademais, devido ao enfraquecimento da Igreja Católica, que pregava a procriação como principal finalidade do casamento, modificou-se o modo de encarar o matrimônio, que começou a ser visto como a união entre homem e mulher por interesses afetivos, independente de interesses econômicos.[3]

Segundo Paulo Lobô, essa nova realidade:

> (...) resulta da superação do individualismo jurídico, que por sua vez é a superação do modo de pensar e viver da sociedade a partir do predomínio dos interesses individuais, que marcou os primeiros séculos da modernidade, com reflexos até os dias atuais.[4]

Tendo isso em vista, gradativamente, a legislação então vigente foi deixando de representar a realidade brasileira e a família constituída pelos laços eternos do casamento foi cedendo espaço para a família constitucionalizada pela desenvoltura do amor e da solidariedade.[5]

A promulgação da Constituição Federal de 1988 abriu espaço para o modelo familiar que conhecemos nos dias atuais. A Lei Maior, houve por bem romper com o ideal de família patriarcal, flexibilizando normas e contemplando novos grupos familiares.

---

1. RAMOS, Magdalena. *Direito de família e psicanálise* – Rumo a uma nova epistemologia. Rio de Janeiro: Editora Imago, 2003, p. 287
2. GONÇALVES, Carlos. *Direito Civil brasileiro*. 11. ed. São Paulo: Saraiva, 2014, v. 6, p. 32.
3. RIZZARDO, Arnaldo. *Direito de Família*. 8. ed. Rio de Janeiro: Forense, 2011, p. 20.
4. NETTO LÔBO, Paulo Luiz. *Direito Civil* – famílias. 4. ed. São Paulo: Saraiva, 2011, p. 63.
5. FACHIN Luiz Edson. *Direito de família*: Elementos críticos à luz do novo Código Civil brasileiro. 2. ed. Rio de Janeiro: Renovar, 2003, p. 02.

Insta destacar o art. 1º, III e o art. 5º, *caput*, do texto constitucional, o primeiro retrata o princípio da dignidade da pessoa humana como fundamento base da República Federativa do Brasil e o segundo prevê a igualdade entre todos os indivíduos.

Salienta-se ainda o art. 226, da CF/88, que apresenta a família como base da sociedade brasileira sendo, portanto, merecedora de proteção estatal apta a garantir condições mínimas para que os grupos familiares se formem em torno de uma estrutura emocional equilibrada capaz para manter intacto os princípios constitucionais.

Nas palavras de Gustavo Tepedino:

> artigo 1º, inciso III, da Constituição Federal, dá conteúdo à proteção da família atribuída ao Estado pelo artigo 226 do mesmo Texto Maior: é a pessoa humana, o desenvolvimento de sua personalidade, o elemento finalístico da proteção estatal, para cuja realização devem convergir todas as normas do direito positivo, em particular, aquelas que disciplinam o Direito de Família, regulando as relações mais intimas e intensas do indivíduo social.[6]

Sendo assim, se o que importa é viabilizar a dignidade da pessoa humana, não faz sentido restringir os meios para tanto, por conseguinte, a Carta Magna quebrou com os preconceitos e com os paradigmas vinculados aos institutos familiares, reconhecendo como família os mais variados grupos, não somente aqueles compostos por um homem, uma mulher e seus filhos, diante disso, os indivíduos passaram a ter maior liberdade de escolha no momento de constituir uma família, fazendo-o conforme seus desejos, consoante com o que considera digno.

Para Cristiano Chaves Faria "o escopo precípuo da família passa a ser a solidariedade social e demais condições necessárias à afirmação da dignidade humana, regido o seu núcleo duro pelo afeto, como mola propulsora".[7]

A partir desse entendimento, a sociedade passou a aceitar melhor as diversas formas de amor, não só aquela formada pelo casamento de um homem com uma mulher, cabendo ressaltar a união estável, expressamente, prevista no art. 226 § 3º, da CF/88, bem como a entidade familiar monoparental, disposta no art. 226, § 4º, da Lei Maior.

De acordo com Maria Berenice Dias:

> Procedeu o legislador constituinte ao alargamento do conceito de família ao emprestar juridicidade ao relacionamento fora do casamento. Afastou da ideia de família o pressuposto do casamento, identificando como família também a união estável entre um homem e uma mulher. A família à margem do casamento passou a merecer tutela constitucional porque apre-

---

6. TEPEDINO, Gustavo. *Temas de direito civil*. Rio de Janeiro: Renovar, 1999
7. FARIA, Cristiano Chaves de. *Direito de Família* – Processo – Teoria e Prática. Rio de Janeiro: Forense, 20008, p. 216.

senta condições de sentimento, estabilidade e responsabilidade necessários ao desempenho das funções reconhecidamente familiares. Nesse redimensionamento, passaram a integrar o conceito de entidade familiar também as relações monoparentais: um pai com os seus filhos. Ou seja, para a configuração da família, deixou de se exigir necessariamente a existência de um par, o que, consequentemente, subtraiu de seu conceito a finalidade procriativa.[8]

Para Cristiano Chaves Farias e Nelson Rosenvald (2013, p. 88):

(...) o legislador constituinte apenas normatizou o que já representava a realidade de milhares de famílias brasileiras, reconhecendo que a família é um fato natural e o casamento uma solenidade, uma convenção social, adaptando, assim, o Direito aos anseios e às necessidades da sociedade. Assim, passou a receber proteção estatal, como reza o art. 226 da Constituição Federal, não somente a família originada através do casamento, bem como qualquer outra manifestação afetiva (...).[9]

Nessa mesma toada, o Supremo Tribunal Federal, no julgamento da ADIn 4277 e ADPF 132, entendeu pela não exclusão da possibilidade de união estável entre casais homoafetivos, visto que se trata de uma realidade de fato não amparada pelo direito, no mais, a Suprema Corte reconheceu que não pode existir discriminação ou exclusão dos mais variados tipos de entidades familiares.

Consoante leciona Caio Mário da Silva Pereira "novos tipos de grupamento humano marcados por interesses comuns e pelos cuidados e compromissos mútuos hão de ser considerados como novas 'entidades familiares' a serem tuteladas pelo direito".[10]

Levando em consideração a realidade fática, a dignidade da pessoa humana e o atual entendimento do Supremo Tribunal Federal, as uniões poliafetivas deveriam também ser contempladas pelo art. 226, § 3º, da CF/88, que trata da união estável, no entanto, existe ainda muito preconceito em relação as famílias não convencionais, tanto é que o Conselho Nacional de Justiça vetou a lavratura de escrituras públicas de uniões poliafetivas, conforme analisaremos mais adiante no presente artigo.

No próximo item iremos conceituar a instituto da poliafetividade, que muito se diferencia do tipo penal conhecido por poligamia.

---

8. DIAS, Maria Berenice. *Manual de direito das famílias*: de acordo com o novo CPC. 11. ed. São Paulo: Ed. RT, 2016, p. 32.
9. FARIAS, Cristiano Chaves de; ROSENVALD, Nelson. *Curso de direito civil*: direito das famílias. Salvador: JusPodivm, 2013, p. 88.
10. PEREIRA, Caio Mário da Silva. *Instituições de Direito Civil*: Direito da Família. 20. ed. Atualizado por Tânia da Silva Pereira. Rio de Janeiro: Forense, 2012, v. 5, p. 43.

2.1 Da união poliafetiva

Para falarmos da poliafetividade, antes é preciso entender o conceito de poliamor, segundo o dicionário online Michaelis, trata-se de um:

> Tipo de relação ou atração afetiva em que cada pessoa tem a liberdade de manter vários relacionamentos simultâneos, negando a monogamia como modelo de fidelidade, sem promover a promiscuidade. Caracteriza-se pelo amor a diversas pessoas, que vai além da simples relação sexual e pela anuência em relação à ausência de ciúme de todos os envolvidos nessa relação. O propósito do poliamor é amar e ser amado por várias pessoas ao mesmo tempo.[11]

Então, o poliamor consiste na existência simultânea (paralela) de duas ou mais relações afetivas, contudo, se diferencia da traição, já que persiste o consentimento das partes envolvidas, assim, todos tem conhecimento de que seu parceiro(a) também se relaciona com terceiros(as), mantendo-se a transparência e a honestidade.

Corrobora com esse entendimento os autores Antônio Cerdeira Pilão e Mirian Goldenberg, para eles o poliamor "é um nome dado a possibilidade de se estabelecer mais de uma relação amorosa ao mesmo tempo com a concordância de todos os envolvidos".[12]

A poliafetividade decorre do poliamor, todavia, dele se diferencia, pois, pressupõe apenas um núcleo formado por três ou mais participantes que se relacionam entre si, em outras palavras, inexistem relações paralelas, mas tão somente uma única relação que envolve mais de duas pessoas.

É imprescindível, diferenciarmos a poliafetividade da poligamia, esta última consiste no casamento de uma pessoa que já é casada, o que é estritamente proibido inclusive, consiste em crime de bigamia, o qual está previsto no art. 235 do Código Penal.

Por sua vez, a união poliafetiva, como bem diz o nome, ocorre quando três ou mais envolvidos possuem o objetivo de constituir uma família, sendo o relacionamento público, contínuo e duradouro. Para Camila Franci de Souza Sá e Mariza Viecili:

> (...) qualquer grupo pode fazer uma união como esta (um homem e duas mulheres, uma mulher e dois homens, três homens, três mulheres etc.), desde que respeitados alguns pressupostos contidos no art. 1.723, do nosso Código Civil, como por exemplo: ser pública, ser contínua,

---

11. *Dicionário online Michaelis*, 2021. Disponível em: https://michaelis.uol.com.br/moderno-portugues/busca/portugues-brasileiro/poliamor/.
12. PILÃO, Antônio Cerdeira, GOLDENBERG, Miriam, Poliamor e Monogamia: Construindo diferenças e hierarquias. *Revista Ártemis*. 5. ed. 2012, p. 62.

ser duradoura, apresentar objetivo de constituir família e não apresentar impedimentos matrimoniais.[13]

Ou seja, não existem pré-requisitos para a formação de uma união poliafetiva, contudo, devem estar presentes as mesmas características de uma união estável, nos moldes do Código Civil em vigência, quais sejam, vontade de constituir família, publicidade, continuidade e durabilidade.

Apesar das semelhanças com a união estável, a união poliafetiva, até o momento, não foi reconhecida pelo ordenamento jurídico brasileiro.

A seguir iremos analisar os princípios constitucionais que dão amparo a legalização da união poliafetiva.

3. DOS PRINCÍPIOS CONSTITUCIONAIS QUE DÃO FUNDAMENTO A LEGALIZAÇÃO DA UNIÃO POLIAFETIVA

3.1 Princípio da dignidade da pessoa humana

O princípio em comento está expressamente previsto no art. 1º, III, da CF/88, *in verbis*:

> Art. 1º/CF: A República Federativa do Brasil, formada pela união indissolúvel dos Estados e Municípios e do Distrito Federal, constitui-se em Estado Democrático de Direito e tem como fundamentos:
> (...)
> III – a dignidade da pessoa humana.[14]

A partir do dispositivo, ora transcrito, é possível inferir que o Estado Democrático de Direito é responsável por garantir a todos os indivíduos respeito, valor e consideração, os quais são necessários para a manutenção de uma vida digna.

Quando se trata da família, conforme já mencionado, esta é a base da sociedade (art. 226, CF/88), devendo ser protegida pelo Estado como forma de asseverar os direitos humanos, dentre eles a dignidade.

A renomada doutrinadora Maria Berenice Dias ensina que:

> O direito das famílias está umbilicalmente ligado aos direitos humanos, que têm por base o princípio da dignidade da pessoa humana, versão axiológica da natureza humana. O princípio da dignidade humana significa, em última análise, igual dignidade para todas as entidades familiares. Assim, é indigno dar tratamento diferenciado às várias formas de filiação ou aos

---

13. SÁ, Camila Franchi de Souza; VIECILI, Mariza. As novas famílias: relações poliafetivas. *Revista Eletrônica de Iniciação Científica*, v. 5, n. 1, p. 152-153. Itajaí, 2014.
14. BRASIL, Constituição Federal de 1988.

vários tipos de constituição de família, com o que se consegue visualizar a dimensão do espectro desse princípio, que tem contornos cada vez mais amplos.[15]

Levando em conta que a sociedade está constante transformação de valores morais, o ordenamento jurídico deve se ajustar a nova realidade do brasileiro, a fim de resguardar os direitos dos indivíduos, independentemente, da forma como cada um opta por constituir família. Consoante Maria Berenice Dias:

> A vastidão de mudanças das estruturas políticas, econômicas e sociais produziu reflexos nas relações jurídico-familiares. Ainda que continue a família a ser essencial para a própria existência da sociedade e do Estado, houve uma completa reformulação do seu conceito. Os ideais do pluralismo, solidarismo, democracia, igualdade, liberdade e humanismo voltaram-se à proteção da pessoa humana. A família adquiriu função instrumental para a melhor realização dos interesses afetivos e existenciais de seus componentes.[16]

Logo, considerando a diversidade de entidades familiares e o fato de que o instituto da família possui proteção constitucional, o Estado deve ser capaz de absorver e aceitar as diferenças, com o intuito de manter a dignidade dos cidadãos.

3.2 Princípio da não intervenção do Estado (princípio da liberdade)

Primeiramente, cabe transcrever o art. 1.513 do Código Civil, *in verbis*:

> Art. 1.513/CC: É defeso a qualquer pessoa, de direito público ou privado, interferir na comunhão de vida instituída pela família.[17]

Ao interpretar o aludido dispositivo, é possível concluir que as pessoas são livres para escolher como irão constituir uma família, seguindo suas vontades, sentimentos e interesses individuais.

O autor Leonardo Alves esclarece o seguinte:

> Em verdade, o Estado somente deve interferir no âmbito familiar para efetivar a promoção dos direitos fundamentais dos seus membros – como a dignidade, a igualdade, a liberdade, a solidariedade etc.–, e, contornando determinadas distorções, permitir o próprio exercício da autonomia privada dos mesmos, o desenvolvimento da sua personalidade e o alcance da felicidade pessoal de cada um deles, bem como a manutenção do núcleo afetivo. Em outras palavras, o Estado apenas deve utilizar-se do Direito de Família quando essa atividade implicar uma autêntica melhora na situação dos componentes da família.[18]

---

15. DIAS, Maria Berenice, *Manual de direito das famílias*. São Paulo: Ed. RT, 2013, 66.
16. DIAS, Maria Berenice. *Manual de direito das famílias*. São Paulo: Ed. RT, 2013, p. 39.
17. BRASIL, Código Civil de 2002.
18. ALVES, Leonardo Barreto Moreira. *Direito de família mínimo*: a possibilidade de aplicação da autonomia privada no direito de família. Rio de Janeiro: Lumen Juris, 2010, Livro Eletrônico, p. 154.

Nota-se que, tão somente cabe ao Estado coordenar, administrar e limitar as liberdades, para assim garantir as liberdades individuais.

3.3 Princípio da igualdade

O princípio da igualdade pressupõe que todos os indivíduos são iguais perante a lei, sendo a igualdade sinônimo de justiça. Vejamos o art. 5º, da Constituição Federal, *in verbis*:

> Art. 5º/CF: Todos são iguais perante a lei, sem distinção de qualquer natureza, garantindo-se aos brasileiros e aos estrangeiros residentes no País a inviolabilidade do direito à vida, à liberdade, à igualdade, à segurança e à propriedade (...).[19]

Partindo desse princípio, não há razão para existir tratamento jurídico diferenciado em relação às diversas modalidades familiares. O doutrinador Roger Rios expõe que "a igualdade não deixa espaço senão para a aplicação absolutamente igual da norma jurídica, sejam quais forem as diferenças e as semelhanças verificáveis entre os sujeitos e as situações envolvidas".[20]

O Estado, ao reconhecer apenas a família constituída através do casamento entre um homem e uma mulher, manifesta clara discriminação às demais espécies familiares, tanto é que, atualmente, já é reconhecida a união estável entre casais heterossexuais e homossexuais, no entanto, o ordenamento jurídico ainda não aceita a ideia de união poliafetiva, o que vai de encontro com o princípio da igualdade.

É essencial que o direito se inove, com a finalidade de proporcionar aos cidadãos o direito de escolha, sem discriminações, quando o assunto é a constituição de uma família.

3.4 Princípio do não retrocesso

Cabe ainda analisar o princípio do não retrocesso, o qual se encontra explícito no art. 3º, II, da Constituição Federal, *in verbis*:

> Art. 3º/CF: Constituem objetivos fundamentais da República Federativa do Brasil:
> (...)
> II – garantir o desenvolvimento nacional.

O princípio supramencionado preza pela defesa das conquistas sociais em prol dos direitos fundamentais, desse modo, o Estado não pode legislar para violar as garantias fundamentais já conquistadas pela sociedade.

---

19. BRASIL, Constituição Federal de 1988.
20. RIOS, Roger Raupp. *O princípio da igualdade e a discriminação por orientação sexual*. São Paulo: Ed. RT, 2002, p. 38.

Felipe Derbli ao estudar o princípio do não retrocesso entendeu que:

> A particularidade do princípio da proibição de retrocesso social está, pois, na prevalência do caráter negativo de sua finalidade. Dizemos prevalência porque existe, ainda que em menor escala, um elemento positivo na finalidade do princípio em tela: é dever do legislador manter-se no propósito de ampliar, progressivamente e de acordo com as condições fáticas e jurídicas (incluindo-se as orçamentárias), o grau de concretização dos direitos fundamentais sociais, através da garantia de proteção dessa concretização à medida que nela se evolui. Vale dizer, proibição de retrocesso social não se traduz em mera manutenção do status quo, antes significando também a obrigação de avanço social.[21]

Portanto, não pode ser elaborada uma norma que restrinja um direito fundamental, ou seja, o legislador não pode formular legislação que limita o direito dos indivíduos de constituírem família com base no afeto.

3.5 Da monogamia como valor cultural e não princípio constitucional

Desde já, cumpre ressaltar os ensinamentos do autor Rodrigo Cunha Pereira:

> (...) a monogamia funciona como um ponto chave das conexões morais de determinada sociedade. Mas não pode ser uma regra ou princípio moralista, a ponto de inviabilizar direitos.[22]

Corrobora com esse ponto de vista Maria Berenice Dias, vejamos:

> Uma ressalva merece ser feita com relação à monogamia. Não se trata de um princípio do direito estatal de família, mas sim de uma regra restrita à proibição de múltiplas relações matrimonializadas, constituídas sob chancela do Estado. Ainda que a lei recrimine de diversas formas quem descumpre o dever de fidelidade, não há como considerar a monogamia como princípio constitucional, até porque a Constituição não a contempla. Ao contrário, tanto tolera a traição que não permite que os filhos se sujeitem a qualquer discriminação, mesmo quando se trata de prole nascida de relações adulterinas ou incestuosas.[23]

A monogamia é um valor cultural que visa coibir a infidelidade entre parceiros casados ou sob as regras da união estável, todavia, não pode ser considerada como um princípio constitucional a ponto de impedir o exercício de direitos, como por exemplo, constituir família com base no afeto e na autonomia da vontade.

---

21. DERBLI, Felipe. *O princípio da proibição do retrocesso social na Constituição de 1988*. Rio de Janeiro: Renovar, 2007, p. 202.
22. PEREIRA, Rodrigo Cunha. *Princípios fundamentais norteadores do direito de família*. 2. ed. São Paulo: Saraiva, 2012, p. 127.
23. DIAS, Maria Berenice. *Manual de direito das famílias*. São Paulo: Ed. RT, 2013, p. 63.

4. DA ATUAL IMPOSSIBILIDADE DE SE LAVRAR UMA ESCRITURA PÚBLICA DE UNIÃO POLIAFETIVA

4.1 Natureza jurídica da escritura pública

Primeiramente, importante salientar que a escritura pública tem natureza meramente declaratória, ou seja, o documento em questão não serve para constituir direitos, sua função é dar publicidade a certa relação jurídica.

O Colégio Notarial do Brasil esclarece que "a escritura pública é o documento que representa a declaração de vontade de uma pessoa ou o negócio de várias pessoas ou empresas. A escritura pública notarial tem a maior força probante do direito brasileiro".[24]

Para Luiz Guilherme Loureiro:

> O instrumento adequado para dar forma jurídica a vontade das partes é a escritura pública, que por excelência, deve documentar os negócios jurídicos que sejam de conteúdo patrimonial. Ao notário cabe averiguar a vontade das partes, aconselhar, assessorar, e esclarecer os efeitos e consequências jurídicas do negócio a ser documentado. O tabelião é o intérprete da vontade, sob sua responsabilidade, de forma independente e imparcial da vontade declarada por aqueles (apud Francieli Schmoller).[25]

Portanto, na lavratura de uma escritura pública, cabe ao notário assessorar de forma imparcial, a fim de exteriorizar a vontade das partes através de documento dotado de fé pública. Cabe aqui transcrever o art. 6º, I, II e III, da Lei 8.935 de 1994, *in verbis*:

> Art. 6º/ Lei 8.935 de 1994: Aos notários compete:
>
> I – formalizar juridicamente a vontade das partes;
>
> II – intervir nos atos e negócios jurídicos a que as partes devam ou queiram dar forma legal ou autenticidade, autorizando a redação ou redigindo os instrumentos adequados, conservando os originais e expedindo cópias fidedignas de seu conteúdo;
>
> III – autenticar fatos.

Sublinhe-se, também, que sendo o conteúdo da escritura pública lícito e preenchidos os demais requisitos, não pode o notário se negar a lavrar o documento, vejamos o que diz o art. 166, do Código Civil:

> Art. 166/CC: É nulo o negócio jurídico quando:
>
> I – celebrado por pessoa absolutamente incapaz;

---

24. CNB, Colégio Notarial do Brasil, Escritura Pública. Disponível em: https://www.notariado.org.br/imobiliario/escrituras-publicas/.
25. SCHMOLLER, Francieli. *Escritura pública*: A importância do instrumento em face da segurança jurídica, 2020. Disponível em: http://www.notariado.org.br/blog/notarial/artigo-escritura-publica--importancia-do-instrumento-em-face-da-seguranca-juridica#_ftn3.

II – for ilícito, impossível ou indeterminável o seu objeto;
III – o motivo determinante, comum a ambas as partes, for ilícito;
IV – não revestir a forma prescrita em lei;
V – for preterida alguma solenidade que a lei considere essencial para a sua validade;
VI – tiver por objetivo fraudar lei imperativa;
VII – a lei taxativamente o declarar nulo, ou proibir-lhe a prática, sem cominar sanção.

Em se tratando de escritura pública de união estável, a principal intenção dos envolvidos é a de declarar o tempo de vigência da relação, bem como os efeitos patrimoniais, entretanto, sua lavratura não constitui a união estável, esta é formada pelas circunstâncias do relacionamento, quais sejam publicidade, continuidade, durabilidade e intenção de constituir família.

No tocante a lavratura de escritura pública de uniões poliafetiva, Rodolfo Pamplona Filho e Cláudia Mara Viegas alegam que:

> Reconhecida a natureza de família à união poliafetiva – composta por múltiplos parceiros, fundada na convivência pública, contínua, duradoura e com animus de constituir família - a sua formalização, por meio de escritura pública, é mera consequência que gera segurança jurídica para as partes (...).[26]

Os citados autores enfatizam que a união estável que envolve múltiplos parceiros, isto é, a união poliafetiva, constitui-se pelo fato social, sendo a escritura pública apenas o meio para formalizar a realidade fática e dar segurança jurídica às partes.

4.2 Escritura pública de união poliafetiva no Brasil

No Brasil, a primeira escritura pública de união poliafetiva foi lavrada em 2012 no município de Tupã, interior do estado de São Paulo, pela tabeliã de notas Cláudia do Nascimento Domingues. No caso em concreto, o documento público houve por bem declarar a união estável entre o trisal formado por um homem e duas mulheres, os quais viviam um relacionamento público, contínuo, duradouro e possuíam a intenção de constituir família.

A titular do cartório afirmou que tão somente documentou uma realidade fática pré-existente, vez que os três já estavam em um relacionamento há anos, logo, a escritura pública foi o modo encontrado para atribuir segurança jurídica ao vínculo afetivo. No mais, de acordo com a tabeliã, a declaração da união polia-

---

26. PAMPLONA FILHO, Rodolfo; VIEGAS, Cláudia Mara de Almeida Rabelo. Análise crítica da decisão do Conselho Nacional de Justiça que proíbe a lavratura da escritura pública de união poliafetiva, *Revista Argumentum*, Vitória, 2019, p. 64.

fetiva em tela não viola direitos de terceiros, sendo apenas o jeito que encontrado pelo trisal para formalizar tal união.[27]

Segue abaixo trecho da referida escritura pública:

> Os declarantes, diante da lacuna legal no reconhecimento desse modelo de união afetiva múltipla e simultânea, intentam estabelecer as regras para garantia de seus direitos e deveres, pretendendo vê-las reconhecidas e respeitadas social, econômica e juridicamente, em caso de questionamentos ou litígios surgidos entre si ou com terceiros, tendo por base os princípios constitucionais da liberdade, dignidade e igualdade.[28]

Frise-se, ademais, que a escritura em tela definiu o regime de bens vigente entre o trisal, além disso, tratou dos direitos e deveres das partes, com destaque para o dever de lealdade e manutenção da harmonia no convívio entre os três.[29]

A segunda ocorrência de união poliafetiva no Brasil se deu na capital do Rio de Janeiro, no ano de 2015, quando foi lavrada escritura pública de união estável existente entre três mulheres. No ano seguinte, ocorreu outro caso semelhante, dessa vez no município de São Vicente, interior de São Paulo.

Frente aos acontecimentos relatados, a Associação de Direito de Família e das Sucessões (ADFAS) ingressou com Pedido de Providências perante o Conselho Nacional de Justiça (CNJ) pleiteando pela declaração de inconstitucionalidade das escrituras públicas de união poliafetiva lavradas pelos cartórios brasileiros, assim como, pela proibição de futuras escrituras com o mesmo conteúdo.

Consta no relatório do acordão que a ADFAS defende que as escrituras públicas de união poliafetiva não são providas de eficácia jurídica, ainda mais, violam (i) os princípios familiares básicos; (ii) as regras constitucionais sobre família; (iii) a dignidade da pessoa humana; (iv) as leis civis; e (v) a moral e os bons costumes brasileiros.[30]

Participaram do Pedido de Providências, como *amicus curiae*, o Instituto Brasileiro de Direito de Família (IBDFAM) e o Colégio Notarial do Brasil (CNB).

O IBDFAM se posicionou pela improcedência do pedido, pois, ao seu ver, a Constituição Federal de 1988 não apresenta um rol taxativo quanto as formas de constituir uma família, outrossim, alegou que o Estado é laico e que, por isso, deve

---

27. PUFF, Jeferson. União estável de três abre polêmica sobre conceito legal de família, *Estadão*, 2012
28. IBDFAM. Instituto Brasileiro de Direito de Família. Escritura reconhece união afetiva a três, 2012. Disponível em: https://ibdfam.org.br/noticias/4862.
29. IBDFAM. Instituto Brasileiro de Direito de Família. Escritura reconhece união afetiva a três, 2012. Disponível em: https://ibdfam.org.br/noticias/4862.
30. CNJ. Conselho Nacional de Justiça. Pedido de Providencias 0001459-08.2016.2.00.0000. Disponível em: http://adfas.org.br/wp-content/uploads/2018/07/Ac%C3%B3rd%C3%A3o-PEDIDO-DE-PROVID%C3%8ANCIAS-0001459-08.2016.2.00.0000-ADFAS.pdf.

proporcionar a pluralidade de ideias, tendo isso em vista, requer seja o pedido julgado improcedente a fim de:

> (...) obstar o reconhecimento jurídico das uniões poliafetivas afrontaria os princípios da liberdade, igualdade, não intervenção estatal na vida privada, não hierarquização das formas constituídas de família e pluralidade das formas constituídas de família.[31]

Em seu turno, o CNB esclareceu que o notário não pode impedir o exercício da autonomia da vontade, cabendo ao tabelião o assessoramento jurídico, assim, este deve explicar aos interessados que existe uma lacuna na legislação quanto a poliafetividade, feito isso, inexiste razão para que a escritura não seja lavrada.

Em 2018, o Plenário do Conselho Nacional de Justiça julgou o Pedido de Providências procedente ficando os cartórios brasileiros impedidos de lavrar escritura pública de união poliafetiva.

O Relator, ministro João Otávio de Noronha, apresentou voto a favorável a procedência do pedido, sendo acompanhado pela maioria dos conselheiros. Noronha acredita que a união poliafetiva ainda não pode ser considerada como lícita no Brasil e, por conseguinte, não pode ser matéria para uma escritura pública.

O Ministro sustenta a ideia de que a poliafetividade é ilegal, por analogia a poligamia que, como já visto, é a diversidade de vínculos matrimoniais. Para ele, a alteração legislativa acontece depois que as mudanças sociais viram costumes, contudo, a poliafetividade ainda sofre forte repulsa social, portanto, não está hábil para alterar o mundo jurídico.

O único voto divergente foi o do conselheiro Luciano Frota, que entendeu pela improcedência o Pedido de Providências, senão vejamos um trecho do seu voto:

> É certo que o exercício da autonomia privada, inclusive nas questões de natureza existencial, encontra seus limites na licitude dos atos ou das manifestações de vontade constituídas.
>
> Entretanto, consoante já analisado, não há barreira jurídica para a declaração de união poliafetiva, eis que amparada tanto pelo sistema de liberdades que pauta o nosso Estado Democrático de Direito, quanto pela afirmação do princípio da dignidade da pessoa humana, valores que possibilitaram a releitura do contido no art. 226 da Constituição Federal, admitindo o conceito plural de entidade familiar.
>
> A escritura pública nada mais é do que o instrumento jurídico de formalização de uma declaração de vontade, celebrado perante um Tabelião, a quem compete a lavratura, cujo escopo é o de conferir validade formal ao negócio jurídico e maior segurança jurídica aos interessados.

---

31. CNJ. Conselho Nacional de Justiça. Pedido de Providencias 0001459-08.2016.2.00.0000. Disponível em: http://adfas.org.br/wp-content/uploads/2018/07/Ac%C3%B3rd%C3%A3o-PEDIDO-DE-PROVID%C3%8ANCIAS-0001459-08.2016.2.00.0000-ADFAS.pdf.

> Proibir que se formalizem perante o Estado uniões poliafetivas com base em um conceito vetusto de entidade familiar, não abrigado pela Constituição, significa perpetuar uma situação de exclusão e de negação de cidadania que não se coaduna com os valores da democracia.[32]

Em outras palavras, o conselheiro Luciano Frota defende que o Estado Democrático de Direito deve zelar pela dignidade da pessoa humana e pela liberdade dos indivíduos, desse modo, é essencial que sejam admitidas as mais diversas modalidades de família, visto que o art. 226, da CF/88, não se trata de um rol taxativo, estando aberto para novas interpretações, tanto é que, apesar de não estar constitucionalmente prevista, hoje, se admite a união estável entre pessoas do mesmo sexo, devendo a união poliafetiva caminhar pelo mesmo caminho.

Por ora, frente a decisão do Conselho Nacional de Justiça os Tabelionatos de Notas estão proibidos de lavrar escritura pública de união poliafetiva. Ocorre que, a realidade afetiva das pessoas que vivem o poliamor não irá mudar só porque estão impedidas de formalizar a situação fática, no entanto, permanecerão sem amparo jurídico, por não se encaixarem no padrão imposto pelo Estado.

5. DA NECESSIDADE DE AMPARO JURÍDICO PARA AS UNIÕES POLIAFETIVAS

O ordenamento jurídico brasileiro, ao negar reconhecimento às uniões poliafetivas, não impede que esse tipo de relacionamento seja concretizado, todavia, frustra a possibilidade de acesso à justiça para as pessoas que vivem essa realidade.

Através do inciso XXXV do artigo 5ª, da Constituição Federal de 1988, temos que o acesso à justiça é um direito fundamental, senão vejamos:

> Art. 5º/CF: (...)
> XXXV – a lei não excluirá da apreciação do Poder Judiciário lesão ou ameaça a direito.

Salienta-se as palavras de Wilson Alves de Souza:

> (...) o acesso à justiça é, ao mesmo tempo, uma garantia e em si mesmo um direito fundamental; mais do que isso, é o mais importante dos direitos fundamentais e uma garantia máxima, pelo menos quando houver violação a algum direito, porque havendo essa violação, todos os demais direitos fundamentais e os direitos em geral, ficam na dependência do acesso à justiça.[33]

O dispositivo constitucional em apreço (*art. 5º, XXXV, CF*) trata do princípio da inafastabilidade da jurisdição, segundo José Roberto dos Santos Bedaque, o Estado deve proporcionar a todos, sem restrições, o direito de pleitear a tutela

---

32. CNJ. Conselho Nacional de Justiça. Pedido de Providencias 0001459-08.2016.2.00.0000. Disponível em: http://adfas.org.br/wp-content/uploads/2018/07/Ac%C3%B3rd%C3%A3o-PEDIDO-DE-PROVID%C3%8ANCIAS-0001459-08.2016.2.00.0000-ADFAS.pdf.
33. SOUZA, Wilson Alves de. *Acesso a Justiça*. Salvador: Dois de Julho, 2011, p. 84.

jurisdicional, para tanto, a sociedade deve "ter à disposição o meio constitucionalmente previsto para alcançar esse resultado".[34]

Ou seja, para que os cidadãos possam exercer seu direito fundamental de acesso à justiça, é necessário que a legislação supere as lacunas existentes, deixando claro quais as garantias previstas.

Em resumo, para os autores Capelleti e Garth a expressão "acesso à justiça" é utilizado para fixar dois pressupostos básicos do sistema jurídico brasileiro, o primeiro determina que tal sistema seja igualmente acessível a todos, o segundo prevê que o judiciário precisa produzir resultados individuais e socialmente justos.[35]

Portanto, o acesso à justiça deve se dar independentemente da condição social, sexo, raça, entre outras condições do necessitado. Para mais, é dever do judiciário levar em consideração aspectos sociais, a fim de efetivar a justiça e mitigar as diferenças.

Somente através da justiça é possível alcançar o verdadeiro significado dos direitos fundamentais, dentre eles, a dignidade, a liberdade e a igualdade, sendo assim, não há justificativa que explique a criação de pretextos, pelo sistema judiciário, para a não observância desses direitos básicos.

À vista disso, mostra-se urgente a necessidade da instituição de tutela específica para aquelas pessoas que vivem a realidade da união poliafetiva, já que o acesso à justiça não pode ser negado com fundamento em lacunas da legislação, dado que se trata de direito fundamental.

Ao analisar a legislação brasileira, é possível perceber que esta foi editada para amparar as relações monogâmicas, porém, em nenhum momento proibiu os relacionamentos existentes entre mais de duas pessoas, basta então que seja dada uma nova interpretação à norma, com a adição de regulamentos para dispor acerca dos bens, em caso de separação, meação ou herança.

Pode-se dizer que os Tabelionatos de Notas que lavraram escritura pública de união poliafetiva, tiveram a intenção de atribuir os efeitos de uma união estável às relações plurais, vez que a lei não permite e nem veda o estabelecimento desse tipo de vínculo afetivo, assim dizendo, os cartórios agiram na tentativa de facilitar o acesso à justiça a todos os cidadãos, não obstante ao modelo familiar escolhido por cada um.

---

34. BEDAQUE, José Roberto dos Santos. *Tutela cautelar e tutela antecipada*: tutelas sumarias e de urgência. São Paulo: Malheiros, 2009, p. 71.
35. CAPPELLETTI, Mauro e GARTH, Bryant. *Acesso à Justiça*. Porto Alegre: Sérgio Antônio Fabris Editor, 1988, p. 08.

6. CONCLUSÃO

Ao longo dos anos, o direito da família sofreu inúmeras adaptações para se aperfeiçoar e se manter em concordância com as transformações históricas. O ponto crucial, que serviu para romper com os paradigmas mais tradicionais da família, foi a Constituição Federal de 1988, a partir desse momento, os sistemas mais engessados passaram a sofrer flexibilizações.

Uma grande conquista foi o reconhecimento da união estável, bem como da união homoafetiva, no entanto, nem todas as entidades familiares foram aceitas no atual ordenamento jurídico, mesmo após a promulgação da Lei Maior de 1988, como é o caso da união poliafetiva, que além de não ter sido reconhecida, teve sua formalização, por meio de escritura pública, rejeitada pelo Conselho Nacional de Justiça.

Muitos doutrinadores e juristas defendem a legalização da poliafetividade, pois, para eles, a escolha do modelo familiar é um ato de liberdade, que não deve ter interferência do Estado, ademais, é o afeto que move as instituições familiares e ir contra esse sentimento vai de encontro com o princípio da dignidade da pessoa humana, uma vez que cada um sabe o que é digno para si mesmo, sendo livre para fazer suas escolhas.

Tais defensores pontuam, ainda, a incoerência que existe em uma sociedade igualitária que aceita, exclusivamente, relações monogâmicas, dado que as uniões poliafetivas, também, têm sua essência no afeto, além dos requisitos de durabilidade, continuidade, publicidade e vontade de constituir família.

Por todo o exposto, é possível concluir que a composição familiar não deve ser limitada por convicções culturais e religiosas, mas deve sempre estar em consonância com as necessidades e desejos dos indivíduos, assim, à medida que a sociedade se transforma, a realidade das famílias deve seguir o mesmo caminho.

7. REFERÊNCIAS

ALVES, Leonardo Barreto Moreira. *Direito de família mínimo*: a possibilidade de aplicação da autonomia privada no direito de família. Rio de Janeiro: Lumen Juris, 2010, Livro Eletrônico.

BRASIL. Código Civil de 2002.

BRASIL. Constituição Federal de 1988.

BEDAQUE, José Roberto dos Santos. *Tutela cautelar e tutela antecipada*: tutelas sumarias e de urgência. São Paulo: Malheiros, 2009.

CAPPELLETTI, Mauro e GARTH, Bryant. *Acesso à Justiça*. Porto Alegre: Sérgio Antônio Fabris Editor, 1988.

CNB, Colégio Notarial do Brasil, Escritura Pública. Disponível em: https://www.notariado.org.br/imobiliario/escrituras-publicas/.

CNJ, Conselho Nacional de Justiça, Pedido de Providencias 0001459-08.2016.2.00.0000, disponível em http://adfas.org.br/wp-content/uploads/2018/07/Ac%C3%B3rd%C3%A3o-PEDIDO-DE--PROVID%C3%8ANCIAS-0001459-08.2016.2.00.0000-ADFAS.pdf.

DERBLI, Felipe. *O princípio da proibição do retrocesso social na Constituição de 1988*. Rio de Janeiro: Renovar, 2007.

DIAS, Maria Berenice. *Manual de direito das famílias*. São Paulo: Ed. RT, 2013.

DIAS, Maria Berenice. *Manual de direito das famílias*: de acordo com o novo CPC. 11 ed. São Paulo: Ed. RT, 2016.

FACHIN Luiz Edson. *Direito de Família* – Elementos críticos à luz do novo Código Civil brasileiro. 2. ed. Rio de Janeiro: Renovar, 2003.

FARIAS, Cristiano Chaves de. *Direito de Família* – Processo – Teoria e Prática. Rio de Janeiro: Forense, 20008.

FARIAS, Cristiano Chaves de; ROSENVALD, Nelson. *Curso de direito civil*: direito das famílias. Salvador: JusPodivm, 2013.

GONÇALVES, Carlos. *Direito Civil brasileiro*. 11. ed. São Paulo: Saraiva, 2014. v. 6.

IBDFAM, Instituto Brasileiro de Direito de Família, Escritura reconhece união afetiva a três, 2012. Disponível em: https://ibdfam.org.br/noticias/4862.

NETTO LÔBO, Paulo Luiz. *Direito Civil* – famílias. 4. ed. Saraiva, 2011.

MICHAELIS. *Dicionário online 2021*. Disponível em: https://michaelis.uol.com.br/moderno-portugues/busca/portugues-brasileiro/poliamor/.

PAMPLONA FILHO, Rodolfo; VIEGAS, Cláudia Mara de Almeida Rabelo. Análise crítica da decisão do Conselho Nacional de Justiça que proíbe a lavratura da escritura pública de união poliafetivas. *Revista Argumentum*, Vitória, 2019.

PEREIRA, Caio Mário da Silva. *Instituições de Direito Civil*: Direito da Família. 20. ed. Atual. Tânia da Silva Pereira. Rio de Janeiro: Forense, 2012. v. 5.

PEREIRA, Rodrigo Cunha. *Princípios Fundamentais norteadores do direito de família*. 2. ed. São Paulo: Saraiva, 2012.

PILÃO, Antônio Cerdeira, GOLDENBERG, Miriam. Poliamor e monogamia: construindo diferenças e hierarquias. *Revista Ártemis*. 5. ed. 2012.

PUFF, Jeferson. União estável de três abre polêmica sobre conceito legal de família, *Estadão*, 2012.

RAMOS, Magdalena. *Direito de família e psicanálise* – Rumo a uma nova epistemologia. Rio de Janeiro: Editora Imago, 2003.

RIOS, Roger Raupp. *O princípio da igualdade e a discriminação por orientação sexual*. São Paulo: Ed. RT, 2002.

RIZZARDO, Arnaldo. *Direito de Família*. 8. ed. Rio de Janeiro: Forense, 2011.

SÁ, Camila Franchi de Souza; VIECILI, Mariza. As novas famílias: relações poliafetivas. *Revista Eletrônica de Iniciação Científica*. v. 5, n. 1, Itajaí, 2014.

SCHMOLLER, Francieli, Escritura Pública: A importância do instrumento em face da segurança jurídica, 2020. Disponível em: http://www.notariado.org.br/blog/notarial/artigo-escritura-publica-importancia-do-instrumento-em-face-da-seguranca-juridica#_ftn3.

SOUZA, Wilson Alves de. *Acesso a Justiça*. Salvador: Dois de Julho, 2011.

TEPEDINO, Gustavo. *Temas de direito civil*. Rio de Janeiro: Renovar, 1999.

INVALIDADES DOS NEGÓCIOS JURÍDICOS APLICADAS AOS ATOS NOTARIAIS

Carlos Eduardo do Amaral e Silva

Advogado com atuação voltada para a área de registros públicos. Atuou como assistente jurídico do Tribunal de Justiça de São Paulo e Tabelião substituto.

Sumário: 1. Introdução – 2. Os atos notariais e a simulação – 3. Os atos notariais e as causas de anulabilidade – 4. Da atuação notarial causadora da invalidade – 5. Conclusão.

1. INTRODUÇÃO

Prevista no Capítulo V, Título I, Livro III da Parte Geral do Código Civil de 2002, a invalidade do negócio jurídico encerra um conceito sobre o qual a doutrina não conseguiu assentar, de forma unânime e com exatidão, os seus contornos fundamentais.

Não obstante, é possível sustentar, grosso modo, que a invalidade é uma patologia que torna a declaração de vontade contrária a preceitos ou interesses tutelados pela ordem jurídica, fazendo com que o negócio não produza os efeitos desejados pelas partes. É, enfim, uma imperfeição que abala a estrutura do negócio jurídico.

Ostenta acepção ampla. Trata-se, pois, de gênero que congrega duas espécies: a) nulidade e b) anulabilidade.

Em apertada síntese, é possível esgrimir que a distinção entre essas categorias jurídicas reside no fato de que enquanto a nulidade decorre de uma lesão, ou potencial lesão, a um interesse de ordem pública, vergastando preceitos e princípios caros a toda sociedade, a anulabilidade deriva de uma afronta, ou potencial afronta, a interesses privados.

Nestor Duarte aponta que "em uma estrutura irregular, quando inválidos, os negócios jurídicos se classificam como nulos ou anuláveis. Aqueles, também ditos inquinados por nulidade absoluta, estão privados da produção de qualquer efeito, porque ofendem a ordem pública. Já estes interessam basicamente à ordem privada e, por isso, produzem efeitos, até que algum interessado promova a anulação (arts. 169 e 177 do CC)".[1]

---

1. DUARTE, Nestor. *Código Civil comentado* – Doutrina e Jurisprudência. Manole, 2017, p. 112.

Vale dizer, essas imperfeições da vontade provocam sanções com intensidade distinta, dependendo do interesse ou bem jurídico ameaçado.

Com efeito, muito se produziu na literatura jurídica sobre a teoria das invalidades dos atos ou negócios jurídicos. Juristas de quilate se debruçaram sobre o tema.

Os seus impactos nos atos e negócios jurídicos também são muito conhecidos, experenciados e estudados pela comunidade jurídica.

Diante disso, este singelo texto não pretende revisitar esses institutos jurídicos, mas apenas provocar a reflexão sobre a aplicação da teoria da invalidade aos atos notariais. O desiderato aqui é impulsionar, de certa forma pretensiosamente, um exercício dialético sobre o assunto.

2. OS ATOS NOTARIAIS E A SIMULAÇÃO

Em geral, sobre as causas de nulidade não há maiores questionamentos.

Atos e negócios jurídicos inquinados de nulidade não podem ser deliberada e voluntariamente entabulados por notários. Dito de outra forma: os notários não podem dar forma jurídica e forjar instrumentos notariais que sirvam de continente para atos ou negócios jurídicos (conteúdo) nulos.

O art. 166 do Código Civil abarca 07 (sete) hipóteses de nulidade, fulminando o negócio jurídico quando celebrado por pessoa absolutamente incapaz (inciso I), for ilícito impossível ou indeterminável o seu objeto (inciso II), o motivo determinante, comum a ambas as partes, for ilícito (inciso III), não revestir a forma prescrita em lei (inciso IV), for preterida alguma solenidade que a lei considere essencial para a sua validade (inciso V), tiver por objetivo fraudar lei imperativa (inciso VI) e, por fim, a lei taxativamente o declarar nulo, ou proibir-lhe a prática, sem cominar sanção (inciso VII).

Fora isso, inovando em relação ao Código Civil de 1916, o Código Civil atual alçou a simulação à categoria de causa de nulidade.

Conforme se depreende dos dispositivos citados, as hipóteses legais neles elencadas abarcam condutas ofensivas a preceitos de ordem pública, de interesse social, sendo o notário compelido a não praticar atos que produzam instrumentos notariais que sirvam de título para negócios jurídicos inquinados com essa pecha.

Regulamentando a atividade notarial no Estado de São Paulo, o Provimento 58/89, que aprova as Normas de Serviço da Corregedoria Geral da Justiça, destinadas às serventias extrajudiciais, preconiza no subitem 1.3, do Capítulo XVI, ser dever do notário recusar, motivadamente, por escrito, a prática de atos contrários ao ordenamento jurídico e sempre que presentes fundados indícios de fraude à lei, de prejuízo às partes ou dúvidas sobre as manifestações de vontade.

A celeuma, no entanto, se instaura quando se cuida da simulação e dos atos anuláveis.

De proêmio, tratemos da simulação.

Simular é fazer parecer real aquilo que por si não é. Juridicamente, simular é manifestar uma declaração de vontade falsa, enganosa. Trata-se de uma deformidade consciente da declaração que visa aparentar negócio jurídico distinto daquele desejado.

Possui como característica fundamental a discrepância deliberada, intencional, entre a vontade e a declaração, sendo o contrato o seu principal campo de fertilização. Resulta do infausto consenso das partes quanto à prática do negócio simulado.

É, pois, um vício social que burla a lei, prejudica credores, frauda o Fisco etc.

Infelizmente, é praticado em uma miríade de situações corriqueiras. Cuida-se, a bem da verdade, de vício que diuturnamente ronda a atividade notarial.

O art. 167, § 1º, do Código Civil estabelece que: "haverá simulação nos negócios jurídicos quando: I – aparentarem conferir ou transmitir direitos a pessoas diversas daquelas às quais realmente se conferem, ou se transmitem; II – contiverem declaração, confissão, condição ou cláusula não verdadeira; e III – os instrumentos particulares forem antedatados, ou pós-datados".

Tratando da hipótese do inciso II, Venosa leciona que "cuida-se da simulação por ocultação da verdade na declaração. É o que ocorre quando, por exemplo, uma doação oculta venda, ou um pacto de retrovenda oculta empréstimo, ou quando na compra e venda o preço estampado no título não é o realmente pago".[2]

De fato, são práticas deletérias tão enraizadas no cotidiano negocial, que o legislador do Código Civil de 2002, visando combater a sua perpetuação, trouxe para o suporte material da norma jurídica situações notórias.

Por conta disso, sobressalta a importância da prudência, sensibilidade, sagacidade e independência do notário ao realizar a qualificação notarial nos negócios jurídicos vindicados.

Como cediço, ao notário compete (i) formalizar juridicamente a vontade das partes, assim como (ii) intervir nos negócios jurídicos a que os indivíduos devam ou queiram dar forma legal ou autenticidade e, por fim, (iii) autenticar fatos, conforme estabelece o art. 6º da Lei 8.935, de 18 de novembro de 1.994.

---

2. VENOSA, Sílvio de Salvo. *Direito Civil* – Parte Geral. Atlas, 2021, p. 467.

Na realização do seu mister, o notário não interfere na vontade das partes. Captura, tão somente, a declaração exteriorizada em sua presença, de modo a dar-lhe forma jurídica, ou seja, assegurar um "meio" pelo qual essa vontade possa ser externada, reconhecida, qualificada e, por conseguinte, protegida pela ordem jurídica.

Visa, pois, o notário, salvaguardar a existência, a validade e eficácia dos atos e negócios jurídicos, sobretudo aqueles considerados mais relevantes para o particular e para a sociedade em geral (art. 104, III, Código Civil).

Justamente porquanto essa perspectiva legal (e expectativa social), não deve o notário, jamais, agir com compadrio e praticar ato notarial que possa timbrar com os predicados da "fé pública" qualquer simulacro de negócio jurídico, de forma a patrocinar, em conluio com as partes, uma afronta a ordem jurídica.

E, dentro da ideia de justiça preventiva, o papel desse profissional do direito na, e em prol da, sociedade, ou seja, para além dos interesses específicos das partes contratantes, é, basicamente, oferecer segurança jurídica. É prevenir litígios e contribuir para a garantia da paz social.

Portanto, quando o notário coíbe a simulação, presta manifesto contributo à paz social.

3. OS ATOS NOTARIAIS E AS CAUSAS DE ANULABILIDADE

Já no que toca às hipóteses de anulabilidade, o tema torna-se palpitante e, de certa forma, nebuloso quanto ao caminho correto a seguir.

Senão vejamos.

Conforme ponderam Massonetto Júnior e DEL Guércio Neto "pesquisas não externam no ordenamento jurídico brasileiro nenhum dispositivo legal que proíba a prática de atos anuláveis, pelo contrário; existem regras estabelecidas, no Código Civil Brasileiro, que, além de citar alguns casos passíveis de anulação, trazem detalhes e preceitos importantes, que, a nosso ver, demonstram que o legislador admitiu a prática de atos anuláveis".[3]

Realmente, o Código Civil abarca dispositivos legais que servem como gatilho de convalescimento de atos e negócios jurídicos anuláveis. Neste sentido, dispõe o art. 172 que "o negócio anulável pode ser confirmado pelas partes, salvo direito de terceiro".

---

3. MASSONETTO JUNIOR, João Francisco e DEL GUÉRCIO NETO, Arthur. Coluna no site Migalhas. Disponível em: https://www.migalhas.com.br/coluna/migalhas-notariais-e-registrais/341902/e-pos-sivel-a-realizacaode- escritura-e-registro-de-atos-anulaveis). Acesso em: mar. 2021.

Para Nestor Duarte "o negócio anulável pode ser confirmado, diferentemente do que ocorre com o negócio nulo".[4]

Nesse compasso, o art. 176 estabelece que "quando a anulabilidade do ato resultar da falta de autorização de terceiro, será validado se este a der posteriormente.

Ora, a intelecção desses dispositivos sugere que o legislador reconheceu a força dos fatos, da realidade que serviu de substrato para a atividade legiferante, razão pela qual não pretendeu "reescrevê-la" a partir da norma posta.

Portanto, com a devida vênia, é possível sustentar que o nosso ordenamento jurídico não veda a prática de determinados atos ou negócios anuláveis, conquanto isso não seja desejável.

Nesse sentido, conforme ponderam os articulistas citados, há precedentes jurisprudenciais que tratam da possibilidade de lavratura e registro de atos anuláveis, como, por exemplo, no julgamento do REsp 1.628.478-MG.

A propósito, não se descura da existência de gradação entre as causas de anulabilidade. Certamente, existem hipóteses que abarcam vícios mais deletérios, mais graves, como também existem causas que contêm vícios menos graves.

Basta pensar na comparação de qualquer causa prevista no art. 171, II (erro, dolo, coação, estado de perigo, lesão e fraude contra credores; estes, inclusive, de difícil detecção pelo notário) com a falta de autorização marital/uxória, prevista no art. 1.647, I, nos casos em que o bem objeto da alienação é particular.

Como se vê, as causas de anulabilidade possuem quilate distinto. Aquelas mais brandas, a bem da verdade, não poderiam obstar a prática de atos notariais, desde que o notário efetue os devidos aconselhamentos e advertências às partes, perenizando-os, inclusive, no bojo do instrumento público.

Ademais, a ideia de solenidade tem correlação com o objetivo de aclaramento para as partes sobre (i) a importância do negócio almejado e (ii) o risco e efeitos decorrentes da concretização da vontade manifestada. Além disso, salvaguarda um tempo hábil para a reflexão sobre os resultados perseguidos e até mesmo para a manifestação de arrependimento.

Todavia, em se tratando de atos ou negócios anuláveis, a intervenção do notário não pode ser arbitrária. Não pode menoscabar a autonomia da vontade. O notário é o assessor jurídico das partes, não o seu tutor negocial.

De qualquer forma, a linha de atuação é tênue. A navegação neste caso, metaforicamente falando, se dá em mar revolto.

---

4. DUARTE, Nestor. Op. cit., p. 115.

No julgamento do Pedido de Providências 0056899-14.2020.8.26.0100, o MM. Juízo da 2ª Vara de Registros Públicos da Comarca da Capital de São Paulo, DD. Corregedor Permanente dos notários paulistanos, esgrimiu que "a realização de um negócio jurídico com invalidade afronta a estrutura do serviço notarial no aspecto da prevenção de litígios e segurança jurídica. Enfim, o serviço público notarial não se presta à realização de negócios jurídicos inválidos".

Sem dúvida, é um posicionamento a considerar, sobretudo quando emanado por uma autoridade censório-disciplinar.

De qualquer forma, o tema das invalidades dos negócios jurídicos aplicados aos atos notariais carrega uma questão subjacente muito tormentosa: qual é o limite da atuação notarial e, portanto, do Estado, nos atos e negócios jurídicos particulares realizados dentro da esfera de direitos disponíveis?!

A resposta está aberta.

4. DA ATUAÇÃO NOTARIAL CAUSADORA DA INVALIDADE

Até agora discorreu-se sobre a nulidade e anulabilidade dos atos e negócios jurídicos, notadamente a partir da perspectiva da declaração de vontade das partes contratantes.

Quando há um desvio ou defeito da declaração de vontade, normalmente essas anomalias dizem respeito ao conteúdo negocial, ou seja, estão vinculadas aos elementos intrínsecos do documento.

No entanto, pode ocorrer que a patologia esteja atrelada aos elementos extrínsecos do documento. Vale dizer, ao instrumento. À escritura pública, por exemplo.

Com efeito, a atividade notarial desemboca na produção de um documento notarial. E todo documento é composto por elementos extrínsecos e intrínsecos. Em apertada síntese, os extrínsecos ou externos, são os instrumentos propriamente ditos (suporte, grafia e firma) e os intrínsecos ou internos, são formados pelo próprio conteúdo negocial, também denominado conteúdo ideológico.

Os elementos extrínsecos dão "corporalidade" à declaração de vontade, ainda que essa corporalidade ou materialidade também se encontre, por força de ficção legal, nos documentos eletrônicos. Já os elementos intrínsecos apresentam o substrato jurídico-intelectual que vincula a declaração de vontade a determinada categoria jurídica que lhe serve de paradigma.

Cumpre, neste momento, abordar o vício causado pelo notário e que pode estar atrelado tanto ao elemento extrínseco como ao elemento intrínseco do documento notarial.

Para tanto, tratamos de um exemplo polêmico: a prática de ato notarial fora do território do município para o qual foi outorgada a delegação.

Segundo o art. 9º da Lei 8.935/94, o tabelião de notas não poderá praticar atos de seu ofício fora do Município para o qual recebeu delegação.

Reforçando o preceito legal, a Corregedoria Geral da Justiça do Estado de São Paulo editou o Comunicado CG 726/2018, alertando os responsáveis pelas unidades do serviço extrajudicial do Estado que tenham atribuição para a lavratura de escritura pública, que é vedada a prática de qualquer ato do ofício fora do território do município para o qual foi outorgada a declaração.

O art. 166, VI, do Código Civil, proclama ser nulo o negócio jurídico quando a lei taxativamente o declarar nulo, ou proibir-lhe a prática, sem cominar sanção.

Conforme é possível perceber, o referido dispositivo legal serve de suporte para o decreto de nulidade no caso de ato notarial praticado fora do território do município para o qual foi outorgada a delegação, ainda que o negócio jurídico que lhe sirva de conteúdo não padeça de qualquer defeito ou vício.

Aclarando proficuamente a questão, LOUREIRO "a escritura pública pode ser da substância do ato por força de lei (art. 108 do CC), ou por convenção das partes (art. 109 do CC). Na primeira hipótese, a nulidade do instrumento acarreta a invalidade do negócio jurídico.

Já no segundo caso a invalidade da escritura pública não induz a do negócio jurídico, porque este pode ser provado por outro meio (ar. 183 do CC). Logo, a invalidade da escritura só gera a nulidade do negócio, quando for da essência do ato (art. 166, IV e V, CC). Cabe observar que a nulidade do título (escritura pública) não implica automaticamente a nulidade do registro. É necessário a propositura de ação judicial para que seja reconhecido o vício do documento notarial e, consequentemente, anulado o registro correspondente".[5]

5. CONCLUSÃO

Conforme tentou-se demonstrar ao longo deste singelo trabalho, a atividade notarial pressupõe uma considerável interação com os interessados, através de um verdadeiro intercâmbio comunicacional, sem o qual não é possível formalizar juridicamente a vontade das partes.

No decorrer desse processo é possível que o notário venha deparar-se com determinada causa de invalidade do negócio objetivado pelas partes.

Com isso, ele deverá apurar, de forma imparcial, se (i) é um caso de nulidade, quando então lhe caberá recusar, motivadamente e por escrito, a prática do ato; ou se (ii) é um caso de anulabilidade, devendo nessa hipótese aquilatar se é

---

5. LOUREIRO, Luis Guilherme. *Manual de Direito Notarial*. Salvador: JusPodivm, 2016. p. 1067.

um vício de menor potencial ofensivo, quando então a prática do ato fiar-se-á na sua prudente avaliação, ou se é um vício com maior potencial ofensivo, quando então o ato notarial, a reboque do que ocorre com as causas de nulidade, deverá ser recusado.

Por outro lado, deverá o notário renovar o seu compromisso com a ordem jurídica e com a sociedade, zelando pela higidez da sua atuação nos casos rogados e evitando qualquer protagonismo na prática de atos atentatórios aos preceitos legais.

Por derradeiro, é oportuno ponderar que a oscilação da jurisprudência e as divergências doutrinárias sobre o tema não devem esmorecer o ímpeto dos operadores e estudantes de Direito no enfrentamento dessas questões.

Afinal, como sustentava OSCAR WILDE "o caminho dos paradoxos é o caminho da verdade".

UM MERGULHO DA ADVOCACIA NO MUNDO NOTARIAL

Rafael Vitelli Depieri

Mestre em Direito Civil Comparado pela Pontifícia Universidade Católica de São Paulo (PUC/SP). Pós-graduado em Direito Notarial e Registral Imobiliário pela Escola Paulista da Magistratura (SP) e pela Universidade Arthur Tomas; Especializado em Direito Público pela Universidade Potiguar. Bacharel em Direito pela Universidade de Mackenzie. Advogado e Assessor Jurídico do Colégio Notarial do Brasil – Conselho Federal, Seção São Paulo e Seção Rio de Janeiro.

Sumário: 1. O notário – 1.1 A dúplice função do notário – 2. Da ata notarial – 3. Dos atos de separação, divórcio e inventários extrajudiciais – 4. Conclusão – 5. Referências.

1. O NOTÁRIO

Sobretudo, antes de qualquer análise de como o advogado atua no ambiente notarial, é fundamental compreender quem é o Tabelião de Notas. O conhecimento em nível acadêmico sobre o delegatário do serviço notarial é capaz, por si só, de aplacar grande parte das dúvidas que os advogados têm sobre os limites e balizas que norteiam um ato notarial.

Cabe, ainda que sobre o risco de reiterar matéria profundamente conhecida dos juristas, lembrar que, no Brasil, a conotação trazida pela palavra "cartório" advém da organização do delegatário do serviço público extrajudicial em um ambiente físico, que engloba um conjunto de colaboradores e um acervo documental, tudo orientado por procedimentos e, mais recentemente, por sistemas eletrônicos. A explicação para a atual dinâmica do "cartório" é que o Estado, nos termos do artigo 236 da Constituição Federal, optou por delegar a uma pessoa física, aprovada em concurso de provas e títulos, as atribuições registrais ou notariais.

Assim, o primeiro ponto a ser destacado é que o regime administrativo que lastreia juridicamente a atividade notarial, no Brasil, é o da delegação em nome próprio de um cidadão, que comprova seu conhecimento por meio de concurso público e é investido na qualidade de um representante do Estado para prestar um serviço público de forma privada. A regulamentação da norma constitucional foi realizada pela Lei 8.935 de 18 de novembro de 1994, trazendo as divisões de competências e a disciplina da delegação.

Nesse contexto, importa destacar que a referida Lei estabelece em seu artigo 21 que *o gerenciamento administrativo e financeiro dos serviços notariais e de* registro é da responsabilidade exclusiva do respectivo titular, inclusive no que diz respeito às despesas de custeio, investimento e pessoal, cabendo-lhe estabelecer normas, condições e obrigações relativas à atribuição de funções e de remuneração de seus prepostos de modo a obter a melhor qualidade na prestação dos serviços. E, no artigo 23, que os notários e oficiais de registro gozam de independência no exercício de suas atribuições, têm direito à percepção dos emolumentos integrais pelos atos praticados na serventia e só perderão a delegação nas hipóteses previstas em lei.

Portanto, uma das premissas a ser considerada pelos advogados, quando atuam perante um tabelião de notas, é que, muito embora o serviço seja público, o delegatário é um profissional com independência em sua atuação e na gestão da serventia extrajudicial, sendo importante que o advogado entenda que as deliberações tomadas por um notário decorrem de uma atribuição concedida pelo Estado.

Não se pretende aqui elevar o delegatário à condição hierárquica superior em relação ao advogado, muito pelo contrário, ambas as profissões têm suas especificidades próprias, que os incluem em um sistema jurídico sem qualquer ingerência de um sobre o outro, senão sobre seu respectivo e próprio mister. O que se pretende é aclarar a ideia do modelo estatal adotado, que se distância em absoluto da ideia de uma repartição pública, na qual a figura do Estado blinda os serventuários. Nas serventias extrajudiciais, o delegatário incorpora a figura Estatal e tem a gestão do serviço público, sendo a ele atribuído o ônus de manutenção de tal serviço, o que em sentido positivo, faz com que esse profissional possa tomar decisões pessoais, de forma independente, para atender a finalidade de sua função.

Nesse sentido, Eric Deckers, notário Belga, em sua obra "Função Notarial e Deonteologia", prescreve:

> O notário é pois detentor de uma parcela da autoridade pública, desempenhando uma função pública. É oficial público, mas não funcionário no sentido actual sentido do termo. Não está integrado na estrutura hierárquica do Estado, nem tem superior a que deva obediência ou que lhe possa impor uma linha de conduta. O notário não está submetido a ninguém, nem ao Ministro da Justiça, ao Procurador-Geral ou a outra qualquer autoridade, estando sujeito apenas à lei.
>
> Mas o exercício da função pública tem que ser fiscalizado e daí que o notário esteja sujeito à vigilância, conforme os países, do Ministro da Justiça, do Ministério Público, das Câmaras ou dos Conselhos Superiores. Porém, a independência do notário é tal, ou deve ser, que a vigilância e o controlo das autoridades de tutela não podem impedi-lo de contestar as posições dessas autoridades, cabendo ao poder judicial a resolução do diferendo.
>
> O notário, por conseguinte, é fundamentalmente independente, sendo esta independência garantida antes de mais pela inamovibilidade e pela irrevogabilidade da nomeação. Uma lei notarial que permitisse à entidade nomeante revogar a nomeação seria altamente censurável, por isso que o notário, enquanto magistrado da justiça preventiva, partilha com o juiz, magistrado da justiça curativa, os privilégios de inamovibilidade e irrevogabilidade.

O advogado, por seu turno, na qualidade de defensor de interesses de um cidadão, pode atuar, eventualmente, discordando das exigências feitas pelo tabelião de notas, mas, nessa medida, deve sempre lembrar que está diante de um profissional imbuído pelo Estado para dar forma legal à vontade das partes, ou seja, é fundamental averiguar se a discordância tem fundamento jurídico ou se o que pretende se faz à luz da falsa impressão de que o Tabelião de Notas estaria arbitrariamente se posicionando.

Nesse tom, vale, para ilustrar a postura do advogado, seja no ambiente judicial ou extrajudicial, as palavras de um dos maiores advogados de nosso tempo, Rui Barbosa, que na obra "Oração aos moços" profere as poéticas palavras abaixo reproduzidas:

> Legalidade e liberdade são as tábuas da vocação do advogado. Nelas se encerra, para ele, a síntese de todos os mandamentos. Não desertar a justiça, nem cortejá-la. Não lhe faltar com a fidelidade, nem lhe recusar o conselho. Não transfugir da legalidade para a violência, nem trocar a ordem pela anarquia. Não antepor os poderosos aos desvalidos, nem recusar patrocínio a estes contra aqueles. Não servir sem independência à justiça, nem quebrar da verdade ante o poder. Não colaborar em perseguições ou atentados, nem pleitear pela iniquidade ou imoralidade. Não se subtrair à defesa das causas impopulares, nem à das perigosas, quando justas. Onde for apurável um grão, que seja, de verdadeiro direito, não regatear ao atribulado o consolo do amparo judicial. Não proceder, nas consultas, senão com a imparcialidade real do juiz nas sentenças. Não fazer da banca balcão, ou da ciência mercatura. Não ser baixo com os grandes, nem arrogante com os miseráveis. Servir aos opulentos com altivez e aos indigentes com caridade. Amar a pátria, estremecer o próximo, guardar fé em Deus, na verdade e no bem.

1.1 A dúplice função do notário

A digressão histórica sobre o notariado, brilhantemente realizada no livro de Leonardo Brandelli, "Teoria Geral do Direito Notarial", é leitura obrigatória para compreender a atividade em si. Entretanto, para o presente estudo, fazendo o corte sobre a atuação do Tabelião de Notas no Brasil, vale emprestar da citada obra a preciosa dualidade em relação à função atribuída ao Tabelião de Notas Brasileiro, qual seja: O "Notário Autenticante" e "Notário Conselheiro". Brandelli explica que o autenticante é a função do notário que se enquadra em conferir autenticidade aos documentos pelo poder estatal a ele atribuído, enquanto o conselheiro é o notário que assessora juridicamente as partes.

Em que pese o citado autor faça uma distinção entre os dois tipos de notários, inclusive estendendo o tema para explicar o tipo de notariados Latino e o Saxão, no Brasil o Tabelião de Notas vez atua com autenticante, vez atua como conselheiro, mas, em regra, exerce seu mister à luz do conhecimento jurídico aponto a fé-pública que lhe delegada pelo Estado, ou seja, implementa ambas as feições rotineiramente. Nessa mesma linha, o notário Belga, Eric Deckers, na obra "Função

Notarial e Deontologia", esclarece que a função pública não se exerce apenas pela autenticação, estando igualmente o conselho, considerando, ainda, que o conselho do notário é o conselho de um oficial público, não cabendo a ninguém lhe ditar ele deve ou não dizer, sendo seus limites traçados pela deontologia.

A profundidade deste raciocínio é vista na obra do Desembargador Ricardo Henry Marques Dip, "Prudência Notarial", quando ao explicar a profissão notarial traz as duas facetas do Tabelião de Notas Brasileiro, que adota o regime do Notariado Latino, sendo a primeira de Notário Jurista e a segunda de Notário Gestor. Observa-se que na primeira linha, o tabelião de notas possui independência no seu labor, buscando da partir a vontade do cidadão aconselhar pela prevalência da *res iusta*, ou seja, encontrar a solução para formalização jurídica daquilo que o cidadão pretende.

De outro lado, na faceta de "Notário Gestor", deve-se compreender que o Tabelião de Notas é um gestor do serviço público, que busca garantir a elaboração de um documento que atenda o propósito estatal que lhe foi delegado, ou seja, nas palavras do citado autor, busca a *res certa*. É importante ter cuidado para não confundir a palavra "gestor" com a ideia de gerência da serventia, pois o que estamos tratando aqui é absolutamente distinto disso. O ponto explicado aqui é "Gestor" como gestão de serviço público, ou seja, sua qualidade no controle, fiscalização, orientação, preparo e todos os meios necessários para que aquele serviço público seja realizado tal qual o Estado o prescreve.

E, como o próprio Desembargador Ricardo Dip explica, essa bivalência não é contraditória, pois dentro da atuação como notário-gestor, o notário brasileiro se utiliza de seu conhecimento jurídico para que o ato notarial se encarte de forma precisa ao tecido normativo vigente e aos conhecimentos notariais que darão eficácia ao negócio entabulado.

Já na obra "Notas sobre Notas", o Desembargador Ricardo Dip traz novamente o tema, valendo a pena a leitura integral do que aponta o autor, *in verbis*:

> Tem-se dito aqui, reiteradamente, ser o notário um profissional liberal – ou seja, alguém que exerce uma arte própria de homens livres. A autonomia, contudo, ou independência desse exercício profissional não inibe o concurso de uma tarefa documentadora que, além de ser pública (no sentido de que interessa à sociedade política), recebe do Estado, que é parte superior dessa sociedade, um atributo de *potestas* – o que corresponde à dação de fé pública.

> Função privada – ou melhor, comunal –, sob dado aspecto, e função pública (*rectius*: administrativa), sob outro ângulo, a função notarial participa de ambas essas características jurídicas – comunitária e estatal –, porque documenta com *fides pública* (e este poder lhe advém da soberania política), mas pratica seu ofício como "*forma de expresión exclusivamente personal*", e cuja autonomia "emana diretamente da ley" (Bautista Pondé). Esta singularidade do ofício notarial, que é a de ser, a um só tempo, sob distintos aspectos, função da comunidade e receptor de uma *postestas* pública, põe à mostra um jurista particular que, dotado de algum

poder público, tem vinculação direta com a lei, não com a administração, o que parece bem explicar a redundante, mas feliz sentença de Martínez Segovia, de que *la función notarial ni es pública ni es privada, sino que es función notarial*.

E, não se pode perder de vista, conforme explica o Tabelião do 35º Ofício do Rio de Janeiro, José Renato Vilarnovo Garcia, na obra Tabelionato de Notas e a 4ª Revolução Industrial, o Notário Brasileiro exerce a função pública em caráter privado, por meio de investidura estatal com autonomia e independência conferida pela delegação, sendo que a partir do modelo constitucional a atividade notarial não pode ser exercida diretamente Estado, pois, necessariamente, a potestade da fé pública deve é atribuída a um cidadão Brasileiro.

Nota-se, sobretudo, que a partir do acima explicado, quando o advogado se detém sobre uma questão notarial pode avaliar o tema sobre as duas faces do tabelião de notas, a do jurista e a do gestor, pois, no ambiente de aconselhamento terá a possibilidade de dialogar sobre soluções, o que torna, neste momento as duas profissões colaborativas entre si, tal qual ocorre quando um advogado se dirige a um magistrado. Já no aspecto da gestão do serviço público, não há possibilidade de alargar as linhas previamente definidas pelo Estado.

Em uma leitura mais pragmática, o diálogo jurídico entre o notário e o advogado é profícuo na medida em que se compreende os aspectos da formalização da vontade das partes, ou seja, trata-se de um estudo efetivo do Direito posto e quais possibilidades que seria viável de serem adotadas, com base em todo o material jurídico existente. Lado outro, o notário não pode se desprender da gestão do serviço público e deixar de cumprir exigências normativas, ainda que sejam meramente formais, pois é exatamente nesse ambiente que o notário passa de um jurista para um cumpridor de procedimentos entabulados por normas administrativas, não havendo a ele espaço discricionário.

E, é exatamente na feição de notário-gestor que boa parte dos desentendimentos ocorrem, pois ao Advogado parece que o Tabelião de Notas quer imputar exigências descabidas ou circunstâncias que não são do seu conhecimento jurídico. Entretanto, o que ocorre é que, eventualmente, o próprio Notário discorda do que está sendo normativamente obrigado a exigir, mas está sobre aquela baliza de gestor do serviço público que não lhe compete o desvio.

Há, no universo extrajudicial, uma disciplina normativa que é, de forma geral, desconhecida dos juristas, trata-se da Normas de Serviços Extrajudiciais editada pelas Corregedorias Gerais de Justiça. A referida regulamentação administrativa do universo extrajudicial é um ambiente árido por contemplar procedimentos, tal qual um Código de Processo Civil, pois tais normas não se prestam ou não deveriam se prestar a regular o Direito Material, mas tão somente os procedimentos extrajudiciais que o Estado, nessa hora representado pelo Tribunal de

Justiça Estadual, entende necessário para que o notário cumpra sua função de notário-gestor. Logo, o Estado, estabelece procedimento uniformes para que os Tabeliães de Notas pilotem a máquina pública de forma privada.

Portanto, enquanto o notário-jurista conhecedor do Direito que formalizará em seus atos e permite debates produtivos com o Advogado, e na faceta de notário-gestor é aquele que vai impor as regras a ele trazidas pelo próprio Estado. E, essa noção é importante para que se compreenda, quando um cidadão roga o trabalho notarial, em qual terreno eventual exigência está situada, pois a compreensão da natureza jurídica da exigência (jurídica ou procedimental) poderá levar o Advogado a um diálogo mais profícuo.

Veja-se, quando o Advogado entende que uma regra da exigência de documentos é proveniente de norma técnica, não há como combater a exigência do Notário-Gestor, que pode, nesse caso, inclusive concordar em levar a questão para ser mais bem regulada pelo órgão Correcional. Assim, há que se compreender que uma eventual discussão pode ser evitada e, ao invés, produzir-se-á uma união de esforços para o aprimoramento da norma.

Lado outro, quando o Notário-Jurista prescreve um remédio jurídico para uma situação a ele trazida pelo cidadão, o Advogado tem a condição de avaliação das soluções e pode sugerir ao Tabelião de Notas alguma saída que entenda mais benéfica a seu cliente, o que pode ou não ser acatado pelo Notário, mas nesse espeque é possível que ambos entrem em acordo sem que com isso se entenda algum posicionamento arbitrário.

Feito esse corte sobre a atuação do Tabelião de Notas no Brasil, buscando resgatar os pressupostos jurídicos e legais que alicerçam sua conduta perante os cidadãos, vale agora, observar quais são os atos que o Advogado mais aproveita da atuação notarial. E, na leitura desse autor, duas são as atribuições notariais que estão ligadas de forma imediata à advocacia, quais sejam: i) ata notarial, e; ii) escrituras de separação, divórcios e inventários, trazidas pela Lei 11.441/07, as quais serão a seguir mais bem explicitadas.

2. DA ATA NOTARIAL

Todo advogado, especialmente aqueles que militam em áreas contenciosas, sabem que a defesa de uma tese se sustenta principalmente com a coleta de provas daquilo que se alega. Nesse sentido, é muito caro ao advogado apresentar elementos fáticos da situação que lhe é trazida para defesa, sendo fundamental que o conjunto probatório tenha lastro de veracidade e autenticidade, pois de outra forma a prova é vazia e rapidamente suprimida do arcabouço argumentativo trazido pelo patrono, seja em uma ação judicial ou ainda em um parecer que servirá para subsidiar eventual demanda.

Nessa linha, o instrumento público é sempre uma das melhores provas para serem utilizadas, quando se pretende assegurar que determinado fato é verdadeiro. Por mais incrível que pareça, o que poucos advogados sabem é que é possível criar um documento público que persista determinado fato no tempo, especialmente nos dias de hoje em que grande parte das situações ocorrem no ambiente virtual, que por sua vez é altamente volátil. Esse instrumento é a ata notarial.

Sobre o tema, Leonardo Brandelli traz um pragmático conceito de ata notarial como sendo um "instrumento público através do qual o notário capta, por seus sentidos, uma determinada situação, um determinado fato, e o translada para seus livros de notas ou para outro documento."

No mesmo sentido, Walter Ceneviva ensina que a "ata notarial é registro de ato ou fato solicitado ao tabelião de notas por interessado, para que os transponha fielmente em palavras, indicando pessoas e ações que os caracterizam."

Nota-se, pelos conceitos acima colacionados, que a ata notarial é um instrumento de constatação de fatos presenciados pelo notário ou seu preposto autorizado, no exercício de seu ofício e dentro de suas atribuições territoriais, sem qualquer manifestação subjetiva da vontade das partes ou do requerente, o que a torna um ato peculiar, dentro do vasto universo das escrituras públicas.

A ata notarial é um instrumento de prova tão eficaz que o atual Código de Processo Civil, Lei 13.105/15, dedicou uma "Seção" exclusiva dentro do Capítulo XII – Das Provas, qual seja o artigo 384 que prevê:

> Art. 384. A existência e o modo de existir de algum fato podem ser atestados ou documentados, a requerimento do interessado, mediante ata lavrada por tabelião.
>
> Parágrafo único. Dados representados por imagem ou som gravados em arquivos eletrônicos poderão constar da ata notarial.

Pois bem, é muito difícil encontrar uma situação na qual foi feito o uso da ata notarial para provar um fato e não teve seu propósito atingido. Ao contrário, a maior, para não dizer a totalidade, dos julgados em que a prova se fez por meio desse instrumento público tiveram êxito, pelo no aspecto de demonstrar o que se pretendia. Nesse sentido vale a leitura dos acórdãos abaixo compilados.

> Apelação. Mandado de segurança. Processo de cassação de CNH. Indicação do condutor. Possibilidade de indicação em juízo quando existente prova pré-constituída das alegações do impetrante. Ata notarial que contém declaração de terceiro reconhecendo a autoria da infração. Particularidades do caso que permitem a análise judicial para a transferência da pontuação e anulação da penalidade de cassação. Precedentes do C. STJ e deste E. Tribunal de Justiça. Sentença mantida. Recurso desprovido. (TJSP; Apelação / Remessa Necessária 1003458-67.2020.8.26.0564; Relator (a): Fernão Borba Franco; Órgão Julgador: 7ª Câmara de Direito Público; Foro de São Bernardo do Campo – 2ª Vara da Fazenda Pública; Data do Julgamento: 18.11.2020; Data de Registro: 18.11.2020)

Agravo de Instrumento – Ação de Anulação de Negócio Jurídico – Insurgência contra decisão que as partes autoras providenciem, no prazo de 15 dias, a juntada de ata notarial com a devida transcrição das mensagens de áudio, trocadas via aplicativo Whatsapp, mencionadas nos autos – Cabimento – Determinação das Normas de Serviço da Corregedoria Geral de Justiça do Tribunal de Justiça do Estado de São Paulo – A prova oral gravada não será reduzida a escrito e a mídia original será arquivada em cartório – Decisão reformada – Recurso provido. (TJSP; Agravo de Instrumento 2142286-35.2021.8.26.0000; Relator (a): Luiz Antonio Costa; Órgão Julgador: 7ª Câmara de Direito Privado; Foro de Avaré – 1ª Vara Cível; Data do Julgamento: 05.08.2021; Data de Registro: 05.08.2021)

Agravo de Instrumento – Direito de vizinhança – Excesso de ruído produzido em festas dos vizinhos registrado em atas notariais – Em que pesem se tratar de provas unilaterais, gozam de fé pública – Art. 384 do NCPC – Liminar concedida que não trará prejuízos aos agravados – Decisão reformada – Recurso provido (TJSP; Agravo de Instrumento 2159513-14.2016.8.26.0000; Relator (a): Ana Catarina Strauch; Órgão Julgador: 27ª Câmara de Direito Privado; Foro Central Cível – 35ª Vara Cível; Data do Julgamento: 14.02.2017; Data de Registro: 16.02.2017)

Declaratória de nulidade de ata de assembleia geral extraordinária. Comissão de condôminos. Construção de edifício por administração ou a preço de custo. Assembleia realizada regularmente. Ata notarial demonstra o que efetivamente ocorrera. Apelantes pagaram os valores aprovados, sem ressalva ou observação. Preclusão lógica se faz presente. Desnecessidade de produção de outras provas. Documentação existente é suficiente para a entrega da prestação jurisdicional no mérito. Devido processo legal observado. Improcedência da ação mantida. Apelo desprovido. (TJSP; Apelação Cível 1022436-48.2015.8.26.0506; Relator (a): Natan Zelinschi de Arruda; Órgão Julgador: 4ª Câmara de Direito Privado; Foro de Ribeirão Preto – 6ª Vara Cível; Data do Julgamento: 19.04.2018; Data de Registro: 23.04.2018)

"Ação de Reintegração de Posse – Honorários advocatícios – I – Alegação dos autores de que a ré teria construído portão dentro do imóvel em que exercem a posse – Ata notarial que demonstra que a distância entre as duas áreas é de quase um metro – Prova testemunhal que corrobora o conteúdo da ata notarial – Autores que não lograram comprovar que houve invasão de suas terras pela ré – Área objeto da ação de usucapião que é distinta da área descrita na inicial – Ausência de verossimilhança na alegação de que o pai dos autores exercia posse sobre área tão extensa, que engloba dezenas de bairros com centenas de quarteirões, ruas e praças públicas, órgãos do governo e intenso comércio – Portão que pertence à ré e fecha área de sua propriedade – Reintegratória improcedente – II – Honorários advocatícios bem fixados pela sentença em 20% sobre o valor da causa – Obediência ao disposto no art. 85, §2º, do NCPC – III – Sentença mantida pelos próprios fundamentos – Art. 252 do Regimento Interno do TJSP – Honorários advocatícios já fixados em percentual máximo – Impossibilidade de majoração em razão do trabalho adicional realizado em grau recursal – Vedação expressa – Art. 85, §11, do NCPC – Apelo improvido." (TJSP; Apelação Cível 1000672-42.2016.8.26.0224; Relator (a): Salles Vieira; Órgão Julgador: 24ª Câmara de Direito Privado; Foro de Guarulhos – 1ª Vara Cível; Data do Julgamento: 27.09.2018; Data de Registro: 28.09.2018)

Não se olvida que atualmente os advogados têm um seu poder uma série de ferramentas eletrônicas para capturar fatos e encartá-los em suas defesas, como o uso de fotografias digitais, por exemplo, que facilitou consideravelmente a memória de alguns momentos, tal qual gravações de áudios ou vídeos. Também é notório que diversas plataformas eletrônicas passaram a oferecer serviços de assinatura e persistência em redes de *blockchain* sobre determinadas ocorrências. Entretanto, todas essas provas são passíveis de serem repudiadas por terem sido realizadas pelo próprio interessado.

Situação absolutamente distinta é a da ata notarial, pois, em que pese exista o rogatório da parte interessada para que um tabelião de notas constate um fato por meio de ata notarial, há uma ação de um delegatário do Estado que atribui fé pública ao documento. Aqui, importa rememorar as explicações iniciais da função do notário, lembrando que sua atuação em uma ata notarial inclui um juízo de prelibação sobre a viabilidade do uso da ata notarial, o que é próprio de averiguar tanto sob a feição de jurista como na função de gestor, sendo o momento mais relevante para que o Advogado compreenda as motivações do Tabelião de Notas para realização ou não da ata notarial, nos certo alhures revelado.

Quando o destinatário da prova observa que há um terceiro agente, sendo este o próprio Estado, apurando a veracidade e autenticidade do fato, somando ao atributo da fé pública, o efeito probatório é potencializado, além, evidentemente de ocorrer a inversão do ônus da prova.

Vale agora compreender quais os cuidados que o advogado deve recomendar ao seu cliente ou que ele próprio deve tomar quando é realizada é a ata notarial. O mais importante é que o fato seja constatado diretamente pelo tabelião de notas e não que seja trazido ao tabelião de notas um elemento probatório como uma gravação ou um vídeo, explica-se. Se possível, a luz da situação fática, o advogado ou o cidadão deve levar o tabelião ao momento da ocorrência, por exemplo em uma constatação de difamação feita em uma rede social virtual é importante que o tabelião verifique a própria conta onde foi postado o eventual comentário, não se recomendando que o cidadão o advogado realize prints da mensagem e leve ao tabelião.

A ata notarial é produzida com base na de constatação do tabelião, ou seja, pelos meios sensoriais comuns como a audição, visão e o olfato. Mas, o que o notário faz é transcrever de forma técnica para o ato público aquilo que constatou, trazendo a informação desde o momento em que lhe foi apresentada. Paulo Gaiger e Felipe Leonardo em sua obra, "Ata Notarial", explicam que o tabelião deve narrar os fatos constatados com clareza e objetividade, diferenciando aquilo que se constata daquilo que é narrado ou trazido pela parte. A obra faz uma classificação de tipos de atas, mas em suma, há uma linha clara entre a verificação feita diretamente pelo tabelião perante o fato, daquilo que o notário recebe já capturado pela parte que quer encartar em documento público.

Portanto, quando um cidadão ou advogado apresentam a captura de um momento, ele não poderá autenticar que aquele momento efetivamente ocorreu, mas tão somente que lhe foi trazido a apreensão daquele momento. De outra forma ocorre quando o tabelião presencia o ambiente em que este ocorreu.

O advogado deve recomendar ou, se for próprio requerente, chamar um tabelião de notas para a situação fática, como no caso de uma reunião assemblear ou a demonstração fatos virtuais na página da internet onde está publicada, pois nessas situações o notário consignará o que presenciou, elevando consideravelmente o valor da ata notarial. Deve-se evitar gravações já realizadas, atas de reuniões já redigidas ou qualquer outra apreensão de fato já realizada anteriormente. Lado outro, caso inexista possibilidade de o tabelião de notas estar presente no fato, ainda assim, a ata notarial continua sendo um meio de consolidar a constatação.

Uma questão importante é a possibilidade de o advogado trazer, ainda, um *expert* para consignação de suas informações na ata, como num caso de uma ata notarial da danificação de uma obra de arte. Veja-se que o notário pode não ter conhecimento técnico para avaliar a profundidade do dano, mas apenas mencionará que constata rachaduras ou trincos na peça. Por outro lado, pode sim, ser consignado que estava presente um perito que proferiu sua análise, momento em que o notário reproduzirá as palavras.

No exemplo citado, há uma intersecção entre a declaração de um profissional e a ata notarial, assim, o que se tem é que o notário constata o fato e consigna a declaração que ocorreu naquele momento, o que, no caso da declaração também poderia ser feito em documento apartado, mas para higidez da prova, eventualmente, é importante que todo o momento esteja perenizado na própria ata notarial. Por evidente que a ata notarial não dará fé-pública ao mérito do que foi prolatado por um perito, mas tão somente trará dentro do documento público o "laudo" pericial externado naquele momento.

Outra questão que os advogados se deparam é sobre a possibilidade uma ata notarial contemplar um fato ilegal. Veja-se que nessa circunstância o notário pode sim lavrar o instrumento, mas pelo seu dever profissional, a depender da circunstância, deverá noticiar às autoridades o que presenciou. Em contraponto está o boletim de ocorrência que é uma declaração da parte de um fato criminoso. Portanto, por vezes, o advogado deve optar pela ata notarial para conseguir preservar circunstâncias que não conseguiria por meio do Boletim de Ocorrência. A análise sempre deve ser feita com muito cuidado pelo requerente, a depender da situação.

Nessa linha e sem esgotar o tema com profundidade, recomenda-se que todo jurista conheça a ata notarial sendo que, por ora, nossa intenção foi trazer esse instrumento como uma ferramenta para que o advogado consiga literalmente fazer uma fotografia com fé-pública, em sentido figurado, de uma situação a qual queria ou necessite preservar.

Finalmente, é fundamental que quando o Advogado exerça o rogatório, em nome próprio ou de terceiros, perante o Tabelião de Notas, que observe as orientações do delegatário para compreender seu aconselhamento no sentido de garantir o propósito do veículo probatório, bem qual o arcabouço normativo que, na linha de notário-gestor, terá que produzir o documento público. Entendendo-se que os esclarecimentos do notário definirão se a pretendida ata notarial colimará o conjunto probatório pretendido.

3. DOS ATOS DE SEPARAÇÃO, DIVÓRCIO E INVENTÁRIOS EXTRAJUDICIAIS

Nesse tópico, tal qual na linha que vem se desenvolvendo no presenta trabalho, não se pretende esgotar o tema e muito menos analisar detidamente os procedimentos dos atos de separação, divórcio e inventários extrajudiciais. O que se pretende aqui é fazer um corte sobre a relação do advogado com o ato notarial e sob que aspectos sua participação é verificada, na qualidade de assessoramento jurídico e, em âmbito de responsabilidade, na qualidade de representante constituído pelas partes. Assim, analisa-se os requisitos básicos para a possibilidade da realização de separações inventários e divórcios extrajudiciais, justamente sob a ótica da participação do advogado.

Sabe se que o Código de Processo Civil Brasileiro prevê que em qualquer um destes atos deve haver consenso entre as partes. E, nesse primeiro e mais importante requisito o advogado tem o papel fundamental de conversar com os cônjuges e ou herdeiros para verificar se efetivamente existe a possibilidade de um acordo não litigioso em relação aos bens, direitos e obrigações, pois caso as partes iniciem um debate perante o tabelião de notas, este se verá obrigado a recusar o ato em face do litígio demonstrado. Portanto, o preparo para esses atos se inicia na constatação feita pelo advogado da relação entre as partes para então compreender se o foro utilizado será o judicial ou a via extrajudicial.

O outro requisito que tem a participação ativa do advogado é a constatação da capacidade das partes. Em que pese seja função ínsita ao Tabelião de Notas, nota-se que ou advogado tem a possibilidade de apurar circunstâncias que não são claramente verificáveis em vista de eventual incapacidade de difícil constatação, evitando-se assim o constrangimento ou a nulidade do ato. O advogado se inclui nessa responsabilidade, pois caso prefira não apontar essa circunstância em razão da celeridade do procedimento extrajudicial, também será responsabilizado por ignorar uma exigência legal, podendo ser a ele oposto indenização pelos danos que o ato eventualmente causar a terceiros e ao próprio incapaz.

Em relação ao requisito da plena capacidade civil para participação em ato extrajudicial é importante lembrar da Lei Brasileira de Inclusão da Pessoa com Deficiência, Lei 13.146/2015, a qual busca evitar a discriminação das pessoas com algum tipo de deficiência. Assim o advogado deve se utilizar de todas as ferramentas necessárias para assegurar que pessoas em situação de difícil apuração de sua capacidade, como no caso de não haver interdição, possam se apresentar sem controvérsias em relação à sua capacidade civil. No caso, por exemplo de uma pessoa com idade avançada que embora capaz demonstre dificuldades de locomoção ou de fala, uma das possibilidades, sem ferir a dignidade desta pessoa, é a apresentação de um laudo médico. Este documento evidentemente não é obrigatório, mas diante da dificuldade do próprio tabelião aprender a capacidade desta pessoa pode ser uma solução que aplaque qualquer dúvida, sendo este trabalho uma das vertentes a ser utilizada pelo advogado no seu mister de representação do cidadão.

Um outro requisito, agora somente para o inventário extrajudicial, a inexistência de testamento válido deixado pelo falecido. Nesta seara a declaração das partes seria suficiente para que se estabelecesse o vínculo de desconhecimento do testamento, mas atualmente o Conselho Nacional de Justiça regulamentou a questão exigindo para os inventários judiciais e extrajudiciais a apresentação de uma informação de inexistência de testamento expedida pela Central Notarial de Serviços Eletrônicos Compartilhados (CENSEC) gerida pelo Colégio Notarial do Brasil. A regulamentação está no Provimento 56/2016 e prevê que a informação sempre seja encartada nos autos judiciais ou na realização do inventário extrajudicial.

Sabe-se que o tabelião de notas não lavrará o inventário extrajudicial sem conhecer a informação de inexistência de testamento, por isso o advogado deve assessorar as partes antes de iniciar o procedimento de lavratura de inventário extrajudicial, evitando-se assim que após reunidos todos os documentos de bens, direitos e obrigações, o inventário deixe de ser feito pela descoberta de um testamento. Recomenda se que, quando o advogado recebe a demanda de um inventário, esta seja a primeira medida a ser tomada, pois assim poderá orientar aos clientes qual a via correta para o procedimento de inventário.

Mas a atuação do advogado não termina apenas com a verificação dos requisitos para a lavratura do dos atos extrajudiciais, conforme citado de forma resumida acima, onde a participação do Advogado também é um requisito próprio e expresso da legislação brasileira. Deve-se ter em mente que, a partir do momento que as partes buscam a solução extrajudicial para questões familiares ou sucessórias, o advogado deve analisar o mérito da demanda seja para um estudo relativo aos direitos de cada uma das partes ou ainda para há averiguação do que o tabelião de notas propôs como solução ao caso.

Ademais, sob o aspecto do mister advocatício propriamente dito, é possível dizer que a participação do advogado nos atos extrajudiciais não é diferente daquela na via judicial, ou seja, ele defenderá os interesses de seu cliente, de modo que eventualmente a existência de um único advogado para ambas as partes ou para todas as partes pode não ser a ideal, não porque exista litígio, a final se assim houvesse a via extrajudicial não seria opção possível, mas porque as partes concordam em negociar consensualmente os direitos envolvidos, o que não afasta eventuais debates sobre questões de interesse de cada uma delas, sendo nesse caso necessário um jurista que não atenda de forma imparcial os interesses dos envolvidos mas sim que recomende àquele que o contratou a melhor solução jurídica. Lado outro, também é possível que diante da decisão das partes, sem qualquer necessidade de debates, um único advogado atenda ao ato como um todo.

Reitera-se, finalmente, que no ambiente dos atos de Direito de Família ou do Direito das Sucessões, diversas são as soluções jurídicas que podem ser formalizadas na escritura pública, o que, repisando, se inclui na função jurista do notário, permitindo diálogo com o Advogado. Entretanto, especialmente nesses temas, há uma contínua, dinâmica e extensa regulamentação extrajudicial que impõe exigências para o Tabelião de Notas em sua natureza de notário-gestor e, como dito, nesse ambiente, pouca ou nenhuma mobilidade será permitida.

4. CONCLUSÃO

O presente artigo se destina a demonstrar que a relação entre advogados e tabeliães de notas não é antagônica em absolutamente, mas sim complementar, tendo-se em mente que:

1. O notário analisa de forma imparcial a situação que foi posta, enquanto o advogado, embora esteja militando no âmbito não litigioso, assessora seu cliente no sentido de agregar a ele maior proveito;

2. O Advogado conhecendo a existência de litígio, não precisa de imediato buscar a via jurisdicional, pois é possível que consiga trazer o consenso com a outra parte, também assessorada por outro advogado;

3. A presença, exigida por lei ou não, de advogado em ato notarial, implica em sua responsabilidade pelo trabalho que lhe foi incumbido;

4. O trabalho do advogado no ambiente notarial pressupõe que este conheça a fundo os atos notariais;

5. Na ata notarial acompanhada ou solicitada por advogado, recomenda-se a busca pela constatação efetiva do fato, deixando-se a verificação de memória já realizada pela parte apenas como segunda opção, sem minorar a importância também dessa forma de prova;

6. Nos atos de separação, divórcio e inventários extrajudiciais, o advogado deve ter participação efetiva junto ao seu cliente, em primeiro plano em

relação aos requisitos para realização desses atos em ambiente extrajudicial, bem como em relação ao mérito jurídico do ato notarial e, finalmente, em relação à solução trazida pelo notário.

7. Há possibilidade de o advogado apresentar suas considerações sobre um ato notarial ao tabelião de notas, mas toda sugestão de debate se limitará à esfera de atuação no âmbito do notário-jurista, não havendo espaço para debates na função de notário-gestor;

8. A intervenção do advogado no âmbito do notário-gestor serve apenas e tão somente para eventual apontamento de claro descumprimento do tecido normativo e não sobre interpretações subjetivas.

5. REFERÊNCIAS

BRASIL. Constituição (1998). Constituição da República Federativa do Brasil. Brasília: Senado, 1988. Disponível em: http://www.planalto.gov.br/ccivil_03/constituicao/constituicao.htm. Acesso em: 13 abr. 2021.

BRASIL. Lei 8.935, de 18 de novembro de 1994. Regulamenta o art. 236 da Constituição Federal, dispondo sobre serviços notariais e de registro. (Lei dos Cartórios). Diário Oficial [da] República Federativa do Brasil, Brasília, DF, v. 132, n. 219, p. 21, nov. 1994, Seção 1, p. 1. Disponível em: http://www.planalto.gov.br/ccivil_03/leis/l8935.htm. Acesso em: 13 abr. 2021.

BARBOSA, Rui. *Oração aos moços* / Rui Barbosa; edição popular anotada por Adriano da Gama Kury. 5. ed. – Rio de Janeiro: Fundação Casa de Rui Barbosa, 1997.

BRANDELLI, Leonardo. *Teoria geral do direito notarial*. 3. ed. São Paulo: Saraiva, 2009.

CENEVIVA, Walter. *Lei dos Notários e Registradores Comentada*: (Lei 8.935/94) 9. ed. rev. atual. São Paulo: Saraiva, 2014.

CAMPILONGO, Celso Fernandes. *Função social do notariado: eficiência, confiança e imparcialidade*. São Paulo: Saraiva, 2014.

DECKERS, Eric. *Função notarial e deontologia*. Coimbra: Almedina, 2005.

DIP, Ricardo. *Notas sobre notas (e outras notas)*. São Paulo: Editorial Lepanto, 2018. t. I – Des. Ricardo Dip.

DIP, Ricardo Henry Marques. *Prudência Notarial*. São Paulo: Quinta Editorial, 2012.

FERREIRA, Paulo Roberto Gaiger; RODRIGUES, Felipe Leonardo. *Ata Notarial* – Doutrina, prática e meio de prova. São Paulo: Quartier Latin, 2010.

NALINI, José Renato e Ricardo Felício Scaff (Coord.). *Tabelionato de Notas e a 4ª Revolução Industrial*. São Paulo: Quartier Latin, 2021. – Artigo X. O Notariado Latino e o Ato Notarial à Distância: Reflexões. José Renato Vilarnovo Garcia.

PARTE III
ATIVIDADE DE REGISTRO DE IMÓVEIS

A USUCAPIÃO EXTRAJUDICIAL NO CONTEXTO DA DESJUDICIALIZAÇÃO

Vivian Labruna Catapani

Graduada em Direito pela USP. Especialista em Direito da Economia e da Empresa pela FGV/SP. Mestre em Direito das Relações Sociais pela PUC/SP. Juíza Auxiliar das Varas de Registros Públicos de São Paulo desde 2017.

Sumário: 1. Introdução – 2. A desjudicialização e os serviços extrajudiciais – 3. O regramento processual da usucapião – 4. Do procedimento da usucapião extrajudicial – 5. Qual será o futuro da usucapião extrajudicial? – 6. Referências.

1. INTRODUÇÃO

O Direito brasileiro tem se deparado, nos últimos anos, com uma crescente desjudicialização de diversos procedimentos antes sujeitos exclusivamente ao crivo do Poder Judiciário.

Exemplos de desjudicialização não faltam, especialmente no âmbito notarial e registral: escrituras públicas de divórcio consensual, escrituras públicas de inventário e partilha, reconhecimento de paternidade socioafetiva, mudança de nome e gênero junto aos cartórios de registro civil, usucapião extrajudicial, retificação administrativa de área de imóvel, ampliação dos casos de retificação extrajudicial de nomes etc.

Não são poucos os que afirmam que essa desjudicialização tem como objetivo principal o "desafogamento" do Judiciário, este enquadrado como instituição falida e morosa que não mais suporta processar as crescentes demandas diuturnamente ajuizadas.[1]

Ocorre que tal fenômeno, embora inegavelmente tenha como consequência a redução de processos no Poder Judiciário, representa uma tendência social de se atribuir a esta instituição apenas a solução de reais conflitos de interesses, de-

---

1. Acerca do tema:
    Atuação dos cartórios de notas retira mais de meio milhão de processos da Justiça paulista. Disponível em: https://www.terra.com.br/noticias/dino/atuacao-dos-cartorios-de-notas-retira-mais-de-meio-milhao-de-processos-da-justica-paulista,4e3b7dcc59e08750e67387065133bad2n8fzvvbl.html. Acesso em: 12 jul. 2021.
    RODRIGUES, Marcelo. *Privilegiar cartórios ajuda a desafogar Judiciário e reduzir custos.* Disponível em: https://www.conjur.com.br/2014-dez-24/marcelo-rodrigues-privilegiar-cartorios-ajuda-desafogar-judiciario. Acesso em 12.07.2021.

legando-se a outros agentes qualificados (tais como os registradores e notários) a realização de atos que não envolvam litígio. É que veremos melhor a seguir.

2. A DESJUDICIALIZAÇÃO E OS SERVIÇOS EXTRAJUDICIAIS

Ao tratar do fenômeno da desjudicialização, é necessário resgatar o conceito tradicional de jurisdição.

Segundo definem Antonio Carlos de Araujo Cintra, Ada Pelegrini Grinover e Cândido Rangel Dinamarco:

> Jurisdição é uma das funções do Estado, mediante a qual este se substitui aos titulares dos interesses em conflito para, imparcialmente, buscar a pacificação do conflito que os envolve, com justiça.

Completam os autores que:

> A jurisdição é, ao mesmo tempo, poder, função e atividade. Como poder, a manifestação do poder estatal, conceituado como capacidade de decidir imperativamente e impor decisões. Como função, expressa o encargo que têm os órgãos estatais de promover a pacificação dos conflitos interindividuais, mediante a realização do direito justo e através do processo. E como atividade ela é o complexo de atos do juiz no processo, exercendo o poder e cumprindo a função que a lei lhe compete.[2]

Constata-se, assim, um caráter substitutivo da jurisdição, que tem por fim pacificar os conflitos e atuar como escopo de atuação do direito. Tal atividade é exercida pelo Estado através de pessoas físicas, que constituem seus agentes, ou seus órgãos, que não agem em nome próprio.[3] Tais agentes, dotados de especialidade técnica e formação jurídica, podem ser definidos como agentes qualificados.

A concepção tradicional de jurisdição envolve basicamente a ideia de lide. É o que se verifica na definição de Carnelutti,[4] segundo o qual a função jurisdicional exerce-se sempre com referência a uma lide, a um conflito de interesses, evidenciando-se uma pretensão resistida.

Assim, segundo visão clássica, o Estado, uma vez ultrapassada a fase de autotutela, atua como substituto da solução privada de conflitos intersubjetivos, havendo verdadeiro monopólio estatal na aplicação do direito ao caso concreto. Vislumbra-se, assim, a construção da teoria da jurisdição com base na lógica da crise, da solução de lides.

---

2. CINTRA, Antonio Carlos de Araújo; GRINOVER, Ada Pellegrini; DINAMARCO, Cândido Rangel. *Teoria Geral do Processo*. 13. ed. São Paulo: Malheiros Editores, 1996, p. 129.
3. CINTRA, Antonio Carlos de Araújo; GRINOVER, Ada Pellegrini; DINAMARCO, Cândido Rangel. Op. cit., p. 130.
4. CINTRA, Antonio Carlos de Araújo, GRINOVER, Ada Pellegrini, DINAMARCO, Cândido Rangel. Op. cit., p. 132.

Tal concepção, entretanto, logo se mostrou ultrapassada, na medida em que, evidentemente, existem casos em que não há lide nem pretensão resistida. É o que ocorre, por exemplo, no caso da jurisdição voluntária, na qual há mera administração pública de interesses privados. Ou seja, em que pese determinados atos jurídicos digam respeito à vida dos particulares, sua importância transcende aos limites da esfera privada, interessando também a toda a coletividade. Nesse sentido, o Estado impõe, como requisito de validade para esses atos com repercussão social, a chancela de um agente qualificado, que pode ou não ser um juiz.

Isso porque o exercício da administração pública de interesses privados, note-se, não é exclusivo do Poder Judiciário, podendo ser exercido também pelas serventias extrajudiciais.[5] É o caso, por exemplo, da escritura pública (tabelião de notas), do casamento (registrador civil), do protesto (tabelião de protestos) etc.[6]

Em tal atividade administrativa, não se verifica a existência de lide nem mesmo de substitutividade da vontade das partes, mas sim de chancela ou gestão estatal de atos ou negócios privados.

Não se pode negar, entretanto, que a concentração de tantas demandas nas mãos do Estado, e aqui com foco no Poder Judiciário, gerou um aumento considerável no número de processos judiciais.

Tal concentração passou a fomentar a ideia de conciliação e mediação nos casos em que houvesse lide, em prestígio à autonomia da vontade,[7] proporcionando que as partes pudessem gerir seus conflitos sem a intervenção direta do Estado.

---

5. A respeito especificamente da função social do notariado, não se pode deixar de mencionar Celso Fernandes Campilongo, segundo o qual "o modelo de atuação do notariado latino procura instaurar e proteger a situação de normalidade. Busca minorar ou eliminar a atuação de advogados e juízes. (...) Vale notar que o papel do consenso, "bem" escasso na sociedade atual, recebe reforço institucional com a intervenção notarial. As partes relaxam desconfianças recíprocas" (CAMPILONGO, Celso Fernandes. *A função social do notariado – Eficiência, confiança e imparcialidade*. São Paulo: Saraiva, 2017, p. 22).
6. CINTRA, Antonio Carlos de Araújo, GRINOVER, Ada Pellegrini, DINAMARCO, Cândido Rangel. Op. cit., p. 154.
7. Fernanda Tartuce expõe que "a autonomia da vontade das partes é reconhecida expressamente no ordenamento brasileiro como um dos princípios regentes da mediação e da conciliação (CPC/2015, art. 166; Lei 13.140/2015, art. 2º, V; CNJ, Resolução 125/2010, anexo III). O reconhecimento da autonomia da vontade implica em que a deliberação expressa por uma pessoa plenamente capaz, com liberdade e observância dos cânones legais, seja tida como soberana. O vocábulo "vontade" expressa interessantes significados: 1. faculdade que tem o ser humano de querer, escolher, livremente praticar ou deixar de praticar certos atos; 2. força interior que impulsiona o indivíduo a realizar aquilo a que se propôs, a atingir seus fins ou desejos – ânimo, determinação e firmeza; 3. grande disposição em realizar algo por outrem – empenho, interesse, zelo; 4. capacidade de escolher, de decidir entre alternativas possíveis – volição; 5. sentimento de desejo ou aspiração motivado por um apelo físico, fisiológico, psicológico ou moral – querer; 6. deliberação, determinação, decisão que alguém expressa no intuito de que seja cumprida ou respeitada. A autonomia da vontade, também entendida como autodeterminação, é um valor essencial para a proveitosa implementação de meios consensuais de composição de conflitos" (TARTUCE, Fernanda. *Mediação, autonomia e audiência inicial nas ações de família regidas pelo Novo Código de Processo Civil*. Disponível em: http://www.fernandatartuce.com.br/wp-content/uplo-

Porém, nos casos em que não houvesse lide, mas que continuavam sujeitos à atuação do Poder Judiciário, passou-se a prestigiar a atuação de outros agentes qualificados (notários e registradores), em substituição ao agente qualificado juiz, de modo a se obter maior celeridade, sem se abrir mão da necessária segurança jurídica.

Tal prestígio, como já visto, não era novidade, na medida em que referidos agentes qualificados extrajudiciais já colaboravam na administração pública de interesses privados.

Nessa esteira, diversos procedimentos deixaram de ser exclusivamente sujeitos ao crivo Poder Judiciário, podendo ser providenciados pelas partes interessadas diretamente junto aos cartórios de registros e de notas.

Foi o que ocorreu, por exemplo, com a possibilidade de retificação extrajudicial de registros públicos civis, tal qual previsto no art. 110 da Lei de Registros Públicos, alterado em 2017, que permitiu a retificação de registro, averbação ou anotação pelo próprio oficial, de ofício ou a requerimento do interessado, independentemente de prévia autorização judicial ou manifestação do Ministério Público, nos casos nele listados.

Outro exemplo foi a previsão de retificação administrativa de registro imobiliário, contida no art. 213 da Lei de Registros Públicos, modificado em 2004, e, em especial, no seu inciso II, que prevê ritualística extrajudicial, para os casos de retificação de área de imóvel.

E não poderíamos deixar de mencionar, também como exemplo, a introdução da[8] usucapião extrajudicial na Lei de Registros Públicos, no ano de 2015, conforme previsto no seu art. 216-A, objeto deste trabalho.

Vale destacar que a introdução paulatina de novos procedimentos extrajudiciais, antes atribuídos exclusivamente ao Poder Judiciário, não representa violação ao princípio constitucional da reserva da jurisdição,[9] na medida em que não se proíbe o acesso das partes ao Judiciário, havendo coexistência de mecanismos judiciais e extrajudiciais.

---

ads/2017/05/Media%C3%A7%C3%A3o-autonomia-e-vontade-a%C3%A7oes-familiares-no-NCPC.pdf. Acesso em: 06 maio 2021).

8. Aponta Aurélio Buarque de Holanda Ferreira que o vocábulo usucapião é do gênero feminino, o que determina sempre a utilização do artigo "a" antecedente à palavra. (Disponível em: https://epm.tjsp.jus.br/Artigo/DireitoCivilProcessualCivil/26427?pagina=1. Acesso em: 05 maio 2021).

9. Conforme esclarece o Min. Celso de Mello, no julgamento do MS 23452/RJ, "o postulado de reserva constitucional de jurisdição importa em submeter, à esfera única de decisão dos magistrados, a prática de determinados atos cuja realização, por efeito de explícita determinação constante do próprio texto da Carta Política, somente pode emanar do juiz, e não de terceiros, inclusive daqueles a quem haja eventualmente atribuído o exercício de poderes de investigação próprios das autoridades judiciais".

Segundo também esclarece Leonardo Brandelli, não há óbice constitucional em se atribuir a outro órgão, que não o jurisdicional, tais procedimentos extrajudiciais, desde que não haja afronta ao art. 5°, inciso XXXV, da Constituição Federal, ou seja, desde que permitida a possibilidade de discussão judicial do tema, se de natureza não jurisdicional for o órgão que receber a incumbência.[10]

3. O REGRAMENTO PROCESSUAL DA USUCAPIÃO

Na concepção tradicional do Estado como solucionador de lides, o Código de Processo Civil de 1973 trouxe regramento especial ao processo de usucapião, constante do seu Livro IV (Procedimentos Especiais), Título I (Dos Procedimentos Especiais de Jurisdição Contenciosa), Capítulo VII (Da Ação de Usucapião de Terras Particulares).

Dispunha o outrora vigente Código de Processo Civil acerca do titular de tal ação (possuidor que pretenda a declaração de domínio do imóvel ou servidão predial), dos elementos exigidos na petição inicial (fundamento do pedido, planta do imóvel, pedido de citação do titular dominial, dos confinantes e dos eventuais interessados por edital), da intimação das Fazendas Públicas, da intervenção obrigatória do Ministério Público e da transcrição da sentença de procedência, mediante mandado, no registro do imóvel.

Preocupava-se, então, o legislador com a condução judicial do tema, em consonância com o monopólio atribuído ao Estado para a aplicação do direito nos feitos de usucapião.

Com a edição do Código Civil de 2015,[11] entretanto, a usucapião deixou de contar com capítulo específico, limitando-se o diploma a apenas dois artigos acerca do tema: o artigo 246, parágrafo 3°, segundo o qual é exigida a citação

---

10. BRANDELLI, Leonardo Brandelli. *Usucapião administrativa* – De acordo com o Código de Processo Civil. São Paulo: Editora Saraiva. 2017, p. 18 e 19.
11. Conforme consta da Exposição de Motivos da Lei 13.105/2015, que implementou o Código de Processo Civil vigente: "Há mudanças necessárias, porque reclamadas pela comunidade jurídica, e correspondentes a queixas recorrentes dos jurisdicionados e dos operadores do Direito, ouvidas em todo país. Na elaboração deste Anteprojeto de Código de Processo Civil, essa foi uma das linhas principais de trabalho: resolver problemas. Deixar de ver o processo como teoria descomprometida de sua natureza fundamental de método de resolução de conflitos, por meio do qual se realizam valores constitucionais.
(...) Pretendeu-se converter o processo em instrumento incluído no contexto social em que produzirá efeito o seu resultado. Deu-se ênfase à possibilidade de as partes porem fim ao conflito pela via da mediação ou da conciliação. Entendeu-se que a satisfação efetiva das partes pode dar-se de modo mais intenso se a solução é por elas criada e não imposta pelo juiz.
(...) A extinção do procedimento especial "ação de usucapião" levou à criação do procedimento edital, como forma de comunicação dos atos processuais, por meio do qual, em ações deste tipo, devem-se provocar todos os interessados a intervir, se houver interesse." (Disponível em: https://www.verbojuridico.com.br/vademecum/CPC_EXPOSICAO_DE_MOTIVOS.pdf. Acesso em: 05 maio 2021).

pessoal dos confinantes, exceto quando se tratar de unidade autônoma de prédio em condomínio; e o artigo 259, inciso I, que prevê a publicação de edital na ação de usucapião. Passou-se a prever, portanto, a ação de usucapião como processo comum, e não mais de rito especial.

Em complemento, a Lei 13.105/2015 introduziu o art. 216-A na Lei 6.015/73 (Lei de Registros Públicos), que passou a contemplar, sem prejuízo da via jurisdicional, o pedido de reconhecimento extrajudicial da usucapião,[12] que será processado diretamente perante o cartório de registro de imóveis da comarca em que estiver situado o imóvel usucapiendo, a pedido do interessado e mediante advogado.

Ao possibilitar a aquisição, via usucapião extrajudicial, de qualquer direito real usucapível, e não só da propriedade, o legislador disciplinou em detalhes o procedimento a ser seguido pelo interessado e pelas serventias registrais.

A existência de numerosas regras específicas para a usucapião extrajudicial em contraposição à disciplina processual espartana acerca da modalidade judicial vem na esteira da descentralização judicial na resolução de conflitos e do prestígio da autonomia da vontade.

Prestigia-se, assim, a condução do procedimento por outro agente qualificado (registrador), que, sem a necessidade de atuação de um juiz, possibilita o alcance dos mesmos resultados, com a mesma segurança jurídica e maior celeridade.[13]

Dessa forma, somente nos casos em que haja uma resistência à pretensão, exigindo-se a atuação do Estado-Juiz como solucionador de crises, é que o pedido de usucapião deverá ser processado e solucionado pelo Poder Judiciário.

---

12. Deve-se atentar ao fato de que a usucapião extrajudicial não se confunde com a usucapião administrativa. Segundo esclarece João Pedro Lamana Paiva, "A usucapião administrativa foi instituída no Brasil por meio da Lei 11.977/2009, mas esta é aplicável somente à usucapião especial urbana, caracterizada no contexto de projetos de regularização fundiária de interesse social. Já a usucapião extrajudicial, que tem caráter opcional ao jurisdicionado, processando-se perante o Registro de Imóveis, é uma das grandes novidades da nova lei processual civil (art. 1.071, o qual inseriu o art. 216-A na LRP), significando a adoção do paradigma de desjudicialização de procedimentos inaugurado, no Brasil, pelo instituto da alienação fiduciária e ampliado em face da Emenda Constitucional 45/2004. (...) A usucapião extrajudicial, ao contrário da usucapião de índole administrativa (âmbito restrito de aplicação nos casos de regularização fundiária), terá amplo espectro de abrangência, contemplando procedimento aplicável à concessão das diversas espécies de usucapião de direito material previstas na legislação brasileira." (PAIVA, João Pedro Lamana. O Código de Processo Civil e suas repercussões nas atividades notariais e registrais, pág. 17. Disponível em: https://sounotarium.com/wp-content/uploads/2019/11/CPC-E-AS-REPERCUSS%C3%95ES-NAS-ATIVIDADES-NOTARIAIS-E-REGISTRAIS-26.09.17.pdf. Acesso em: 05 maio 2021).

13. "O novo instrumento (extrajudicial) tem a característica diferencial da celeridade, pois se estima uma duração aproximada de 120 a 150 dias, desde que preenchidos os requisitos do art. 216-A, uma vez que se assemelha à retificação consensual prevista nos arts. 212 e 213 da LRP" (PAIVA, João Pedro Lamana, Op. cit.).

4. DO PROCEDIMENTO DA USUCAPIÃO EXTRAJUDICIAL

A introdução do art. 216-A na Lei de Registros Públicos pelo Código de Processo Civil veio sucedida pela edição do Provimento CNJ 65/2017, que estabeleceu diretrizes para o procedimento de usucapião extrajudicial no âmbito dos serviços notariais e de registros, visando à uniformização nacional no tratamento do tema. Referido normativo acrescentou diversas condições que antes não eram exigidas pelo art. 216-A da Lei.[14]

Seguindo o disposto no *caput* do art. 216-A, referido provimento previu expressamente, no seu art. 2º, *caput*, e § 2º, a possibilidade de opção do interessado pela via judicial ou extrajudicial, sem imposição do meio a ser seguido. Se escolhida a via extrajudicial, autorizou-se, inclusive, a suspensão[15] do processo judicial pelo prazo de 30 dias ou a sua desistência.

---

14. A discussão acerca da constitucionalidade ou não de normas impostas pelo Conselho Nacional de Justiça, além dos limites legais, não é inédita.
    Caroline Pomjé e Simone Tassinari Cardoso Fleischmann, ao analisarem o entendimento do STF acerca do tema no julgamento da ADC 12, de relatoria do Ministro Carlos Ayres Brito, esclarecem que "haveria a possibilidade de o Conselho Nacional de Justiça emitir normativas com caráter geral e abstrato desde que estribadas em sua competência constitucional, devendo buscar parâmetros de conformação no próprio texto constitucional. Por outro lado, quando diante de matéria em que há fonte normativa prévia, entende-se que a questão objeto de análise pelo Conselho Nacional de Justiça deve ser regulada com base na fonte, inovação – até porque, nessa hipótese, o Poder Legislativo já teve a oportunidade de exercer sua atribuição regulando a matéria (hipótese em que o Poder Legislativo exerceu sua atribuição típica). Dessa maneira, a atuação do Conselho Nacional de Justiça seria unicamente no sentido de fornecer mais subsídios materiais e axiologicamente orientados à aplicação da fonte prévia".
    Some-se a isso o fato de que "o Regimento Interno do Conselho Nacional de Justiça, em seu art. 8º, estabelece como atribuição do Corregedor Nacional de Justiça a expedição de atos normativos voltados "ao aperfeiçoamento das atividades dos órgãos do Poder Judiciário e de seus serviços auxiliares e dos serviços notariais e de registro, bem como dos demais órgãos correcionais, sobre a matéria relacionada com a competência da Corregedoria Nacional de Justiça". Além disso, o Regulamento Geral da Corregedoria Nacional de Justiça, em seu art. 14, ao elencar as modalidades de atos que podem vir a ser expedidos pelo Corregedor-Geral de Justiça, estabelece que o provimento representa 'ato de caráter normativo interno e externo com a finalidade de esclarecer e orientar a execução dos serviços judiciais e extrajudiciais em geral'".
    (POMJÉ, Caroline; FLEISCHMANN, Simone Tassinari Cardoso. Critérios de legalidade constitucional para a função normativa do Conselho Nacional de Justiça: o exemplo do direito de família. Disponível em: https://periodicos.unifor.br/rpen/article/download/10067/pdf. Acesso em: 12 jul. 2021).
15. Com a introdução da usucapião extrajudicial na sistemática da Lei de Registros, as Varas de Registros Públicos de São Paulo passaram a consultar, já no despacho inaugural das ações de usucapião, desde o ano de 2017, o eventual interesse das partes em seguir a via extrajudicial, com a suspensão do processo judicial pelo prazo de 60 dias, passível de renovação, com o aproveitamento, na via judicial, no caso de desistência ou inviabilidade da via extrajudicial, de todos os documentos que instruíram o pedido administrativo. Havendo silêncio da parte a respeito de tal consulta, o feito judicial tem normal prosseguimento.
    É comum, em resposta a tal consulta, que as partes requeiram a extensão de eventual gratuidade processual deferida na ação judicial ao procedimento extrajudicial, o que, entretanto, não se mostra viável, na medida em que se trata de procedimentos em esferas distintas, não se aplicando, no caso, o disposto no art. 98, § 1º, inciso IX, do Código de Processo Civil.

Optando a parte pela via extrajudicial, exigem-se a representação por advogado,[16] com poderes especiais, e a formulação de requerimento que deve atender, no que couber, aos requisitos especificados pelo art. 319 (petição inicial) do Código de Processo Civil, indicando-se também: (i) a modalidade de usucapião requerida; (ii) a origem e as características da posse; (iii) a existência de edificação,[17] de benfeitoria ou de qualquer acessão no imóvel usucapiendo, com referência às respectivas datas de ocorrência; (iv) o nome e o estado civil de todos os possuidores anteriores cujo tempo de posse foi somado ao do requerente para completar o período aquisitivo;[18] (v) o número da matrícula ou transcrição da área onde se encontra inserido o imóvel usucapiendo ou a informação de que ele não se encontra matriculado ou transcrito; e (vi) o valor do imóvel usucapiendo.[19]

O aproveitamento de provas produzidas na esfera judicial pelo procedimento extrajudicial também é autorizado pelo art. 2º, parágrafo 3º, do Provimento CNJ 65/2017.

16. Apesar de o Provimento CNJ 65/2017 prever, art. 2º, *caput*, a possibilidade de a parte ser representada por Defensor Público, trata-se de hipótese rara, na medida em que não há, pelo menos no Estado de São Paulo, previsão de gratuidade do procedimento de usucapião extrajudicial, realizado pelos registradores de imóveis. Não há sistema de fundo de contraprestação de renda, para os atos gratuitos, para essa modalidade de serviço extrajudicial.

   Destaque-se que, diante de sua natureza jurídica de taxa, eventual isenção de emolumentos somente poderá ser veiculada através de lei específica, conforme disposição expressa do art. 150, § 6º, da CF: "Qualquer subsídio ou isenção, redução de base de cálculo, concessão de crédito presumido, anistia ou remissão, relativos a impostos, taxas ou contribuições, só poderá ser concedido mediante lei específica, federal, estadual ou municipal, que regule exclusivamente as matérias acima enumeradas ou o correspondente tributo ou contribuição, sem prejuízo do disposto no art. 155, § 2.º, XII, g."

   Esse, aliás, é um dos maiores entraves à adoção mais plena do procedimento extrajudicial, na medida em que a grande maioria dos feitos que tramitam nas Varas de Registros Públicos de São Paulo goza de gratuidade processual, não dispondo os autores de numerário para o pagamento dos emolumentos devidos pela usucapião extrajudicial.

17. Havendo edificação no imóvel, não se exige o "habite-se".

18. Ainda, no que tange à possibilidade de cômputo do período de posse exercida durante o procedimento da usucapião, é relevante mencionar o entendimento esposado pelo Superior Tribunal de Justiça (REsp 1361226) de que, no feito judicial, o tempo de posse exercido durante o processo judicial pode ser contado para fins de usucapião.

   Ousamos, com o devido respeito e acatamento, discordar de tal entendimento, na medida em que, sendo a ação de usucapião de natureza declaratória, seus requisitos constitutivos já devem estar preenchidos pelo possuidor quando do ajuizamento do feito, evitando-se, até mesmo, uma avalanche de ações no judiciário sem o lapso temporal preenchido, o que também acarretaria uma menor preocupação com a devida formalização e registro das transações de compra e venda de imóveis e o respectivo recolhimento de impostos de transmissão (ITBI).

   No sentido de que não se aplica a prescrição intercorrente à usucapião extrajudicial:

   "Usucapião extrajudicial – Prescrição intercorrente. O instituto não pode ser aplicado extrajudicialmente porque o protocolo do pedido extrajudicial de usucapião gera prioridade do registro, prorrogável enquanto durar o procedimento, impedindo o ingresso de novos títulos com a consequente constituição de direitos reais por terceiros que poderiam interromper o prazo prescricional aquisitivo." (Procedimento de dúvida 1016769-62.2020.8.26.0100, 1ª Vara de Registros Públicos de São Paulo, j. em 08.04.2020, Juíza Tania Mara Ahualli).

19. Trata-se de informação relevante para o cálculo do valor dos emolumentos. Segundo o Prov. CNJ 65/2017, enquanto não for editada, no âmbito dos Estados e do Distrito Federal, legislação específica

Nesse ponto vale destacar que, a despeito de o interessado indicar a modalidade de usucapião que entende ser cabível, tal indicação não vincula o registrador de imóveis, que poderá enquadrar, de ofício, o pedido em outra modalidade, caso não cabível aquela apontada pela parte.[20]

O requerimento deve ser formulado perante o registro de imóveis[21] da localidade em que estiver situado o imóvel. Estando o imóvel localizado em mais de uma circunscrição, deve ser escolhida a serventia extrajudicial em que estiver localizada a maior parte do bem.

É admissível que mais de um imóvel seja objeto de pedido de usucapião extrajudicial (se contíguos), bem como que mais de um interessado possa integrar o requerimento (se houver posse comum).

Assim como no procedimento judicial, a existência de ônus real e gravames na matrícula do imóvel não impedem a usucapião extrajudicial.[22]

---

acerca da fixação de emolumentos para o procedimento da usucapião extrajudicial, serão adotadas as seguintes regras: I – no tabelionato de notas, a ata notarial será considerada ato de conteúdo econômico, devendo-se tomar por base para a cobrança de emolumentos o valor venal do imóvel relativo ao último lançamento do imposto predial e territorial urbano ou ao imposto territorial rural ou, quando não estipulado, o valor de mercado aproximado; II – no registro de imóveis, pelo processamento da usucapião, serão devidos emolumentos equivalentes a 50% do valor previsto na tabela de emolumentos para o registro e, caso o pedido seja deferido, também serão devidos emolumentos pela aquisição da propriedade equivalentes a 50% do valor previsto na tabela de emolumentos para o registro, tomando-se por base o valor venal do imóvel relativo ao último lançamento do imposto predial e territorial urbano ou ao imposto territorial rural ou, quando não estipulado, o valor de mercado aproximado.

20. Vitor Frederico Kumpel e Carla Modina Ferrari afirmam que "a análise do pedido pelo registrador opera em congruência com a causa de pedir. Noutro dizer, sua qualificação deve apurar a coerência lógica entre os fatos e o pedido, de modo a garantir a correta subsunção do fato à norma. Disso decorre que, ainda que o pedido seja de usucapião ordinária, o oficial, verificando tratar-se de outra modalidade de usucapião, cujos requisitos estejam todos presentes e provados, poderá aproveitar o requerimento, independentemente de aditamento." (KUMPEL, Vitor Frederico; FERRARI, Carla Modina. *Tratado Notarial e Registral* – Ofício de Registro de Imóveis. São Paulo: YK Editora, 2020, t. I, p. 1.034).

No processo judicial também não há vinculação do juiz à modalidade de usucapião escolhida pela parte autora, havendo ampla jurisprudência no sentido de que o enquadramento de ofício em outra modalidade não enseja julgamento *extra petita*. Deve o juiz, entretanto, ter a cautela de, havendo contestação nos autos, abrir oportunidade para a parte contestante se manifestar acerca de eventual reenquadramento de modalidade, em atenção ao disposto no art. 10 do Código de Processo Civil, sob pena de eventual nulidade da sentença.

21. Segundo Leonardo Brandelli, "tratando-se a usucapião extrajudicial de processo administrativo que pode levar à aquisição de um direito real imobiliário de modo originário, está ela afeta à atividade registral imobiliária" (BRANDELLI, Leonardo, Op. cit., p. 21).

22. Interessante notar, entretanto, que, ao contrário do que costuma ocorrer na usucapião judicial, o Provimento CNJ 65/2017 não considerou como efeito da usucapião extrajudicial a liberação de ônus e gravames judiciais ou reais incidentes sobre o imóvel, não obstante se trate de modo de aquisição originária. Exige-se, assim, a anuência do credor ou do juízo com tal liberação. Tal condição certamente influenciará na opção pela via judicial nos casos em que há gravames sobre o bem.

Acerca da usucapião judicial:

"Propriedade. Ação de usucapião. Reconhecimento da usucapião extraordinária. Pretensão alinhada ao disposto no art. 1.238 do Código Civil. Insurgência relacionada à suposta oposição estabelecida

Juntamente com o requerimento deve ser apresentada ata notarial, lavrada por tabelião de notas, a qual, de acordo com o at. 4º, inciso I, do Provimento CNJ 65/2017, deve conter diversos requisitos, sendo eles: (i) a qualificação do requerente, seu cônjuge (se houver), e proprietário do bem; (ii) a descrição do imóvel usucapiendo (incluindo eventual edificação, acessão ou benfeitoria); (iii) o tempo e as características da posse do requerente e de seus antecessores (se pretendida a soma de posses); (iv) a forma de aquisição do imóvel; (v) a modalidade de usucapião escolhida; (vi) o número de imóveis abrangidos e sua localização; (vii) o valor do imóvel (equivalente ao valor venal ou ao valor de mercado aproximado); (viii) outras informações que o tabelião de notas entenda relevantes para a instrução do procedimento, tais como depoimentos de testemunhas e confrontantes.

Ao dispor especificamente que o tabelião deverá indicar, na ata notarial, o tempo de posse exercido pelo interessado e seus antecessores, autorizando-o também a inserir outras informações que ele entenda relevantes ao procedimento, tais como depoimentos de testemunhas ou partes confrontantes, previram a lei e o provimento a possibilidade de se mesclar ata notarial com escritura declaratória. Isso porque o tabelião, além de indicar o que constatou no imóvel (os indícios de posse[23]), pode transcrever também depoimentos ouvidos de testemunhas e confrontantes, os quais devem ser alertados da ocorrência de crime de falsidade, no caso de declaração falsa.

A ata notarial é elemento essencial e indispensável ao requerimento de usucapião extrajudicial, conforme já esclareceu o Conselho Superior da Magistratura, no julgamento da apelação cível 1002887-04.2018.8.26.0100.[24] Trata-se

---

pela apelante. Providência calcada na penhora do imóvel e no lançamento de gravame real sobre a unidade (hipoteca). Não acolhimento. Demanda intentada por terceiro estranho à dívida destacada pela apelante. Forma de aquisição originária da propriedade, além disso, que aparta a subsistência do ônus real. Precedentes. APELO DESPROVIDO." (TJSP; Apelação Cível 0000264-52.2015.8.26.0370; Relator (a): Donegá Morandini; Órgão Julgador: 3ª Câmara de Direito Privado; Foro de Monte Azul Paulista - Vara Única; Data do Julgamento: 18.07.2017; Data de Registro: 18.07.2017).

23. A visita do tabelião ao imóvel usucapiendo é altamente recomendável, de modo que lá possa extrair seus sentidos e percepções para a elaboração da ata notarial. Até mesmo por esse motivo, referida ata deve ser formalizada pelo Tabelião de Notas com competência para praticar atos na circunscrição do imóvel.

Cabe ao tabelião atestar o que visualizou ou presenciou no imóvel (ex.: imóvel reformado e em bom estado, pessoas residindo no local, roupas estendidas no varal, existência de horta, muro construído etc.). O tempo de posse deve ser indicado pelo interessado, confinantes e testemunhas, e extraído de documentos, na medida em que é inviável que o tabelião ateste o período exato de posse.

É plenamente possível que o tabelião se recuse a lavrar a ata notarial caso, na visita ao local, constate a inexistência de posse ou indícios de fraude.

24. "Registro de Imóveis - Usucapião extrajudicial – Necessidade de instrução do requerimento com ata notarial – Art. 216, inciso I, da Lei 6.015/73 e art. 4º, inciso I, do Provimento 65, de 14 de dezembro de 2017, da Corregedoria Nacional de Justiça Alegação de incompatibilidade da exigência formulada com a natureza jurídica e a finalidade da ata notarial - Exigência legal e normativa que não pode ser afastada,

de meio de prova, dotado de fé pública e presunção de veracidade, de que se valerá o registrador de imóveis para qualificar o pedido de usucapião.[25] Por esse motivo, aliás, não deve o tabelião de notas basear-se apenas nas declarações e documentos apresentados pelo interessado, mas sim realizar verdadeira investigação acerca da posse alegada.[26]

É necessário que conste, da ata notarial, advertência de que ela não consiste em título de propriedade, servindo apenas para a instrução do requerimento de usucapião extrajudicial perante o registrador de imóveis.

Juntamente com a ata notarial deve o interessado apresentar memorial descritivo e planta assinado por profissional legalmente habilitado, com prova de anotação de responsabilidade técnica no respectivo conselho de fiscalização profissional, e pelos titulares de direitos reais e de outros direitos registrados ou

---

em procedimento de natureza administrativa, pelos fundamentos apresentados pelo apelante – Dúvida julgada procedente – Recurso não provido".

25. "Trata-se de garantia ao Oficial de Registros de Imóveis e de terceiros de que as informações dadas pelo requerente são verdadeiras.
(...) É dizer que, quanto a ata notarial, há uma dupla importância, já que ao Tabelião cabe atestar os fatos existentes, superando a mera análise documental, enquanto ao registrador caberá analisar esta narrativa com a documentação apresentada para os fins de qualificar juridicamente o pedido, após toda a instrução que se realiza perante o ofício de imóveis" (Procedimento de dúvida 1047113-26.2020.8.26.0100, 1ª Vara de Registros Públicos de São Paulo, j. em 22.06.2020, Juíza Tania Mara Ahualli).

26. "(...) Neste sentido, portanto, necessária a retificação ou complementação da ata notarial apresentada (fls. 21/23), já que ali nada mais constam do que a declaração dos requerentes e citação de documentos apresentados. Não houve, pelo Tabelião, qualquer juízo de valor sobre fatos ou eventos que permitam ao Oficial de Registro verificar se, de fato, é exercida a posse pelos requerentes. A juntada de documentos que demonstram a origem do direito sobre o bem em nada indicam se os requerentes o ocupam e por quanto tempo, ou se tal ocupação foi contínua e pacífica.
Cabia ao Tabelião realizar diligências adicionais, seja visitando o imóvel, verificando se os requerentes tem sobre ele qualquer poder derivado da posse (como o uso e livre acesso), seja requerendo testemunhas que demonstrem a posse pacífica e pública sobre o bem, seja adotando outras medidas que comprovassem, pela percepção do Tabelião, as características e existência da posse, o que não ocorre com a mera documentação da narrativa dos requerentes, o que torna a ata notarial apresentada verdadeira escritura pública de declaração. Não se está a dizer aqui que é essencial a realização de diligências in loco pelo Tabelião, questão ainda controversa na doutrina e que não é objeto principal do óbice aqui analisado. A análise sensorial do Tabelião poderá se dar também com apresentação de outros documentos que demonstrem tal posse, mas nesse caso caberá a ele atestar que, com base em tais documentos, é possível verificar a existência e forma da posse, ainda que de modo limitado no tempo, sem prejuízo de exigência de complementação posterior pelo Registrador, caso entenda necessário.
No presente caso, contudo, nem isso ocorreu, visto que a ata notarial se limita a dizer que foi apresentada escritura que legitimaria a posse, mas sem qualquer complementação sobre a real existência e circunstância de tal posse, seja no passado, seja na data da lavratura da ata notarial" (Procedimento de dúvida 1047113-26.2020.8.26.0100, 1ª Vara de Registros Públicos de São Paulo, j. em 22.06.2020, Juíza Tania Mara Ahualli).
Segundo ainda informa Luiz Guilherme Loureiro, "podem constar da ata notarial imagens, documentos, sons gravados em arquivos eletrônicos, além do depoimento de testemunhas, não podendo basear-se apenas em declarações do requerente" (LOUREIRO, Luiz Guilherme. *Registros Públicos* – Teoria e Prática. 11. ed. São Paulo: JusPodvium, 2021, p. 946).

averbados na matrícula do imóvel usucapiendo e dos imóveis confinantes, bem como pelos ocupantes do bem usucapiendo a qualquer título. Se ausentes tais assinaturas (com firma reconhecida), com exceção, por evidente, daquela do profissional técnico, e não apresentada carta de anuência em substituição, deverá ser providenciada a intimação, pelo registrador de imóveis, dos não signatários.

A exigência de memorial descritivo e planta é dispensada caso o imóvel usucapiendo seja unidade autônoma de condomínio edilício[27] ou loteamento regularmente instituído, com matrícula ou transcrição própria, e a posse abranja inteira e exatamente a descrição da matrícula. Evita-se, assim, a realização de tal dispêndio financeiro, e confere-se maior agilidade ao procedimento, uma vez que o imóvel já consta com descrição tabular.

No seu requerimento, o interessado também deve apresentar justo título[28] ou quaisquer outros documentos que demonstrem a origem, a continuidade, a natureza e o tempo da posse, tais como o pagamento dos impostos e das taxas que incidirem sobre o imóvel.[29]

Exige-se, outrossim, a apresentação de certidões negativas dos distribuidores das Justiças Estadual e Federal do local do imóvel demonstrando a inexistência de ações que caracterizem oposição à posse do requerente (ex.: ações de despejo ou ações possessórias julgadas procedentes em face do interessado). Tais certidões deverão ser datadas dos últimos 30 dias e ser emitidas em nome do requerente, do seu cônjuge (se houver), de eventuais antecessores na posse (se pretendida a soma de posse) e dos proprietários tabulares do bem.

---

27. Tratando-se de condomínio edilício regularmente constituído e com construção averbada, bastará a anuência do síndico no procedimento extrajudicial. Já no caso de condomínio edilício constituído apenas de fato, é necessária a anuência de todos os titulares de direito constantes da matrícula. Vide itens 418.11 e 418.12 do Capítulo XX das Normas de Serviço dos Cartórios Extrajudiciais da CGJ do TJ/SP.

    Segundo as Normas de Serviço dos Cartórios Extrajudiciais da CGJ do TJ/SP, na hipótese de tratar-se de usucapião em parcelamento irregular do solo cuja área da matrícula tenha sido alienada sob a forma de partes ideais, serão notificados todos os coproprietários, ou os coproprietários ocupantes dos lotes confrontantes quando identificados na ata notarial (item 418.15 do Capítulo XX).

28. Por justo título entende-se aquele "potencialmente hábil para a transferência da propriedade ou de outros direitos reais, que, porém, deixa de fazê-lo, por padecer de um vício de natureza substancial ou de natureza formal".

    Deve, assim, o justo título emanar do titular efetivo ou aparente do direito real que se pretende transferir, podendo ser levado, ou não, ao registro imobiliário. Basta que haja negócio jurídico abstratamente hábil a transferir o domínio ou os direitos reais. (LOUREIRO. Francisco Eduardo. In: PELUSO, Cezar (Coord.). *Código Civil comentado* – Doutrina e Jurisprudência. 6. ed. São Paulo: Manole, p. 1.239).

29. As Normas de Serviço dos Cartórios Extrajudiciais da CGJ do TJ/SP preveem que, tratando-se de usucapião de lote vago ou em área sem edificação, a comprovação da posse dependerá da apresentação de ao menos duas testemunhas que atestem os atos efetivos de posse pelo tempo necessário à usucapião (item 416.15 do Capítulo XX).

Ainda, devem ser apresentadas certidões dos órgãos municipais e/ou federais que demonstrem a natureza urbana ou rural do imóvel usucapiendo, sendo que, se o imóvel for rural, exige-se também a sua descrição georreferenciada.

No caso de o requerente ser casado, é indispensável a anuência do cônjuge, exceto se o regime de bens for o da separação absoluta.

Havendo outro procedimento de usucapião extrajudicial em curso, a prenotação do novo requerimento permanecerá sobrestada até que haja o acolhimento ou rejeição do primeiro procedimento. Também haverá sobrestamento no tocante a eventual parcela do imóvel que já esteja sendo objeto de outro procedimento de usucapião extrajudicial, prosseguindo-se somente com relação à parte incontroversa.

Com a apresentação do requerimento, há autuação pelo registrador de imóveis, que também providenciará a prenotação, a qual ficará prorrogada até o registro ou a rejeição final do pedido (o que poderá exceder 30 dias). A desídia do requerente poderá acarretar o arquivamento do pedido, com base no artigo 205 da Lei de Registros Públicos, e o cancelamento da prenotação.[30]

Caso o registrador de imóveis identifique falha ou insuficiência na documentação apresentada ou no requerimento, deverá emitir nota de devolução fundamentada.[31]

Estando aptos o requerimento e sua respectiva documentação, providenciará o oficial registrador a intimação daqueles que não tiverem anuído ao memorial descritivo e da planta, bem como das Fazendas Públicas (União, Estado e Município). Havendo oposição de qualquer um dos entes federativos, o Provimento

---

30. Busca-se, assim, evitar a prorrogação da prenotação por tempo indefinido e sem justo motivo, o que pode ser óbice ao registro de outros títulos contraditórios.
31. Tal rejeição não poderá englobar matéria de mérito, mas tão somente aspectos formais. A esse respeito: "Dúvida – Usucapião extrajudicial – Cabimento do pedido de dúvida em qualquer fase do processamento – Autuação – Recebidos os documentos previstos no item 425 do Capítulo XX das NSCGJ e o requerimento na forma do Art. 3º do Provimento 65/2017 do CNJ, deve o Oficial autuar o pedido, com a prorrogação da prenotação, não podendo, desde logo, negar o pedido com base em seu mérito, devendo analisar apenas o aspecto formal do requerimento neste momento – Usucapião extrajudicial que se trata de alteração no procedimento, por não haver lide, mas que não altera a natureza originária da prescrição aquisitiva – Impossibilidade de se negar o pedido de ofício, com base em suposta violação das regras referentes ao parcelamento do solo previstas na Lei 6.766/79, reservado o direito do Município alegar, se oportuno, alguma irregularidade quanto a este ponto, além de dever ser observado, em todos os casos, o disposto no § 2º do Art. 13 do Provimento 65/2017 do CNJ – Forma originária que dispensa a necessidade de apresentação de CND – Dúvida julgada improcedente, determinando-se a continuidade do processamento do pedido de usucapião extrajudicial – Remessa à Egrégia Corregedoria Geral da Justiça, para eventual efeito normativo da matéria." (Procedimento de dúvida 1008143-25.2018.8.26.0100, 1ª Vara de Registros Públicos de São Paulo, j. em 06.04.2018, Juíza Tania Mara Ahualli).

CNJ 65/2017 determina que haja o encerramento do procedimento extrajudicial, prosseguindo o interessado na esfera judicial.[32]

As intimações poderão ser formalizadas na própria serventia pelo registrador ou por escrevente autorizado, caso a parte notificanda compareça no local. As notificações também podem ser feitas por carta registrada ou por serventia de títulos e documentos (de outra comarca ou circunscrição), neste último caso se o notificando ali residir.

A esse respeito, é importante destacar que a ausência de manifestação do notificando, após a intimação, enseja concordância presumida.[33] Trata-se de importante alteração providenciada posteriormente à introdução do artigo 216-A na Lei de Registros Públicos, somente em 2017 (Lei 13.465), cuja redação original exigia a anuência expressa dos intimados. Tal exigência representava grande óbice ao sucesso da usucapião extrajudicial, sendo até mesmo mais rigorosa do que o procedimento de intimação adotado nos processos judiciais de usucapião.[34]

Aliás, o consentimento expresso pode ser manifestado em qualquer fase do procedimento, por meio de documento particular com firma reconhecida ou escritura pública, não sendo exigida a representação por advogado.

Exceção relevante à exigência de intimação é a que se refere aos confrontantes de imóvel usucapiendo cuja descrição coincida perfeitamente com aquela constante de sua matrícula ou transcrição. Nesse caso, não há necessidade de se intimar os confrontantes, sendo o registro da aquisição via usucapião efetuado posteriormente na matrícula ou transcrição já existente.

A notificação do proprietário do bem também é dispensada quando o requerente apresentar justo título (ex.: compromisso de compra e venda, proposta de compra, escritura pública, documentos judiciais de partilha, adjudicação ou arrematação) firmado com o titular dominial, acompanhado de prova da quitação

---

32. A jurisprudência tem admitido, entretanto, o afastamento de impugnação infundada dos entes públicos na esfera administrativa, prosseguindo-se com o procedimento de usucapião. É exemplo:
"Usucapião extrajudicial – Aldeamento indígena. Antigo aldeamento indígena. Impugnação promovida pela União Federal pela Secretaria de Patrimônio da União (SPU). "Os terrenos de antigos aldeamentos indígenas não podem mais ser considerados bens da União, se sobre tais terras já existem cidades, bairros e vilas". Não se pode "considerar terra tradicionalmente ocupada por indígenas aquela que, há mais de um século, já não registra traço de cultura autóctone". Impugnação afastada e rejeitada a alegação de domínio público federal sobre o imóvel usucapiendo" (Procedimento de dúvida 1104657-74.2017.8.26.0100, 1ª Vara de Registros Públicos de São Paulo, j. em 23.01.2018, Juíza Tania Mara Ahualli).
33. Tal condição deve estar expressa na carta de intimação.
34. A equiparação do silêncio à discordância representava, segundo Rafael Gagliardi, um verdadeiro paradoxo. Isso porque foi justamente por causa da inércia dos proprietários e titulares de direitos reais sobre o imóvel que o possuidor obteve a sua propriedade por usucapião (GAGLIARDI, Rafael. In: ARRUDA ALVIM, CLÁPIS, Alexandre Laizo e CLAMBER, Everaldo Augusto (Coord.). *Lei de Registros Públicos comentada*. 2. ed. São Paulo: Forense, 2019, p. 1.208).

(declaração escrita do credor, recibo ou comprovante de pagamento da última parcela[35]) e de certidão negativa dos distribuidores cíveis, expedida no máximo há 30 dias, comprovando a inexistência de lide entre o requerente (ou seus antecessores na posse) e o proprietário do imóvel.

Trata-se de inovação ousada do Provimento CNJ 65/2017, que não foi prevista no art. 216-A da Lei de Registros Públicos e não encontra espelho no procedimento judicial. Por esse motivo, deve ser adotada com bastante cautela pelo oficial registrador, de modo a evitar fraudes e burlas fiscais (ex.: não recolhimento de ITBI), exigindo-se que o requerente justifique o motivo de ter optado pela usucapião extrajudicial,[36] ao invés da regular inscrição registral do título, sob pena de crime de falsidade. Não estando convencido acerca da veracidade ou idoneidade do impedimento alegado, o registrador de imóveis poderá lançar nota de recusa fundamentada, segundo seu livre convencimento.

Não sendo localizadas as partes notificandas, e estando em local incerto, não sabido ou inacessível, o registrador certificará o ocorrido e providenciará a intimação por edital, publicado, por duas vezes, em jornal de grande circulação.[37]

Sempre haverá, ao final das notificações, publicação de edital para a ciência de terceiros, eventuais interessados ou prejudicados, que constará uma única vez de jornal de grande circulação.

Decorrido o prazo de 15 dias, contados da notificação, e não tendo havido nenhuma impugnação, o registrador de imóveis deverá emitir nota fundamentada de deferimento, com um breve resumo do procedimento, e realizar o registro da usucapião. Referido registro pode ser dar na própria matrícula do imóvel (caso a área total seja usucapida) ou por meio de abertura de nova matrícula, como, por exemplo, se o imóvel estiver inserido em área maior (averbando-se, então, o destaque no registro originário).[38]

---

35. Segundo as Normas de Serviço dos Cartórios Extrajudiciais da CGJ do TJ/SP, equivale à prova de quitação a certidão emitida após 5 (cinco) anos do vencimento da última prestação pelo Distribuidor Cível da comarca do imóvel e da comarca do domicilio do requerente, se diversa (CC, art. 206, § 5º, I), que explicite a inexistência de ação judicial que verse sobre a posse ou a propriedade do imóvel contra o adquirente ou seus cessionários (item 419.3.1 do Capítulo XX).
36. Trata-se de análise que se aproxima à de interesse de agir na esfera judicial (Procedimento de dúvida 064389-07.2019.8.26.0100 – 1ª Vara de Registros Públicos de São Paulo).
37. As Normas de Serviço dos Cartórios Extrajudiciais da CGJ do TJ/SP autorizam a substituição de jornal de grande circulação por publicação em meio eletrônico. Para tanto, plataforma de veículo de comunicação eletrônica, juridicamente organizada, em conformidade com a legislação pátria, atendendo aos requisitos de tecnologia e com *data center* localizado em território nacional, devidamente registrada como ente de publicação periódica junto ao Registro Civil das Pessoas Jurídicas, poderá oferecer o serviço de editais eletrônicos, dentro das regras da livre concorrência (item 418.17.4 do Capítulo XX).
38. Sendo a usucapião modalidade de aquisição originária não há recolhimento de Imposto de Transmissão de Bens Imóveis - ITBI.

Caso o imóvel corresponda a unidade autônoma localizada em condomínio edilício objeto de incorporação que ainda não foi instituído ou não tenha a construção averbada, a matrícula será aberta para a fração ideal, sendo especificada a unidade a que se refere.

É importante destacar que, ainda no curso do procedimento, é possível que, havendo qualquer ponto de dúvida, o registrador de imóveis solicite ou realize, por si ou seu escrevente habilitado, diligências a fim de elucidá-lo.[39] Admite-se, inclusive, que a posse e demais documentos necessários sejam objeto de prova por meio de procedimento de justificação administrativa perante o registrador de imóveis, que seguirá, no que for aplicável, o procedimento judicial previsto para a produção antecipada de provas (art. 381, §5º, do Código de Processo Civil). Caso, entretanto, o ponto de dúvida não seja dirimido, ou os documentos sejam insuficientes, o pedido de usucapião será rejeitado pelo registrador de imóveis, mediante nota de devolução fundamentada,[40] que fará cessar a prenotação (salvo se for suscitada dúvida).

Havendo rejeição do pedido de usucapião pelo oficial, poderá o interessado, no prazo de 15 dias, pleitear a reconsideração por parte do registrador de imóveis, que poderá analisar o pedido e reconsiderar a nota de devolução, ou então suscitar dúvida ao juiz corregedor permanente, os termos do artigo 198 da Lei de Registros Públicos.

O acionamento da corregedoria permanente também poderá ocorrer se houver impugnação no curso do procedimento de usucapião.

Assim, havendo oposição, mesmo que de entes públicos (exceto se envolver matéria de direito indisponível), o oficial de registro de imóveis deverá inicial-

---

[39]. A esse respeito, vide trecho da sentença da 1ª Vara de Registros Públicos no proc. 1104096-79.2019.8.26.0100, de lavra da juíza Tania Mara Ahualli (j. em 06.11.2019): "Quanto a ata notarial, em que pese seu inegável valor probatório, a simples afirmação em seu conteúdo de que foram preenchidos os requisitos possessórios não vincula o Oficial de Registro. Isso porque foi a este último que a legislação incumbiu de realizar os trâmites para a declaração de usucapião, com análise de todos os documentos protocolados que, em seu conjunto, incluindo a ata notarial, permitem reconhecer o preenchimento dos requisitos legais. A ata notarial sem dúvida expressa a percepção sensorial do Tabelião quanto aos fatos verificados, não podendo ser desconsiderada principalmente quanto aos fatos relativos a situação contemporânea do imóvel. Assim, se o Tabelião atesta que o requerente ocupa o imóvel, que não há sinais de oposição a posse e que o requerente é conhecido na região pelos vizinhos, tais fatos não podem ser simplesmente afastados pelo registrador, dado sua presunção de veracidade. Todavia, aqueles elementos constantes da ata notarial relativos a fatos passados ou mera descrição de alegações e documentos trazidos pelo próprio requerente são passíveis de reavaliação pelo registrador, principalmente quando confrontados com outros documentos e impugnações trazidos ao processo administrativo que corre perante a serventia imobiliária".

[40]. O conteúdo de tal nota devolutiva aproximar-se-ia, por analogia, ao de uma sentença de mérito, na qual os requisitos legais da usucapião em si são analisados (lapso temporal, posse qualificada, finalidade da posse, metragem do imóvel etc.).

mente tentar a conciliação ou a mediação entre as partes.[41] Embora o Provimento CNJ 65/207 preveja que, caso a conciliação reste infrutífera, o procedimento extrajudicial será encerrado, sendo o interessado encaminhado à esfera judicial, as Normas de Serviço dos Cartórios Extrajudiciais da Corregedoria Geral da Justiça do Tribunal de Justiça do Estado de São Paulo preveem que há a possibilidade de o oficial analisar o teor da impugnação, de modo a afastá-la de plano ou não.

Assim, caso o registrador entenda que a impugnação é infundada,[42] esta poderá ser rejeitada de plano por meio de nota fundamentada, prosseguindo-se com o procedimento da usucapião extrajudicial. Neste caso, poderá o impugnante recorrer da rejeição, ocasião em que, após ouvir a outra parte, o registrador de imóveis encaminhará os autos para decisão do juiz corregedor permanente.

Entretanto, caso o oficial classifique a impugnação como sendo fundamentada, esta não poderá ser por ele afastada, devendo os autos serem encaminhados para a apreciação do juiz corregedor permanente, após a devida manifestação do requerente.

E, ambos os casos, o juiz corregedor permanente, por sua vez, de plano ou após instrução sumária, proferirá decisão, devolvendo os autos à serventia extrajudicial, que prosseguirá com o procedimento, se a impugnação for rejeitada, ou o extinguirá, se ela for acolhida, remetendo-se o interessado para as vias ordinárias.

5. QUAL SERÁ O FUTURO DA USUCAPIÃO EXTRAJUDICIAL?

A análise da usucapião extrajudicial demonstra que, ao se delegar às serventias extrajudiciais os procedimentos em que não haja lide, o registrador de imóveis atua como verdadeiro fiscal do preenchimento dos requisitos formais e materiais para a concessão do direito de propriedade sobre o imóvel.

As diferenças entre os procedimentos judicial e extrajudicial, tais como a exigência da ata notarial e a dispensa de citação em hipóteses determinadas,

---

41. Trata-se de etapa obrigatória.
    A contribuição das serventias extrajudiciais na conciliação e na mediação vem sendo ampliada paulatinamente, na esteira do processo de desjudicialização. Vide a respeito o Prov. CNJ 67/2018.
    Conforme destaca Alberto Gentil, "o ingresso, finalmente, da conciliação/mediação no extrajudicial é uma providência animadora para os anseios do Estado no tocante à diminuição dos conflitos, amadurecimento da sociedade, aproximação do indivíduo com o próximo, dentre outros nortes igualmente nobres, tanto almejados para formação de um país melhor" (GENTIL, Alberto. *Registros Públicos*. São Paulo: Método, 2020, p. 48).
42. Segundo as Normas de Serviço dos Cartórios Extrajudiciais da CGJ do TJ/SP, considera-se infundada a impugnação já examinada e refutada em casos iguais ou semelhantes pelo Juízo Corregedor Permanente ou pela Corregedoria Geral da Justiça; a que o interessado se limita a dizer que a usucapião causará avanço na sua propriedade sem indicar, de forma plausível, onde e de que forma isso ocorrerá; a que não contém exposição, ainda que sumária, dos motivos da discordância manifestada; a que ventila matéria absolutamente estranha à usucapião (item 420 do Capítulo CXX).

demonstram a preocupação do legislador em dar maior agilidade na solução do requerimento administrativo, viabilizando-se a rápida e segura satisfação da parte interessada nos casos em que não há conflito de interesses.

Busca-se, assim, conferir às partes maior celeridade no atendimento de sua pretensão, sem abrir mão da necessária segurança jurídica,[43] em consonância com os diversos mecanismos de desjudicialização que vêm sendo paulatinamente introduzidos no ordenamento jurídico brasileiro.

Espera-se que, no futuro, a usucapião extrajudicial passe a ser de maior conhecimento da população, bem como que sua tímida adoção torne-se mais disseminada, de modo a se prestigiar a atuação dos serviços extrajudiciais e permitir um maior desapego das partes aos procedimentos contenciosos judiciais, reservando-se ao Poder Judiciário somente os casos em que haja real conflitos de interesses.

O tempo trará, principalmente em sede jurisprudencial, soluções a questões e situações ainda não enfrentadas no âmbito extrajudicial, até mesmo em face da relativa novidade do instituto.

Resta saber se os atuais entraves à adoção de tal procedimento extrajudicial serão superados, entre eles a questão de não haver gratuidade, ao menos no Estado de São Paulo, o que inviabiliza o uso do recurso pela grande maioria dos possuidores que necessitam da usucapião para a regularização fundiária de seu imóvel.

Trata-se, em última esfera, de se superar os entraves para a garantia do direito fundamental de moradia, não só aos mais abastados, mas também aos mais necessitados, nivelando-se os usuários dos serviços extrajudiciais.

A multiplicação dos procedimentos extrajudiciais perante as serventias notariais e registrais proporciona-nos uma boa dose de otimismo, permitindo-nos crer que, ao final de alguns anos, a usucapião extrajudicial seja procedimento corriqueiro nos cartórios de registros de imóveis, atendendo à máxima de que todo ser humano tem direito à moradia digna.

---

43. A respeito da segurança jurídica, João Pedro Lamana Paiva informa que "a retificação extrajudicial, que inspirou o novo instituto extrajudicial da usucapião, foi introduzida pela Lei 10.931/2004 e, em dez anos de sua vigência, depois de dezenas de milhares de procedimentos já realizados no país pelos Registros de Imóveis, não chegou ao conhecimento das entidades de classe que congregam os registradores imobiliários uma só notícia de processo judicial de cancelamento de retificação feita extrajudicialmente, o que dá conta da segurança jurídica proporcionada por esses procedimentos" (PAIVA, João Pedro Lamana. O procedimento da usucapião extrajudicial. Disponível em: http://registrodeimoveis1zona.com.br/wp-content/uploads/2016/07/O-PROCEDIMENTO-DA-USUCAPI%C3%83O-EXT.pdf. Acesso em: 19 maio 2021).

6. REFERÊNCIAS

BRANDELLI, Leonardo Brandelli. *Usucapião administrativa* – De acordo com o Código de Processo Civil. São Paulo: Saraiva. 2017.

CAMPILONGO, Celso Fernandes. *A função social do notariado* – Eficiência, confiança e imparcialidade. São Paulo: saraiva, 2017.

CINTRA, Antonio Carlos de Araújo; GRINOVER, Ada Pellegrini; DINAMARCO, Cândido Rangel. *Teoria Geral do Processo*. 13. ed. São Paulo: Malheiros Editores, 11996.

ESCOLA PAULISTA DA MAGISTRATURA, disponível em

https://epm.tjsp.jus.br/Artigo/DireitoCivilProcessualCivil/26427?pagina=1. Acesso em: 05 maio 2021.

GAGLIARDI, Rafael. In: ARRUDA ALVIM, CLÁPIS, Alexandre Laizo e CLAMBER, Everaldo Augusto (Coord.). *Lei de Registros Públicos comentada*. 2. ed. São Paulo: Forense, 2019.

GENTIL, Alberto. *Registros Públicos*. São Paulo: Método, 2020.

KUMPEL, Vitor Frederico; FERRARI, Carla Modina. *Tratado Notarial e Registral* – Ofício de Registro de Imóveis. São Paulo: YK Editora, 2020. t. I

LOUREIRO, Luiz Guilherme. *Registros Públicos* – Teoria e Prática. 11. ed. São Paulo: JusPodivm, 2021.

PAIVA, João Pedro Lamana. *O Código de Processo Civil e suas repercussões nas atividades notariais e registrais*. Disponível em: https://sounotarium.com/wp-content/uploads/2019/11/CPC-E--AS-REPERCUSS%C3%95ES-NAS-ATIVIDADES-NOTARIAIS-E-REGISTRAIS-26.09.17.pdf. Acesso em: 05 maio 2021.

PAIVA, João Pedro Lamana. *O procedimento da usucapião extrajudicial*. Disponível em: http://registrodeimoveis1zona.com.br/wp-content/uploads/2016/07/O-PROCEDIMENTO-DA--USUCAPI%C3%83O-EXT.pdf. Acesso em: 19 maio 2021.

POMJÉ, Caroline; FLEISCHMANN, Simone Tassnari Cardoso. *Critérios de legalidade constitucional para a função normativa do Conselho Nacional de Justiça*: o exemplo do direito de família. Disponível em: https://periodicos.unifor.br/rpen/article/download/10067/pdf. Acesso em: 12 jul. 2021

PORTAL TERRA, Atuação dos cartórios de notas retira mais de meio milhão de processos da Justiça paulista. Disponível em: https://www.terra.com.br/noticias/dino/atuacao-dos-cartorios-de-notas-retira-mais-de-meio-milhao-de-processos-da-justica-paulista,4e3b7dcc59e08750e67387065133bad2n8fzvvbl.html. Acesso em: 12 jul. 2021.

RODRIGUES, Marcelo. *Privilegiar cartórios ajuda a desafogar Judiciário e reduzir custos*. Disponível em: https://www.conjur.com.br/2014-dez-24/marcelo-rodrigues-privilegiar-cartorios-ajuda--desafogar-judiciario. Acesso em: 12 jul. 2021.

TARTUCE, Fernanda. *Mediação, autonomia e audiência inicial nas ações de família regidas pelo Novo Código de Processo Civil*. Disponível em: http://www.fernandatartuce.com.br/wp-content/uploads/2017/05/Media%C3%A7%C3%A3o-autonomia-e-vontade-a%C3%A7oes-familiares-no-NCPC.pdf. Acesso em: 06 maio 2021.

VERBO JURÍDICO. Disponível em: https://www.verbojuridico.com.br/vademecum/CPC_EXPOSICAO_DE_MOTIVOS.pdf. Acesso em: 05 maio 2021.

CONDOMÍNIO DE LOTES – LOTEAMENTO DE ACESSO CONTROLADO

Daniel Mesquita de Paula Salles

Especialista em Direito Público pela Escola Paulista da Magistratura, graduado pela Pontifícia Universidade Católica de Campinas (PUC-CAMP). Tabelião e Oficial de Registro Civil.

Sumário: 1. Considerações iniciais – "loteamento fechado" – 2. Do loteamento – 3. Do condomínio – 4. Do condomínio de lotes – 5. Loteamento de acesso controlado – 6. Considerações finais – 7. Referências.

1. CONSIDERAÇÕES INICIAIS – "LOTEAMENTO FECHADO"

O presente texto é uma pequena reflexão introdutória sobre as novas figuras trazidas pela Lei 13.465 de 2017, quais sejam o "Condomínio de Lotes" e o "loteamento de acesso controlado". Abordaremos alguns aspectos de seu impacto no mercado imobiliário e nas funcionalidades das cidades. Trata-se de ensaio introdutório que não pretende esgotar a matéria.

A Lei 13.465 de 2017 trouxe em seu bojo duas interessantes figuras para o desenvolvimento urbano das cidades, são elas: o Condomínio de Lotes e o Loteamento de Acesso Controlado.

Embora ambas as figuras tenham efetivamente sido introduzidas pela Lei 13.465 de 2017, na prática ambas já existiam de forma precária, são os chamados "loteamentos fechados" ou "condomínios fechados", amplamente encontrados em qualquer paisagem urbana brasileira.

Com o aumento da população e da violência urbana, juntamente com uma incapacidade estatal de zelar (no sentido de zeladoria) e cuidar do meio ambiente urbano, muitas pessoas preferem mudar para locais mais seguros, normalmente cercados com muros e entradas protegidas por guaritas e com segurança interna eficiente. Desse anseio mercadológico é que surgem os "loteamentos fechados".

Portanto, esse formato imobiliário dos chamados "loteamentos fechados" surgem sem amparo legal por uma necessidade premente do mercado imobiliário. Muitos são os problemas apontados nesse cenário, pode-se elencar alguns:

Por se tratar de loteamento, existem áreas públicas dentro desses empreendimentos, como as ruas, praças, equipamentos urbanos, em alguns casos praias, rios e cachoeiras etc. O acesso à parte interna é sempre intermediado por uma portaria, que normalmente não permite o acesso de não moradores ao interior do empreendimento, transformando as áreas públicas internas em áreas públicas de "acesso seletivo".

Nesse contexto, existem áreas públicas dentro dos "loteamentos fechados", áreas essas que, embora só os residentes tenham acesso, não se verifica a cobrança do IPTU. Ou seja, os moradores usufruem das áreas públicas com "exclusividade", e o fazem sem que seja cobrado o imposto territorial.

Os "loteamentos fechados" normalmente recebem uma autorização precária do poder público municipal para proceder com o fechamento e com os muros, cercando totalmente a área, o que parece conflitar com a obrigação imposta na Lei 6.766/79 de compatibilizar o traçado do viário interno do loteamento com a malha viária da cidade.

Para a manutenção das áreas comuns, zeladoria interna e pagamento de funcionários, normalmente é criada uma "associação de moradores", que tem como única finalidade a manutenção do empreendimento. Muito se discute sobre a legalidade dessas associações. O principal motivo é a "compulsoriedade" associativa, onde, uma vez adquirido o imóvel, torna-se obrigatório se associar à entidade. Uma discussão correlata à compulsoriedade é a obrigação de pagamento de taxa de manutenção para a mencionada associação.

Pela grande proliferação de "loteamentos fechados" nas cidades brasileiras é que o legislador busca melhorar e dar maior segurança jurídica, introduzindo no código civil o artigo 1.358-A. Desta forma foram criadas as figuras do Condomínio de Lotes e o Loteamento de Acesso Controlado.

Para entendermos melhor as figuras propostas pela lei, é necessário entender o que é Loteamento e que é Condomínio:

Loteamento é o parcelamento do solo de uma gleba em lotes, prontos para construir, e implica na abertura de vias de circulação interna, com espaços e equipamentos públicos que, como prevê a legislação, devem se integrar perfeitamente à cidade, devendo ser de acesso público.

Condomínio segundo a Lei 4.591/64, é onde cada condômino possui a propriedade exclusiva da unidade privativa e a área comum, com fração ideal do solo. O condomínio torna-se área particular, dividido em áreas comuns e áreas privativas.

Vamos ver com um pouco mais de enfoque as duas figuras o Loteamento e o Condomínio.

2. DO LOTEAMENTO

Conforme dito anteriormente, loteamento é a divisão de uma gleba em lotes edificáveis, para uma melhor compreensão vamos analisar o conceito legal empregado na Lei do parcelamento urbano (6.766/76).

Loteamento é a forma de parcelamento disciplinado pela Lei Federal 6.766/79. O seu conceito legal consta do § 1º, do art. 2º:

> § 1º Considera-se loteamento a subdivisão de gleba em lotes destinados à edificação, com abertura de novas vias de circulação, de logradouros públicos ou prolongamento, modificação ou ampliação das vias existentes.

Segundo Hely Lopes Meirelles loteamento urbano é:

> A divisão voluntária do solo em unidades edificáveis (lotes), com abertura de vias e logradouros públicos, na forma da legislação pertinente"..."é meio de urbanização e só se efetiva por procedimento voluntário e formal do proprietário da gleba, que planeja a sua divisão e a submete à aprovação da Prefeitura, para subsequente inscrição no registro imobiliário, transferência gratuita das áreas das vias públicas e espaços livres ao Município e alienação dos lotes aos interessados (2017, p. 528 e 529).

Na visão de Edson Jacinto da Silva, (2016, p. 19) loteamento corresponde a: "A subdivisão de terrenos em lotes destinados à edificação de qualquer natureza, que implique na abertura de vias e demais logradouros públicos."

José Afonso da Silva (2013, p. 381) por sua vez esclarece que loteamento:

> É um tipo de parcelamento do solo que se configura no retalhamento de quadras para a formação de unidades edificáveis (lotes) com frente para via oficial de circulação de veículos. O termo se refere tanto à operação de lotear como ao seu resultado (área loteada).

Seguindo as definições supracitadas podemos entender e destacar que existem certos elementos básicos do loteamento. Está em primeiro plano a existência de uma gleba que será subdividida em lotes edificáveis e a abertura ou modificação de logradouros públicos e a implantação de equipamentos urbanos.

Os art. 4º e 5º da Lei 6.766/79 estabelecem os requisitos mínimos que devem ter os loteamentos, sendo eles:

> Art. 4º Os loteamentos deverão atender, pelo menos, aos seguintes requisitos:
> I – As áreas destinadas a sistemas de circulação, a implantação de equipamento urbano e comunitário, bem como a espaços livres de uso público, serão proporcionais à densidade de ocupação prevista pelo plano diretor ou aprovada por lei municipal para a zona em que se situem (Redação dada pela Lei 9.785, de 1999).
> II – Os lotes terão área mínima de 125m² (cento e vinte e cinco metros quadrados) e frente mínima de 5 (cinco) metros, salvo quando o loteamento se destinar a urbanização específica

ou edificação de conjuntos habitacionais de interesse social, previamente aprovados pelos órgãos públicos competentes;

III – Ao longo das faixas de domínio público das rodovias, a reserva de faixa não edificável de, no mínimo, 15 (quinze) metros de cada lado poderá ser reduzida por lei municipal ou distrital que aprovar o instrumento do planejamento territorial, até o limite mínimo de 5 (cinco) metros de cada lado (Redação dada pela Lei 13.913, de 2019).

III-A – Ao longo da faixa de domínio das ferrovias, será obrigatória a reserva de uma faixa não edificável de, no mínimo, 15 (quinze) metros de cada lado (Redação dada Lei 14.285, de 2021);

III-B – Ao longo das águas correntes e dormentes, as áreas de faixas não edificáveis deverão respeitar a lei municipal ou distrital que aprovar o instrumento de planejamento territorial e que definir e regulamentar a largura das faixas marginais de cursos d´água naturais em área urbana consolidada, nos termos da Lei 12.651, de 25 de maio de 2012, com obrigatoriedade de reserva de uma faixa não edificável para cada trecho de margem, indicada em diagnóstico socioambiental elaborado pelo Município (Incluído pela Lei 14.285, de 2021);

IV – As vias de loteamento deverão articular-se com as vias adjacentes oficiais, existentes ou projetadas, e harmonizar-se com a topografia local.

§ 1º A legislação municipal definirá, para cada zona em que se divida o território do Município, os usos permitidos e os índices urbanísticos de parcelamento e ocupação do solo, que incluirão, obrigatoriamente, as áreas mínimas e máximas de lotes e os coeficientes máximos de aproveitamento (Redação dada pela Lei 9.785, de 1999).

§ 2º Consideram-se comunitários os equipamentos públicos de educação, cultura, saúde, lazer e similares.

§ 3º Se necessária, a reserva de faixa não-edificável vinculada a dutovias será exigida no âmbito do respectivo licenciamento ambiental, observados critérios e parâmetros que garantam a segurança da população e a proteção do meio ambiente, conforme estabelecido nas normas técnicas pertinentes (Incluído pela Lei 10.932, de 2004).

§ 4º No caso de lotes integrantes de condomínio de lotes, poderão ser instituídas limitações administrativas e direitos reais sobre coisa alheia em benefício do poder público, da população em geral e da proteção da paisagem urbana, tais como servidões de passagem, usufrutos e restrições à construção de muros (Incluído pela Lei 13.465, de 2017).

§ 5º As edificações localizadas nas áreas contíguas às faixas de domínio público dos trechos de rodovia que atravessem perímetros urbanos ou áreas urbanizadas passíveis de serem incluídas em perímetro urbano, desde que construídas até a data de promulgação deste parágrafo, ficam dispensadas da observância da exigência prevista no inciso III do caput deste artigo, salvo por ato devidamente fundamentado do poder público municipal ou distrital (Incluído pela Lei 13.913, de 2019).

Art. 5º O Poder Público competente poderá complementarmente exigir, em cada loteamento, a reserva de faixa *non aedificandi* destinada a equipamentos urbanos.

Parágrafo único. Consideram-se urbanos os equipamentos públicos de abastecimento de água, serviços de esgotos, energia elétrica, coletas de águas pluviais, rede telefônica e gás canalizado.

É latente a preocupação do legislador com o bem-estar da população urbana evitando, por exemplo, grandes adensamentos populacionais. É evidente a atenção voltada para esse assunto, observando a devida proporção entre espaços públicos e equipamentos urbanos e comunitários e a área mínima de lotes, dentre outras.

Interessante observar no inciso IV do art. 4º, que se refere às novas vias, que estas serão abertas dentro do loteamento. O legislador se preocupou com a integração da malha viária, ou seja, as novas ruas abertas no interior do loteamento deveriam se integrar às vias já abertas em seu entorno. Ele originalmente não havia pensado no loteamento com um corpo segregado da cidade ou murado, mas sim como uma parte integrante e integrada na urbe.

Agora vamos passar a uma breve analise do condomínio.

3. DO CONDOMÍNIO

Para adentramos na matéria importante pontuar as diferentes espécies de condomínio. Basicamente podemos dividir os tipos de condomínio em dois, o condomínio Civil – (1.314 a 1.330 do Código Civil) e o condomínio do tipo edilício (1.331 a 1.358 do Código Civil e pela Lei 4.591/1964).

Para ilustrar melhor o condomínio civil, podemos pegar emprestado duas excelentes definições:

Para Clóvis Beviláqua:

> o condomínio ou copropriedade é a forma anormal de propriedade, em que o sujeito de direito não é um indivíduo, que o exerça com exclusão dos outros. São dois ou mais sujeitos que exercem o direito simultaneamente.
>
> O condomínio pode nascer de um contrato (comunhão convencional), de herança ou de outro acontecimento, em que não haja concurso de vontades (comunhão eventual ou incidente). Pode abranger a totalidade da coisa ou apenas uma parte, como no condomínio de paredes e tapumes.
>
> Cada condômino pode usar da coisa comum, segundo o destino, que lhe é próprio; porém de modo a não impedir que os outros usem de igual direito, e sem prejudicar os interesses da comunhão; de onde se vê que o condomínio é uma propriedade limitada pela pluralidade dos sujeitos.

Nesse contexto Maximilianus Fuher diz:

> O condomínio se estabelece quando uma coisa indivisa tem dois ou mais proprietários em comum (arts. 623 a 646 do CC). No âmbito interno, ou seja, entre os comunheiros, o direito de cada um se encontra limitado pelo direito dos outros, na medida de suas quotas. Mas, para uso externo, ou seja, perante terceiros, cada um é, em tese, proprietário da coisa toda (2002, p. 73-74).

Esses conceitos de condomínio são importantíssimos para entendermos a ideia de propriedade única com múltiplos titulares, onde todos exercem a sua titularidade sobre o todo e detém "frações ideias" sobre a coisa.

Para o presente estudo se faz importante, entretanto, a definição do condomínio edilício constante do art. 1331 do CC:

> Art. 1.331. Pode haver, em edificações, partes que são propriedade exclusiva, e partes que são propriedade comum dos condôminos.

E conforme artigo primeiro da Lei 4.591/64:

> Art. 1º As edificações ou conjuntos de edificações, de um ou mais pavimentos, construídos sob a forma de unidades isoladas entre si, destinadas a fins residenciais ou não residenciais, poderão ser alienados, no todo ou em parte, objetivamente considerados, e constituirá, cada unidade, propriedade autônoma sujeita às limitações desta Lei.
>
> § 1º Cada unidade será assinalada por designação especial, numérica ou alfabética, para efeitos de identificação e discriminação.
>
> § 2º A cada unidade caberá, como parte inseparável, uma fração ideal do terreno e coisas comuns, expressa sob forma decimal ou ordinária.

Estes dois artigos tratam de um regime diferenciado de condomínio, no qual se detêm propriedade exclusiva e propriedade compartilhada, exatamente como em um edifício, onde há áreas de propriedade exclusivas (apartamento, vaga de garagem), e onde cada proprietário detém também uma fração ideal das áreas comuns (elevador, hall de entrada, jardins etc.).

A Jurista Maria Helena Diniz conceitua o condomínio da seguinte forma:

> É uma combinação de propriedade individual e condomínio, caracterizando-se juridicamente pela justaposição de propriedades distintas e exclusivas ao lado do condomínio de partes do edifício forçosamente comuns, como o solo em que está construído o prédio, suas fundações, pilastras, área de lazer, vestíbulos, pórticos, escadas, elevadores, corredores, pátios, jardim, porão, aquecimento central, morada do zelador etc.

Para o entendimento das figuras propostas na Lei 13.465 de 2017 é importante se conceituar também o condomínio deitado, que está previsto no art. 8º da Lei 4.591/64:

> Art. 8º Quando, em terreno onde não houver edificação, o proprietário, o promitente comprador, o cessionário deste ou o promitente cessionário sobre ele desejar erigir mais de uma edificação, observar-se-á também o seguinte:
>
> a) Em relação às unidades autônomas que se constituírem em casas térreas ou assobradadas, será discriminada a parte do terreno ocupada pela edificação e aquela eventualmente reservada como de utilização exclusiva dessas casas, como jardim e quintal, bem assim a fração ideal do todo do terreno e de partes comuns, que corresponderá às unidades;
>
> b) Em relação às unidades autônomas que constituírem edifícios de dois ou mais pavimentos, será discriminada a parte do terreno ocupada pela edificação, aquela que eventualmente for reservada como de utilização exclusiva, correspondente às unidades do edifício, e ainda a fração ideal do todo do terreno e de partes comuns, que corresponderá a cada uma das unidades;
>
> c) Serão discriminadas as partes do total do terreno que poderão ser utilizadas em comum pelos titulares de direito sobre os vários tipos de unidades autônomas;

d) Serão discriminadas as áreas que se constituírem em passagem comum para as vias públicas ou para as unidades entre si.

No condomínio deitado deve o empreendedor não só entregar a infraestrutura, mas também uma casa pronta. Ou seja, ele deve entregar uma casa pronta que será a área de propriedade exclusiva do condômino bem como toda a infraestrutura que serão as partes comuns.

Importante também salientar que dentro de condomínios não existe área pública, tudo é área privada. Ou seja, as vias de acesso, muros, praças, tudo é área privada.

Agora vamos analisar as figuras propostas pela Lei 13.465 de 2017:

4. DO CONDOMÍNIO DE LOTES

Para iniciarmos a analise, importante buscar a definição legal, segue definição de Condomínio de Lotes dentro do Código Civil Brasileiro:

> Art. 1.358-A. Pode haver, em terrenos, partes designadas de lotes que são propriedade exclusiva e partes que são propriedade comum dos condôminos (Incluído pela Lei 13.465, de 2017).
>
> § 1º A fração ideal de cada condômino poderá ser proporcional à área do solo de cada unidade autônoma, ao respectivo potencial construtivo ou a outros critérios indicados no ato de instituição (Incluído pela Lei 13.465, de 2017).
>
> § 2º Aplica-se, no que couber, ao condomínio de lotes (Redação dada Pela Medida Provisória 1.085, de 2021):
>
> I – O disposto sobre condomínio edilício neste Capítulo, respeitada a legislação urbanística e (Incluído Pela Medida Provisória 1.085, de 2021);
>
> II – O regime jurídico das incorporações imobiliárias de que trata o Capítulo I do Título II da Lei 4.591, de 16 de dezembro de 1964, equiparando-se o empreendedor ao incorporador quanto aos aspectos civis e registrários (Incluído Pela Medida Provisória 1.085, de 2021).
>
> § 3º Para fins de incorporação imobiliária, a implantação de toda a infraestrutura ficará a cargo do empreendedor (Incluído pela Lei 13.465, de 2017).

Percebe-se que o condomínio de lotes nasceu à imagem e semelhança do condomínio deitado, também conhecido como condomínio de casas (art. 8º da Lei 4.591/2017). Ou seja, o projeto deve prever áreas exclusivas de cada proprietário, que serão os lotes e áreas compartilhadas as áreas comuns.

A grande diferença é que no condomínio de lotes, como o próprio nome já sugere, não há necessidade de construção de casas, ou seja, o empreendedor entrega o empreendimento com toda a infraestrutura e cada adquirente individualmente tem a obrigação de construir sua própria casa.

Desta forma, a parcela de propriedade exclusiva do condômino é o lote, e o condomínio pode e deve ser instituído sem a necessidade de que haja construção sobre esses lotes.

Para fazer a proporcionalidade entre cada lote e a correspondente fração ideal de área comum, o legislador enumera duas sugestões:

1) Pode ser proporcional a área de cada lote, ou seja, quanto maior o lote adquirido maior é a fração ideal de área comum.

2) Ou proporcional ao potencial construtivo de cada lote. Quanto maior for o potencial que o município atribuiu para a construção de cada lote, maior será a fração ideal de área comum. Ou seja, quanto mais o proprietário puder construir dentro de seu lote, maior vai ser a sua participação nas áreas comuns, e consequentemente maior vai ser o valor que pagará de condomínio, mesmo que decida não construir até o limite máximo do potencial do lote.

A criação do Condomínio de Lotes foi um grande avanço ao permitir o regime condominial, para os empreendimentos que visam apenas e tão somente vender lotes.

Por se tratar de condomínio, não existe área pública dentro do empreendimento, ou seja, as vias de acesso, praças, áreas comuns, tudo é área privada, portanto, é de inteira responsabilidade do condomínio, não sendo obrigatória a doação desses equipamentos para a municipalidade.

Por se tratar de totalidade de área privada, não há qualquer problema em se murar, cercar, e colocar portaria impedindo não proprietários de entrar no condomínio. Também não haveria razão para compatibilizar as vias internas do condomínio com o traçado das ruas do entorno, uma vez que ele poderia ser totalmente murado e fechado.

Mesmo assim, previu a Lei 6.766/79 em seu artigo 4º, § 4º que:

> No caso de lotes integrantes de condomínio de lotes, poderão ser instituídas limitações administrativas e direitos reais sobre coisa alheia em benefício do poder público, da população em geral e da proteção da paisagem urbana, tais como servidões de passagem, usufrutos e restrições à construção de muros (Incluído pela Lei 13.465, de 2017).

Portanto, mesmo se tratando de área totalmente privada no interior do loteamento, se o poder público municipal entender relevante para os munícipes pode estabelecer uma servidão dentro do condomínio.

Por ser condomínio, seriam cobradas dos moradores as taxas condominiais para preservação das áreas comuns. Dessa maneira, facilitando sobremaneira a cobrança, pode-se inclusive o condomínio protestar e levar a leilão a unidade autônoma (lote) inadimplente. É uma cobrança muito mais segura e célere do que a feita pelas "associações de moradores" nos ditos "loteamentos fechados".

Alguns questionamentos têm sido levantados com relação à qual seria o tamanho mínimo de área de cada lote dentro do condomínio de lotes. Em tese não haveria problema em termos lotes menores que o módulo urbano. Mas não parece ser correto esse entendimento, por alguns motivos, dentre eles:

1) Por estar expresso no final do inciso I do artigo 1.358-A do Código Civil Brasileiro que se aplica ao condomínio de lotes o disposto sobre condomínio edilício, respeitada a legislação urbanística.

2) E ainda o § 7º do art. 2º da Lei 6.766/79 estabelece que: "O lote poderá ser constituído sob a forma de imóvel autônomo ou de unidade imobiliária integrante de condomínio de lotes". Ao integrar o condomínio de lotes no art. 2º da 6.766/79, fica estabelecido que o lote do condomínio deve ser servido de uma infraestrutura e metragens mínimas estabelecidas nas disposições da lei do parcelamento do solo urbano (Lei 6.766/79) e as das legislações estaduais e municipais pertinentes.

Portanto, como o legislador fez essas ressalvas de que o condomínio de lotes terá que respeitar a legislação urbanística, entendemos que deve o empreendimento respeitar as diretrizes mínimas municipais e da Lei 6.766/79. Não podendo, portanto, vender lotes menores que o parcelamento mínimo designado pelo município e pela Lei 6.766/79 para aquela área, mesmo sendo dentro e sob o regime de condomínio.

E assim, como nos loteamentos e nos condomínios, a implantação de toda a infraestrutura fica a cargo do empreendedor.

A necessidade ou não de se fazer uma incorporação para os condomínios de lotes está descrita no art. 1.358-A, § 3º, do Código Civil. Caso o empreendedor já tenha feito e terminado todas as obras de infraestrutura com a averbação na matrícula, poderá ele de maneira mais simples proceder com a instituição/especialização do condomínio. Mas se o empreendedor iniciar as vendas antes do término das obras de infraestrutura, ele vai precisar fazer a incorporação imobiliária para poder iniciar as vendas.

É muito comum nos condomínios residenciais (condomínio de casas) que os proprietários das unidades autônomas (casas) façam alterações, modificações e reformas nas casas entregues pelo empreendedor. O problema é que uma alteração com acréscimo de construção por exemplo não poderia ser averbada na matrícula de uma casa determinada pois implicaria em alterar toda a instituição do condomínio. Por outro lado, no condomínio de lotes tem-se uma grande liberdade construtiva, pois como a unidade autônoma é o "lote" o adquirente tem liberdade para construir a casa, dentro dos padrões estabelecidos, da maneira que quiser. E inclusive podendo reformar, alterar, ampliar a casa sem que isso impacte na instituição do condomínio.

Uma discussão interessante seria sobre a viabilidade de se unificar ou desmembrar dois lotes sob o regime condominial. Para fazer isso seria necessário se alterar a instituição/especificação do condomínio o que demandaria anuência de todos os condôminos além da autorização municipal, o que na prática inviabiliza o desmembramento e unificação.

Finalizando a breve análise sobre condomínio de lotes, vamos passar para o Loteamento de acesso controlado.

5. LOTEAMENTO DE ACESSO CONTROLADO

Foi também criado o "loteamento de acesso controlado", art. 2º, § 8º da Lei 6.766/79:

> § 8º Constitui loteamento de acesso controlado a modalidade de loteamento, definida nos termos do § 1º deste artigo, cujo controle de acesso será regulamentado por ato do poder público Municipal, sendo vedado o impedimento de acesso a pedestres ou a condutores de veículos, não residentes, devidamente identificados ou cadastrados.

Esta figura, como o próprio nome revela, é um loteamento, sendo, portanto regido pela Lei 6.766/79.

No loteamento de acesso controlado cada proprietário adquire apenas e tão somente um lote autônomo, servido de infraestrutura básica e pronto para edificação.

E a prefeitura municipal autoriza o fechamento do empreendimento através da construção de portarias e muros. No ato de autorização cabe ao poder municipal definir os parâmetros do "controle" de acesso.

No próprio parágrafo oitavo do artigo segundo da Lei 6.766/79 fica estabelecido que o acesso de não moradores às partes internas desses empreendimentos é controlada, não proibida. Ou seja, o legislador veda o impedimento total de acesso a pedestres ou condutores de veículos não residentes, colocando como única condição o prévio cadastramento.

E não poderia ser diferente, uma vez que por ser loteamento, todas as ruas, vias de acesso, praças, e equipamentos urbanos são públicos, não fazendo sentido impedir um munícipe de usufruir de uma área pública. Inclusive porque essas áreas são doadas ao município e não são cobrados IPTU sobre essas áreas públicas internas dos loteamentos.

A legislação, portanto, previu que nesse tipo de loteamento de acesso controlado deveria existir no mínimo uma guarita para fazer o "controle de acesso". Assim sendo, indiretamente já se presume que haverá gastos e despesas em comum para os moradores deste loteamento.

O mais usual é a criação de "Associações de Moradores" que administram todas as áreas que não são lotes dentro do loteamento. Existem inúmeras discussões sobre a regularidade desse tipo de cobrança, e para tentar dirimir as críticas a esse modelo, o artigo 36-A da Lei 6.766/79 e seu parágrafo único, equiparou a atividade das associações de moradores à atividade de administração de imóveis.

Foi definido como administração de imóveis para a lei: A associação sem fins lucrativos que tem "o objetivo de administração, conservação, manutenção, disciplina de utilização e convivência, visando à valorização dos imóveis que compõem o empreendimento". E estabeleceu que "A administração de imóveis sujeita seus titulares à normatização e à disciplina constante de seus atos constitutivos, cotizando-se na forma desses atos para suportar a consecução dos seus objetivos, que são a conservação do empreendimento".

Assim o legislador põe fim à problemática sobre a obrigatoriedade ou não de se associar às associações de moradores. Uma vez que o morador pode perfeitamente decidir não se associar, mas terá que pagar a taxa de manutenção pela administração dos imóveis de qualquer maneira, sob pena de incorrer em enriquecimento sem causa.

6. CONSIDERAÇÕES FINAIS

Tanto o condomínio de lotes quanto o loteamento de acesso controlado são figuras novas que vieram suprir uma demanda antiga do mercado imobiliário.

Elas representam grandes avanços, uma vez que assuntos polêmicos foram regulamentados definitivamente, levando maior segurança jurídica para os empreendedores e principalmente para os adquirentes desses imóveis.

Importante ressaltar que, tanto no condomínio de lotes como no loteamento de acesso controlado, existe uma preocupação com o meio ambiente urbano e com o livre trânsito dentro das cidades.

O mercado imobiliário ainda não "se atentou" para essas duas figuras e continua ainda apostando no precário "loteamento fechado". Acreditamos que, com o passar do tempo, o mercado imobiliário vá se interessar por esses dois modelos de negócios que trazem vantagens aos antigos "loteamentos fechados." Pela segurança jurídica e por dirimir questões sobre a cobrança de taxas e sobre o controle de acesso interno.

No futuro é provável que empreendimentos de médio e pequeno porte acabem optando pela figura do condomínio de lotes, pela maior segurança e agilidade da cobrança da taxa condominial. Mas pelo fato de toda área interna do empreendimento ser área privada e, portanto, sujeita a cobrança de IPTU, acredita-se que empreendimentos muito grandes com áreas muito extensas trariam um custo operacional maior, por essa razão fica evidente que esse modelo de negócio será utilizado em empreendimentos menores.

Já para empreendimentos maiores, provavelmente será mais interessante o loteamento de acesso controlado, pois urbanisticamente é mais simples sua implantação, e como existe a doação das áreas e equipamentos comuns para o poder público municipal não existe cobrança de IPTU sobre esses espaços, onerando menos os adquirentes dos lotes nos casos dos empreendimentos maiores.

7. REFERÊNCIAS

BELO E.; ACCIOLY RAFAEL. *Lei 13.465/2017 inova e possibilita criação de condomínio de lotes.* Artigo disponível em: https://www.cnbsp.org.br/?url_amigavel=1&url_source=noticias&id_noticia=14859&lj=1600.

CHEZZI BERNARDO A. *Condomínio de lotes.* São Paulo: Quartier Latin, 2019.

Disponível em: https://repositorio.usp.br/directbitstream/9ce22c40-6c77-4381-91da-8fa840ef0c08/8fa840ef0c08/TauerGiminezSaraiva20%20Poli-Integra.pdf.

EMILIASE DEMÉTRIOS. *Condomínio de lotes.* Ed. BH, 2022.

FILHO ELVINO S. Loteamento fechado e condomínio deitado. *Revista de Direito Imobiliário* n. 14.

GIMENEZ T. *Análise Crítica da lei 13.465 de 2017 com Foco em Condomínio de Lotes*: pontos positivos e lacunas ainda existentes. 2017. Monografia.

KERN D. M. Título do Artigo disponível em: https://anoregse.org.br/sistema/arq_up/dow_e1cb-c50b811e8af919c7ed59feb3540d6075e2013b4f65_61915987.pdf.

KÜMPEL F. V *Condomínio de lotes regime jurídico e aspectos registrais.* Artigo disponível em: https://www.migalhas.com.br/coluna/registralhas/269493/condominio-de-lotes--regime-juridico-e--aspectos-registrais.

OLIVEIRA DE E. E. C. *Condomínios edilícios, de lotes ou em multipropriedade irregulares*: usucapião extrajudicial, proteção possessória e outras repercussões práticas. Disponível em https://www.cnbsp.org.br/?url_amigavel=1&url_source=noticias&id_noticia=20988&filtro=&data=&lj=1600.

PINTO C. VICTOR. Núcleo de pesquisas e estudos da consultoria legislativa do Senado Federal. Disponível em: https://www12.senado.leg.br/publicacoes/estudos-legislativos/tipos-de-estudos/textos-para-discussao/td243.

PUGSLEY, R. G. *Direito Civil atual caracterização de condomínios e lotes e distinção de semelhantes.* Artigo disponível em: https://www.conjur.com.br/2019-jan-21/direito-civil-atual-caracterizacao-condominio-lotes-distincao-semelhantes.

ROSA S. C. F. *Condomínios de lotes* – características gerais: amplitude da regulação pelos municípios e aspectos registrários. Disponível em: https://irib.org.br/authebsco?url=http://academia.irib.org.br/xmlui/handle/123456789/51995.

VASCONCELOS DE C. Y. *Condomínio de lotes e loteamento de acesso controlado.* Disponível em: https://yago1992.jusbrasil.com.br/artigos/1341658612/condominio-de-lotes-e-loteamento--de-acesso-controlado.

VIANA S. A. M. *Parcelamento do solo para fins urbanos condomínio de lotes Lei 6.766/79, art. 2º, § 7º.* Disponível em: http://www.marcoaurelioviana.com.br/artigos/parcelamento-do-solo-para-fins-urbanos-condominio-de-lotes-lei-no-6-76679-art-2o-%C2%A7-7o/.

CLÁUSULA RESOLUTIVA EXPRESSA E A RESOLUÇÃO EXTRAJUDICIAL DO COMPROMISSO DE VENDA E COMPRA DE IMÓVEL

Olivar Vitale

Professor e Coordenador da Especialização/MBA da POLI-USP, da ESPM-SP, da UniSecovi e de outras entidades de ensino. Membro do Comitê de Gestão da Secretaria Municipal de Urbanismo e Licenciamento de São Paulo (SMUL). Membro do Conselho de Gestão da Secretaria da Habitação do Estado de São Paulo. Conselheiro Jurídico do Secovi-SP e do Sinduscon-SP. Diretor da MDDI (Mesa de Debates de Direito Imobiliário). Membro do Conselho Deliberativo do Instituto Brasileiro de Direito da Construção – IBDiC. Advogado, Sócio Fundador do VBD Advogados, Fundador e Diretor Institucional do IBRADIM. E-mail: olivarvitale@vbdlaw.com.br.

Marília Nascimento

Pós-graduada em Direito Tributário pelo Instituto Brasileiro de Estudos Tributários (IBET) e em Propriedade Intelectual pela Escola Superior de Advocacia (ESA/SP). Advogada, Associada ao VBD Advogados, com atuação na área de direito imobiliário e Membro da Comissão de Negócios Imobiliários do IBRADIM. E-mail: marilianascimento@vbdlaw.com.br.

Sumário: 1. Introdução – 2. A cláusula resolutiva expressa na legislação brasileira – 3. A cláusula resolutiva expressa na doutrina brasileira e no direito comparado – 4. A aplicação da cláusula resolutiva expressa nos tribunais brasileiros – 5. Julgados sobre a resolução extrajudicial dos compromissos de venda e compra posteriores à Lei 13.097/2015 – 6. Cancelamento do registro dos compromissos de venda e compra por força da cláusula resolutiva expressa – 7. Conclusão – 8. Referências.

1. INTRODUÇÃO

A cláusula resolutiva ou resolutória expressa permite ao credor a extinção da relação obrigacional, por meio de simples declaração, constatado o inadimplemento absoluto do devedor, sem a necessidade de pronunciamento do Poder Judiciário.

De início, para direcionar o estudo, é fundamental destacar o sinalagma do contrato de compromisso de venda e compra, isto é, a interdependência de prestações atribuídas a ambas as partes, de forma que uma obrigação seja a razão jurídica da outra. Nesse sentido, a cláusula resolutória expressa é, portanto, um importante instrumento de gestão do risco contratual, que se opera de pleno direito, nos termos do art. 474 do Código Civil,[1] cujo fundamento está contido na autonomia privada, traduzida pelos princípios da boa-fé objetiva,[2] da liberdade contratual e função social do contrato.[3]

O negócio jurídico é norteado pela assunção de risco, isto é, a consequência econômica de um evento incerto. As partes no exercício da autonomia privada, no momento da celebração do contrato, preveem e alocam entre si os riscos da relação entabulada. Nesse contexto, a gestão de riscos, identificada pela vontade declarada das partes, produz impactos ao equilíbrio econômico do negócio.[4]

Assim, o suporte fático da cláusula resolutiva expressa em contrato permite que a parte prejudicada resolva a relação obrigacional, independentemente da intervenção judicial, não obstante o direito de regresso àquele que se sentiu lesado, nos termos do art. 927 do Código Civil.[5]

Por outro lado, ainda que observada a vontade da parte para resolver o contrato, caracterizada pela cláusula resolutiva tácita, igualmente prevista no art. 474, do Código Civil, a ausência deste suporte fático exige a interpelação judicial para declarar resolvido o contrato.

Pois bem. Inicialmente é de se notar que tanto na doutrina como na jurisprudência há exaustivos debates relacionados à cláusula resolutiva expressa e sua eficácia. Controvérsias acerca da necessidade da notificação para fins de constituição do devedor em mora, interpelação judicial para declarar a resolução do compromisso de venda e compra de imóvel, caracterização do inadimplemento absoluto, e ajuizamento de ação possessória para reintegração na posse, geram grande insegurança jurídica aos operadores do direito imobiliário.

Contudo, no recente e importante julgamento do Recurso Especial 1.789.863/MS o Superior Tribunal de Justiça ("STJ")[6] enfrentou novamente o tema, destacando que a existência de cláusula com previsão expressa de resolução de promessa de venda e compra de imóvel por falta de pagamento autoriza o ajuizamento de ação possessória, sem a necessidade de ação judicial diversa, prévia ou concomitante, para resolver extrajudicialmente o contrato:

---

1. Código Civil. Art. 474. A cláusula resolutiva expressa opera de pleno direito; a tácita depende de interpelação judicial.
2. Código Civil. Art. 422. Os contratantes são obrigados a guardar, assim na conclusão do contrato, como em sua execução, os princípios de probidade e boa-fé.
3. Código Civil. Art. 421. A liberdade contratual será exercida nos limites da função social do contrato.
4. TERRA, Aline de Miranda Valverde. *Cláusula resolutiva expressa*. Belo Horizonte: Fórum, 2017.
5. Código Civil. Art. 927. Aquele que, por ato ilícito (arts. 186 e 187), causar dano a outrem, fica obrigado a repará-lo.
6. STJ, REsp 1.789.863/MS, Rel. Ministro Marco Buzzi, Quarta Turma, j. 10.08.2021, DJe 04.10.2021.

Recurso especial – Ação de reintegração de posse – Compromisso de compra e venda de imóvel rural com cláusula de resolução expressa – Inadimplemento do compromissário comprador que não efetuou o pagamento das prestações ajustadas – Mora comprovada por notificação extrajudicial e decurso do prazo para a purgação – Instâncias ordinárias que julgaram procedente o pedido reintegratório reputando desnecessário o prévio ajuizamento de demanda judicial para a resolução contratual – Insurgência do devedor – Reclamo desprovido.

Controvérsia: possibilidade de manejo de ação possessória fundada em cláusula resolutiva expressa decorrente de inadimplemento de contrato de compromisso de compra e venda imobiliária, sem que tenha sido ajuizada, de modo prévio ou concomitante, demanda judicial objetivando rescindir o ajuste firmado.

(...)

III. Inexiste óbice para a aplicação de cláusula resolutiva expressa em contratos de compromisso de compra e venda, porquanto, após notificado/interpelado o compromissário comprador inadimplente (devedor) e decorrido o prazo sem a purgação da mora, abre-se ao compromissário vendedor a faculdade de exercer o direito potestativo concedido pela cláusula resolutiva expressa para a resolução da relação jurídica extrajudicialmente.

IV. Impor à parte prejudicada o ajuizamento de demanda judicial para obter a resolução do contrato quando esse estabelece em seu favor a garantia de cláusula resolutória expressa, é impingir-lhe ônus demasiado e obrigação contrária ao texto expresso da lei, desprestigiando o princípio da autonomia da vontade, da não intervenção do Estado nas relações negociais, criando obrigação que refoge o texto da lei e a verdadeira intenção legislativa.

(...)

VI. Recurso especial conhecido em parte e, na extensão, desprovido.

Nesses termos, a decisão proferida demonstra a tendência pela desjudicialização de demandas e o necessário desafogamento do Poder Judiciário. Da mesma forma, o Conselho da Justiça Federal (CJF), na V Jornada de Direito Civil, já havia se manifestado pelo Enunciado 436 no sentido de que a cláusula resolutiva expressa produz efeitos extintivos independentemente de manifestação judicial.[7]

Posto isso, ao longo do presente estudo buscar-se-á estabelecer a distinção entre cada hipótese, bem como analisar a legislação, doutrina e jurisprudência que tratam da matéria, a fim de que se reconheça a eficácia da cláusula resolutória expressa e a possibilidade de resolução extrajudicial da promessa de venda e compra de imóvel.

2. A CLÁUSULA RESOLUTIVA EXPRESSA NA LEGISLAÇÃO BRASILEIRA

O Código Civil de 1916, no parágrafo único do art. 119,[8] dispunha que a condição resoluta expressa se opera de pleno direito, independentemente de

---

7. Enunciado 436, da V Jornada de Direito Civil, do Conselho da Justiça Federal. Disponível em: https://www.cjf.jus.br/enunciados/enunciado/336. Acesso em: 30. nov. 2021.
8. Código Civil de 1916. Art. 119. (...) Parágrafo único. A condição resoluta da obrigação pode ser expressa, ou tácita; operando, no primeiro caso, de pleno direito, e por interpelação judicial, no segundo.

interpelação judicial, e no art. 1.163, por meio de pacto comissório, permitia o desfazimento do contrato pelo vendedor em caso de inadimplemento do comprador.[9] Atualmente, como visto, o Código Civil de 2002, no artigo 474, dispõe expressamente sobre a cláusula resolutiva expressa, aquela que se opera de pleno direito, e a tácita, que depende de interpelação judicial.

No tocante aos compromissos de venda e compra de imóveis, há que se ressaltar a alteração legislativa, dada pelo art. 62 da Lei 13.097/2015,[10] ao Decreto-Lei 745/1969, cujo parágrafo único passou a reconhecer expressamente a possibilidade de resolução extrajudicial do contrato. Tal modificação introduzida é de extrema relevância, posto que regulou os efeitos do inadimplemento absoluto, quais sejam, a resolução automática do compromisso de venda e compra pelo exercício do direito estabelecido pela cláusula resolutiva expressa, nos termos do art. 474 do Código Civil, após o decurso do prazo sem a purgação da mora pelo devedor.

Sob esse aspecto, importa distinguir a declaração do credor ao devedor para informá-lo acerca de sua opção pela resolução e a interpelação do devedor para constituição em mora. A declaração que caracteriza o inadimplemento absoluto tem por função resolver a relação obrigacional, não conferindo ao devedor a possibilidade de cumprir a prestação. Por outro lado, a interpelação para constituição em mora pressupõe o inadimplemento relativo, e visa a constituir o devedor em mora, concedendo-lhe prazo para purgá-la. De todo modo, havendo termo para o adimplemento, a mora dispensa interpelação (art. 397, do Código Civil).[11]

Algumas leis especiais exigem a interpelação do devedor para a conversão da mora em inadimplemento absoluto. É o que ocorre com as promessas de venda e compra de imóveis loteados (art. 32, Lei 6.766/79), não loteados (art. 1º, Decreto-lei 745/69) e objeto de incorporação imobiliária (art. 63, Lei 5.591/1964).

---

9. Código Civil de 1916. Art. 1.163. Ajustado que se desfaça a venda, não se pagando o preço até certo dia, poderá o vendedor, não pago desfazer o contracto ou pedir o preço.
   Parágrafo único. Se, em dez dias de vencido o prazo, o vendedor, em tal caso, não reclamar o preço, ficará de pleno direito desfeita a venda.
10. Lei 13.097/2015. Art. 62. O art. 1º do Decreto-Lei 745, de 7 de agosto de 1969, passa a vigorar com a seguinte redação: (Vigência)
    "Art. 1º Nos contratos a que se refere o art. 22 do Decreto-Lei 58, de 10 de dezembro de 1937, ainda que não tenham sido registrados junto ao Cartório de Registro de Imóveis competente, o inadimplemento absoluto do promissário comprador só se caracterizará se, interpelado por via judicial ou por intermédio de cartório de Registro de Títulos e Documentos, deixar de purgar a mora, no prazo de 15 (quinze) dias contados do recebimento da interpelação.
    Parágrafo único. Nos contratos nos quais conste cláusula resolutiva expressa, a resolução por inadimplemento do promissário comprador se operará de pleno direito (art. 474 do Código Civil), desde que decorrido o prazo previsto na interpelação referida no *caput*, sem purga da mora."
11. Código Civil. Art. 397. O inadimplemento da obrigação, positiva e líquida, no seu termo, constitui de pleno direito em mora o devedor.

Independentemente disso, a legislação brasileira por meio da aplicação da cláusula resolutiva expressa, prevista no Código Civil, permite a extinção extrajudicial do compromisso de venda e compra de imóvel.

Nesse sentido, com a promulgação da Lei 13.097/2015, nas promessas de venda e compra de imóvel em que houver sido estipulada cláusula resolutória expressa poderá o credor, nos termos do art. 474 do Código Civil, declarar resolvido o contrato de pleno direito, pelo inadimplemento absoluto do devedor, caso não seja purgada a mora no prazo de 15 (quinze) dias, contados da interpelação, judicial ou extrajudicial.

3. A CLÁUSULA RESOLUTIVA EXPRESSA NA DOUTRINA BRASILEIRA E NO DIREITO COMPARADO

Segundo a doutrina majoritária, a superveniência de inadimplemento pelo devedor é o suficiente para extinguir o vínculo contratual, caso seja a vontade da parte prejudicada.[12] Isto significa que o efeito da cláusula resolutiva expressa é o de não haver necessidade de interpelação judicial para se resolver o contrato.

Nas palavras de Orlando Gomes,[13] "O fundamento do pacto comissório expresso encontra-se no princípio da força obrigatória dos contratos (...) Havendo pacto comissório expresso, o contrato se resolve de pleno direito. Quando muito, o juiz, em caso de contestação, declara a resolução, não lhe competindo pronunciá-la, como procede quando a cláusula resolutiva é implícita".

Em sistemas europeus é possível convencionar a cláusula resolutiva expressa em contrato e a sua eficácia não depende de intervenção do Poder Judiciário. Na Itália, por exemplo, a doutrina e a jurisprudência interpretam o artigo 1.456 do Código Civil italiano de 1942[14] pela impossibilidade de intervenção do Poder Judiciário quando as partes acordarem as causas extintivas da relação entabulada.

Na França, a recente reforma do Código Civil, promovida pela *Ordonnance 2016-131 du 10 février 2016*, eliminou a exigência de pronunciamento judicial no que diz respeito à resolução do contrato, estabelecendo a produção dos efeitos da

---

12. ZANETTI, Cristiano. Comentários ao Código Civil, Direito Privado Contemporâneo. In: NANNI, Giovanni Ettori. São Paulo: Saraiva Jur., 2019, p. 706.
13. GOMES, Orlando. *Contratos*. Rio de Janeiro: Forense, 2009, p. 209.
14. "Art. 1456. Clausola risolutiva expressa. I contraenti possono convenire espressamente che il contratto si risolva nel caso che una determinata obbligazione non sia adempiuta secondo le modalità stabilite. In questo caso, la risoluzione si verifica diritto (1517) quando la parte interessata dichiara all'altra che intende valersi della clausola risolutiva". ITÁLIA. Código Civil de 16 de março de 1942, publicado na Gazeta Oficial em 4 de abril de 1942. Disponível em: http://www.jus.unitn.it/cardozo/obiter_dictum/codciv/Lib4.htm. Acesso em: 30 de nov. 2021.

cláusula resolutiva expressa a partir da declaração de resolução promovida pela parte prejudicada.[15] Tal entendimento é igualmente verificado no projeto europeu de unificação do direito dos contratos, o *Draft Common Frame of Reference (DCFR)*, que possibilita às partes da relação contratual estipular seu o término.[16] Do mesmo modo, há norma prevista no *International Institute for the Unification of Private Law (Unidroit Principles)*.[17]

Apesar disso, no Brasil, nota-se certa confusão no entendimento do Poder Judiciário quanto à eficácia da cláusula resolutiva expressa e sua aplicação, especialmente no que que diz respeito à necessidade de intervenção judicial para resolução do contrato, ainda que presente a cláusula resolutiva expressa.

4. A APLICAÇÃO DA CLÁUSULA RESOLUTIVA EXPRESSA NOS TRIBUNAIS BRASILEIROS

A orientação jurisprudencial do Superior Tribunal de Justiça tem sido no sentido de que, ainda que existente cláusula resolutiva expressa no compromisso de compra e venda de imóvel, seria necessária a resolução por meio de declaração do Poder Judiciário: "a jurisprudência do STJ entende que é imprescindível a prévia manifestação judicial na hipótese de rescisão de compromisso de compra e venda de imóvel para que seja consumada a resolução do contrato, ainda que existente cláusula resolutória expressa, diante da necessidade de observância do princípio da boa-fé objetiva a nortear os contratos. Precedentes".[18]

---

15. "Article 1226 (Modifié par Ordonnance 2016-131 du 10 février 2016 – art. 2) Le créancier peut, à ses risques et périls, résoudre le contrat par voie de notification. Sauf urgence, il doit préalablement mettre en demeure le débiteur défaillant de satisfaire à son engagement dans un délai raisonnable. La mise en demeure mentionne expressément qu'à défaut pour le débiteur de satisfaire à son obligation, le créancier sera en droit de résoudre le contrat. Lorsque l'inexécution persiste, le créancier notifie au débiteur la résolution du contrat et les raisons qui la motivent. Le débiteur peut à tout moment saisir le juge pour contester la résolution. Le créancier doit alors prouver la gravité de l'inexécution". FRANÇA. Código Civil reformado em 2016. Disponível em: https://www.legifrance.gouv.fr/loda/id/JORFTEXT000032004939/. Acesso em: 30 nov. 2021.

16. Artigo III: 1:109: Variation or termination by notice A right, obligation or contractual relationship may be varied or terminated by notice by either party where this is provided for by the terms regulating it". Study Group on a European Civil Code/Research Group on EC Private Law (Acquis Group), orgs., Draft Common Frame of Reference (DCFR), full edition (6 v.) e outline edition, Principles, Definitions and Model Rules of European Private Law Sellier, 2009. p. 232.

17. "Article 1.3 (Binding Character of Contract) A contract validly entered into is binding upon the parties. It can only be modified or terminated in accordance with its terms or by agreement or as otherwise provided in these Principles". UNIDROIT Principles of International Commercial Contracts 2010. Rome: International Institute for the Unification of Private Law (Unidroit), 2010.

18. STJ, AgInt no AREsp 1278577/SP, Rel. Ministro Luis Felipe Salomão, Quarta Turma, j. 18.09.2018, DJe 21.09.2018.

Semelhante também é o entendimento dos Tribunais de Justiça estaduais.[19-20] Sob esse aspecto, importa pontuar que algumas decisões posteriores à alteração promovida pela Lei 13.097/2015 ao Decreto-lei 745/1969 reconhecem a plena eficácia da cláusula resolutiva expressa,[21] outras não, sob o argumento de que sua aplicação teria alcançado apenas as promessas referentes a imóveis não loteados, não aqueles enquadrados pelo regime da incorporação imobiliária (Lei 4.591/64) e tampouco os imóveis urbanos loteados (Lei 6.766/79).[22]

Parte da doutrina entende que a abrangência da alteração legislativa atingiu apenas os compromissos de venda e compra de imóveis não loteados, em razão do tríplice regime jurídico, de acordo com a natureza do imóvel: imóveis loteados, imóveis não loteados e imóveis em incorporações imobiliárias (unidades autônomas futuras), restando inalterados os demais regimes jurídicos (imóveis loteados e em incorporação imobiliária).[23]

Não obstante, a Lei 13.097/2015 não permitiu a resolução extrajudicial da promessa de venda e compra facultada pela cláusula resolutiva expressa, ela apenas ratificou a regra geral constante do art. 474 do Código Civil, que só pode ser afastada por previsão legal específica. Mais. Depreende-se da análise da legislação especial (Lei 6.766/79, Decreto-lei 745/69, Lei 4.591/1964) que em relação a qualquer espécie de promessa de venda e compra não há disposição que excepcione a regra, ao contrário. Quanto ao regime da incorporação imobiliária, o art. 63, da Lei 4.591/1964 autoriza a extinção do contrato, conforme nele se fixar,[24] já no loteamento, o art. 32, da Lei 6.766/1979, determina que vencida e não paga a dívida, o contrato será considerado resolvido 30 (trinta) dias após a constituição em mora do devedor.[25]

---

19. TJSP, Agravo de Instrumento 2023635-88.2014.8.26.0000, Rel. Des. Paulo Eduardo Razuk, 1ª Câmara de Direito Privado, j. 10.06.2014.
20. TJSP, Apelação 1002245-54.2014.8.26.0073, Rel. Des. Paulo Alcide, 6ª Câmara de Direito Privado, j. 11.10.2016.
21. TJSP, Agravo de Instrumento 2079575-67.2016.8.26.0000, Rel. Des. Rui Cascaldi, 1ª Câmara de Direito Privado j. 06.07.2016.
22. TJSP, Apelação 1121866-85.2019.8.26.0100, Rel. Des. Milton Carvalho, 36ª Câmara de Direito Privado, j. 04.08.2020.
23. LOUREIRO, Francisco Eduardo, Três aspectos atuais relativos aos contratos de compromisso de compra e venda de unidades autônomas futuras, 2017. Disponível em: https://www.tjsp.jus.br/download/EPM/Publicacoes/ObrasJuridicas/cc36.pdf?d=636808166395003082. Acesso em: 30 nov. 2021.
24. Lei 4.591/1997. Art. 63. É lícito estipular no contrato, sem prejuízo de outras sanções, que a falta de pagamento, por parte do adquirente ou contratante, de 3 prestações do preço da construção, quer estabelecidas inicialmente, quer alteradas ou criadas posteriormente, quando fôr o caso, depois de prévia notificação com o prazo de 10 dias para purgação da mora, implique na rescisão do contrato, conforme nêle se fixar, ou que, na falta de pagamento, pelo débito respondem os direitos à respectiva fração ideal de terreno e à parte construída adicionada, na forma abaixo estabelecida, se outra forma não fixar o contrato.
25. Lei 6.766/1979. Art. 32. Vencida e não paga a prestação, o contrato será considerado rescindido 30 (trinta) dias depois de constituído em mora o devedor.

Há que se pontuar, ainda, que o Código de Defesa do Consumidor é omisso quanto à possibilidade de resolução extrajudicial do compromisso de venda e compra de imóveis.

Destaca-se, por fim, que a Lei 13.874/2019, ao instituir a declaração de direitos de liberdade econômica, que dispõe sobre normas de proteção à livre iniciativa e ao livre exercício de atividade econômica, estabelece como princípio a intervenção mínima do Estado nos negócios jurídicos.

5. JULGADOS SOBRE A RESOLUÇÃO EXTRAJUDICIAL DOS COMPROMISSOS DE VENDA E COMPRA POSTERIORES À LEI 13.097/2015

Consoante ao exposto acima, a doutrina e a legislação brasileira, bem como o direito comparado, convergem no sentido de permitir a resolução extrajudicial das promessas de venda e compra imóvel sem a necessidade de interpelação judicial, desde que presente cláusula resolutiva expressa no contrato.

A inovadora decisão do Superior Tribunal de Justiça no REsp 1.789.863/MS, em acréscimo ao movimento da desjudicialização promovido pelo Conselho Nacional de Justiça (CNJ), rompe com o entendimento dos tribunais, restabelecendo a efetividade da cláusula resolutiva expressa e confirmando a possibilidade da resolução extrajudicial dos compromissos de venda e compra de imóvel. Mais. Desde a alteração promovida pela Lei 13.097/2015 ao Decreto-lei 745/1969, que ratificou a plena eficácia da cláusula resolutiva expressa, prevista no Código Civil, e, portanto, a possibilidade de resolução extrajudicial do compromisso de venda e compra, algumas decisões admitem a resolução automática do compromisso de venda e compra de unidade, como se verifica a seguir:

> Agravo de Instrumento "Ação de rescisão Contratual c.c. pedido de tutela de urgência" (sic) Contrato de compromisso de venda e compra de imóvel com cláusula resolutiva expressa Interposição contra decisão que indeferiu o requerimento de tutela de urgência formulado pela autora, que objetivava ser reintegrada na posse do imóvel descrito na petição inicial Cabimento Cláusula resolutiva expressa que se opera de pleno direito Preceptivo do artigo 474, do Código Civil Lei 13.097/2015 que alterou a redação do Artigo 1º do Decreto-Lei 745/1969, dando eficácia à cláusula quando o promissário comprador é interpelado e deixa de purgar a mora no prazo de 15 dias, contados de seu recebimento Notificação prévia por intermédio do Oficial de Registros de Títulos e documentos de São Roque/SP Inexistência de purgação da mora Requisitos legais devidamente cumpridos Presença do perigo da demora e probabilidade do direito Decisão reformada. Recurso provido.[26]

---

26. TJSP, Agravo de Instrumento 2100251-02.2017.8.26.0000, Rel. Des. Rodolfo Pellizari, 6ª Câmara de Direito Privado, j. 31.10.2017.

No caso concreto o desembargador concluiu pela aplicação da cláusula prevista contratualmente após constatada a inércia do devedor para purgação da mora, no prazo legal, caracterizando inadimplemento absoluto: "Consigna-se que, não havendo notícia de purgação da mora no prazo legal, não há mais óbice à reintegração da autora na posse dos imóveis, afinal, mesmo sem prévia declaração judicial de rescisão do contrato objeto da lide principal, eficaz é a cláusula resolutória".

Semelhante é também o entendimento a seguir:

> Ação de indenização por perdas e danos – Compromisso de compra e venda – Inadimplemento da compradora, anterior ao termo final estipulado para entrega do imóvel, não impugnado – Cláusula resolutiva expressa – Notificação extrajudicial da devedora – Rescisão que se opera de pleno direito – Desnecessidade de reconhecimento judicial – Mora absoluta – O rompimento do vínculo contratual, a autorizar a venda do bem a outrem – Inadmissível a aplicação da teoria do pagamento substancial quando não é possível aferir a extensão da mora – Sentença mantida – Recurso desprovido.[27]

Posto isso, resta demonstrada a possibilidade de resolução automática do compromisso de venda e compra de unidade, com cláusula resolutória expressa, sem a necessidade de manifestação judicial. Constada a inércia do devedor para purgar a mora no prazo legal, não comprovando ele o pagamento do montante devido após ter sido notificado nos termos da lei, caracteriza-se o inadimplemento absoluto.

6. CANCELAMENTO DO REGISTRO DOS COMPROMISSOS DE VENDA E COMPRA POR FORÇA DA CLÁUSULA RESOLUTIVA EXPRESSA

No que diz respeito aos compromissos de venda e compra registrados na matrícula, o cancelamento do seu registro será realizado mediante decisão judicial, ou requerimento unânime das partes, ou requerimento de interessado, instruído com documento hábil, nos termos do art. 250, da Lei 6.015/73. Nesse sentido, é de se notar que algumas serventias extrajudiciais apenas admitem como título ensejador do cancelamento distrato assinado pelas partes ou decisão judicial declaratória da resolução.[28]

Não obstante, a boa inteligência da alteração do Decreto-lei 745/69 é no sentido de que fica ratificada a possibilidade da apresentação de requerimento unilateral para fins de cancelamento do registro do compromisso de venda e compra, resolvido extrajudicialmente, por consequência da aplicação da cláusula resolutória expressa presente no contrato.

---

27. TJSP, Apelação 4023111-98.2013.8.26.0224, Rel. Des. João Batista de Mello Paula Lima, 10ª Câmara de Direito Privado, j. 14.02.2017.
28. CGJSP, Recurso Administrativo 1012057-19.2018.8.26.0320, Rel. Geraldo Francisco Pinheiro Franco, j. 1º.09.2019.

A conversão da mora relativa em absoluta, caracterizando o inadimplemento absoluto, é representada pela inércia do devedor, decorrido o prazo de 15 (quinze) dias estabelecido em lei. Tal fato é verificado por meio da interpelação intermediada pelo cartório de Registro de Títulos e Documentos.

Isso demonstra a boa-fé objetiva do credor, na forma da lei, que como bem pontua Judith Martins-Costa é regra de conduta que pauta a atuação das partes quando da aplicação ou renegociação das cláusulas de acomodação do contrato às circunstâncias, sendo incidente ao exercício jurídico.[29]

Sob esse prisma, o art. 113 do Código Civil prevê que os negócios jurídicos devem ser interpretados de acordo com a boa-fé.[30] Além disso, a Lei 13.874/2019 (Lei da liberdade econômica"), no art. 3º, V, estabelece que a presunção de boa-fé nos atos praticados no exercício da atividade econômica, para os quais as dúvidas de interpretação do direito civil, empresarial, econômico e urbanístico serão resolvidas de forma a preservar a autonomia privada, exceto se houver expressa disposição legal em contrário, é um direito da pessoa natural ou jurídica.

Nesse contexto, importa destacar que a lei da liberdade econômica representa um marco legal, que tem como fundamento a liberdade como garantia ao exercício de atividades econômicas e a intervenção subsidiária e excepcional do Estado sobre o exercício de atividades econômicas, de modo a preservar a autonomia privada.

Posto isso, o reconhecimento da plena eficácia da cláusula resolutiva, nos termos do parágrafo único do art. 1º do referido decreto-lei, e as demais legislações vigentes conferem segurança jurídica ao exercício das atividades dos cartórios extrajudiciais para a promoção de cancelamento de compromissos registrados com cláusula resolutiva expressa. Do contrário, estar-se-á desconsiderando a boa-fé do credor e ignorando as normas legais.

7. CONCLUSÃO

Em apertada síntese, a consagração dos efeitos da cláusula resolutiva expressa pela harmonização da lei, doutrina e jurisprudência, estimula a autonomia privada e a intervenção excepcional do Estado nos negócios privados, de modo a qualificar a atividade jurisdicional, sem olvidar o direito de regresso assegurado pelo Código Civil.

Como consequência disso, embora ainda exista resistência quanto à operacionalização dos efeitos da cláusula resolutória expressa pelas serventias extrajudiciais para o cancelamento dos compromissos de venda e compra de imóvel

---

29. MARTINS-COSTA, Judith. *A boa-fé no direito privado*. Marcial Pons, 2015, p. 607.
30. Código Civil. Art. 113. Os negócios jurídicos devem ser interpretados conforme a boa-fé e os usos do lugar de sua celebração.

registrados em cartório, a expectativa é que tal entendimento seja superado, de modo a ratificar as normas e os princípios positivados no ordenamento jurídico brasileiro, bem como refletir a inclinação contemporânea dos Poderes e da sociedade no caminho da desjudicialização.

8. REFERÊNCIAS

GOMES, Orlando. *Contratos*. Rio de Janeiro: Forense, 2009.

LOUREIRO, Francisco Eduardo. *Três aspectos atuais relativos aos contratos de compromisso de compra e venda de unidades autônomas futuras*, 2017. Disponível em: https://www.tjsp.jus.br/download/EPM/Publicacoes/ObrasJuridicas/cc36.pdf?d=636808166395003082.

MARTINS-COSTA, Judith. *A boa-fé no direito privado*. Marcial Pons, 2015.

TERRA, Aline de Miranda Valverde. *Cláusula resolutiva expressa*. Belo Horizonte: Fórum, 2017.

ZANETTI, Cristiano. In: NANNI, Giovanni Ettori. *Comentários ao Código Civil*. Direito Privado Contemporâneo. São Paulo: Saraiva Jur., 2019.

DA QUALIFICAÇÃO REGISTRAL COMO FATOR DE SEGURANÇA JURÍDICA

José Alonso Beltrame Júnior

Graduado em Direito pela Faculdade de Direito da Universidade de São Paulo. Pós-graduado em Direito Notarial e Registral pela Escola Paulista da Magistratura. Juiz de Direito do Tribunal de Justiça do Estado de São Paulo.

Sumário: 1. Introdução – 2. Da origem e razão dos registros de imóveis. Da publicidade e da segurança jurídica; 2.1 Da segurança jurídica; 2.2 Da publicidade – 3. Princípios estruturais dos registros públicos e da fiscalização dos tributos devidos; 3.1 Princípio da legalidade; 3.2 Princípio da unitariedade; 3.3 Princípio da instância; 3.4 Princípio da legitimação registral; 3.5 Princípio da prioridade; 3.6 Princípio da continuidade; 3.7 Princípio da especialidade; 3.8 Do dever de conferir se recolhidos os tributos devidos em decorrência dos atos praticados – 4. Do procedimento da apresentação dos títulos até a qualificação – 5. Da qualificação propriamente dita; 5.1 Características da atividade qualificadora; 5.1.1 Função unipessoal, de responsabilidade do delegado; 5.1.2 Atividade inexcusável; 5.1.3 Função indelegável; 5.1.4 Função independente – 6. Qualificação e análise integral do título – 7. Da nota de devolução como veículo material da qualificação negativa; 7.1 Da nota de devolução e sua fundamentação; 7.2 Nota de devolução e legislação consumerista – 8. Da qualificação dos títulos judiciais, notas de devolução e sua interlocução com os comandos judiciais – 9. Conclusão – 10. Referências.

1. INTRODUÇÃO

Um sistema de registro de imóveis estruturado é fator de segurança jurídica, necessária para a confiabilidade dos operadores do direito e agentes econômicos que se utilizam de bens de raiz como garantia de suas operações.

O controle adequado e eficiente do que comporta ou não acesso aos assentos das serventias extrajudiciais é essencial para sua integridade.

Esse filtro dá-se por meio do que se denomina qualificação registral.

Sua importância é perceptível a partir da identificação da origem do registro de imóveis, sua finalidade, princípios e normas que o regem.

Por meio do presente trabalho, que reproduz boa parte do que foi objeto de estudo em monografia apresentada à Escola Paulista da Magistratura, serão abordadas noções básicas de segurança jurídica e publicidade registral, princípios que norteiam a atividade de registro, a natureza e o procedimento de qualificação, as posturas dos oficiais registradores em face dos títulos que a eles são apresentados.

Apontar-se-á para a importância da fundamentação das notas de devolução como consequência da qualificação negativa e sua relação com demais interlocutores de registro, com destaque para os títulos judiciais.

A final serão considerados possíveis critérios para solução de impasses quando das divergências entre as posturas dos oficiais e comandos judiciais.

2. DA ORIGEM E RAZÃO DOS REGISTROS DE IMÓVEIS. DA PUBLICIDADE E DA SEGURANÇA JURÍDICA

Não é possível tratar de registro de imóveis sem pensar em segurança jurídica e publicidade.

Toda a evolução do sistema está atrelada a esses elementos.

Uma primeira ideia é que a finalidade primordial do ordenamento jurídico é conferir segurança às relações interpessoais.

A segurança é a base do sistema. Como tal, é elemento identificável no texto constitucional em diversas oportunidades.

Em sua abertura, já no preâmbulo, a Constituição Federal, ao cuidar dos fins do Estado Democrático de Direito, vale-se de expressões como "assegurar" e "segurança".[1]

No trato dos direitos e garantias fundamentais, no *caput* de seu artigo 5º, também se refere à "segurança" e à "propriedade".[2]

Inúmeros são outros dispositivos no texto constitucional dedicados à propriedade imobiliária e sua função social, a indicar a importância do tema, merecendo destaque, apenas a título de exemplo, os arts. 5º, *caput*, XXII a XXVI, 170, II e III, 182, § 2º.

Em face desses aspectos do texto constitucional e a partir da menção à segurança no preâmbulo acima transcrito, compreende-se a dimensão de sua *fundamentalidade*.[3]

---

1. Preâmbulo. Nós, representantes do povo brasileiro, reunidos em Assembleia Nacional Constituinte para instituir um Estado Democrático, destinado a *assegurar* o exercício dos direitos sociais e individuais, a liberdade, a *segurança*, o bem-estar, o desenvolvimento, a igualdade e a justiça como valores supremos de uma sociedade fraterna, pluralista e sem preconceitos, fundada na harmonia social e comprometida, na ordem interna e internacional, com a solução pacífica das controvérsias, promulgamos, sob a proteção de Deus, a seguinte Constituição da República Federativa do Brasil. (grifamos)
2. Art. 5º Todos são iguais perante a lei, sem distinção de qualquer natureza, garantindo-se aos brasileiros e aos estrangeiros residentes no País a inviolabilidade do direito à vida, à liberdade, à igualdade, à *segurança* e à *propriedade*, nos termos seguintes. (grifamos)
3. Humberto Ávila: "A justificativa inicial já é fornecida pelo próprio ordenamento constitucional: ele próprio atribui fundamentalidade à segurança jurídica. Com efeito, a menção a esta última já é feita no seu preâmbulo. De um lado, o preâmbulo instituiu um Estado Democrático destinado a "assegurar", isto é, a "tornar seguros" tantos direitos sociais e individuais quanto os valores dentre os quais o próprio valor "segurança". De outro lado, o mesmo preâmbulo qualifica a liberdade, o bem-estar, o desenvolvimento, a igualdade, a justiça, e também a "segurança", como "valores supremos" da sociedade". (...) Considerando-se que a expressão "segurança jurídica", como será examinado ao longo deste texto, é associada aos ideais de determinação, de estabilidade e de previsibilidade do Direito, dentre outros,

O tema é caro ao legislador constituinte, com o que tal elemento – segurança - deve ser compreendido em seu sentido amplo, como norteador de todo o sistema.

Nesse contexto é que está inserida a atividade do registrador de imóveis, em boa parte vinculada ao trato dos meios de transmissão de propriedade e seu uso como instrumento de garantia. Muito do que realiza materializa-se a partir qualificação, reconhecidamente voltada à segurança jurídica, à confiabilidade do sistema.

Não por acaso, também a Constituição, em atenção à natureza pública do serviço, ainda que exercido em caráter privado, cuidou da atividade do notário e do registrador, dedicando-lhe seu artigo 236.[4]

Ao fazê-lo, previu a edição de lei para definição das responsabilidades civil e criminal dos profissionais, fiscalização de seus atos pelo Poder Judiciário, remuneração por meio de emolumentos.

Merece destaque a exigência formação técnico-jurídica do profissional responsável pela atividade, a necessariamente passar pelo filtro do concurso público para que nela ingresse (art. 236, § 3º, CF).

Mais.

Ao conferir a particulares o exercício da atividade por meio de "delegação", ficou assentado que se trata de serviço público, ainda que exercido em caráter privado.

O sistema de registro de imóveis tem, portanto, papel fundamental no resguardo da segurança do sistema de transmissão da propriedade imobiliária e fomento do crédito, por meio dos vários instrumentos de garantia.

Surgiu atrelado às hipotecas[5] e evoluiu para o sistema de transmissão do domínio, atraindo para si gama cada vez maior de elementos tendentes à garantia da segurança do sistema.[6]

---

verifica-se, portanto, que, já no preâmbulo, a CF/8 demonstra grave preocupação com a segurança jurídica mediante a utilização de termos como "segurança", "assegurar", "harmonia" e "ordem". (*Teoria da segurança jurídica*. 4. ed. rev., atual. e ampl. São Paulo: Malheiros, 2016, p. 49-50).

4. Art. 236. Os serviços notariais e de registro são exercidos em caráter privado, por delegação do Poder Público. § 1º Lei regulará as atividades, disciplinará a responsabilidade civil e criminal dos notários, dos oficiais de registro e de seus prepostos, e definirá a fiscalização de seus atos pelo Poder Judiciário. § 2º Lei federal estabelecerá normas gerais para fixação de emolumentos relativos aos atos praticados pelos serviços notariais e de registro. § 3º O ingresso na atividade notarial e de registro depende de concurso público de provas e títulos, não se permitindo que qualquer serventia fique vaga, sem abertura de concurso de provimento ou de remoção, por mais de seis meses.

5. Afrânio de Carvalho: "(...) o aparelho registral, de começo, não se punha a serviço do negócio principal, vale dizer, a transmissão do domínio, nem tampouco da constituição das servidões prediais, mas servia tão só para a constituição dos direitos hipotecários" (*Registro de imóveis*. 3. ed. rev. e atual. Rio de Janeiro: Forense, 1982, p. 4).

6. "No Brasil, o registo de hipotecas não deu os resultados esperados por lhe faltarem os requisitos de especialidade e publicidade, contribuindo as dificuldades daí advindas para avivar a necessidade da

Paralelamente à disciplina da legislação civil, caminhou a regulamentação específica da atividade registrária, sempre com foco na segurança conferida ao sistema de registro de imóveis e publicidade como elemento para conferir efeito *erga omnes* aos atos inscritos.

O Decreto 4.857/39, disciplinando "a execução dos serviços concernentes aos registros públicos estabelecidos pelo Código Civil" de 1916, em seu artigo 1º já aludia à segurança jurídica como elemento norteador da atividade.[7] O mesmo ocorreu com as subsequentes Lei 6.015/73 (art. 1º[8]) e Lei 8.935/94 (art. 1º[9]), esta ao regulamentar o artigo 236 da Constituição Federal, ambas inauguradas em seu primeiro artigo aludindo à segurança e à publicidade.

A partir do conjunto de regras que foram sendo estabelecidas, o sistema de transmissão de propriedade imobiliária do Brasil passou a ser compreendido como de título e modo.[10]

A ideia central reside na circunstância de que o negócio jurídico obrigacional (título), isoladamente, não é capaz de transmitir definitivamente a propriedade imobiliária. É necessário o registro (modo) para que ocorra a transmutação jurídico-real.

Assim, o direito real sobre imóvel advém da união de dois elementos: o acordo de vontades, consubstanciado no título, e o registro, este a ser promovido

---

regularização prévia da propriedade e, por conseguinte, para a ampliação do objetivo registral. Foi o registro das hipotecas a origem do atual registro de imóveis, pois, diante do seu escasso préstimo para o crédito, surgiu a ideia de estendê-lo à transmissão da propriedade" (de Carvalho, Afrânio, op. cit., p. 4).

7. Art. 1º Os serviços concernentes aos registros públicos estabelecidos pelo Código Civil, para autenticidade, *segurança* e validade dos atos jurídicos, ficam sujeitos no regime estabelecido neste decreto. (grifamos) Disponível em: http://www.planalto.gov.br/ccivil_03/decreto/1930-1949/D4857impressao.htm. Acesso em: 16 ago. 2020.
8. Art. 1º Os serviços concernentes aos Registros Públicos, estabelecidos pela legislação civil para autenticidade, *segurança* e eficácia dos atos jurídicos, ficam sujeitos ao regime estabelecido nesta Lei. (grifamos)
9. Art. 1º Serviços notariais e de registro são os de organização técnica e administrativa destinados a garantir a *publicidade*, autenticidade, *segurança* e eficácia dos atos jurídicos. (grifamos)
10. Francisco Eduardo Loureiro: "Nosso sistema de aquisição da propriedade e de outros direitos reais segue a tradição do Direito romano, exigindo título mais modo, consistente em uma providência suplementar que, somada ao título, provoca a transmissão do direito real. Ao contrário do sistema francês, a propriedade sobre coisas imóveis adquiridas a título derivado não se transmite somente com o contrato (*solo consensu*), mas, ao contrário, exige o registro do título do registro imobiliário. Até o registro, o adquirente é mero credor do alienante. O registro é que converte o título, simples gerador de crédito, em direito real. Além disso, nosso sistema de aquisição da propriedade é causal. O registro constitui a propriedade imobiliária, mas permanece vinculado ao título que lhe deu origem. Ao contrário do sistema alemão, no qual o registro sofre processo de depuração e se torna abstrato, em nosso sistema jurídico o registro não se desliga do título. Daí se extraem duas marcas fundamentais do registro no nosso sistema jurídico: é constitutivo da propriedade e de outros direitos reais sobre coisas imóveis adquiridas a título *inter vivos* e derivado e é causal, pois se encontra ligado ao título que ele lhe origem" (In: PELUSO, Cézar (Coord.). *Código Civil comentado*. 7. ed. rev. e atual. Barueri-SP, 2013, p. 1.235).

com as cautelas de segurança (qualificação registral) visando a preservação da integridade do sistema.

A despeito da obviedade da segurança jurídica como norte das atividades do registrador, na medida em que tantas vezes reverenciada nos textos legislativos, o destaque para o tema persiste. É sempre necessário e atual, a justificar o trato no tópico complementar a seguir deste trabalho.

2.1 Da segurança jurídica

A consciência da importância da atividade registrária como fator de segurança jurídica é que permite a compreensão do verdadeiro sentido da qualificação registral.

O entendimento de sua finalidade auxilia no enfrentamento da problemática que decorre da relação da atividade do registrador, sua convivência com o exercício função jurisdicional e títulos apresentados a registro, judiciais ou não.

Na atualidade, dada a profusão de normas envolvendo as diversas facetas da atividade de registro de imóveis, por vezes não é tarefa simples lidar com regramentos disponíveis.

A par dos controles associados aos princípios registrários, inúmeros aspectos do direito, economia e política identificam-se no processo de qualificação registral. Daí o papel preventivo da qualificação e alcance sobre diversos segmentos do direito, em tutela ao interesse púbico, na seara ambiental, urbanística, econômica, fiscal e até política.[11]

Nessa linha, além das leis e princípios a observar, a atividade está sujeita à observância das diretrizes traçadas pelo Conselho Nacional de Justiça[12] e corregedorias locais.

O trato objetivo e claro da matéria, em geral, tende a diminuir o *custo argumentativo* dos operadores do sistema.[13]

---

11. Marcelo Martins Berthe: (...) a qualificação registral está cada vez mais envolvida com o controle preventivo de variados interesses públicos, de índoles diversas, como o são aqueles de caráter ambiental, urbanístico, econômico, fiscal e até mesmo político. Resulta que a atividade do registrador, especialmente no que diz com a qualificação registrária, torna-se cada vez mais complexa. E a tarefa fica ainda mais árdua, ganha contornos mais sensíveis, quando o objeto da qualificação for um título judicial, máxime quando ele se relacione com aqueles altos interesses mencionados" (Títulos judiciais e o registro imobiliário. *Revista de Direito Imobiliário*. v. 41. p. 56-63, São Paulo: maio/ago. 1997).
12. Confira-se: art. 103-B, § 4º, I, II, e II, c. c. art. 236, § 1º, CF; art. 8º, X, do Regimento Interno do CNJ.
13. A expressão "custo argumentativo" é referida em trabalho publicado a respeito da teoria do adimplemento substancial, a partir da análise dos ordenamentos jurídicos em que está (mencionada teoria) incorporada de forma expressa na legislação, a conferir maior segurança: "A presença do adimplemento substancial na legislação diminui os custos argumentativos para seu uso pelo juiz, ao mesmo tempo em que limita seu emprego para além das bordas legais conhecidas de todos. Tem-se, portanto, maior segurança jurídica

No entanto, o contrário também ocorre.

A abundância normativa, por vezes, igualmente representa fonte de dúvidas e controvérsias. Ao invés de conferir previsibilidade e, portanto, segurança, dificulta o entendimento sobre o alcance das posturas exigíveis dos profissionais que atuam na área.

Sobre o dilema relacionado com a definição do que é necessário, em pormenores, disciplinar, Humberto Ávila, em sua obra "Teoria da Segurança Jurídica", aponta para a perplexidade por vezes gerada pela complexidade normativa e profusão de regras, a também, paradoxalmente, implicar em algum grau de insegurança.[14]

O mesmo autor, referindo-se à constante mudança de regras, aludindo às expressões "sociedade de alta velocidade" (*high-speed society*) e "sociedade líquida" (*liquid society*), em que se exaltam valores como mudança e flexibilidade, em mais de uma oportunidade torna a apontar para o paradoxo entre a necessidade de estabilidade e, ao mesmo tempo, permeabilidade para novas realidades, a desafiar o legislador e operadores do direito.[15-16]

---

e um desestímulo à judicialização. As partes conhecem os limites de suas condutas e, por efeito, de suas pretensões" (FERREIRA, Antonio Carlos. A interpretação da doutrina do adimplemento implemento substancial. *Revista de Direito Civil contemporâneo*. v. 18. p. 35-60, São Paulo, jan./mar. 2019).

14. "(...) Quanto maior é a concretude e a individualização das normas, mais difícil é sua compreensão, embora mais previsível seja o seu conteúdo, pela introdução de elementos concretos relativamente ao que é permitido, proibido ou obrigatório. Criam-se, com esse quadro, um dilema e um paradoxo. O dilema está no fato de que para ser mais acessível, o Direito precisa ser mais simples; no entanto, para ser mais simples, requer a desconsideração de muitas particularidades individuais, o que dificulta a proteção de todos os interesses. Para ser mais protetivo, o Direito precisa considerar o maior número de interesses, mas para fazê-lo, demanda mais complexidade, o que o impede de ser facilmente compreensível. O dilema, por conseguinte, é este: se o Direito é mais seguro, porque é mais acessível, precisa ser menos asseguratório; se o Direito é mais asseguratório, enquanto mais protetivo, precisa ser menos acessível. O ganho em acessibilidade implica, pois, a perda em protetividade, e o ganho em protetividade, o prejuízo em acessibilidade. O paradoxo, dito de forma abreviada, é este: a busca da segurança leva à insegurança. Neste aspecto, o direito termina sendo vítima dele próprio. E o jurista, antes mero intérprete, transforma-se em uma espécie de detetive, tamanha a dificuldade de identificar qual é a norma aplicável. (...) Combater a insegurança envolve, pois, uma luta do sistema jurídico "contra si mesmo". (...) como lembra Gusy, "a necessidade de segurança devora aspiração pela liberdade"". (...) Goethe, ironicamente, já afirmava em relação a multiplicidade de leis, que, se todos tivessem que estudá-las, não sobraria mais tempo para transgredi-las. Incorporou-se ao jargão comum afirmar-se que o legislador deveria pensar como filósofo, mas escrever como um camponês. No entanto, atualmente, em virtude dos mencionados processos de especificação social e normativa, termina ocorrendo o contrário: o legislador pensa como um camponês desorientado e escreve como filósofo neurótico" (*Teoria da segurança jurídica*. 4. ed. rev., atual. e ampl. São Paulo: Malheiros, 2016, p. 62-64).

15. "O paradoxo é este: se o legislador age rápido, age mal e tem que rever os seus atos, o que provoca insegurança; se demora, não assegura os direitos reclamados pelos cidadãos, nem nos orienta, criando um estado de insegurança" (Op. cit., p. 66).

16. (...) A segurança jurídica aparece, deste modo, uma espécie de estado paradisíaco para o estado atual de aguda in segurança. O paraíso da segurança surge do inferno da insegurança. (...) Deve-se ressaltar agora que a busca desse estado ideal justifica-se pelos efeitos negativos que a insegurança jurídica provoca. Assim, a insegurança jurídica pode prejudicar ou mesmo impedir o exercício das

É nesse contexto que a discussão sobre segurança jurídica no âmbito da atividade de registro de imóveis merece reflexão.

São diários os desafios das serventias extrajudiciais, considerando as frequentes modificações nos padrões sociais de conduta, com as consequentes revisões de posturas normativas.

Seja como for, especificamente no âmbito do registro de imóveis, estabilidade e previsibilidade, ideias atreladas à segurança jurídica, são fatores de confiança para investidores e desenvolvimento da economia.[17]

Ainda assim, não raro, sob o pretexto de desburocratização, cogita-se da busca de meios mais simplificados de transmissão de bens imóveis ou estabelecimento de garantias, à margem de sistema de controle estatal ou formal, o que no Brasil ocorre por meio da qualificação registrária.

A história, porém, tem relevado que saídas como essas podem não surtir o efeito desejável.

Exemplos existem a indicar que soluções à margem de algum controle formal publicizado (vide qualificação registral) carregam consigo riscos para a segurança dos sistemas econômicos.

---

atividades pessoais, profissionais e econômicas, pela ausência, no dizer preciso de Carrazza, de um mínimo de exigências para que todos possam viver e desenvolver livremente a suas atividades lícitas. Só se pode planejar e agir quando há segurança para planejar e para agir. Segurança é, deste modo, um meio de realização das liberdades individuais, uma espécie de princípio funcional relativamente àquelas. Afinal, quem não pode confiar nas condições jurídicas para realização dos seus atos guardará distância das grandes realizações, já que a liberdade significa justamente, a possibilidade de plasmar a própria vida de acordo com os próprios projetos. Por isso a aguda afirmação de Grau no sentido de que, sem calculabilidade, não há como prevalecer uma economia de mercado. A segurança jurídica adquire, pois caráter instrumental relativamente à liberdade: quanto maior a segurança, maior o grau de liberdade, isto é, a capacidade de um indivíduo planejar o seu futuro conforme aos seus ideais. (...) A insegurança jurídica prejudica, enfim, a vida dos cidadãos. Ela atua negativamente sobre as instituições e sobre os investimentos internos e externos, já que prejudica as decisões de longo prazo em virtude da absoluta impossibilidade de apreensão das normas futuras e das decisões passadas" (Op. cit., p. 79-81).

17. Como tais, são apontados em trabalho publicado por Lorruane Matuszewski Machado: "(...) entendemos o sistema de registro de imóveis como o conjunto de regras que limitam e disciplinam a interação entre agentes econômicos que buscam transacionar os imóveis existentes nos limites territoriais de determinada nação.(...) Nações com desenvolvimento baixo assim se classificam por não possuírem uma boa base sólida de regras, leis e costumes capazes de estimular as atividades economicamente produtivas, especificamente acumulação de capital de conhecimento. (...) é possível afirmar que o sistema registral atuante, com regramento que valorize a tutela oferecida pelo registro, é uma instituição essencial para qualquer país. A ideia é exatamente a proposta pelo economista: de nada adianta acumular riquezas e propriedades se tais propriedades estão sujeitas a um sistema inseguro de transmissão e circulação. Uma instituição que garanta a proteção da riqueza imobiliária acumulada é tão importante quanto a própria acumulação da riqueza" (O registro imobiliário como instituição e a importância econômica de sua preservação: uma análise à luz da teoria institucional de Douglass North. *Revista de Direito Imobiliário*. v. 88. p. 13/29, São Paulo, jan./jun. 2020).

Sobre tema, há trabalho desenvolvido por Lorruane Matuszewski Machador, em que lança interessantes considerações históricas sobre o sistema de registros na França. Descreve que a legislação posterior à revolução francesa encaminhou-se no sentido da eliminação da publicidade do sistema relacionado com as garantias hipotecárias. A orientação impactou negativamente na economia, gerando reações que forçaram a revisão das normas.[18]

A mesma autora discorre sobre o sistema norte americano e os fatores que geraram a crise imobiliária nos Estados Unidos, a revelar os mesmos riscos.[19]

---

18. Eis a síntese de suas considerações sobre o ocorrido na França: "A legislação posterior à Revolução Francesa encampou a ideia que propunha a eliminação dos sistemas de publicidade da propriedade, reconhecendo-os como uma má herança feudal e não como uma instituição cujas regras vinham se aperfeiçoando desde o Império Romano. Ocorre que, confirmando a tese de Douglass North – de que as instituições são suportes para o crescimento econômico sólido e desenvolvido de determinada sociedade –, a supressão açodada dos sistemas de publicidade da propriedade causou uma crise financeira nas França, com aumento da taxa de juros sobre os créditos hipotecários, ante a falta de segurança das hipotecas, já que não se podia mais estabelecer, com segurança, o patrimônio dos devedores e a existência de hipotecas ocultas. Houve forte reação ao sistema do Código de Napoleão, e diversos advogados passaram a sugerir a urgente alteração do código, para que se fortalecessem as garantias hipotecárias. A situação estava tão grave e o Estado tão desesperado para lidar com a situação instaurada, que um homem chamado Casimir Périer ofereceu, em 1827, um prêmio de 3.000 francos ao autor de um trabalho que indicasse uma forma de melhoramento do sistema hipotecário francês, sintetizando respostas a três questões: "1) Quais os vícios e lacunas das posições inativas e administrativas relativas à hipoteca? 2) Quais são os obstáculos que afastam os capitais deste emprego? 3) Quais seriam as melhores disposições a estabelecer para formar o mais completo projeto de lei, e, ao mesmo tempo, mais harmônico com as necessidades do Fisco, dos credores e das garantias exigíveis dos mutuários etc.?". Finalmente, em 1855, surge uma nova lei hipotecária, restabelecendo a publicidade e a prioridade dos títulos apresentados. Emmanuel Besson afirma que seus resultados foram bastante adequados para a proteção do proprietário individual e como um novo estímulo à circulação do crédito e da propriedade imobiliária" (Op. cit., p. 21).

19. "Nos Estados Unidos, há basicamente dois sistemas de garantias imobiliárias: as *mortgages*, que garantem uma dívida com a transferência da propriedade ao credor e as *deed of trusts*, com as quais também se transfere a propriedade, mas a um terceiro – *trustee* – que protege os interesses do credor. Em ambas as situações o devedor mantém a posse do imóvel. Nos dois casos, além do contrato de empréstimo – *loan agreement* – emitem-se dois documentos: – a *promissory note*: um documento assinado pelo credor e pelo devedor, detalhando os termos da dívida; – o *security instrument*: o qual prevê que, no caso de descumprimento da dívida, possa o credor vender a propriedade. Dessa forma, para que ocorra uma cessão de um crédito desse tipo nos Estados Unidos, deve-se transmitir ambos os documentos: a *promissory note* e o *security instrument*. Sem a primeira, a "hipoteca" é inexequível, pois não se pode apoiá-la em um direito de crédito existente. Assim, os participantes do mercado alegavam que a transmissão hipotecária no referido país era obsoleta, de sorte que a indústria financeira desenvolveu, sem previsão legislativa, um sistema de transmissões eletrônicas de crédito hipotecário que evitava a necessidade de registro (...) De fato, o sistema acelerou o processo de cessão de crédito. Nesse contexto, a classe média norte-americana hipotecou em massa seus imóveis. Desse modo, empresas especializadas concediam o empréstimo e tomavam as casas como garantia. Tais empresas, por sua vez, funcionavam como "intermediárias" e buscavam, junto a investidores, dinheiro para oferecer nos empréstimos. Com o aumento desse mercado, o investimento em imóveis tornou-se bastante atrativo. Por conseguinte, ao aumentar a demanda, o preço dos imóveis subiu. Os problemas começaram a surgir em 2006, quando o presidente do Fed, Bem Bernanke, deu a entender que havia um movimento inflacionário no país, causado pelo excesso de dinheiro no mercado. Como forma de controle, as taxas de juros entraram em um movimento de leve alta. Com a alta dos juros, as pessoas, ao invés de comprar imóveis passaram a

Os exemplos destacados são emblemáticos, a estimular reflexões sobre a segurança que os sistemas de registro propiciam.

Considerações dessa natureza prestam-se para que se reconheça a importância de se sopesar os custos de transação e a segurança dos sistemas quando das análises críticas dos modelos de controle de transmissão da propriedade imobiliária e garantias a ela atreladas.

2.2 Da publicidade

Na continuidade das ponderações sobre a higidez do sistema de registro de direitos, a publicidade pelas inscrições conferida é igualmente fator de segurança, determinante para a solução de conflitos.

Dos registros e averbações decorre a publicidade, assim como a segurança, tantas vezes mencionada.

A publicidade é a via pela qual se gera cognoscibilidade a quem, de alguma maneira, interessar saber da situação jurídica do imóvel.

Dela decorre a expansão dos efeitos dos títulos para além das partes contratantes ou atos do processo.[20]

Mesmo nos casos em que a legislação prevê aquisição da propriedade sem inscrição, de que são exemplos a usucapião e a sucessão *causa mortis*, o registro e a publicização da situação imobiliária são indispensáveis para que o proprietário tenha a plena possibilidade de dispor da coisa.

---

preferir aplicar em títulos do governo. O mercado imobiliário, então, começou o movimento reverso, de queda nos preços, provocada pela menor procura. À vista disso, uma vez que os imóveis haviam sido negociados a preços muito altos, o mercado passou a sofrer com a inadimplência. O problema agravou-se quando os credores passaram no tentar executar as "hipotecas registradas" por meio do MERS. Nesses casos, o próprio MERS funcionava nos registros como credor hipotecário. O problema é que os juízes americanos passaram a reconhecer que o MERS não era o titular de todas as hipotecas por ele administradas (número que já chegava 65 milhões de hipotecas, praticamente metade das hipotecas vigentes nos Estados Unidos). Os juízes entenderam que o MERS era apenas o *nominee*. Isto posto, dever-se-ia comprovar quem era o credor real para que se permitisse a execução de tais hipotecas. O problema é que, com a falta de documentação gerada pelo sistema, o MERS não podia provar que possuía a *promissory note* e sequer sabia com quem estaria tal documento. Como a utilização do sistema descolou o registro das cessões, não se podia mais garantir quem seria o real proprietário do bem. Desse modo, se agravou a crise imobiliária, gerando discussões judiciais que duram até os dias atuais. A experiência francesa, somada à experiência americana, exemplifica a importância de um forte sistema de registro imobiliário, o qual garanta a segurança jurídica na definição do proprietário imobiliário, permitindo que a propriedade cumpra suas funções sociais econômicas. Os movimentos são cíclicos e, de tempos em tempos, repetem-se" (Op. cit., p. 22-23).

20. Venício Salles: "O registro imobiliário do *contrato* ou da *escritura*, bem como da *decisão judicial*, por força da publicidade inerente a este *ato de registro*, imprime ao negócio e à decisão uma expansão eficacial, na medida em que esta passa a produzir e a irradiar efeitos também para a órbita de direitos de terceiros, conferindo ao ato jurídico abrangência *erga omnes*" (*Direito Registral Imobiliário*. 2. ed. São Paulo: Saraiva, 2007, p. 4).

É que enquanto não alterada a titularidade formal junto aos assentos do registro de imóveis, suspensa permanece a possibilidade do exercício pleno do direito subjetivo de dispor do bem.[21]

Daí a inter-relação entre publicidade e segurança jurídica, a primeira como elemento de reforço da segunda.[22]

Dada sua importância, o fator publicidade e seus inúmeros efeitos estão espalhados em diversos aspectos da legislação, com repercussão nas decisões judiciais em geral.

Sua presença é marcante nas referências à inscrição, requisito para transmissão do domínio.

Sem que o título seja levado a registro, ou seja, sem publicidade, como regra, não há transferência da propriedade imobiliária (arts. 1.227 e 1.245 e parágrafos do Código Civil).

A Súmula 375 do STJ, segundo a qual "o reconhecimento da fraude à execução depende do *registro da penhora* do bem alienado ou da prova de má-fé do terceiro adquirente", é também claro exemplo da ressonância da publicidade nas relações jurídico-processuais.

É ela – a publicidade que decorre do registro – que afasta a possibilidade de adquirentes de imóveis constritos afirmarem aquisição de boa-fé ou desconhecimento de gravames, quando realizada a publicização da constrição no álbum imobiliário.

O advento da Lei 13.097/2015, com destaque para seu artigo 54,[23] reforça a importância e papel da publicidade.

---

21. Confira-se Moarcyr Petrocelli de Álvila Ribeiro. A usucapio o libertatis no registro de imóveis: perspectivas registrais a partir da incidência de ônus reais na propriedade imobiliária. *Revista de Direito Imobiliário*. v. 88. p. 111/178, São Paulo, jan./jun. 2020.
22. Moarcyr Petrocelli de Álvila Ribeiro: A relevância da publicidade na transferência e no gravame de domínio e dos direitos reais é notória. Em verdade, é a publicidade que confere maior segurança ao tráfico jurídico e ao desenvolvimento do crédito, objetivos econômicos essenciais de qualquer sociedade organizada. Assim, o adquirente de uma propriedade imóvel somente fará uma aquisição segura quando consultar informações precisas de que não há riscos de invalidade do negócio jurídico. Para tanto, terá que saber se quem transmite o domínio é o verdadeiro dono da coisa e se, sobre ela, não pesa qualquer ônus ou gravame que possa, futuramente, prejudicar ou limitar seu direito sobre a coisa. (A usucapio o libertatis no registro de imóveis: perspectivas registrais a partir da incidência de ônus reais na propriedade imobiliária. *Revista de Direito Imobiliário*. v. 88. p. 111-178. São Paulo, jan./jun. 2020).
23. Art. 54. Os negócios jurídicos que tenham por fim constituir, transferir ou modificar direitos reais sobre imóveis são eficazes em relação a atos jurídicos precedentes, nas hipóteses em que não tenham sido registradas ou averbadas na matrícula do imóvel as seguintes informações: I – registro de citação de ações reais ou pessoais reipersecutórias; II – averbação, por solicitação do interessado, de constrição judicial, do ajuizamento de ação de execução ou de fase de cumprimento de sentença, procedendo-se nos termos previstos do art. 615-A da Lei 5.869, de 11 de janeiro de 1973 Código de Processo Civil;

O teor da súmula do STJ acima transcrita, já indicava que a publicidade registral dos atos previstos no art. 54 da Lei 13.097/2015 era necessária para aqueles que pretendessem conferir eficácia perante terceiros dos gravames sobre imóveis.

O terceiro de boa-fé que adquirisse confiando na informação de inexistência de gravames registrados, como regra, era protegido pela sistemática da publicidade registral.

Deste modo, referido diploma legal trouxe à tona, novamente, a discussão, reforçando a ideia da necessidade de serem publicizadas determinadas situações jurídicas, sob pena de não eficácia plena, em especial quanto à oponibilidade *erga omnes*.

De todo o exposto, conclui-se reafirmando-se que a gama de regras que permeia a atividade registral visa a segurança.

Esta, em grande parte, decorre do controle cuidadoso dos dados que ingressam nos assentos da serventia, assim como da publicidade necessária para conhecimento e eficácia perante terceiros.

Nesse ambiente é que se agiganta a qualificação registral como instrumento por meio do qual se permite a confiável transmissão, instituição de gravames ou a regularização da situação subjetiva da titularidade sobre bens imóveis.

3. PRINCÍPIOS ESTRUTURAIS DOS REGISTROS PÚBLICOS E DA FISCALIZAÇÃO DOS TRIBUTOS DEVIDOS

O ato de registro ou averbação pressupõe a observância de diversos princípios estruturados pela legislação como elementos norteadores da atuação do oficial de registro de imóveis, em prol da eficiência e segurança que dela se esperam.

Inspiram eles a qualificação, com o que serão, mui sinteticamente, a seguir mencionados.

III – averbação de restrição administrativa ou convencional ao gozo de direitos registrados, de indisponibilidade ou de outros ônus quando previstos em lei; e

IV – averbação, mediante decisão judicial, da existência de outro tipo de ação cujos resultados ou responsabilidade patrimonial possam reduzir seu proprietário à insolvência, nos termos do inciso II do art. 593 da Lei 5.869, de 11 de janeiro de 1973 – Código de Processo Civil. Parágrafo único. Não poderão ser opostas situações jurídicas não constantes da matrícula no Registro de Imóveis, inclusive para fins de evicção, ao terceiro de boa-fé que adquirir ou receber em garantia direitos reais sobre o imóvel, ressalvados o disposto nos arts. 129 e 130 da Lei 11.101, de 9 de fevereiro de 2005, e as hipóteses de aquisição e extinção da propriedade que independam de registro de título de imóvel.

3.1 Princípio da legalidade

O princípio da legalidade é o norte de toda a atividade registral, a orientar a conduta do registrador.[24]-[25]

A ele estão relacionados os demais princípios, muitos dos quais expressamente previstos em lei.[26]

---

24. Luis Paulo Aliende Ribeiro: "O registrador imobiliário é profissional incumbido do exercício, com autonomia e rigor técnico-jurídico, da atividade de qualificação dos títulos submetidos a registro, o que, como afirmado em oportunidade anterior, se constitui em tarefa de extrema relevância para a depuração dos direitos reais inscritos e para a regularidade dos efeitos desta decorrentes. Aline Molinari trata da qualificação registral imobiliária e sustenta que a Lei n. 8.935, ao confirmar a necessidade de amplos conhecimentos jurídicos para o exercício da atividade, os elege como pré-requisito para tal atuação. Ela destaca, firme na doutrina espanhola, que "... não poderia ser de outra forma, uma vez que a função registrária se fundamenta necessariamente na qualificação registral, que nada mais é do que um controle de legalidade feito pelo registrador, o qual decide, com imparcialidade e responsabilidade, quanto a inscrição ou não dos títulos que ingressam na serventia, tendo como fim a segurança jurídica." (*Regulação da Função Pública Notarial e de Registro*. São Paulo: Saraiva, 2009, p. 65-66).
25. Flauzilino Araújo dos Santos: "A noção do *princípio da legalidade*, no registro de imóveis, diz respeito ao comportamento do registrador, ao permitir o acesso ao álbum registral apenas para os títulos juridicamente válidos para esse fim e que reúnam os requisitos legais para sua registrabilidade e a consequente interdição provisória, daqueles que carecem de aditamentos ou retificações, e definitiva, daqueles que possuem defeitos insanáveis. Essa subordinação a pautas legais previamente fixadas para manifestação de condutas que criem, modifiquem ou extingam situações juridicamente postas não é exclusiva da temática registral, mas resulta da própria aspiração humana por estabilidade, confiança, paz e certeza de que todo comportamento para obtenção de um resultado regulamentado para a hipótese terá a legalidade como filtro, vetor e limite. Em matéria registral, na medida em que essa confrontação é praticada pelo registrador, exsurge daí um juízo de aprovação ou de desqualificação do negócio jurídico que trafega comigo com destino ao álbum registral em perseguição da publicidade *erga omnes*, decorrente de sua inscrição. Esse controle de legalidade exercido pelo registrador é realizado pelo procedimento de qualificação registral e implica na efetiva constatação se determinada situação jurígena reúne ou não as qualidades necessárias para gerar o direito que pretende, pronunciando sua *legalidade* mediante a admissibilidade do título ou, se for o caso, ausência circunstancial ou definitiva desse atributo, por meio da respectiva nota de exigência ou de devolução" (Princípio da legalidade e registro de imóveis. In: DIP, Ricardo; JACOMINO, Sérgio (Org.). *Doutrinas Essenciais de Direito Registral*. São Paulo: Ed. RT, 2012. v. 2, p. 311-312.
26. Flauzilino Araújo dos Santos aborda o tema da qualificação registral, associando-o ao princípio da legalidade como base do sistema: "A noção do *princípio da legalidade*, no registro de imóveis, diz respeito ao comportamento do registrador, ao permitir o acesso ao álbum registral apenas para os títulos juridicamente válidos para esse fim e que reúnam os requisitos legais para sua registrabilidade e a consequente interdição provisória, daqueles que carecem de aditamentos ou retificações, e definitiva, daqueles que possuem defeitos insanáveis. Essa subordinação a pautas legais previamente fixadas para manifestação de condutas que criem, modifiquem ou extingam situações juridicamente postas não é exclusiva da temática registral, mas resulta da própria aspiração humana por estabilidade, confiança, paz e certeza de que todo comportamento para obtenção de um resultado regulamentado para a hipótese terá a legalidade como filtro, vetor e limite. (*Princípio da legalidade e registro de imóveis*. In: DIP, Ricardo; JACOMINO, Sérgio (Org.). *Doutrinas Essenciais de Direito Registral*. São Paulo: Ed. RT, 2012. v. II, p. 311-312.

A Lei 6.015/73, em seu artigo 167, relaciona os atos sujeitos a registro ou averbação.

Porém, que existem outras situações por ela não contempladas, como passíveis de registro, como tais previstas em lei. De qualquer maneira, não se dispensa, como regra, expressa previsão legal para que se possa cogitar de registro.[27-28]

3.2   Princípio da unitariedade

O princípio da unitariedade decorre do disposto nos artigos 176, § 1º, I, e 228 da Lei de Registros Públicos.

De referidas normas, extrai-se que cada imóvel, como regra, é único, descrito em matrícula exclusiva, especificamente ele destinada.

O sistema não admite duas matrículas referentes ao mesmo imóvel.

Do contrário a segurança jurídica estaria prejudicada ante a dificuldade de controle da disponibilidade do bem.

3.3   Princípio da instância

O princípio da instância está previsto no art. 13 e seus e incisos, da Lei de Registros Públicos.

Por força de referido comando legal, o ato de registro preserva-se intacto enquanto não houver pedido de revisão formalizado pelo detentor de direitos sobre o imóvel ou interesse jurídico para tanto.

---

27. Sobre o tema confira-se: Walter Ceneviva (*Lei dos Registros Públicos Comentada*. 19 ed. São Paulo: Saraiva, 2009), Venício Salles *(Direito Registral Imobiliário.* 2 ed.. São Paulo: Saraiva, 2007, p. 9-10), Maria Helena Diniz (*Sistemas de Registros de Imóveis.* 4 ed. São Paulo: Saraiva, 2003. p. 249), Marco Antônio Silveira (*Registro de Imóveis –* Função e Responsabilidade Social. RCS Editora, 2007, p. 42), Alyne Yumi Konno (*Registro de Imóveis –* Teoria e Prática. São Paulo: Memória Jurídica Editora, 2007, p. 31-32).
28. No capítulo que cuida do princípio da legalidade, após discorrer sobre diversas causas de negativa de registro, Afrânio de Carvalho lembra a importância de só se permitir o acesso ao álbum imobiliário daquilo que efetivamente guarda relação com direito real: "A despeito de serem irregistráveis, pelo que o registro, vão e inócuo, nenhum efeito lhes acarreta, a experiência demonstra que certos títulos são levados obstinadamente pelas partes ao registro, cuja porta acabam forçando. Quando as partes assim procedem, pensam, mas desavisadamente, que fortalecem os próprios direitos ou debilitam os dos adversários, com os quais disputam em juízo, mediante daninha propaganda contra o seu direito real. O registro não é desaguadouro comum de todos e quaisquer títulos, senão apenas daqueles que confiram uma posição jurídico-real, como os constantes da enumeração da nova Lei do Registro (art. 167). Dessa maneira, não são recebíveis os títulos que se achem fora dessa enumeração, porquanto o registro nada eles acrescenta de útil. Nesse particular, a regra dominante é a de que não é inscritível nenhum direito que mediante a inscrição não se torne mais eficaz do que sem ela" (*Registro de imóveis*. 3. ed. rev. e atual. Rio de Janeiro: Forense, 1982, p. 283).

3.4 Princípio da legitimação registral

Por força de mencionado princípio os efeitos do ato registral são preservados e mantidos enquanto não apresentado comando judicial de cancelamento.

Decorre do disposto no art. 252 da Lei de Registros Públicos e artigo 1.245 e parágrafos do Código Civil.

Ainda que o documento base da transferência imobiliária venha a apresentar vícios ou irregularidade intrínsecos, os efeitos do registro são mantidos enquanto não se operar pela via própria o cancelamento.

3.5 Princípio da prioridade

O princípio da prioridade guarda relação com a cronologia e relação de precedência dos direitos decorrentes dos títulos concorrentes, opostos ou contraditórios.

Na prática, consagra a ideia de que tem preferência de registro o pedido que é apresentado em primeiro lugar: *prior tempore potior jure*.

Extrai-se do disposto nos artigos 12, *caput*, e 174 da Lei de Registros Públicos, ao estabelecer que todo e qualquer título apresentado deve ser protocolado e prenotado.

Com referidas normas harmoniza-se o artigo 1.246 do Código Civil, ao estabelecer que o título é eficaz desde o momento em que apresentado ao oficial de registro e este prenotá-lo.

Ante as possíveis repercussões na esfera de interesses concorrentes, o registrador não pode se negar a receber e dar andamento ao título apresentado para registro.

Sua observância há de ser rigorosamente respeitada, dado que a prenotação, como regra, implica na prevalência determinada pela ordem de apresentação dos títulos.

3.6 Princípio da continuidade

Dentre os princípios registrários, merece especial destaque o da continuidade.

Embora referido por muitos como princípio, como tal dissociado de normas positivadas, em realidade, decorre do disposto nos artigos 195 e 237 da Lei 6.015/73.

Referidas normas, basicamente, estabelecem a imprescindibilidade de que a pessoa que figura no título apresentado a registro – seja transferindo direitos, instituído gravames, ou sendo alvo de constrições judiciais –, coincida com a do titular do domínio identificado nos assentos da serventia.

Havendo divergência, de regra, obsta-se o registro, para que, uma vez superado o entrave, possa novamente ser apresentado.[29-30-31]

3.7 Princípio da especialidade

O princípio da especialidade extrai-se do sistema como um todo.

É identificável nos arts. 176, § 1º, 222 a 225 da Lei 6.015/73, ao cuidador dos elementos a lançar quando da escrituração.

Das normas extrai-se o largo rol de dados relacionados com a descrição do imóvel e pessoas partícipes dos atos registráveis, a direcionar a postura do oficial na qualificação registrária.[32]

As descrições dos títulos levados a registro, como regra, devem ser coincidentes com aquelas constantes nos assentos da serventia o que, em alguma medida, também guarda relação com o princípio da continuidade.

---

29. Narciso Orlandi discorre com propriedade sobre seu conteúdo: "(...) No sistema que adota o princípio da continuidade, têm de observar um encadeamento subjetivo. Os atos praticados têm de ter, numa das partes, a pessoa cujo nome já consta do registro. A pessoa que transmite um direito tem de constar do registro como titular desse direito, valendo para o registro o que vale para a validade dos negócios: *nemo dat quod non abet*." "Sem que desfrute do direito de disponibilidade, ninguém pode transferir o imóvel, tampouco, onerá-lo" (Barbosa de Almeida. Das inexatidões registrais e sua retificação. *Revista de Direito Imobiliário*, n. 11, p. 53). A cadeia registral jamais deverá ser interrompida, salvaguardando infinitamente a preexistência do imóvel objeto do negócio jurídico no patrimônio do transmitente" (Nicolau Balbino Filho. O princípio de continuidade no direito registral brasileiro, *Revista de Direito Imobiliário*, n. 15, p. 58). Não há saltos nos encadeamentos dos direitos e ônus reais. Não há interrupções. Explica-se assim porque a continuidade recebe os nomes de trato sucessivo, trato contínuo, prévia inscrição, inscrição prévia do prejudicado pelo registro, ou registro do título anterior. (...) Os efeitos da adoção do princípio da continuidade são bem expostos por Valmir Pontes: "Só a pessoa nominalmente referida no Registro como titular do domínio de um imóvel pode transferir a outrem esse seu direito ou onerá-lo de qualquer modo" (*Registro de Imóveis*, Ed. Saraiva, p. 92)" (*Retificação do Registro de Imóveis*. Editora Oliveira Mendes. Livraria Del Rey Editora, 1997. p. 55-60).
30. Venício Salles: "O princípio da continuidade, previsto no art. 195 da Lei de Registros Públicos, estabelece a necessidade de fixar um liame rigoroso em toda a cadeia filiatória entre o titular do domínio indicado no fólio e aquele que realiza a alienação ou efetiva oneração. O princípio da perfeita concatenação é utilizado não só para estruturar os elos de alienação e transferência imobiliária, como também para vincular os gravames e os ônus lançados sobre o imóvel. O rigor marca de forma mais contundente as relações e as implicações deste princípio, exigindo indeclinável vinculação ou elo, com prefeita concatenação entre o titular dominial e o adquirente. Examinado de forma rápida, o princípio pode permitir e gerar a ideia de sua reduzida aplicação, de sua parca fluidez ou utilização, pela obviedade do fato de que somente "o titular" pode alienar sua propriedade ou gravá-la com ônus real" (*Direito Registral Imobiliário*. 2 ed. São Paulo: Saraiva, 2007. p. 16-17).
31. Daí a ponderação de Venício Salles, no sentido de que "o princípio da continuidade é um reforço ao direito de propriedade, e como tal deve ser entendido" (*Direito registral imobiliário*. 2 ed. São Paulo: Saraiva, 2007, p. 17).
32. Afrânio de Carvalho já destacava que "o princípio da especialidade significa que toda inscrição deve recair sobre um objeto precisamente individuado" (*Registro de imóveis*. 3. ed. rev. e atual. Rio de Janeiro: Forense, 1982, p. 243).

A especialidade não se restringe aos aspectos objetivos relacionados com a descrição física do imóvel.

Envolve elementos atrelados aos partícipes do ato documentado no título. Daí a menção à *especialidade subjetiva*.

Venício Salles[33] pondera que a especialidade subjetiva "envolve a identificação e qualificação dos sujeitos da relação jurídica, que deve ser absolutamente individuada, ou melhor, deve descrição subjetiva caracterizar o indivíduo, pessoa única e apartada das demais".

O alcance é amplo, abranger por vezes, a apresentação de elementos relacionados com o estado das partes – se casadas, solteiras, viúvas, respectivos regime de bens conforme o caso –, por meio da apresentação das correspondentes certidões.[34]

A identificação do sujeito titular do direito inscritível tem especial relevância nos casos de homônimos, sobretudo em relação a títulos longevos, registrados quando o controle da qualificação pessoal não se realizava com o necessário rigor.

Há que se ter certeza que quem aprece como transmitente no título apresentado para registro é a mesma pessoa que figura como proprietária na matrícula ou transcrição.

Dados sobre regime de bens dos partícipes do ato também importam, por vezes, para segura definição de quem ou para quem são transmitidos os bens imóveis.

Enfim, como regra, impõe-se o controle e conferência rigorosa dos elementos relacionados tanto com a identificação do imóvel, como das pessoas e respectivas qualificações, apontadas no título apresentado para registro ou averbação.[35]

Controle adequado da observância de mencionado princípio é fator essencial para a preservação da segurança jurídica que se espera do sistema de registro de imóveis.

---

33. *Direito Registral Imobiliário*. 2 ed. São Paulo: Saraiva, 2007, p. 17.
34. A exemplificar a manifestação concreta de exigências relacionadas com a especialidade subjetiva, são inúmeros os precedentes: TJSP – Apelação Cível 3000575-90.2013.8.26.0360; Relator (a): Pereira Calças; Órgão Julgador: Conselho Superior de Magistratura; Data do Julgamento: 15.03.2016; Data de Registro: 07.04.2016; TJSP – AC 72.518-0 – CSM – Rel. Des. Luís de Macedo – J. 12.09.2000; TJSP – Apelação cível 990.10.391.736-7 – Campinas – CSMSP – São Paulo, 18 de janeiro de 2011 – Rel. Des. Antônio Carlos Munhoz Soares, Corregedor Geral a Justiça.
35. Ainda assim, digno de nota que, em determinadas situações, rigores relacionados com apresentação de dados de CPF têm sido mitigados, quando não evidenciado risco quanto à identidade das partes. Prestigia-se o registro necessário para segurança jurídica e publicidade: TJSP; Apelação Cível 1101560-03.2016.8.26.0100; Relator (a): Pereira Calças; Órgão Julgador: Conselho Superior de Magistratura; Foro Central Cível – 1ª Vara de Registros Públicos; Data do Julgamento: 15.08.2017; Data de Registro: 20.09.2017.

3.8 Do dever de conferir se recolhidos os tributos devidos em decorrência dos atos praticados

A questão relacionada com a fiscalização dos tributos não envolve propriamente princípio registrário.

Porém, é elemento importante a somar-se ao conjunto de atribuições do registrador, a com eles (princípios) merecer destaque.

A qualificação, a par de envolver a análise completa dos princípios até aqui relacionados, reclama do oficial a conferência dos recolhimentos dos tributos relacionados com os atos levados a registro, sob pena de responsabilidade pessoal.

São imposições estabelecidas pelo artigo 30, XI, da Lei 8.935/94, artigo 134, VI, do Código Tributário Nacional e artigo 289 da Lei 6.015/73.

O Conselho Superior da Magistratura do Estado de São Paulo, reafirmando a necessidade de observância de referidos comandos legais, tem-se orientado no sentido da desnecessidade, porém, de fiscalização do *quantum debeatur* dos tributos, salvo manifesta discrepância com a realidade apresentada ao oficial.[36]

Questão que também se coloca, relacionada com aspectos fiscais da atividade registrária, guarda relação com o dever de exigir certidões negativas de débitos fiscais em nome dos alienantes.

O E. Supremo Tribunal Federal, em mais de uma oportunidade, declarou a inconstitucionalidade de leis e atos normativos do Poder Público que tragam em si sanções compreendidas como políticas, tendentes a forçar o contribuinte, por vias oblíquas (exigência de apresentação de certidões negativas de débito), ao recolhimento do crédito tributário, do que são exemplos os julgamentos das ADIs de números 394/DF e 173/DF.

Em harmonia com a visão do Pretório Excelso, no sentido da dispensa da apresentação de certidões negativas de débitos fiscais dos alienantes, como requisito para o registro, no Estado de São Paulo há previsão normativa expressa

---

36. TJSP; Apelação Cível 1018134-43.2019.8.26.0309; Relator (a): Ricardo Anafe (Corregedor Geral); Órgão Julgador: Conselho Superior de Magistratura; Foro de Jundiaí – 1ª Vara Cível; Data do Julgamento: 18.06.2020; Data de Registro: 1º.07.2020; TJSP; Apelação Cível 1001441-21.2019.8.26.0426; Relator (a): Ricardo Anafe (Corregedor Geral); Órgão Julgador: Conselho Superior de Magistratura; Foro de Patrocínio Paulista – Vara Única; Data do Julgamento: 15.04.2020; Data de Registro: 16.04.2020; TJSP; Apelação Cível 1000012-71.2019.8.26.0538; Relator (a): Pinheiro Franco (Corregedor Geral); Órgão Julgador: Conselho Superior de Magistratura; Foro de Santa Cruz das Palmeiras – Vara Única; Data do Julgamento: 10.12.2019; Data de Registro: 12.12.201; TJSP; Apelação Cível 1001441-21.2019.8.26.0426; Relator (a): Ricardo Anafe (Corregedor Geral); Órgão Julgador: Conselho Superior de Magistratura; Foro de Patrocínio Paulista – Vara Única; Data do Julgamento: 15.04.2020; Data de Registro: 16.04.2020.

no item 117.1 do Capítulo XX, das Normas de Serviço da Corregedoria Geral da Justiça dos Cartórios Extrajudiciais.[37]

4. DO PROCEDIMENTO DA APRESENTAÇÃO DOS TÍTULOS ATÉ A QUALIFICAÇÃO

Os atos de registro e averbação em regra obedecem ao procedimento traçado pela Lei 6.015/73, para a apresentação e consequente qualificação dos títulos.

Em rápidas palavras, inicia-se com o protocolo do título que, a partir de então, é submetido ao contraditório e qualificação registral.

Após a análise da legalidade e condições de acesso à tábua registral, positiva a qualificação, haverá o registro ou averbação do título junto à matrícula.

Se negativa, não reunindo o título requisitos legais necessários para o acesso aos álbuns imobiliários, é emitida nota de devolução na qual serão apresentadas as exigências e razões pelas quais o acesso foi negado.

Em não se conformando com as exigências do oficial, poderá o apresentante ou interessado solicitar a suscitação de dúvida na forma do art. 198 da Lei 6.015/73.

A dúvida pode ser direta, suscitada pelo oficial, embora sempre a pedido do interessado, ou inversamente suscitada,[38] nesta hipótese apresentada pelo interessado ao juízo corregedor permanente.

Tratando-se de dúvida inversa, é indispensável que, paralelamente à distribuição ao juízo corregedor permanente, se apresente a documentação (o título) na via original ao oficial.

Referida documentação – o título e documentos que o acompanham em sua via original – deve necessariamente coincidir com a utilizada quando da suscitação via processo eletrônico.

A providência é indispensável uma vez que, se julgada improcedente – a dúvida é sempre do oficial, ainda que inversamente suscitada[39] – será o título, em sua via original, levado a registro.

---

37. 117.1. Com exceção do recolhimento do imposto de transmissão e prova de recolhimento do laudêmio, quando devidos, nenhuma exigência relativa à quitação de débitos para com a Fazenda Pública, inclusive quitação de débitos previdenciários, fará o oficial, para o registro de títulos particulares, notariais ou judiciais. (Disponível em: https://api.tjsp.jus.br/Handlers/Handler/FileFetch.ashx?codigo=120537. Acesso em: 30.05.2021).

38. O Eminente Desembargador Ricardo Dip, manifesta-se contra mencionada modalidade de dúvida, dada a falta de previsão legal expressa (neste sentido há registro de seu voto divergente quando do julgamento da Apelação 1010478-07.2016.8.26.0320, Conselho Superior de Magistratura do Tribunal de Justiça de São Paulo em 28 de novembro de 2017).

39. Cf. DINIZ, Maria Helena. *Sistemas de Registros de Imóveis*. 4 ed. São Paulo: Saraiva, 2003, p. 366.

Em se tratando de procedimento eletrônico, não havendo apresentação da via original em cartório para prenotação, a dúvida, como regra, é arquivada.[40]

Tratando-se de dúvida direta, suscitada pelo oficial registrador, após as necessárias anotações, o registador a encaminhará com suas razões ao juízo competente, notificando o apresentante para, querendo, apresentar suas razões em 15 dias.

Com ou sem as razões do apresentante, os autos são remetidos com vista ao Ministério Público manifestação em dez dias (art. 200, LRP).

Após, serão encaminhados ao juízo para decisão em quinze dias (art. 201, LRP), salvo em relação às hipotecas, em relação às quais o artigo 1.496 do Código Civil conferiu prazo mais largo, de até noventa dias.

Como regra, no processo de dúvida, não cabe dilação probatória sob pena de indevida prorrogação do prazo da prenotação.

Ainda assim, a legislação permite que, requeridas diligências, em determinadas circunstâncias, diante da relevância do tema, em atenção ao disposto no art. 201 da Lei 6015/73, sejam ordenadas.

Trata-se de medida excepcional, mas passível de adoção, por exemplo, quando a decisão tenha potencial para repercutir na esfera de interesses de terceiros.[41]

As Normas de Serviço da Corregedoria Geral da Justiça do Estado de São Paulo para os Cartórios Extrajudiciais facultam ainda a intervenção do tabelião de notas que lavrou escritura.[42]

De qualquer maneira, cumpridas referidas etapas, proferida sentença, contra ela poderão interpor recurso com efeitos devolutivo e suspensivo o interessado, Ministério Público e terceiro prejudicado (art. 202, LRP).

No Estado de São Paulo, a competência para julgamento da dúvida é atribuída ao Conselho Superior da Magistratura.

---

40. Confiram-se nota 1, ao item 39 e item 39.1.2, ambos do Capítulo XX, das Normas de Serviço da Corregedoria Geral da Justiça dos Cartórios Extrajudiciais no Estado de São Paulo. Disponível em: https://api.tjsp.jus.br/Handlers/Handler/FileFetch.ashx?codigo=120537. Acesso em: 13.09.2020.
41. Como exemplo do cotidiano forense, por vezes pode ser conveniente a vinda de informações de condomínio, quando apresentadas escrituras de vagas de garagem a pessoas aparentemente estranhas à coletividade, em face da vedação de que cuida o § 1º do art. 1.331 do Código Civil. Não raro o quadro se apresenta pouco claro ao juízo, a não descartar particularidades do condomínio com potencial para interferir na solução final a adotar. Nessas hipóteses, alguma diligência pode ser salutar para solução justa e coerente com eventual circunstância especial que apenas o condomínio pode ter condições de esclarecer ao juízo.
42. Itens 39.4.1 e 39.4.1, Cap. XX, NSCGJSP. Disponível em: https://api.tjsp.jus.br/Handlers/Handler/FileFetch.ashx?codigo=120537. Acesso em: 30 maio 2021.

Em relação às averbações, negativa a qualificação, o encaminhamento da questão ao juízo corregedor permanente ocorre por meio do "pedido de providências" formulado pelo interessado.

Uma vez recebido, ouvidos registrador e Ministério Público, os autos serão encaminhados ao juízo para decisão.

Em havendo recurso, contra a decisão que mantém a qualificação negativa, é destinado à Corregedoria Geral da Justiça.

Em linhas gerais, são esses os instrumentos por meio dos quais se provoca a participação do juiz corregedor permanente no processo de qualificação, quando da negativa por parte do Oficial.

A qualificação, portanto, pode se esgotar no âmbito da serventia, quando ocorre o registro ou averbação, ou ainda, na hipótese de ser negativa, quando o interessado se conforma com as exigências lançadas na nota de devolução.

Projeta-se para o âmbito da corregedoria permanente quando o interessado não se conforma, requerendo a suscitação de dúvida.[43]

5. DA QUALIFICAÇÃO PROPRIAMENTE DITA

Abordados os aspectos procedimentais, avança-se para a análise da qualificação registra, como instrumento por meio do qual o registrador atua em atenção à gama de regras e princípios até aqui mencionados.

Mais uma vez importa relembrar o alcance da responsabilidade depositada nas mãos do oficial.

A depender do que ingressa ou não no álbum imobiliário, da qualificação positiva ou negativa, o domínio se transmite ou não.

Eventual qualificação negativa pode ter efeitos irreversíveis a possível adquirente, dado que, em tese, é apta a abrir as portas para ingresso de outros títulos eventualmente envolvendo o mesmo bem e que estejam na "fila" de ingresso, aguardando a superação dos efeitos da prenotação.

Possível qualificação positiva equivocada implica em tornar aquele que passa figurar como titular do domínio presumido proprietário, atribuindo uma séria de ônus àqueles que pretendem contestar essa qualidade.

Atos de liberação de gravames têm potencial para consequências inimagináveis, com alcance econômico-financeiro por vezes incalculável.

---

43. Dada a redação do artigo 198, da Lei 6.015/73, ao se referir que a dúvida é suscitada a partir de "requerimento" do interessado, inviável é a suscitação de ofício. Neste sentido: Conselho Superior da Magistratura do Tribunal de Justiça do Estado de São Paulo – Apelação cível 17.628-0/5.

A par dos controles relacionados com os princípios registrários e fiscalização de tributos incidentes os atos praticados, é marcante o papel preventivo da atividade em relação a diversos segmentos do direito, em tutela ao interesse púbico, na seara ambiental, urbanística, econômica, fiscal é até política.[44]

A despeito da obviedade de boa parte dessas considerações, a menção a respeito por vezes faz-se necessária para que se compreenda a postura dos oficiais de registro de imóveis.

O grau de segurança do sistema é proporcional ao cuidado dedicado ao tema por parte de mencionados profissionais.

Na grande maioria dos casos, portanto, de qualificação negativa, é difícil compreender que sua atuação tenha propósito outro que não o resguardo do sistema.

Não é crível que, ao qualificar negativamente um título, judicial ou não, o faça por mero capricho, sem algum motivo justificável.

É que o papel principal do oficial de registro de imóveis, como é óbvio, é o de registrar ou averbar os títulos que lhe são apresentados.

Sua postura, como tal há tempos lembrada por Serpa Lopes, não deve ser de resistência ao registro, mas de facilitação.[45]

De todos esses aspectos, parece ser possível razoavelmente presumir que, na maioria das vezes, quando o oficial impede o acesso à tabua registral, o faz na legítima convicção de que atua na preservação da segurança do sistema.[46]

---

44. Vide já transcritas considerações de Marcelo Martins Berthe em Títulos judiciais e o registro imobiliário. *Revista de Direito Imobiliário*. v. 41. p. 56-63, São Paulo, maio/ago. 1997.
45. "(...) em matéria de Registro de Imóveis tôda a interpretação deve tender para facilitar e não para dificultar o acesso dos títulos ao Registro, de modo que tôda a propriedade imobiliária, e todos os direitos sôbre ela recaídos fiquem sob o amparo do regime do Registro Imobiliário e participem dos seus benefícios" (*Tratado dos Registros Públicos*. 5. ed. Rio de Janeiro: Freitas Bastos, 1962, v. II. p. 346).
46. José de Mello Junqueira: "Prenotado o título, cabe ao registrador examiná-lo, fazendo um juízo de admissibilidade, se observados os princípios da legalidade, moralidade, prioridade, continuidade, especialidade, além de outros que informam o sistema de registro de imóveis, não podendo se descurar da análise do conteúdo do negócio, verificando sua conformidade com as normas de direito material que o regem. Em síntese, há que se observar, para segurança do ato registral os aspectos relativos ao próprio objeto do título e sua adequação às formalidades exigidas. Esse controle é de responsabilidade do Oficial Registrador, pelo qual se conclui pela viabilidade ou não do acesso do título aos assentos registrais, denominado pela doutrina de qualificação. A qualificação do título que ensejará um ato administrativo registral, caracteriza uma decisão de mérito, um juízo de valor sobre sua registrabilidade. A qualificação dos títulos que são apresentados a registro sintetiza a precípua atividade registral, momento de maior importância, por consistir juízo de admissibilidade do título e, se positiva, o início do "iter" registral que deverá se ultimar no ato definitivo da inscrição, com seus efeitos próprios de eficácia constitutiva, declarativa ou de simples publicidade. O ato da qualificação tem por finalidade a segurança jurídica que deve refletir o registro, princípio maior do direito. Na qualificação depuram-se os vícios eventualmente existentes, fazendo com que a inscrição definitiva finalize a preservação do ato ou negócio jurídico, resguardando seu conteúdo e estrutura, tencionando-lhe segurança e eficácia" (Qualificação registral – Sua independência e responsabilidade

Em atenção a todas essas peculiaridades, responsabilidades e deveres, é que se deve compreender o alcance da atividade.

Daí a importância de postura em alguma medida receptiva e desarmada em relação a sua atuação, mesmo nos casos da qualificação de título judicial, dado que pode ela, não raro, contribuir para a preservação da harmonia e integridade do sistema jurídico como um todo.

Com esse singelo panorama, parte-se para a identificação dos elementos identificáveis na qualificação registral, enquanto atividade essencialmente associada ao controle da legalidade realizado pelo oficial quanto à inscrição ou não dos títulos.

As características básicas da atividade (qualificadora) foram descritas e bem sintetizadas por Flauzilino Araújos Santos,[47] ao tratar do princípio da legalidade e registro de imóveis.

Relaciona ao menos seis de seus diversos aspectos, a serem abordados a seguir de forma pouco mais resumida ou concentrada.

5.1 Características da atividade qualificadora

5.1.1 Função unipessoal, de responsabilidade do delegado

A qualificação é ato de responsabilidade pessoal do registrador, ainda que se manifeste eventualmente por meio da atuação de seus substitutos ou prepostos autorizados, na forma do artigo 20, §§ 3º e 4º da Lei 8.935/94.

Em sua figura é que se concentra toda a responsabilidade civil, penal e administrativa, relacionada com os atos praticados.

No desempenho dessa indelegável função, a par dos requisitos gerais de admissibilidade do título, deve o oficial portar-se com imparcialidade, abstendo-se de qualificar títulos relacionados com interesses pessoais ou de familiares.

À semelhança no que ocorre no âmbito judicial, tem o dever legal de se afastar da qualificação de títulos em relação aos quais se possa configurar situação de impedimento ou suspeição, ante os expressos termos artigo 27, da Lei 8.935/94.

Nesses casos, a tarefa deve ser conferida ao substituto especificamente designado para responder pelo expediente em sua ausência ou impedimento (art. 20, § 5º, Lei 8.935/95).

---

civil e administrativa disciplinar do registrador de imóveis. *Revista de Direito Imobiliário*. v. 81, p. 383-399, São Paulo, jul./dez. 2016).

47. Princípio da legalidade e registro de imóveis. In: DIP, Ricardo; JACOMINO, Sérgio (Org.). *Doutrinas Essenciais de Direito Registral*. São Paulo: Ed. RT, 2012. v. 2, p. 311-312.

Em não estando este presente ou também se enquadrando em hipótese de impedimento legal, o ato há de ser praticado por oficial *ad hoc*, necessariamente desimpedido.

5.1.2 Atividade inexcusável

Tal como ocorre no âmbito judicial, em que não é dado ao juízo deixar de apreciar os temas que lhe são apresentados por força do princípio da inafastabilidade, ao registrador não é permitido recusar a apreciação das pretensões de registo e/ou averbação.

Não é autorizado a deixar de agir por força de eventual incerteza jurídica ou variação de entendimento sobre determinada matéria ou tema, lacuna da lei ou qualquer outra dificuldade de interpretação.

Por mais tormentosa que possa se apresentar determinada situação, tem o dever de promover a análise independente e responsável, apresentando a melhor solução que o caso comporte, qualquer que seja a qualificação final, positiva ou negativa.

5.1.3 Função indelegável

Por razões semelhantes ao caráter inescusável da atividade, como regra, a atribuição primeira da qualificação, quando da apresentação do título, é sempre do oficial.

Sua é a responsabilidade de avaliar a juridicidade do título, a conformidade com os preceitos legais e normativos, a compatibilidade com os elementos assentados na matrícula.

Não pode transferir essa responsabilidade por meio de "consulta" ao juiz corregedor permanente.

Do contrário, estaria comprometido todo o sistema de independência jurídica inerente à atividade do registador, assim como a viabilidade de revisão de suas posturas por meio da dúvida registrária.[48]

Pelas mesmas razões, se não cabe consulta do oficial do juízo, como regra, é igualmente inviável a consulta direta ao juízo por parte dos interessados no

---

48. Ocorrência dessa natureza (consulta prévia ao juízo) é incompatível com o sistema. É prática apontada por Flauzilino Araújos Santos como *"juridicamente reprovável e representa uma demonstração de pouca capacidade do registrador, além de violação dos deveres registrador"*. Qualifica-a como afronta ao dever de "proceder de forma a dignificar a função exercida", como tal previsto no artigo 30, inciso V, da Lei n. 8.935/94. (Princípio da legalidade e registro de imóveis. In: DIP, Ricardo; JACOMINO, Sérgio (Org.). *Doutrinas Essenciais de Direito Registral*. São Paulo: Ed. RT, 2012. v. 2, p. 311-312).

registro ou averbação, com a finalidade de se obter prévia definição dos critérios de qualificação, sem antecedente e necessária apresentação do título junto à serventia extrajudicial.[49]

O registrador é o destinatário primeiro dos títulos, com a responsabilidade de apreciar sua registrabilidade ou não, sendo vedada, como regra, a transferência direta e antecipada de tal tarefa ao juízo.

A ressalva que o tema comporta guarda relação com a consulta envolvendo dúvida sobre aplicação da Lei Estadual Paulista 11.331/2003, que dispõe sobre os emolumentos relativos aos atos praticados pelos serviços notariais e de registro.

Em seu artigo 29, estabelece a possibilidade de consulta ao juízo no caso de dúvida sobre sua aplicação e tabelas de emolumentos, o que encontra ressonância nas Normas de Serviço da Corregedoria Geral da Justiça dos Cartórios Extrajudiciais no Estado de São Paulo.[50]

5.1.4 Função independente

Mesmo com toda a gama de normas e regras que disciplinam a atividade do registrador, inúmeras são as situações inusitadas e não expressamente enquadráveis nas formatações normativas previamente estabelecidas que se apresentam no dia a dia do serviço.

Afora os casos claros, com regras legais expressas a serem necessariamente observadas, tem o registrador, dada sua presumida e exigida formação jurídica para o exercício da atividade, independência na análise da juridicidade dos títulos que lhe são apresentados.

Trata-se de prerrogativa assegurada pelo art. 28 da Lei 8.935/94, encampada pelas Normas de Serviço da Corregedoria Geral da Justiça do Estado de São Paulo para os Cartórios Extrajudiciais.[51]

Por consequência, quando da manifestação de sua convicção acerca da registrabilidade ou não do título, salvo situações excepcionais de má-fé ou mani-

---

49. Sobre o tema, confira-se o decidido no âmbito da 1ª Vara de Registros Públicos da Comarca da Capital (São Paulo), processo 1052334-58.2018.8.26.0100 (julgamento em: 26.06.2018 – Data DJ: 02.07.2018), pela magistrada Doutora Tânia Mara Ahualli.
50. Item 71, Capítulo XIII, NSCGJ. Disponível em: https://api.tjsp.jus.br/Handlers/Handler/FileFetch.ashx?codigo=120003. Acesso em: 16 ago. 2020.
51. Item 7, cap. XX: Os oficiais de Registro de Imóveis gozam de independência jurídica ao interpretar disposição legal ou normativa no exercício de suas funções. A responsabilização pelos danos causados a terceiros, na prática de atos próprios da serventia, independe da responsabilidade administrativa. Disponível em: https://api.tjsp.jus.br/Handlers/Handler/FileFetch.ashx?codigo=120537. Acesso em: 13 set. 2020.

festa negligência, não deve ser punido ao assumir determinado posicionamento jurídico, ainda que controvertido o tema.

Nem mesmo algo que possa ser enquadrável como "erro de qualificação", quando relacionado com orientação sobre determinado assunto, presta-se para que seja responsabilizado, ao menos no âmbito disciplinar.[52]

6. QUALIFICAÇÃO E ANÁLISE INTEGRAL DO TÍTULO

Quando da análise dos títulos, incumbe ao registrador proceder à avaliação completa e exaustiva de todos os aspectos relacionados com a pretensão.

Em eventual devolução, devem ser apontados todos os obstáculos cuja superação seja admissível, ou então, aqueles entendidos com incontornáveis.

Dado o potencial para causar prejuízo e retardamentos injustificáveis, a não apresentação de plano de todas as justificativas relacionadas com a qualificação negativa, em especial dos elementos passíveis de visualização de plano, é causa de crítica, com o que a prática que deve ser evitada ao máximo.

Dada sua relevância, o tema mereceu disciplina enfática neste sentido nas Normas de Serviço da Corregedoria Geral da Justiça dos Cartórios Extrajudiciais no Estado de São Paulo (Capítulo XX, item 22[53]):

Tal análise detalhada, está atrelada também ao dever legal de fundamentação, a ser melhor abordado em item próprio.

7. DA NOTA DE DEVOLUÇÃO COMO VEÍCULO MATERIAL DA QUALIFICAÇÃO NEGATIVA

Conforme reiteradamente salientado, quando da qualificação, o oficial atua como agente garantidor da integridade do sistema.

---

52. Sobre o tema, confira-se Flauzilino Araújo dos Santos. Princípio da legalidade e registro de imóveis. In: DIP, Ricardo; JACOMINO, Sérgio (Org.). *Doutrinas Essenciais de Direito Registral*. São Paulo: Ed. RT, 2012. v. II, p. 317; Luís Paulo Aliende Ribeiro. Responsabilidade administrativa do notário e do registrador, por ato próprio e por ato de preposto. *Revista de Direito Imobiliário*. v. 81. p. 401-427, São Paulo. jul./dez. 2016).
53. 22. Deverá o Registrador proceder ao exame exaustivo do título apresentado e ao cálculo integral dos emolumentos, expedindo nota, de forma clara e objetiva, em papel timbrado do cartório que deverá ser datada e assinada pelo preposto responsável. A qualificação deve abranger completamente a situação examinada, em todos os seus aspectos relevantes para a prática do ato, complementação ou seu indeferimento, permitindo quer a certeza correspondente à aptidão registrária (Título apto), quer a indicação integral das deficiências para a inscrição registral e o modo de suprimento (Título não apto), ou a negação de acesso do registro (Título não apto). Se qualquer dessas informações for prejudicada pela falta de documentos entre os apresentados, a circunstância deverá ser expressamente mencionada. Disponível em: https://api.tjsp.jus.br/Handlers/Handler/FileFetch.ashx?codigo=120537. Acesso em: 13 set. 2020.

Mas, se é verdade que suas posturas merecem olhos receptivos, dado que em geral justificadas são as causas de qualificação negativa, também o é que a compreensão de sua atividade será tão mais intensa, quanto maior for a qualidade das informações que lançar em suas notas devolutivas.

Daí a importância da fundamentação da nota de devolução.

7.1 Da nota de devolução e sua fundamentação

O caminho natural e esperado quando da apresentação do título é o registro ou a averbação. Essa a razão de ser do instituto do registro de imóveis.

Já foi mencionada passagem de Serpa Lopes no sentido de que "em matéria de Registro de Imóveis tôda a interpretação deve tender para facilitar e não para dificultar o acesso dos títulos ao Registro" (sic).[54]

Atendidos os requisitos formais e legais, finalizada a qualificação positiva, ainda que quando do ingresso do título no álbum registral o oficial não explicite as razões de sua atuação, presume-se ter promovido análise dos requisitos e fundamentos legais e normativos para tanto.

Na hipótese inversa, ausentes os requisitos formais e legais necessários para a qualificação positiva, emite a nota de devolução.

Como tal é referida no artigo 198 da Lei 6.015/73, ao prever que "havendo exigência a ser satisfeita, o oficial indicá-la-á por escrito".

Referido dispositivo é a fonte normativa da nota de devolução.

É por meio da nota de devolução que se materializa a qualificação negativa. Ao emiti-la o registrador dá conhecimento e publicidade ao interessado das razões pelas quais se negou acesso do título à tábua registral.[55]

Com a qualificação negativa, então, é importante que se exponham na nota de devolução, na medida do possível, todos os elementos por força dos quais o oficial nega acesso ao título.

---

54. *Tratado dos Registros Públicos*. 5. ed. Rio de Janeiro: Freitas Bastos, 1962, v. II. p. 346.
55. Luciano Lopes Passarelli: "A Nota de Devolução está para qualificação negativa assim como a certidão do registro está para a qualificação positiva. É ela quem formaliza e publiciza os motivos impedientes do registro ou averbação, seja diretamente para os apresentantes, seja indiretamente via certidão da própria Nota. Assim, oferecemos uma definição singela da nota de devolução como sendo "o documento público que formaliza a qualificação negativa de um título no Registro de Imóveis (A nota de devolução no registro de imóveis. *Revista de Direito Imobiliário*. v. 84, p. 161-199, São Paulo, jan./jun. 2018).

O imperativo da devolução fundamentada decorre da natureza pública do serviço, informado em suas diversas facetas por princípios de direito administrativo.[56-57]

Nessa linha de pensamento, dado que serviço público, remunerado por meio de taxas, modalidade de tributo,[58] a resposta fundamentada à pretensão daquele que apresenta o título, também é aspecto relacionado com a cidadania, dever de transparência, eficiência e motivação.[59]

---

56. Sobre a natureza administrativa dos atos praticados pelos registadores, Luiz Paulo Aliende Ribeiro aborda o tema, apontando para caráter público da atuação de mencionados profissionais: "Os notários e registradores exercem função pública e no exercício dessa atividade produzem atos administrativos dotados dos atributos e requisitos expressos no direito de administrativo, não obstante o objetivo e a finalidade seja a produção de efeitos jurídicos aos interesses privados e ao direito privado" (Regulação da Função Pública Notarial e de Registro. São Paulo: Saraiva. 2009, p. 6).

57. Venício Salles discorre sobre a natureza administrativa dos atos de registro, em atenção à ideia de delegação de serviço público, remunerado por tributos: "A força inaugural que aparelha o ato de registrar conferida pela lei, Que o equipara, para todos os efeitos, a ato de autoridade ou ato administrativo. (...) Muito embora reconhecendo a pertinência de estudos divergentes, parece-nos até algo cristalino que o "ato de registro" tenha seu fundamento e sua sustentação junto a princípios instituições do Direito Público, de forma que não há relevantes dúvidas para qualificar o ato de registro como espécie de "ato administrativo". Porque o ato de registro deve ser enquadrado e tipificado como ato administrativo? Primeiro porque o artigo 236 da Constituição Federal confere uma delegação ao registrador, concedendo-lhe especial autorização para realizar, explorar e exercer uma atribuição própria e ínsita do Estado. Assim, se o Estado delega parte de seu poder, parte de suas para que um particular as realize diretamente, está exigindo que o faça da mesma forma e com o mesmo conteúdo de seus atos. Uma delegação tem idêntico sentido de uma "concessão" ou até de uma "procuração", pois somente se pode delegar o que for próprio ou ínsito à autoridade delegante. Destarte, o delegado, o concessionário ou o mandatário realizam "atos" próprios e típicos do delegante, concedente ou mandante. (...) em se tratando de delegação estatal, é natural que o delegado passe a atuar realizando o mesmo tipo de ato, e com a mesma natureza do Poder delegante, ou seja, editando e realizando "atos administrativos". Não pode o Estado dispor do que não lhe é próprio, pois não poderia delegar o que não lhe fosse típico ou ínsito, ou que não estivesse encartado em sua competência. Quando delega, o Estado abdica de uma fatia do seu poder e a entrega a um particular para realizá-la, competência que tem o mesmo sentido, o mesmo conteúdo e a mesma consistência do poder da Administração Pública. Como o Estado só exerce suas atribuições praticando atos administrativos, o "ato delegado de registro" só pode ser entendido como um verdadeiro ato administrativo. Esta conclusão se acentua mais ainda por se tratar de delegação de um serviço público. Destaca-se que a própria Constituição qualifica o serviço objeto da delegação como serviço público, mormente porque a cobrança que se faz para recompor os custos e despesas decorrentes desse serviço tem a natureza jurídica tributária, assim considerada pela mais alta Corte de Justiça do País (tributo, da subespécie " taxa")" (Direito Registral Imobiliário. 2 ed.. São Paulo: Saraiva, 2007, p. 3-6).

58. No Estado de São Paulo, vide arts. 1º, 3º, 12, 19, Lei Estadual 11.331/2002. A reforçar a natureza tributária o artigo art. 3º, da Lei n. 11.331/2002 estabelece: "Artigo 3º São sujeitos passivos por substituição, no que se refere aos emolumentos, os notários e os registradores". Sobre o tema decidiu o Pleno do STF: "(...) Os emolumentos têm natureza tributária e caracterizam-se como taxas remuneratórias de serviços públicos ..." (STF - Plenário - ADI 2129 MC / MS - Rel. Min. Eros Grau - Data de julgamento: 10.05.2000 - Publicação: 11.03.2005).

59. Sobre a motivação dos atos administrativos, compreendida como princípio, confira-se: Celso Antônio Bandeira de Mello. Curso de Direito Administrativo. 32. ed. rev. e atual. até Emenda Condicional 84, de 2.12.2014. São Paulo. Malheiros Editores, 2015, p. 114-116.

As Normas de Serviço dos Cartórios Extrajudiciais da Corregedoria Geral da Justiça Estado de São Paulo, sensíveis ao tema, em diversos momentos, ao tratar das notas de devolução, aludem ao dever de fundamentação, assim como à abordagem de todos os elementos por força dos quais se nega acesso ao título.[60]

Não há dúvida, portanto, que no exercício do juízo prudencial de qualificação, notadamente quando negativa (a qualificação), devem ser apresentadas, fundamentadamente, as razões pelas quais assim se posiciona o registrador.

Há de fazê-lo de forma eficiente,[61] ou seja, com clareza apta a permitir a plena compreensão das razões e fundamentos para a decisão, tanto ao usuário do serviço, como ao juízo que, eventualmente, tem o título devolvido sem registro.

É por meio da nota de devolução que se estabelece a comunicação formal da serventia com os agentes a ela externos, no caso de qualificação negativa. Por seu intermédio o oficial se faz entender.

A qualidade da nota de devolução, por consequência, dita o tom das reações contra a postura do oficial.

Flauzilino Araújo dos Santos, abordando o tema da qualificação dos títulos judiciais[62] aponta para a contribuição, positiva ou negativa – quando deficiente a nota de devolução –, da exposição fundamentada e clara das notas de devolução, como elemento indicativo da importância e responsabilidade da atividade do registrador.[63]

---

60. Confira-se Cap. XX, itens 287, 310.3, 421.2 "287. Ao recusar o registro, o Oficial de Registro de Imóveis expedirá nota de devolução fundamentada com a indicação dos dispositivos da Lei 13.465, de 2017 não atendidos e das medidas necessárias para o cumprimento das exigências"; "310.3. Se, ainda assim, a qualificação for negativa, o Oficial de Registro de Imóveis encaminhará, de ofício, a nota devolutiva fundamentada e os documentos que a acompanham ao Juiz Corregedor Cap. – XX 501 Permanente que, de plano ou após instrução sumária, decidirá se os documentos estão habilitados para registro, aplicando-se, no que couber, as disposições do subitem 39.7, deste capítulo". "421.2. Se, ao final das diligências, ainda persistirem dúvidas, imprecisões ou incertezas, bem como a ausência ou insuficiência de documentos, o oficial de registro de imóveis rejeitará o pedido mediante nota de devolução fundamentada". Disponível em: https://api.tjsp.jus.br/Handlers/Handler/FileFetch.ashx?codigo=120003. Acesso em: 08 ago. 2020.

61. Sobre eficiência, informando a atividade pública e do notário e registrador: *caput* do art. 37, da CF: "A administração pública direta e indireta de qualquer dos Poderes da União, dos Estados, do Distrito Federal e dos Municípios obedecerá aos princípios de legalidade, impessoalidade, moralidade, publicidade e *eficiência* e, também, ao seguinte". Artigo 4º da Lei 8.935/94: "Art. 4º Os serviços notariais e de registro serão prestados, de modo *eficiente* e adequado, em dias e horários estabelecidos pelo juízo competente, atendidas as peculiaridades locais, em local de fácil acesso ao público e que ofereça segurança para o arquivamento de livros e documentos".

62. Sobre a qualificação dos títulos judiciais no Brasil. In: DIP, Ricardo; JACOMINO, Sérgio (Org.). *Doutrinas Essenciais de Direito Registral*. São Paulo: Ed. RT, 2012. v. 2, p. 1015-1016.

63. "Também o art. 198 da Lei 6.015/1973 sanciona a função qualificadora do registrador ao dizer que "havendo exigência a ser satisfeita, o oficial indica-la-á por escrito". Significa o preceito que o registrador, depois de prenotar o título, antes de proceder aos atos inscritivos, examiná-lo à luz das exigências legais a ele pertinentes, contidas na própria Lei dos Registros Públicos, na legislação tributária, na legislação

Identifica na qualidade da nota de devolução alguns dos fatores que, por vezes, contribuem para a má compreensão, ou conforme o caso, melhor entendimento da atividade do registrador.[64]

Daí a importância de todo o empenho possível do oficial em se fazer bem compreender.

---

civil, comercial ou de outra natureza, que lhe sejam aplicáveis, inclusive, das esferas estadual e municipal, além de estrita observância às normas técnicas e decisões normativas editadas pelo Poder Judiciário, que por disposição constitucional é o órgão fiscalizador dos registradores de imóveis. É, pois, dever do registrador proceder ao exame exaustivo do título exibido, mesmo quando de origem judicial, sob pena de incorrer em responsabilidade, todavia nem sempre a qualificação registral empreendida pelo oficial é compreendida em seu verdadeiro sentido e alcance, tal como prevista no ordenamento legal vigente, tanto que não poucos registradores já passaram pelo constrangimento de serem intimados de decisões judiciais por despachos do seguinte jaez: "Cumpra-se imediatamente sob pena de desobediência (ou de pena de prisão)"; Isso simplesmente porque, ao examinar um determinado título judicial, considerou-o inapto para a prática do ato de registro ou de averbação determinado pelo juiz ou mesmo emitiu uma nota com exigência de retificação ou aditamento do título para o efeito de afastar óbice que impedia a prática do ato determinado. Parece que vários fatores, embora distintos, completam-se e corroboram para que essa situação se instale e leve certos grupos a pugnarem pela limitação do controle de legalidade exercido pelo oficial registrador via qualificação. Primeiro, porque existe uma infeliz prática registral de devolução do título ou emissão da nota de exigência de forma resumida (por exemplo, apresentar certidão de casamento dos executados), por vezes até em papeletas grampeadas no título, sem a imprescindível exposição das razões e dos fundamentos que justificam a tomada de decisão do oficial registrador na edição do ato de negação de acesso do título judicial ao caderno registral" (Op. cit., p. 1015-1016).

64. Parece-nos que vários fatores, embora distintos se completam e corroboram essa situação, para que se instale e leve certos grupos a pugnarem pela limitação do controle de legalidade exercido pelo oficial via qualificação, notadamente em relação aos títulos judiciais e às escrituras públicas. Citarei apenas dois deles. 1. Qualificações homeopáticas (em pequenas doses, a conta-gotas): quando for o caso de formulação de exigências, essas devem ser formuladas de uma única vez, articuladamente, de forma clara e objetiva, com indicação dos suportes normativos em que se apoiou o oficial no momento da qualificação do título, visto que o registrador está adstrito aos limites fixados pela legislação – princípio da legalidade –, sob pena de incorrer em responsabilidade. São reprovadas as exigências em doses homeopáticas sem fundamentação legal ou baseadas em hipóteses. Além de causar insegurança, levam ao descrédito a atividade registrária e maculam a qualidade do serviço público prestado em delegação. A ressalva que se faz é apenas na especialíssima hipótese de, cumpridas as exigências, surgirem novos elementos, obrigando o registrador a formular outras exigências. 2. Notas de exigências inexpressivas: existe uma infeliz prática registral de devolução do título ou emissão da nota de exigência de forma resumida (por exemplo, apresentar certidão de casamento dos executados), por vezes até em papeletas grampeadas no título, sem a imprescindível exposição das razões e dos fundamentos que justificam a tomada de decisão do oficial registrador na edição do ato de negação de acesso do título judicial ao caderno registral. O oficial deve considerar que, em virtude de sua condição de delegado do serviço público, operando em nome do poder que o credenciou para o exercício de uma atividade essencial, os atos que pratica em razão de seu ofício são atos administrativos. Esses atos, para regular ingresso no mundo jurídico, devem ser estruturados nos princípios que norteiam, informam e fundamentam o direito administrativo, impondo-se, portanto, que no seu pronunciamento, consubstanciado em eventual nota de devolução do título judicial, fiquem estampadas de maneira precisa e clara as razões de fato e de direito que o levaram a proceder daquele modo. Faz-se oportuno lembrar que o uso na justificativa da devolução do título de expressões genéricas como "para os devidos fins", "para fins de direito", e outras assemelhadas, não servem para motivar o ato de interdição do título pelo oficial registrador, configurando mera logomaquia. (Princípio da legalidade e registro de imóveis. In: DIP, Ricardo; JACOMINO, Sérgio (Org.). *Doutrinas Essenciais de Direito Registral*. São Paulo: Ed. RT, 2012, v. 2, p. 319-320).

7.2 Nota de devolução e legislação consumerista

Questão desafiadora reside em saber da incidência ou não das normas ou princípios da legislação consumerista (Lei 8.078/90; CDC) na relação entre usuário e registrador quando da qualificação.

Não há dúvida que o apresentante do título é destinatário do serviço das serventias extrajudiciais, circunstância que o aproxima da regra do artigo 2º, do CDC.

Referido diploma legal reúne diversos princípios e normas protetivas, a impor ao fornecedor (artigo 3º da Lei 8.078/90) uma série de deveres, dentre eles o de eficiência, transparência, informação adequada, clareza no trato do consumidor, identificáveis em seus artigos 8º, 12, 30, 37, § 1º, 46, 48, 66 do CDC, dentre outros, muitos dos quais coincidentes com os deveres dos registradores.

Se compreendido tal sistema (da legislação consumerista) como incidente na relação entre usuário do serviço e oficial registrador, também à luz do CDC poderia ser encarado o tema da nota de devolução, enquanto veículo por meio do qual se dá ciência ao interessado das razões pelas quais sua pretensão não é atendida.

Ocorre que a aplicabilidade da legislação consumerista à atividade registrária, ao menos no que toca ao tema da qualificação, não é algo que se possa afirmar com tranquilidade.

Já se mencionou no curso deste trabalho o caráter público dos serviços notariais e de registro, tanto que exercidos por delegação.

Como tais, experimentam influência do disposto na Lei n. 13.460/2017, que "dispõe sobre participação, proteção e defesa dos direitos do usuário dos serviços públicos da administração pública".

É que no § 3º, de seu artigo 1º, mencionado diploma legal alude à incidência aos serviços públicos prestados por particular.[65]

Ao fazê-lo, parece contemplar os serviços prestados em razão de delegação, tal como ocorre em relação aos notários e registradores, dada a redação do artigo 236 da Constituição Federal (art. 236. Os serviços notariais e de registro são exercidos em caráter privado, por delegação do Poder Público).

No inciso II, do § 2º de seu artigo 1º, ao prever que o que estabelece não afasta o disposto no CDC (Lei n. 8.078/90),[66] sugere (a Lei 13.460/2017) que a legislação consumerista também é fonte de interpretação das atividades de que cuida.

---

65. Lei 13.460/2017: art. 1º ... § 3º Aplica-se subsidiariamente o disposto nesta Lei aos serviços públicos prestados por particular.
66. Lei 13.460/2017: Art. 1º ... § 2º A aplicação desta Lei não afasta a necessidade de cumprimento do disposto: ... II – na Lei 8.078, de 11 de setembro de 1990, quando caracterizada relação de consumo.

Ainda assim, em relação à qualificação, alguns aspectos parecem sugerir não ser viável incorporar na íntegra os princípios da legislação consumerista.

Com efeito, ao usuário que apresenta título para registro ou averbação impõem-se inúmeros deveres e responsabilidades, muitos dos quais não podem ser supridos pelo registrador, por mais boa vontade de que esteja imbuído, ou eficiente que seja.

Do registrador, ante o princípio da legalidade, são exigíveis diversas posturas tendentes a não raro bloquear o acesso à tábua registral, sem que se possa invocar contra sua orientação, ao menos em sua plenitude, o sistema protetivo do CDC para solução de possíveis divergências.

Apenas para citar, na linha dos temas correlatos à qualificação já abordados, por vezes tem o dever de exigir apresentação de documentos, certidões atualizadas, comprovantes de recolhimentos de tributos, zelar pela observância dos princípios da continuidade, especialidade (subjetiva e objetiva), rogação, dentre outros.

Não lhe é dado flexibilizar ou mitigar os rigores da qualificação em razão da sistemática protetiva do CDC.

Especificamente em relação aos efeitos da nota devolutiva, projetam-se para além da relação entre registrador e particular, dada a imperiosidade de preservação da integridade e sistema do sistema registral.

Em tal contexto, na eventualidade de requerimento de suscitação de dúvida, os aspectos relacionados com a qualificação registrária negativa, materializada por meio da nota de devolução, difícil imaginar que a questão possa ser analisada à luz do CDC, com possível inversão de ônus da prova (art. 6º, VIII, CDC), alteração da regra geral de competência (art. 101 do CDC) ou outras facilidades processuais previstas na Lei 8.078/90.

Daí que discussões sobre a possibilidade ou não de aplicar o CDC à atividade de registro são cercadas de questionamentos e divergências.[67]

Nos tribunais não há consenso.

Inúmeros arestos poderiam ser copiados.

Um deles, porém, evidencia essa realidade, em especial no âmbito do Superior Tribunal de Justiça, Corte na qual a orientação é dividida.

---

67. Hércules Alexandre da Costa Benício em trabalho publicado na *Revista de Direito Imobiliário*, abordou o tema do "diálogo das fontes e a aplicabilidade do código de proteção e defesa do consumidor nas relações entre prestadores e usuários de serviços notariais e de registro". Em mencionada publicação, aponta que o enquadramento ou não da atividade notarial e de registro como relação de consumo, pode implicar sérias consequências, inclusive no âmbito da responsabilidade civil. (A responsabilidade civil de notários e registradores sob a égide da Lei 13.286/2016. *Revista de Direito Imobiliário*. v. 81. p. 363-381. São Paulo, jul./dez. 2016).

Quando da apreciação do Recurso Especial n. 625.144/SP, a Turma julgadora, por maioria, entendeu que "a atividade notarial não é regida pelo CDC".[68]

Na decisão, não unânime, argumentos a favor e contra a incidência do CDC foram confrontados pelos Ministros.

Comportam menção, ainda que resumidamente, as principais ponderações que lançaram, a evidenciar as incertezas sobre a matéria, assim como os judiciosos argumentos nos diversos sentidos.

Do voto da E. Ministra Nancy Andrighi, a favor da incidência do CDC: os notários e registradores se organizam e se estruturam sob regime de direito privado; prestam serviços sob sua conta e risco econômico, amealhando lucros ou suportando eventuais prejuízos; o CDC define como fornecedor, toda pessoa física ou jurídica, não importando se pública ou privada, bem como os entes despersonalizados, que desenvolvam, dentre outras atividades, prestação de serviço; os serviços notariais, são prestados por delegatários do Poder Público, exercendo suas atividades em caráter privado.

Em sentido diverso, os argumentos do E. Ministro Humberto Gomes de Barros, ao se orientar no sentido da não aplicação do CDC: aquele que se utiliza de serviços notariais ou de registro não é consumidor, pois remunera o serviço mediante o pagamento de tributo; cartórios de notas e de registros não são fornecedores, mas prestadores de serviços públicos, mediante o pagamento de tributos; os serviços não são oferecidos "mercado de consumo", estando inseridos em sistemática apartada das leis de mercado.

A divergência evidencia que há tormentoso caminho a percorrer pelos operadores do direito até que o tema possa ser tido como pacificado.

Seja como for, aplicável ou não o CDC à atividade do registrador, é fato que o usuário tem direito a informações claras relacionadas com o serviço prestado, dado o interesse público e forte carga administrativa que o inspira.

No que interessa à qualificação registrária, quando negativa, materializada na nota de devolução, quanto mais esclarecedora e precisa se apresentar, maior será a possibilidade de interferência eficaz no espírito do usuário para compreensão da importância de agir para superação dos entraves ao registro, sem necessidade de suscitar incidentes, seja ao juízo corregedor permanente, seja ao juízo do feito do qual emanado o título, quando judicial.

---

68. STJ – REsp 625.144/SP, Rel. Ministra Nancy Andrighi, Terceira Turma, julgado em 14.03.2006, DJ 29.05.2006.

8. DA QUALIFICAÇÃO DOS TÍTULOS JUDICIAIS, NOTAS DE DEVOLUÇÃO E SUA INTERLOCUÇÃO COM OS COMANDOS JUDICIAIS

Durante a exposição foram mencionados os diversos aspectos da qualificação registral, os princípios a serem observados e importância da nota de devolução como veículo de interlocução entre o registrador e demais operadores do sistema registral.

A qualificação dos títulos judiciais, de qualquer maneira, suscita inúmeras discussões e por vezes incidentes delicados no cotidiano das serventias extrajudiciais.

Não raro, a qualificação negativa enseja reações fortes tanto dos interessados, como por parte dos responsáveis pela expedição dos títulos, que por vezes não alcançam ou cogitam de que algo emanado do Poder Judiciário possa comportar alguma espécie de controle em tal seara.

Como não poderia deixar de ser, como regra, não cabe ao registrador incursionar nas razões ou mérito das decisões que ensejaram o título judicial.

Viável, porém, o controle da legalidade naquilo que não afronte as razões de fundo, tarefa nem sempre fácil.

Nesse contexto, conforme já mencionado em momento anterior desse trabalho, cabe ponderar que boa parte das dúvidas registrárias, comandos para cumprimento de ordens sob pena de sanções no âmbito penal, ou representações às corregedorias permanentes contra oficiais de registro de imóveis, têm como origem notas de devolução fundadas em afirmada afronta ao princípio da continuidade.

As razões são as mais variadas.[69]

Por vezes, há discrepância entre as informações levadas pelas partes ao juízo do feito, dissociadas da realidade da titularidade apontada nos assentos da serventia. Não raro decorrem da apresentação de certidões de matrícula não atualizadas em ação de adjudicação compulsória ou algo similar.

Ocorre também de quando da confecção de cartas de sentença ou mandados, os dados transpostos para os títulos apresentados ao registro estarem incompletos ou imprecisos, não suficientemente instruídos.

---

69. A respeito do tema há trabalho publicado pelo oficial registrador João Baptista Galhardo, em que aborda diversos dos aspectos práticos relacionados com as situações mais frequentes de devolução de títulos judiciais. Destaca elementos de observância e cuidado obrigatórios, nas diversas modalidades de títulos, a contribuir para a diminuição de incidentes relacionados apresentação de títulos judiciais (GALHARDO. João Baptista. Títulos Judiciais e o Registro de Imóveis. In: DIP, Ricardo; JACOMINO, Sérgio (Org.). *Doutrinas Essenciais de Direito Registral*. São Paulo: Ed. RT, 2012. v. II, p. 1057-1078).

Pode acontecer de haver divergência de entendimentos nos âmbitos administrativo e judicial, tal como se dá com adjudicações ou arrematações, por alguns compreendidas como formas derivadas de aquisição da propriedade, por outros originárias.

De qualquer maneira, em regra, não há irregularidade na conduta do oficial que, no exercício independente de seu dever de qualificar, devolve título judicial por foça de obstáculo relacionado com a inobservância da continuidade.

Quando o faz – devolve títulos judiciais –, é importante compreender que, em boa parte dos casos, não está a descumprir os comandos dos juízos de origem.

Ao contrário, atua para o resguardo da integridade do sistema, do qual se espera a tão lembrada segurança jurídica, nos termos que lhe impõe a legislação.

A atuação, em muitas vezes, pode ser compreendida como parceria visando resguardo duplo do sistema, dado que uma atividade (do registrador) não raro completa a outra (do Poder Judiciário), no aperfeiçoamento do trato de questões reais imobiliárias.

O que importa consignar, de qualquer maneira, é que a origem judicial do título não exime o oficial da obrigação de promover a qualificação, com a conferência da observância dos princípios que regulam os registros de imóveis.

Essa é a orientação firme do Conselho Superior da Magistratura no Tribunal de Justiça do Estado de São Paulo,[70] com ressonância nas Normas de Serviço da Corregedoria Geral da Justiça dos Cartórios Extrajudiciais da mesma Corte, em seu Capítulo XX, item 117.[71]

Trata-se de posicionamento de longa data identificável nas ponderações de Serpa Lopes:[72]

> Muitas vezes o ato da inscrição é baseado num mandado judicial e em cumprimento à ordem do juiz.
>
> Pode o oficial, em tal caso, suscitar dúvida?
>
> É evidente que pode, se bem que em condições mais restritas. Ao oficial não é lícito, v. g., criar dúvidas sôbre matéria que tenha sido objeto do julgado, mesmo que se trate da capacidade

---

70. TJSP; Apelação Cível 1000283-05.2020.8.26.0390; Relator (a): Ricardo Anafe (Corregedor Geral); Órgão Julgador: Conselho Superior de Magistratura; Foro de Nova Granada – Vara Única; Data do Julgamento: 01/09/2020; Data de Registro: 08.09.2020; TJSP; Apelação Cível 1001281-67.2020.8.26.0100; Relator (a): Ricardo Anafe (Corregedor Geral); Órgão Julgador: Conselho Superior de Magistratura; Foro Central Cível - 1ª Vara de Registros Públicos; Data do Julgamento: 20.08.2020; Data de Registro: 26.08.2020; TJSP; Apelação Cível 1003778-72.2019.8.26.0073; Relator (a): Ricardo Anafe (Corregedor Geral); Órgão Julgador: Conselho Superior de Magistratura; Foro de Avaré – 2ª Vara Cível; Data do Julgamento: 15.05.2020; Data de Registro: 28.05.2020.
71. Incumbe ao oficial impedir o registro de título que não satisfaça os requisitos exigidos pela lei, quer sejam consubstanciados em instrumento público ou particular, quer em atos judiciais (Disponível em: https://api.tjsp.jus.br/Handlers/Handler/FileFetch.ashx?codigo=120537. Acesso em: 13 set. 2020).
72. *Tratado dos Registros Públicos*. 5. ed. Rio de Janeiro: Freitas Bastos, 1962, v. II, p. 355.

do interessado. Mas se o Oficial não pode ingressar na análise dos fundamentos das decisões judiciárias, por outro lado, estas não podem compelir a que se torne efetiva a inscrição de títulos não subordinado à inscrição, ou que contenham defeitos em antinomia à inscrição.

Êle pode, então, apreciar as formalidades extrínsecas do mandado judicial, para constatar a autenticidade, bem como apurar se existe algum direito constante do registro que impeça a execução da sentença judicial, a menos que êsse conflito tenha constituído um dos fundamentos da sentença executada.

Assim, por exemplo, se a inscrição judicialmente ordenada estiver em oposição com o direito do titular do imóvel, devidamente transcrita, ou por outra, não figurando em nome do devedor a transcrição do imóvel, a inscrição não poderá ser levada a efeito, nenhum mandado judicial poderá ter comprimento.

Na mesma linha, as considerações Marcelo Martins Berthe:

(...) é pacífica a orientação que emana do Colendo Conselho Superior da Magistratura, estabelecendo que títulos judiciais devem ser qualificados como os demais, ficando submetidos aos princípios gerais que inspiram e orientam o direito registrário como um todo.

(...) é preciso ficar claro que os títulos judiciais em geral, aí incluídos os mandados, não estão a salvo, nem refogem ao rigor de sua subsunção aos princípios registrários que regem todo o sistema, que não admite exceção, pena de ficar subvertido.[73]

Analisa em detalhes o que incumbe ao oficial checar:[74]

Ao registrador encarregado da qualificação registral, depois de assegurar-se sobre sua competência territorial para recepcionar o título judicial, incumbirá, em primeiro lugar, atentar para seus aspectos formais, perquirindo acerca da *legalidade*.

Trata-se, na verdade, de um exame do instrumento em si mesmo considerado (*título em sentido impróprio*).

Nesta oportunidade deverá o registrador verificar se o número de peças indicado no título está correto, se atendem aos requisitos da espécie, ou ainda se o título (*instrumento*) está entre aqueles que merecem acesso ao registro predial, conforme a previsão legal.

Ultrapassado esse exame preliminar, e verificado o preenchimento dos requisitos de ordem formal, num segundo passo deverá o registrador tomar em consideração a adequação do título judicial, tendo em conta o seu conteúdo, isto é, cumprirá cogitar de sua causa ou fundamento jurídico, questionando a registrabilidade do direito retratado no instrumento, ou, melhor dizendo, caberá avaliar o *título em sentido próprio*, para constatar se ele se inclui no rol do art. 167 da Lei de Registros Públicos.

Finalmente, o título ainda deverá submeter-se aos demais aspectos de legalidade extrínsecos, como antes já enfocados, os quais são resultantes daqueles outros vários interesses, que, embora não essencialmente registrários, também são preventivamente protegidos e controlados no registro predial e, portanto, devem ser objeto da qualificação registral. Neste momento deverá ser considerada toda a legislação extravagante, que impõe ao registrador a

---

73. Títulos judiciais e o registro imobiliário. *Revista de Direito Imobiliário*. v. 41. p. 56-63. São Paulo, maio/ago. 1997, p. 59-60.
74. Op. cit., p. 60-61.

responsabilidade pelo exame do preenchimento desses outros requisitos legais, relacionados com aqueles vários interesses a que já se fez alusão, de índole fiscal, tributária, urbanística, ambiental, econômica ou política, todos relacionados com o pretendido registro.

Segue com ressalvas relacionadas ao respeito à coisa julgada e questões decididas e preclusas no âmbito judicial:[75]

> O registrador, entretanto, no exercício da função de qualificar os títulos judiciais, terá sua atuação limitada pelo respeito que será devido à coisa julgada; ou mesmo à matéria preclusa, já decidida no curso do processo do qual o título judicial foi extraído.
> Estes limites, que decorrem do dever de respeito às decisões judiciais, ou à coisa julgada, estão balizados na Constituição Federal e visam a garantir estabilidade jurídica e eficácia às decisões judiciais.

Sobre o tema, há também importante trabalho de autoria de Antônio Scarance Fernandes,[76] no qual aborda a qualificação registral, a segurança jurídica, a independência e autonomia do registrador e o convívio com os comandos judiciais.

O trabalho avança inclusive na análise das medidas por vezes ordenadas no âmbito penal em razão das notas de devolução de títulos judiciais.

Aqui destacam-se trechos, naquilo que sintetizam a melhor compreensão sobre as posturas dos oficiais em face dos comandos judiciais:

> (...) Como bem salienta Eduardo Agostinho Arruda Augusto, "se o registrador imobiliário não trabalhar com autonomia, ocorrerá total abalo no princípio da segurança jurídica e, sem segurança jurídica, o registro público imobiliário deixa de existir. O registrador (...) não pode estar hierarquicamente subordinado a nenhum órgão da administração pública, pois deve ter total autonomia para decidir e garantir a efetividade do registro imobiliário. Na sua função típica, o registrador imobiliário encontra-se subordinado tão somente à lei".
> Além do postulado da segurança jurídica, fundamento da atividade registral, e do supraprincípio da autonomia, sem o qual a atividade do registrador pouco valeria, devem ser observados alguns princípios para o regular "acesso de qualquer título ao sistema registral", "como o atendimento aos princípios da continuidade, que visa impedir o lançamento de qualquer ato registral sem o registro anterior e a obrigar as referências originárias, derivadas e sucessivas (art. 195, 222 e 237, LRP); da especialidade, que exige a plena e perfeita identificação do imóvel nos documentos e dos sujeitos/titulares (art. 176 § 1º, II, item 3, e 225, LRP); da disponibilidade, com base no qual ninguém pode transferir mais direitos do que os constituídos pelo registro imobiliário, a compreender a disponibilidade física – área disponível do imóvel – e a jurídica – a vincular o ato de disposição à situação jurídica do imóvel e da pessoa –, conforme previsão legal do artigo 176, § 1º, item III, da LPR; e, ainda, da legalidade, que impõe o exame prévio da legalidade, validez e eficácia dos títulos, a fim de obstar o registro de títulos inválidos, ineficazes ou imperfeitos, e desse modo contribuir para a concordância

---

75. Op. cit., p. 61.
76. *O cumprimento de ordem judicial pelo registrador.* In: DIP, Ricardo; JACOMINO, Sérgio (Org.). *Doutrinas Essenciais de Direito Registral*. São Paulo: Ed. RT, 2012. v. I, p. 1043-1082.

do mundo real com o mundo registral, a fim de que o público possa confiar no registro (arts. 167, I e II; 169 e 198, LRP)" (sic).[77]

(...) Todos os títulos, inclusive os judiciais, devem ser submetidos ao prudente e técnico juízo de qualificação do registrador. Não teria sentido que ficasse o encarregado de velar pela segurança do sistema registral eximido de observar se estão preenchidos requisitos intrínsecos e extrínsecos do documento, em virtude de sua natureza judicial. Devem, também, ficar plenamente observados os princípios da legalidade, da continuidade, da especialidade, da disponibilidade. Em caso de ausência da análise do documento, pelos danos causados a terceiros, pode o registrador ser responsabilizado.[78]

(...) Contudo, se, por um lado, o fato de o título levado a registro ter origem judicial não exonera o Oficial de Registro do exame de qualificação, por outro, não se pode deixar de respeitar o comando advindo de toda decisão jurisdicional. Esse conflito é objeto de realce em recentes encontros de estudiosos do Direito Registral Imobiliário, como em evento realizado em 3 de agosto de 2007. O Desembargador Ricardo Dip, várias vezes citado, observou: "o registrador tem liberdade no momento de decidir se deve ou não registrar o título, no entanto, tem de acatar as ordens do juiz, em última instância".[79]

(...) Embora haja imperatividade tanto no juízo do registrador como no do juiz, sendo os dois manifestações de juízo prudencial, há diversidade de graus nessa imperatividade. O poder do registrador se esgota com a sua atividade de qualificação e não gera, quando negativo, o efeito de imutabilidade. Veja-se que pode o interessado suscitar processo de dúvida perante o juiz corregedor, devendo a decisão por este proferida ser cumprida pelo encarregado do registro, ainda que dela discorde. Diferentemente, a força decorrente de uma decisão judicial transitada em julgado proferida em processo contencioso será imutável, deve ser cumprida pelas partes e aceita por terceiros como fato jurídico. Poderão terceiros prejudicados, não atingidos pela coisa julgada, vir a discuti-la no que se refere ao atingimento de sua esfera jurídica, mas a sentença permanece. Não se insere na atividade do registrador a defesa de interesses de terceiros prejudicados, podendo, se quiser, como cautela, dar conhecimento a eventual prejudicado da ordem judicial, cabendo a este defender seus interesses em juízo.[80]

(...) Em conclusão. Deve o registrador quando se depara com um título judicial para registro realizar, por decorrência de sua função, atividade de qualificação, e, se for negativa, deve devolver o título com as razões fundamentadoras de sua conclusão. Todavia, se o juiz do processo contencioso reiterar a sua determinação, cabe a ele atendê-la, no prazo que lhe assegura a Lei, fazendo as comunicações e anotações que entender necessárias.[81]

As passagens transcritas são elucidativas.

Para concluir, de qualquer maneira, importa ressaltar que quando se reconhece que os títulos judiciais não estão imunes à qualificação, não se está a admitir que com ela (com a qualificação) se questione o alcance da ordem judicial.

---

77. Op. cit., p. 1051-1052.
78. Op. cit., p. 1053.
79. Op. cit., p. 1054.
80. Op. cit., p. 1057.
81. Op. cit., p. 1058.

Em realidade, busca-se o cumprimento do comando judicial concomitante com as providências necessárias à preservação dos princípios registrários estabelecidos pela Lei 6.015/73, fator de segurança jurídica.

Uma vez encaminhando-se o oficial pela qualificação negativa, com a emissão da nota devolução, o caminho natural ao interessado apresentante do título é a suscitação da dúvida, com o que o tema será submetido ao crivo do juízo corregedor permanente.

Porém, por vezes, sem passar pela via do procedimento de dúvida, o dissenso é levado diretamente ao juízo do feito de origem do título que, ciente do óbice levantado pelo oficial, a depender da orientação que adote, acaba por comandar a superação da objeção levantada quando da qualificação negativa.

Em tal situação, ainda que respeitada a convicção do oficial, terá que necessariamente atender ao comando judicial, dada sua prevalência sobre possíveis orientações vigentes na seara administrativa.

Daí que, havendo confronto de orientações, na linha do que foi apontado por Antônio Scarance Fernandes,[82] vem-se consagrando o entendimento de que deve prevalecer o que for ordenado no âmbito judicial.

O Superior Tribunal de Justiça, a Corte que dá a última palavra sobre interpretação da legislação federal, em diversas oportunidades admitiu o processamento de conflitos de competência entre juízos dos feitos dos quais extraídos os títulos judiciais e corregedores permanentes.

Vários são os julgados no sentido de que, em regra, em havendo posicionamentos conflitantes, prevalece o que ficar estabelecido no âmbito judicial, em detrimento da orientação manifestada pelo juízo corregedor permanente, cuja atuação é compreendida como de natureza administrativa.[83]

A título de ilustração, traz-se à colação ementa de um dos julgados:

Conflito de competência. Registros Públicos. Arrematação. Justiça do Trabalho. Juiz Corregedor dos Registros. – Cabe ao Juiz do Trabalho decidir sobre o registro da carta de arrematação expedida no Juízo Trabalhista. Por isso, também lhe incumbe zelar pela fiel observância da Lei dos Registros Públicos.[84]

O Eminente Ministro Relator Ruy Rosado de Aguiar, quando de referido julgamento, em seu voto ressaltou a importância da observância dos princípios registrários, mas optou pela preservação da orientação jurisdicional, conforme ponderações sobre o tema transcritas:

---

82. O cumprimento de ordem judicial pelo registrador. In: DIP, Ricardo; JACOMINO, Sérgio (Org.). *Doutrinas Essenciais de Direito Registral*. São Paulo: Ed. RT, 2012. v. I, p. 1043-1082.
83. Sobre o tema, confira-se: CC 37081/SP, CC 37927/SP, CC 30820/RO, CC 21649/SP, CC 21413/SP, CC 41.641/MG, CC 41042 / PR.
84. STJ – CC 31866/MS – Rel. Min. Ruy Rosado de Aguiar – 2ª Seção – Data do julgamento: 22.08.2001 – DJ: 29.10.2001, p. 179.

(...) Confesso que não deixo de encontrar defeito na orientação adotada, pois as ordens judiciais expedidas em processos de execução muitas vezes não levam na devida conta os princípios do registro público, cuja rigorosa formalidade é fator de segurança social. Daí a conveniência de que somente seja ordenado o registro de documento hábil.

No entanto, mais difícil será submeter a decisão de um Juízo à revisão do outro, criando infindas disputas.

Assim, parece mais conveniente autorizar o cumprimento da decisão do Juízo da execução, ficando reservado à parte prejudicada, que tenha ou não tido oportunidade de se defender no curso do processo, exercer seu direito nas vias judiciais. Fica, ainda, ressalvado, a qualquer interessado o direito de discutir os efeitos do ato praticado com ofensa ao sistema registral e sua legislação específica. Confia-se em que o juiz da execução, ao expedir mandados dessa natureza, previamente atenderá ao disposto na Lei dos Registros Públicos. E, uma vez observada a dificuldade pelo Oficial Público, não tomará isso como uma ofensa à autoridade, mas sim como boa oportunidade para regularizar o registro e assim evitar futuras demandas, com grave prejuízo aos interessados que confiam na correção dos registros, especialmente naqueles ordenados pelo juiz.

Em arremate, conclui-se que incumbe ao registrador, como regra, ao se defrontar com título judicial, promover sua qualificação com a necessária autonomia e independência.

Quando negativa a qualificação, há que devolver o título com suas fundamentadas razões.

Conforme já abordado no tópico em que analisada a nota devolução, quanto melhor esclarecidas as razões em tal ato expostas, maior tende a ser a compreensão e receptividade do juízo à postura do oficial.

A eficiência da interlocução, mensurável pela qualidade das notas devolutivas, tem potencial para definir o alcance das reações às qualificações negativas.

Seja como for, se ainda assim o juízo de origem do título comandar a superação do óbice levantado pelo oficial, não há outro caminho a seguir, ainda que exista orientação diversa no âmbito administrativo.

Caberá ao oficial atender ao comando judicial, fazendo as comunicações e anotações de cautela que reputar necessárias.

9. CONCLUSÃO

De todo o exposto, conclui-se que a qualificação registral, enquanto instrumento de controle da legalidade dos títulos apresentados a registro, é fator de resguardo da segurança que se espera do ordenamento jurídico.

As regras ou princípios registrários que norteiam a qualificação, na medida em que direcionados à segurança jurídica, têm como destinatários não apenas o registrador, mas todos que atuam no mundo jurídico, cada qual com seu papel específico, a contribuir para um ambiente de registros seguro.

As posturas dos registradores não devem ser de resistência, mas de facilitação do registro.

Ainda assim, quando insuperáveis os obstáculos ao registro e negativa a qualificação registral, devem manifestar-se por meio de notas de devolução claras e fundamentadas.

A excelência com que exercida a atividade do registrador, em especial quando da qualificação registral, contribui para a confiança no sistema, com repercussão nos diversos atores que por ele trafegam, sejam pessoas particulares, agentes econômicos ou judiciais.

Do harmônico convívio dos institutos e instituições, resulta a confiabilidade do ordenamento jurídico, em prol da sempre esperada segurança jurídica.

10. REFERÊNCIAS

ÁVILA, Humberto. *Teoria da segurança jurídica*. 4. ed. rev., atual. e ampl. São Paulo: Malheiros, 2016.

BENÍCIO, Hércules Alexandre da Costa. A responsabilidade civil de notários e registradores sob a égide da Lei 13.286/2016. *Revista de Direito Imobiliário*. v. 81. p. 363-381, São Paulo, jul./dez. 2016.

BERTHE, Marcelo Martins. Títulos judiciais e o registro imobiliário. *Revista de Direito Imobiliário*. v. 41. p. 56-63, São Paulo, maio/ago. 1997.

CARVALHO FILHO, José dos Santos. *Manual de Direito Administrativo*. 31. ed. rev., atual. e ampl. São Paulo: Atlas, 2017.

CENEVIVA Walter. *Lei dos Registros Públicos comentada*. 19. ed. São Paulo: Saraiva, 2009.

DE CARVALHO, Afrânio. *Registro de imóveis*. 3. ed. rev. e atual. Rio de Janeiro: Forense, 1982.

DE MELLO, Celso Antônio Bandeira. *Curso de Direito Administrativo*. 32. ed. rev. e atual. até Emenda Condicional 84, de 2.12.2014. São Paulo. Malheiros Editores, 2015.

DINIZ, Maria Helena. *Sistemas de Registros de Imóveis*. 4 ed. São Paulo: Saraiva, 2003.

DIP, Ricardo. Sobre a qualificação no registro de imóveis. In: DIP, Ricardo; JACOMINO, Sérgio (Org.). *Doutrinas Essenciais de Direito Registral*. São Paulo: Ed. RT, 2011. v. 6.

DOS SANTOS, Flauzilino Araújo. Sobre a qualificação dos títulos judiciais no Brasil. In: DIP, Ricardo; JACOMINO, Sérgio (Org.). *Doutrinas Essenciais de Direito Registral*. São Paulo: Ed. RT, 2012. v. 2.

DOS SANTOS, Flauzilino Araújo. Princípio da legalidade e registro de imóveis. In: DIP, Ricardo; JACOMINO, Sérgio (Org.). *Doutrinas Essenciais de Direito Registral*. São Paulo: Ed. RT, 2012. v. II.

FERNANDES, Antônio Scarance. O cumprimento de ordem judicial pelo registrador. In: DIP, Ricardo; JACOMINO, Sérgio (Org.). *Doutrinas Essenciais de Direito Registral*. São Paulo: Ed. RT, 2012. v. I.

FERREIRA, Antônio Carlos. A interpretação da doutrina do adimplemento implemento substancial. *Revista de Direito Civil Contemporâneo*. v. 18. p. 35-60, São Paulo, jan./mar. 2019.

GALHARDO. João Baptista. Títulos Judiciais e o Registro de Imóveis. In: DIP, Ricardo; JACOMINO, Sérgio (Org.). *Doutrinas Essenciais de Direito Registral*. São Paulo: Ed. RT, 2012. v. II.

JUNQUEIRA, José de Mello. Qualificação registral – Sua independência e responsabilidade civil e administrativa disciplinar do registrador de imóveis. *Revista de Direito Imobiliário*. v. 81, p. 383-399, São Paulo, jul./dez. 2016.

KONNO, Alyne Yumi. *Registro de Imóveis* – Teoria e Prática. São Paulo: Memória Jurídica Editora, 2007.

LEITE, Eduardo de Oliveira. *A monografia jurídica*. 5. ed. rev. e atual. São Paulo: Ed. RT, 2001.

LOUREIRO, Francisco Eduardo. In: PELUSO, Cézar (Coord.). *Código Civil comentado*. 7. ed. rev. e atual. Barueri-SP, 2013.

MACHADO, Lorruane Matuszewski. O registro imobiliário como instituição e a importância econômica de sua preservação: uma análise à luz da teoria institucional de Douglass North. *Revista de Direito Imobiliário*. v. 88. p. 13-29, São Paulo, jan./jun. 2020.

ORLANDI NETO, Narciso. *Retificação do Registro de Imóveis*. Editora Oliveira Mendes. Livraria Del Rey Editora, 1997.

PASSARELLI, Luciano Lopes. A nota de devolução no registro de imóveis. *Revista de Direito Imobiliário*. v. 84, p. 161-199, São Paulo, jan./jun. 2018.

RIBEIRO, Luiz Gustavo Leão. Registro de Imóveis X Custo Brasil. *Boletim Eletrônico do Instituto de Registro Imobiliário do Brasil* (IRIB), n. 700. Disponível em: https://www.irib.org.br/boletins/detalhes/3139. Acesso em: 08 set. 2020.

RIBEIRO, Luiz Paulo Aliende. *Regulação da Função Pública Notarial e de Registro*. São Paulo: Saraiva, 2009.

RIBEIRO, Luiz Paulo Aliende. Responsabilidade administrativa do notário e do registrador, por ato próprio e por ato de preposto. *Revista de Direito Imobiliário*. v. 81. p. 401/427, São Paulo, jul./dez. 2016.

RIBEIRO, Moacyr Petrocelli de Ávila. *A usucapio o libertatis* no registro de imóveis: perspectivas registrais a partir da incidência de ônus reais na propriedade imobiliária. *Revista de Direito Imobiliário*. v. 88. p. 111-178, São Paulo, jan./jun. 2020.

SALLES, Venício. *Direito Registral Imobiliário*. 2 ed. São Paulo: Saraiva, 2007.

SERPA LOPES. Miguel Maria de. *Tratado dos Registros Públicos*. 5. ed. Rio de Janeiro: Freitas Bastos, 1962. v. II.

SILVEIRA, Marco Antônio. *Registro de Imóveis* – Função e Responsabilidade Social, RCS Editora, 2007.

QUALIFICAÇÃO REGISTRAL: O CORAÇÃO DA ATIVIDADE REGISTRAL IMOBILIÁRIA

Aline Aparecida de Miranda

Mestranda em Direito Administrativo pela Faculdade de Direito da USP. Pós-graduada em Direito Notarial e Registral pela Escola Paulista da Magistratura. Juíza de Direito do Tribunal de Justiça de São Paulo.

Sumário: 1. Introdução – 2. Função registral – 3. Qualificação registral; 3.1 Conceito; 3.2 Natureza jurídica; 3.3 Características; 3.4 Pressupostos e conteúdo; 3.5 Qualificação positiva e qualificação negativa – 4. Considerações finais – 5. Referências.

1. INTRODUÇÃO

O estudo sobre a complexidade da qualificação registral é elementar à compreensão da relevância do registro imobiliário.

Nessa linha, a partir de abordagem sintética e sem o propósito de esgotar o tema, o presente manuscrito apresenta reflexões sobre a função registral e sobre o que é a análise do título recebido pelo registrador que resulta, inevitavelmente, a um dos dois desfechos: o título ingressa no registro de imóveis ou não.

2. FUNÇÃO REGISTRAL

O estudo sobre a qualificação registral deve ser antecedido, ainda que em breves linhas, pela reflexão sobre a função registral, até para que não sejam os registros públicos reduzidos a meios burocráticos destinados a atravancar as relações jurídicas.

A origem dos registros é remota, com notícias sobre publicidade predial desde as práticas dos povos da antiguidade,[1] ostentando os registros modernos proximidade com os sistemas publicitários do direito medieval.[2]

---

1. J. A. Mouteira Guerreiro busca na antiga Mesopotâmia os indícios da existência de uma publicidade das transações imobiliárias, referindo-se à "pedra miliar" denominada "Kudurru", em que "apareceu consignada a transmissão de imóveis a alguns grupos familiares assírio-babilónicos". Na sequência, narra o histórico da publicidade dos direitos sobre imóveis até a contemporaneidade do direito português em relação à edição da obra (GUERREIRO, 1994).
2. DIP, 2005, p. 71.

No cenário brasileiro, hoje a matéria encontra assento constitucional no artigo 236 da Constituição da República Federativa de 1988, cujo *caput* e parágrafos estabelecem o exercício em caráter privado dos serviços de registro por delegação do Poder Público; a regulamentação por lei da atividade, da responsabilidade civil e criminal e da fiscalização pelo Poder Judiciário; a disciplina por lei federal de normas gerais para emolumentos; e o ingresso na atividade mediante concurso público de provas e títulos.[3]

A função registral, segundo Ricardo Dip, é "uma função pública não estatal, mas função pública, isto sim, comunitária", ou seja, uma função da comunidade.[4]

O registrador imobiliário ocupa relevante posição na sociedade, na medida em que a ela oferece modalidade de segurança jurídica necessária a seu desenvolvimento e expansão. Sua atuação é guiada pelo interesse público, de natureza indisponível.

Nelson Nery Junior e Rosa Maria de Andrade Nery, em estudo sobre os registros, dizem que "a atividade registrária imobiliária encontra seu fundamento na necessidade de institucionalização da forma como civilmente a propriedade e os direitos reais sobre bens imóveis (na maioria dos casos) se constituem e se provam".[5]

Como anota Luís Paulo Aliende Ribeiro, "o registrador imobiliário é o profissional incumbido do exercício, com autonomia e rigor técnico-jurídico, da atividade de qualificação dos títulos submetidos a registro", tarefa essa de "extrema relevância para a depuração dos direitos reais inscritos e para a regularidade dos efeitos desta decorrentes".[6]

No núcleo da atividade registral, como anota Leonardo Brandelli, está a promoção da segurança jurídica estática e dinâmica, atendendo a primeira ao interesse individual, e a segunda ao interesse coletivo, ambas relevantes às mais diversas relações jurídicas.[7]

---

3. CR/88: Art. 236. Os serviços notariais e de registro são exercidos em caráter privado, por delegação do Poder Público. § 1º Lei regulará as atividades, disciplinará a responsabilidade civil e criminal dos notários, dos oficiais de registro e de seus prepostos, e definirá a fiscalização de seus atos pelo Poder Judiciário. § 2º Lei federal estabelecerá normas gerais para fixação de emolumentos relativos aos atos praticados pelos serviços notariais e de registro. § 3º O ingresso na atividade notarial e de registro depende de concurso público de provas e títulos, não se permitindo que qualquer serventia fique vaga, sem abertura de concurso de provimento ou de remoção, por mais de seis meses.
4. DIP, 2018, p. 115.
5. NERY; NERY JUNIOR, 2017, p. 239.
6. RIBEIRO, 2009, p. 65.
7. "A necessidade de segurança jurídica estática decorre da noção mesma de Direito subjetivo, que tem um fim último de conservação e tutela para que possa desempenhar seu papel. A necessidade de segurança dinâmica, por sua vez, decorre da noção de negócio jurídico, que tem, ao contrário, uma finalidade dinâmica, de iniciativa e renovação, na medida em que implica, pela sua própria natureza,

Pela segurança estática, protege-se o direito subjetivo, na medida em que o titular de um direito não pode ser dele privado sem a sua participação. Resguardam-se, portanto, os direitos da pessoa cujo nome consta da matrícula do imóvel, não se admitindo sua subtração de inopino e sem sua participação, exigindo-se, até quando desconhecido seu paradeiro, o esgotamento de tentativas de sua localização para que participe da discussão que alcança seu direito assentado no registro de imóveis.[8]

Já a segurança dinâmica transmite confiança a terceiros adquirentes de boa-fé, que depositam sua credibilidade na informação registral e por isso, realizam as transações jurídicas.

A função social do registrador de imóveis revela-se, ainda, por sua colaboração com o Estado, tanto no que se refere a matéria de uso regular do solo, quanto no que tange à própria instituição registrária, que não o restringe à tarefa de secundar o Estado. Essa função, de todo modo, é considerada secundária, pois lastreada em "predicados adjetos que se voltam ao subsídio de incumbências próprias e primeiras de funções do governo político", discutíveis, em alguns aspectos, quanto a seu valor social, como "a imposição de obstáculos tributários à registração do tráfico de imóveis".[9]

Diversamente dos arquivos ou cadastros administrativos, que atendem os interesses da Administração pública, os registros públicos protegem interesses dos particulares nas relações de bem comum da sociedade política.

Ricardo Dip contrapõe os registros públicos aos "registros" administrativos (cadastros da Administração) e indica que os primeiros não visam, direta e primeiramente, a alimentar estatísticas, a permitir controle de rendas, a inibir práticas criminosas etc., tratando-se de efeito secundário da atividade a

---

uma forma de fazer circular o Direito subjetivo. (...) Para essa faceta da segurança jurídica [estática], todos os instrumentos que estejam direcionados à prova da titularidade e do conteúdo de certo direito subjetivo lhe são caros. Quanto mais eficaz for o meio na produção dessas provas, maior será a segurança estática conferida. Neste ponto, grande é a valia dos sistemas registrais, em particular, o registral imobiliário, objeto do presente trabalho. O registro imobiliário é, inegavelmente, um eficiente meio de prova da titularidade e do conteúdo dos direitos subjetivos imobiliários que devam ser oponíveis a terceiros, sejam eles reais ou obrigacionais com eficácia real. Quanto maior for a eficácia conferida ao registro imobiliário, maior será a segurança jurídica estática por ele produzida. A segurança estática reza que o titular de um direito não pode ser dele privado sem a sua participação, sendo, pois, segurança que protege o Direito subjetivo. Entre a proteção de um terceiro de boa-fé e a proteção do *verdadeiro titular*, opta-se por este. A segurança dinâmica, por seu turno, institui uma proteção ao terceiro que de boa-fé adquira algum direito registrado, confiando na informação registral-estatal, protegendo-se, dessa maneira, o tráfico jurídico" (BRANDELLI, 2016, p. 7-9).

8. Nessa linha, confira-se, por exemplo, a exigência de notificação de titulares de direitos reais e de outros direitos registrados ou averbados na matrícula do imóvel usucapiendo e na matrícula dos imóveis confinantes, em se tratando de usucapião extrajudicial, conforme norma do artigo 216-A do Código de Processo Civil.
9. DIP, 2005, p. 136-137.

reunião de dados que contribua para essas finalidades. Sublinha, ainda, que os cadastros ou arquivos administrativos são órgãos próprios da Administração pública, submetidos à hierarquia que lhes é inerente, "ao passo que os registros públicos são, por sua natureza (mais exatamente: por seu hábito histórico), órgãos dotados de profissionalidade ou liberalidade jurídica, insuscetíveis de comando hierárquico".[10]

Esse espaço de atuação do registrador, marcado pela independência jurídica, com análise atenta, prudente e rigorosa aos ditames legais, garante a higidez do sistema registral imobiliário. A qualificação registral, portanto, é a essência da atividade do registrador imobiliário.

3. QUALIFICAÇÃO REGISTRAL

Chega-se, então, ao estudo da qualificação, coração da atividade registral e maior razão de existir dos registros de imóveis, pois necessariamente deve ser realizada por pessoa apta e habilitada, insubstituível por apetrecho ou mecanismo computacional, tecnológico e digital.

Em termos simplificados, logo após o protocolo do título, este é submetido ao exame pelo registrador que o qualifica, ou seja, o registrador se debruça sobre o título e sobre as matrículas por ele atingidas, em análise legal e principiológica, para que, em ato de império final, conclua sobre o ingresso ou a recusa do título no registro de imóveis.

Na doutrina de Luís Paulo Aliende Ribeiro, "a qualificação constitui-se no ato mais importante da atividade notarial e de registros".[11] Essa importância é justificada a partir de seu significado, características e alcance, conforme se indica na sequência.

3.1 Conceito

O termo "qualificação" comporta análise em seu sentido geral, filosófico e, de forma específica, registral.

No conceito geral, qualificar-se é "ter uma dada qualidade em ordem a determinado fim. Qualificar é reconhecer num sujeito determinado (que alguns chamam de objeto material) os predicados (ou qualidade) para atingir certos fins".[12]

Notadamente próximo do conceito geral, o conceito filosófico de "qualificação" está relacionado à afirmação de um caráter que constitui uma qualidade:

---

10. DIP, 2018, p. 238-240.
11. RIBEIRO, 2009, p. 91.
12. DIP, 2005, p. 167.

O conceito filosófico de qualificação é o de ação ou denominação afirmativa de um caráter que constitui uma qualidade, seja sob o aspecto apenas descritivo, seja sob o valorativo (vide Lalande, Jolivet). O que, em rigor, especializa a acepção filosófica é o fato da referência ao predicamento ou categoria de qualidade (é dizer, ao acidente que modifica, de modo intrínseco, a substância). Num plano descritivo, p.ex., dá-se qualificação ao dizer-se: "Esta casa é de madeira; aquela outra, de alvenaria"; já, valorativamente: "Esta casa é cômoda", "Esta casa é feia" etc.[13]

Já o conceito específico de qualificação registral imobiliária consiste no "juízo prudencial, positivo ou negativo, da potência de um título em ordem a sua inscrição predial, importando no império de seu registro ou de sua irregistração".[14]

Trata-se de operação intelectiva, propriamente da razão prática, não da especulativa. Ultrapassa o simples exame ou verificação, "porque inclui o império que é próprio da prudência, ao passo que o simples exame ou verificação não passa de uma fase contemplativa do juízo prudencial".[15]

Com efeito, a qualificação se aperfeiçoa na decisão que decorre do exame da aptidão ou inaptidão do título para ingresso no Fólio Real, seja pela inscrição do título, seja pela não inscrição.

Por ser o império o ato último da prudência, portanto, tem-se que a qualificação é o juízo conclusivo da argumentação prudencial do oficial registrador.

Acrescente-se, ainda, a extensão do termo "qualificação" para, por analogia, utilizá-lo para designar a integralidade do discurso argumentativo do registrador, além da função registral judiciativa. Nesse sentido, sintetiza Ricardo Dip que é possível falar-se em "qualificação" tanto como processo discursivo no qual se conclui sobre a inscrição ou não inscrição de um título, quanto como atributo funcional do registrador.[16]

A importância atribuída à qualificação registral, assim, revela-se já a partir de seu conceito, na medida em que não se pode pensar segurança jurídica dos registros imobiliários sem o crivo prudencial do registrador acerca dos títulos que lhe são apresentados, com o ato de império final sobre sua inscrição nos registros.

É essa análise dedicada, com ato de império final, que garante a higidez ao sistema registral imobiliário.

---

13. Dip, 2018, p. 87-88.
14. DIP, 2005, p. 168.
15. Idem, p. 169.
16. DIP, 2018, p. 113.

3.2 Natureza jurídica

Há, de um modo geral, quatro correntes sobre a natureza jurídica da qualificação registral. Classificam-na como: a) jurisdicional; b) administrativa; c) de jurisdição voluntária; d) singular ou especial.[17]

A natureza jurisdicional é defendida pela aproximação entre a função jurisdicional e as atividades de registradores em seu surgimento histórico e no reflexo dos atos, dotados de eficácia *erga omnes*, a partir de subalternação do caso à norma jurídica.

A natureza de jurisdição voluntária é defendida por parte considerável da doutrina registral espanhola, referindo-se Ricardo Dip a Hernández Gil, Morell, Roca Sastre, Jerônimo González, Sanz Fernández, Casso, Sancho Rebullida e González Palomino. Destaca que nos sistemas em que o registro se perfaça por juízes, a questão deve ser racionalizada a partir da lei de regência, já que a jurisdição voluntária, enquanto função incluída na administração pública do direito privado, é típica do Judiciário.[18]

Pode ser consequência desse raciocínio "identificar uma natureza própria, especial da qualificação registrária, que se tem como um *tertius genus* entre a atividade administrativa e a judicial (contenciosa ou voluntária)". Essa compreensão identifica um caráter singular ou especial no juízo registrário, "enquanto repousa numa atividade pública designadamente convocada à formação de um ato jurídico privado ou ao estabelecimento de sua plena eficácia".[19]

Para Ricardo Dip, no cenário normativo brasileiro, a qualificação registral ostenta natureza administrativa, pois "dela não resulta formação de *res iudicata*, e, além disto, pode controlar-se nas vias tanto administrativa, quanto jurisdicional (o que não seria admissível se fosse a qualificação ato partícipe da jurisdição voluntária)".[20]

3.3 Características

Além da natureza administrativa admitida por Ricardo Dip, a qualificação registral caracteriza-se como juízo pessoal ou personalíssimo, indelegável, obrigatório, independente e responsável.[21]

Reza a doutrina que o ato de império da qualificação é exclusivo do registrador. Sendo personalíssimo, o juízo de qualificação é indelegável, de modo que não pode ser declinado a terceiros, sejam eles subalternos ao registrador, como

---
17. DIP, 2005, p. 179.
18. Ibidem, p. 184.
19. Ibidem, p. 185.
20. DIP, 2018, p. 153.
21. Ibidem, p. 149.

escreventes ou auxiliares, sejam possíveis superiores (até mesmo por meio de consultas normativas ou requerimentos oficiais prévios ao desfecho da qualificação).[22]

Ou seja, podem os escreventes e auxiliares anteciparem a análise do título. O ato de império sobre a inscrição ou não do título no registro, porém, cabe somente ao oficial, salvo cenário excepcional, como situação de impedimento pessoal do registrador que será examinada mais adiante.

Não obstante a indicação pela doutrina acerca da indelegabilidade da qualificação, a norma brasileira permite que os substitutos indicados pelo registrador exerçam, simultaneamente com ele, todos os atos que lhe sejam próprios, o que inclui o juízo qualificador,[23] a conferir a redação do artigo 20, parágrafo quarto, da Lei n. 8.935/94.[24]

A qualificação é obrigatória e "indispensável para o controle da legalidade e a custódia da segurança jurídica".[25] A eficiência dos registros públicos na proteção de direitos e na promoção da segurança jurídica estaria esvaziada sem a qualificação.

A qualificação registral é, ainda, notoriamente marcada pela independência, uma vez que o ato do registrador deve estar subordinado exclusivamente à regra legal, livre de intervenções ou imposições externas:

> A independência da qualificação registral, *in suo ordine* (isto é, sem excluir controle póstero administrativo ou jurisdicional), deriva, proximamente, do caráter personalíssimo do ato – identificado, como visto, com o juízo da consciência no plexo de uma argumentação de natureza prudencial. De modo remoto, essa independência resulta de ser o registrador titular de uma função da comunidade, vale dizer: alguém que só responde diretamente à lei, sem subalternação – no exclusivo âmbito do juízo qualificador – a uma autoridade hierárquica".[26]

---

22. "Pessoal – ou, mais rigorosamente, personalíssimo – porque só pode exercitar-se (rursus: em princípio) por quem seja titular da função comunitária dos registros, uma vez que a titularidade registrária é resultante de uma assinação legal e empolga um status de vultosa relevância jurídica para a comunidade: a atribuição da fides pública. Por outro aspecto, o caráter personalíssimo da qualificação deriva da responsabilidade adjunta ao dever de prestação funcional (tratando-se, como se trata, de uma função pública, isto é: uma função da comunidade, ainda que, tal o caso brasileiro, exercitada por pessoa física privada). Mas esse caráter, o de o registrador ser, ele próprio, o emitente da qualificação, não se incompatibiliza com a tarefa preparatória a que se dediquem terceiros (de maneira correntia, escreventes dos cartórios; alguma vez, assessores jurídicos)" (DIP, 2018, p. 150).
23. Ibidem, p. 151.
24. Lei n. 8.935/94. Art. 20. *Os notários e os oficiais de registro poderão, para o desempenho de suas funções, contratar escreventes, dentre eles escolhendo os substitutos, e auxiliares como empregados, com remuneração livremente ajustada e sob o regime da legislação do trabalho. Parágrafo quarto: Os substitutos poderão, simultaneamente com o notário ou o oficial de registro, praticar todos os atos que lhe sejam próprios exceto, nos tabelionatos de notas, lavrar testamentos.*
25. DIP, 2018 p. 151.
26. Ibidem, p. 151.

A independência jurídica do registrador público pode escorar-se em três pilares. O primeiro corresponde ao ordenamento positivo.[27] O segundo está na constituição histórica, na medida em que existente em prol do bem da comunidade, do interesse público. O terceiro, no caráter prudencial do saber próprio dos registradores públicos[28].

Dessa independência, decorre a responsabilidade do registrador, o que dota o ato de ainda mais segurança, na medida em que afasta abusividades. Imputada a qualificação ao registrador, ele pode responder por seus efeitos nas esferas civil e penal (incluída a responsabilidade penal-disciplinar).[29]

3.4 Pressupostos e conteúdo

Ricardo Dip ensina que são pressupostos de existência da qualificação registrária: a "jurisdição" administrativo-registral, a rogação e o título em sentido formal. Os requisitos de validade da qualificação são: a competência territorial, a competência *ratione materiæ*, o título em sentido material e a ausência de impedimentos subjetivos. Já os atributos de regularidade da qualificação resumem-se em unitariedade, integralidade, literalidade, motivação e tempestividade.[30]

O primeiro pressuposto, o da "jurisdição" administrativo-registral, exsurge da relação estabelecida entre o registrador e o solicitante da inscrição. Essa "jurisdição" do registrador é uma potestade de conservação de inscrições e publicação de situações jurídicas afetas a bens imóveis, consistente em função da comunidade. Sem a outorga dessa "jurisdição", que no Brasil é, hoje, mediante concurso público e delegação, é inviável a existência jurídica da qualificação.[31]

A rogação, segundo pressuposto, está na necessária provocação do registrador pelo solicitante. A doutrina não admite que o registrador aja de ofício, procedendo à inscrição de determinado título sem solicitação, pois a inscrição, obrigatória ou não, é sempre o resultado do exercício de um direito potestativo.[32]

O terceiro pressuposto existencial da qualificação registrária é o título em sentido formal, necessariamente corpóreo, ainda que se trate de documento informático. Equivocado, neste ponto, afirmar-se que o documento virtual é incorpóreo, quando, na verdade, é apenas "não papelizado": "corporalidade significa a matéria em que e por meio da qual se representa um ato".[33]

---

27. Vide artigo 28 da Lei 8.935/94 com destaque a "independência no exercício de suas atribuições".
28. DIP, 2018, p. 125-126.
29. Ibidem, p. 151-152.
30. Ibidem, p. 155.
31. Ibidem, p. 156.
32. Ibidem.
33. Ibidem, p. 156-157.

Quanto à origem dos títulos, em seu sentido formal, enquanto documentos suscetíveis de inscrição, pode ser notarial (escrituras e atas notariais), judicial (cartas de sentença, de arrematação, de adjudicação, autos, mandados, certidões, formais), administrativa (alvarás, habite-se, certidões, contratos, termos administrativos), privada (contratos particulares), registral (certidões) e eclesiástica (bulas pontifícias).[34]

O título em sentido material também é requisito de validade da qualificação. Além do título em sentido formal, é necessária a existência de fato, ato ou negócio jurídico que lhe dê suporte e razão de existir, o que se identifica como sentido material do título.[35]

Pertinente a identificação das duas acepções do título, pois, sem o título em acepção formal, não pode existir, juridicamente, uma qualificação registrária. Por outro lado, a apresentação de um título em sentido formal, desacompanhado de título em sentido material, não impede uma qualificação sumária.[36]

É dizer, sem o título em acepção formal, não pode existir, juridicamente, uma qualificação registrária, mas, suposto haja o documento – em que se apoie uma dada solicitação registral–, já a ausência do título em sentido substantivo ou material (ou seja, a falta de indicação de fato, ato ou negócio no documento apresentado) não interdita a qualificação sumária (averbe-se ser possível manter o nome "qualificação de título" para o juízo registrário que se expede sobre o título em sentido formal).[37]

Somam-se aos requisitos de validade da qualificação registral os das competências territorial e material, ou seja, a delimitação de espaço e de matéria que é atribuída ao registrador,[38] sem perder de vista o exame sobre impedimentos subjetivos.

---

34. Ibidem, p. 164.
35. "Os títulos, em acepção material, são os fatos, atos e negócios jurídicos passíveis de aceder ao registro de imóveis por, de algum modo, repercutir num status real-imobiliário (o que não significa, necessariamente, uma repercussão de direito real). A normativa brasileira de regência contempla um rol desses títulos nos incisos do art. 167 da Lei de Registros Públicos (p.ex., instituição de bem de família, hipotecas, locação, penhoras, arrestos, sequestros, servidões, compra e venda, dação em pagamento etc.), mas nem sempre com o rigor principiológico exigível (assim é que ali se prevê o registro de um direito relativo a coisas móveis: "penhor de máquinas e de aparelhos utilizados na indústria, instalados e em funcionamento" – n. 4 do inc. I), sequer com rígida propriedade redacional (ora, com efeito, alistam-se, para o registro, títulos em sentido material –dote, compra e venda, permuta–, ora, diversamente, títulos em sentido formal: "termos administrativos" ou "sentenças declaratórias da concessão de uso especial para fins de moradia"; "sentenças declaratórias de usucapião"; "sentenças que nos inventários, arrolamentos e partilhas, adjudicarem bens de raiz em pagamento das dívidas da herança" (DIP, 2018, p. 164-165).
36. Ibidem, p. 158.
37. Ibidem.
38. "A competência administrativo-registral *ratione loci* corresponde a uma afetação de potestade que se conforma à divisão de um mais amplo território em frações, considerando-se a situação geográfica

Além das hipóteses de impedimento previstas em lei (sendo possível tomar por referência os impedimentos previstos no Código de Processo Civil, artigo 144, combinado com artigo 15), o registrador não pode ser, ele próprio, "parte" interessada, ou seja, agente desprovido de imparcialidade no registro que se pretende.

O que se constata, assim, é que, no caminho percorrido para a qualificação, o registrador examina a própria competência, em razão da matéria e em razão do território. Leva em conta também eventual situação de impedimento próprio, na medida em que a imparcialidade do registrador é essencial. Age por provocação, atendendo ao princípio da rogação. Examina os requisitos extrínsecos e intrínsecos da documentação, debruçando-se igualmente sobre questões fiscais e urbanísticas.[39]

Logo, a qualificação não é juízo em abstrato, mas um juízo em concreto, com exame "dos supostos extrínsecos, de par com a aferição da capacidade dos outorgantes e a validade dos atos de disposição", como "remate do estágio cognitivo de uma argumentação prática".[40]

É necessária, ainda, pela complexidade da qualificação registral, que não se limita à análise pura do título formal ou material. Somando-se ao exame dos títulos, há o imprescindível exame dos registros com os quais aqueles se relacionam para que, ao final, chegue-se ao ato de império. É dizer assim que, ao receber o título, o registrador submete-o a exame prudencial, com análise que é feita a partir do próprio título em conjunto com a matrícula no qual se pretende seja inserido. O exame, portanto, é extenso e não se limita ao título em si.

O objeto formal da qualificação está na "normatividade paramétrica: vale dizer, que os títulos e os registros a eles relacionáveis são a parcela da realidade que o registrador observa –aprecia e decide– desde o ponto de vista da normatividade".[41]

---

do imóvel objeto, seja ela a contemporânea, seja ela, ainda que de maneira excepcional, a pretérita (p.ex., no quadro brasileiro, veja-se o que dispõem os incisos I e II do art. 169 da Lei n. 6.015, de 1973, que ensejam uma exceptiva concorrência simultânea relativa a um mesmo prédio). Anote-se que, na Espanha, admite-se uma competência sucessiva (de segundo grau) ou supletiva (por excesso de prazo na origem) da ordinariamente territorial, mediante a instituição de competência de *calificación sustitutoria*. A competência *ratione materiæ* assina-se também em consonância com as previsões das normas regenciais, quase sempre relativas a inscrições que têm por objeto fatos, atos e negócios jurídicos imobiliários, *maxime* com transcendência real. Se a "qualificação do caso" não se assina, por falta de competência territorial ou material, ao registrador a quem se dirigiu a solicitação de registro, não cabe a esse registrador expedir juízo de qualificação completa, senão que emitir somente a recusa motivada de proferir o julgamento hipotecário (qualificação sumária, expedita ou extintitiva). Ou seja, veda-se a análise do "mérito registral", extinguindo-se a relação registrária pelo vício de competência" (DIP, 2018, p. 157-158).

39. DIP, 2005, p. 194-203.
40. DIP, 2017, p. 8.
41. DIP, 2018, p. 164.

Os princípios não são perdidos de vista na qualificação, com destaque ao princípio da segurança jurídica e da legalidade, que encontram identidade na essência de bem comum, com existência concomitante:

> Na verdade, a vinculação mais próxima da função qualificadora ao princípio da legalidade responde a restrições postas pelo direito normativo. A justiça e a segurança jurídica, longe de serem realidades e conceitos antinômicos, são aspectos distintos do bem comum (Le Fur, 3), e as exigências de segurança, na medida em que oferecem matéria e fim ao direito positivo, constituem, ao mesmo tempo, exigências da justiça (Delos, 45); por isso, o direito normativo contém a segurança jurídica e é sua única possibilidade de existência (Utz, 135, 136). Daí que, não se podendo aventar uma segurança jurídica não positiva, seja por deficiência de certeza executiva, seja por dubiedade de seu objeto, o direito normativo contenha (mas não institua) e especifique a segurança. É em ordem a esses lindes que se adverte a proximidade da qualificação ao princípio da legalidade, reflexo especializador da teleologia registral.[42]

É dessa dinâmica intelectiva que vem o juízo prudencial do registrador imobiliário.

Designa-se "juízo" por ser ato intelectual de composição ou de divisão relativo a duas ideias ou dois termos, ou seja, de afirmação ou de negação. A partir dessa composição, identifica-se o certo e o incerto, o justo e o injusto registrais.[43]

Não basta ao registrador, assim, mero conhecimento especulativo das normas jurídicas. É necessário que o registrador ostente disposição do entendimento, ou seja, uma inclinação de ordem intelectual, para o exercício do julgamento que faz sobre o título. Esse exercício é um *hábito* enquanto virtude integrante do grupo das quatro virtudes cardeais.[44]

Os atributos finais se referem ao formato e apresentação da qualificação, mediante documento escrito, com exposição integral da motivação, principalmente em se tratando de qualificação negativa, com tempo hábil legal para que o interessado possa combater as exigências das quais discorde.

3.5 Qualificação positiva e qualificação negativa

Constatada a aptidão do título para ingresso no Fólio Real, tem-se a qualificação positiva, ou seja, é reconhecida sua aptidão para produzir efeitos a partir da inserção na esfera registral imobiliária.

Sendo esse o caso, o título apresentado será registrado ou averbado, em promoção à tutela de direitos, com efeito declarativo ou constitutivo, a depender do ato ou negócio jurídico a que se refere.

---
42. DIP, 2005, p. 174.
43. DIP, 2018, p. 119.
44. Ibidem, p. 94.

Por outro lado, caso, por qualquer motivo, constatada a inaptidão do título para ingresso, tem-se a qualificação negativa, negando-se o registro, necessariamente de forma motivada.

É do texto do *caput* do artigo 198 da Lei 6.015/73[45] a obrigatoriedade ao registrador de indicar por escrito ao apresentante a exigência a ser satisfeita, o que vai ao encontro das disposições constitucionais dos incisos XXXV e LV do artigo 5º, pois viabiliza o exame judiciário das conclusões do registrador e o exercício do direito de defesa e do contraditório pelo interessado, afastando-se arbitrariedades.

Sobretudo diante da qualificação registral negativa, portanto, revela-se imprescindível a motivação, ou seja, a exposição das razões jurídicas que levaram ao desfecho denegatório da inscrição perseguida. Como sintetiza Ricardo Dip, a motivação possibilita (i) controle da racionalidade do ato, (ii) garantia de sua expressão pública ou política, (iii) admitir sua aferição crítica.[46]

A partir do ato de império de qualificação negativa, é oportunizada a ação do apresentante para suprir ou sanar a deficiência constatada. Permite-se ainda que, em caso de discordância sobre os motivos postos ou caso não seja possível satisfazer as exigências do registrador, o apresentante requeira a ele a suscitação da dúvida, atendendo-se às regras de tramitação previstas no artigo 198 e seguintes da Lei 6.015/73.

Vale observar que é possível o manejo de mecanismos de controle das decisões do registrador tanto contra qualificação positiva,[47] quanto contra qualificação negativa. Esta segunda situação, contudo, é a que costumeiramente ocorre.

Examinadas as complexas etapas da qualificação do título, assim, não se vislumbra sua feitura por máquinas, robôs ou inteligência artificial. É o exame minucioso realizado pelo registrador que leva ao ato de império sobre introduzir-se ou não o título no registro de imóveis.

A qualificação positiva ou negativa não advém de mero preenchimento de formulário, tampouco se programa a prudência como alimento de inteligência artificial. Somente a conduta humana resguarda as expectativas depositadas pela sociedade quanto à segurança jurídica dos registros imobiliários.

---

45. Art. 198. Havendo exigência a ser satisfeita, o oficial indicá-la-á por escrito. Não se conformando o apresentante com a exigência do oficial, ou não a podendo satisfazer, será o título, a seu requerimento e com a declaração de dúvida, remetido ao juízo competente para dirimi-la, obedecendo-se ao seguinte: (...).
46. DIP, 2018, p. 251-252.
47. "Se positiva, a qualificação não pode ser alvejada por meio de recurso administrativo algum, embora possa, isto sim, impugnar-se por pedido autônomo (chame-se como se queira: "pedido de providências", "reclamação", "representação" etc.) (DIP, 2018, p. 153-154).

4. CONSIDERAÇÕES FINAIS

Os advogados e demais profissionais do Direito enfrentam desafios diversos desde a etapa de confecção do título em sentido formal e material até sua apresentação para fins de inscrição na matrícula.

Notada a relevância do coroamento de toda essa trajetória, apresentaram-se no presente manuscrito noções gerais sobre a função registral e sobre a qualificação registral, como sugestão de ponto de partida para a reflexão sobre o que acontece a partir do protocolo do título no registro de imóveis.

A compreensão sobre o exame detido do título pelo oficial, seguido de ato de império, enquanto essência da preservação da higidez do sistema registral, permite entender o motivo pelo qual o registrador não é mero documentador, tampouco poderia ser substituído por inteligência artificial ou ferramenta computacional outra.

Guardião da segurança jurídica, o registrador age com técnica, prudência, independência jurídica e rigor à lei, debruçando-se sobre cada caso concreto, o que abrange tanto o título apresentado quanto a matrícula ou as matrículas a que se relaciona.

O desfecho, sobretudo quando se decidir pela qualificação negativa (o que significa a não inscrição do título), deve necessariamente ser motivado, apresentando-se por escrito as razões jurídicas que levaram a esse fim, em respeito à publicidade e à faculdade do interessado em combater a conclusão denegatória pelo processo de dúvida, caso existente irresignação.

A qualificação registral, portanto, por toda sua complexidade, é o coração da atividade registral, órgão vital dos registros de imóveis, revelando-se pertinente seu estudo não apenas pelos registradores imobiliários, mas também por todos aqueles que se aproximarem desse corpo da segurança jurídica.

5. REFERÊNCIAS

BRANDELLI, Leonardo. *Registro de imóveis*: eficácia material. Rio de Janeiro: Forense, 2016.

DIP, Ricardo. *Dúvida registral*: questões processuais na jurisprudência. São Paulo: Quartier Latin, 2017.

DIP, Ricardo. *Registro de imóveis (princípios)*. São Paulo: PrimVs, 2018. v. 2.

DIP, Ricardo. *Registro de imóveis (vários estudos)*. Porto Alegre: IRIB, Sergio Antonio Fabris, 2005.

GUERREIRO, J. A. Mouteira. *Noções de Direito Registral (predial e comercial)*. 2. ed. Coimbra: Coimbra Editora, 1994.

NERY, Rosa Maria de Andrade; NERY JUNIOR, Nelson. *Instituições de direito civil*: registros, notas e prova documental. São Paulo: Ed. RT, 2017.

RIBEIRO, Luís Paulo Aliende. *Regulação da função pública notarial e de registro*. São Paulo: Saraiva, 2009.

PARTE IV
ASSUNTOS GERAIS
DAS ATIVIDADES NOTARIAIS
E DE REGISTRO

A ERA DIGITAL E OS NOVOS INSTRUMENTOS UTILIZADOS NA CONSECUÇÃO DOS SERVIÇOS REALIZADOS PELOS CARTÓRIOS

Maria Luiza Xavier Lisboa

Bacharel em Direito pela Universidade Presbiteriana Mackenzie. Especialista em Direito Constitucional e Administrativo pela Escola Paulista de Direito - EPD. Membra da Comissão de Direito Notarial e de Registros Públicos da OAB-SP.

Sumário: 1. Introdução – 2. A previsão dos serviços notariais e de registro na constituição da república; 2.1 Natureza jurídica dos serviços notariais e de registro e abertura para inovação e informatização – 3. Evolução do acesso aos serviços extrajudiciais por meios informatizadas; 3.1 Papel regulamentador do CNJ quanto às inovações tecnológicas adotadas pelas serventias notariais e de registros; 3.2 O papel dos instrumentos digitais nos cartórios para o exercício da cidadania, acesso à justiça e vida civil da população brasileira; 3.3 A importância do compartilhamento de dados entre cartórios e o poder público para a consecução de políticas públicas; 3.4 Essencialidade e evolução dos serviços notariais e de registro eletrônicos durante a epidemia de coronavírus – 4. Considerações finais – 5. Referências.

1. INTRODUÇÃO

Ao visar a realidade digital atualmente vivenciada por pessoas físicas e jurídicas, públicas e privadas, que transformou a forma de se adquirir e manusear informações, propomos, aqui, um estudo sobre os modais virtuais adotados pelos cartórios brasileiros, de forma a também compreender se há fomento ao acesso a direitos diante dos novos meios de alcance à prestação de serviços notariais e registrais.

Passamos, para este propósito, a comentar os alicerces dos cartórios – sua natureza, princípios e pressupostos –, para então avaliar a congruência entre os meios digitais, sobretudo a internet, e as finalidades dos serviços por eles desempenhados.

Importante também destacar a evolução digital dentro dos próprios cartórios, expondo os marcos legais reguladores e as inovações propostas pelo Conselho Nacional de Justiça – CNJ e as serventias que podem revolucionar o acesso a serviços de cunho público, que, num grau maior, visam e proporcionam o acesso à justiça, o exercício da cidadania e de atos imprescindíveis à vida civil.

2. A PREVISÃO DOS SERVIÇOS NOTARIAIS E DE REGISTRO NA CONSTITUIÇÃO DA REPÚBLICA

Nossa Constituição da República prevê em seu art. 236 os serviços notariais e de registro, exercidos em caráter privado, por delegação do Poder Público. Além de firmar em nossa última constituinte a continuidade dos serviços notariais e de registro, ainda em caráter privado, o nosso diploma também prevê que tais serviços devem ser fiscalizados pelo Poder Judiciário (§ 1º), com remuneração baseada em emolumentos fixados por lei específica (§ 2º) e cuja investidura na atividade dependerá de aprovação por concurso público (§ 3º).

A Lei 8.935/1994, em seu art. 1º, define os serviços notariais e de registro como "os de organização técnica e administrativa destinados a garantir a publicidade, autenticidade, segurança e eficácia dos atos jurídicos". Os tabeliães e registradores, por sua vez, devem ser profissionais do direito, devidamente aprovados em concurso público. Na prática, os cartórios acabam por ocupar um papel importante tanto na vida civil do cidadão quanto no setor privado empresarial, já que os atos notariais e registrais são imprescindíveis, por lei, para que a validade de alguns eventos civis ou comerciais possam acontecer. É o caso do registro de casamento, para que se possa usufruir dos efeitos jurídicos da união. Das diversas exigências de reconhecimento de firma, para consolidação de negócios jurídicos ou procedimentos em órgãos públicos. Lavratura de testamentos, para manifestação da real vontade do testador e que impacta diretamente a sucessão, dentre as outras mais diversas incumbências conferidas aos cartórios e postas à disposição da população.

De fato, não são poucas as tratativas comerciais ou civis que exigem a celebração de atos notariais ou registrais, costumeiramente feitos de forma física. Pressupõe não somente a emissão do documento ou realização de registro, como a atuação do chefe da serventia, com auxílio da rede de funcionários formada após a investidura no cargo de tabelião ou registrador. Determinados registros somente podem ser desempenhados por serventias específicas, como de um imóvel e futuros atos relativos ao mesmo. Qualquer certidão referente a esse registro deve também ser buscada por terceiros em tal serventia.

Cabe ressaltar, aqui, que os registros feitos em cartório, geralmente, são públicos e podem ser acessados por terceiros interessados, mediante o pagamento dos emolumentos necessários à aquisição daquela informação, geralmente em forma de certidão. Por isso, um dos objetivos dos cartórios, como bem diz o art. 1º da Lei 8.935/1994, é manter a *publicidade* dos atos jurídicos.

Assim, para além da segurança e eficácia dos atos jurídicos, a publicidade deixa à disposição dos interessados informações processadas nos cartórios. A busca por essas informações, por vezes devido a exigências legais, conforme explicado, gera grande procura perante as serventias guardiãs das informações almejadas, o que nem sempre ocorre de forma célere ou prática, principalmente pela localidade da serventia, que pode estar em local afastado daquele de domicílio do interessado (seja o dono das informações ou terceiro), ainda se pensarmos na extensa dimensão geográfica de nosso país, além da dificuldade natural que a transação física traz para a aquisição de documentos, seja presencialmente, ou à distância, porém fora dos meios digitais.

Muito se fala da desburocratização do serviço público, que também pode se referir também a um movimento que vise a facilitação e otimização de processos. Nesse caso, comentaremos as novas formas de obtenção de registros, atos notariais e certidões perante os cartórios, o que hoje pode ocorrer, em diversas hipóteses, remotamente, melhorando a vida do cidadão e do empreendedor.

2.1 Natureza jurídica dos serviços notariais e de registro e abertura para inovação e informatização

Existe discussão jurídica sobre a natureza dos serviços notariais e de registros, especialmente, se os serviços seriam públicos ou privados. Segundo José Afonso da Silva "é fora de qualquer dúvida que as serventias notariais e registrais exercem função pública, tanto quanto o são as telecomunicações, de radiofusão, de energia elétrica, de navegação aérea e aeroespacial e de transportes".[1] Entretanto, essa função pública não se dá da mesma forma como nos serviços públicos de energia elétrica, por exemplo. Os serviços notariais e de registro configura prestação indireta de ofício ou função pública delegado pelo Estado a particulares, tendo em vista os serviços extrajudiciais serem considerados, segundo José Afonso da Silva, serviços de ordem jurídico ou formal, diferente dos casos de concessão ou permissão, onde há a prestação de serviços público de ordem material.[2]

Por isso os serviços extrajudiciais ocorrem através de delegação, com função pública "mediante a qual o Estado intervém em atos ou negócios da vida privada para conferir-lhes certeza, eficácia e segurança jurídica".[3] Por isso, não é servidor público, atuando por sua conta e responsabilidade na contratação de funcionário e exercício da atividade.

Entretanto, como bem apontou José Afonso da Silva, não se pode afastar a função pública dos atos notariais e registrais, de modo a conferir certeza, eficácia e segurança jurídica à vida privada. Podemos supor, assim, que os notários e registradores fornecem serviços essenciais ao cidadão, mas com certa liberdade

---

1. SILVA, José Afonso da. *Comentário Contextual à Constituição*. 2. ed. São Paulo: Editora Malheiros, 2006. p. 873.
2. Ibidem.
3. SILVA, José Afonso da. *Comentário Contextual à Constituição*. 2. ed. São Paulo: Editora Malheiros, 2006. p. 873.

que o modelo empresarial lhes permite, embora se trate de uma delegação e não de uma empresa.

Para Celso Antônio Bandeira de Mello, "os sujeitos titulados pela delegação em apreço conservam a qualidade de particulares, conquanto investidos de missão pública, visto que a exercerão em caráter privado. Daí por que não são retribuídos pelos cofres públicos, não operam em próprios do Estado, nem com recursos materiais por ele fornecidos".[4]

Dentro dessa liberdade, os cartórios podem inovar em sua prestação de serviços, oferecendo possibilidades ao cidadão que facilitem a aquisição de informações e celebração de atos aos cidadãos. Foi o que ocorreu, no início da popularização da internet, com o recebimento de solicitações de certidões por e-mail, aceitação de formas de pagamento diferentes das usuais e a informatização dos registros feitos nas serventias, por exemplo, passando posteriormente para inovações mais rebuscadas, destacando-se a criação das Centrais de Serviços Eletrônicos, que permitiu a comunicação entre diferentes cartórios através de sistema interoperável.

Nesse sentido, dois pilares estariam sendo atingidos – a agilidade na prestação de serviços com função pública essenciais ao cidadão, e uma melhor operacionalização dos próprios cartórios, otimizando os atos e o desempenho, por vezes até financeiro, das serventias.

De fato, seja sob o viés administrativo ou empresarial, a tecnologia se tornou um vetor para efetivar direitos básicos do cidadão, seja dentro da administração pública ou fora. O direito de acesso à justiça é propiciado com a informatização do Poder Judiciário, assim como a boa funcionalidade dos cartórios permite que o cidadão exerça com mais completude seu direito de propriedade, de celebrar uniões ou de receber créditos em seu nome. Sob outro prisma, facilita o exercício da vida privada, seja dentro das relações comerciais ou entre indivíduos que dependam de atos notariais ou registrais.

Embora alguns atos possam ser fomentados pelos próprios cartórios, outros dependem da atuação do Poder Judiciário, órgão fiscalizador e regulador das atividades de notas e de registro, visto que a liberdade dos delegatários encontra limite nas normas existentes quanto à execução dos serviços. Os valores cobrados dos usuários deve seguir tabela de emolumentos, as certidões devem seguir padrão definido pelo Judiciário, o funcionamento da serventia deve observar parâmetro previsto em lei, e, nesse sentido, as medidas dos delegatários que confrontam as normas existentes podem se tornar inválidas – ou, até mesmo, se individuais e isoladas, por em cheque a segurança jurídica na atuação de outras serventias.

---

4. MELLO, Celso Antônio Bandeira de. *Pareceres de Direito Administrativo*. São Paulo: Malheiros, 2011. p. 409.

Assim, tem-se duas perspectivas. Os notários e registradores atuam melhor em coletivo, através de suas entidades de classe, quando propõem mudanças de forma conjunta, ainda que as gestões das serventias sejam diferentes entre si e reflitam o gerenciamento determinado pelo delegatário, inclusive quanto à informatização. Por outro lado, o papel do Poder Judiciário (e do Legislativo Federal, em outro grau) é imprescindível para uma real mudança no funcionamento dos cartórios, de modo a compatibilizá-los com os percursos da Era Digital, até mesmo de forma obrigatória.

3. EVOLUÇÃO DO ACESSO AOS SERVIÇOS EXTRAJUDICIAIS POR MEIOS INFORMATIZADAS

Assim como a evolução tecnológica impactou na condução de processos judiciais, também houve repercussão significativa nos serviços extrajudiciais. Na realidade, o Direito, em si – considerando que tanto o judiciário quanto o extrajudicial são pautados na execução do Direito – é dinâmico e deve servir à progressão da sociedade. Salvo os direitos fundamentais do cidadão, as Leis não necessariamente devem permanecer engessadas, e sim acompanhar as mudanças nas relações jurídicas, sendo indiscutível que o desenvolvimento tecnológico, especialmente da *internet* e dos meios eletrônicos, trouxe uma nova abordagem às relações privadas.

São exemplos corriqueiros a publicação de Leis que visem combater crimes digitais (Lei 12.737, de 30 de novembro de 2012 – "Lei Carolina Dieckmann"; Lei 14.155, de 27 de maio de 2021), regular o uso da *internet* (Lei 12.965, de 23 de abril de 2014 – Marco Legal da Internet; Lei 13.709, de 14 de agosto de 2018 – Lei Geral de Proteção de Dados – LGPD) ou que considerem o processo judicial e administrativo eletrônicos (Medida Provisória 2.200-2, de 24 de agosto de 2001 – Instituiu as Chaves Públicas no Brasil; Lei 13.105, de 16 de março de 2015 – Novo Código de Processo Civil; Lei 14.129, de 29 de março de 2021 – Lei do Governo Digital).

Apesar do uso da *internet* estar em crescimento exponencial desde os anos oitenta, apenas na última década começou a haver uma verdadeira normatização que regulasse tanto o seu manuseio e as consequências às relações privadas quanto a adaptação da máquina pública à existência dos meios virtuais. A LGPD, exemplo clássico, veio fazer parte do nosso ordenamento jurídico apenas em 2018, após grande pressão internacional para que o Brasil criasse um marco regulatório à proteção de dados pessoais, frente ao intercâmbio global de informações que existe atualmente.

O CNJ, nesse aspecto, inovou quanto à regulamentação das Centrais de Serviços Eletrônicos, que interligam, através de aparato tecnológico, cartórios de todo o país, de modo a permitir o intercâmbio de documentos eletrônicos e o tráfego de informações e dados. Sobre o poder regulamentador do CNJ, o Supremo Tribunal Federal – STF já decidiu que o Poder Judiciário tem o poder de fiscalizar os serviços extrajudiciais (art. 236, §1 da CF), e, como órgão regulamentador máximo do Judiciário, pode também criar diretrizes, dentro do seu âmbito de competência, nessa linha, aos cartórios.[5]

Ao analisar a jurisprudência da Suprema Corte quanto à legitimidade do Registro de Imóveis Eletrônico, Nataly Cruz e Sérgio Jacomino compreendem que "é possível estender e assimilar as conclusões dos precedentes do STF citados e admitir que o CNJ pode expedir atos para a concretização do princípio da eficiência no âmbito das atividades judiciárias, regulamentando o Registro Eletrônico, como previsto na Lei 11.977/2009, sem prejuízo da competência residual reservada às Corregedorias Gerais dos Estados".[6]

3.1 Papel regulamentador do CNJ quanto às inovações tecnológicas adotadas pelas serventias notariais e de registros

Considerando as diversas especialidades de serviços extrajudiciais, existem diferentes Centrais de Serviços Eletrônicos para cada núcleo de cartórios. Em 2015, o CNJ publicou o Provimento 46, para regulamentar as Centrais de Serviços Eletrônicos do Registro Civil, gerida pela Associação Nacional dos Registradores das Pessoas Naturais – Arpen Brasil. O Provimento 47/2015, atualmente substituído pelo Provimento 89/2019, previu as Centrais do Registro de Imóveis. O Provimento 87/2019 regula as Centrais de Protesto, e o Provimento 48/2016, as Centrais voltadas ao registro eletrônico de títulos e documentos e civil de pessoas jurídicas.

Hoje a existência das Centrais de Serviços Eletrônicos é legitimada inclusive pela Lei 8.935, de 1994, que regulamenta os serviços notariais e registrais, através de alteração feita pela Lei 14.206, de 2021, que acrescentou o art. 42-A prevendo que "As centrais de serviços eletrônicos, geridas por entidade representativa da atividade notarial e de registro para acessibilidade digital a serviços e maior publicidade, sistematização e tratamento digital de dados e informações inerentes às atribuições delegadas (...)".

---

5. Constitucional. Mandado de segurança. Conselho nacional de justiça. Atribuições. Art. 103-b da cf. Expedição de atos regulamentares. Determinação aos magistrados de prévio cadastramento no sistema "Bacenjud". Comando abstrato. Constitucionalidade. Preservação dos princípios da liberdade de convicção e da persuasão racional. Segurança denegada. (...) III – *O Conselho Nacional de Justiça pode, no lídimo exercício de suas funções, regulamentar condutas e impor a toda magistratura nacional o cumprimento de obrigações de essência puramente administrativa.* (...) VIII Ato administrativo que não exorbita, mas, ao contrário, insere-se nas funções que constitucionalmente foram atribuídas ao CNJ. IX – Segurança denegada. (MS 27621, Relator(a): Cármen Lúcia, Relator(a) p/ Acórdão: Ricardo Lewandowski, Tribunal Pleno, julgado em 07.12.2011) (Grifamos)
6. CRUZ; JACOMINO. In: DIP, JAMONINO, PASSOS (Coord.). *Registro Públicos e Notas*. Conselho Nacional de Justiça. São Paulo: Quinta Editora, 2015. p. 37.

Antes da criação das Centrais, também através de norma infralegal, o CNJ publicou a Recomendação 9, em 2013, que determinava a digitalização dos cartórios. Em suma, as serventias foram recomendadas a transferir seu acervo físico para meios digitais, garantindo segurança à manutenção dos arquivos, segurança quanto a eventuais perdas por eventos naturais e facilidade no manuseio. Sem dúvidas, práticas como essas já preparam as entidades para o mundo digital, inclusive propiciando ideias como a da criação das Centrais.

Destaca-se, assim, o papel do CNJ e das Corregedorias-Gerais de Justiças dos Tribunais de Justiça na condução da digitalização dos cartórios e na criação de novos instrumentos para permitir o acesso da população aos serviços extrajudiciais, bem como na própria fomentação da eficiência administrativa das delegações. Com auxílio das Entidades de Classe que operam as Centrais, criou-se um aparato que serve ao exercício da cidadania e produção das relações jurídicas, e que se demonstrou de extrema importância durante o estado de calamidade pública decretado em março de 2020 em decorrência da epidemia de coronavírus.

3.2 O papel dos instrumentos digitais nos cartórios para o exercício da cidadania, acesso à justiça e vida civil da população brasileira

Focamos esse artigo no papel fundamental que a digitalização de atos notariais e registrais, que permitam o intercâmbio de documentos, traz para o exercício da cidadania em nosso país, facilitando também a execução de procedimentos cruciais da vida civil e o acesso à justiça. Em suma, os cartórios proporcionam segurança jurídica – é certo e confiável o registro de vida de determinado indivíduo, assim como é certo e confiável a vontade posta em testamento.

Como bem preceitua Walter Ceneviva, o serviço notarial e registral é *garantidor de direitos* ao cidadão, e esse é seu principal fim:

> O serviço notarial e de registros é finalístico: atribui garantia às pessoas naturais ou jurídicas e ao direito que lhes corresponde, como meio especial de proteção com a ação de garantir, contida no predicado da frase. Esta compõe, com o art. 1º da Lei, o objetivo nuclear dos serviços mencionados. São vinculados à existência e à preservação dos atos jurídicos aos quais digam respeito.[7]

Garante porque confere, através de *confiabilidade* e *certeza* e dos princípios que lhes regem, meios para se pleitear e exercer direitos. Pode-se concluir, por consequência, que a facilidade de acesso, manuseio e disponibilidade de tais recursos propicia a garantia de direitos ao cidadão, algo que a Era Digital certa-

---

7. CENEVIVA, Walter. *Lei dos Notários e dos Registradores comentada*. 8. ed. São Paulo: Saraiva, 2014. p. 42.

mente tem provocado na condução informatizada e interligada das serventias notariais e de registros.

Cabe trazer, também, que a própria garantia da internet[8] é uma garantia à cidadania, como bem prediz o art. 7º da Lei 12.965, de 2014 – Marco Civil da Internet:

> Art. 7º O acesso à *internet é essencial ao exercício da cidadania*, e ao usuário são assegurados os seguintes direitos: (...). Grifamos.

Além disso, a disciplina de seu uso deve ter por base os direitos humanos, o desenvolvimento da personalidade e o exercício da cidadania em meios digitais, conforme se lê no art. 2º, II do Marco Civil da Internet:

> Art. 2º A disciplina do uso da internet no Brasil tem como fundamento o respeito à liberdade de expressão, bem como: (...) *II – os direitos humanos, o desenvolvimento da personalidade e o exercício da cidadania em meios digitais*; Grifamos.

Depreendemos, portanto, que tanto as atividades notariais e de registros como o acesso à internet são essenciais ao exercício da cidadania, e, ainda, quando em conjunto, podem exponenciar a garantia que ambas trazem aos direitos do cidadão. A criação da internet expandiu a garantia do direito à informação (art. 5º, XIV da Constituição Federal) para outros modais antes não pensados, através da comunicabilidade de dados propiciados pelo seu sistema. Além disso, é um meio para se alcançar outros direitos fundamentais, como o acesso à justiça (art. 5º, XXV, CF), educação (art. 6º, CF), liberdade de expressão (art. 5º, IX, CF), trabalho e emprego (art. 6º, CF), dentre outros diversos direitos e garantias, posto que a dimensão da internet só tem sido alargada. Essa síntese de direitos que permeiam a internet inclusive é motivo da propositura de algumas propostas de emendas à Constituição, que pretendem acrescentar dispositivo ao nosso Diploma para tornar a internet, em si, um direito fundamental, a exemplo da PEC 8/2020, em tramitação no Senado Federal, e a PEC 17/2019, que iniciou tramitação na Câmara dos Deputados.

Aliás, o próprio desenvolvimento tecnológico está pautado em nosso Diploma Constitucional, em dispositivos como o inciso XXIX do art. 5º e artigos 218 e seguintes, de modo que essas ferramentas sejam estimuladas, inclusive com parcerias entre o poder público e particulares (vide art. 219-A da Constituição da República), algo que se entende basilar num Estado minimamente avançado.

---

8. O art. 5º, I, do Marco Civil da Internet entende a internet como "o sistema constituído do conjunto de protocolos lógicos, estruturado em escala mundial para uso público e irrestrito, com a finalidade de possibilitar a comunicação de dados entre terminais por meio de diferentes redes".

Os cartórios, na expedição de atos eletrônicos, utilizam-se desse sistema e de aparato tecnológico criado para sustentá-lo (computadores, softwares etc.) para promover suas próprias garantias à cidadania, acesso à justiça e exercício da vida civil pelo cidadão – ou seja, uma atividade garantidora de direitos utiliza-se de sistema que deve ser pautado na cidadania para o usufruto dessas finalidades. Ainda que a internet possa ter inclusive uso recreativo e pontual para alguns, seu viés deve ser democrático, isto é, disponível a todos, e regulada nos alicerces dos direitos fundamentais, individuais, coletivos ou sociais, nos termos do já citado Marco Civil da Internet.

Após a criação das Centrais de Serviços Eletrônicos Compartilhados pelo CNJ, vimos o surgimento de: registro eletrônico de imóveis; certidões eletrônicas, como as de registro civil, protesto, matrícula de imóveis etc.; protesto eletrônico; notificação extrajudicial eletrônica; registro eletrônico de títulos e documentos; assinatura e autenticação eletrônica de documentos; apostilamento eletrônico; dentre outras facilidades, como localização de registros, consultas a algumas informações, a exemplo da existência de protesto, busca de bens etc. – tudo pelos modais

Assim, houve a criação de outra via para fins de aquisição ou celebração de atos providenciados pelos cartórios do Brasil, para além do mero comparecimento físico, através dos portais de acesso das centrais. Esta criação trouxe imensa facilidade, principalmente, para pessoas físicas e jurídicas que buscam documentos em diferentes localidades da sua e que antes precisavam se deslocar a diferente município ou região, recorrer a despachantes ou utilizar outros meios de comunicação, como telegrama, que traziam dificuldade, custo e morosidade ao processo.

Entende-se que o documento eletrônico tem a mesma corporalidade que um documento físico. Ricardo Dip, citado em texto de Angelo Volpi Neto, afirma pela possibilidade da percepção de um fato pelo documento informático:

> Ora, a percepção de um fato ou a ideia de um fato podem ser expressas por via oral (testemunho) ou por via documental: a coisa que fica permanentemente o fato ou a ideia constitui o documento; o documento é a coisa que serve para duradouramente representar outra. Trata-se de algo corpóreo. Não importa, já se disse, que se trate de documento informático: alguns técnicos afirmam, em manifesto erro, que o documento virtual é incorpóreo. Falar em corporalidade é falar na matéria em que e por meio da qual se representa o ato.[9]

---

9. DIP, RICARDO HENRY MARQUES. Ao princípio era o documento (Anotações de uma aula). *Revista Notarial Colégio Notarial do Brasil*. n. 01. São Paulo: Quartier Latin. 20. apud VOLPI NETO, Angelo; G. NETO, D. Arthur e GUÉRCIO, B. D. Lucas (Coord.). *O Direito Notarial em Artigos*. São Paulo: YK Editora, 2018. v. III II, p. 61 e 62.

É certo que ferramentas devem ser utilizadas para trazer confiabilidade e segurança jurídica ao documento eletrônico, algo que já é possível através da Infraestrutura de Chaves Públicas Brasileiras – ICP-Brasil, criada pela Medida Provisória 2.200.-2, de 2001, que garante a autenticidade, a integridade e a validade jurídica de documentos eletrônicos, nos termos do caput de seu artigo 1º.

Nesse sentido, os meios eletrônicos têm se demonstrado como um grande alicerce à atividade notarial e registral e que traz efeitos em benefício da população. Para além, o direito à personalidade, à propriedade, à união, à informação, à herança, à sucessão, ao exercício de atividade econômica e aos mais diversos atos da vida civil ficam à disposição do cidadão a partir da facilitação de acesso aos atos das serventias extrajudiciais.

Vale acrescentar, entretanto, que mesmo diante de realidade que favorece o acesso ao usuário, por dispor de novo modal de acesso a serviços notariais e registrais, para que seja verdadeiramente democrático, é necessário que o serviço esteja disponível a toda população, mas sabe-se que a disponibilização de ferramentas tecnológicas encontram entraves nas barreiras da desigualdade social, de modo que os menos favorecidos economicamente também são aqueles que menos conseguem se utilizar da internet e afins.

Pesquisa feita pelo Instituto Brasileiro de Geografia e Estatística – IBGE em 2019 trouxe que naquele ano, no Brasil, cerca de 78,3% da população possuía acesso à internet, e, dessa porcentagem, 98,6% acessava a internet através de smartphones, e 46,2% através de computadores. Ainda, constatou-se que alunos de escolas públicas possuíam menos acesso (83,6%), e, de escolas privadas, mais acesso (98,4%). As regiões norte e nordeste, economicamente mais frágeis, são menos conectadas, com 69,2% e 68,6% de sua população, respectivamente, utilizando do modal. Outra desigualdade também se vê entre áreas urbanas e rurais – 84,4% contra 59,3% da população possui acesso à internet.[10]

Ante essa realidade, embora seja essencialíssima a abertura que os cartórios e o Poder Judiciário deram aos meios tecnológicos nas atividades notariais e registrais, para que se possa promover plena acessibilidade, é necessário que problemas estruturais e sociais caminhem junto na promoção democrática da internet, que favorece a utilização também democrática das facilidades disponibilizadas à população.

---

10. Em 2019, Brasil tinha quase 40 milhões de pessoas sem acesso à internet, diz IBGE. G1, 14 de abril de 2020. Disponível em: https://g1.globo.com/economia/tecnologia/noticia/2021/04/14/em-2019-brasil-tinha-quase-40-milhoes-de-pessoas-sem-acesso-a-internet-diz-ibge.ghtml. Acesso em: 20 dez. 2021.

3.3 A importância do compartilhamento de dados entre cartórios e o Poder Público para a consecução de políticas públicas

Os meios eletrônicos não somente facilitaram o acesso a atividades notariais e registrais pelos cidadãos, como também melhoraram o intercâmbio de informações entre os cartórios e o Poder Público, que são essenciais à fomentação de políticas públicas no Brasil. Dados relativos ao nascimento, casamento, óbito e natimortos devem ser repassados pelas serventias de registro civil ao Sistema Estadual de Análise de Dados – SEAD, além de outros órgãos que precisam dessas informações para atualizar seus próprios bancos de dados e executar suas incumbências, tais como a Fundação Nacional do Índio – FUNAI, o Tribunal Regional Eleitoral, a Receita Federal do Brasil, e o Instituto Nacional de Seguridade Social – INSS. Esse compartilhamento está regulado, no Estado de São Paulo, pelas Normas Extrajudiciais da Corregedoria Geral da Justiça, conforme previsão dos itens 27 ao 29 do Capítulo XVI.

Outras especialidades, a exemplo do registro de imóveis, também devem permitir acesso ao Poder Público, inclusive ao Poder Judiciário, referente a documentos e informações de imóveis no Brasil, através de portal eletrônico específico. No Estado de São Paulo, por exemplo, o serviço é gerido pela Associação dos Registradores Imobiliários de São Paulo – ARISP (item 326 das Normas Extrajudiciais da Corregedoria Geral da Justiça de São Paulo).

Em suma, o sistema eletrônico permitiu que esse intercâmbio obrigatório fosse facilitado. Dados certos sobre a pessoa nascida e posteriores atos da vida civil fazem com que as políticas públicas sejam mais eficazes, trabalhando com informações precisas e atualizadas sobre a população brasileira e atendendo princípios administrativos como os da eficiência, supremacia do interesse público e celeridade. O CNJ, ao regulamentar o Sistema de Registro Eletrônico de Imóveis – SREI, justifica a publicação do Provimento 89, de 2019, dentre outros motivos, por atendimento "aos princípios da supremacia do interesse público, da eficiência, da continuidade do serviço público e da segurança jurídica", e pela "necessidade de facilitar o intercâmbio de informações entre os ofícios de registro de imóveis, o Poder Judiciário, a Administração Pública e o público em geral, para maior eficácia e celeridade da prestação jurisdicional e do serviço público".

Portanto, os dados mantidos pelos cartórios são essenciais para a prestação do serviço público e a utilização de meios eletrônicos propicia o desenvolvimento da própria administração pública.

Para que um Estado ou Município promova políticas públicas eficazes de saúde é necessário que se tenham dados, minimamente precisos, sobre os cidadãos de determinada localidade. Assim, construção de hospitais, postos de saúde, campanhas de saúde e vacinação, contratação de medicamentos, equipamentos e profissionais podem ser mais bem direcionados, atendendo ao viés da eficiência. O mesmo pode ser afirmado em relação a outras esferas do serviço público, como educação, transporte, lazer e cultura.

A facilidade e rapidez no intercâmbio de informações entre os cartórios e o Poder Público faz com que os dados mantidos pela administração pública também possam ser validados e atualizados com mais fluência, permitindo o constante trabalho com dados confiáveis. Nesse sentido, para além do acesso a atos notariais e de registros pela população, os meios eletrônicos garantem não só a eficiência da própria serventia, como trazem consequências positivas à própria finalidade do interesse público perseguido pelo Estado.

3.4 Essencialidade e evolução dos serviços notariais e de registro eletrônicos durante a epidemia de coronavírus

Aceleração inegável da popularização dos meios digitais nos cartórios veio com o estado de calamidade pública estabelecido pelo Decreto Legislativo 6, de 18 de março de 2020, em razão da epidemia de coronavírus, que forçou a população a permanecer em resguardo em seus domicílios. Com o chamado "isolamento social", os cartórios e a administração pública, em geral, mantiveram o mínimo de atendimento presencial em seus recintos por motivos de saúde pública, passando a oferecer, quando possível, serviços de forma remota. Os cartórios, inclusive por já haver a base normativa e estrutural que comentamos nos itens anteriores, pode aprimorar ainda mais o acesso eletrônico a serviços notariais e de registros, havendo aumento exponencial da procura dos cidadãos por atos virtuais, conforme veremos.

Nos termos da Lei 13.979, de 6 de fevereiro de 2020, os serviços públicos e atividades consideradas essenciais deveriam ter suas ofertas mantidas durante o isolamento social, por haver a constatação de que se trata de atividades que não podem ser interrompidas. Nisso, houve a indagação sobre o funcionamento das serventias extrajudiciais – isto é, se deveriam manter o funcionamento normal ou reduzido, e se os serviços eletrônicos poderiam ser expandidos para outros modais.

O CNJ, mais uma vez, protagonizou a expedição de normas visando esta realidade. Logo no início da epidemia no Brasil, houve a publicação dos Provimentos 91, 93, 94 e 95, todos entre março e abril de 2020, prevendo o funcionamento reduzido dos cartórios durante o período mais crítico de contágio do vírus.

Existem urgências que não se pode evitar, e, na atual Era Digital, diferente de outras pandemias já vivenciadas pela humanidade, existe a alternativa de se optar pelo serviço remoto, continuando, na medida do possível, a oferecer aquele mesmo serviço prestado localmente, à distância, por meios virtuais. Citamos, por exemplo, casamentos, divórcios, testamentos, nascimentos e óbitos, por exemplo, que o cidadão não pode deixar de celebrar ou adiar por um prazo demasiado longo ou buscar certidões, mesmo numa circunstância extrema que é uma pandemia, pelas mais diversas razões.

O Provimento 95, de 2020, do CNJ, voltado ao funcionamento de todas as especialidades dos cartórios, prevê a preferência pela recepção e expedição de documentos de forma eletrônica, conforme se observa em seus artigos 1º, §§ 5º, 3º e 6º, inclusive mediante a intermediação das Centrais de Serviços Eletrônicos.

Como efeito desse incentivo ao uso do sistema virtual, entre o início de 2020, quando a pandemia começou a se alastrar pelo Brasil, e o início de 2021, houve aumento de 162% dos pedidos de certidões de nascimento e óbito eletrônicas, conforme dados disponibilizados pela Associação Nacional dos Registradores de Pessoas Naturais – Arpen Brasil.[11] Por outro lado, ideias inovadoras passaram a ser permitidas em algumas circunscrições, a exemplo de Belo Horizonte, onde o casamento virtual começou a ocorrer.[12] Os noivos poderiam realizar o casamento por videoconferência, tendo em vista a suspensão dos prazos, naquele momento, para o casamento presencial. Posteriormente, a medida foi expandida para todo o Estado de Minas Gerais, devido ao sucesso da experiência em Belo Horizonte.[13]

Outra inovação destacável diz respeito à criação do e-notariado pelo CNJ, através da Portaria 100, de 2020, de modo que as atividades dos Tabelionato de Notas puderam ser prestadas também de forma virtual, com a instituição do ato notarial eletrônico, que pode ser firmado através do uso de certificado digital, para adentrar o sistema, e posterior videoconferência onde se exprime a vontade das partes. Assim, o divórcio, testamento, uniões estáveis, procurações e escrituras de compra e venda puderam ser lavradas de forma virtual. Ainda, autenticações de documentos e reconhecimentos de firma virtuais também foram possibilitados.

O Colégio Notarial do Brasil, órgão responsável por gerir o e-notariado, divulgou em maio de 2021, no aniversário de um ano do sistema, que o e-notariado "já contabiliza mais de 71 mil atos notariais eletrônicos, sendo 53 mil escrituras e 18 mil procurações realizadas por videoconferência. Tais atos vêm sem franca

---

11. Ponto Inicial – *Certidões de óbitos e nascimentos por meio eletrônico crescem 162% na pandemia*. Anoreg-SP. Fonte: Ponto Inicial. 09 de abril de 2021. Disponível em: https://www.anoregsp.org.br/noticias/66498/ponto-inicial-certidoes-de-obitos-e-nascimentos-por-meio-eletronico-crescem--162-na-pandemia. Acesso em: 21 dez. 2021.
12. *Serviços extrajudiciais*: plataforma virtual de atendimento em Belo Horizonte. Portal do Tribunal de Justiça do Estado de Minas Gerais. 22 de Abril de 2020. Disponível em: https://www.tjmg.jus.br/portal-tjmg/informes/servicos-extrajudiciais-plataforma-virtual-de-atendimento-em-belo-horizonte.htm#.YcHkAGjMJPb. Acesso em: 21 de dezembro de 2021.
13. SANTANA, Paula. *COVID-19*: Casamento virtual é ampliado em Minas Gerais. O Estado de Minas Gerais. 01 de julho de 2020. Disponível em: https://www.em.com.br/app/noticia/gerais/2020/07/01/interna_gerais,1161835/covid-19-casamento-virtual-e-ampliado-em-minas-gerais.shtml. Acesso em: 21 dez. 2021.

expansão, mês após mês, com o mês de abril atingindo mais de 10,8 mil atos digitais realizados por 1,7 mil cartórios e reforçando a crescente demanda e interesse da sociedade pelo ambiente digital do notariado".[14] Esclarece, ainda, que até aquele momento, mais de 114 mil páginas foram autenticadas.

Assim, os cartórios do Brasil, em conjunto com o CNJ, agiram de forma criativa para que a continuidade do serviço público não fosse afetada durante a vigência do estado de calamidade pública, em decorrência da epidemia de coronavírus, tendo em vista a essencialidade dos serviços notariais e registrais, e a legitimidade dos meios virtuais como ferramenta para a fomentação da cidadania à população, como já bem comentamos no presente artigo em itens anteriores.

Importantíssimo também citar que os dados do Registro Civil relativos aos óbitos por coronavírus ajudaram na consecução de políticas públicas pelas secretarias de Governo, voltadas ao combate da epidemia, que precisavam de dados certos e rápidos para a eficiência das medidas sanitárias e econômicas.[15]

Fazemos nota que a inovação tecnológica anterior, iniciada na última década no âmbito dos cartórios, deu base para que a aceleração atual pudesse ocorrer e amparar a população em momento crítico vivenciado por nossos cidadãos, tanto do ponto de vista de saúde pública, quanto social e econômico.

É, portanto, um exemplo de que a tecnologia e a internet podem atuar favoravelmente à população e potenciar os serviços públicos, sejam de prestação direta pela administração pública ou por delegação privada, foco deste artigo, mas desde que haja ciência e vontade de melhorar os serviços virtuais, seja em relação à segurança cibernética e de dados, ou no tocante à implementação de novas ferramentas e, principalmente, à democratização do uso dos meios virtuais a toda população.

4. CONSIDERAÇÕES FINAIS

A Era Digital modificou não somente as relações sociais e dinâmicas econômicas como também impactou no oferecimento do serviço público, seja em seus processos internos ou no atendimento ao público. A internet, principal símbolo da Era Digital que revolucionou o acesso à informação, possibilitou novas formas de transmissão de dados, e as ferramentas digitais que dão acesso aos sistemas virtuais passaram a ser utilizadas pelas serventias extrajudiciais de modo a facilitar o atendimento ao público e comunicação entre as diferentes serventias.

---

14. e-Notariado: 1 ano de atos notariais online e suas marcas históricas. Colégio Notarial do Brasil – Conselho Federal. 25 de maio de 2021. Disponível em: https://www.notariado.org.br/e-notariado-1-ano-de-atos-notariais-online-e-suas-marcas-historicas/. Acesso em: 21 dez. 2021.
15. SANCHEZ, M. et al. *Mortalidade por COVID-19 no Brasil*: uma análise do Registro Civil de óbitos de janeiro de 2020 a fevereiro de 2021. São Paulo, SP: Scielo Preprints. Disponível em: https://preprints.scielo.org/index.php/scielo/preprint/view/2012/328. Acesso em: 22 dez. 2021.

Os cartórios são geridos por sujeito privado, que recebe a delegação através de concurso público, mas, em suma, os serviços são considerados de cunho e interesse público, e, ainda, essenciais e imprescindíveis à cidadania. Frente ao avanço tecnológico, os cartórios começaram a aderir aos sistemas informatizados em seus ofícios, principalmente após os comandos expedidos pelo CNJ, órgão máximo responsável por regular o funcionamento das serventias, considerando que os serviços extrajudiciais devem ser por eles fiscalizados.

Ênfase especial deve ser dada à gerência das Centrais de Serviços Eletrônicos, que passaram a permitir o intercâmbio de informações entre diferentes serventias, disponibilizando novos modais de acesso ao cidadão. Esse acesso, como vimos, está à disposição de direitos fundamentais do cidadão e dos próprios princípios da administração pública.

Se pensarmos, ainda, que o uso da internet deve ser pautado pelo exercício da cidadania e propicia o atendimento de outros direitos fundamentais, temos que a ferramenta potencializa os serviços extrajudiciais em pressupostos que ambas devem perseguir. O estado de calamidade pública decretado em razão da pandemia de coronavírus demonstrou como a utilização dos meios digitais pelos cartórios tem enorme condão de possibilitar o acesso à justiça e à consecução de atos da vida civil.

A aderência aos meios digitais, seja na esfera pública ou privada, é um caminho que segue adiante e tende a se desenvolver, de modo que, possivelmente, haverá cada vez mais substituição dos procedimentos e documentos físicos pelos digitais. Claro que, conforme a tecnologia vá se desenvolvendo, a discussão sobre processos de segurança e guarda de dados também devem ser aprimorados para ter a necessária segurança jurídica.

Sendo tal substituição de um modal por outro, um caminho, provável, sem volta, as discussões jurídicas que tangenciam o assunto também devem ser evoluídas, a exemplo do acesso democrático à internet, que impacta também no acesso às atividades notariais e registrais eletrônicas. Conforme os dados demonstrados no presente artigo, a desigualdade regional também provoca uma desigualdade quanto à inclusão digital, e, se, a internet deve estar à disposição de todos, e também os serviços extrajudiciais, políticas direcionadas ao apaziguamento de fatores desiguais devem ser perseguidas.

As serventias de locais remotos já sofrem com a dificuldade de subsistência de suas atividades.[16] A internet deve servir como modo de equalização e não como um bem disponível apenas a regiões e sujeitos mais privilegiados socialmente.

---

16. Conforme pudemos observar em dados levantados em matéria da revista Cartórios com Você, em todo o Brasil, são mais de 2.500 cartórios oficialmente considerados deficitários, ou seja cerca de 20% das serventias do País. GUIMARÃES, Frederico. Cartórios Deficitários já são realidade em 2.592 cidades brasileiras. *Cartórios com você*, n. 24, ano 5, p. 15, São Paulo, abr./jun. 2021. Disponível em: https://www.anoreg.org.br/site/wp-content/uploads/2021/09/Cart%C3%B3rios-com-Voc%C3%AA-24-FINAL-2.pdf. Acesso em: 21 dez. 2021.

5. REFERÊNCIAS

BRASIL. [Constituição (1988)]. Constituição da República Federativa do Brasil de 1988. Brasília, DF: Presidência da República. Disponível em: http://www.planalto.gov.br/ccivil_03/constituicao/constituicao.htm. Acesso em: 22 dez. 2021.

BRASIL. Lei 8.935, de 18 de novembro de 1994. Brasília, DF: 1994. Disponível em: http://www.planalto.gov.br/ccivil_03/leis/l8935.htm. Acesso em: 22 dez 2021.

BRASIL. Lei 12.965, de 23 de abril de 2014 – Marco Legal da Internet. Brasília, DF: 2014. Disponível em: http://www.planalto.gov.br/ccivil_03/_ato2011-2014/2014/lei/l12965.htm. Acesso em: 22 dez 2021.

BRASIL. Medida Provisória No 2.200-2, de 24 de agosto de 2001. Brasília, DF: 2001. Disponível em: http://www.planalto.gov.br/ccivil_03/mpv/antigas_2001/2200-2.htm. Acesso em: 22 dez 2021.

BRASIL. Lei 13.979, de 6 de fevereiro de 2020. Brasília, DF: 2020. Disponível em: http://www.planalto.gov.br/ccivil_03/_ato2019-2022/2020/lei/l13979.htm. Acesso em: 22 dez 2021.

BRASIL. Corregedoria Geral de Justiça do Conselho Nacional de Justiça. Provimento 95, de 1 de abril de 2020. Brasília, DF: 2021. Disponível em: https://atos.cnj.jus.br/atos/detalhar/3265. Acesso em: 22 dez 2021.

BRASIL. Corregedoria Geral de Justiça do Conselho Nacional de Justiça. Provimento 89, de 18 de dezembro de 2019. Brasília, DF: 2019. Disponível em: https://atos.cnj.jus.br/files/original-173255201912195dfbb44718170.pdf. Acesso em: 22 dez 2021.

CENEVIVA, Walter. *Lei dos Notários e dos Registradores comentada*. 8. ed. São Paulo: Saraiva, 2014.

CRUZ; JACOMINO. In: DIP, JAMONINO, PASSOS (Coord.). *Registro Públicos e Notas*. Conselho Nacional de Justiça. São Paulo: Quinta Editora. 2015.

Em 2019, Brasil tinha quase 40 milhões de pessoas sem acesso à internet, diz IBGE. G1, 14 de abril de 2020. Disponível em: https://g1.globo.com/economia/tecnologia/noticia/2021/04/14/em-2019-brasil-tinha-quase-40-milhoes-de-pessoas-sem-acesso-a-internet-diz-ibge.ghtml. Acesso em: 20 dez. 2021.

e-Notariado: 1 ano de atos notariais online e suas marcas históricas. Colégio Notarial do Brasil – Conselho Federal. 25 de maio de 2021. Disponível em: https://www.notariado.org.br/e-notariado-1-ano-de-atos-notariais-online-e-suas-marcas-historicas/. Acesso em: 21 dez. 2021.

GUIMARÃES, Frederico. *Cartórios Deficitários já são realidade em 2.592 cidades brasileiras*. Cartórios com você, São Paulo, n º 24, ano 5, p. 15, abr./jun. 2021. Disponível em: https://www.anoreg.org.br/site/wp-content/uploads/2021/09/Cart%C3%B3rios-com-Voc%C3%AA-24-FINAL-2.pdf. Acesso em: 21 dez. 2021.

MELLO, Celso Antônio Bandeira de. *Pareceres de Direito Administrativo*. São Paulo: 2011.

Ponto Inicial – *Certidões de óbitos e nascimentos por meio eletrônico crescem 162% na pandemia*. Anoreg-SP. Fonte: Ponto Inicial. 09 de abril de 2021. Disponível em: https://www.anoregsp.org.br/noticias/66498/ponto-inicial-certidoes-de-obitos-e-nascimentos-por-meio-eletronico-crescem-162-na-pandemia. Acesso em: 21 dezembro de 2021.

SANCHEZ, M. et al. *Mortalidade por COVID-19 no Brasil*: uma análise do Registro Civil de óbitos de janeiro de 2020 a fevereiro de 2021. São Paulo, SP: Scielo Preprints. Disponível em: https://preprints.scielo.org/index.php/scielo/preprint/view/2012/328. Acesso em: 22 dez. 2021.

SANTANA, Paula. *COVID-19*: Casamento virtual é ampliado em Minas Gerais. O Estado de Minas Gerais. 01 de julho de 2020. Disponível em: https://www.em.com.br/app/noticia/gerais/2020/07/01/

interna_gerais,1161835/covid-19-casamento-virtual-e-ampliado-em-minas-gerais.shtml. Acesso em: 21 dez. 2021.

SILVA, José Afonso da. *Comentário Contextual à Constituição*. 2. ed. São Paulo: Editora Malheiros, 2006.

STF. Mandado de Segurança: MS 27621. Relatora: Cármen Lúcia. DJe-092. Julg. 07 dez. 2011. Pub. 11 mai. 2012. *JusBrasil*, 2009. Disponível em https://stf.jusbrasil.com.br/jurisprudencia/21585021/mandado-de-seguranca-ms-27621-df-stf/inteiro-teor-110379898. Acesso em: 22 dez. 2021.

VOLPI NETO, Angelo; D. NETO, G. Arthur e GUÉRCIO, B. D. Lucas (Coord.). *O Direito Notarial em Artigos*. São Paulo: YK Editora, 2018. v. III II.

AS SERVENTIAS EXTRAJUDICIAIS COMO INSTRUMENTO DE PROGRESSÃO DE DIREITOS BÁSICOS

Gustavo Magalhães Cazuze

Pós-graduado em Direito Constitucional e Administrativo pela Escola Paulista de Direito – EPD. Bacharel em Direito pela Universidade Presbiteriana Mackenzie. Secretário Geral da Comissão Especial de Direito Notarial e Registros Públicos da OAB/SP – Ordem dos Advogados do Brasil, Seção São Paulo.

Sumário: 1. Introdução – 2. As serventias extrajudiciais e a sua indispensabilidade para a garantia de um maior acesso à justiça – 3. Da segurança jurídica dos atos praticados pelos notários e registradores – 4. A publicação da Lei 11.441 de 2007 – um marco na história extrajudicial – 5. Alteração do nome no cartório de registro civil – 6. Considerações finais – 7. Referências.

1. INTRODUÇÃO

O presente artigo busca analisar a substancial atuação dos delegatários das serventias extrajudiciais e suas contribuições para uma efetiva aplicação de políticas sociais indispensáveis aos cidadãos brasileiros. Busca-se demonstrar as importantes alterações e superações sociais enfrentadas por grande parte da população, deixando evidente a importância dos cartórios nessa empreitada de garantia de direitos fundamentais.

É pretendido discorrer sobre o quanto as atividades desempenhadas pelos notários e registradores foram e são importantes na construção de uma sociedade mais justa, estando presente em grandes momentos da vida do cidadão, garantindo a todos o pleno exercício ao direito de registro, óbito, casamento, divórcio, ressignificação sexuais, retificação do registro de nascimento, dentre outros essenciais para um bom desenvolver da vida em sociedade.

Trata sobre as mudanças necessárias pelas quais passaram as serventias, para uma adaptação produtiva e eficiente as reais necessidades populacionais. Ainda nesse sentido, é objetivado a demonstração da importância da desjudicialização para um contexto humanitário e a necessária alteração dos cartórios, adaptando-se ao mundo moderno e disponibilizando suas atividades de modo eletrônico, trazendo conforto, comodidade sem deixar de garantir a segurança jurídica necessária.

Especificando, de modo não exaustivo, as importantes atividades desempenhadas dentro do âmbito das serventias extrajudiciais, que, com sua relevância, são utilizadas como meio de acesso aos seus direitos, de modo célere e eficiente. O estudo em análise noticia o reconhecimento gradativo de direitos fundamentais, sobretudo àqueles de minorias, em virtude das transformações sociais e do novo perfil constitucional de pluralidade existentes na sociedade.

2. AS SERVENTIAS EXTRAJUDICIAIS E A SUA INDISPENSABILIDADE PARA A GARANTIA DE UM MAIOR ACESSO À JUSTIÇA

Sem grandes novidades, as serventias extrajudiciais se estabelecem junto ao mundo jurídico como forma de auxiliar, de forma extraordinária, a sociedade como um todo, facilitando o acesso a direitos básicos, cooperando para haver a concretude e a realização de direitos básicos. O Dr. Lucas Almeida de Lopes Lima (2011) no traz um pequeno panorama do surgimento dos cartórios e do desempenho de suas funções.

> Pode-se dizer que no Brasil, a atividade notarial e registral surgiu efetivamente a partir do chamado registro do vigário (Lei 601/1850 e Dec. 1.318/1854), com o que a Igreja Católica passou a obrigar a legitimação da aquisição pela posse, através do registro em livro próprio, passando a diferençar as terras públicas das terras privadas. A aludida transmissão, com o tempo, passou a ser realizada através de contrato e, não raras vezes, necessitava de instrumento público, confeccionado por um tabelião. Finalmente, com a ampliação dos atos registráveis, passaram a se submeter ao Registro Geral (Lei 1.237/1864) todos os direitos reais sobre bens imóveis.

Fato é que as atividades extrajudiciais possuem sua função cravada na humanidade há muito tempo, e que, com o passar dos anos e observada sua capacidade fática de lidar com os fatos, foram alcançando autonomia e legitimidades, até chegarem nos moldes que encontramos atualmente. Sobre esse sentido, bem assegurou Brandelli (2011) ao tratar sobre o tema:

> O embrião da atividade notarial, ou seja, o embrião do tabelião, nasceu do clamor social, para que, num mundo massivamente iletrado, houvesse um agente confiável que pudesse instrumentalizar, redigir o que fosse manifestado pelas partes contratantes, a fim de perpetuar o negócio jurídico, tornando menos penosa a sua prova, uma vez que as palavras voam ao vento.

Desempenhadas pelos tabeliães e registradores, sendo uma das profissões mais antigas do mundo, as funções de legatárias das serventias extrajudiciais estão em constante evolução, adaptando-se conforme as nuances da sociedade em que está inserida, deixando os delegatários de serem tão somente registradores, mas verdadeiros portadores de fé pública, que atuam em favor da sociedade, assegurando a segurança e efetividade dos atos jurídicos submetidos a seus crivos.

Tal como preceituado por Ricardo Goretti (2017, p. 67), "é possível afirmar que ter acesso à justiça é obter a solução de sua controvérsia de maneira justa". Sobre o tema, nos ensina Miranda (2010):

> Sem dúvida alguma, a atividade notarial e de registro representa atualmente um importante instrumento para a plena, rápida e eficaz realização do direito, exatamente porque ela se apresenta em condição de atuar na resolução de múltiplos problemas que quotidianamente se apresentam na vida dos cidadãos os quais, não assumem uma natureza conflitual de litígios, mas que só através da atuação do Poder Judiciário tenham possibilidade de ser dirimidos. E o melhor, com a intervenção capaz – e legalmente sancionada – de jurista idôneo e investido de fé-pública e, além disso, com capacidade para apreciar e aplicar, nas situações concretas, o princípio da legalidade, como é, incontestavelmente, o caso do notário e do registrador. Com efeito, a atividade notarial e de registro está a trilhar novos caminhos e perspectivas com dimensão de dar à sociedade moderna resposta para o maior problema do Judiciário – a morosidade no trâmite processual – ao se apresentar com condição para receber no âmbito de suas atribuições a delegação para a prática de todos os atos de jurisdição que não envolvam litígios, como os de jurisdição voluntária, tornando assim um braço forte do Poder Judiciário com capacidade real de evitar a lide e oferecer solução segura e célere para o cidadão.

Respaldadas pela própria Constituição Federal de 1988, as atividades extrajudiciais vêm disciplinadas pelo artigo 236 da Carta Magna, onde, é possível verificar:

> Art. 236. Os serviços notariais e de registro são exercidos em caráter privado, por delegação do Poder Público.
>
> § 1º Lei regulará as atividades, disciplinará a responsabilidade civil e criminal dos notários, dos oficiais de registro e de seus prepostos, e definirá a fiscalização de seus atos pelo Poder Judiciário.
>
> § 2º Lei federal estabelecerá normas gerais para fixação de emolumentos relativos aos atos praticados pelos serviços notariais e de registro.
>
> § 3º O ingresso na atividade notarial e de registro depende de concurso público de provas e títulos, não se permitindo que qualquer serventia fique vaga, sem abertura de concurso de provimento ou de remoção, por mais de seis meses.

Além deste, as atividades ganham fundamentação em outras importantes normas, tais como a Lei 6.015/73, 8.935/94, o próprio Código Civil Brasileiro, normas do CNJ, dentre outras que são de absoluta importância para o bom desenvolver das atividades. Transpassando sua posição frente a toda sociedade, os notários e registradores alçaram um lugar cada vez mais indispensável ao sistema jurídico e à população, visto que a partir de seu estabelecimento, o judiciário passou a contar com um auxílio eficiente e célere para a solução dos litígios.

Se faz salutar que a eficiência do extrajudicial não significa na ineficiência do judiciário. Para elucidar o quanto trazido à tela, trago as exatas palavras do Ilustre Desembargador do Tribunal de Justiça de São Paulo, José Renato Nalini, que ressaltou a importância das delegações extrajudiciais, onde:

Um protagonismo que deu certo é o das delegações extrajudiciais. Foi uma solução inteligente do constituinte de 1988. Entregar a concursados prestações estatais que serão exploradas por sua conta e risco. O governo não investe nada nas serventias – registros públicos e tabelionatos – e leva boa parte dos emolumentos. Mesmo assim, os delegados dão um show de eficiência e estão anos-luz à frente das prestações estatais diretamente prestadas pelo Estado.

E isso se dá ao fato de que houve uma mudança de atribuições do judicial para o extrajudicial. Nas palavras de Vitor Kumpel (2017, p. 198), "os operadores do direito começaram a perceber que questões jurídicas, ainda que complexas, poderiam ser retiradas da apreciação do Poder Judiciário, observadas duas condições: a) desde que não houvesse lide; b) desde que não houvesse interesse público ou metaindividual envolvido".

Para José Henrique Coelho Dias da Silva[1] (2014) é certo que:

[...] este profissional do direito é dotado de liberdade decisória, sem nenhum tipo de condicionamento, seja de ordem política, econômica ou administrativa. O único limite é a ordem jurídica, que disciplina, entre outras matérias, o exercício da atividade, os limites de suas atribuições e os deveres a observar.

Por fim, é preciso trazer que as atividades desempenhadas pelos notários e registradores têm seu início a partir da provocação e se encerram com a conservação do documento elaborado, de modo que esse possa ser utilizado no futuro, seja pela via digital ou presencial. Santos (2007, p. 78) nos traz que as atividades extrajudiciais são privilegiadas, o que faz com que tenham participação ativa na vida dos cidadãos, alcançando níveis fundamentais na prevenção de litígios e viabilizando a ordem pública, visto que a eles são conferidos o "poder de intervir na sua administração, conquanto isso venha a limitar a autonomia da vontade dos respectivos titulares".

Vejamos abaixo dois exemplos reais dos quais os cartórios notariais e de registros públicos participam e que podemos ressaltar como indispensáveis à vida da população.

3. DA SEGURANÇA JURÍDICA DOS ATOS PRATICADOS PELOS NOTÁRIOS E REGISTRADORES

Foi o fato de nos depararmos com a urgência de uma atuação mais eficiente, dada a situação fática em que o judiciário se apresentada, criadas maneiras alternativas de se solucionar problemas que conseguissem chegar a uma decisão fora do âmbito judicial. Sobre isso, nos trouxe Lígia Arlé Ribeiro de Souza:

---

1. Disponível em: https://www.jusbrasil.com.br/diarios/76654571/djpe-16-09-2014-pg-71.

Portanto, diante do quadro caótico em que se encontra a justiça brasileira, o legislador viu-se compelido a criar meios alternativos para solução das questões advindas das relações sociais e econômicas. A partir de então, leis visando à desjudicalização começaram a ser editadas [...] (2011, *online*).

Embora de conhecimento, é preciso ressaltar que os atos praticados pelos notários e registradores são completamente indispensáveis, visto a segurança jurídica possuída. O professor Jose Afonso da Silva (2006), nos ensina que:

> A segurança jurídica consiste no 'conjunto de condições que tornam possível às pessoas o conhecimento antecipado e reflexivo das consequências diretas de seus atos e de seus fatos à luz da liberdade reconhecida'. Uma importante condição da segurança jurídica está na relativa certeza que os indivíduos têm de que as relações realizadas sob o império de uma norma devem perdurar ainda quando tal norma seja substituída.

Isso porque a fé pública aos quais estão submetidos os notários e registradores surge como um dos pilares que regem as atividades desenvolvidas. Os delegatários atuam como se um representante do Estado fossem, atribuído a eles a fé pública por meio de norma legal, deixando claro que o ato ali examinado/produzido por aquele profissional encontra-se conforme as legislações e consegue produzir os efeitos jurídicos pretendidos e necessários (REZENDE, 1998).

Nas palavras de Moacyr dos Santos (2006, p. 76), a partir da consecução dos direitos produzidos e assegurados pelas serventias extrajudiciais, é possível garantir a ordem pública, isso por quê:

> No que concerne às pessoas físicas, a lei tutela o fato do nascimento, ou do óbito, pelo termo respectivo em registro próprio: o reconhecimento de filho, ou no próprio termo de nascimento, ou por escritura pública, ou por testamento etc. No que concerne à formação das pessoas jurídicas, a tutela do Estado se faz pela exigência do registro do ato constitutivo, estatuto ou contrato do Registro Civil das Pessoas Jurídicas, tratando-se de sociedade ou associação civil, ou arquivamento dos estatutos ou outro ato constitutivo na Junta Comercial, tratando-se de sociedade comercial; prescreve as cautelas para formação das fundações e atribui ao Ministério Público a fiscalização dos seus atos. A propriedade é tutelada pela inscrição no Registro Imobiliário não só dos atos respeitantes à sua alienação, como das atribuições que a oneram; numerosos atos jurídicos só têm validade quando formados por escritura pública etc. Em todos esses exemplos vemos o Estado, por diferentes órgãos, que não só órgãos jurisdicionais a administrar interesses privados, de certo modo, limitando, assim, a autonomia da vontade dos respectivos titulares. Nesses casos dá-se administração de interesses privados por órgãos públicos.

De modo a demonstrar a importância da fé pública atribuída aos notários e registradores, segue abaixo jurisprudência coletada do Tribunal de Justiça de Mato grosso do Sul:

> Apelação cível – ação declaratória de nulidade de desconto em folha de pagamento c/c repetição de indébitos e danos morais – requisitos dos artigos 319 e 320 do CPC preenchidos – impossi-

bilidade de indeferimento da inicial – declaração de residência por procuração pública – documento emitido por tabelião dotada de fé pública – sentença insubsistente – recurso provido.

1. Nos termos do artigo 3 da Lei 8.935/94, um dos princípios que rege a atividade notarial e registral é a fé pública, in *verbis*: "Notário, ou tabelião, e oficial de registro, ou registrador, são profissionais do direitos, dotados de fé pública, a quem é delegado o exercício da atividade notarial e de registro." 2. O princípio da fé pública garante a legalidade de uma relação jurídica dando validade e segurança prevenindo o conflito e a litigiosidade. Portanto, o instrumento púbico emitido pela Tabeliã possui a informação da residência do autor, o que deve ser considerado como idôneo, substituindo o comprovante de residência e sendo suficiente para instruir a inicial nos termos do artigo 319 do CPC.

(Apelação: APL XXXXX – 73.2017.8.12.0044 MS XXXXX- 73.2017.8.12.004).

Frente ao quanto tratado, podemos traduzir que a segurança jurídica, tão almejada, só é possível de ser alcançada quando há confiança social na coerência existente entre as normas e os atos praticados, que possam conferir a todos a estabilidade necessária, tal como preconiza Canotilho (1993, p. 371-372):

[...] o homem necessita de uma certa segurança para conduzir, planificar e conformar autônoma e responsavelmente a sua vida. Por isso, desde cedo se considerou como elementos constitutivos do Estado de direito o princípio da segurança jurídica e o princípio da confiança do cidadão. Estes princípios apontam sobretudo para a necessidade de uma conformação formal e material dos actos legislativos, postulando uma teoria da legislação, preocupada em racionalizar e optimizar os princípios jurídicos de legislação inerentes ao Estado de direito (CANOTILHO, 1993, p. 371- 372).

Ora, a fé pública atribuída aos delegatários funde-se em um dos mais relevantes institutos jurídicos existentes em nosso ordenamento jurídico, dado o fato de sua indispensabilidade à harmoniosa convivência em sociedade, por ser calcada na autenticidade, publicidade segurança atos e fatos jurídicos, possibilitando, deste modo, o regular desenvolvimento das relações sociais. Além do que, se caracteriza em prerrogativa do próprio Estado, frente a sua força probante e ao seu alcance social.

Nos fica evidente que os serviços praticados pelas serventias extrajudiciais são dotados de fé pública, garantindo segurança jurídica, carregando e trazendo consigo a possibilidade de garantir direitos fundamentais e um acesso maior à justiça, de modo mais célere, sendo, hoje, modelo de exemplo para a concretização de direitos.

4. A PUBLICAÇÃO DA LEI 11.441 DE 2007 – UM MARCO NA HISTÓRIA EXTRAJUDICIAL

Sem a intenção de esgotar o tema, será demonstrado abaixo, de forma bem sucinta e rápida, duas conquistas de direitos realizadas pelos cartórios de notas e de registros das quais considero basilares à população. São elas a publicação da Lei 11.441/2007 e, mais recentemente, a Lei 14.382 de 27/06/2022, no tocante à possibilidade de alteração dos nomes perante o cartório de registro civil.

Começando pela edição e publicação da Lei 11.441/2007 que é tida como o marco inicial da relação extrajudicial para com o processo de desjudicialização dos conflitos. Sob o desígnio de trazer um processo mais célere e respeitando todos os ditames legais, a norma em comento trouxe consigo uma carga de desenvolvimento das atividades antes só possíveis pela via judicial.

Carregando toda a segurança jurídica necessária, foi possível aos delegatários que esses atuassem em substituição ao judiciário. Sobre o tema, coletamos o que nos trouxe o Dr. Daniel Amorim Assumpção Neves, onde tem-se a seguinte ideia a respeito do inventário e partilha:

> Alterando a tradição do direito pátrio, a Lei 11.441/07 passou a permitir a realização de inventário e partilha extrajudicialmente, desde que todos os sucessores sejam capazes, não exista testamento e que todos estejam de acordo com a divisão dos bens (art. 610 do Novo CPC). A Resolução 35/07 do Conselho Nacional de Justiça (arts. 11 a 32) disciplina essa forma de inventário e partilha extrajudicial. Registre-se que o procedimento de inventário e partilha realizado pela via administrativa – escritura pública – não é obrigatório, de maneira que, mesmo presentes todos os requisitos, será cabível a ação judicial se essa for a vontade dos sucessores, sendo essa a conclusão consagrada no art. 2º da Resolução do Conselho Nacional de Justiça.

A norma em comento trouxe consigo grandes inovações ao Direito de Família, ao Direito Sucessório e ao Direito Processual Civil, o que possibilitou uma maior celeridade nos processos que envolvam inventário, partilha, separação e divórcios consensuais, pela via extrajudicial, desde que preenchidos os requisitos trazidos em lei.

O que temos hoje é que com a chegada da Lei 11.441/2007 foi possibilitado à pessoa casada, ou que se encontrava em união estável, a oportunidade de utilizar também da via extrajudicial para realizar a sua separação ou a conversão da separação, seja ela judicial ou extrajudicial, em divórcio. Embora não retirasse os prazos de conversão, a norma permitia a demanda não mais fosse necessária no âmbito judicial.

Trazendo para nossa realidade, nos foi dada a oportunidade de desjudicialização dos procedimentos, por não ser mais necessária a atuação judiciária quanto da instauração de um processo judicial para a obtenção de divórcio, separação, inventário e partilha, sendo o tabelião capaz de validar a vontade das partes.

Nas palavras de Parodi e Santos (2007, p. 17):

> A Lei 11.441/07 deve ser reverenciada como a primeira medida concreta tendente a tornar efetiva a realização do direito, deixando para trás o processo judicial brasileiro cercado de mecanismos que não permitem o término do procedimento no tempo indicado pela própria legislação.

Ainda, segundo Cassetari (2008, p. 134) ao tratar da importância da norma, traduz que:

(...) a Lei 11.441/07, que alterou o Código de Processo Civil, estabeleceu inovações de grande utilidade ao sistema legal brasileiro, possibilitando a realização de inventário, partilha, separação e divórcio consensual, por via administrativa e ou extrajudicial. A intenção do legislador não foi excluir os procedimentos judiciais, mas oferecer forma alternativa para os casos em que a lei permite, até porque, nos termos da Carta Magna, a lei não excluirá da apreciação do Poder Judiciário, lesão ou ameaças a direito.

Além dos pontos acima elencados, podemos citar o período de pandemia de COVID-19 como grande marco da atuação das serventias extrajudiciais. Isso porque os cartórios foram essenciais ao desenvolvimento e solução das lides, principalmente com a paralisação parcial do judiciário. O divórcio consensual em cartórios tiveram um aumento de 18,7% entre maio e julho do ano de 2020, segundo dados do Colégio Notarial do Brasil.[2] Esse fenômeno é consequência da publicação de autorização que permitiu a realização de atos de divórcios, inventários, partilhas, procurações, por meio do e-Notariado.[3]

Ainda nesse condão de desjudicialização, de acordo com um levantamento realizado pela Associação dos Notários e Registradores do Paraná – ANOREG/PR, a procura por testamentos aumentou 70% no ano de 2020. Grande parte dessa procura se deu por idosos, que pretendem garantir seus desejos nas transmissões de bens e direitos, frente ao período de pandemia. Tudo isso realizado de forma segura, online, onde é possível identificar êxito das atividades extrajudiciais que, mesmo diante de um cenário catastrófico, se adequaram e lançaram mecanismos online para que todos os atos fossem continuados.

Dada todas as informações acima elencadas, nos fica evidente que a norma em comento trouxe consigo inegáveis inovações, carregada de boas intenções de auxiliar e acelerar os procedimentos legais para facilidade da vida da população. A transferência das atividades para o âmbito extrajudicial, sem que sejam perdidas a efetividade e segurança, oportuniza um maior acesso à justiça, que nesse condão, é um direito fundamental e que promove a segurança jurídica, vindo a norma no sentido de muito além de trazer desburocratizações, mas fazendo valer princípios constitucionais, tal como a efetividade processual.

5. ALTERAÇÃO DO NOME NO CARTÓRIO DE REGISTRO CIVIL

Outra alteração que merece ser celebrada foi o quanto trazido pela Lei 14.382 de 27.06.2022, que dispõe sobre sistema eletrônico dos registros públicos. A nova norma do mundo jurídico permite, dentre outros, a alteração do nome direta-

---

2. Disponível em: https://www.cnbsp.org.br/?pG=X19leGliZV9ub3RpY2lhcw==&in=MjAwMjQ=&filtro=1.
3. Disponível em: https://atos.cnj.jus.br/atos/detalhar/3334.

mente no registro civil sem a necessidade de cumprir requisitos antes previstos. Vejamos mais abaixo.

Importante aqui salientar que o nome é um sinal de distinção dentre os homens, sendo determinante para sua personalidade. Essa designação pessoal é intrínseca à existência da própria pessoa, sendo componente fundamental para a identificação da pessoa natural dentro do espaço-tempo em que vive. Silvio Venoso trata do temam ao preconizar:

> O nome é, portanto, uma forma de individualização do ser humano na sociedade, mesmo após a morte. Sua utilidade é tão notória que há exigência para que sejam atribuídos nomes a firmas, navios, aeronaves, ruas, praças, acidentes geográficos, cidades etc. O nome, afinal, é o substantivo que distingue as coisas que nos cercam, e o nome da pessoa a distingue das demais, juntamente com os outros atributos da personalidade, dentro da sociedade. É pelo nome que a pessoa fica conhecida no seio da família e da comunidade em que vive. Trata-se da manifestação mais expressiva da personalidade.

Ainda de modo a demonstrar a importância jurídica do nome, a professora Maria Celina Bodin de Morais (2010) nos ensinar que:

> O nome é o substantivo que se emprega para designar as coisas e as pessoas. Adquire relevo especial, do ponto de vista jurídico, quando serve para individualizar pessoas. Este é justamente o primeiro aspecto a ser evidenciado, isto é, o da importância do nome como o sinal designativo que permite a individualização da pessoa humana, constituindo, por isso mesmo, um dos direitos mais essenciais da personalidade.

O ordenamento jurídico era regido pelo princípio da imutabilidade do nome sob o argumento de garantia eficaz e segura das relações de direitos e obrigações correlatas, estabelecia uma série de regras para que alguém pudesse alterar o nome. Visava-se, com isso, que fosse evitado que a pessoa natural alterasse o seu prenome a todo o momento, seja por simples vontade, seja por má-fé, para prejudicar a sociedade.

Gradualmente o conceito de imutável foi se relativizando, dado os casos concretos aos quais o mundo era cotidianamente apresentado. Casamento, divórcio, adoção, união estável foram alguns dos primeiros mecanismos que, regulamentados pelo Código Civil e contemplados pela Lei de Registros Públicos, permitiam a flexibilização principiológica da imutabilidade. Em 2018 o Tribunal Superior de Justiça já apresentada voto que colaborava com o entendimento de alteração, julgando, no REsp 1.728.039/SC, que:

> A regra no ordenamento jurídico é a imutabilidade do prenome. Todavia, sendo o nome civil um direito da personalidade, por se tratar de elemento que designa o indivíduo e o identifica perante a sociedade, revela-se possível, nas hipóteses previstas em lei, bem como em determinados casos admitidos pela jurisprudência, a modificação do prenome.

Embora sempre no intuito de proteção, a norma jurídica era dura quanto a possibilidade de alteração do nome. Esse sempre era possível frente a autorização (seja ela judicial ou administrativa) após a expedição de um mandado de averbação, ou, ainda, nos casos que eram dispostos em lei. Em regra eram admitidas mudanças somente quando: i) expuser o portador do nome ao ridículo, ou ainda, a situações vexatórias; ii) houver erro gráfico; iii) atingir a maioridade civil (primeiro ano após ter atingido a maioridade civil); iv) homônimos; v) adoção; vi) inclusão de alcunha ou apelido; vii) necessária a proteção de vítima e testemunhas de crimes; viii) redesignação de gênero e; ix) vínculo socioafetivo.

Ocorre que isso mudou com a chegada da Lei 14.382 de 27.06.2022. Isso porque a norma traz em seu escopo a permissão para que qualquer pessoa maior de idade tenha a prerrogativa de alterar o próprio nome de forma facilitado no cartório de registro civil. Ressalta-se, ainda, que não é preciso justificar o motivo da alteração.

Outro ponto que merece atenção é a possibilidade de alteração do sobrenome, sendo possível acrescer o sobrenome de familiares a qualquer tempo, bastando, para tal, a comprovação do vínculo existente. Ressalta-se ainda a possibilidade de exclusão de sobrenome nos casos de filiação e de cônjuges, o que antes só era permitido pela via judicial. A norma também é válida para recém-nascidos, onde as alterações podem ser realizadas em até 15 dias após o registro civil.

Para tanto, como bem assegura a professora Maria Celina Bodin de Morais:

> O nome é o substantivo que se emprega para designar as coisas e as pessoas. Adquire relevo especial, do ponto de vista jurídico, quando serve para individualizar pessoas. Este é justamente o primeiro aspecto a ser evidenciado, isto é, o da importância do nome como o sinal designativo que permite a individualização da pessoa humana, constituindo, por isso mesmo, um dos direitos mais essenciais da personalidade.

Tamanha a importância do mecanismo possibilitou uma facilidade para aqueles que não tinham a autopercepção a partir do nome atribuído em seu nascimento. Como prova disso temos o levantamento realizado pela Associação dos Registradores de Pessoas Naturais do Brasil – ARPEN/BR,[4] quase 5 mil pessoas realizaram a alteração do nome desde a entrada em vigor da norma. A medida torna-se basilar de forma que a pessoa tenha uma vida pautada pela dignidade. A não possibilidade de mudança do nome ocasiona, muita das veze, em grave sofrimento, gerando desconforto e podendo gerar limitação à liberdade individual de cada um. Segundo a registradora civil e professora Márcia Fidelis Lima – Presidente da Comissão Nacional dos Notários e Registradores do Instituto Brasileiro de Direito de Família (IBDFAM):

---

4. https://arpenbrasil.org.br/quase-cinco-mil-pessoas-alteraram-seus-nomes-no-ano-passado/.

O nome é o principal elemento qualificador da nossa personalidade perante a sociedade e, como tal, pode afetar o nosso bem-estar e criar problemas psicológicos. Já que não fomos nós que escolhemos o nome no nascimento, mas outra pessoa, é justo que ele não seja imutável e que nós mais tarde tenhamos o direito de modificá-lo se não estivermos satisfeitos.[5]

Nessa linha de acesso à justiça e aplicação do princípio da dignidade, vale ressaltar uma grande conquista que já é efetivada pelos registradores civis: a alteração do nome de pessoas transexuais. Isso porque, o entendimento de que a autodeterminação das pessoas se traduz como um direito fundamental para ser garantido o direito a uma vida digna. Ressaltamos aqui um marco importantíssimo para a luta das pessoas transexuais, onde, em decisão proferida pela Ministra Nancy Andrighi, face ao Recurso Especial 1008398, julgado em 15 de outubro de 2009, foi entendido a necessidade de que sejam analisados os casos sobre o olhar da dignidade da pessoa humana, para reconhecer a autodeterminação de gênero.

O Supremo Tribunal Federal – STF, ao julgar a ADI 4275, em decisão histórica, compreendeu não ser necessária a realização de cirurgia de redesignação de sexo para que a pessoa pudesse ter seu nome e gênero alterados em seu registro civil. Irrefutável decisão fora baseada no respeito à dignidade da pessoa humana, entendendo os ministros da corte que para ocorrer a alteração não é necessária uma autorização judicial. De forma humanitária, fora considerado o direito à identidade, visto que esse é identificado como um direito universal, uma vez que todos os indivíduos possuem direito à identidade da personalidade.

De modo a demonstrar que a decisão do STF teve como base os direitos fundamentais, se coleciona aqui o quanto tratado pelo ministro Gilmar Mendes (2018), que traduziu:

> Os direitos fundamentais são, a um só tempo, direitos subjetivos e elementos fundamentais da ordem constitucional objetiva. Enquanto direitos subjetivos, os direitos fundamentais outorgam aos seus titulares a possibilidade de impor os seus interesses em face dos órgãos obrigados. Na sua acepção como elemento fundamental da ordem constitucional objetiva, os direitos fundamentais – tanto aqueles que não asseguram, primariamente, um direito subjetivo quanto aqueles outros, concebidos como garantias individuais – formam a base do ordenamento jurídico de um Estado de Direito democrático.

O CNJ, coadunando com o entendimento da Suprema Corte publicou, em junho de 2018, o Provimento 73 que dispõe sobre a averbação da alteração do prenome e do gênero nos assentos de nascimento e casamento de pessoa *transgênero* no Registro Civil das Pessoas Naturais, trazendo que a pessoa transgênero pode alterar o nome e gênero diretamente no cartório em que foi registrada. A norma fez com que fosse integrado ao ordenamento jurídico, ainda, a vedação

---

5. https://www12.senado.leg.br/noticias/infomaterias/2022/12/nova-lei-permite-troca-de-nome-direto-no-cartorio-sem-acao-judicial

de constar no documento de identidade a transexualidade da pessoa, buscando sigilo e respeito as suas condições e particularidades. Embora ainda passível de adaptações e melhorias, é inegável os avanços realizados na efetivação dos direitos da personalidade, agindo, desse modo, o cartório de registro civil como garantidor estatal de direitos fundamentais basilares.

É possível identificar que os nomes e sobrenome são indispensáveis para a formação psíquica e social do indivíduo, constituindo, dentre outras, a própria personalidade. Além de um elemento de suma importância para a identificação tem, como princípio, a ideia de proteção da dignidade da pessoa humana, sendo mais que necessária e eficaz a norma publicada em 2022, tendo o extrajudicial como auxiliar desse processo cada vez mais humanitário de reconhecimento das particularidades de cada indivíduo.

6. CONSIDERAÇÕES FINAIS

É incontestável que com a identificação de um abarrotamento do judiciário se fez necessário o surgimento de um mecanismo que conseguisse auxiliá-lo, sem que para isso fosse aberto mão da segurança jurídica. Nessa seara surge os serviços extrajudiciais que, ao receberem algumas das funções antes judiciais, prestam a toda a população um serviço de qualidade e com todos os cuidados necessários para a realização. Além disto, permite que toda a população tenha um acesso mais facilitado à ordem jurídica, de modo célere, econômico e sem grandes implicações, sem que para isso perca qualquer ponto de segurança jurídica, indispensável ao bom funcionamento estatal.

É preciso relembrar que os serviços notariais e de registro são prestados por profissionais qualificados, aprovados em concurso público, que prestam um serviço de grande destreza e proteção, visto a fé público que lhes é atribuída, não sendo sequer necessária a discussão sobre sua capacidade. Além disso, servem os cartórios de mecanismos, cada dia mais, na consecução de direitos e garantias, atuando como braço direito da justiça, fomentando políticas e fazendo com que sejam dirimidas todas as situações que podem, facilmente, serem resolvidas.

A Lei 11.441/2007 surge em nosso ordenamento jurídico como um marco temporal das atividades desenvolvidas pelos cartórios extrajudiciais e seu auxílio ao poder judiciário. Para muito além disso, a norma se instituiu no sentido de garantir um acesso à justiça, respondendo aos anseios de pacificação social e um processo com duração razoável.

Ainda nesse sentido de desburocratização e garantia de direitos, o cartório de registro civil auxilia no processo de autodenominação da pessoa, que pode escolher o nome que mais se identifica, respeitando os direitos individuais que são base de uma sociedade. As alterações trazidas pela norma 14.382 de 27/06/2022 só contribuem com o entendimento de respeito à identidade de cada um, não podendo o Estado retirar o direito à autodeterminação e a adequação do nome à pessoa. Os Cartórios fazem parte da nossa vida, do nascimento até a morte, na conquista de um bem e na venda e mostram-se, cada dia mais, indispensáveis ao cotidiano dos cidadãos.

Não é mais permitido que se aceite condições de incertezas dentro do nosso ordenamento, uma vez observado o respeito e proteção à pessoa humana. É preciso que caminhemos, cada vez mais, rumo a adequação de nossas normas as realidades existentes, evoluindo e respeitando a todos. E para isso, a função social dos cartórios é de grande valia para contribuir com a desjudicialização e desburocratização, para que se torne cada vez mais incontestável a importância do princípio da dignidade da pessoa humana e que, o extrajudicial atue cada vez mais como garantidor de normas e princípios norteadores.

7. REFERÊNCIAS

BRANDELLI, Leonardo. *Teoria geral do direito notarial*. 4. ed. São Paulo: Saraiva, 2011.

BRASIL. Constituição da República Federativa do Brasil de 1988. Disponível em: http://www.planalto.gov.br/ccivil_03/constituicao/constituicao.htm.

BRASIL. Código Civil de 2002. Disponível em: http://www.planalto.gov.br/ccivil_03/leis/2002/l10406.htm.

BRASIL. Lei 6.015, de 31 de dezembro de 1973. Dispõe sobre os registros públicos, e dá outras providências. Brasília: Congresso Nacional, 1973. Disponível em: http://www.planalto.gov.br/ccivil_03/leis/l6015compilada.htm.

CANOTILHO, José Joaquim Gomes. *Direito constitucional*. 6. ed. Coimbra: Livraria Almedina, 1993.

CASSETTARI, Christiano. *Separação, divórcio e inventario por escritura pública*. Teoria e prática. 3. ed. São Paulo: Método, 2008.

DEL GUÉRCIO NETO, Arthur et. al. *Homenagem aos 10 anos da lei federal 11.441/2007 em 10 artigos*. São Paulo: YK Editora, 2017.

GORETTI, Ricardo. Mediação e acesso à justiça. Salvador: JusPodivm, 2017. p. 67.

KÜMPEL, Vitor Frederico. *Histórico da Lei 11.441/2007 e a incorporação de seus institutos pelo Código de Processo Civil de 2015*.

LIMA, Lucas Almeida de Lopes. A Atividade Notarial e Registral e sua Natureza Jurídica. Conteúdo Jurídico, Brasília-DF: 19 ago. 2011. Disponível em: http://www.conteudojuridico.com.br/art.,a-atividade-notarial-e-registral-e-sua-natureza-juridica,33077.html

MIRANDA, Marcone Alves. A importância da atividade notarial e de registro no processo de desjudicialização das relações sociais. *Âmbito Jurídico*. n. 73, ano XIII. Rio Grande: fev. 2010. Disponível em: https://www.ambitojuridico.com.br/site/index.php?n_link=revista_artigos_leitura&artigo_id=7134

MORAES, Maria Celina Bodin de. A tutela do nome da pessoa humana. In: MORAES, Maria Celina Bodin de. *Na medida da pessoa humana*: Estudos de direito civil-constitucional, Rio de Janeiro: Renovar, 2010.

NALINI, José Renato. *Empreendedores*. Uni-vos! http://www.cawdialogos.com.br/empreendedores-uni-vos-2/.

NEVES, Daniel Amorim Assumpção. *Manual de direito processual civil*. 8. ed. Salvador: JusPodivm. volume único.

PARODI, Ana Cecília, SANTOS, Clarice Ribeiro. *Inventário e rompimento conjugal por escritura*: Praticando a Lei 11.441/2007. Campinas, São Paulo: Russelli Editora, 2007.

REZENDE, Afonso Celso Furtado de. *Tabelionato de notas e o notário perfeito*. Campinas: Ed. Copola, 1998.

SANTOS, Moacyr Amaral dos. *Primeiras linhas do direito processual civil*. 25. ed. São Paulo: Saraiva, 2007. v. 1.

SILVA, José Afonso da. *Comentário contextual à Constituição*. São Paulo: Malheiros, 2006.

SOUZA, Lígia Arlé Ribeiro. *A importância das serventias extrajudiciais no processo de desjudicialização*. Disponível em: https://jus.com.br/artigos/20242/aimportancia-das-serventias-extrajudicias-no-processo-de-desjudicializacao.

VENOSA, Sílvio de Salvo. *Direito Civil* (Parte Geral). São Paulo: Atlas, 2001. v. 1.

CONTENCIOSO ADMINISTRATIVO E CÍVEL NOTARIAL E REGISTRAL

Aline Rodrigues de Andrade

Especialista em Direito Administrativo e Direito Processual Civil pelo Instituto Romeu Felipe Bacellar. Bacharel em Direito pela Universidade Federal do Paraná. Membro da Comissão de Acesso à Justiça da OAB/PR. Advogada. aline@macedoguedes.com.br.

Rodrigo Bley Santos

Mestre em Direito das Relações Sociais e Bacharel em Direito pela Universidade Federal do Paraná. Especialista em Direito Processual Civil pelo Instituto Romeu Felipe Bacellar. Advogado. rodrigobleysantos@gmail.com.

Sumário: 1. Introdução – 2. A disciplina constitucional da atividade notarial e de registro; 2.1 O exercício em caráter privado – 3. O regime de responsabilidade notarial e registral; 3.1 O regime de responsabilidade civil; 3.1.1 Jurisprudência atual sobre a responsabilidade civil notarial e registral; 3.2 O regime de responsabilidade administrativa – 4. Conclusão – 5. Referências.

1. INTRODUÇÃO

A atual conformação da atividade notarial e registral é resultado de diversas normativas sobre a matéria, tendo se consolidado com o advento da Constituição Federal de 1988. Esta fixou a competência privativa da União para legislar sobre registros públicos (art. 22, XXV), e delimitou a atividade de forma específica no seu art. 236. O dispositivo consta no capítulo "Das Disposições Constitucionais Gerais" (artigos 233 a 250), fator que, em análise topográfica do texto constitucional, distancia a atividade dos temas regidos pelos capítulos que tratam da Administração Pública, do Poder Judiciário ou das Funções Essenciais à Justiça. A opção do constituinte foi por não incluir os notários e registradores como parte do Poder Judiciário.

O constituinte dispôs que a atividade notarial e de registro será prestada em caráter privado, mediante delegação do Poder Público. Para tanto, ressalvou-se a necessidade de observância da lei regulamentadora (Lei 8.935/94); a submissão à lei que estabelece normas gerais para a fixação de emolumentos (Lei 10.169/00); e a obrigação de aprovação em concurso público de provas e títulos para acesso na atividade.

A atividade notarial possui natureza *sui generis*. Se, por um lado, o constituinte previu um regime privado para os notários e registradores, por outro, manteve a natureza pública dos serviços prestados. Para garantir a adequação das atividades aos demais princípios elencados no caput do art. 37 da Constituição, bem como ao interesse público, o constituinte atribuiu ao Poder Judiciário a função de fiscalização da atividade, no que se denomina administração pública de interesses privados. Assim, os agentes delegados respondem administrativamente pelos serviços prestados fiscalizados pelos agentes jurisdicionais, havendo diversas previsões disciplinares a esse respeito na Lei 8.935/94 e nas normativas estaduais.

Outro aspecto relevante é a pessoalidade típica da delegação, identificada tanto nos requisitos para ingresso na atividade, quanto no regime de responsabilidade civil subjetiva a que estão submetidos os notários e registradores (art. 22 da Lei 8.935/94 e art. 28 da Lei 6.015/1973). A temática da responsabilidade civil do Estado com relação aos atos praticados pelos delegatários era tema bastante controvertido no cenário jurídico brasileiro. Entretanto, com o advento da tese de Repercussão Geral 777/STF e o julgamento do RE 842.846/SC, pacificou-se o entendimento de que a responsabilidade do Estado é objetiva nestas hipóteses.

Desse modo, o presente estudo analisará a disciplina constitucional da atividade notarial e registral, dando especial enfoque ao exercício em caráter privado. Na sequência, será pontuado sobre o regime de responsabilidade civil e a jurisprudência atual sobre o tema. Por fim, o estudo discorrerá sobre o regime de responsabilidade administrativa dos notários e registradores.

A metodologia utilizada é a teórico-descritiva. Com o uso do método dedutivo serão analisadas a doutrina, a legislação e jurisprudência relevante na matéria. O presente estudo estará dedicado a fazer uma compilação do tema do contencioso cível e administrativo notarial e registral, à luz da jurisprudência brasileira mais atualizada, com objetivo de servir de guia à prática forense e à pesquisa acadêmica.

2. A DISCIPLINA CONSTITUCIONAL DA ATIVIDADE NOTARIAL E DE REGISTRO

A regulação em sede constitucional da atividade notarial e registral não é recente no ordenamento jurídico brasileiro. A matéria assumiu dimensão constitucional a partir da promulgação da Constituição de 1934.[1] Nela, reservava-se à União a competência privativa para legislar sobre "registros públicos",[2] bem como

---

1. O histórico constitucional aqui citado segue o exposto em MOLINARO, Carlos Alberto; PANSIERI, Flávio; SARLET, Ingo W.; Comentário ao Art. 236. In: CANOTILHO, J. J. Gomes; MENDES, Gilmar F.; SARLET, Ingo W.; (Coord.). *Comentários à Constituição do Brasil*. São Paulo: Saraiva/Almedina, 2013, *online*.
2. Constituição, art. 5º – Compete privativamente à União: XIX – legislar sobre: a) direito penal, comercial, civil, aéreo e processual, registros públicos e juntas comerciais.

aos Tribunais a competência para organizar "os seus cartórios".[3] A Constituição de 1937 mantém previsão semelhante à de 1934, fixando a competência da União para a edição de normas sobre registro civil (art. 16, XX) e dos Tribunais para "organizar os Cartórios" (art. 93, "a"). A competência da União a respeito dos "registros públicos" permanece ainda preservada na Constituição de 1946 (art. 5º, inciso XV, "e"), bem como a competência dos Tribunais para organização dos cartórios (art. 14, § 2º). Da mesma forma ocorre sob a égide da Constituição de 1967 (art. 8º, inciso XVII).

A regulação quanto ao tema passou por expressiva mudança quando da promulgação da Constituição da República de 1988, em específico no seu artigo 236. Dispõe o enunciado normativo que os serviços notariais e de registro são exercidos em caráter privado, por delegação do Poder Público.[4] A atuação destes agentes, voltada "a garantir a publicidade, autenticidade, segurança e eficácia dos atos jurídicos",[5] precede a atividade judicial – o que nitidamente distingue-os dos servidores públicos.[6] Inserem-se, assim, na categoria de particulares em colaboração com a Administração Pública.[7]

---

3. Constituição, art. 67 – Compete aos Tribunais: a) elaborar os seus Regimentos Internos, organizar as suas secretarias, os seus cartórios e mais serviços auxiliares, e propor ao Poder Legislativo a criação ou supressão de empregos e a fixação dos vencimentos respectivos.
4. Constituição, art. 236, *caput* – os serviços notariais e de registro são exercidos em caráter privado, por delegação do Poder Público.
5. Lei 8.95/1994, art. 1º – serviços notariais e de registro são os de organização técnica e administrativa destinados a garantir a publicidade, autenticidade, segurança e eficácia dos atos jurídicos.
6. Leia-se Ovídio Baptista da Silva: "com base nos princípios estabelecidos pela Constituição, é possível revelar as seguintes características atuais do instituto notarial: a) trata-se de um serviço público *delegado*, a ser exercido por profissionais do direito, na condição de agentes privados; b) disso resulta que as pessoas investidas na função notarial, mediante concurso público, não são funcionários do Estado nem participam dos quadros de pessoal dos serviços públicos" (SILVA, Ovídio Araújo Baptista da. O notariado brasileiro perante a Constituição Federal. *Doutrinas Essenciais de Direito Registral*, v. 1, p. 1271-1275, São Paulo, dez. 2011).
7. Confira-se a posição do Professor Celso Antônio Bandeira de Mello: "esta terceira categoria de agentes é composta por sujeitos que, sem perderem sua qualidade de particulares – portanto, de pessoas alheiras à intimidade do aparelho estatal (com exceção única dos recrutados para serviço militar) –, exercem função pública, ainda que às vezes apenas em caráter episódico. Na tipologia em apreço reconhecem-se: (...) delegados de função ou ofício público, que se distinguem de concessionários e permissionários em que a atividade que desempenham não é material, como a daqueles, mas é jurídica. É, pois, o caso dos titulares de serventias da Justiça não oficializadas, como notários e registradores, *ex vi* do art. 236 da Constituição, e, bem assim, outros sujeitos que praticam, com o reconhecimento do Poder Público, certos atos dotados de força jurídica oficial, como ocorre com os diretores de Faculdades particulares reconhecida. Anote-se que cada 'serviço' notarial ou registral, constitui-se em um plexo unitário, e individualizado, de atribuições e competências públicas, constituídas em organização técnica e administrativa, e específicas quer pela natureza da função desempenhada (serviços de notas e de registros), quer pela área territorial onde são exercidos os atos que lhes correspondem. Inobstante estejam em pauta atividades públicas, por decisão constitucional explícita elas são exercidas em *caráter privado* por quem as titularize, como expressamente o diz a Constituição no artigo referido" (MELLO, Celso Antônio Bandeira de. *Curso de direito administrativo*. 33. ed. rev. ampl. e atual. São Paulo: Malheiros, 2016, p. 261-262).

Depreende-se dessa norma a natureza *sui generis* da atividade notarial e de registro, que não se subsome a nenhuma das chamadas funções típicas do Estado. Trata-se de atividade de caráter "híbrido", à medida que transita entre os domínios do direito público e privado sem se amoldar perfeitamente a qualquer um deles.

A Constituição vigente designou à lei ordinária a regulamentação dos serviços notariais e registrais para ordenar a disciplina da responsabilidade civil e criminal dos agentes delegados e de seus prepostos; e a fiscalização dos atos dos titulares da delegação pelo Poder Judiciário.[8] Ressalte-se que a regra constitucional não deixa dúvida de que a fiscalização judicial recai somente sobre o titular e, quando referente aos prepostos, é restringida pela lógica do direito privado, da legislação trabalhista, imposta pela Lei 8.935/94.[9]

Em lealdade ao disposto no § 1º do art. 24 da Constituição,[10] o § 2º do art. 236[11] impõe que lei federal fixe normas gerais a respeito de emolumentos relativos aos atos praticados pelos serviços notariais e de registro – expressado na Lei 10.169/2000.

Apesar do caráter privado, a delegação não se confunde com a figura da habilitação,[12] uma vez que se afigura necessária a aprovação em concurso público de provas e títulos, em analogia ao previsto no art. 37, II, da Constituição.[13]

2.1 O exercício em caráter privado

Conforme exposto, o dispositivo constitucional visa a garantir que a atividade notarial e de registro sejam desenvolvidas por agentes delegados do poder

---

8. Constituição, art. 236, § 1º lei regulará as atividades, disciplinará a responsabilidade civil e criminal dos notários, dos oficiais de registro e de seus prepostos, e definirá a fiscalização de seus atos pelo Poder Judiciário.
9. Veja-se o entendimento de Walter Ceneviva, em sua obra "Lei dos notários e dos registradores comentada (Lei n. 8.935/94).
10. Constituição, art. 24, § 1º no âmbito da legislação concorrente, a competência da União limitar-se-á a estabelecer normas gerais.
11. Constituição, art. 236, § 2º lei federal estabelecerá normas gerais para fixação de emolumentos relativos aos atos praticados pelos serviços notariais e de registro.
12. Nos dizeres de Celso Antônio Bandeira de Mello: "a delegação – justamente por sê-lo – não se confunde com uma simples habilitação, ou seja, com um ato meramente recognitivo de atributos pessoais para o desempenho de funções de tal gênero. Dita habilitação (aferida no concurso público que a precede, cf. § 3º do art. 236 da CF e que, demais disto, aponta o melhor dos candidatos) é apenas um pressuposto da investidura nas funções em causa. A delegação, propriamente dita, é ato sucessivo ao concurso e seu alcance, seu significado, é precisamente o de adjudicar um determinado 'serviço' (em rigor, o exercício dele) – ou seja, aquela unidade que o substancia – à cura de um dado sujeito" (MELLO, Celso Antônio Bandeira de. *Curso de direito administrativo*. 33. ed. rev. ampl. e atual. São Paulo: Malheiros, 2016, p. 262-263).
13. Constituição, art. 37, II – a investidura em cargo ou emprego público depende de aprovação prévia em concurso público de provas ou de provas e títulos, de acordo com a natureza e a complexidade do cargo ou emprego, na forma prevista em lei, ressalvadas as nomeações para cargo em comissão declarado em lei de livre nomeação e exoneração.

público. Trata-se de uma titularização que procede, conforme expressa pronúncia constitucional, de um ato de delegação em caráter privado.[14]

O regime constitucional brasileiro conferido à temática notarial e registral radica-se na tradição histórica dos países fortemente influenciados pelo direito romano. Trata-se do modelo hoje denominado "notariado latino", contemporaneamente vigente nos países europeus de tradição eurocontinental, bem como na América Latina e em alguns países asiáticos.[15] Ao contrário do modelo anglo-saxônico – formado por notários não necessariamente juristas ou imparciais – ou do modelo administrativo – marcado por notários funcionários públicos, integrantes da administração tais como qualquer outro servidor do Judiciário – o sistema do notariado latino tem como linhas mestras a previsão de um notário simultaneamente oficial público e jurista. Como explica Mônica Jardim, o notário latino é um "oficial público que recebe uma delegação da autoridade pública para redigir documentos autênticos dotados de fé pública".[16]

Trata-se de profissional do direito livre (isto é, não integrante da administração pública), ao qual o Estado conferiu função pública, preservando-lhe sempre a independência e a autonomia, com o intuito de interpretar e dar forma legal aos desígnios dos cidadãos. Destarte, o paradigma do notariado latino, tal como consagrado no ordenamento brasileiro, faz com que a norma presente no art. 236 da Constituição inclua os notários e registradores na "categoria de particulares em colaboração com o Poder Público, exercendo função Pública em caráter privado (sem remuneração dos cofres públicos), sob a fiscalização do Poder Judiciário".[17]

O conceito de particular em colaboração com a Administração não se confunde com o de servidor ou de empresa concessionária/permissionária de serviço público. Sua remuneração é exclusivamente pelos emolumentos que recebem dos usuários, sem que haja, em regra, financiamento por parte do erário. Até mesmo no caso da compensação pelos serviços gratuitos prestados por registradores civis de pessoas naturais, os valores para pagamento de tais indenizações são retirados

---

14. Neste sentido, asseveram os Professores Clèmerson Merlin Clève e Paulo Ricardo Schier que os notários e registradores "não ocupam cargos, mas, sim, desempenham funções públicas, podendo eventualmente ser enquadrados na categoria geral de agentes públicos; porém, jamais, na categoria de servidores ou funcionários públicos" (CLÈVE, Clèmerson Merlin; SCHIER, Paulo Ricardo. O regime jurídico das serventias extrajudiciais perante a Lei Estadual 3.893/02, do Rio de Janeiro. *Interesse Público*, n. 20, p. 44-52, Porto Alegre, jul./ago. 2003).
15. Hoje, mais de 80 países adotam o sistema notarial de tipo latino. Sobre o tema ver: PORTAL DO RI. *CNB/SP*: Conheça os 88 países no mundo que adotam o notariado latino. Disponível em: https://www.portaldori.com.br/2018/11/07/cnbsp-conheca-os-88-paises-no-mundo-que-adotam-o-notariado-latino/. Acesso em: 06 jun. 2021.
16. JARDIM, Mônica. A "privatização" do notariado em Portugal. *Doutrinas Essenciais de Direito Registral*, v. 1, p. 397-422, São Paulo, dez. 2011, *online*.
17. DALLEDONE, Rodrigo Fernandes Lima. *O processo administrativo disciplinar dos notários e registradores no estado do Paraná*. Belo Horizonte: Fórum, 2009, p. 25.

de fundos alimentados por dinheiro arrecadado diretamente dos usuários por outras serventias. Do exercício em caráter privado decorrem três principais consequências, na opinião de Clèmerson Merlin Clève: a não remuneração pelos cofres públicos dos serviços extrajudiciais, a submissão ao regime geral da previdência e a subsunção à figura de agentes públicos, mas não funcionários públicos.[18]

Isto é, os agentes delegados dos serviços notariais e de registros são particulares que recebem a incumbência da execução do serviço público, realizando-o em nome próprio (individualizado), por sua conta e risco, mas segundo as normas Estado e sob permanente fiscalização da autoridade delegante.[19]

3. O REGIME DE RESPONSABILIDADE NOTARIAL E REGISTRAL

3.1 O regime de responsabilidade civil

A regulação normativa das serventias notariais e registrais encontra fundamento constitucional. Especificamente quanto ao regime da responsabilidade civil, todavia, não há unanimidade quanto a qual seria o dispositivo constitucional específico que teria aplicabilidade imediata.

Uma parcela da doutrina extrai do art. 37, § 6º da Constituição o fundamento direto da responsabilidade dos agentes extrajudiciais, entendendo viger quanto a eles o regime da responsabilidade objetiva, que independe de aferição de dolo ou culpa. Já outra parte da doutrina vislumbra no art. 236, § 1º a regra imediatamente aplicável aos cartórios. O referido dispositivo não determina concretamente o regime incidente, mas remete o ônus de sua instituição ao legislador. É como entende Demades Mario Castro, para quem o artigo e seu parágrafo único consagram, por força do princípio da especialidade, regime de responsabilidade excepcional aos agentes notariais e de registro, delegando-se ao legislador ordinário o papel de traçar os específicos contornos de sua responsabilidade civil.[20]

O legislador se desincumbiu do ônus constitucional de criar um regime próprio para os cartórios por meio da Lei 8.935/1994. Na parte atinente à responsabilidade civil, consagrava-se, segundo a redação originária do art. 22 do diploma, regra que previa a responsabilização dos agentes sem mencionar em momento algum a necessidade de aferição de dolo ou culpa. Foi o que suscitou novamente controvérsia doutrinária a respeito do tema, havendo discordância

---

18. CLÈVE, Clèmerson Merlin. Criação e extinção de serventias extrajudiciais mediante ato administrativo do Tribunal de Justiça. In: CLÈVE, Clèmerson Merlin. *Soluções Práticas*, v. 2, p. 369-398.
19. MEIRELLES, Hely Lopes. *Direito administrativo brasileiro*. 39. ed. atual. até a Emenda Constitucional 71, de 29.11.2012. São Paulo: Malheiros, 2013, p. 77 e 83 (atualizada por Délcio Balestero Aleixo e José Emmanuel Burle Filho).
20. CASTRO, Demades Mario. A responsabilidade civil dos notários e registradores e a edição da Lei 13.286, de 10 de maio de 2016. *Revista de Direito Imobiliário*, v. 81, p. 337-361, São Paulo, jul./dez. 2016, *online*.

sobre a possibilidade da invocação de referido artigo como evidência do regime de responsabilidade objetiva incidente sobre a atividade notarial e registral.

A redação do artigo foi inicialmente alterada pela Lei 13.137/2015, por meio da qual passou-se a prever a responsabilidade expressa de notários e registradores temporários ou permanentes, danos causados a "direitos e encargos trabalhistas", bem como a responsabilidade pelos atos dos prepostos, assegurado ainda o direito de regresso em caso de culpa ou dolo dos mesmos.

O enunciado normativo foi novamente alterado pela Lei 13.286/2016. Na nova redação do art. 22, incluiu-se expressamente que os notários e oficiais de registro serão civilmente responsáveis pelos prejuízos causados a terceiros por culpa ou dolo. O legislador assegurou, a partir desse momento,[21] a responsabilidade subjetiva para os agentes extrajudiciais, em decisão que não passou imune a críticas diante do temor de que as vítimas dos danos perpetrados pela atuação irregular dos cartórios se vejam desassistidas de qualquer sorte de indenização pelos prejuízos suportados.

Outra relevantíssima questão envolve a legitimidade passiva do Estado quanto aos agentes notariais e registrais em ações indenizatórias. É que pairava questão sobre em que medida seria o Poder Público responsável pelos danos causados pelos agentes extrajudiciais, que não se qualificam propriamente como servidores públicos.

Importante julgado a respeito da matéria foi o Recurso Extraordinário 842.846/SC, de relatoria do Ministro Luiz Fux. No caso, julgado em 2019 pelo Supremo Tribunal Federal, firmou-se a tese segundo a qual o Estado "responde, objetivamente, pelos atos dos tabeliães e registradores oficiais que, no exercício de suas funções, causem danos a terceiros, assentado o dever de regresso contra o responsável, nos casos de dolo ou culpa, sob pena de improbidade administrativa" (Tema 777).

Para tanto, entendeu a Corte que, conquanto sejam exercidos em caráter privado, os serviços notariais e de registro encontram-se orientados pelo regime jurídico de direito público, configurando atividades próprias do Estado desempenhadas por agentes públicos. Assim, tendo em vista a premissa de que o Estado responde diretamente pelos atos dos seus agentes, também nesta hipótese deveria o Poder Público ser diretamente responsável pelos atos de tabeliães e registradores que causem danos a terceiros. Assegurou-se, contudo, o dever (e não apenas o

---

21. Apesar disso, havia já diante da redação originária do art. 22 precedentes com aplicação da regra da responsabilidade subjetiva, como os Recursos Especiais 489.511/SP, 481.939/GO e 1.027.925/RJ. Cf. BENICIO, Hercules Alexandre da Costa. A responsabilidade civil de notários e registradores sob a égide da Lei 13.286/2016. *Revista de Direito Imobiliário*, v. 81, p. 363-381, São Paulo, jul./dez. 2016, *online*.

direito) de regresso contra o responsável nos casos de dolo ou culpa, sob pena de improbidade administrativa.

Ou seja, em sendo concretizado dano ao cidadão por conta de conduta do tabelião ou registrador, o remédio processual cabível será a responsabilização direta do Estado. Aplicável será a teoria do risco administrativo, com fulcro no art. 37, § 6º da Constituição, de modo que será desnecessária a aferição de culpa do agente.

Verificada a ocorrência de dano causado pela prestação de serviço irregular, o Estado responderá pela conduta do notário ou registrador. Incumbirá à autoridade, neste momento, ingressar com ação de regresso contra o agente, sendo certo que o regime de responsabilidade será subjetivo por força do art. 22 da Lei de Cartórios.

O julgado do STF não deixa explícita a eventual aplicabilidade da teoria da dupla garantia no caso dos notários e registradores. Segundo essa teoria, o regime de responsabilidade objetiva insculpido no art. 37, § 6º da Constituição ofereceria tanto ao cidadão quanto ao agente público uma garantia: a aquele, a possibilidade de ressarcimento sem a necessidade de aferição de culpa ou dolo do agente; já a este, a segurança de que não será acionado judicialmente pelo cidadão em razão da sua atividade administrativa.[22] Sua responsabilidade será aferida em via regressiva por iniciativa do Estado, momento no qual será exigida a comprovação de culpa ou dolo para a sua condenação.

Como dito, o teor do acórdão do RE 842.846/SC parece indicar, embora não o faça explicitamente, que a teoria da dupla garantia se aplica também a notários e registradores. Por força dessa ambiguidade, põe-se em dúvida qual seria o destino de uma ação ajuizada pelo cidadão diretamente contra o notário ou registrador. Em outras palavras, não se tem a certeza se ao cidadão resta aberta a faculdade de escolher ajuizar ação diretamente contra o agente delegado, aceitando assim o ônus de comprovar a culpa ou dolo do titular da serventia, se for a sua vontade.

A razão pela qual o cidadão decidiria fazê-lo é simples. Conquanto tenha de assumir o ônus probatório mais robusto, com a necessária comprovação de culpa

---

22. A expressão "dupla garantia" encontra-se no voto do Min. Ayres Britto, relator do Recurso Extraordinário 327.904/SP, de 15.08.2006. Na ocasião, asseverou o Ministro que o dispositivo do art. 37, § 6º consagraria uma "dupla garantia: uma, em favor do particular, possibilitando-lhe ação indenizatória contra a pessoa jurídica de direito público, ou de direito privado que preste serviço público, dado que bem maior, praticamente certa, a possibilidade de pagamento do dano objetivamente sofrido. Outra garantia, no entanto, em prol do servido estatal, que somente responde administrativa e civilmente perante a pessoa jurídica a cujo quadro funcional se vincular". De relevo que o teor inteiro da citação faz menção a *funcionários públicos*, pertencentes a *quadro funcional da Administração*, situação de todo distinta daquela em que se encontram os titulares de serventias notariais e registrais, na qualidade de *particulares em colaboração com o Poder Público*. Eis por que a aplicabilidade da teoria não se pode considerar óbvia ou imediata.

ou de dolo, em caso de procedência da demanda, ser-lhe-á aberto o cumprimento de sentença comum, ao invés da execução contra a fazenda pública. Como se sabe, esta última alternativa carrega consigo o pesado inconveniente de fazer o exequente submeter-se ao regime dos precatórios, o qual pode atrasar a satisfação do crédito perseguido por anos ou décadas.

A prevalecer a tese segundo a qual a teoria da dupla garantia encontra guarida também em face dos agentes delegados, o cidadão poderá, em princípio, acionar judicialmente apenas o Estado, que deve responder de forma direta e objetiva pela conduta dos tabeliães e registradores, na condição de agentes públicos que agem em seu nome. Apenas neste momento é que incumbirá ao Estado – sob pena de improbidade administrativa – ajuizar ação regressiva contra o agente delegado, ocasião em que se exigirá a prova de culpa ou dolo do mesmo a fim de que seja responsabilizado.[23] Eventual propositura de ação indenizatória em face do agente delegado teria de ser extinta sem julgamento de mérito por ilegitimidade passiva do requerido.

Mesmo que se admita a incidência da teoria da dupla garantia, é possível que se admita, a depender do caso concreto, a denunciação da lide fundamentada no art. 125, inciso II, do Código de Processo Civil (CPC/2015). Assim, o cidadão que deseje (ou que concorde com o pedido do Estado) poderá requerer o ingresso do agente delegado na qualidade de litisdenunciado. A sua vantagem é a seguinte: se exitosa a ação principal, que não exige a comprovação de culpa, tendo em vista o art. 37, §6º da Constituição, obterá título executivo oponível contra o Estado. Ademais, se exitosa a ação eventual, na qual se discutirá a culpa ou dolo do agente delegado, poderá o cidadão requerer o cumprimento de sentença diretamente contra o titular da serventia, valendo-se para tanto do art. 128, parágrafo único do CPC/2015.[24]

Não se ignora o amplo debate quanto à admissibilidade da denunciação da lide fundada na hipótese do art. 125, inciso II, do CPC/2015, bem como a controvérsia relativa à denunciação na hipótese específica da responsabilidade do agente

---

23. Confira-se trecho elucidativo do voto do Min. Luiz Fux: "Destarte, consoante a firme jurisprudência desta Suprema Corte, o ato notarial ou de registro que gera dano ao particular deve ser atribuído como responsabilidade direta do Estado, que poderá ajuizar a respectiva ação de regresso contra o tabelião ou registrador que perpetrou o dano, de modo a investigar sua responsabilidade subjetiva na espécie. Consigno que o ajuizamento da respectiva ação de regresso consubstancia um dever do agente estatal competente, que tem a obrigação de ingressar com a ação regressiva em face do tabelião ou registrador oficial, causador de dano ao particular, sob pena de improbidade administrativa. Deveras, o direito de regresso é direito indisponível e de índole obrigatória, que deve ser necessariamente pleiteada pelo Estado."

24. Art. 128, Parágrafo único. Procedente o pedido da ação principal, pode o autor, se for o caso, requerer o cumprimento da sentença também contra o denunciado, nos limites da condenação deste na ação regressiva.

público. Como bem explica Fredie Didier Jr., em qualquer caso, a admissibilidade da denunciação da lide deve ser casuística,[25] atenta às particularidades do caso concreto, de modo a evitar a excessiva complexificação da demanda e a frustração da tutela eficiente do direito do cidadão lesado.

Na hipótese da ação indenizatória por ato de titular de serventia notarial ou registral, se for o próprio cidadão o responsável pelo requerimento da denunciação da lide (ou ao menos quando o cidadão concorde com o pedido da Administração), não parece haver óbice a que o instituto seja admitido.[26] A mais criteriosa aferição da responsabilidade civil seria, no caso em análise, livremente assumida pelo cidadão, para que eventualmente obtenha título executivo contra o próprio agente delegado. Assim, evita-se a indesejável contingência de obrigar o cidadão lesado a submeter-se ao procedimento de precatórios, bem como de a Fazenda Pública arcar (ao menos num primeiro momento) com a conduta culposa ou dolosa de agente particular.

Já do ponto de vista do agente delegado, não se vislumbra nenhum óbice legítimo que este possa opor à sua inclusão como litisdenunciado. A discussão referente à sua conduta culposa ou dolosa, em caso de procedência da demanda indenizatória original, já será necessariamente travada em âmbito de ação regressiva, sob pena de improbidade do agente administrativo. Permitir que esta discussão se trave em face do próprio cidadão lesado, portanto, não lhe causará nenhum prejuízo ulterior. Do ponto de vista da eficiência do sistema da tutela jurisdicional, os benefícios são claros. Reúne-se em processo único aquilo que de outro modo seria discutido em duas demandas distintas, o que traz inegável benefício à economia processual e à tutela jurisdicional efetiva.

3.1.1 Jurisprudência atual sobre a responsabilidade civil notarial e registral

No que diz respeito à tese firmada no âmbito do RE 842.846, a sua adesão pelas cortes inferiores ainda não parece ser pacífica. Em análise da jurisprudência

---

25. "Não há como chegar a outra conclusão: a solução que se dá ao problema da admissibilidade da denunciação da lide é casuística. (...) Não se pode negar que, de fato, a denunciação da lide implica um incremento de carga cognitiva do magistrado, seja pelo acréscimo de pedido novo, seja pela ampliação do *thema probandum*: fatos novos são deduzidos, os quais, muita vez, dependerão de um meio de prova distinto daquele que seria inicialmente utilizado (como uma perícia ou inspeção judicial, por exemplo). Essa situação dificulta, indiscutivelmente, a prestação da tutela jurisdicional para o adversário do denunciante – e a situação do particular envolvido em demanda contra o Poder Público, que pretende exercer sua pretensão regressiva contra o servidor pela denunciação da lide, serve bem como exemplo. Esse 'prejuízo' é percebido e significativo". DIDIER JR., Fredie. *Curso de Direito Processual Civil*: Introdução ao direito processual civil, parte geral e processo de conhecimento. 20. ed. Salvador: JusPodivm, 2018, p. 586.
26. Em sentido semelhante, defendendo o cabimento da denunciação da lide do agente público nos casos de pretensão indenizatória deduzida com fundamento em ato doloso ou culposo do agente, cf. DI PIETRO, Maria Sylvia Zanella. *Direito administrativo*. 33. ed. São Paulo: Forense: 2020, p. 862-863.

do Tribunal de Justiça do Estado do Paraná, verificam-se julgados decididos em 2021 que atribuem ao Estado responsabilidade meramente subsidiária por atos e omissões dos agentes notariais e registrais, acolhendo-se o entendimento da procedência da ação indenizatória ajuizada diretamente contra os titulares das serventias.[27]

Alguns arestos invocam também a Súmula 64 do TJPR, segundo a qual, "nas ações de indenização em decorrência de atos praticados pela prestação de serviços notariais e de registro, as serventias extrajudiciais não possuem legitimidade passiva 'ad causam', mas responderão os titulares, inclusive por atos de seus prepostos, assegurando-se o direito de regresso no caso de dolo ou culpa, nos termos do art. 22 da Lei 8.935/94".

Não parece haver forma de conciliar o teor da Súmula 64 com o atual entendimento do STF, tal como cristalizado no já citado Tema 777. Embora seja certo que as serventias extrajudiciais não possuem legitimidade passiva "ad causam", pois sequer possuem capacidade para estar em juízo, tampouco os seus titulares poderão responder diretamente pelos danos causados a título de dolo ou culpa. Como indicado anteriormente, a via determinada pelo STF exige a responsabilização direta (e na modalidade objetiva, aplicando-se a teoria do risco administrativo) do Estado. Apenas a autoridade poderia (rectius, deveria), diante da procedência da pretensão do autor, ajuizar ação de regresso em face do titular da serventia em questão. A alternativa seria, como já discutido, a denunciação da lide em face do agente notarial ou registral. Em qualquer caso, esta modalidade de participação do agente público se daria ou por iniciativa do próprio cidadão, interessado em eventual cumprimento de sentença comum, na forma do art. 523 a 527 do CPC/2015, ou mesmo por iniciativa do Estado, desde que com a anuência do cidadão lesado.

3.2 O regime de responsabilidade administrativa

Conforme visto, o constituinte previu um regime privado para serventias notariais e extrajudiciais que, no entanto, não altera a natureza pública dos serviços notariais e registrais.

Por conta disso, os notários e registradores respondem como agentes públicos para fins de responsabilidade administrativa, competindo ao Poder Judiciário a fiscalização da atividade (art. 236, § 1º da CF/88). Consoante leciona Ricardo Dip,

---

27. A título de exemplo, confiram-se os seguintes acórdãos: PARANÁ. Tribunal de Justiça do Estado do Paraná. Apelação 0002704-22.2017.8.16.0049. Relator: Des. Salvatore Antonio Astuti. Curitiba: 15 de fevereiro de 2021; PARANÁ. Tribunal de Justiça do Estado do Paraná. Apelação 0000473-73.2016.8.16.0108. Relator: Juiz Subst. 2º Grau Fernando César Zeni. Curitiba: 08 de fevereiro de 2021.

a noção de responsabilidade administrativa engloba todas as funções da soberania política, "atribuindo-se ainda ao Estado, sempre segundo assim disponha a lei, o dever de disciplina quanto aos agentes submetidos, sob regime de hierarquia ou não, à competência fiscalizatória estatal, visando a regularidade do serviço".[28]

Assim, os delegatários submetem-se às exigências do art. 37 da CF/88. Afinal, "a entrega, pelo Estado, de tais incumbências a atores privados impõe ao Poder Público o dever de concomitante intervenção e de que venha a ocupar uma posição institucional de garante da persecução do interesse público".[29]

No atual modelo, a teor dos arts. 37 e 38 da Lei 8.935/94, compete ao Poder Judiciário o mister fiscalizatório da atividade, o qual detém poderes de inspeção, orientação, normatização e disciplina – pelos quais visa garantir o adequado desempenho da função notarial e registral.

A responsabilidade dos agentes é disposta entre os arts. 31 a 36 da Lei 8.935/94, que, dentre outros, define deveres cujo descumprimento podem ensejar penalidades (art. 30), com indicação de que delegatários estão sujeitos a repreensão, multa, suspensão ou perda de delegação (art. 32) – aplicados conforme critério do art. 33:

Fundamento	Penas / Aplicação
Art. 33, I	Repreensão – no caso de faltas leves
Art. 33, II	Multa – para reincidência ou para infrações medianas
Art. 33, III	Suspensão – para faltas graves ou contumácia no descumprimento dos deveres
Art. 35	Perda de delegação – é a mais severa das sanções, aplicada às faltas gravíssimas ou à reincidência nas faltas graves

A *repreensão* é pena aplicada para infrações de natureza leve, possui como função coibir o não cumprimento dos deveres; a *multa* é sanção pecuniária cujo caráter aflitivo reside na diminuição do patrimônio – é imposta tanto como sanção direta a determinadas infrações, quanto como pena substitutiva para sanções mais gravosas (como suspensão, por exemplo); a *suspensão* é o afastamento compulsório do infrator de suas funções e o consequente não pagamento da remuneração no período de penalidade; e a *perda de delegação* é a mais severa das sanções, aplicando-se a faltas gravíssimas ou à reincidência nas faltas graves.[30]

---

28. DIP, Ricardo Henry Marques. *Conceito e natureza da responsabilidade disciplinar dos registradores públicos*. São Paulo: Quartier Latin, 2017, p. 51.
29. RIBEIRO, Luís Paulo Aliende. Responsabilidade administrativa do notário e do registrador, por ato próprio e por ato de preposto. *Revista de Direito Imobiliário*, v. 81, p. 401-427, São Paulo, jul./dez. 2016, online.
30. ANDRADE, Aline R. de; STINGHEN, João R. de M. O regime disciplinar dos agentes delegados e sua aplicação pelo Conselho da Magistratura do Tribunal de Justiça do Paraná. *Revista dos Tribunais*, v. 1014, p. 45-65, abr. 2020.

Desse modo, constata-se que a aplicação das sanções administrativas leva em consideração o caráter pedagógico da pena e os aspectos próprios do caso concreto, agravantes e atenuantes, bem como a ausência ou a presença de antecedentes em relação ao acusado. No que diz respeito a aplicação das sanções administrativas, a jurisprudência do Conselho da Magistratura do Estado do Paraná é pacífica quanto à necessidade de se considerar no momento da individualização da pena, além da natureza da infração e sua gravidade, os meios empregados, os danos causados ao serviço público e os antecedentes do acusado.[31]

Convém igualmente sublinhar a possibilidade de nomeação de interventor durante a aplicação da pena de suspensão, caso isso se releve necessário para a efetividade da sanção ou para a apuração dos fatos. A medida está disposta nos arts. 35, § 1º e 36, *caput* da Lei 8.935/1994, sendo aplicável "quando o substituto também for acusado das faltas ou quando a medida se revelar conveniente para os serviços" (art. 36, § 1º).[32]

Em âmbito nacional, no que diz respeito ao procedimento, há aplicação supletiva e subsidiária do CPC/2015 e aplicação subsidiária da Lei 9.784/99 e do Código de Processo Penal no que for cabível. Além disso, estarão os notários e registradores submetidos aos regramentos expedidos pelos Tribunais de Justiça do local de prestação dos serviços, sejam pelo Código de Normas ou Regimentos Internos.

Especificamente quanto aos procedimentos, há previsão de instauração de sindicâncias administrativa, reclamação administrativa ou pedido de providência – que objetivam investigar eventual atuação irregular do agente delegado; e

---

31. Cite-se ementa: "(..) 1. Restando comprovada a autoria e materialidade da infração administrativa disciplinar, a pena aplicada deve observar a gravidade e a natureza da infração cometida, os meios empregados e os danos causados ao serviço público" (TJPR – Conselho da Magistratura – SEI 0020799-27.2019.8.16.6000, Rel. Desa. Joeci Machado Camargo, Dje. 30.08.2019). No mesmo sentido: "I – Processo administrativo disciplinar. Foro extrajudicial. Oficial do cartório de registro de imóveis de (suprimido). Aplicação de penalidade. Remessa dos autos ao conselho da magistratura. Art. 199, I, CODJ/PR. (...) VI – aplicação da penalidade disposta no art. 32, inc. III, da Lei 8.935/94 (também prevista no artigo 196, III, do CODJ), considerando a natureza e a gravidade das infrações, os danos para o serviço público, e os antecedentes funcionais do requerido. VII – imputação julgada procedente. Suspensão por 90 (noventa) dias. (...)" (TJPR – Conselho da Magistratura. SEI 0051648-16.2018.8.16.6000, Rel. Des. Jorge de Oliveira Vargas, Dje. 13.06.2019).

32. A esse respeito, importa mencionar que o interventor detém natureza jurídica de preposto do Estado, ou seja, trata-se de agente público, privilegiado pela confiança do Poder Público, que, em caráter emergencial e provisório, recebe o encargo de manter em boa ordem os serviços para o qual é designado. Sendo assim, – embora detenha poderes para responder pela serventia –, todas as decisões administrativas, fiscais, trabalhistas, previdenciárias, organizacionais dos serviços notariais ou registrais, estão condicionados a expressa autorização da Autoridade nomeante. Nesse sentido, "Os encargos trabalhistas gerados pelo interventor são de responsabilidade do Estado e não do titular suspenso, mesmo se condenado. Afinal, ele (interventor) não é preposto ou substituto legal do registrador ou tabelião" (EL DEBS, Martha. *Legislação notarial e de registros públicos comentados*: doutrina, jurisprudência e questões de concurso público. Salvador: JusPodivm, 2018, p. 1878).

processo administrativo disciplinar (PAD) – instaurado após a certeza dos fatos, por portaria baixada pelo Juízo Corregedor, na qual se imputarão os fatos ao delegatário, delimitando-se o teor da acusação.

A exigência de que o PAD esteja devidamente delimitado decorre da necessidade de se garantir o contraditório e a ampla defesa, ou seja, visam assegurar que o acusado tenha ciência objetiva dos fatos que estão sendo objeto da investigação.[33] Assim, a título de ilustração, não poderá a autoridade fiscalizadora aditar os termos da portaria instauradora do processo disciplinar para incluir fatos novos, sob pena de nulidade.[34] O Supremo Tribunal Federal[35] e o Conselho Nacional de Justiça[36] já tiveram oportunidade de fixar jurisprudência sobre a necessidade de que a portaria inaugural do PAD esteja devidamente delimitada, como forma de se garantir o contraditório e a ampla defesa.

De igual sorte, ocorrerá a litispendência administrativa[37] acaso a autoridade fiscalizadora instaure dois ou mais processos administrativos para apurar conduta de delegatário relacionada ao mesmo fato.[38] Desse modo, deve incidir sobre os

---

33. Sobre o tema: "O direito da ampla defesa não está vinculado somente à possibilidade de atuação do servidor no processo administrativo, por meio do contraditório, mas diretamente ligado a outras garantias. Assim, o direito a ser notificado do início do processo, devendo constar do texto a indicação dos fatos e bases legais" (ANDRADE, Samira Hamud Morato de. O princípio do devido processo legal e o processo administrativo. *Doutrinas Essenciais de Direito Administrativo*, v. 1, p. 1143-1172, nov. 2012, *online*).
34. A respeito, "Em 2º grau Ângela Maria Machado Costa em substituição ao Des. Cláudio de Andrade Reexame necessário – Mandado de segurança – Processo administrativo disciplinar instaurado em face de servidora sem realização de prévia sindicância – Impossibilidade – Inexistência de elementos suficientes à imediata instauração do processo disciplinar – Parecer da comissão que se baseou em fatos não constantes na portaria que instaurou o referido processo administrativo. Nulidade do processo. Ofensa ao contraditório e ampla defesa. Ordem concedida. Sentença mantida em sede de reexame necessário. fl. 2". (TJPR – 2ª C.Cível – MS 0000730-69.2016.8.16.0150 – Santa Helena – Rel.: Juíza de Direito Substituto em segundo grau Angela Maria Machado Costa – J. 23.02.2018).
35. Observe-se: "(...) 4. A portaria inicial do processo administrativo disciplinar deve garantir que a descrição dos fatos seja feita de modo a permitir o exercício do direito de defesa em relação aos fatos e não à imputação eventualmente indicada. Precedentes. (...)". (STF – RMS 33666, Relator(a): Marco Aurélio, Relator(a) p/ Acórdão: Edson Fachin, Primeira Turma, julgado em 31.05.2016, Processo Eletrônico DJe-201 DIVULG 20.09.2016 PUBLIC 21.09.2016).
36. Nesse sentido: "Processo administrativo disciplinar. Nulidade da portaria que iniciou o processo. Retorno do magistrado às funções. 1. Quando a Portaria que inicia o processo disciplinar enumera fatos não acolhidos no processo de sindicância e deixa de descrever fatos ali admitidos, o requerido não pode se defender dos fatos que lhe são imputados, ocasionando a nulidade do processo. 2. As imputações devem ser claramente especificadas na decisão que inicia o processo disciplinar ou, quando há portaria iniciando o processo, nela devem estar claramente descritos os fatos para proporcionar a ampla defesa. (...)". (CNJ – PAD – Processo Administrativo Disciplinar – 0002542-69.2010.2.00.0000 – Rel. Marcelo Nobre – 118ª Sessão – j. 14.12.2010).
37. Nesse sentido, prevê o art. 337, § 3º do CPC (aplicado supletiva e subsidiariamente ao processo administrativo – conforme art. 15), que "Há litispendência quando se repete ação que está em curso".
38. A respeito, decidiu o Conselho Nacional de Justiça: "Recurso administrativo. Reclamação disciplinar. Fatos objeto de procedimento administrativo no órgão censor local. Duplicidade apuratória. Litispendência administrativa. Arquivamento sumário mantido. Os fatos narrados foram denunciados

processos disciplinares o princípio do *non bis in idem*, segundo o qual o mesmo fato imputado ao delegatário não pode ser objeto de mais de uma persecução disciplinar simultânea.[39]

4. CONCLUSÃO

A Constituição dispõe que o serviço notarial e de registro será executado em caráter privado, mediante delegação do Poder Público; limita-o à regulamentação por lei; prevê a expedição de norma geral para fixação de emolumentos; e, condiciona o ingresso a realização de concurso público de provas e títulos.

Demonstrou-se que os notários e registradores se encontram na categoria de agentes particulares em colaboração com a administração pública, ostentando condições específicas de tratamento – seja porque, embora prestem o serviço em caráter privado, estão subordinados a fiscalização do Poder Público; seja porque respondem pessoalmente pelos serviços prestados.

Com relação a responsabilidade civil dos notários e registradores, se ainda existia controvérsia quanto a sua natureza, o julgamento do RE 842.846/SC (tema 777) estabilizou o entendimento relativo à responsabilidade civil aplicável nesse caso. Assim, existirá uma sequência de responsabilidade: o Estado responde objetivamente perante o lesado; o delegatário, por culpa e dolo, perante o Estado; e o preposto, por culpa e dolo, perante o agente delegado.

No que diz respeito a responsabilidade administrativa, foi exposta a sistemática criada pela Lei 8.935/94 para aplicação gradativa das penas elencadas (repreensão, multa, suspensão e perda de delegação), bem como do entendimento

---

em procedimento disciplinar em trâmite na Corregedoria local, razão pela qual a intervenção desta Corregedoria, no presente momento, não se justifica. Não cabe ao Conselho Nacional de Justiça proceder a concomitante apuração, porquanto a duplicidade apuratória implica uma espécie de "litispendência administrativa". Arquivamento mantido". (CNJ – RA – Recurso Administrativo em RD – Reclamação Disciplinar – 0001210-38.2008.2.00.0000 – Rel. Gilson Dipp – 89ª Sessão Ordinária – julgado em 08.09.2009).

39. Nesse sentido leciona a doutrina: "A expressão non bis in idem encerra um princípio geral tradicional do Direito com um duplo significado: por um lado, a sua aplicação impede que uma pessoa seja sancionada ou punida duas vezes pela mesma infracção (vertente material), por outro, é um princípio processual em virtude do qual um mesmo facto não pode ser objeto de dois processos diferentes" (CARVALHO, Antonio Carlos Alencar. *Manual de processo administrativo disciplinar e sindicância*: à luz da jurisprudência dos Tribunais e da casuística da Administração Pública. 5. ed. rev. atual. e aum. Belo Horizonte: Fórum, 2016). Ainda, "O princípio do non bis in idem é princípio geral do Direito, que se aplica a todos os ramos jurídicos, tanto no sentido processual como no material, e veda, no exercício da mesma competência, a instauração de mais de um processo para apurar, processar e julgar o(s) mesmo(s) sujeito(s), pelo(s) mesmo(s) fato(s) e mesmo(s) fundamento(s) e a aplicação, mais de uma vez, da mesma sanção" (ENÂNCIO, Denilson Marcondes. Non bis in idem e as sanções administrativas, por improbidade e penal. *Revista Trimestral de Direito Público*, Belo Horizonte, n. 61, 2015, *online*).

jurisprudencial pela necessidade de se observar a natureza da infração e sua gravidade, os meios utilizados, os danos ocasionados e os antecedentes do delegatário.

Igualmente, demonstrou-se o entendimento do STF e do CNJ quanto a necessidade de que a portaria do PAD esteja devidamente delimitada, assegurando-se o contraditório e a ampla defesa. Ainda, mencionou-se a ocorrência de litispendência administrativa e aplicação do princípio do *non bis in idem* em sua faceta processual, nos processos administrativos instaurados para apurar o mesmo fato.

5. REFERÊNCIAS

ANDRADE, Aline Rodrigues de; STINGHEN, João Rodrigo de Morais. O regime disciplinar dos agentes delegados e sua aplicação pelo Conselho da Magistratura do Tribunal de Justiça do Paraná. *Revista dos Tribunais*, v. 1014, p. 45-65, São Paulo, abr. 2020.

ANDRADE, Samira Hamud Morato de. O princípio do devido processo legal e o processo administrativo. *Doutrinas Essenciais de Direito Administrativo*, v. 1, p. 1143-1172, nov. 2012.

BENICIO, Hercules Alexandre da Costa. A responsabilidade civil de notários e registradores sob a égide da Lei 13.286/2016. *Revista de Direito Imobiliário*, v. 81, p. 363-381, São Paulo, jul./dez. 2016.

CARVALHO, Antonio Carlos Alencar. *Manual de processo administrativo disciplinar e sindicância*: à luz da jurisprudência dos Tribunais e da casuística da Administração Pública. 5. ed. rev. atual. e aum. Belo Horizonte: Fórum, 2016.

CASTRO, Demades Mario. A responsabilidade civil dos notários e registradores e a edição da Lei 13.286, de 10 de maio de 2016. *Revista de Direito Imobiliário*, v. 81, p. 337-361, São Paulo, jul./dez. 2016.

CENEVIVA, Walter. *Lei dos notários e dos registradores comentada*: Lei 8.935/94. São Paulo: Saraiva, 2007.

CLÈVE, Clèmerson Merlin. Criação e extinção de serventias extrajudiciais mediante ato administrativo do Tribunal de Justiça. In: CLÈVE, Clèmerson Merlin. *Soluções Práticas* v. 2.

CLÈVE, Clèmerson Merlin; SCHIER, Paulo Ricardo. O regime jurídico das serventias extrajudiciais perante a Lei Estadual 3.893/02, do Rio de Janeiro. *Interesse Público*, n. 20, p. 44-52, Porto Alegre, jul./ago. 2003.

DALLEDONE, Rodrigo Fernandes Lima. *O processo administrativo disciplinar dos notários e registradores no estado do Paraná*. Belo Horizonte: Fórum, 2009.

DALLEDONE, Rodrigo Fernandes Lima. *Função pública notarial*: regime jurídico e fiscalização judicial. Curitiba: Prismas, 2016.

DIDIER JR., Fredie. *Curso de Direito Processual Civil*: Introdução ao direito processual civil, parte geral e processo de conhecimento. 20. ed. Salvador: JusPodivm, 2018.

DI PIETRO, Maria Sylvia Zanella. *Direito administrativo*. 33. ed. São Paulo, Forense: 2020

DIP, Ricardo Henry Marques. *Conceito e natureza da responsabilidade disciplinar dos registradores públicos*. São Paulo: Quartier Latin, 2017.

DIP, Ricardo Henry Marques. Nótulas sobre a responsabilidade civil e disciplinar dos tabeliães e registradores públicos. *Revista de Direito Imobiliário*, v. 80, p. 143-150, São Paulo, jan./jul. 2016.

EL DEBS, Martha. *Legislação notarial e de registros públicos comentadas*: doutrina, jurisprudência e questões de concurso público. Salvador: JusPodivm, 2018.

ENÂNCIO, Denilson Marcondes. Non bis in idem e as sanções administrativas, por improbidade e penal. *Revista Trimestral de Direito Público*, n. 61, Belo Horizonte, 2015.

FEDERAL, Supremo Tribunal. RMS 33666, Relator: Marco Aurélio, Relator p/ Acórdão: Edson Fachin. Brasília: 21 de setembro de 2016.

JARDIM, Mônica. A "privatização" do notariado em Portugal. *Doutrinas Essenciais de Direito Registral*, v. 1, p. 397-422, São Paulo, dez. 2011.

JUSTIÇA, Conselho Nacional. PAD – Processo Administrativo Disciplinar 0002542-69.2010.2.00.0000, Relator: Marcelo Nobre. Brasília: 14 de dezembro de 2010.

JUSTIÇA, Conselho Nacional. RA – Recurso Administrativo em RD – Reclamação Disciplinar 0001210-38.2008.2.00.0000, Relator: Gilson Dipp. Brasília: 08 de setembro de 2009.

MEIRELLES, Hely Lopes. *Direito administrativo brasileiro*. 39. ed. atual. até a Emenda Constitucional 71, de 29.11.2012. São Paulo: Malheiros, 2013, p. 77 e 83 (atualizada por Délcio Balestero Aleixo e José Emmanuel Burle Filho).

MELLO, Celso Antônio Bandeira de. *Curso de direito administrativo*. 33. ed. rev. ampl. e atual. São Paulo: Malheiros, 2016.

MOLINARO, Carlos Alberto; PANSIERI, Flávio; SARLET, Ingo W.; Comentário ao Art. 236. In: CANOTILHO, J. J. Gomes; MENDES, Gilmar F.; SARLET, Ingo W.; (Coord.). *Comentários à Constituição do Brasil*. São Paulo: Saraiva/Almedina, 2013.

PARANÁ. Tribunal de Justiça do Estado do Paraná. Apelação 0002704-22.2017.8.16.0049. Relator: Des. Salvatore Antonio Astuti. Curitiba: 15 de fevereiro de 2021.

PARANÁ. Tribunal de Justiça do Estado do Paraná. Apelação 0000473-73.2016.8.16.0108. Relator: Juiz Subst. 2º Grau Fernando César Zeni. Curitiba: 08 de fevereiro de 2021.

PARANÁ. Tribunal de Justiça do Estado do Paraná. SEI 0020799-27.2019.8.16.6000, Rel. Desa. Joeci Machado Camargo. Curitiba: 30 de agosto de 2019.

PARANÁ. Tribunal de Justiça do Estado do Paraná. SEI 0051648-16.2018.8.16.6000, Rel. Des. Jorge de Oliveira Vargas. Curitiba: 13 de junho de 2019.

PARANÁ. Tribunal de Justiça do Estado do Paraná. MS 0000730-69.2016.8.16.0150, Rel. Juíza Angela Maria Machado Costa. Curitiba: 23 de fevereiro de 2018.

PORTAL DO RI. CNB/SP: Conheça os 88 países no mundo que adotam o notariado latino. Disponível em: https://www.portaldori.com.br/2018/11/07/cnbsp-conheca-os-88-paises-no-mundo-que--adotam-o-notariado-latino/. Acesso em: 06 jun. 2021.

RIBEIRO, Luís Paulo Aliende. Responsabilidade administrativa do notário e do registrador, por ato próprio e por ato de preposto. *Revista de Direito Imobiliário*, v. 81, p. 401-427, São Paulo, jul./dez. 2016.

SILVA, Ovídio Araújo Baptista da. O notariado brasileiro perante a Constituição Federal. *Doutrinas Essenciais de Direito Registral*, v. 1, p. 1271-1275, São Paulo, dez. 2011.

STF. ADI 2.602-0/MG, Rel. Min. Eros Grau, j. 24.11.2005, DJ 31.03.2006.

O *COMPLIANCE* APLICADO AOS CARTÓRIOS EXTRAJUDICIAIS E O PAPEL DO ADVOGADO

João Rodrigo de Morais Stinghen

Pós-graduando em Direito Digital e Proteção de Dados pela EBRADI. Membro do Comitês Jurídico e coordenador do Comitê de Conteúdo da Associação Nacional de Profissionais de Privacidade de Dados Pessoais (ANPPD). Editor da Revista LGPD Magazine, publicada pela (ANPPD). Consultor em projetos de implementação da LGPD na empresa Privacidade Garantida. Fundador do Instituto de Compliance Notarial e Registral (ICNR), onde desenvolve eventos, cursos e treinamentos para cartórios. Advogado com experiência em Direito Notarial e Registral. Consultor jurídico em Privacidade e Proteção de Dados, certificado pela EXIN (PDPF). Autor de diversos artigos científicos nessas áreas. Bacharel em Direito pela UFPR. Secretário-geral Adjunto da Comissão Nacional de Proteção de Dados e Novas Tecnologias da Associação Brasileira de Advogados (ABA).

Samila Ariana Alves Machado

Pós-graduada em Direito Notarial de Registral pela LFG. Educação complementar – Cursos de certidões no Registro de Imóveis, Compliance para Cartórios (Prov. 88/CNJ), Direito Imobiliário, Fashion Law, LGPD e Propriedade Intelectual. Bacharel em Direito, Jornalista e Editora da Revista LGPD Magazine, publicada pela (ANPPD). Coordenadora do Comitê de Conteúdo da Associação Nacional de Profissionais de Privacidade de Dados Pessoais (ANPPD). Sócia do Instituto de Compliance Notarial e Registral (ICNR), onde desenvolve eventos, cursos e treinamentos para cartórios.

Sumário: 1. Introdução – 2. O papel do advogado para o *compliance* nos cartórios – 3. Tipos de *compliance* e sua aplicação aos cartórios – 4. A ética como fundamento último do *compliance* – 5. Conclusão – 6. Referências.

1. INTRODUÇÃO

Muito se fala em compliance atualmente e, por mais que todos digam ser algo necessário, é importante saber exatamente o porquê disso. Ainda mais considerando que a maioria dos conteúdos a respeito direciona-se a empresas, cujo regime jurídico não é o mesmo que dos cartórios.

Compliance nada mais é que cumprir seus deveres de maneira planejada e harmônica. Implementar um programa de compliance é estruturar mecanismos simples e eficazes para garantir o cumprimento de normas éticas e jurídicas e a qualidade do serviço prestado. Essa atitude evita responsabilizações, salvaguarda a imagem da organização, melhora a produtividade e cria um ambiente onde todos se sentem mais motivados ao trabalho.

2. O PAPEL DO ADVOGADO PARA O *COMPLIANCE* NOS CARTÓRIOS

Quando um advogado atua para representar interesses e direitos de partes sem a necessidade de envolvimento do Poder Judiciário, diz-se que pratica a advocacia extrajudicial. Essa área não se resume ao direito notarial e registral, pois abarca todas as formas de solução de conflitos de maneira não judicial (como a conciliação, a mediação e a arbitragem, por exemplo).

Quando sua atuação envolve os cartórios, o advogado pode atuar em duas frentes distintas: na representação de usuários dos serviços públicos notariais e registrais ou na representação dos próprios agentes delegados prestadores destes serviços.

Neste trabalho, aborda-se essa última forma de atuação, no qual se vislumbra um amplo campo de atuação para os advogados. Seu envolvimento com as atividades da serventia pode ocorrer em situações de maior ou menor risco de danos decorrentes de infrações ou ilícitos. O esquema abaixo permite identificar essas formas de prestação de serviços jurídicos:

Figura 01: Perspectivas de atuação do advogado

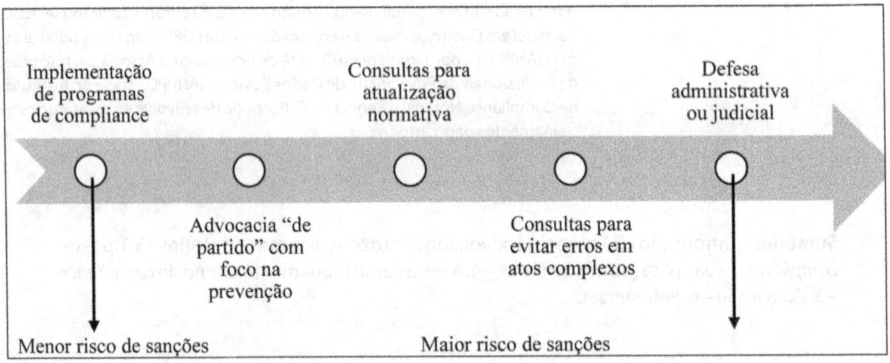

Fonte: confeccionado pelos autores

A partir da figura acima, torna-se fácil compreender como os advogados podem colaborar. Em graus distintos, todas as possibilidades apresentadas são relacionadas ao compliance em sentido amplo, pois auxiliam no cumprimento das normas jurídicas e prevenção de sanções. Nesse sentido, as formas mais "tradicionais" de prática jurídica – representação em juízo, consultas e advocacia de partido – colaboram para que o agente delegado preste seus serviços de maneira mais segura.

Neste trabalho, porém, destaca-se a implementação de programas de compliance. Em aspectos práticos, essa atuação envolve a estruturação de políticas, procedimentos e treinamentos. Essas são as chamadas "estruturas de incentivo", que possibilitam e colaboram para a criação de um ambiente menos propício à prática do ilícito.

Importante ressaltar que, para ter eficácia, programas de compliance devem ser adaptados ao contexto da organização. Isso significa, primeiramente, uma adaptação ao microssistema normativo notarial e registral, formado por um intrincado amálgama de leis e regulamentações.

Além disso, o programa de compliance deve se apropriado ao porte e às necessidades de cada serventia. Daí ser imprescindível que qualquer programa de implementação seja iniciado com análise de riscos, a fim de que o programa implementado seja um plano de ação orientado à mitigação desses dos riscos detectados.

3. Tipos de *compliance* e sua aplicação aos cartórios

O compliance abarca dois grandes ramos. Por um lado, existem programas direcionados à gestão e à qualidade dos serviços, cuja temática tende à área da Administração Corporativa; nesse setor, os padrões da *International Organization for Standardization* (ISO) e da Associação Brasileira de Normas Técnicas (ABNT) são as principais fontes de referência. Por outro lado, existe o compliance jurídico, que é focado em medidas que garantem a conformidade com o Direito; nesse caso, as referências não são as normas jurídicas incidentes sobre a atividade.

Evidentemente, as áreas não são estanques, mas se conectam em três aspectos:

(i) *benefício mútuo*: uma gestão de qualidade evita fraudes e ilícitos, ao passo que o respeito ao Direito sempre acarreta a melhoria nos processos operacionais da organização.

(ii) *referências complementares*: mesmo que o enfoque seja em padrões de gestão ou em normas jurídicas, ambas as fontes de orientação de conduta sempre são importantes. Para citar um exemplo: a LGPD é uma norma jurídica, mas seu art. 50 alude a padrões de boas práticas;

(iii) *ética como fundamento*: Seja focado na qualidade ou na juridicidade, o compliance sempre busca criar uma cultura de integridade, o que apenas se faz pela ética. Isso garante que o programa de compliance não seja superficial nem ineficiente.

No caso das serventias extrajudiciais, há algum tempo se tem discutido o compliance de qualidade. Existem consultorias que prestam um excelente serviço auxiliando os cartórios a uma gestão eficiente, inclusive com a obtenção de certificações internacionais (ex: padrões ISO 9000). Além disso, a própria Associação Nacional dos Notários e Registradores (ANOREG) tem um papel muito importante de promoção do compliance de gestão, através do Prêmio Qualidade Total da Anoreg (PQTA), motivando muitas serventias a melhorar suas atividades.

Embora o compliance com enfoque mais jurídico não possua tantas iniciativas entre os cartórios, a preocupação com a conformidade jurídica vem crescendo. Afinal, além das leis que regulamentam a atividade, os cartórios precisam estar atentos a uma *enxurrada de normativas* das corregedorias locais e, sobretudo, do Conselho Nacional de Justiça (CNJ), muitas das quais trazem conceitos claramente relacionados a compliance (como o Provimento 88/2019, por exemplo).

Contudo, para além dessa questão conjuntural, o compliance jurídico nos cartórios decorre de um *imperativo lógico*. Se a atividade notarial e registral é um "híbrido" entre o público e o privado, é preciso investir tanto na qualidade dos serviços (gestão privada) quanto na garantia de cumprimento das normas jurídicas, pois a atividade notarial e registral é uma delegação de um serviço público, que precisa operar segundo a legalidade.

Por fim, é uma questão *pragmática*. Uma vez que os cartórios têm justamente como função garantir a segurança jurídica, é pressuposto que devam empenhar máximo esforço no cumprimento da lei, prevenindo qualquer desvio através de mecanismos eficientes. Pois ninguém pode "dar o que não tem".

Mas se o objetivo de um programa de compliance jurídico é garantir o cumprimento das leis e normas administrativas que incidem sobre a atividade, alguém poderia pensar: o que há de novidade? O compliance não seria apenas uma maneira "americanizada" de dizer que os cartórios se pautam pelo princípio da *legalidade*?

> Para entender a diferença, é necessário delimitar o conceito de compliance: "conformidade às normas internas e externas preestabelecidas [a fim de] mitigar os seus riscos e preservar sua imagem, credibilidade e reputação perante seus clientes e a sociedade".[1]

Como se pode perceber, a finalidade é diversa. O princípio da legalidade é uma decorrência do caráter público da atividade notarial e registral, sobre a qual incidem os princípios do art. 37 da Constituição Federal; isso significa que o cartório, em sua atuação, parte da lei e atua em seus limites. A lógica é *reativa*: se existe a lei, devo cumpri-la.

Por seu turno, o compliance visa a criar as condições para que ilícitos não ocorram, implementando "um sistema de prevenção de responsabilidade, bem como de cumprimento da legislação".[2] Assim, é um instrumento mais *proativo*

---

1. Benedetti, Carla Rahal. Criminal compliance: instrumento de prevenção criminal corporativa e transferência de responsabilidade penal. *Revista de Direito Bancário e do Mercado de Capitais*, v. 59, p. 303, jan. 2013.
2. BELLO, Douglas S.; SAADAVEDRA, Giovani A. A necessária reflexão acerca da expansão legislativa do compliance decorrente da relação de criptomoedas como os bitcoins e a lavagem de dinheiro. *Revista Brasileira de Ciências Criminais*, v. 147, p. 251-272, set. 2018.

que reativo.[3] Além de cumprir a estrita letra da lei, busca-se fomentar uma cultura de integridade, que motiva as pessoas a agirem segundo o que é o correto, independentemente de regulamentos específicos.

Algumas normas jurídicas possuem um nítido viés preventivo e, por isso, são mais relacionadas a compliance. É o caso, por exemplo, da Lei de Lavagem de Dinheiro (Lei 9.613/1998), da Lei Anticorrupção (Lei 12.846/2013) e da Lei Geral de Proteção de Dados Pessoais (Lei 13.709/2018). Além de conterem imperativos de conduta diretos – presentes em todas as normas jurídicas –, essas leis contemplam *orientações indiretas da conduta*, que são posteriormente internalizadas em *estruturas de incentivo*.[4] Essas estruturas envolvem a criação de cargos específicos (ex: "oficial de cumprimento"), padrões de conduta, sistemas de monitoramento, dentre outros mecanismos cujo objetivo é possibilitar a internalização da lei de modo mais organizado.

No caso dos cartórios, isso pode ser compreendido, de maneira em concreta, considerando a diferença entre cumprir a Lei 8.935/1994 e o Provimento 88/2019 do CNJ. A Lei 8.935/1994 prevê que o delegatário deve "atender as partes com eficiência, urbanidade e presteza" (Art. 30, III), por exemplo, mas não diz *como isso deve ser feito*.

Já o Provimento 88 não apenas determina que os cartórios devem detectar e comunicar as operações suspeitas, mas também orienta a criação de uma *política de prevenção*, que abarca típicos mecanismos de compliance, como treinamento, conscientização, monitoramento das atividades e criação de manuais e rotinas internas sobre regras de condutas (artigos 7º e 8º).

4. A ÉTICA COMO FUNDAMENTO ÚLTIMO DO *COMPLIANCE*

Antes de abordar as regras de ética positivadas, cabe uma contextualização a respeito da ética geral. Muito além de cumprir normas, a ética está fundamentada na natureza do sujeito que faz as opções morais. Essencialmente, é relacionada ao binário bem e mal, assim como o Direito está relacionado ao binário lícito e ilícito. Embora possam variar as concepções de bem e mal (assim como podem variar as normas jurídicas que definam o que é lícito ou ilícito), o princípio basilar do agir ético é fazer o bem e evitar o mal.

---

3. Anselmo, Márcio Adriano. Compliance, direito penal e investigação criminal: uma análise à luz da iso 19600 e 37001. *Revista dos Tribunais*, v. 979, p. 53-67, maio 2017.
4. Saad-Diniz, Eduardo; Silveira, Renato M. J. A noção pena dos programas de compliance e as instituições financeiras na "nova lei de lavagem" – Lei 12.683/2012. *Revista de Direito Bancário e do Mercado de Capitais*, v. 57/2012, p. 267-279, jul./set. 2012.

Diversos foram os filósofos que apresentaram fundamentos para a moral. Destacando-se: (i) a fundamentação clássica (Aristóteles), que baseia a moral na essência do ser humano e propõe a ética das virtudes (ética de excelência); (ii) a fundamentação no dever (Kant), baseada na autonomia da vontade; e (iii) a fundamentação nos valores (Max Scheler), entendidos como "máximas" que se impõe à vontade.

Entende-se que a primeira é a mais adequada, seja por razões teóricas, seja pela sua aplicação prática. Antes de expor a ética aristotélica, contudo, é preciso alertar ao leitor dos três grandes obstáculos para a compreensão (e a vivência) da ética na contemporaneidade.

A moral objetiva e correta é aquela que decorre de uma natureza comum humana, descoberta pelo uso da inteligência (razão). Há uma identificação da ética com a felicidade, pois ser feliz não é ter o maior número de prazeres, mas conseguir agir corretamente. A respeito, veja o que diz Ricardo Dip:

> O homem, cuja natureza é racional, ao tender necessariamente à própria felicidade, não pode menos do que buscar o que é justo (...). Admitir o contrário – equivale com isso a dizer que os homens pudessem inclinar-se, propositalmente, ao injusto (...) – levaria ao absurdo de concluir que a felicidade ou a perfeição humana estaria (ou poderia estar) nas injúrias, nos furtos, nas lesões provocadas por uns contra outros dos consócios.[5]

A ética aristotélica fundamenta-se no primado da natureza humana e pode ser resumida na máxima "homem, torna-te no que és", do poeta grego Píndaro. A ética *eudomonística* é a identificação da pessoa com sua essência. Agir bem é ser mais humano, tanto que a sabedoria popular chama de "desumano" quem assim não o faz. Ora, se a essência humana é racional, as leis básicas da moral são naturais, universais e apreensíveis pela razão. Todavia,

> [...] convém notar que a ética das virtudes tem a pretensão de encontrar o fundamento da experiência moral e que este consiste no Bem, mas ele não é abstrato e nem tampouco determina a ação imperiosamente, antes, a ação depende da vida do sujeito, que é modificada em função do passado com vistas ao futuro sem ser.[6]

Com efeito, Aristóteles não entendia a ética pelo conhecimento de princípios morais abstratos, pois não a identificava com normas. Na realidade, a índole do sujeito interessa muito mais do que o cumprimento das regras em si. "A ética aristotélica propõe princípios universais que deverão ser reconhecidos por todos, mas nunca de maneira imediata: tal reconhecimento exige que a razão prática seja previamente preparada pela educação e pela prática das virtudes".[7]

---

5. DIP, Ricardo. A. *Segurança Jurídica e crise pós-moderna*. São Paulo: Quartin Latin, 2012. p. 19.
6. COVAL, Fabiano Stein. A atualidade da ética de Aristóteles e as éticas da atualidade: esboço de um confronto. *Revista de Filosofia*, v. 15, n.16, p. 73-84, Curitiba, jan./jun. 2003.
7. COVAL, Fabiano Stein. A atualidade da ética de Aristóteles e as éticas da atualidade: esboço de um confronto. *Revista de Filosofia*, v. 15, n.16, p. 73-84, Curitiba, jan./jun. 2003.

A ética define-se na atuação da pessoa, que toma decisões acertadas diante de situações concretas. Quando se faz isso de maneira corriqueira, têm hábitos bons que, refletidos e praticados com constância, desenvolvem-se em virtudes. A ética é um saber prático, calcado na virtude, definida com o hábito operativo bom que permite ao agente traduzir corretamente na situação concreta os princípios éticos gerais. Bom não é quem simplesmente conhece as regras morais, mas também tem o hábito de praticá-las.

Tendo em mente estes conceitos como cânon interpretativo, passa-se a analisar a regulamentação positiva da ética notarial e registral positivada por meio da *Lei 8.935/1994* e do *Código de Ética da ANOREG (CEA)*. Veja-se abaixo essas normas, agrupadas e comentadas por eixos temáticos:

Tabela 01: Esquadro normativo da ética notarial e registral

NORMAS	COMENTÁRIOS
(Lei 8.935/1994) Art. 30, V – proceder de forma a dignificar a função exercida, tanto nas atividades profissionais como na vida privada. (CEA) Art. 3º, I – dignificar o exercício de suas funções; Art. 3º, IV – conduzir-se, no exercício de sua função e em sua vida particular, com honorabilidade e honestidade. Art. 6º, I – escolher criteriosamente seus empregados, considerando sua moralidade [...]	Moralidade Nestes dispositivos, fica clara a intenção de positivação da ética. Exige-se do delegatário uma atuação digna também em sua vida privada, pois sua honestidade não pode se circunscrever aos atos profissionais. Além disso, tal preocupação deve se estender a todos os prepostos sob sua responsabilidade, já que a moralidade é um dos critérios de seleção apontados.
(Lei 8.935/1994) Art. 27– No serviço de que é titular, o notário e o registrador não poderão praticar, pessoalmente, qualquer ato de seu interesse, ou de interesse de seu cônjuge ou de parentes [...].	*Impessoalidade* A atuação do agente delegado jamais pode ser orientada a satisfação de interesses seus ou de pessoas próximas (impessoalidade), respeitando a função pública que recebeu acima de interesses particulares (moralidade).
(Lei 8.935/1994) Art. 30, XIII – encaminhar ao juízo competente as dúvidas levantadas pelos interessados, obedecida a sistemática processual fixada pela legislação respectiva; Art. 30, XIV – observar as normas técnicas estabelecidas pelo juízo competente. Art. 30, XI – fiscalizar o recolhimento dos impostos incidentes sobre os atos que devem praticar; (CEA) Art. 3º, V – cumprir e fazer cumprir as normas constitucionais, legais, regulamentares, administrativas e quaisquer outras que regulem os serviços notariais e de registro. Art. 3º, X – exigir, para a prática de ato notarial ou registral, a apresentação, pelos interessados, de toda a documentação exigida por lei e, se por ela não exigida, dos documentos indispensáveis à segurança jurídica do ato a prática. Art. 5º, II – praticar o ato notarial ou de registro com rigorosa observância de todas as determinações legais, a fim de garantir sua segurança e eficácia, prevenindo eventuais questionamentos judiciais;	*Legalidade* Agir pela legalidade não significa apenas cumprir as leis formais, mas também respeitar as regulamentações das corregedorias, mesmo as que se discorde. A legalidade é uma qualificação do ato como um todo, não da atuação apenas do delegatário. Por isso, o delegatário deve não apenas cumprir, mas "fazer cumprir as normas" jurídicas incidentes, não permitindo que nenhuma ilegalidade seja praticada pelas partes ou terceiros. Embora a Lei 8.935/1994 se refira, de maneira específica, apenas às obrigações tributárias, é evidente que esse dever diz respeito a toda e qualquer norma existente. Nesse sentido, as disposições do CEA têm um importante papel complementar à lei.

(Lei 8.935/1994) Art. 30, I – manter em ordem os livros, papéis e documentos de sua serventia, guardando-os em locais seguros; Art. 30, II – atender as partes com eficiência, urbanidade e presteza; Art. 30, X – observar os prazos legais fixados para a prática dos atos do seu ofício; Art. 30, XII – facilitar, por todos os meios, o acesso à documentação existente às pessoas legalmente habilitadas.	*Eficiência* Além de lícita, a atividade dos cartórios precisa ser eficiente. Todos os dispositivos ao lado refletem a necessidade de sempre buscar a melhor qualidade na prestação dos serviços. Nesse sentido, o Prêmio Qualidade Total da ANOREG é um bom parâmetro para busca de melhora. Mesmo que não se concorra ao prêmio, o PQTA pode ser utilizado como uma baliza detalhada e concreta de como melhorar as atividades na serventia. No tocante à equipe, recomenda-se a implementação de um *plano de carreira meritocrático*, que beneficie com reconhecimento e remuneração compatível aqueles que melhor desempenham suas funções. Além de um estímulo, isso nada mais é do que justiça. Em sentido contrário, é injusto e ineficaz o preenchimento de cargos por critérios como laços familiares ou favoritismos subjetivos. Embora a meritocracia não seja uma obrigação de direito positivo, o delegatário que desconsiderar tal medida comprometerá a qualidade de sua equipe, seus rendimentos e aumentará a chance de sanções.
(CEA) Art. 5º, I – respeitar seus [dos usuários] direitos e interesses legítimos; Art. 5º, III – dispensar a devida atenção e o atendimento digno, com eficiência, urbanidade e presteza; Art. 5º, IV – informar todos os riscos, incertezas e demais circunstâncias que possam causar-lhe danos ou prejuízos pela prática do ato solicitado; Art. 5º, V – não praticar ato, mesmo por sua insistência, que possa prejudicá-lo de qualquer forma, ou após verificar não estar ele em sua plena capacidade mental; Art. 5º, VI – manter as instalações de seu serviço em condições materiais de atendimento adequado; Art. 5º, VII – [...] orientar o usuário, desacompanhado de advogado, sobre os efeitos jurídicos do ato que pretenda praticar;	*Respeito ao usuário* A atuação do delegatário deve ter como parâmetro o respeito ao usuário dos serviços. Se nas empresas o *atendimento humanizado* e *personalizado* é um diferencial para a escolha dos consumidores, nos cartórios é uma efetivação dos direitos fundamentais dos usuários. Não significa apenas estabelecer bons padrões de atendimento, mas também saber suprir as vulnerabilidades sociais, culturais e econômicas, dispensando mais atenção e cuidado com os que mais precisam. Trata-se de agir com equidade, tratando os desiguais desigualmente, na medida de suas desigualdades.
(Lei 8.935/1994) – Art. 30, VII – afixar em local visível, de fácil leitura e acesso ao público, as tabelas de emolumentos em vigor; Art. 30, VIII – observar os emolumentos fixados para a prática dos atos do seu ofício; Art. 30, IX – dar recibo dos emolumentos percebidos; Art. 31, III – a cobrança indevida ou excessiva de emolumentos, ainda que sob a alegação de urgência. (CEA) Art. 3º, VII – cumprir e fazer cumprir a tabela de emolumentos em vigor, que deve ser afixada em local visível, de fácil leitura e acesso ao público; Art. 3º, XI – prestar gratuitamente, e nos prazos legais, os serviços notariais ou de registro nos casos em que a lei assim determinar.	*Emolumentos* *Internamente*, o delegatário deve gerir suas finanças de modo a cumprir todas as funções dos emolumentos: (1) remuneração do serviço; (2) manutenção do cartório (custos); e (3) aprimoramento das atividades, por meio de investimentos. *Externamente*, o agente delegado deve cobrar emolumentos segundo os valores previstos na tabela, sem acréscimos ou descontos indevidos, que ferem a legalidade e a impessoalidade. Além disso, precisa informar as pessoas dos seus direitos de maneira ostensiva, ficando a tabela atualizada em local visível. Quanto aos *atos gratuitos*, é importante garantir a mesma qualidade de atendimento, sem prejuízo ou "demoras" para quem tem direito a não recolher emolumentos.
(CEA) Art. 6º – relativos a prepostos. I – escolher criteriosamente seus empregados, considerando sua moralidade, idoneidade, urbanidade e capacidade profissional compatível com a função a ser exercida; II – dispensar tratamento digno e respeitoso; III – respeitar integralmente todos os direitos de seus empregados; IV – pagar, nos prazos legais, a remuneração devida; V – recolher, na forma e nos prazos legais, todos os encargos sociais referentes às relações jurídicas com seus empregados. (CEA) Art. 3º, IX – cumprir, com exatidão, as obrigações fiscais e sociais decorrentes de sua atividade notarial ou registral, recolhendo em dia impostos, taxas e contribuições sociais de sua responsabilidade;	*Funcionários* Em relação aos funcionários, o agente delegado deve agir com *justiça comutativa*, distribuindo as funções e reponsabilidades no cartório segundo as reais aptidões de cada um, assumindo sempre a responsabilidade última de seus atos perante terceiros. O delegatário também precisa agir com *justiça distributiva*, assalariando adequadamente seus prepostos e recolhendo os reflexos trabalhistas e previdenciários devidos. Por fim, dispensar um tratamento respeitoso aos prepostos – além de um princípio básico da vida em sociedade em qualquer circunstância – é um excelente motivador para lealdade e produtividade.

(Lei 8.935/1994) Art. 30, III – atender prioritariamente as requisições de papéis, documentos, informações ou providências que lhes forem solicitadas pelas autoridades judiciárias ou administrativas para a defesa das pessoas jurídicas de direito público em juízo; (CEA) Art. 7º – "Os notários e registradores têm o dever de dispensar às autoridades dos Poderes Judiciário, Executivo e Legislativo atendimento pessoal e especial, ainda que por intermédio de seu substituto".	*Atendimento prioritário por interesse público* Como profissionais que recebem uma delegação de serviço público, notários e registradores devem dispensar atendimento especial às requisições de representantes do Estado. Não se trata de pessoalidade, pois esse "favorecimento" é justificado, sendo pressuposto que os requerimentos de autoridades representam questões relacionadas ao interesse público.
(CEA) Art. 3º, II – zelar pelo prestígio da classe e pela dignidade da função de notário e registrador; Art. 3º, III – zelar pela observância da ética profissional dos notários e registradores; Art. 3º, VI – pugnar pelo aperfeiçoamento das instituições e normas notariais e de registro; Art. 3º, XIV – não se pronunciar publicamente, de qualquer forma e por qualquer meio: sobre a má conduta profissional de outro notário ou registrador; (CEA) Art. 4º – São deveres mútuos entre notários e registradores: I – apoiarem-se na defesa de seus direitos individuais e coletivos, prerrogativas e interesses próprios e legítimos; II – manter, entre si, relações amistosas e respeitosas; III – não agir contra outro notário ou registrador por motivação pessoal, emulativa ou política, salvo em defesa de legítimo interesse próprio; IV – procurar congregar-se em associações, sindicatos e outras entidades de classe, visando a união e o apoio mútuo dos notários e registradores na defesa de seus direitos e legítimos interesses; V – manter entre si relações amistosas e sociais que visem o maior congraçamento e a amizade pessoal entre notários e registradores; VI – não se permitir a concorrência desleal: – em prejuízo da distribuição ou da livre escolha do serviço pelo usuário; – aviltando o preço dos serviços ou o valor dos emolumentos legalmente devidos; – anunciando ou propagando a supremacia de seus serviços sobre os dos demais notários e registradores. (CEA) Art. 5º, IX – não aceitar serviço que saiba já estar combinado ou acertado entre o usuário e outro notário ou registrador.	*Companheirismo com colegas* Assim como qualquer outro profissional, o delegatário tem o dever de companheirismo com seus colegas. Inicialmente, esse dever se efetiva pela ajuda, humana e concreta, aos colegas que precisarem. Afora esse importante aspecto pessoal, o companheirismo se manifesta no apoio às associações de classe e suas iniciativas. O companheirismo também se manifesta na busca pela melhora das instituições notariais e registrais, por meio de pesquisas, produção doutrinária e sugestões legislativas e regulamentares às autoridades competentes. Note-se: companheirismo não é corporativismo! Na lógica aristotélica, enquanto a *indiferença aos colegas* é a falta de companheirismo, o corporativismo é o seu excesso. O corporativismo tem raízes no egoísmo: tratar sua classe em detrimento das demais. Ao contrário, o companheirismo tem base em padrões éticos universais e é altruísta, pois não desconsidera os direitos de terceiros. Essa diferença é bastante perceptível no dever de cobrar dos colegas uma atuação ética. Frise-se que, se "corrigir aqueles que erram" é um preceito ético fundamental, isso difere muito da simples difamação. Deve-se *elogiar em público e corrigir em particular*, garantindo a confidencialidade e o compromisso em ajudar o corrigido, aplicando a si mesmo todas as exigências morais que se cobra do outro.
(CEA) Art. 3º, XII – anunciar seus serviços moderadamente, sem menção comparativa ou desairosa aos serviços de outros notários ou registradores; Art. 3º, XIII – não colocar em sua serventia letreiros, painéis, placas ou outros anúncios afins que visem, ainda que moderadamente, captar clientela.	*Publicidade e marketing* Assim como advogados, os cartórios possuem restrições éticas ao marketing de sua atividade. A publicidade não deve ser espalhafatosa ou utilizada para "captar clientela". Todavia, isso não significa que não possa existir nenhum tipo de marketing. A divulgação das atividades em websites, redes sociais e listas de e-mails é realizada com sucesso por centenas de cartórios. Mais do que divulgação, aliás, essas atividades muitas vezes cumprem uma importante função de *conscientização* para os cidadãos sobre seus direitos e sobre como os cartórios podem ajudar a efetivá-los.

Fonte: confeccionado pelos autores

Essas normas e princípios não encerram a ética, evidentemente, mas são um bom parâmetro para a prática das funções notariais e registrais com vistas ao bem comum.

Diante dos preceitos acima destacados, portanto, o delegatário terá duas opções: (i) encará-las como um conjunto abstrato de regras, cujo descumprimento fatalmente levará a sanções e indenizações; (ii) tomá-las como padrões de excelência profissional, a serem incorporadas ao cotidiano da serventia no formato de metas (isto é: de maneira gradual e constante).

Evidentemente, esperamos que a segunda opção seja a do leitor, pois as normas de conduta são como a sinalização de trânsito numa estrada, que indicam o itinerário a ser alcançado. É possível não respeitarmos essa sinalização, mas com essa atitude não iremos chegar ao local desejado, além de incorrer em inúmeros riscos de acidentes durante o percurso – o que, em nossa analogia, são as sanções e indenizações.

Tudo o que se disse sobre a ética aristotélica não teve outro objetivo senão este: que o delegatário passe a incorporar boas práticas para melhorar seus serviços. Entendemos que é o melhor meio de implementar normas morais e legais é considerá-las como um caminho para aquisição da virtude, a fim de que nos tornarmos – nesse processo – pessoas melhores.

5. CONCLUSÃO

A partir do exposto, pode-se aferir que o compliance jurídico é uma forma eficiente de antecipar e evitar danos e punições, porque evita a materialidade de ilícitos e previne que o cartório seja alvo de juízos equivocados de valor por parte de julgadores. Além disso, a cultura de integridade fomentada pelo delegatário contribui necessariamente para o aumento da produtividade e da qualidade dos serviços.

Noutro viés, percebemos que o compliance, como orientação da conduta humana ao que é correto, necessariamente se fundamenta na ética (ou moral). Embora a única ética possível seja objetiva e universal, não se trata de cumprir regras abstratas, pois agir corretamente é realizar atitudes corretas com constância, desenvolvendo virtudes. Disso decorre uma série de implicações na vida profissional. Quando há preocupação com a ética, o trabalho necessariamente será mais orientado ao bem comum que à satisfação egoística de vaidades e ganâncias.

Seja na orientação técnica, seja na implementação de programas de integridade, seja no estímulo à adoção de uma conduta ética, o advogado tem muito a contribuir com as serventias extrajudiciais. Afinal, a contratação de um profissional de qualidade sempre diminui o risco de erros e, ao cabo, de sanções.

6. REFERÊNCIAS

Anselmo, Márcio Adriano. Compliance, direito penal e investigação criminal: uma análise à luz da iso 19600 e 37001. *Revista dos Tribunais*, v. 979, p. 53-67, maio 2017.

BELLO, Douglas S.; SAADAVEDRA, Giovani A. A necessária reflexão acerca da expansão legislativa do compliance decorrente da relação de criptomoedas como os bitcoins e a lavagem de dinheiro. *Revista Brasileira de Ciências Criminais*, v. 147, p. 251-272, set. 2018.

Benedetti, Carla Rahal. Criminal compliance: instrumento de prevenção criminal corporativa e transferência de responsabilidade penal. *Revista de Direito Bancário e do Mercado de Capitais*, v. 59, p. 303, jan. 2013.

COVAL, Fabiano Stein. A atualidade da ética de Aristóteles e as éticas da atualidade: esboço de um confronto. *Revista de Filosofia*, v. 15, n. 16, p. 73-84, Curitiba, jan./jun. 2003.

DIP, Ricardo. A. *Segurança Jurídica e crise pós-moderna*. São Paulo: Quartin Latin, 2012.

Saad-Diniz, Eduardo; Silveira, Renato M. J. A noção pena dos programas de compliance e as instituições financeiras na "nova lei de lavagem" – Lei 12.683/2012. *Revista de Direito Bancário e do Mercado de Capitais*, v. 57, p. 267-279, jul./set. 2012.

SPAEMANN, Robert. *Felicidade e benevolência*: ensaio sobre Ética. Trad. Paulo A. Soethe. São Paulo, SP: Loyola, 1996.

OS CARTÓRIOS E A EDUCAÇÃO 4.0

José Renato Nalini

Doutor em Direito Constitucional pela USP. Desembargador aposentado do Tribunal de Justiça do Estado de São Paulo, tendo sido presidente do Tribunal de Alçada Criminal (TACRIM), corregedor-geral da Justiça e presidente do TJSP. Jurista. Foi secretário de Estado da Educação. É professor permanente do programa de pós-graduação em Direito da Uninove. E-mail: jose-nalini@uol.com.br.

Wilson Levy

Doutor em Direito Urbanístico pela PUC-SP, com pós-doc em Urbanismo pela Mackenzie e em Direito pela UERJ. Foi chefe de gabinete da Secretaria de Estado da Educação de São Paulo. É diretor do programa de pós-graduação em Cidades Inteligentes e Sustentáveis da Uninove. É Membro da Comissão do 12º Concurso Público de Provas e Títulos de Outorga de Delegações de Notas e Registros do Estado de São Paulo, representando a Ordem dos Advogados do Brasil – Seção de São Paulo. Advogado. E-mail: wilsonlevy@gmail.com.

Sumário: 1. Introdução – 2. A educação corporativa e seu papel nas serventias extrajudiciais – 3. A Resolução 81/2009 do CNJ – 4. Conclusão. 5. Referências.

1. INTRODUÇÃO

Educação – o primeiro direito social consagrado pela Ordem Fundante de 1988 – é uma das poucas agendas consensuais na pauta de debates públicos do Brasil contemporâneo. Nenhum agente político ou candidato, à esquerda ou à direita, é capaz de menosprezá-la, ou mesmo negligenciá-la dentre as propostas formuladas para colocar o país no rumo do desenvolvimento.

Enorme o caminho a ser percorrido. Quase ninguém atenta para o disposto no artigo 205 da Constituição Federal. A educação é direito de todos, mas dever do Estado e da família, em colaboração com a sociedade. Subsiste a tendência a se considerar esse dever-chave para a construção da verdadeira cidadania, obrigação exclusiva do Estado. São consideráveis os desafios estruturais – financiamento das políticas públicas federais, estaduais e municipais e sua implantação num contexto de assimetrias e desigualdades regionais – da mesma forma que o tema do acesso universal persiste na forma da alfabetização na idade certa.

Se a vida republicana se ressente desse quadro, incapaz de formar cidadãos mais motivados a interferir de forma positiva no debate público, participando dos espaços formais de consulta e deliberação, o universo corporativo sofre as consequências práticas do despreparo.

De acordo com pesquisa feita pela Fundação Getúlio Vargas, no início de 2018, um empregado brasileiro gera, em média, US$ 16,80 por hora trabalhada. Na Alemanha, o número é 4 (quatro) vezes maior: US$ 64,40 por hora trabalhada. Na Noruega, topo da lista, o valor é ainda maior: US$ 102,80 por hora. Nessa lista, que tem 68 países, o Brasil figura na posição de número 50. A posição só não é menos vergonhosa do que aquela já conhecida no ranking educacional da OCDE: dentre 36 nações ranqueadas, o Brasil está no penúltimo lugar.

O tempo, porém, não para. O futuro próximo implica em revisão de fórmulas e de formatações de serviços imprescindíveis a uma população ávida por soluções imediatas, simplificadas e desburocratizadas. Tudo isso é possível de se ofertar, sem prejuízo da preservação do núcleo essencial do sistema. Só que não tem sido objeto de eficaz comunicação junto aos *stakeholders*, o que compromete a imagem ainda contaminada de um setor notável por seu pioneirismo, porém que se acomodou e talvez não tenha se apercebido de maneira adequada dos riscos postos pela 4ª Revolução Industrial.

Enfrentar essa situação exige coragem e protagonismo por parte dos empreendedores. Não por outro motivo o Brasil assiste, com entusiasmo, à construção de uma nova cultura corporativa, que enxerga a educação como investimento e, principalmente, como componente da política de recursos humanos. Mais do que mera instrução focada em resultados, essa política está amparada na importância da difusão dos valores da empresa entre os colaboradores e no fomento a uma cultura de valorização funcional, importante para a retenção de talentos.

Inúmeros atores institucionais da política republicana despertaram tardiamente para essa realidade que ora se impõe. Escolas de administração pública, de magistrados, de promotores, da advocacia surgiram com o propósito de fornecer treinamentos específicos que não são encontrados em instituições de ensino ou cursos regulares.

Nos antigos cartórios, hoje delegações extrajudiciais, a preocupação com a qualificação de seus recursos humanos é longeva e ocupa considerável parcela das atribuições conferidas às entidades representativas. É, nesse sentido, uma fórmula de consolidação da estratégia do constituinte de 1988, ao elaborar o artigo 236 da Carta e premissa de sobrevivência do sistema e medida indispensável ao aperfeiçoamento permanente do serviço que as delegações prestam à sociedade.

Nada obstante o avanço experimentado na última década, tais ações de formação, ainda se afeiçoam ao velho sistema de se priorizar a capacidade mnemônica. A par disso, o preparo aos Concursos de outorga de delegação realizados pela Justiça Estadual ainda enfatiza –e de forma excessiva – as certificações de cursos regulares na atribuição de pontos para classificação dos candidatos, conforme se depreende da Resolução 81, de 09 de junho de 2009, do Conselho Nacional de Justiça, atualizada em 28 de outubro de 2022.

Neste breve ensaio, serão destacados dois itens específicos: a educação corporativa e seu papel nas serventias extrajudiciais; e o lugar que esta deve ocupar na dinâmica ínsita aos concursos de outorga de delegações de notas e registros públicos. Espera-se como resultado contribuir com o aperfeiçoamento dos marcos regulatórios relacionados à matéria, de modo que os concursos, cada vez mais concorridos e com inequívoco grau de dificuldade e complexidade, possam espelhar de forma ainda melhor os anseios da sociedade que financia o complexo sistema justiça, dentro do qual se insere a estrutura extrajudicial brasileira.

2. A EDUCAÇÃO CORPORATIVA E SEU PAPEL NAS SERVENTIAS EXTRAJUDICIAIS

As experiências de educação corporativa remontam à década de 20 do século XX, com a iniciativa pioneira da General Motors Company, nos Estados Unidos. Cada vez mais comum no Brasil, representam a evolução – de forma coordenada – das ações de educação corporativa, a partir da percepção de que são merecedoras de espaço, colaboradores e planejamento próprios, articulados com as demandas da empresa. O pressuposto é que a educação convencional está desobrigada de oferecer ao mercado o profissional qualificado, pronto e acabado, de que ele necessita e requer.

Trata-se de iniciativa que só exibe virtudes. Educação corporativa prescinde de regulação por parte de órgãos oficiais, o que simplifica sua estruturação. Em geral, reconhece-se sua existência por integração ao organograma da empresa, em geral junto ao setor responsável pela gestão de recursos humanos.

Historicamente, o modelo mais utilizado era o de oferecê-la com foco explícito na melhoria da produtividade do colaborador. Hoje em dia, seu lugar é o de um benefício, o que permite ampliar o leque de alternativas e inserir ações voltadas ao lazer e ao bem-estar do colaborador e de sua família. Não se pode ignorar o impacto da cultura ESG, que aos poucos se insere em todos os setores da Administração Pública e da iniciativa privada. Ora, as delegações extrajudiciais representam modelo emblemático de tal simbiose. Exercem atividade estatal em gestão análoga à da atuação particular. Nítida a percepção de que o foco não há de ser a exclusiva busca de melhores resultados na oferta do serviço. Sabe-se hoje que a ênfase exagerada na produtividade trivializa o planejamento educacional e o desloca para o campo de uma obrigação funcional, cumprida de maneira burocrática.

É por isso que muitas empresas oferecem, além de cursos voltados à prática profissional, cursos de idiomas, de artes, oficinas de pintura e espaços lúdicos para descanso. Em alguns segmentos, tornou-se comum a disponibilidade de *videogames* e máquinas de *snacks* e cerveja sem custo adicional. Tais locais podem, inclusive, ser utilizados para momentos de criação e de desenvolvimento de novas soluções, que surgem de conversas amistosas entre colegas de trabalho. O ideal é gerar saudável ambiente de trabalho, para que a saúde mental do servidor seja garantida por algumas prestações adicionais, não necessariamente convertidas em pecúnia.

Se esse modelo está distante do universo do sistema de Justiça, com seu formalismo e fidelidade ao superado modelo coimbrão, outros já se estabeleceram a partir da necessidade de melhorar a qualidade do serviço prestado à sociedade.

A adoção de políticas de educação corporativa encontra terreno fértil para se desenvolver e produzir copiosos frutos nas delegações extrajudiciais paulistas, que já promovem há muito ações específicas nesse campo por meio de suas entidades representativas. Tamanho protagonismo, evidenciado notadamente após o advento da "Constituição Cidadã", autoriza, nesta quadra histórica em que o Brasil precisa recuperar tempo e espaço perdido, avançar mais alguns passos.

Trata-se do melhor ambiente para o desenvolvimento de ações nesse sentido. O caráter híbrido dos cartórios – função pública exercida por particular recrutado por meio de concurso público – impõe ao titular da delegação o dever de envidar esforços permanentes para assegurar a eficiência do serviço prestado. Afinal, ao assumi-la, o concursado incorpora também os riscos inerentes a qualquer empreendimento privado.

A tendência à adoção de uma doutrina correcional definidora de responsabilidade objetiva é algo que merece especialíssima atenção do setor, que é sempre assediado por legisladores e tomadores de decisão, ciosos de fazer cortesia com chapéu alheio. Uma visão equivocada sobre os reais ganhos dos "cartórios" leva muitas vezes a exigir deles atribuições desvinculadas de sua finalidade e inibem o aprimoramento da prestação. Apesar disso, as delegações resistem, inovam e adotam medidas modernizadoras. *Cases* exitosos proliferam em São Paulo, onde se encontram os mais abalizados profissionais dessa seara do direito pátrio, recrutados ao longo de mais de 10 concursos.

Diversos campos são suscetíveis a práticas dessa natureza: da qualificação dos funcionários com menor grau de formação à qualificação técnica dos escreventes e demais colaboradores dos cartórios. O leque de interfaces é amplo. Vai desde aspectos comportamentais, atinentes ao relacionamento com o usuário e à retidão ética da conduta individual de cada colaborador, até formação jurídica de ponta, passando pela incorporação do estado-da-arte das novas tecnologias de informação e comunicação (TICs).

Investir numa verdadeira usina de criatividade que contemple, além da doutrina, cujo aprofundamento e sofisticação todos os especialistas reconhecem, os desafios postos pela 4ª Revolução Industrial é questão de subsistência do sistema. Formações específicas ao delegado e à equipe gestora, baseada no que há de mais atual em controle de fluxos também podem fazer parte dessa política.

Consolidar a relevância das prestações afetas às delegações, propor assunção de novas atribuições, evidenciar a eficiência de uma estratégia – a mais inteligente do constituinte de 1988 – que propicia o máximo da segurança jurídica possível em tempos tormentosos de instabilidade institucional, é tema negligenciado na reiteração das questões postas pela ortodoxia da ciência jurídica mais tradicional.

A insuficiência da educação convencional impõe a uma estrutura de educação corporativa suprir as notórias fragilidades do ensino, mais evidentes em relação às competências socioemocionais e às habilidades imprescindíveis a quem vivenciará tempos de extinção de profissões e atividades tradicionais.

É urgente que o setor das delegações extrajudiciais ao menos tente detectar as megatendências já anunciadas pelos pensadores mais antenados com a profunda mutação imposta a todas as áreas da atividade humana pela Inteligência Artificial, Internet das Coisas, Impressão 3D, Robótica e outras ferramentas já disponíveis e em pleno uso em múltiplos espaços. Vem aí o metaverso, as transformações derivadas do 5-G e a profusão de desafios que vão derivar da aplicação combinada de todas essas tecnologias em incessante e dinâmica alteração.

Observe-se que todos os Países que guardam similitude com a opção brasileira para os chamados serviços extrajudiciais, dispõem de escolas institucionalizadas, mencionando-se como exemplo a Espanha, a Argentina, Portugal, Itália e França. O Brasil ensaia há tempos a implementação de algo semelhante, mas acaba se contentando com os encontros esporádicos, com a praxe dos *workshops*, seminários e congressos.

A disponibilidade de quadros qualificados anuncia ventos favoráveis para que iniciativas institucionais alicerçadas na força das marcas das associações representativas, num ambiente em que autorregulação se apresente como elemento de força para a certificação das atividades.

Ao construir uma articulação em torno da agenda educacional, a formação corporativa dará um passo decisivo para fortalecer a agenda institucional. Apresentada como elemento estruturante de uma ressignificação institucional, poderão os delegatários paulistas demonstrar, à sociedade civil organizada, à comunidade jurídica e à esfera estatal a necessidade de se preservar e o sistema tal como definido na Carta Cidadã de 1988, afastando a cupidez de outros atores, movidos por interesses espúrios.

O Brasil pós-Operação Lava-Jato colocou em xeque as formas tradicionais de relacionamento entre o setor privado e a esfera estatal. A palavra lobby, equivocadamente mal recepcionada pela opinião pública pátria, merece ressignificação. Talvez a expressão *advocacy* – designação em língua inglesa para representação de interesses – se afigure mais adequada, porque baseada em transparência, reconhecimento da força argumentativa das teses defendidas fornecem legitimidade às pautas defendidas junto às instituições estatais responsáveis pela regulação e tomada de decisão.

Fazê-lo a partir da casa comum da Educação é abraçar uma agenda positiva imune a qualquer desconfiança ou crítica. Nela, é possível produzir estudos despersonalizados, que tirem o foco das delegações habitualmente ciosas de desagradar sua fiscalização, neutralizando pontos de tensão persistentes nesta esfera e permitindo saudável diálogo com os órgãos de controle da atividade extrajudicial.

Também há espaço para formulação de propostas legislativas, estudos e pareceres qualificados para a sua defesa, quando necessário. Impõe-se, com urgência, adoção de novo modelo para os concursos de recrutamento de tabeliães e registradores. O mero conhecimento jurídico é insuscetível de atender à demanda que o aprovado enfrentará à frente da delegação. A medida, em suma, representa a abertura de uma janela de oportunidades para as especialidades. Trata-se de um *hardware* poderoso, que comporta múltiplas aplicações, inclusive de responsabilidade social, ações de sustentabilidade socioambiental, além, é claro, de um espaço qualificado, apoiado por uma miríade de instituições, para recepcionar iniciativas de altos estudos, com os melhores talentos do pensamento brasileiro, capacitada a entregar conhecimento de impacto em prol da sociedade e do aperfeiçoamento do serviço público.

Há vários exemplos em curso no Estado de São Paulo. A Associação dos Registradores Imobiliários de São Paulo (ARISP) desenvolve, por meio da UniRegistral, inúmeras ações formativas, e prepara-se para colocar em funcionamento uma instituição de ensino superior vocacionada à qualificação de escreventes por meio e curso superior tecnológico.

O Colégio Notarial do Brasil – seção São Paulo, por sua vez, oferece curso robusto na Escola de Escreventes, com certificação própria e baseada em vários níveis de formação, que permitem a quem recruta novos escreventes saber exatamente o grau de *expertise* de candidatos que tenham passado pelo percurso formativo. A Associação dos Registradores de Pessoas Naturais (ARPEN), tanto a seção paulista quanto a sede nacional, segue no mesmo caminho, apostando, inclusive, num modelo compatível com a capacidade econômica dos RCPNs deficitários.

Desenha-se um cenário auspicioso de formação de recursos humanos de alto nível profissional, capazes de dar um *upgrade* de produtividade e de proporcionar um espaço de trabalho harmonioso o suficiente para importar em avanço material e institucional do setor.

Nada disso, no entanto, terá persistência se os concursos para outorga de delegações extrajudiciais não contemplarem, entre seus requisitos, a frequência a cursos fornecidos por quem sabe exatamente quais são os gargalos de formação existentes neste peculiar ramo de atuação.

3. A RESOLUÇÃO 81/2009 DO CNJ

O tema da formação aparece no item 7 da Resolução n° 81/2009 do CNJ, que *"Dispõe sobre os concursos públicos de provas e títulos, para a outorga das Delegações de Notas e de Registro, e minuta de edital."*, e que dispõe, neste particular, sobre o exame de títulos, que, nos termos do item 7.1, valerá, no máximo, dez pontos, com peso dois.

7. Títulos

7.1. O exame de títulos valerá, no máximo, 10 (dez) pontos, com peso 2 (dois), observado o seguinte:

I – exercício da advocacia ou de delegação, cargo, emprego ou função pública privativa de bacharel em Direito, por um mínimo de três anos até a data da primeira publicação do edital do concurso (2,0);

II – exercício de serviço notarial ou de registro, por não bacharel em direito, por um mínimo de dez anos até a data da publicação do primeiro edital do concurso (art. 15, § 2°, da Lei 8.935/1994) (2,0); (Alteração dada pela Resolução 187, de 24 de fevereiro de 2014)

III – exercício do Magistério Superior na área jurídica pelo período mínimo de 5 (cinco) anos:

a) mediante admissão no corpo docente por concurso ou processo seletivo público de provas e/ou títulos (1,5);

b) mediante admissão no corpo docente sem concurso ou processo seletivo público de provas e/ou títulos (1,0);

IV – diplomas em Cursos de Pós-Graduação:

a) Doutorado reconhecido ou revalidado: em Direito ou em Ciências Sociais ou Humanas (2,0); (Alteração dada pela Resolução 187, de 24 de fevereiro de 2014)

b) Mestrado reconhecido ou revalidado: em Direito ou em Ciências Sociais ou Humanas (1,0); (Alteração dada pela Resolução 187, de 24 de fevereiro de 2014)

c) Especialização em Direito, na forma da legislação educacional em vigor, com carga horária mínima de trezentos e sessenta (360) horas-aula, cuja avaliação haja considerado monografia de final de curso (0,5);

V – exercício, no mínimo durante 1 (um) ano, por ao menos 16 horas mensais, das atribuições de conciliador voluntário em unidades judiciárias, ou na prestação de assistência jurídica voluntária (0,5); (Alteração dada pela Resolução 187, de 24 de fevereiro de 2014)

VI – período igual a 3 (três) eleições, contado uma só vez, de serviço prestado, em qualquer condição, à Justiça Eleitoral (0,5). Nas eleições com dois turnos, considerar-se-á um único período, ainda que haja prestação de serviços em ambos.

§ 1° As pontuações previstas nos itens I e II não poderão ser contadas de forma cumulativa.

§ 2º Será admitida a apresentação, por candidato, de no máximo dois títulos de doutorado, dois títulos de mestrado e dois títulos de especialização previstos no item IV. (Incluído pela Resolução 187, de 24 de fevereiro de 2014).

§ 3º Os títulos somarão no máximo dez pontos, desprezando-se a pontuação superior. (Alteração dada pela Resolução 187, de 24 de fevereiro de 2014)

7.2. Os critérios de pontuação acima referidos aplicam-se, no que for cabível, ao concurso de remoção.

7.3. A convocação para apresentação de títulos far-se-á por publicação no Diário da Justiça Eletrônico.

Numa análise preliminar, a sobredita Resolução dedica especial atenção à formação acadêmica, mediante reconhecimento da relevância e atribuição de pontuação específica para quem tiver concluído especialização, mestrado ou doutorado. No mesmo sentido, atribui pontos àquele que tiver exercido o magistério em nível superior, valorizando em especial os candidatos selecionados para atuar como professores mediante concurso ou processo seletivo de provas e títulos.

Ainda no campo da titulação, estabelece como limite o número de dois cursos concluídos de pós-graduação *lato sensu* e dois títulos de mestrado e doutorado em Direito ou em Ciências Sociais ou Humanas. Há, portanto, a indução de um determinado perfil: o daquele que, anteriormente ao concurso, buscaram o aperfeiçoamento de saberes profissionais, mediante vinculação a curso de pós-graduação *lato sensu*, ou a formação típica de pesquisador, por meio da conclusão de curso realizado em curso *stricto sensu* – mestrado e doutorado. Em adição, valoriza-se quem tiver experiência prévia como professor do magistério superior.

Ainda que tais elementos sejam de fácil aferição objetiva, posto que basta a apresentação dos respectivos certificados e diplomas, ou da documentação competente à comprovação de atuação no magistério superior, não são poucas as dúvidas acerca do impacto efetivo desses elementos no exercício funcional junto às serventias extrajudiciais.

Destaque-se, de início, os exemplos dos programas de pós-graduação (mestrado e doutorado). Sua finalidade precípua é a formação de pesquisadores e de quadros aos quais será incumbida a tarefa de formação de novos pesquisadores e docentes de nível superior, de modo que sua estrutura formativa não contempla o conjunto de habilidades e competências necessárias ao exercício das funções de notário e registrador. Decerto que aqueles que cultivem o Direito como campo específico do saber humano, abrigado nas chamadas Ciências Sociais Aplicadas, a ponto de buscar camadas mais profundas de aperfeiçoamento pessoal, *podem*, a partir do conjunto de conhecimentos partilhados nas academias que fornecem programas de pós-graduação, absorver novos conhecimentos que qualifiquem sua atuação funcional no âmbito dos cartórios, mas não há uma relação explícita de causa/efeito entre ostentar títulos acadêmicos e ter condições mais evidentes de exercício dessas funções.

Corrobora com esse entendimento lógico a inexistência, no bojo do Sistema Nacional de Pós-Graduação e, mais especificamente, na área de Direito da Coordenação para o Aperfeiçoamento de Pessoal de Nível Superior (CAPES), nenhum programa que ostente área de concentração ou linha de pesquisa especificamente voltados aos estudos notariais e registrais. Nesse sentido, o nível de aprofundamento obtido nestas etapas formativas (mestrado e doutorado) advém de exclusiva iniciativa dos pesquisadores em formação, em diálogo com outras disciplinas do saber jurídico, *ainda que a normativa do CNJ sequer especifique ou determine uma aderência dos estudos desenvolvidos em nível de mestrado e doutorado aos temas afeitos às serventias extrajudiciais.*

Uma hipótese explicativa a esse modelo de regulação específica encontra eco na própria estrutura de seleção, mediante concurso público, para as mais diversas carreiras do Estado e, notadamente, do próprio sistema de Justiça, que valoriza a titulação acadêmica como elemento distintivo entre candidatos no âmbito dos certames que recrutam recursos humanos para essa finalidade.

No universo jurídico, aliás, a própria procura por formação em nível de pós-graduação *stricto sensu* remonta mais a uma tradição, ligada à busca pessoal por níveis mais aprofundados de erudição, distinção profissional e entendimento sobre o fenômeno jurídico, a partir de suas especificidades, do que, propriamente, pela orientação individual de um mestrando ou doutorando à formação como pesquisador. É certo que muitos dos mestres e doutores formados pelos mais de 100 programas de pós-graduação disponíveis no Brasil – sem considerar os que obtêm formação no estrangeiro e, por óbvio, certificação revalidada por instituição de ensino no Brasil – não têm como destino outros programas de pós-graduação ou mesmo a sala de aula.

Da mesma forma, o exercício pregresso como docente do magistério superior tampouco parece guardar pertinência imediata com as demandas funcionais. O magistério superior corresponde a um campo de atuação profissional específico, de cunho acadêmico e formativo, não guardando relação direta com as necessidades de uma serventia extrajudicial.

O cenário torna-se ainda mais complexo quando se verifica que não há qualquer vinculação no campo das evidências entre esses elementos – titulação acadêmica ou atuação profissional neste campo – e a qualidade do serviço prestado pelo futuro notário ou registrador. Imperioso, nesse sentido, que a persistência deste modelo passe por um crivo de ordem prática. Ou seja, que o Conselho Nacional de Justiça (CNJ) ou as Corregedorias dos Tribunais Estaduais promovam uma ampla pesquisa apta a verificar se há uma relação entre a titulação ou exercício de função no âmbito do magistério de nível superior daquele que assume uma delegação extrajudicial e o cumprimento digno de encômio de suas atribuições e funções.

Por outro lado, é de se concluir que a ausência de outros critérios objetivos conduza a questão, por uma premissa de ordem prática, para tais elementos que, como dito, são de fácil aferição e, decerto, conferem um critério – talvez não o mais acertado – de distinção. No entanto, cumpre propor uma nova leitura, em sentido complementar, que não afasta, por evidente, um processo permanente de monitoramento e avaliação da capacidade indutiva da Resolução, inclusive por ser esse um dos papeis institucionais do próprio CNJ.

Veja-se, por exemplo, a Escola de Escreventes do Colégio Notarial do Brasil[1], seção São Paulo. A ação de educação corporativa foi desenvolvida a partir de um diagnóstico, partilhado pelos tabeliães paulistas, de que o escrevente de cartório necessitava do aporte de novos conteúdos que apontassem, simultaneamente, para um aperfeiçoamento de seus saberes e para a consolidação de um perfil de carreira. O curso contempla 90 horas/aula de atividades, divididas em 3 dimensões formativas, contemplando competências técnicas, gerenciais e éticas. Em todos os campos de formação a ênfase é prática: os conteúdos dialogam com o cotidiano de trabalho do colaborador e oferecem ferramentas para resolver seus principais desafios.

Além das 3 dimensões formativas, o curso fornece três níveis de certificação (bronze, prata e ouro), que conferem um sentido progressivo ao percurso. Ao atingir o nível ouro, o aluno é convidado a manter uma rotina de estudos e participação em eventos da área, na medida em que a permanência nessa certificação demanda a comprovação de que seu titular segue participando de atividades formativas.

A Associação dos Registradores Imobiliários de São Paulo (ARISP) e a Associação dos Registradores de Pessoas Naturais (ARPEN) têm empreendido iniciativas semelhantes. O elemento comum é a oferta de ações educacionais por entidades associativas que, melhor do que ninguém, conhecem os gargalos formativos de seus colaboradores e associados e se empenham em fornecer alternativas de formação continuada.

A partir desse conjunto de boas práticas, o CNJ poderá instituir diretrizes de conteúdo e de carga horária que habilitem os participantes de ações congêneres a obter pontuação específica nos concursos de outorga das delegações extrajudiciais no país. Afinal, se é verdade que a obtenção de títulos de mestre e doutor podem representar um sinal distintivo sujeito a especial atenção, a participação em cursos de entidades de classe também é merecedora de visibilidade. Muitos titulares de delegação foram, no passado, escreventes, que experienciaram o cotidiano de um

---

1. Disponível em: https://cursos.cnbsp.org.br/courses/ead-escola-de-escreventes.

cartório com muito mais acurácia do que aqueles que se enquadram na categoria que se convencionou chamar contemporaneamente de "concurseiro".

É de se festejar, por óbvio, os avanços trazidos pela atualização da Resolução 81/2009 em 27 de outubro de 2022. O primeiro elemento relevante é a redução da pontuação atribuída aos títulos. Se antes os títulos correspondiam a 20% da prova, seu peso foi reduzido pela metade: nos termos do inciso I do art. 10, *"as provas terão peso 9 (nove) e os títulos peso 1 (um)"*. Sinal de que o processo permanente de monitoramento e avaliação dos certames recomendou maior prudência na distribuição da pontuação entre a prova e a titulação.

No entanto, a atualização do marco regulatório enfatizou outras questões, igualmente relevantes e urgentes, tais como o enfrentamento das desigualdades, por meio de medidas de inclusão de grupos sociais pouco representativos nos concursos jurídicos, por meio de cotas por classe de rendimento das serventias. Aliás, segundo o relator do Ato Normativo 0002238-50.2022.2.00.0000, min. Vieira de Mello, essa preocupação com o tema das desigualdades incidiu também sobre a redefinição do peso dos títulos, posto que *"As pessoas que têm melhor condição econômica podem fazer mais cursos de aperfeiçoamento, enquanto as pessoas que estão lutando pela sobrevivência e estudando não têm a mesma possibilidade. Então, quando você põe um peso muito alto para o título, você cria já uma desigualdade dentro do concurso"*.[2]

Logicamente tais medidas foram forjadas com o propósito de radicalizar a experiência democrática e o espírito da Carta Cidadã de 1988 no âmbito dos concursos para delegação das serventias extrajudiciais, mas poderiam ter avançado de forma mais ousada quanto ao conjunto de habilidades e competências que a sociedade brasileira espera que o titular da delegação tenha, inclusive para debelar a "ideologia concurseira" que grassa nestes certames.

Tal ideologia, muito bem explicitada por Fernando Fontainha *et al*, em abalizado estudo. Em suma, os autores assinalam que a racionalidade dos concursos gera uma distorção básica: não se destinam a preencher cargos ou efetuar a outorga de delegações, como examinado neste ensaio, conforme necessidades institucionais previamente identificadas e compreendidas, mas sim olhar para si próprio (o concurso) como uma manifestação paralela, autorreferenciada, com efeitos nocivos perceptíveis também na forma como as organizações públicas e seus servidores atuam, por vezes descolada daquilo que delas se espera, em especial socialmente.

---

2. CNJ democratiza acesso a concursos para cartórios de notas e registro. Disponível em: https://www.cnj.jus.br/cnj-democratiza-acesso-a-concursos-para-cartorios-de-notas-e-de-registro/. Acesso em: 1º.12.2022.

Explica a organização social dos concursos, que se orienta para si, e não para o projeto institucional. Isso é perceptível diante da concentração de concursos em torno de algumas entidades, bem como da própria organização dos elementos do concurso não padronizados em todos os concursos, mas que obedecem a uma lógica de organização. Além disso, as diferentes fases do concurso e as relações com as remunerações oferecidas pelos editais fazem dos concursos uma finalidade em si e não um meio para a seleção dos candidatos.[3]

Trinta e quatro anos depois de promulgada a Constituição da República, e dezoito anos de instalação do CNJ, é tempo de se aproveitar da expertise dos delegatários pós-concurso previsto no artigo 236 da lei fundamental. Há um sem-número de boas práticas que devem ser assimiladas pela normatividade editada pelo CNJ, sempre em busca de aprimoramento do sistema. Importante é a revisão das normativas que estabelecem o regramento para o concurso público de provas e títulos para outorga de delegações extrajudiciais. As entidades de classe têm prodigalizado ofertas de capacitação dos quadros funcionais e de seu ajuste às exigências postas pelas tecnologias desenvolvidas após a explosão da 4ª Revolução Industrial.

A educação corporativa supre a formação convencional, generalista e teórica, para moldar os operadores das delegações conforme os requisitos de eficiência, avanço técnico, absorção das *soft skills,* tão relegadas pela escola tradicional, que prioriza superados padrões de *hard skills.* Esse *aggiornamento* é imprescindível para a consolidação da estratégia adotada pelo constituinte em relação aos antigos "cartórios", hoje unidades eficientes e prestativas, reconhecidas pelo destinatário como nichos de excelência se cotejados com a Administração Pública nos velhos moldes.

Não é demasia aguardar-se que o CNJ, por sua Corregedoria Nacional, se abebere nas fontes das entidades que conhecem a função e enfrentam diuturnamente os seus desafios. Isso é contribuir para maior participação democrática na gestão dos interesses comuns, sobretudo numa área que, sem deixar de ser essencialmente estatal, foi confiada a particulares recrutados pela Justiça estadual, para que a exerçam em caráter de iniciativa privada.

4. CONCLUSÃO

Educação de qualidade é o maior desafio e também a mais promissora esperança para o Brasil. Essa educação tem seus eixos bem delineados pelo constituinte de 1988: permitir que a potencialidade do educando aflore, se desenvolva e nele crie a vontade de aprender incessantemente. Não há prazo para o termo final do aprendizado. Embora imperfeito, o animal racional tem a vocação de perfectibilidade.

---

3. FONTAINHA, Fernando et al. O concurso público brasileiro e a ideologia concurseira. *Revista Jurídica da Presidência*. Brasília-DF, v. 6, n. 110. Disponível em: https://revistajuridica.presidencia.gov.br/index.php/saj/article/download/38/28/98. Acesso em: 02.12.2022.

Essa educação também precisa capacitar para o trabalho. E o trabalho no século 21 se tornou complexo, embora sedutor. Há necessidade de contínuo readaptar-se às tecnologias contemporâneas, pois a ciência não pede licença para inovar. A cada dia, descobertas e aplicações novas fornecem horizonte amplo e praticamente ilimitado a quem queira continuar no aprendizado. E educação tem ainda a finalidade de habilitar o ser humano ao exercício da cidadania.

As delegações extrajudiciais têm uma história milenar, mas nos últimos anos passam por verdadeira revolução. O registro eletrônico é uma exigência da contemporaneidade. A sociedade requer eficiência e rapidez, sem perder a segurança da prestação estatal delegada a particulares recrutados por rigorosa seleção, a cargo da Justiça Estadual.

A educação de nossos dias tem de estar aberta às mutações e de oferecer ao educando a capacidade de se adaptar ao inesperado. Daí a ênfase nas competências socioemocionais, tão negligenciadas na escola convencional.

A partir de 1988, a realização de concursos à luz do artigo 236 da Constituição Federal, dotou o sistema extrajudicial paulista de verdadeiros protótipos de gestores cientistas, inovadores e corajosos. A sociedade registra e aplaude essa mudança. Nada mais faz lembrar a vetustez burocrática do cartorialismo anterior.

Por isso a certeza de que a educação a cargo das entidades de classe poderá fornecer ao Poder Judiciário diretrizes que atualizem Normas de Serviço e, sobretudo, os requisitos para a seleção dos futuros delegatários. Estes precisam ser gestores antenados com a realidade eletrônica, digital, informatizada e cibernética, já disseminada em outros setores e com a qual a sociedade se acostumou e não admitirá retrocesso.

O acompanhamento do que tem acontecido nesse âmbito, por iniciativa corajosa dos integrantes do serviço estatal confiado aos delegatários permite concluir que o porvir oferecerá respostas consentâneas com as expectativas e com as exigências da sociedade brasileira. O Brasil merece delegações afeiçoadas ao que há de mais pioneiro, com a garantia de que sua prestação é o máximo possível na ambicionada segurança jurídica pela qual todos anseiam.

5. REFERÊNCIAS

CNJ democratiza acesso a concursos para cartórios de notas e de registro. Disponível em: https://www.cnj.jus.br/cnj-democratiza-acesso-a-concursos-para-cartorios-de-notas-e-de-registro/. Acesso em: 1º.12.2022.

Escola de Escreventes do Colégio Notarial do Brasil – seção São Paulo. Disponível em: https://cursos.cnbsp.org.br/courses/ead-escola-de-escreventes. Acesso em: 1º.11.2022.

FONTAINHA, Fernando et al. O concurso público brasileiro e a ideologia concurseira. *Revista Jurídica da Presidência*. Brasília-DF, v. 6, n. 110. Disponível em: https://revistajuridica.presidencia.gov.br/index.php/saj/article/download/38/28/98. Acesso em: 02.12.2022.

OS PROGRAMAS DE *COMPLIANCE* E A ATIVIDADE NOTARIAL E REGISTRAL: AS OBRIGAÇÕES DO PROVIMENTO 88 CNJ E AS RECENTES NORMAS ABNT NBR ISO 15906:2021 E 37301:2021

Fabrizio Bon Vecchio

Doutorando em Ciências Jurídicas pela Pontifícia Universidad Católica Argentina (UCA). Presidente do Instituto Ibero-americano de Compliance (IIAC). Professor convidado de Universidades nacionais e estrangeiras. Advogado.

Francis Rafael Beck

Pós-Doutor em Direito pela Universidade de Coimbra (UC). Doutor e Mestre em Direito pela Universidade do Vale do Rio dos Sinos – UNISINOS. Professor do Mestrado Profissional em Direito da Empresa e dos Negócios da UNISINOS. Advogado.

Sumário: 1. Introdução – 2. Os programas de *compliance* e o atual destaque no cenário das serventias extrajudiciais – 3. O Provimento 88 do conselho nacional de justiça e as obrigações notariais e registrais antilavagem e antiterrorismo – 4. A normatização da gestão dos serviços notariais e registrais e dos programas de *compliance*: as recentes ABNT NBR ISO 15906:2021 e ABNT NBR ISO 37301:2021 – 5. Considerações finais – 6. Referências.

1. INTRODUÇÃO

O presente artigo tem como tema os programas de *compliance* no âmbito da atividade notarial e registral. Para tanto, analisa a intensa aproximação recente entre referidos programas e as serventias extrajudiciais. Em seguida, aborda o amplo rol de obrigações antilavagem e antiterrorismo impostas pelo Provimento 88 do Conselho Nacional de Justiça, que passam a exigir políticas, procedimentos e controle internos típicos de um *compliance*. Sob o enfoque normativo, apresenta as aproximações entre os programas de *compliance* e a atividade dos cartórios realizadas pelas normas ABNT NBR ISO 15906:2021 (sistema de gestão de serviços notariais e registrais) e ABNT NBR ISO 37301:2021 (sistemas de gestão de *compliance*), que colocam ainda maior destaque à importância (quase uma necessidade) dos programas de conformidade no âmbito notarial e registral.

Dessa forma, o objetivo do artigo é apresentar subsídios para a implementação dos programas de *compliance* nas serventias extrajudiciais. Para isso, o principal problema proposto é: devem ser implementados programas de *compliance* nas atividades notarial e registral? Como hipótese, tem-se que, embora não sejam expressamente exigidos sob o ponto de vista normativo, são fundamentais para a adequada gestão dos risco e preservação da conformidade, especialmente diante do crescente número de obrigações impostas. A metodologia do artigo, por sua vez, se ampara no método de abordagem dialético e a técnica de pesquisa na documentação indireta, especialmente bibliográfica e normativa.

2. OS PROGRAMAS DE *COMPLIANCE* E O ATUAL DESTAQUE NO CENÁRIO DAS SERVENTIAS EXTRAJUDICIAIS

O direito sempre teve a pretensão de cumprimento de suas normas. No entanto, quando se trata de *compliance*, a questão não se resume a uma conformidade ao direito, mas sim em uma pretensão sistemática à adoção de regras e processos que façam com que o cumprimento normativo obedeça a uma arquitetura vinculada globalmente às atividades organizacionais internas e externas. Dessa forma, além de prever uma reestruturação organizacional e a instauração de responsáveis pelo cumprimento que centralizem a atividade de contenção de riscos, a extensão do *compliance* a todos os âmbitos da organização representa o surgimento de novos deveres, incumbências, riscos e comportamentos. Por outro lado, a não organização das empresas em *compliance* pode ser uma irresponsabilidade, na medida em que a organização e seus atores ficam expostos à responsabilização em diversas esferas, como decorrência das violações ao ordenamento jurídico, além do efeito reputacional negativo que toda infração acarreta.[1]

Essa cultura de cumprimento normativo é expressão da delegação para as organizações das funções de prevenção de violações normativas próprias do Estado. *Compliance*, assim, significa "autovigilância". Os programas de cumprimento, no entanto, não se restringem à adoção de medidas de vigilância, mas também adotam medidas positivas de formação, que tratam não somente de neutralizar fatores culturais ou dinâmicas de grupo favorecedoras de desconformidade, mas também de incentivar culturas de fidelidade às normas.[2]

---

1. COCA VILA, Ivó. ¿Programas de Cumplimiento como forma de Autorregulación regulada? In: SILVA SÁCHEZ, Jesús-María; MONTANER FERNÁNDEZ, Raquel. *Criminalidad de Empresa y Compliance*: prevención y reacciones corporativas. Barcelona: Atelier, 2013. p. 55.
2. SILVA SÁNCHEZ, Jesús-María. Deberes de vigilancia y *compliance* empresarial. In: KUHLEN, Lothar; MONTIEL, Juan Pablo; URBINA GIMENO, Íñigo Ortiz de. *Compliance y teoria del derecho penal*. Madrid: Marcial Pons, 2013. p. 100.

Nesse sentido, os modelos de autorregulação regulada são os que melhor respondem ao interesse do Estado em reorganizar sua atuação através de um intervencionismo à distância, que envolve a própria organização no processo de fiscalização, reservando-se o poder de vigilância.[3]

Nas palavras de Ana Frazão, *compliance* diz respeito ao conjunto de ações a serem adotadas no ambiente corporativo para que se reforce a anuência da organização às normas vigentes, a fim de prevenir a ocorrência de infrações ou, uma vez já ocorrido o ilícito, possibilitar o imediato retorno ao contexto de normalidade e legalidade.[4]

De acordo com o guia sobre programas de *compliance* elaborado pelo Conselho Administrativo de Defesa Econômica (CADE), *compliance* é um conjunto de medidas internas que permite prevenir ou minimizar os riscos de violação às leis decorrentes de atividade praticada por um agente econômico e de qualquer um de seus sócios ou colaboradores. Pelos programas de *compliance*, se verifica um reforço do compromisso com os valores e objetivos nele constantes, especialmente os relacionados com o cumprimento da legislação, o que demanda não apenas a elaboração de uma série de procedimentos, mas também uma mudança na cultura corporativa.[5]

A estrutura organizacional de um programa de *compliance*, de uma forma geral, está amparada em sete pilares. São eles: (1) cultura de cumprimento (tanto os gestores quanto os colaboradores devem interiorizar a necessidade de que tudo o que ocorre na organização, interna e externamente, seja de acordo com o ordenamento jurídico em vigor); (2) preestabelecimento de objetivos organizacionais (fixação clara dos objetivos que um programa de *compliance* pretende alcançar); (3) avaliação dos riscos (identificação e avaliação de todos os riscos esperados da concreta atividade da organização); (4) adoção das medidas necessárias para a contenção dos riscos (identificados os riscos, deve ser selecionada a pessoa adequada para cada área de atuação e adotado um sistema de cumprimento onde constem todas as medidas necessárias para a minimização dos riscos); (5) delimitação dos âmbitos de competência (que permite saber com clareza quem é o responsável por cada processo na organização, dificultando a dissolução da

---

3. COCA VILA, Ivó. ¿Programas de Cumplimiento como forma de Autorregulación regulada? In: SILVA SÁCHEZ, Jesús-María; MONTANER FERNÁNDEZ, Raquel. *Criminalidad de Empresa y Compliance*: prevención y reacciones corporativas. Barcelona: Atelier, 2013. p. 52.
4. FRAZÃO, Ana. Programas de *compliance* e critérios de responsabilização de pessoas jurídicas por ilícitos administrativos. In: ROSSETTI, Maristela Abla; PITTA, Andre Grunspun (Coord.). *Governança corporativa*: avanços e retrocessos. São Paulo: Quartier Latin, 2017. p. 23-57. p. 42.
5. CONSELHO ADMINISTRATIVO DE DEFESA ECONÔMICA (CADE). *Guia programas de compliance*: orientações sobre estruturação e benefícios da adoção dos programas de compliance concorrencial. Disponível em: https://cdn.cade.gov.br/Portal/centrais-de-conteudo/publicacoes/guias-do-cade/guia-*compliance*-versao-oficial.pdf. Acesso em: 30 jun. 2021.

responsabilidade e facilitando a imputação de eventual responsabilidade pela desconformidade); (6) sistemas internos de comunicação (é fundamental que existam na organização múltiplos e fluidos canais de comunicação, com o objetivo de assegurar uma gestão do conhecimento); (7) sistemas de supervisão e sanção (a infração de uma norma não se resolve com a identificação da infração e imposição da sanção, mas exige a revisão do sistema até detectar o erro e estabelecer as medidas oportunas para evitá-lo).[6]

Objetivamente podem ser referidos dez pilares, o que permite uma melhor compreensão prática dos elementos que integram um programa de *compliance*: (1) suporte da alta administração; (2) avaliação de riscos; (3) código de conduta e políticas de *compliance*; (4) controles internos; (5) treinamentos e comunicação; (6) canais de denúncias; (7) investigações internas; (8) *due diligence*; (9) monitoramento e auditoria; e (10) diversidade e inclusão.[7]

Entretanto, apesar da importância da separação do programa em pilares, não há como seguir um único modelo de *compliance*, na medida em que esse deve ser adaptado a cada organização, o que exige permanente análise de riscos e verificação das normas jurídicas aplicáveis. Dessa forma, o programa deve ser conformado à pessoa jurídica destinatária, que pode moldar o programa de *compliance* que melhor se ajuste às suas particularidades.[8]

Nesse sentido, a tarefa de construir um programa de *compliance* pode se iniciar em diferentes estágios, a depender do nível de maturidade em que se encontram os controles internos e o gerenciamento de riscos da organização. Em determinadas situações as ações de integridade já podem estar sendo adotadas, necessitando de ajustes pontuais. Em outras, os controles podem ser ainda muito deficientes, necessitando de uma estruturação mais profunda e cuidadosa.[9]

Verificado que um programa de *compliance* se apresenta implementado de forma efetiva (o que gera grandes discussões acerca da prova ou certificação dessa efetividade, assunto que, por ora, ultrapassa o escopo do presente artigo), diversas vantagens podem ser dele extraídas, em especial: (a) controle da responsabiliza-

---

6. COCA VILA, Ivó. ¿Programas de Cumplimiento como forma de Autorregulación regulada? In: SILVA SÁCHEZ, Jesús-María; MONTANER FERNÁNDEZ, Raquel. *Criminalidad de Empresa y Compliance*: prevención y reacciones corporativas. Barcelona: Atelier, 2013. p. 55-59.
7. SIBILLE, Daniel; SERPA, Alexandre; FARIA, Felipe. *Os pilares do programa de compliance*. Ebook disponível em https://d335luupugsy2.cloudfront.net/cms/files/28354/1601322132eBook_Pilares_2020.pdf. Acesso em: 30 jun. 2021.
8. OLIVA, Milena; SILVA, Rodrigo da Guia. Origem e evolução história do *compliance* no direito brasileiro. In: CUEVA, Ricardo Villas Bôas; FRAZÃO, Ana (Coord.). *Compliance*: perspectivas e desafios dos programas de conformide. Belo Horizonte: Fórum, 2018. p. 29-51. p. 34.
9. MINISTÉRIO DA TRANSPARÊNCIA E CONTROLADORIA-GERAL DA UNIÃO. *Manual para implementação de programas de integridade*. Disponível em: https://www.gov.br/cgu/pt-br/centrais-de-conteudo/publicacoes/integridade/arquivos/manual_profip.pdf. Acesso em: 30 jun. 2021.

ção no âmbito da organização, acarretando a redução de custos; (b) vantagem competitiva e captação de recursos: ação preventiva é recebida como aumento da confiança, garantia de oportunidades de negócio, garantia de proteção patrimonial dos gestores e da própria organização, além de constituir um importante fator de atração de *stakeholders*; (c) possível condição para participação em licitações e contratar com o poder público (no caso de organizações destinadas ao fornecimento de produtos e serviços), na medida em que a nova lei de licitações (Lei 14.133/2021) para a exigir, em determinadas situações, a obrigatoriedade de implementação de um programa de integridade; (d) atração de colaboradores mais qualificados; (e) manutenção de padrões internacionais de cumprimento de deveres e política de respeito aos direitos humanos, atuando decisivamente na preservação da reputação da organização; (f) possível afastamento ou redução de punições (caso o risco não seja evitado); (g) melhoria do padrão de gestão organizacional.[10] O já referido guia de *compliance* do Conselho Administrativo de Defesa Econômica, por sua vez, destaca como benefícios para as organizações (I) a prevenção de riscos; (II) identificação antecipada dos problemas; (III) reconhecimento de ilicitudes em outras organizações; (IV) benefício reputacional; (V) conscientização dos funcionários; (VI) redução de custos e contingências.[11]

Por outro lado, as vantagens não estão isentas de desvantagens, especialmente: (a) um possível engessamento da atividade, pela adoção de padrão estrito de cumprimento de deveres; (b) ampliação do âmbito de responsabilização; (c) aumento dos custos de transação, notadamente pela necessidade de manutenção de um departamento de *compliance*; (d) indefinição a respeito da aplicação judicial dos programas no Brasil, tanto em razão da ausência de uma moldura legal[12] mais clara quanto pelas dúvidas no que diz respeito à interpretação que receberá no Judiciário[13] e à comprovação da sua efetividade.

Em atenção específica ao Brasil, é possível afirmar que os *compliance programs* encontram-se em fase de desenvolvimento e maturação. No entanto, a recente

---

10. SAAD-DINIZ, Eduardo. A criminalidade empresarial e cultura de *compliance*. Revista Eletrônica de Direito Penal. ano 2. v. 2. n. 2. Dezembro de 2014. Disponível em: http://www.e-publicacoes.uerj.br/index.php/redpenal/article/view/14317/10853. Acesso em: 25 nov. 2016. p. 114.
11. CONSELHO ADMINISTRATIVO DE DEFESA ECONÔMICA (CADE). *Guia programas de compliance*: orientações sobre estruturação e benefícios da adoção dos programas de compliance concorrencial. Disponível em https://cdn.cade.gov.br/Portal/centrais-de-conteudo/publicacoes/guias-do-cade/guia-*compliance*-versao-oficial.pdf. Acesso em: 30 jun. 2021.
12. Deve se destacado que, em junho de 20021, a Associação Brasileira de Normas Técnicas (ABNT) publicou a ABNT NBR ISO 37301:2021, que especifica os requisitos e fornece diretrizes para estabelecer, desenvolver, implementar, avaliar, manter, e melhorar um sistema de gestão de *compliance* eficaz dentro de uma organização (substituindo a ISO 19600:2014).
13. SAAD-DINIZ, Eduardo. A criminalidade empresarial e cultura de *compliance*. Revista Eletrônica de Direito Penal. ano 2. v. 2. n. 2. dez. 2014. Disponível em: http://www.e-publicacoes.uerj.br/index.php/redpenal/article/view/14317/10853. Acesso em: 25 nov. 2016. p. 114-115.

conscientização acerca da sua importância vem aumentando significativamente nos últimos anos, fato que se deve a uma série de fatores, dentre eles a crescente relevância global da economia brasileira e o aumento do investimento estrangeiro direto. Ainda assim, mesmo com a velocidade com que as mudanças estão acontecendo, persiste um *gap* na cultura de *compliance* do país.[14]

Importante ser destacado que embora a principal face do *compliance* usualmente seja relacionada à conformidade, enquanto cumprimento das normas (externas e internas), possui também uma grande importância (talvez até maior) no campo da integridade, entendido como fomento ao comportamento ético de todos as organizações e pessoas relacionadas ao programa, que deverão agir da forma correta independentemente da existência de norma a respeito, desenvolvendo, assim, uma cultura de integridade.

O presente artigo analisa o *compliance* no âmbito da atividade das serventias extrajudiciais, especialmente a partir do grande interesse dirigido ao tema, em particular diante das recentes regulações que atingem os serviços notariais e registrais, que impõem controles típicos de serem realizados por um programa de cumprimento.

3. O PROVIMENTO 88 DO CONSELHO NACIONAL DE JUSTIÇA E AS OBRIGAÇÕES NOTARIAIS E REGISTRAIS ANTILAVAGEM E ANTITERRORISMO

Em atenção à conformidade diretamente relacionada à atividade notarial e registral, merece destaque o Provimento 88, do Conselho Nacional de Justiça (de 1º de outubro de 2019), que dispõe sobre a política, os procedimentos e os controles a serem adotados pelos notários e registradores visando à prevenção dos crimes de lavagem de dinheiro (previstos na Lei 9.613, de 3 de março de 1998) e do financiamento do terrorismo (previsto na Lei 13.260, de 16 de março de 2016).

O referido Provimento estabelece normas gerais sobre as obrigações previstas nos artigos 10 e 11 da Lei 9.613/1998, que preveem a identificação dos clientes e manutenção dos registros, bem como a comunicação de operações suspeitas, com normas que se aplicam aos Tabeliães de notas, Tabeliães e oficiais de registro de contratos marítimos, Tabeliães de protesto de títulos, Oficiais de registro de imóveis e Oficiais de registro de títulos e documentos e civis de pessoas jurídicas (artigos 1º e 2º).

---

14. CLAYTON, Mona. Entendendo os desafios de *Compliance* no Brasil: um olhar estrangeiro sobre a evolução do *Compliance* anticorrupção em um país emergente. In: AYRES, Carlos Henrique da Silva; DEBBIO, Alessandra Del; MAEDA, Bruno Carneiro. *Temas de anticorrupção e compliance. Programas de Compliance Anticorrupção*: importância e elementos essenciais. Rio de Janeiro: Elsevier, 2013. p. 152.

Assim, no exercício das suas funções, os notários e registradores obrigatoriamente devem avaliar a existência de suspeição nas operações ou propostas de operações de seus clientes, dispensando especial atenção àquelas incomuns ou que, por suas características, no que se refere a partes envolvidas, valores, forma de realização, finalidade, complexidade, instrumentos utilizados ou pela falta de fundamento econômico ou legal, possam configurar indícios dos crimes de lavagem de dinheiro ou de financiamento do terrorismo, ou com eles relacionar-se (artigo 5º).

Embora o Provimento não defina o que sejam operações suspeitas, estabelece, em seu artigo 20, um amplo rol de indícios da ocorrência dos referidos crimes, que devem ser observados pelo agente notarial e registral: (1) a operação que aparente não resultar de atividades ou negócios usuais do cliente ou do seu ramo de negócio; (2) a operação cuja origem ou fundamentação econômica ou legal não sejam claramente aferíveis; (3) a operação incompatível com o patrimônio ou com a capacidade econômico-financeira do cliente; (4) a operação cujo beneficiário final não seja possível identificar; (5) as operações envolvendo pessoas jurídicas domiciliadas em jurisdições consideradas pelo Grupo de Ação contra a Lavagem de Dinheiro e o Financiamento do Terrorismo (Gafi) de alto risco ou com deficiências estratégicas de prevenção e combate à lavagem de dinheiro e ao financiamento do terrorismo; (6) as operações envolvendo países ou dependências considerados pela RFB de tributação favorecida e/ou regime fiscal privilegiado, conforme lista pública; (7) a operação envolvendo pessoa jurídica cujo beneficiário final, sócios, acionistas, procuradores ou representantes legais mantenham domicílio em jurisdições consideradas pelo Gafi de alto risco ou com deficiências estratégicas de prevenção e combate à lavagem de dinheiro e ao financiamento do terrorismo; (8) a resistência, por parte do cliente e/ou dos demais envolvidos, no fornecimento de informações solicitadas para o registro da operação, bem como para o preenchimento dos cadastros; (9) a prestação, por parte do cliente e/ou dos demais envolvidos, de informação falsa ou de difícil ou onerosa verificação para o registro da operação, bem como para o preenchimento dos cadastros; (10) a operação injustificadamente complexa ou com custos mais elevados, que visem dificultar o rastreamento dos recursos ou a identificação do seu real objetivo; (11) a operação fictícia ou com indícios de valores incompatíveis com os de mercado; (12) a operação com cláusulas que estabeleçam condições incompatíveis com as praticadas no mercado; (13) qualquer tentativa de burlar os controles e registros exigidos pela legislação de prevenção à lavagem de dinheiro e ao financiamento do terrorismo, através de fracionamento, pagamento em espécie ou por meio de título emitido ao portador; (14) o registro de documentos de procedência estrangeira; (15) a operação que indique substancial ganho de capital em um curto período de tempo; (16) a operação que envolva a expedição ou utilização de instrumento de procuração que outorgue poderes de administração, de gerência dos negócios, ou de movimentação de conta corrente vinculada de empresário individual, sociedade empresária ou cooperativa; (17) as operações de aumento de capital social quando pelas partes envolvidas no ato, ou as características do empreendimento, verificar-se indícios de que o referido aumento não possui correspondência com o valor ou o patrimônio da empresa; (18) quaisquer outras operações que, considerando as partes e demais envolvidos, os valores, modo de realização e meio e forma de pagamento, ou a falta de fundamento econômico ou legal, possam configurar sérios indícios da ocorrência dos crimes de lavagem de dinheiro ou de financiamento do terrorismo, ou com eles relacionar-se; e (19) outras situações designadas em instruções complementares a este provimento.

No caso do tabelião de protesto de títulos e outros documentos de dívida, ou seu oficial de cumprimento, a comunicação à Unidade de Inteligência Financeira (UIF) será obrigatória, independentemente de análise ou de qualquer outra consideração, diante da ocorrência de qualquer operação que envolva o pagamento ou recebimento de valor em espécie, igual ou superior a R$ 30.000,00 (trinta mil reais),[15] ou equivalente em outra moeda, ou que envolva o pagamento ou recebimento de valor, por meio de título de crédito emitido ao portador, no mesmo valor, em ambos os casos, desde que perante o tabelião. Da mesma forma, prevê o Provimento que podem configurar indícios dos crimes de lavagem e financiamento do terrorismo os pagamentos ou cancelamentos de títulos protestados em valor igual ou superior a R$ 1.000.000,00 (um milhão de reais), não relacionados ao mercado financeiro, mercado de capitais ou entes públicos.

Em relação ao oficial de registro de imóveis, ou seu oficial de cumprimento, novas normas específicas: a comunicação será igualmente obrigatória, independentemente de análise ou de qualquer outra consideração, quando verificado o registro de transmissões sucessivas do mesmo bem, em período não superior a 6 (seis) meses, se a diferença entre os valores declarados for superior a 50%; registro de título no qual constem diferenças entre o valor da avaliação fiscal do bem e o valor declarado, ou entre o valor patrimonial e o valor declarado (superior ou inferior), superiores a 100%; registro de documento ou título em que conste declaração das partes de que foi realizado pagamento em espécie ou título de crédito ao portador de valores iguais ou superior a R$ 30.000,00 (trinta mil reais).

Da mesma forma, também podem configurar indícios destes crimes as doações de bens imóveis ou direitos reais sobre bens imóveis para terceiros sem vínculo familiar aparente com o doador, referente a bem imóvel que tenha valor

---

15. Nos termos do artigo 44 do Provimento, os valores das operações definidas como parâmetros para a comunicação automática à UIF poderão ser atualizados periodicamente pela Corregedoria Nacional de Justiça.

venal atribuído pelo município igual ou superior a R$100.000,00 (cem mil reais); concessão de empréstimos hipotecários ou com alienação fiduciária entre particulares; registro de negócios celebrados por sociedades que tenham sido dissolvidas e tenham regressado à atividade; registro de aquisição de imóveis por fundações e associações, quando as características do negócio não se coadunem com as finalidades atinentes a aquelas pessoas jurídicas.

O oficial de registro de títulos e documentos e civis das pessoas jurídicas, ou seu oficial de cumprimento, por sua vez, comunicará obrigatoriamente, novamente independentemente de análise ou de qualquer outra consideração, as operações que envolvam o pagamento ou recebimento de valor igual ou superior a R$ 50.000,00 (cinquenta mil reais) ou equivalente em outra moeda, inclusive quando se relacionar à compra ou venda de bens móveis e imóveis. Também podem configurar indícios dos crimes o registro de quaisquer documentos que se refiram a transferências de bens imóveis de qualquer valor, de transferências de cotas ou participações societárias, de transferências de bens móveis de valor superior a R$ 30.000,00; registro de quaisquer documentos que se refiram a mútuos concedidos ou contraídos ou doações concedidas ou recebidas, de valor superior ao equivalente a R$ 30.000,00; registro de quaisquer documentos que se refiram, ainda que indiretamente, a participações, investimentos ou representações de pessoas naturais ou jurídicas brasileiras em entidades estrangeiras, especialmente "trusts" ou fundações; registro de instrumentos que prevejam a cessão de direito de títulos de créditos ou de títulos públicos de valor igual ou superior a R$ 500.000,00 (quinhentos mil reais).

Em atenção específica aos notários, poderá ser considerada suspeita a lavratura de procuração que outorgue plenos poderes de gestão empresarial, conferida em caráter irrevogável ou irretratável ou quando isenta de prestação de contas, independentemente de ser em causa própria, ou ainda, de ser ou não por prazo indeterminado. Da mesma forma, deverão ser comunicadas, independentemente de análise ou de qualquer outra consideração, qualquer operação que envolva o pagamento ou recebimento de valor em espécie igual ou superior a R$ 30.000,00 (trinta mil reais) ou equivalente em outra moeda, em espécie, inclusive a compra ou venda de bens móveis ou imóveis; qualquer operação que envolva o pagamento ou recebimento de valor igual ou superior a R$ 30.000,00 (trinta mil reais), por meio de título de crédito emitido ao portador, inclusive compra ou venda de bens móveis ou imóveis; qualquer das hipóteses previstas em resolução da UIF que disponha sobre procedimentos a serem observados pelas pessoas físicas e jurídicas por ela reguladas relativamente a operações ou propostas de operações ligadas ao terrorismo ou seu financiamento; qualquer operação ou conjunto de operações relativas a bens móveis de luxo ou alto valor, assim considerados os de valor igual ou superior a R$ 300.000,00 (trezentos mil reais), ou equivalente em outra moeda; todas as situações listadas no artigo 25 (acima referidas), quando realizadas por escritura pública; e outras situações designadas em instruções complementares ao Provimento.

Em observância à norma, os notários e registradores deverão comunicar à Unidade de Inteligência Financeira, por intermédio do Sistema de Controle de Atividades Financeiras (Siscoaf), quaisquer operações que, por seus elementos objetivos e subjetivos, possam ser consideradas suspeitas de lavagem de dinheiro ou financiamento do terrorismo, sendo dedicada especial atenção à operação ou propostas de operação envolvendo pessoa exposta politicamente, bem como com seus familiares, estreitos colaboradores ou pessoas jurídicas de que participem.

Havendo indícios da prática de crime de lavagem de dinheiro ou de financiamento do terrorismo, ou de atividades a eles relacionadas, a comunicação deverá ser feita no dia útil seguinte à prática do ato notarial ou registral. Assim, importante destacar que não é determinado que o delegatário se abstenha da prática do ato, mas sim que o comunique à autoridade competente. Em qualquer caso, deverá ser mantido sigilo acerca das comunicações realizadas, sendo vedado o compartilhamento de informação com as partes envolvidas ou terceiros, com exceção do Conselho Nacional de Justiça.

Para esse fim, estabelece o Provimento que deverão ser estabelecidas e implementadas políticas de prevenção compatíveis com o volume de operações e com o porte da serventia, que devem abranger, "no mínimo", procedimentos e controles destinados à realização de diligência razoável para a qualificação dos clientes, beneficiários finais e demais envolvidos nas operações que realizarem; obtenção de informações sobre o propósito e a natureza da relação de negócios; identificação de operações ou propostas de operações suspeitas ou de comunicação obrigatória; mitigação dos riscos de que novos produtos, serviços e tecnologias possam ser utilizados para a lavagem de dinheiro e para o financiamento do terrorismo; e verificação periódica da eficácia da política e dos procedimentos e controles internos adotados.

Referidas políticas devem ser "formalizadas expressamente", abrangendo, também, procedimentos para treinamento dos notários, dos registradores, oficiais de cumprimento e empregados contratados; disseminação do seu conteúdo ao quadro de pessoal por processos institucionalizados de caráter contínuo; monitoramento das atividades desenvolvidas pelos empregados; e prevenção de conflitos entre os interesses comerciais/empresariais e os mecanismos de prevenção à lavagem de dinheiro e ao financiamento do terrorismo.

A implantação das políticas, procedimentos e controles internos no âmbito da serventia será de responsabilidade dos notários e registradores, que poderão indicar, entre seus prepostos, oficiais de cumprimento, com quem serão solidariamente responsáveis na execução dos seus deveres. Entre as atribuições do oficial de cumprimento, do notário ou registrador, entre outras previstas em instruções complementares, estão: informar à Unidade de Inteligência Financeira qualquer operação ou tentativa de operação que, pelos seus aspectos objetivos e subjetivos, possam estar relacionadas às operações de lavagem de dinheiro ou financiamento do terrorismo; prestar, gratuitamente, no prazo estabelecido, as informações e documentos requisitados pelos órgãos de segurança pública, órgãos do Ministério Público e órgãos do Poder Judiciário para o adequado exercício das suas funções institucionais, vedada a recusa na sua prestação sob a alegação de justificativa insuficiente ou inadequada; promover treinamentos para os colaboradores da serventia; e elaborar manuais e rotinas internas sobre regras de condutas e sinais de alertas.

Cumpre ainda destacar que os notários ou registradores deverão manter cadastro de clientes e demais envolvidos, além do registro eletrônico de todos os atos notariais protocolares e registrais de conteúdo econômico que lavrarem.

Ademais, esclarece o Provimento que as comunicações de boa-fé não acarretarão responsabilidade civil, administrativa ou penal. No entanto, o notário ou registrador, interventor e interino, que deixar de cumprir as obrigações do Provimento sujeitam-se às sanções previstas na Lei 9.613/1998 (advertência, multa, inabilitação temporária e cassação ou suspensão), que serão aplicadas pela Corregedoria Nacional de Justiça ou pelas Corregedorias-Gerais da Justiça dos Estados e do Distrito Federal e Territórios (cabendo recurso para o Conselho de Recursos do Sistema Financeiro Nacional).

A fim de auxiliar no cumprimento de tantas imposições normativas, na condição de órgão de supervisor auxiliar na organização e orientação dos notários, o Colégio Notarial do Brasil (Conselho Federal) divulgou Manual de Orientações ao Notariado sobre a aplicação do Provimento CNJ 88/2019.[16]

Dessa forma, embora não mencione expressamente a exigência de um programa de *compliance* no âmbito da atividade notarial e registral, deixa clara a necessidade, como referido, do estabelecimento e implementação de políticas de prevenção compatíveis com o volume de operações e com o porte da serventia, que devem envolver, ao menos, procedimentos e controles necessários para o cumprimento das determinações do Provimento. Logo, o suporte de um programa de *compliance* especialmente a partir dos pilares do suporte da alta administração (notários e registradores), análise dos riscos, código de conduta, comunicação e treinamento, controles internos, canais de denúncia e investigações internas, se mostra uma verdadeira necessidade prática para assegurar a devida conformidade frente ao provimento.

---

16. COLÉGIO NOTARIAL DO BRASIL. Conselho Federal. *Manual de Orientações ao notariado sobre a aplicação do procedimento CNJ 88/2019*. Disponível em: https://www.notariado.org.br/wp-content/uploads/2020/02/Cartilha-Lavagem-de-Dinheiro.pdf. Acesso em: 30 jun. 2021.

4. A NORMATIZAÇÃO DA GESTÃO DOS SERVIÇOS NOTARIAIS E REGISTRAIS E DOS PROGRAMAS DE *COMPLIANCE*: AS RECENTES ABNT NBR ISO 15906:2021 E ABNT NBR ISO 37301:2021

A norma brasileira ABNT NBR ISO 15906:2021, com sua segunda edição publicada em 26.02.2021, dispõe sobre o sistema de gestão de serviços notariais e registrais, especificando os requisitos para estabelecer, implementar, manter e melhorar continuamente um sistema de gestão de serviços notariais e registrais que busca assegurar as necessidades e expectativas das partes interessadas e o atendimento aos requisitos legais.

Nos termos da norma, deve ser estabelecido, implementado, mantido e melhorado continuamente um sistema de gestão, incluindo os processos necessários e suas interações. O planejamento do sistema de gestão deve determinar questões internas e externas pertinentes ao propósito e direcionamento estratégico que afetem a sua capacidade de alcançar os resultados pretendidos. Assim, deve entender as necessidades e expectativas das partes interessadas, determinar os riscos e oportunidades que precisam ser abordados para assegurar que o sistema de gestão possa alcançar seus resultados buscados, aumentar os efeitos desejáveis, prevenir (ou reduzir) os efeitos indesejáveis e alcançar a melhoria. Para tanto, o sistema de gestão de serviços notariais e registrais deverá planejar ações para abordar esses riscos e oportunidades, integrando e implementando ações nos processos do seu sistema de gestão e avaliando a eficácia dessas ações.

Nesse sentido, a norma estabelece que o planejamento estratégico deve levar em consideração aspectos como pontos fortes e fracos, oportunidades e ameaças, indicadores prévios de desempenho relativos ao seu processo, percepção das partes interessadas, tecnologia e recursos disponíveis e necessários, atendimento às leis e normas regulamentares, desenvolvimento sustentável, capacidade da equipe de profissionais e capacidade de atender ao próprio planejamento estratégico. Para tanto, o sistema de gestão deve envolver os recursos necessário, desenvolvimento dos colaboradores, incentivos ao conhecimento, avaliação, conscientização, comunicação e controle de informações documentadas.

Resta claro, portanto, que vários pilares referentes a um programa de *compliance* são referidos pela norma, tais como o comprometimento da alta direção (suporte da alta administração), ações para abordar riscos e oportunidades (*risk assessment*), desenvolvimento dos colaboradores e comunicação (treinamento e comunicação), auditoria e monitoramento, e integração social (diversidade e inclusão).

Especificamente no item 9.1.3, a norma técnica prevê que, em intervalos planejados, o sistema de gestão de serviços notariais e registrais deve avaliar a *compliance* com requisitos legais e outros requisitos relativos aos seus sistemas de gestão, retendo informações documentadas sobre os resultados da avaliação e quaisquer ações tomadas.

Dessa forma, a criação de um programa de *compliance* se mostra presente na atividade notarial e registral também quando da opção pela implementação do sistema de gestão normatizado pela ABNT NBR ISO risque 15906:2021, que se mostra recomendável no âmbito de todas as serventias extrajudiciais.

De forma mais específica quanto ao *compliance*, a ABNT NBR ISO 37301, publicada em 03/06/2021, estabelece sistemas de gestão e *compliance* e requisitos com orientação de uso. Expressamente aplicável a todos os tipos de organizações, independentemente do tipo, porte e natureza da atividade, pública, privada ou sem fins lucrativos. Já em sua introdução, destaca que as organizações que almejam ser bem-sucedidas a longo prazo precisam estabelecer e manter uma cultura de *compliance*, considerando as necessidades e expectativas das partes interessadas. O *compliance* é um processo contínuo e o resultado de uma organização que cumpre suas obrigações, que permite que uma organização demonstre seu comprometimento em cumprir leis pertinentes, requisitos regulamentares, códigos setoriais e normas organizacionais, assim como normas de boa governança, melhores práticas geralmente aceitas, ética e expectativas da comunidade.

Ademais, órgãos regulatórios e judiciais podem também se beneficiar deste documento como uma referência, eis que especifica requisitos, assim como também prové orientação sobre os sistemas de gestão de *compliance* e práticas recomendadas. Acrescenta a norma que tanto os requisitos como as orientações deste documento são destinados a serem adaptados, e a sua implementação pode variar dependendo do tamanho e nível de maturidade do sistema de gestão de *compliance* da organização, assim como do seu contexto, natureza e complexidade dos objetivos e atividades.

De forma pormenorizada, aborda os mais diversos temas de um programa de *compliance*, como o entendimento da organização e seu contexto, escopo do sistema de gestão de *compliance*, avaliação de riscos de *compliance*, liderança e comprometimento da alta administração, cultura de *compliance*, recursos, treinamento e comunicação, informação documentada, processo de investigação, avaliação do desempenho, auditoria interna, melhoria contínua e ações corretivas.

Em um contexto de cada vez maiores obrigações impostas à atividade notarial e registral que excedem aquelas inerentes à atuação usual (sendo as derivadas da Lei Geral de Proteção de Dados Pessoais – Lei 13.709/2018 – outro bom exemplo[17]), a implementação de programas de *compliance* nas serventias extrajudiciais parece ter se tornado um ponto de não retorno.

---

17. Bernardo Chezzi sistematiza o conjunto de obrigações aos notários e registradores a partir da Lei Geral de Proteção de Dados em três níveis: (1) *Obrigações concretas e imediatas*: são posturas já descritas na lei, como a nomeação de um encarregado, a implantação de programa de governança em privacidade, a elaboração de relatório de impacto, o registro das operações de tratamento, a construção de plano de resposta

Não é por outra razão que, desde o ano de 2017, o *compliance* passou a ser um dos requisitos a ser analisado pelos auditores para a avaliação do Prêmio de Qualidade Total da Associação dos Notários e Registradores do Brasil, sendo destacado pela Associação que, para os cartórios, o investimento em programas de *compliance* demonstra a preocupação e comprometimento em cumprir parâmetros legais e regulamentares, como também detectar, evitar e tratar qualquer desvio ou inconformidade que possa ocorrer. Acrescenta que é necessário que os titulares de cartórios compreendam a importância na implantação de ações de *compliance* para assegurar o princípio da segurança jurídica e da credibilidade dessas instituições, bem como permitir maior fiscalização da conduta dos colaboradores pelo titular, reduzindo o número de ações por danos causados por atos ilícitos e aumentando a confiança depositada no notário pelas empresas, cidadãos e Estado.[18]

Assim como sintetizam Felipe Malta e Rafael Roweder,[19] não restam dúvidas de que serventias extrajudiciais, embora não tenham o viés empresarial, devem

---

a incidentes de segurança da informação etc.; (2) *Obrigações mediatas*: reguladas pelas Corregedorias; (3) *Boas práticas e padronizações específicas*: aqui valem as boas práticas em privacidade e segurança da informação (Família ISO 27000, sua atualização pela ISO 27701, normas da NIST, soluções encontradas por atribuições em outros países etc.) e, sobretudo, o importante papel das associações de classe na construção dessas boas práticas, a fim de promover a autorregulação regulada, nos termos do que prevê a Lei. O autor também destaca etapas do *compliance* de proteção de dados, destinado à construção de melhores práticas de privacidade e segurança da informação para a realidade específica da organização: (1) *Diagnóstico*: objetiva compreender preliminarmente quais os fluxos de dados, onde estão, quais são, como são tratados e para onde vão; (2) *Inventário de dados*: busca qualificar os tipos de dados, o volume, os locais de armazenamento, as origens, mecanismos de segurança da informação adotados e, principalmente, a base legal para o seu tratamento; (3) *Análise de riscos de privacidade e segurança da informação*: permite a elaboração de relatório de desconformidade e de um plano de implementação para atingir a conformidade legal, estabelecendo inclusive controles preventivos, detectivos e corretivos para a segurança da informação; (4) *Implementação das medidas de conformidade e fortalecimento da cultura de proteção de dados por meio de treinamentos e capacitações*: cursos, seminários, *workshops* e afins aos prepostos das serventias, objetivando torná-las aptos a lidar com a realidade da aplicação da Lei às suas atividades (CHEZZI, Bernardo. A Lei Geral de Proteção de Dados Pessoais e sua aplicação a notários e registradores. *Conjur*. Disponível em https://www.conjur.com.br/2021-mar-25/chezzi-lgpd-aplicacao-notarios-registradores. Acesso em 30/06/2021). Como acrescenta Nuria López, como os cartórios exercem delegação de serviço público, em caso de descumprimento das obrigações da Lei. As demais sanções são, em tese, aplicáveis, sendo algumas são tão severas que implicam a pena de fechamento. Dessa forma, há uma grande expectativa sobre o papel da Autoridade Nacional de Proteção de Dados quanto aos parâmetros em proteção de dados antes da aplicação de sanções (LÓPEZ, Nuria. *Implementação da LGPD nos cartórios significa o fortalecimento das relações democráticas com o cidadão*. Disponível em: https://www.anoreg.org.br/site/2021/03/03/implementacao-da-lgpd-nos-cartorios-significa-o-fortalecimento-das-relacoes-democraticas-com-o-cidadao/. Acesso em: 30 jun. 2021).

18. ASSOCIAÇÃO DOS NOTÁRIOS E REGISTRADORES DO BRASIL. *Conceitos da Qualidade PQTA*: por que o compliance é importante para os cartórios? Disponível em https://www.anoreg.org.br/pqta2018/index.php/2018/07/13/conceitos-da-qualidade-pqta-por-que-o-*compliance*-e-importante-para-os-cartorios/. Acesso em: 30 jun. 2021.

19. MALTA, Felipe Uriel Felipetto/ Roweder, Rafaela Jeronimo. O *Compliance* nas Serventias Notariais e de Registro: um estudo sobre sua conceituação, características e afins necessidade de implantação pelos

ser tidas dentro de uma concepção de organização corporativa, pelo que podem e devem ter um programa de *compliance*.

5. CONSIDERAÇÕES FINAIS

Os programas de *compliance* apresentam um ponto de não retorno na atividade organizacional que pretenda se manter em conformidade e íntegra. Esses, embora inicialmente dirigidos ao ambiente empresarial, hoje se mostram amplamente utilizados não só no âmbito privado quanto no público, podendo ser afirmado que estar em *compliance* deve ser um objetivo de toda e qualquer organização que pretenda estar adequada aos tempos em que vivemos.

A partir da relevância pública da atividade notarial e registral, a conformidade assume ares de ainda maior relevância, não apenas em razão dos serviços efetivamente prestados, mas especialmente pela crescente regulação e transferência de obrigações de controle e fiscalização (com as consequentes sanções a elas relacionadas). Nesse sentido, merecem recente destaque as obrigações antilavagem e antiterrorismo, bem como as que se referem à proteção de dados.

Ao mesmo passo, os programas de *compliance* já são objeto de precisa regulação, tanto de forma mais ampla (caso da ABNT NBR ISO 37301:2021, que dispõe sobre os sistemas de gestão de *compliance*) como de maneira mais específica à atividade das serventias extrajudiciais (caso da ABNT NBR ISO 15906:2021, que normatiza o sistema de gestão de serviços notariais e registrais).

Devidamente percebida essa realidade, associações como a Associação dos Notários e Registradores do Brasil passaram a destacar e difundir o *compliance* como requisito de qualidade.

Dessa forma, resta amplamente confirmada a hipótese de que, embora não expressamente exigidos sob o ponto de vista legal, os programas de *compliance* são necessários para a adequada gestão de riscos e para a preservação da conformidade (especialmente diante do crescente número de obrigações impostas), medidas que se mostram fundamentais para o bom exercício das atividades e conservação da imprescindível reputação.

6. REFERÊNCIAS

ASSOCIAÇÃO BRASILEIRA DE NORMAS TÉCNICAS. NBR ISO 37301:2021. *Sistemas de gestão de compliance* – requisitos com orientações para uso.

---

delegatários. *Responsabilidade da empresa e cidadania empresarial* [Recurso eletrônico on-line] organização CONPEDI/ UNICURITIBA. Coordenadoras: Marcia Carla Pereira Ribeiro, Ynes Da Silva Félix. Florianópolis: CONPEDI, 2016. Disponível em http://conpedi.danilolr.info/publicacoes/02q8agmu/mwkmtp48/112TC99SYqm2Cp5p.pdf. Acesso em: 30 jun. 2021.

ASSOCIAÇÃO BRASILEIRA DE NORMAS TÉCNICAS. NBR ISO 15906:202137301:2021, *Sistemas de gestão de serviços notariais* – requisitos.

ASSOCIAÇÃO DOS NOTÁRIOS E REGISTRADORES DO BRASIL. *Conceitos da Qualidade PQTA*: por que o compliance é importante para os cartórios? Disponível em: https://www.anoreg.org.br/pqta2018/index.php/2018/07/13/conceitos-da-qualidade-pqta-por-que-o-*compliance*-e--importante-para-os-cartorios/. Acesso em: 30 jun. 2021.

CHEZZI, Bernardo. A Lei Geral de Proteção de Dados Pessoais e sua aplicação a notários e registradores. *Conjur*. Disponível em https://www.conjur.com.br/2021-mar-25/chezzi-lgpd-aplicacao-notarios-registradores. Acesso em: 30 jun. 2021.

CLAYTON, Mona. Entendendo os desafios de *Compliance* no Brasil: um olhar estrangeiro sobre a evolução do *Compliance* anticorrupção em um país emergente. In: AYRES, Carlos Henrique da Silva; DEBBIO, Alessandra Del; MAEDA, Bruno Carneiro. *Temas de Anticorrupção e Compliance. Programas de Compliance Anticorrupção*: importância e elementos essenciais. Rio de Janeiro: Elsevier, 2013.

COCA VILA, Ivó. ¿Programas de Cumplimiento como forma de Autorregulación regulada? In: SILVA SÁCHEZ, Jesús-María; MONTANER FERNÁNDEZ, Raquel. *Criminalidad de Empresa y Compliance*: prevención y reacciones corporativas. Barcelona: Atelier, 2013.

COLÉGIO NOTARIAL DO BRASIL. Conselho Federal. *Manual de orientações ao notariado sobre a aplicação do procedimento CNJ 88/2019*. Disponível em: https://www.notariado.org.br/wp-content/uploads/2020/02/Cartilha-Lavagem-de-Dinheiro.pdf. Acesso em: 30 jun. 2021.

CONSELHO ADMINISTRATIVO DE DEFESA ECONÔMICA (CADE). *Guia programas de compliance*: orientações sobre estruturação e benefícios da adoção dos programas de compliance concorrencial. Disponível em: https://cdn.cade.gov.br/Portal/centrais-de-conteudo/publicacoes/guias-do-cade/guia-*compliance*-versao-oficial.pdf. Acesso em: 30 jun. 2021.

FRAZÃO, Ana. Programas de *compliance* e critérios de responsabilização de pessoas jurídicas por ilícitos administrativos. In: ROSSETTI, Maristela Abla; PITTA, Andre Grunspun (Coord.). *Governança corporativa*: avanços e retrocessos. São Paulo: Quartier Latin, 2017.

LÓPEZ, Nuria. *Implementação da LGPD nos cartórios significa o fortalecimento das relações democráticas com o cidadão*. Disponível em: https://www.anoreg.org.br/site/2021/03/03/implementacao-da-lgpd-nos-cartorios-significa-o-fortalecimento-das-relacoes-democraticas-com-o--cidadao/. Acesso em: 30 jun. 2021.

MALTA, Felipe Uriel Felipetto; ROWEDER, Rafaela Jeronimo. O *compliance* nas serventias notariais e de registro: um estudo sobre sua conceituação, características e necessidade de implantação pelos delegatários. In: RIBEIRO, Marcia Carla Pereira; FÉLIX, Ynes Da Silva (Coord.). *Responsabilidade da empresa e cidadania empresarial* [Recurso eletrônico on-line] organização CONPEDI/UNICURITIBA. Florianópolis: CONPEDI, 2016. Disponível em: http://conpedi.danilolr.info/publicacoes/02q8agmu/mwkmtp48/112TC99SYqm2Cp5p.pdf. Acesso em: 30 jun. 2021.

MINISTÉRIO DA TRANSPARÊNCIA E CONTROLADORIA-GERAL DA UNIÃO. *Manual para implementação de programas de integridade*. Disponível em: https://www.gov.br/cgu/pt-br/centrais-de-conteudo/publicacoes/integridade/arquivos/manual_profip.pdf. Acesso em: 30 jun. 2021.

OLIVA, Milena; SILVA, Rodrigo da Guia. Origem e evolução história do *compliance* no direito brasileiro. In: CUEVA, Ricardo Villas Bôas; FRAZÃO, Ana (Coord.). *Compliance*: perspectivas e desafios dos programas de conformidade. Belo Horizonte: Fórum, 2018.

SAAD-DINIZ, Eduardo. A criminalidade empresarial e cultura de *compliance*. *Revista Eletrônica de Direito Penal*. ano 2. v. 2. n. 2. Dezembro de 2014. Disponível em: http://www.e-publicacoes.uerj.br/index.php/redpenal/article/view/14317/10853. Acesso em: 25 nov. 2016.

SIBILLE, Daniel; SERPA, Alexandre; FARIA, Felipe. *Os pilares do programa de compliance*. Ebook disponível em: https://d335luupugsy2.cloudfront.net/cms/files/28354/1601322132eBook_Pilares_2020.pdf. Acesso em: 30 jun. 2021.

SILVA SÁNCHEZ, Jesús-María. Deberes de vigilancia y *compliance* empresarial. In: KUHLEN, Lothar; MONTIEL, Juan Pablo; URBINA GIMENO, Íñigo Ortiz de. *Compliance y teoria del derecho penal*. Madrid: Marcial Pons, 2013.

ANOTAÇÕES